中国伶人家族文化研究

厉震林 著

文化艺术出版社
Culture and Art Publishing House

序

刘 祯

与震林相识是20世纪90年代初他在北京师范大学攻读硕士学位期间。1993年毕业后他去上海戏剧学院任教，虽不在一个城市了，但缘了戏剧之情，没有断了联系，也知道他又跟余秋雨教授攻读了博士学位。此后震林一直守着上戏，教书、研究、创作，甚为勤奋，领域亦广，在研究观念和方法上主要运用文化人类学方法，在戏剧与电影，尤其是演员文化和导演文化研究方面成果不断，出版著作主要有：《戏剧人格：一种文化人类学的学术写作》、《集体有意识与集体无意识——中国戏剧电影电视文化行为的精神结构分析》、《体验文化现场》、《电影的转身——中国电影的现代化运动及其文化阐述》、《论原始戏剧与前卫戏剧》等多部，获得了多个荣誉和奖项。在完成复旦大学的博士后科研工作后，他又来中国艺术研究院入博士后流动站进行科研工作，其时我成为他的合作导师。两年中他奔走于北京、上海两地，我们之间也经常有所切磋，他潜心于《中国伶人家族文化研究》的深入思考，其项目还获得中国博士后科学基金资助。

演员是戏剧最基本的元素，没有演员就没有表演与戏剧。演员旧时又称优伶、俳优、倡优、伶人等。“俳优侏儒，固人主之所与燕也”（《韩非子·难三》），主要从事戏谑乐舞以供王宫贵族娱乐。从最初的出现，就处于一种供人娱乐的位置上，没有地位，这种出生决定了此后优伶独特而低下的职业处境。随着表演和戏剧的走向成熟，随着戏剧的“雅化”而越来越具有“艺术性”，演员的表演和技艺亦愈益精湛和职业化，但人们也愈益把对戏剧的关注投向舞台和创作文本上，演员本身更多时候则被忽略和边缘化。从戏剧之成为戏剧的根本来看，演员亦即伶人是关乎戏剧之为戏剧的根本的，故而人们亦愈来愈重视和关注演员伶人的研究，这也是近些年此方面研究成果较多的缘由所在。震林对伶人家族文化这一课题的研究，有其偶然性，也有其必然性。

偶然性者，他在该课题“绪论”里已然谈及，为十几年前的一次关于谢晋导演成长道路的偶然阅读；而必然性者，则体现了震林作为一位学者的敏锐和执著。阅读中，许多闪念会瞬现即逝，从脑际流走，而震林是学者，所以他驻足了，他思考了，他触摸了，他深入了，故能结出现在的果实。他之独到之处在于，他关注的演员伶人不是他们的技艺和艺术本身，不是舞台本身，而是文化与家族的演员伶人，这是超越戏剧本身的。

当然这样一种研究非始于21世纪的现在，早在20世纪初潘光旦教授撰写了《中国伶人血缘之研究》，那是一个西学东渐、思潮风起云涌的时代，包括学术思想和研究亦呈现出活跃、不拘一格的面貌。潘光旦教授的研究从现代学术角度看是最早一部与伶人家族发生关系的独辟蹊径的难得之作。此后对这一命题的研究似乎被尘封了，而震林的一次阅读经验，使他耿耿于怀，立志在戏剧文化学的研究范畴和研究方法上谨遵其博士生导师余秋雨教授的教导，作出自己的努力，这促使他有了更多的思考，“在这种家族与伶人的独特关系中，我隐约感觉到它不仅仅是一个社会学或者政治学的命题，而且，它似乎还可以触摸到中国一种微妙而又隐秘的民族人格。这种民族人格，既是属于政治层面的，同时，它又是关乎文化和人性的，它不仅具有一种民俗学价值，更具有一种文化人类学意义。家族和伶人的关系，可以折射出民族历史和民族精神结构变迁的运行密码。”（“绪论”）

这种思考伴随他走过了十几年，伴随他完成了博士学位论文《中国优伶性别表演研究》，之后又完成了《先锋的姿态——六十年代出生的中国实验话剧导演人格研究》的研究课题，接着又回到了《中国伶人家族文化研究》这一课题，可见这一课题的实施完成是有着长时间的思考和学术准备，是震林这十几年的学术积累和沉淀之果。在他看来，如果要通过某种艺术的途径来探索一个族群的集体心理，戏剧是最佳的选择，“如果通过学术的途径探索一个族群的集体心理，伶人家族文化研究也是‘最佳的选择’。因为中国伶人是一个特殊的阶级，而家族又与中国人的精神底色联系在一起，伶人和家族之间的关系，可以流露出中国人的集体生存底线和情感底线，由此，也就具有人类学的价值。”（“绪论”）

震林教授所承担之《中国伶人家族文化研究》课题，是一部从内容对象到研究方法都有创新和突破的著作。这一课题的展开和实施，作者作了多方面的学术准备，包括理论观念上的和历史文献方面的。伶人是中国戏剧和文化所形成的一个独特群体，从戏剧学角度的关注是近些年来学者们所着力之处，该课题的研究超越了戏剧本身，将其提升到通过中国伶人家族文化生态的研究，“探索一个族群的集体心理”，乃至是“探索中国人‘文化——心理结构’的形成过程”。该课题比较有理论视野地运用文化人类学方法系统地涉入伶人家族文化研究，从伶人家族的变迁之中折射出一种文化的内涵以及国民人格内涵，也对戏剧文化学的“文化”概念作了一个高位的阐释，从而也使戏剧文化学研究结出一个令人瞩目、颇具创新意义的成果。与以往之研究不同，该课题不局限于个案研究、区域研究、断代研究等，而是对伶人家族文化宏观、通论式研究的尝试。这种宏观、通论式研究不是面面俱到，包罗万象，而是选择几个“点”来进行研究。这几个“点”，具有一种典型性和代表性，能够观照特殊个案与地方社会乃至整个时代普遍情况之间的联系，能够体现伶人家族文化的本质内涵，从而实现“点”、“面”结合。其所论述的包括伶人家族的政治设计及其泛家族化、伶人家族的社会和业界认同、伶人家族的业缘、地缘和阶级关系、伶人家族的文化基质分析、伶人家族的结构系统、伶人家族的功能形态等五个部分，不仅从家族文化这样一个视角深刻地剖析了伶人及伶人现象，也从“伶人”这一独特视角诠释了家族文化，探讨了中国文化的基质特性，对表演戏剧和家族文化都具有积极意义和开拓价值。通过这一课题的实施和完成，作者的理论视野、学科知识与跨学科把握能力、分析能力和综合能力都得以全面显现，故而经其整合分析，对伶人家族文化的论述焕然一新，也显示出成果的厚度和深度。

这是一项具有挑战和多学科知识理论的研究，作者思想活跃，视野开阔，宏观把握和微观考察能力强，但面对如此丰富与厚重的研究对象和内容，包括那么多学科理论和方法，如何驾轻就熟、如何游刃有余、如何理论与历史、实践完好统一，都是可以不断探求的。作者掌握了丰富的古今伶人生平史料，这些是课题构筑伶人家族文化研究的前提，也是研究推论逻辑的依据，作者在论、史（文献）结合方面已然做得非常出色，但还可以再努力，真正深入到伶人、伶人文化的历史和现实深处，那样所得出的结论是最可靠的，甚至还可以修正或补充我们的理论。这是锦上添花的愿望。

是为个人一点浅识，权为序，与震林共勉！

2012年8月11日夜雨于京城非非想书斋

目录

第五编　伶人家族的结构系统

第六编　伶人家族的功能形态

第一章　绪论

第一节　探索一个族群的集体心理

从事伶人家族文化研究，它的渊源要追溯到我十几年前的一次阅读经验。大概是一篇关于电影导演谢晋成长道路的文章。谢晋出生在浙江上虞的望族世家，他的家族乃是东晋谢安后裔。当年，谢晋准备报考国立戏剧专科学校，家族对此极为愤怒，力欲开除他的族籍。当时，对我震动很大。为什么从事伶业就要开除族籍？在社会众多的职业体系中，为什么伶人却要遭受如此惩罚？伶人和家族到底存在一种如何的内在关系？它们的对立体现了一种怎样的中国哲学和中国文化？

应该说，谢晋报考国立戏剧专科学校，已经是20世纪40年代初期，民风已开，而且，他的家乡是在得风气之先的东南沿海的江浙地区，他报考的学校也不是传统戏曲科班，而是一所国立的教授现代西洋话剧的高等学府，当时话剧艺术也已经是中国现代文化的一个重要成员，他的家族都要对他予以除籍惩治，在此之前的中国漫长历史中，从事伶业者不知要经受多少家族给予他们的精神折磨和灵魂痛苦？

家族，对待伶业及伶人似乎一直并不友善。后来，我又接触到一些伶人被除族籍的资料。德珺如，满族人，出身贵族家庭，其父曾任侍郎。他自幼好戏，经常以票友身份客串，尤其擅长扮演青衣。他的叔父非常恼怒，斥骂他为“自甘下贱”[1]，将他革除家庭，注销宗籍，而且，“竟因其学戏，祖、父皆懊恼而死。”[2]由此，入伶不仅使伶人饱受除籍苦痛，而且，似乎对家族也造成了莫大的伤害。

本来以为谢晋乃是望族之后，德珺如是官宦子弟，门第高贵，可能对于伶业分外忌讳，故而严惩。有的学者认为，中国传统文化本来就是耻感文化，特别重视体面和身份。位高门重如德珺如、谢晋之家族者，自然会对影响家族体面和身份的行为断然采取措施。

但是，我也阅读到了贫寒百姓对于伶业及伶人态度的材料。刘喜奎入伶以后，回到天津唱戏。她的二叔是天津一家兵工厂的钳工，一生在穷苦里挣扎，但是，为人正直，从来不会阿谀谄媚，甚至从不因为贫穷向人借贷。刘喜奎本来不想让二叔知道她在从事伶业，但是，在天津唱戏，二叔还是听到了风声，他“气得在墙上碰头。他扬言要把刘喜奎活埋了”[3]。他跑到刘喜奎处，哀求她不要唱戏了，称唱戏太丢人。在得到刘喜奎婉拒后，“过了不几天，刘喜奎二叔就气死了”，“刘喜奎将二叔的遗体发送后也大病了一场”。[4]由此可见，家族对于伶业及伶人的立场，并不是个案性质的，而是具有一种社会普遍性。

在这种家族与伶人的独特关系中，我隐约感觉到它不仅仅是一个社会学或者政治学的命题，而且，它似乎还可以触摸到中国一种微妙而又隐秘的民族人格。这种民族人格，既是属于政治层面的，同时，它又是关乎文化和人性的，它不仅具有一种民俗学价值，更具有一种文化人类学意义。家族和伶人的关系，可以折射出民族历史和民族精神结构变迁的运行密码。

这种思考，一直伴随着我走过了十几年，始终萦绕脑际。在此过程中，我完成了我的博士论文《中国优伶性别表演研究》，开始将研究视角集中在中国戏曲伶人角度，希望能够从伶人与性别的互动关系中，延伸到中国伶人与中国哲学、中国文化的互动关系中，从而发现和确立这种民族人格的运行密码。我的博士研究方向是戏剧文化学，此时，我感觉到就戏剧论戏剧，研究空间颇为仄小，而且，研究人员非常拥挤。我的博士导师余秋雨教授与我讨论博士论文时指出，首先需要避免几个很容易进入的误区，一是以戏剧论戏剧，二是以传统方法阐述传统课题，三是以戏剧例证演绎一般艺术理论，而探索的出路大致应该在文化人类学的层面上。余秋雨教授认为，目前国内在戏剧文化学的研究上，尚未找到一条有别于戏剧理论研究的途径，希望这篇学位论文能够在戏剧文化学的研究范畴和研究方法上做出可行性的探索。

我长期从事研究的是导演文化和演员文化，因此，研究戏曲伶人性别，有可能具备一种条件能够从大文化角度，逼近这一研究对象，“只想通过戏剧的途径来探索中国人‘文化——心理结构’的形成过程，因此，‘戏剧文化’这个概念指向着一种超越戏剧门类的广泛内涵”，“如果要通过某种艺术的途径来探索一个族群的集体心理”，“戏剧是最佳的选择。因为只有戏剧，自古至今都是通过无数观众自发的现场反应来延伸自己的历史的”[5]。因此，戏剧文化学的研究，只是将戏剧作为文化研究的一个对象，它的最终目的是达到“探索一个族群的集体心理”，或者具体说是，“探索中国人‘文化——心理结构’的形成过程”。

按照这种研究思想，我完成了博士学位论文。余秋雨教授在《导师评语》中写道：“现在这篇学位论文”，“它捕捉的问题很具体：优伶性别，却直接关及人类在扮演错位、性别错位后又悄然归位等大命题，这些命题属于文化人类学，因此也把戏剧文化学的‘文化’概念作了高层次定位。由此可知，戏剧文化学的主要研究对象，是在戏剧行为中人类既隐秘又普遍的生态和心态。”“学位论文在论述男性优伶女性化和女性优伶男性化，以及这种逆反如何加深了社会性别身份的体验，这种体验又如何体现为在政治、历史、艺术上的侧重，这种侧重又如何受到权力的编排和制衡等等问题上，观点新颖，方法严谨。”“这些课题，是一般的戏剧理论研究方法所难以触及的，因此，又具有填补空白的突破意义。”

由于这种研究经历，我对文化人类学研究就一直比较关注，希望有一些自己的感悟。一段时间，我经常向在美国学习和生活了十五年的孙惠柱教授请教。孙惠柱教授在纽约大学攻读博士学位的研究方向是人类表演学，回国以后，又在上海戏剧学院成立了“理查·谢克纳人类表演学研究中心”。人类表演学，20 世纪 70 年代末期在欧美开始兴起，它的一个基本理论出发点是认为人的大多数行为都可以视为表演。这些人类表演学者，大多是属于左派知识分子，或者说是自由派，对于现存秩序总是抱有怀疑态度，希望突破禁锢，能够表现表演者的自我，即通过表演的方式向他人证实自己和展示自己。一些论者认为，理查·谢克纳人类表演学思想与存在主义有着密切的关系。存在主义的“存在”并不是日常生活中经常提及的哲学概念“客观存在”，而是指人的存在（human being），尤其是个人（individual）的存在。对于人类表演学的概念，理查德·谢克纳曾有如此表述：

> 从理论上说，表演可以从以下四个方面来考察。
>
> 存在（being），行动（doing），展示行动（showing doing），对展示行动的解释（explaining showing doing）。第一部分从哲学角度讲是最复杂的，being 就是存在本身，存在的东西不断地发展变化，所以存在就是行动，存在的东西其实是一种运动，并不是静止的存在，人也是这样……人类（但不仅仅是人类）还会有意识地展示自己的行动，那就是表演。
>
> 总之，所有的客观存在都是存在，所有的存在都在行动中，凡是自我指涉的行动就是表演，我们中有一些人专门研究这些表演，就是人类表演学。[6]

根据中国国情，孙惠柱教授提出了“社会表演学”概念。他认为：

> 社会表演学与人类表演学最大的不同，就是在重视个人表演的同时，还要强调社会的规范：表演既有个人向社会做展示的个性的一面，也有受制于社会的共性的一面。它的哲学基础在于马克思主义中对人性的两个方面的论述。[7]

孙惠柱教授根据德国哲学家哈贝马斯在《交往行为理论》一书中所论述的人的四类行为，即目的性行为、规范调节行为、戏剧性行为、交往行为，他认为社会表演可以涵盖这四类行为：

> 首先，像舞台角色一样，社会表演也必须有贯穿动作——目的性，或曰“算计”；其次，正如马克思和米德所强调的，个人的社会表演都要受到其角色的社会规范的制约；再次，社会表演这四个字本身已经指出它和戏剧表演的相似性，关键在“公众与表演者之间”的“信任关系”；最后，社会表演就是表演者和观者协作沟通的交往行为。[8]

孙惠柱教授告诉我，美国大学的戏剧系，有些已经改名为人类表演学系，戏剧学家和人类学家合作也出版了一些文化人类学方面的著作。美国的文化人类学研究，早已不局限于原始人类群体，一方面原始人类群体逐渐在消失，另一方面即使有的，也日益受到现代文明的“污染”，甚至成为现代人猎奇的旅游目的地，故而也开始转向了现代社会中的特殊群体和特殊现象，探索此等文化行为中所体现出来的人类学意义。

因此，我又完成了《先锋的姿态——60年代出生的中国实验话剧导演人格研究》的研究课题，希望来揭示这个特殊文化群体的人格结构以及由此流露出来的人性和人类学内涵，他们的社会表演也应该包含了“在戏剧行为中人类既隐秘又普遍的生态和心态”。

现在，又回到了十几年前的那次阅读经验，开始从事中国伶人家族文化的研究。如上所述，“如果要通过某种艺术的途径来探索一个族群的集体心理”，“戏剧是最佳的选择”，那么，我认为，如果通过学术的途径探索一个族群的集体心理，伶人家族文化研究也是“最佳的选择”。因为中国伶人是一个特殊的阶级，而家族又与中国人的精神底色联系在一起，伶人和家族之间的关系，可以流露出中国人的集体生存底线和情感底线，由此，也就具有人类学的价值。

余秋雨教授在《笛声何处》一书中写道：

> 戏剧学是20世纪才兴起的一门学问，它要求用戏剧的思维来研究戏剧本体和存在状态。……剧本的成功远不是戏剧生命的最终实现，还必须考察以演员为中心的舞台体现；舞台体现也不是戏剧生命的最终实现，还必须考察舞台前观众的接受状态；观众接受仍不是戏剧生命的最终实现，还必须追踪观众离开剧场后对演出进行自发传播的社会广度；一时的社会传播面还不够，还必须进一步考察它在历史过程中延续的长度……总之，戏剧是一种以剧本为起点的系统行为，它必须以社会性的共同心理体验为依归。这样一个思维构架也就包容了戏剧学的研究范畴。

> 总之，由戏剧学的眼光来看，所谓戏剧是一种超越剧本、超越演出、超越剧场的宏大社会文化形态。社会历史还会在诸多戏剧形态中进行筛选，把那些能与当时当地广大观众的审美心理定势相适应的形态稳定下来并加以强化，这便是我们所说的范型。……戏剧的一切综合因素通过组建范型与广大观众建立习惯性默契。[9]

确实，“戏剧是一种超越剧本、超越演出、超越剧场的宏大社会文化形态”。需要补充的是，离开剧场后对演出进行自发传播的社会广度及其历史延续长度，“仍不是戏剧生命的最终实现”，伶业及伶人的人格结构和日常生活生态，它既是戏剧演出以后的缭绕余音，又是伶人奉献给社会的另外一场演出，它也构成了一场社会表演，存在着自身的目的性行为、规范调节行为、戏剧性行为、交往行为等社会表演包含的行为元素。它既反作用于舞台表演，又形成了自身独特的社会表演景象。

这里，伶人与家族的关系，是社会表演的一个重要景象。需要说明的是，在此使用的家族概念，是指伶人原来在主流社会中的家族，其实，还有一个家族概念，即伶人被主流社会中的家族开除族籍之后所形成的自己的家族系统，两个家族概念在论述的互文关系中内涵比较清晰，若无特殊情况，也就不特别地加以标明。

伶人既被家族除籍，又被社会隔离，他们也就成为社会特殊的阶级，他们的一言一行，都要经受社会监督，因此，他们的日常生活也就构成一种社会表演性质，时时有“观众”监督“观看”，而且，也似乎“通过组建范型与广大观众建立习惯性默契”。伶人形成的家族，也就出现了两个层面的含义，一是个人伶人形成的小家族；二是共同伶人形成的大“家族”。这个大“家族”，就颇类似于文化人类学一直在讨论的“族群”（ethnic group）概念，伶人及其家族被社会强力孤立化，被迫形成了“社会边界”[10]。

家族文化，本来就是文化人类学的一个重要研究课题。2006年12月，我参加在中国艺术研究院举行的“中国艺术人类学学会成立大会暨学术研讨会”，与刘祯教授对中国伶人家族文化研究这一课题进行了讨论，确定以文化人类学作为主要的研究方法，但又绝不限于此，还需要结合社会表演学、家族学、遗传学等各门学科，以一种综合学科的优势，通过研究伶人家族文化来“探索中国人‘文化——心理结构’的形成过程”。

第二节　关于家族及其相关概念

曾有学者指出，传统中国的家族结构，占了半部中国社会史。其实，一部中国家族史，也是一部中国社会精神史，从一个侧面反映了中国社会的精神变迁历史。家族，是日常经常使用的概念，但是，在学术研究层面上，对于家族的概念理解并不相同。分析它的原因，主要有以下两个方面：

一是由于家族是一个历史的概念，它存在着一个演变的过程。有的学者认为，中国家族历史发展可以分为以下几个时期，即先秦世族世官宗族制；秦汉至唐五代的士族宗族制；宋、元、明、清科举制下的祠堂族长宗族制；近现代社会巨变中的宗族制度。[11]有的学者则认为，春秋以后的“氏”、“族”与“宗”，是以贵族为主之共同体，与后来的“家族”意义并不相同。封建社会崩坏之后，姓氏普及，家族遂得以发展。秦汉以后，大体可以分为两大阶段，一为西汉中叶兴起的世家大族，从六朝到唐代形成门第，中唐以后逐渐没落；二为宋元以后以族谱、义田、祠堂、族长来收宗合族的新家族形态。[12]正是由于对中国家族演变的观念有异，对于家族概念的认识也会有些差别。另一方面，“我国亲属结构的骨架虽在春秋晚期至战国时代确立，但各种亲属的实际功能代有改易，即使同一时代也因阶级、权势、生业而有些微差别”[13]，也会导致出现对于家族概念认识相异现象。例如有的学者认为，商周时期的家族，即分为两个层次：

> 低层次的家族是指依靠婚姻与血缘关系而形成的同居或聚居的、有共同经济生活的亲属组织。高层次的家族是指从同一低层次家族中分化出来的若干相对独立的低层次家族，以某种方式与所从分出来的本家结合而成的亲属集团。在此种集团内，诸低层次家族与本家间以及相互间仍有组织上的联系，并且仍保持某种共同的政治、宗教或经济的联系。高层次的家族是非聚居的。[14]

二是从事的学科和专业不同，学者也会根据自已的学科和专业理解，进行家族概念认同。这里，又涉及到“家”与“族”的概念问题。阎爱民在《汉晋家族研究》一书中，对此有深入的阐述。他认为，家庭的概念有广义和狭义之分，社会学者大多以狭义为主，注重现代社会家庭研究，而人类学者则以广义为多，“家”的概念除了包含家庭，也包括“族”的范围。从巴霍尔和摩尔根以来的西方家庭学者，认为家庭或者家族是血婚制、伙婚制、偶婚制等婚姻进化以后的社会组织，“氏族就分裂而为单个的家族，而这些家族的基础以先原是组成氏族的部分。家族取得氏族的经济职务，而其政治职务则由国家取得”；[15]费孝通认为，“什么是家庭？家庭是个译名。我们中国人口语里经常用的是‘家’，含义很宽”，“英文 FamiIy（家庭）的含义也很宽，但在人类学、社会学里，是指夫妻以及他们的尚未成年的子女，这是一种三角结构关系”，“它是一个社会团体、社会组织，是组成大社会的基本单位，是社会的细胞”[16]。刘达临认为，“家庭是由婚姻关系、血缘关系或收养关系组成的社会生活的基本单位。这个定义”，“把两性关系、蕃衍后代、经济生活等内容都包括进去了；它不仅适用于现代家庭，也适用于古代原始人的家庭”[17]。奥地利历史学者迈克尔·米特罗尔和雷因哈德·西德尔所著的《欧洲家庭史》之“导言”则称：“家庭对于每个人都代表着一个直接的体验。那么，不受印象和观念的影响，将家庭当做一个专业研究的主体去考虑是不可能的。同时，不唤起读者对个人经历和个人问题的记忆而描述家庭也是不可能的。”[18]这些关于家庭概念的论述，由于学科和专业背景的关系，存在着不同程度的差异认识。

“族”的概念，又关乎着“氏族”、“家族”、“宗族”等概念，同样存在着上述情形。有的学者将“宗族”定义为“介于氏族和家族之间的亲族集团”[19]，有的学者则认为，“宗族不仅是比家庭更大的血缘集团，而且，在宗族内部还存在亲属贵贱的等级关系和相应的行为准则，即宗法。”[20]也有学者认为，“宗族已成为一种制度，即它是宗族活动有组织的系统，以祖先崇拜把族人结合在一起，强调共同体意识和互助精神，并有相应的规范。这一制度表现在祭祀先祖、和睦族人的庙制，包含继承、分支、管理的大小宗制，五服亲属制度，最基本的组织是家庭。”[21]关于“家族”含义，古代汉语中的“家”，是可以引申为“家族”之义，古人对“族”的定义则比较简单，《白虎通·九族》称：“族者何也？放者凑也，聚也。谓恩爱相流凑也。生相亲爱，死相哀痛，有会聚之道，故谓之族。《尚书》曰：‘以亲九族’，族所以有九何？九为言之究也，亲疏恩爱究竟也。”阎爱民称：“因为家和族二者关系的紧密难分，所以不少学者在给‘族’定义时，更愿意使用‘家族’的名称，而且同时与‘家’的定义联系起来论说。”[22]正因如此，对“家族”的定义，往往与“家庭”联系在一起，也与“家庭”概念一样，产生一些相异见解。徐扬杰认为，“家庭是个体，是基础，家族则是群体，是家庭的上一级的组织形式”，“家庭和家族的主要区别，在于是否同居、共财、合爨，家庭是同居、共财、合爨的单位，而家族则一般表现为别籍、异财、分爨的许多个体家庭的集合群体。”[23]杜正胜认为，“家庭、家族与宗族犹如一串同心圆，其范围因时因地而异，也有重叠部分，但政治社会功能则一脉相通，可以互补的，根本的结构和精神则在于五服服制。有了服制，传统社会的人伦相与、财产分析、法律规章才有规矩和法度”，“五服服制不明，不但庶民无所措手足，国家政令也无所施，离开五服服制便掌握不了传统中国社会的纲领和特质”。[24]

上述关于“家族”及其相关概念的不同认识，由于本著作不是研究家族基本理论，因此，只是作为一种简略的背景介绍。对于本著作的研究而言，则是需要确立自身的“家族”概念内涵，作为整个研究的立论基础。

应该说，对于家族概念，可以从以下三个方面进行理解：

一、它是根据血亲关系和姻亲关系结合形成的社会生活共同体。血亲关系，是以血缘联系的家族成员关系，包括父母和子女之间与兄弟姐妹之间的关系。由于中国传统社会长期属于父系家族关系，子女的延续是以父系血统作为依据的，兄弟和姐妹之间也是以未来父系标志的男性作为依据的，因此，血亲关系作为构成家族关系的基本因素，支配着家族关系并由此呈现各种复杂现象。姻亲关系是通过婚姻关系形成的，它的情形相对复杂一些，“以血缘联系的，亲者为家族，疏者为宗族；以婚姻联系的，有母族与妻族。”[25]由于婚姻联系，出现了“母族与妻族”，即“女性横跨两宗”的现象。日本学者滋贺秀三称：

> 女性的宗的所属的问题应当分为两个方面来考虑。从自然性的意义上看，女性仍属父亲的宗并且这种关系从出生到死亡终生不变。由女性结婚后即使冠以夫姓也决不改变自己生身之家的姓这种习惯中，大概可以说象征着这种情况。另一方面，在社会性的意义上来看，女性由于婚姻应该说变成了夫所属之宗的人。而且，与其说她从父宗向夫宗的地位转移，不如说由于婚姻才取得了夫宗之中的地位。换言之，女性的社会意义上的宗的所属关系，应当看做不是由出生而是由婚姻所产生的。像这种在自然性上视为父宗，在社会性上视为夫宗等，由于观察的角度而将宗的所属截然分为两面是女性命中注定的。如果将两面合起来也可以说存在着女性横跨两宗的情况，但无论从自然的属性或社会的属性任何一面按照特定的看法来讲，宗是排他性的关系这样的原则，在此也是不变的。[26]

这里，需要关注的是，伶人通过婚姻关系形成家族或者扩大家族，也是伶人家族的一个重要特征。由于伶人家族一个婚姻网套一个婚姻网，也就形成了一种广延和叠加的伶业家族关系。

二、它是一个生产和生活的单位。它的职能，可以分为内外两个部分。对内职能，首先是维持共同生计的家族经济职能，以提供一个家族物质生产与消费的保证；其次是维持家族的延续和扩大，也即结婚成家、传宗接代；再次是维持家族成员之间的感情融合关系；最后是管理、制约和协调家族内部成员行为的职能。对外职能则包括向社会提供劳动力和智力、财力资源，对整个社会承担各种义务，维系家族对外关系，同时，利用家族的影响和制约作用，使家族成为左右社会行为的最小单位。由此，“家族的内外职能，使得家族内部成员、家族与家族之间，即家族与整个社会产生了物质生活的相依性，同时也必然地产生了精神生活的相依性。”[27]这种“物质生活的相依性”，乃是由于社会生产力的发展水平，决定了个人无法离开家庭和家族生存，王沪宁对此曾有如下表述：

> 只有加入家庭集体，才能完成获得生存资源的活动并得到生存资源。……在无法从别处获得资源的情况下，家庭成员和家族成员也必须依靠自己的群体，这

> 不仅是一种血缘关系，而且是一种生产方式。这种生产方式把一定的血缘亲族联系起来作为一种劳动组织形式，以获得基本的生存资源。[28]

由于这种“生存资源”的需求，家族成员对家族也就产生无意识或者有意识的认同意识。孔子在《论语·子路》中云：“父为子隐，子为父隐，直在其中”，也说明了这种家族群体的“依靠”关系。

三、它是一个血缘共同体、利益共同体、政治共同体和文化共同体。由于上述的“物质生活的相依性”和“精神生活的相依性”，也就使家族成为一个共同体联盟，家族的意义对于家族成员来说，不仅是物质层面的，更是与精神层面发生关系，家族成为家族成员情感甚至灵魂的慰藉和归宿，是家族成员的一种天赋身份，也形成了家族成员的家族文化心理情结和家族精神气质。从某种意义而言，家族不仅仅体现为具体的生存场所和人伦关系，而且，也是意味着一种终极的价值关怀，已经在家族成员的观念之中内化为终极的人生理想，甚至愿意为此付出生命代价。

正是由于上述三个特征，为了保持家族的秩序性和可持续性，也就形成了一种家族系统。血缘关系，是家族系统的内在构造，但是，这种生物学的逻辑关系需要通过社会关系表现出来，也即通过外部构造体现出来，并由此进行系统运作。外部构造分为静态和动态两个方面，前者包括族居、宗姓、辈分、房族、族老等主要结构，它将家族系统支撑起来，从而具有一种外观形式，后者包括生存、维持、绵延、保护和文化等基本功能，它将保障家族系统的存在和延续，也使家族系统具备了一种存在的理由。由于中国社会体制历来确认这种家族系统，并且，尽力将社会体制与家族需要结合起来，因此，也就形成了强大的家族制度文化。这种家族制度文化，不但在于它在中国社会历史发展过程中的坚固性与持久性，而且，它作为一种观念形态和文化形态已经渗透和沉淀在传统社会的各个领域和层面，对中国社会产生了深刻而又长远的重要影响。

关于家族范围，如前述的杜正胜观点，“根本的结构和精神则在于五服服制”，“离开五服服制便掌握不了传统中国社会的纲领和特质”，认为家族范围应为“五服服制”。对此，杜正胜还有表述：

> 凡同居或共财的称为“家庭”，五服之内的成员称为“家族”，五服以外的共祖族人称为“宗族”。同居共财的范围最大到大功。[29]

这里，他还是强调了家族的“五服服制”。关于“宗族”，他的观点是“五服以外的共祖族人称为‘宗族’”。我认为，较为规范的表述应该是宗族是有男系血缘关系的“共祖族人”，在宗法观念的规范下所组成的社会群体。宗族范围问题，一般认为是以“九族”为界，九族之内称为“内亲”，九族之外的亲属无男系血缘关系，称为“外亲”。九族划分方法，直系可以从己身上推至高祖，小降至世世玄孙，旁系可以从己身横推至族兄弟，即从己身、兄弟姐妹以及兄弟妻、堂兄弟姐妹以及兄弟妻、再从兄弟姐妹以及兄弟妻到族兄弟姐妹以及兄弟妻。由拥有共同男系血缘关系组成的宗族，根据血缘关系的远近形成宗族内部的权力关系。

在前所论述中，已经涉及到家庭与家族的关系，“家庭是个体”，“家族则是群体”。家庭作为社会结构的基本细胞，它是家族构架的基础。应该说，家族及其宗族势力的消长，主要反映在对于家庭控制的强和弱，故而家族问题总是会与家庭问题联系在一起。一般认为，家庭的规定性至少包括以下三个特征：一是可以通过婚姻生活寻找它的起源；二是它主要是由丈夫、妻子和婚生子女组成，虽然其他亲属也可以被设想在这个核心群体中确立其应有的位置；三是家庭成员通过以下几种方式联合在一起，首先是法律纽带，其次是经济、宗教和其他多种权力以及义务纽带，再次是由性权力、禁律及其大量诸如爱、情感、尊敬、敬畏等心理感觉因素组成的一种亲密网络。家族的规定性，则是一个根据血亲关系和姻亲关系结合形成的社会生活共同体、一个生产和生活的单位与一个血缘共同体、利益共同体、政治共同体和文化共同体。由此，家族成员往往具有双重身份，既是家庭中的一员，又是家族中的一员，家族的身份有时乃是超家庭的。家庭与家族的区别，在前面论述“族”的概念时已经有所论及，其实，家庭与家族的概念很难截然区分，在实际运用时两者概念常常混淆。有的学者认为，在研究对象上家庭史和家族史出现了一种错位现象，“从社会史角度研究家庭史，主要不是以个体家庭生命周期为对象，而是从社会总体上探究不同历史时期的家庭，而不是家族的形态、类型、制度、结构、功能、价值观、文化心理特征和演变过程，所以家庭史与家族史也不能互相取代。如果以家族史取代家庭史，难免要把着眼点放在社会中占少量的大家族家庭和宗族组织上，从而忽略在社会中占多数的夫妻家庭，忽略家庭史中的重要问题：如家长制的起源与演变、夫妻生活和家庭人际间的微妙关系和心理动态等问题。”[30]应该说，这一观点不无道理，确实“家庭史与家族史也不能互相取代”，但是，它也从一个方面说明了在历史上家庭和家族的密切关系，这种概念区分的不严格和模糊化，表明了家庭和家族之间存在着一种此中有彼、彼中有此的现象。“为了研究领域的限制，作一般学术上的界定是必要的，但在实际的研究中我们也很难将古代的家、族，按照对现代家、族界定的标准区分得一清二楚，区分也只能是相对的。”[31]这种观点，也许更符合家庭和家族研究的实际情形。

家族文化是基于家庭活动的一定行为方式，但是，这并未意味着只要存在家庭就能形成家族文化，或者说是不同的家庭活动方式构成不同的家族文化。由于历史演化，有的地方存在家庭文化，但是，已经没有了真正意义上的家族文化。这里，家族的规定性是决定家族文化是否存在的一个重要因素。在这些规定性中，两个因素至为重要，一是家族成员是否组织起来，无论它是显性的还是隐性的；二是家族的形态是否跨家庭边界的，乃是许多家庭所组成，“是一个社群的社群”[32]。如果具备这样两个因素，就有条件形成家族文化。家族具有特定的生活方式、人际关系及其行为规范，体现出一定的文化特征和功能。从某种意义而言，家族文化主要包括调整家族成员关系的伦理道德规范、家族成员的行为规范、家族成员的家族观念以及对于自身、社会与家族关系的认识。一般认为，家族文化包括三个方面，即人伦秩序、道德情感和价值理想，它的内涵极为丰富和复杂，而且，随着社会历史的发展不断地演化、更新和完善。“家族文化从原古的群体劳作方式和生产方式中萌发出来，逐渐形成社会的主导文化，对社会的政治、经济、文化产生了不可磨灭的影响，使中国社会的各个层面，动态抑或静态的，都被其所包蕴、所消化、所感染、所同化”[33]，使传统社会乃至现代社会都可以强烈而深刻地感受到家族文化的核心精神的驱动。

本著作的概念体系，将以上述认识作为基本态度。

第三节　伶人家族研究现状述评

家族研究，一直吸引着社会学者、人类学者、历史学者的关注。20 世纪上半叶，随着西学东渐，西方的家族研究方法逐渐传播到了中国，而且，在二三十年代，甚至还出现过一个家庭与家族的研究热潮。林耀华在《社会学界》上发表了《从人类学的观点考察中国宗族乡村》一文，提出研究宗族的新方法，分析了在家族背景下的个人生活以及家族结构。此时，还出现了徐益棠的《中国古代之家族》、潘光旦的《家族制度与选择作用》、雷海宗的《中国的家族制度》、吕思勉的《中国宗族制度小史》、陶希圣的《婚姻与家族》、高观达的《中国家族社会之演变》等著作，大多是围绕着家族与族权的形成、分解以及没落等问题进行研究。另外，潘光旦的《明清两代嘉兴望族》，探讨了各个世家大族的演变以及迁徙、婚姻和夭寿等状况，并提出了家族兴衰主要取决于宗族的遗传和教育。这一时期，家族研究的学术重心在先秦宗法制度和世家大族等领域。此外，也有与家族制度和婚姻制度互为联系的家庭问题研究，例如费孝通的《江村经济》、《生育制度》等著作，虽然不是专门研究家庭和家族的，但是，它的考察基础起点都是在于家庭，《江村经济》从家开始推及社会生活各个方面，并归结于以家为基础的各种经济关系与社会结构，《生育制度》则是认为家庭成员之间的关系，乃是一种以“生”与“育”作为基础形成的关系，揭示了人类社会的生物性和社会性的关系。“文革”前十七年，按照历史唯物主义和辩证唯物主义等认识原则，家族研究仍然集中在宗法制度和魏晋世家大族等学术领域。

中国家族研究长期集中在宗法制度和世家大族等学术领域，说明了学者也是根据时代的现实感受和政治需要选择研究对象，20世纪上半叶族权和豪门家族一直是一个值得关注的重要社会现象，到了“文革”前十七年，又是因为政治的需要，乃是为了肃清族权和豪门家族的封建主义影响，故而继续研究这些家族命题。

这种情况，到了80年代，由于社会语境和文化生态的重大变化，家族研究也进入到一个新的发展阶段。这一时期，出现了颇有学术价值的通论性著作和断代性著作。通论性著作较有代表性的，徐扬杰的《中国家族制度史》是一本上自原始社会末期和下至近现代的通论性专著，以家族制度作为研究对象，因为家族和家庭的相互关联，也涉及家庭问题，例如原始家庭的发生和发展，个体婚姻形态下个体家庭的产生，战国和西汉时期血缘关系的松弛以及个体小家庭的普遍倾向，北魏至唐代的世家大家庭，宋代之后的大家庭及其形态结构等。王玉波的《中国家长制家庭制度史》，认为秦汉之后封建家长制家庭结构模式的特征是父权至上，父与子构成家庭的核心和主体，封建宗法等级格局中的尊卑、贵贱、长幼和亲疏，决定着家庭的人际关系。它的社会职能，主要体现为“奉先思孝”和“子孙昌炽”，同时，也包括了生产、分配、消费职能以及其他方面的职能。曾有论者评价道：“作者从家长制家庭这一重要社会历史现象入手，全面论述了家长制家庭的早期形态、社会功能、家长制家庭的类型和形式，以及封建礼制在中国几千年文明步途中演进的轨迹，提出了许多启人思考的观点。”[34]此外，王沪宁的《中国村落家族文化——对中国社会现代化的一项探索》、冯尔康的《18世纪以来中国家族的现代转向》以及冯尔康、常建华等的《中国宗族社会》、岳庆平的《中国的家与国》、钱杭的《中国宗族制度新探》，论述的内容都涉及家族形式、组织、功能、结构以及国家与家族、国家的家族政策等内容。断代性著作方面，有朱凤瀚的专著《商周家族动态研究》、李卿的《秦汉南北朝时期家族、宗族关系研究》、阎爱民的《汉晋家族研究》、张邦炜的《宋代婚姻家族史论》、王善军的《宋代宗族和宗族制度研究》、刘晓的《宋代家庭、家族与社会》、徐扬杰的《宋明家族制度史论》和《明清家族制度史论》、朱勇的《清代宗族法研究》等代表性著作，基本上涵盖了各个朝代的家族断代研究。

除了通论性著作和断代性著作，家族个案研究也是这一时期的主流，它的主要研究对象是各个朝代和各个区域的门阀士族与世家大族，应该说，它对于揭示某一历史时期和地域文化的社会实质具有较高的认识价值和科学意义。它既有通论和断代结合的世家大族专门研究著作，例如王善军的《宋代世家大族：个案与综合之研究》和《辽代世家大族研究》等专著，但是，更多的是门阀士族与世家大族的个体研究，何新所的《昭德晁氏家族研究》，汤江浩的《北宋临川王氏家族及文学考论：以王安石为中心》，蔡静平的《明清之际汾湖叶氏文学世家研究》，洪永铿、贾文胜、赖燕波的《海宁查氏家族文化研究》，刘鹏佛的《清代湘乡曾氏家族与经济社会》，郝丽霞的《吴江沈氏文学世家研究》，李鹏程、王厚香的《天下第一家——孔子家族的历史变迁》，周冠五的《鲁迅——家庭家族和当年绍兴民俗》，李桂芝的《金元时期浑源刘氏家族研究——以刘祁为中心》，都是值得关注的家族个案研究著作。

区域研究，也是家族研究的一个重要方向。20世纪30年代潘光旦的《明清两代嘉兴望族》，即是一部区域家族研究专著。80年代以后，出现了林济的《长江领域的宗族和宗族生活》，郑振满的《明清福建家族组织与社会变迁》，邹重华、粟品孝主编的《宋代四川家族与学术论集》，江庆柏的《明清福建家族组织与社会变迁》等区域家族研究著作。

这一时期，还出现了以家族为研究本体，与其他人文科学领域研究相互结合的学科交叉性著作，例如文学方面，出现了曹书文的《家族文化与中国现代文学》、王建科的《元明家庭家族叙事文学研究》、杨经建的《家族文化与20世纪中国家族文学的母题形态》等著作；经济方面，出现了刘平青的《家族基因：家族企业生命力解读》，程书强的《中国家族企业：成长中的控制权转移研究》等著作。

另外，80年代以来，国外家族研究专著也不断被介绍到了中国，奥地利学者迈克尔·米特罗尔和雷因哈德·西德尔的《欧洲家庭史》、德国学者F. 缪勒利尔的《家族论》、日本学者滋贺秀三的《中国家族法原理》、美国学者詹姆斯·休斯·JR的《让家族世代兴盛》，都为中国家族研究提供了一种国际视野和目标。港台的家族研究专著也被介绍到中国内地，例如台湾学者黄宽重、刘增贵主编的《家族与社会》，增进了两岸三地家族研究的互相了解和沟通。

从上述中国家族研究情况的简述中，可以发现中国家族研究的深度和广度都在不断地加深和扩大，学术含量正在逐渐提升，许多研究课题都有较强的现实启悟性和参照力，从原来的政治冲动或者政治需要转到了学术本体的层面，而且，研究方法也逐渐国际化，个案研究、区域研究、量化分析和结构功能论证成为中国家族研究的几个主要趋势，强调“实态考察”和“现场分析”对于中国家族研究的重要意义，重视“关系”研究，即家族成员与家族的互动关系、家族成员之间的互动关系、家族与外部的互动关系，包括与宗族、社区、国家的互动关系，而且，在家族与外部的互动关系中，注意考察国家权力对于家族的塑模作用。根据上述家族研究情况简述，还可以发现以下具体特点，一是从综合研究到综合研究和个案研究相结合发展，20世纪上半叶到“文革”时期，较为注重家族整体研究和世家大族整体地位研究，80年代以后，个案研究大量增加，出现了综合研究和个案研究共同发展的局面；二是从原来注重研究中央大族或者与政治中心相关的世家大族，转向也开始重视区域研究，揭示家族的地域特色及其对于基层社会的影响；三是各种学科的科际整合，如家族文学和经济家族的专门研究，这种学科之间的交叉研究，也包括方法论层面，除了个案研究、区域研究等方法外，社会学的家庭关系、社会流动等理论以及量化分析方法，经济学和法学的财产、人口理论、人类学的血族、继嗣、亲属、婚姻观念都被引入到家族研究之中，使家族研究出现了科际整合的学术气质。

对于目前我国家族研究存在的问题，陈爽在《近年来有关家族问题的社会史研究》一文中，曾作了详细论述。他从三个方面进行总结，一是需要确立严格学术规范，他认为：

> 宏观理论研究的薄弱导致微观研究的困境，具体到家族问题的研究，便是缺乏严格的学术规范。以个案研究为例，许多论文多侧重于家族的士宦升降政治地位，而对家族的经济状况、宗族结构、家族习俗、宗教信仰等方面则较少涉及，从严格意义上讲，许多文章并不属于社会史的范畴。理论研究薄弱所导致的另一种倾向是概念不明或滥用概念，现代社会学关于家庭有“核心家庭”、“主干家庭”、“单一家庭”、“复合家庭”、“扩大家庭”等概念的严格界定。个别研究者在尚未全面理解的前提下便把它们简单地套用到自己的研究中，导致了研究的偏差。

二是重视“新史科”的开掘。墓志、族谱、方志和其他档案材料浩如烟海，仅以个人之力以及传统的研究手段，难以吸收和消化如此众多的文献信息。因此，需要借鉴国外学术界的研究经验，以团队方式以及运用现代科技手段，对史料进行集约化整理。另外，需要重视民族学和考古学的研究资料，它们的社会调查和田野发掘报告，都是家族研究的第一手材料。由于专业的隔膜，这两方面材料一直没有得到充分的利用。

三是注意宏观与微观的结合。他认为：

> 选题的杂乱和琐碎，是目前家族史研究的一个通病。在这方面，许多学者有着不得已的苦衷：就宏观研究来说，由于材料分散，分析比较的难度较大，结论容易流于空泛；个案研究随意性较大，难以得出具有普遍性的结论，结人以琐屑的感觉。于是，在近年来的家族研究中，便出现了一批“大一二三、小一二三、ABCD”式的两张皮式的通论文章和“跑马圈地”式的个案研究论文，满足于低水平的简单重复。微观的具体研究必须有宏观的理论指导，脱离或缺乏宏观理论指导的微观研究必然走向繁琐和细节化，背离总体社会史的展示社会历史全貌的初衷。[35]

除了以上所论，还有一些问题需要家族研究者思考。第一，科际整合，这是世界学术发展的一个重要趋势。在家族研究方面，不仅历史学、社会学、文化人类学、经济学、人口统计学、法学等学科的理论知识以及跨文化比较的研究方法都得到不同程度的运用，而且，有的学者还采用电脑技术手段处理大量相关数据信息并建立各种数字模型。这种多学科理论方法以及新技术手段的运用，是研究中国家族问题的一个重要途径。但是，它不能够淹没家族研究的主体，也就是说，还需要考虑作为研究对象的家族本身具有怎样的内在逻辑结构以及应该如何从家族本身的内在逻辑结构出发开展探索。例如运用计量方法与电脑技术进行模拟分析和建立模型，虽然有利于避免单纯依靠文字记载进行定性分析所导致的某些简单概念化以及违背基本逻辑的错误，但是，由于历史资料本身的局限，加上数字模型在参数选择和条件设定等方面具有一定的主观性，它所得出的结论也可能与历史的真实情况距离很大，也是需要充分注意的；第二，虽然强调“实态考察”和“现场分析”的重要意义，但是，在实际研究活动中，家族研究仍然较多集中在观念变革研究方面，即家族的外观部分，对于家族及其家庭生活运行的实际情态，也即实际的家族关系、家族结构与家族生活方式变革的研究，相对说来仍明显滞后，成果仍然不太显著；第三，家族研究领域和视角还可以扩大，例如职业型家族和家族传统社会身份进行研究，前者如警察家族、律师家族、教师家族等，后者如官僚世家、文化名门世家等，也可以从另一个侧面认识中国家族变革和演化的真实情形。

家族及其家庭研究一直是国际学术界一个相当活跃的研究领域，不但它的研究者非常多，而且，每年都有大量的关于家族及其家庭研究的论著出版。在西方学术界，家族及其家庭研究属于私人领域（Privat Leben），它与公共领域（Oefentlichkait）互为对应。近几十年来，由于多学科学者的共同参与，家族及其家庭研究成为发展最快的领域之一。历史学者、社会学者与人类学者之间关于家族及其家庭结构和模式演变的讨论和对话，促进了相互之间学术思想与研究方法的吸收和交融。尤其需要关注的是，近几十年来，几次大的历史辩论几乎都与家族及其家庭研究有关。例如关于近代工业化问题的讨论，家族及其家庭就是一个非常重要的论题；后现代文化学派关于文化问题的辩论，也多是与家族及其家庭有关。应该说，家族及其家庭研究是国际学术界一门很大的学问。他们对于中国家族的研究，也早就已经产生成果。20 世纪 30 年代，日本在中国的河北、山东等省份农村进行调查，也即满铁调查，获取了华北农村居民家庭与经济社会生活的详细田野资料。1955 年公布以后，促进了对于华北农村家庭的研究。日本学者仁井田陞等利用这批田野调查资料研究中国农村的家族制度，主要是围绕着家族的功能和结构进行分析，成果引起家族研究者的广泛关注。国际学术界对于中国家族的研究，大多运用社会学的个案研究方法，进行中国古代家族制度等课题的研究，这也几乎成为了海外学者的一个通例。

对于中国家族问题研究，中国学术界应该加强与国际学术界的交流与合作。由于中国家族问题研究力量一直较为分散，相互之间以及与国际学术界的交流和合作并不令人满意。

有的学者指出，“西方社会科学界对中国家庭的了解仍停留在19世纪末或者20世纪初，他们对中国家庭的印象还是妇女裹小脚，这一状况严重影响了其有关中国的研究结论。因此，中国家庭史研究者应积极与西方社会科学界对话，提供新鲜的研究成果，改变他们对中国家庭和社会的陈旧看法。”[36]另外，国际学术界关于家族研究的一些经验教训，也可以引起中国学术界的警戒，例如科际整合，从其他学科引入许多新的概念和新的研究方法，但是，这些概念和研究方法之间很有可能缺乏学科的内在联系，不仅难以架构家族研究体系的理论框架，而且，使家族研究日趋琐碎化，故而科际整合虽然有利于研究视角的翻新和整合，却是需要注意不同学科之间概念和研究方法的衔接性和合理性。还有关于宏观与微观研究的问题，“在这方面，西方史学界也走过一段弯路。法国年鉴派史学家早就注意到这一问题，他们警告说，所谓‘全面’是指研究所有的人类活动，并非力求包含一切琐碎的细节。琐碎的研究也无助于社会史研究的健康发展，因为历史的规律并不是无数具体史实的堆砌和排比。”[37]这些西方学者“走过一段弯路”的研究方法论问题，对于中国家族是不无启示的。

在中国家族研究领域中，伶人家族研究一直是一个弱项。由于中国伶人的特殊社会身份，在史籍中著录甚少，“在明清时期以前，优伶能够进入正史作传的很少，比较典型的只有司马迁的《史记·滑稽列传》、欧阳修的《新五代史·伶官传》、马令的《南唐书·诙谐传》等少数几部，大部分散落在各种野史，以及文人的笔记、随笔、诗文中，文人专门给优伶作传的专著也只有夏庭芝的《青楼集》等极个别的。”[38]对此，潘光旦教授也曾有如下表述：

> 在男伶方面，我们简直找不到什么比较有系统的记载。我们从杨廉夫的《铁崖文集》里，知道元代有一位王晔编过一种《优戏录》，……它至少教我们知道，关于元明以前的伶人，我们还有过这么一种有系统的作品，而关于元明时代的越发来得成熟的伶人，就是，伶人的资格更具备的伶人，反而没有人出力把他们搜集拢来，成一种专书，不但没有专书，并且连零星的记载也是凤毛麟角一般的不可多得，……我们也知道近人王静安先生所作《优语录》里，所录伶人的故事一起不到五十则，几乎全都是宋代和宋代以前的，明代只得一则，是弘治年间的事，元代连一则都没有。也可见可引的材料确乎是不多了。
>
> 上文提到钟丑斋的《录鬼簿》，……其实不过一种一百五十个戏剧作家的汇传罢了。……但在这一百五十个中间，我们也居然找到了四个伶界人物，幸亏他们同时也是剧作家，否则还不传咧。[39]

在这些著作和笔记、随笔、诗文中，都只是在记叙伶人史迹时，附带涉及伶人的家庭与家族史料，都不属于专门的伶人家族著作。在伶人被隔离化和孤立化的社会语境下，史家也不可能对伶人及其家族投以过多的关注，加上关于伶人及其家族的史籍资料又少，因此，难以出现伶人家族著作，也应该是符合历史客观情况的。

这里，涉及史家对伶人及其家族的关注问题。应该说，中国正统的儒家精神与戏剧总是显得有些疏离。余秋雨教授称道：

> 这种以儒家理想为主干的艺术精神，是一种“非戏剧精神”。
>
> 当戏剧繁荣之后，坚守儒家道统的人也会看点戏、写点戏。但是，大凡儒家的宗师巨匠，总与戏剧美保持着明显的距离。严格按照儒家观念写出来的戏也有一些，但大抵不是上乘之作。[40]

孔子在“夹谷之会”，逼迫君王斩杀伶人，这是史籍记载的第一例伶人遭受杀戮的事件。这一史实，戏剧研究者较为熟知，它在史籍中被多次著录，只是内容稍有差异。有的后世学者对此颇为怀疑，认为是否是陋巷穷儒故意诋毁孔子。史籍中关于伶人对于孔子不恭的史迹也有记载。《旧唐书》十七称：

> 太和六年二月己丑，寒食节，上宴群臣于鳞德殿。是日，杂戏人弄孔子。帝曰：“孔子，古今之师，安得侮黩”，亟命驱出。

孔子，这位儒学之祖，不知是否“夹谷之会”而得罪了伶人，才有“杂戏人弄孔子”。不管“夹谷之会”是否在历史上真实发生过，孔子对伶人确实一直比较厌恶，《论语》即有称：“放郑声，远佞人。”他的儒学继承者也是对戏剧保持了一种足够的警惕，朱熹在任漳州郡守时即曾颁布《郡守朱子谕》，训诫不得“装弄傀儡”。

> 也正为此，中国戏剧集中地成熟于“道统沦微”的元代。
>
> 也正为此，就连很成气候的元杂剧，竟也两朝史志与四库集部，均不著于录。
>
> 也正为此，对中国戏曲史的系统研究，只能产生于传统思想观念全面衰弱、欧风美雨开始拂荡的20世纪。
>
> 也正为此，第一部中国戏曲史专著的作者王国维（1877—1927）一旦在时代的风雨中意识到自己复古返经的使命，便急急地中止了这项研究。[41]

中国伶人家族研究，“也正为此”，“只能产生于传统思想观念全面衰弱、欧风美雨开始拂荡的20世纪”。从现代学术意义上的伶人家族研究，只能从这一时期才能出现。

明清时期，已经出现了较多有关伶人的著述。例如梅鼎祚的《青泥莲花录》、赵庆祯的《青楼小名录》、吴太初的《燕兰小谱》、李斗的《扬州画舫录》、严长明等的《秦云撷英谱》、小游仙客的《菊部群英》、寄斋寄生的《燕台花史》、陈森的《品花宝鉴》等著作。到了公元纪年以后，关于伶人的著述愈发增多了，例如王芷章的《清代伶官传》、宣南客的《现代名伶》、剑影客的《天津名伶小传》、燕石的《北京女伶百咏》、张云白的《伶史》、穆辰公的《伶史》、宋凤娴的《名伶世系表》、周明泰的《道咸以来梨园系年小录》。此外，需要提及的是，一些日本人撰写的关于中国伶人的专著，较有代表性的有波多野乾一著、鹿原学人编译的《京剧二百年历史》、辻听花的《支那芝居》等著作。

这些关于戏曲和伶人研究的著作，不同程度涉及伶人家族的史料，有的还比较详尽而全面。但是，这些著作，大部分还不是现代学术意义上的伶人及其家族研究，缺乏一种严格的学术规范，大多是描述式的、记录式的、随笔式的和感想式的，有的还是一种文学作品，例如陈森的《品花宝鉴》，只能作为了解那个时期伶人及其家族社会日常生活以及社会氛围的一种形象注释。“我国以前没有研究伶人的作品，只有叙述伶人的作品。并且这种叙述的目的是在纪念、在劝惩、在揄扬，去研究的用意极远。”[42]这个判断，适合于明清时期以前关于中国伶人的著作，它们的目的确实“是在纪念、在劝惩、在揄扬”，而不是一种研究的性质，但是，明清和公元纪年时期关于伶人及其家族的著作却并不完全如此，它也程度不同地包含有对于伶人及其家族研究的意味，只是它没有具备一种现代学术的研究方法和手段，大多数仍然属于“叙述伶人的作品”。“伶为贱业，士夫多卑不屑谈，故其术多隐而不彰，中华公元纪年成立以来，始稍稍有以谈剧文字见诸著述者。然以研究无素，故多隔靴搔痒之词。”[43]这些“叙述伶人的作品”，也乃是因为研究无素，故多隔靴搔痒之词。它们的学术价值在于，它们保留了当时关于伶人及其家族的原始资料，为后人研究伶人及其家族提供了难能可贵的文献基础。

20世纪，从现代学术意义上最早与伶人家族研究发生关系的，是潘光旦教授的著作《中国伶人血缘之研究》。潘光旦教授是一位社会学家，他运用社会学以及遗传学、优生学、地理学等相关学科的研究方法，对中国伶人的血缘关系进行详细而深刻的论证。第一，他提出了一个研究的总体概念，即“分布”，作为整个研究工作的基础立论，从“分布”的角度来观察和研究中国伶人的血缘关系情况；第二，这种分布，分为地理分布、血缘分布和阶级分布三种角度，建立了中国伶人血缘关系的基本框架；第三，他根据现代家族的学术研究方法，详列了多个伶人家族血缘网以及脚色奕世蝉联、籍贯分布、伶人移植、不入血缘网的各个家系等统计和图表资料，构成了一份现代学术意义上的中国伶人家族血缘研究资料。应该说，潘光旦教授的《中国伶人血缘之研究》，是中国伶人家族研究第一次开始进入现代学术研究层面。它的学术影响力量，无疑是长久而深远的。

但是，需要关注的是，潘光旦教授的这部著作，是从人才问题来研究中国伶人血缘关系的。他自谓：

> 这是我对于中国人才问题的第一种比较有系统的研究尝试。我相信我所用的立场是一个比较新鲜的立场；用了生物遗传的眼光来观察中国的人才，这大概还是第一次。……
>
> 中国的人才不止一种，何以偏要从伶人做起？……第一，伶人的史料比较别种人才的要少，并且在时代上要来得近，所以容易搜集。……第二，伶人的社会地位和别种人才的社会地位有一种很显著的不同。……这种现象，虽然不幸，于伶人的日常生活，虽也是弊多利少，但对于我们做研究的人，却是一大方便。由于一样研究一种事物，凡是和别种事物分得开、划得清些的，总要比分不开、划不清的容易下手。……人才的研究也是如此。如今伶人碰巧是比较自成畦落的一种人物，所以我们就乐于引来做这一类研究的第一种对象了。[44]

正是因为如此，潘光旦教授的这部著作没有从家族研究的一些基本命题进行研究，例如伶人家族的功能、结构和发展，更没有从家族文化角度来研究家族的伦理道德规范、行为规范以及家族概念等问题，因为他是运用了“用了生物遗传的眼光来观察中国的人才”。

此后，中国虽然也出现了一些与伶人家族相关的著作，但是，都没能够产生很大的学术影响。它主要可以分为三类：

一是一些著名伶人及其伶人家族成员的回忆录和纪念著作，这里也包括伶人及其伶人家族成员与其他专业人员合作撰写的回忆录和纪念著作，其中也会涉及伶人家族的具体情形和日常生活情景，例如梅兰芳的《舞台生活四十年》，梅绍武的《我的父亲梅兰芳》，马龙的《我的祖父马连良》，周少麟的《海派父子》，宋丹菊、刘松岩、肖漪的《珠光菊影》。但是，由于它属于回忆录和纪念著作的性质，它的任务不在家族研究方面，因此，它仍然属于“叙述伶人的作品”。

二是关于著名伶人的传记，有些还是列入“百年家族”之类丛书的，例如李仲明、谭秀英的《梅兰芳》、李仲明的《谭鑫培》，《〈百年家族〉编者序言》称道：“近年来一股强劲的研究家族史的势头正在史学界掀起，形式新颖的‘家族史’与‘口述历史’的读物正在成为人们津津乐道的话题，而本丛书正是在这种新情势下编辑出版的”，“希望写成以人物为载体，以家族为场景，给读者以思考的生动活泼的著作”，“以家写人，以家透视社会，人是时代的人和家族的人，对人的行为和家族的走向都有哲理的解析。"[45]河北教育出版社出版了一套"京剧泰斗传记丛书"，包括程长庚、谭鑫培、杨小楼、盖叫天、余叔岩、梅兰芳、周信芳、马连良、荀慧生、程砚秋、裘盛戎、张君秋等十二位著名伶人的传记。人民音乐出版社也出版了一套"中华名伶传奇丛书"，计有谭鑫培、田际云、杨月楼、唐韵笙、言菊朋、奚啸伯、叶盛兰、赵荣琛、顾正秋、丁果仙、刘喜奎、李桂云、魏喜奎、小白玉霜、喜彩莲等"中华名伶"的传记。"百年家族"从书的两本有关伶人家族的著作，对家族的历史描述较为详尽，后面两套丛书则也涉及一些关于伶人家族的史实，但是，这些著作都是传记，它缺乏一种家族研究的学术规范，甚至也没有涉及家族研究的一些基本方法和基本范畴。作为一种传记，它们已经达到了目的，从史的角度描述了伶人及其家族的发展，从而成为"给读者以思考的生动活泼的著作"。

三是文化学者对于特定地域与断代历史的伶人家庭及其家族研究。如果说前面两类由于著作性质关系，不同程度地存在着"叙述伶人的作品"，这些文化学者的著作则是属于"研究伶人的作品"。项阳的《山西乐户研究》，在总结了韦运庆《明清史辨析》、张正明的《明代的乐户》、经君健的《清代社会的贱民等级》等关于中国社会"贱民阶层"的研究之后，对"山西乐户"这一具有地域特色又包含有制度规范的特殊群体，他们在传统社会中的生存状态以及发展演变情况，进行了具有创新意义的探讨。乔健等的《乐户：田野调查与历史追踪》，则是体现了人类学者的研究特点，从人类学的田野调查方法入手，分析了"乐户"阶层的生存状态、生存内因以及群体心态和气质。这些著作，大多是属于一种局部研究、区域研究以及断代研究，它们不是属于伶人家族的通论研究，更不是家族文化性质的研究。需要肯定的是，它们为"对此课题的更加深入研究提供了具有拓荒性质的理解"[46]。

应该说，目前中国伶人家族文化研究，已有研究成果的相对薄弱与研究对象本身的厚重内涵不相适应。它主要表现在以下四个方面：

第一，描述性质较为普遍，缺乏家族文化研究学理的厚度和深度，也缺乏一种真正的问题意识。由于这种描述性质，也就大多停留在伶人家族内部关系的简单肯定或者简单否定上，对伶人与原来传统家族、自己所形成的家族以及家族之间的复杂关系，缺乏一种深入细致的分析和探讨，在研究的深度和广度上都有较大的局限，尤其是在伶人家族文化的研究上，颇有一些"滞后"的现象。

第二，研究视角较为单一，手段也较简单。例如科际整合，除了个案研究、区域研究、断代研究等方法，前所论及的社会学的家庭关系、社会流动等理论以及量化分析方法，经济学和法学的财产、人口理论、人类学的血族、继嗣、亲属、婚姻观念等方法都较少被引入到伶人家族研究之中。特别需要注意的是，文化视角仍然较少介入，"少有人致力于贯通、综合和整体解释，忽略了历史文化发展的大势和精神”[47]，缺乏文化研究的一种俯视性和整体性。

第三，目前的中国伶人家族研究中，较多关注的是知名伶人家族，而对一般伶人家族关注不多。这是整个家族研究的一个通病，研究多为偏重精英家族，对于一般家族的家族关系、家族结构与家族生活方式的实际情态研究不多。伶人家族文化研究也不例外，而且，它具有一定的特殊性，关于伶人及其家族的史料本来就比较少，“坤伶事迹，道听途说，缺焉不备”[48]，这些史料也多关注伶业显著者，根据这些史料研究得出的结论，也就很难符合一般伶人家族的真实情形，因为知名伶人家族已经具有一定的非常性质。

第四，由于研究者与伶人家族的特殊社会关系，或者个人偏爱关系，或者某种功利目的的需要，在著述过程中可能对伶人家族的真实历史和真实情景有所夸饰、有所溢美，或者有所隐瞒、有所忌讳，也是一个不容忽视的著作史料事实。这在某种程度上也影响了这些相关伶人家族著作的学术质量。因此，对于这些相关伶人家族著作，也需要注意它描述的历史和情景的真实性和可靠性，尽力恢复它的历史真实图景。

关于外国学者对于中国伶人及其家族的研究，前面已经提到过日本人波多野乾一和辻听花。波多野乾一除了《京剧二百年历史》，还著有《支那剧と其名优》、《支那剧五百番》等著作，辻听花也还著有《中国剧》、《中国戏曲》等著作。此外，村田乌江著有《支那剧と梅兰芳》，大岛友直著有《品梅记》。这些著作，有些是在日本出版的。对于波多野乾一的《京剧二百年历史》，北京市艺术研究所、上海艺术研究所编著，1990 年出版的《中国京剧史》的评价称：“严格说，这不是一部真正意义上的史著，而且由于作者缺乏精细的考订和深入的研究，因此所述内容多有讹误。”而对辻听花的《中国剧》的评价称：“由于作者仅仅凭借对中国戏曲的一般了解及直接观感进行著述，缺乏认真研究，所以全书失于粗浅，错误不少。”[49]由此，这些著作的学术质量，是颇为值得怀疑的。日本东京大学的田仲一成教授，是日本研究中国戏曲的知名学者，他的一本与家族相关的著作《明清的戏曲——江南宗族社会的表象》，被翻译成中文以后，2004 年在中国出版。这本著作不是研究中国伶人及其家族的，而是研究明清江南宗族与演剧的关系的，但是，对于研究中国伶人及其家族文化，也有一定的参考价值。西方学者对于演员家族也有一定的关注，英国学者戈尔登（Francis Galton）1869 年出版了一本著作《遗传的人才》（*Hereditary Genius*），在论述的各种人才里并没有伶人，但是其中也涉及伶人，称道：“伶人之间的婚姻与血缘关系是很密切的——唯其密切之至，他们差不多成为一种特殊的阶级。”[50]英国学者霭理士也出版过一本《一个英国人才的研究》（*Havelock Ellis*，*A Study of British Genius*），关于伶人的部分共有三处，一是关于属籍或者国籍的分布；二是伶人的出身或者家世；三是伶人的肤色。美国学者摩西士（Montrose J. Moses）在 1906 年写过一本关于演员家族的著作《美国的优伶世家》(*Fa - mous Actor - Families in America*),全书凡十一章,除了第一章《今日与明日》的引论之外,其他都是每一章论述一个伶人世家。从摩西士的研究中,也反映了伶人与伶人之间结婚的频数,说明了“类聚配偶律”的作用还是颇为显著的,同时,优伶世家家业能够相承,估计也会有着遗传的因素。这些西方学者的著作,对于研究中国伶人家族文化,不但在方法论上具有一定的参考意义,而且,在观点和史实上也有某种启悟以及比较的价值。

第四节　本著作的研究设想

根据上述所论,也就基本上可以确定本著作的目的和任务。

第一,本著作以文化人类学作为主要的研究方法,突出一种大文化的研究视角,使原来“叙述伶人的作品”的伶人家族研究风格,提升到“研究伶人的作品”的文化研究的层面,它的最终目的,是通过中国伶人家族文化生态的研究,“探索一个族群的集体心理”,乃至“探索中国人‘文化——心理结构’的形成过程”。

如前所论,如果通过学术的途径“探索一个族群的集体心理”,伶人家族文化研究也是“最佳的选择”,应该说,它也是文化人类学研究的“最佳的选择”之一。“伶才是一种受隔离的人才,并且这种隔离的现象有两方面,一是社会的与心理的,二是生物的与血缘的。”[51]由此,伶人及其家族已经构成一种文化现象。另一方面,正是因为这种“受隔离的人才”,“对于我们做研究的人,却是一大方便。由于一样研究一种事物,凡是和别种事物分得开、划得清些的,总要比分不开、划不清的容易下手”,“如今伶人碰巧是比较自成畦落的一种人物,所以我们就乐于引来做这一类研究的第一种对象了”。如此,也就使伶人家族文化生态成为文化人类学研究的“一大方便”,尽管它不一定成为“做这一类研究的第一种对象”。

文化人类学研究文化的所有问题,它对于文化的认识是有共识的,即文化乃是后天所得,文化是共享的,文化具有一定模式,文化具有惯性以及变迁,文化通过符号显示,文化对自然社会既有适应也有冲突,文化是一个被整合的整体,[52]但是,文化人类学对于最为关心的研究范畴还是有所选择的。一是文化评价问题,即文化是否存在着优劣之分;二是关于文化变迁问题,涉及文化的继承与发展,文化的传统与交流,文化传统资源的丧失与文化遗产的保护等问题。文化不能没有传统,但是,任何文化都会面临着变迁的问题。具体而言,它的研究对象包括征服与文化强制、发明与文化更新、传播与文化发展、坚持反抗与冲突、文化丧失、接触与涵化、现代化、代沟、认同、文化遗产保护等问题;三是文化涵化问题,即两个不同文化的人类共同体在直接接触中,结果造成一个群体或者两个群体原来的文化形式发生了大规模的变化，也就出现涵化。[53]中国伶人家族文化生态研究，也是属于这种范畴，从伶人家族的变迁之中来折射出一种文化的内涵以及国民人格内涵，同样也可以说，“这些命题属于文化人类学，因此也把戏剧文化学的‘文化’概念作了高层次定位。由此可知，戏剧文化学的主要研究对象，是在戏剧行为中人类既隐秘又普遍的生态和心态。”

中国儒学虽然一直对伶人及其家族不太友善，但是，中国人的生活艺术其实是和戏剧最为接近的。美国学者明恩溥（Arthur H. Smith）在《中国人的特性》里写道：

> 我们真要明白中国人之所以爱面子的理由，我们先得了解中国民族是一个富于戏剧的本能的一个民族。戏剧可以说是中国独一无二的公共娱乐；戏剧之于中国人，好比运动之于英国人，或斗牛之于西班牙人。一个中国人遇到什么问题而不能不加以应付的时候，他就立刻把自己当做一折戏里的一个脚色，……假若这问题居然解决了，他就自以为“下场”或“落场”得很有面子。假若不能解决，他就觉得不好“下台”。再若不但未能解决，并且愈闹愈糟，他就不免有十分“坍台”的感触。再若问题之不易解决，是由于旁人的干涉或捣乱，他就说那人在“拆他的台”。总之，在中国人看来，人生就无异是戏剧，世界无异是剧场，所以许多名词就不妨通用。[54]

这里，人生如同戏剧，个人如同脚色，中国人的情感人格确实有与戏剧同格的一面，这大概也应该与国民人格有关。这些年来，国民人格研究颇受重视。台湾学者李亦园在《中国人的性格》一书的序言中写道：

> 我们认为虽然国民性的研究在目前已不如第二次世界大战终了时那样成为热烈讨论的题目，但在基本文化与人格理论上仍有其重要性，而且这是一个最适宜于作行为科学或社会科学科际综合研究的题目。何况我们对于自己民族的性格也很少有真正作学术性探讨的机会，在这个交通发达、不同文化接触频繁的时代，对自己能多作了解，才能在接触别人的情境下认清自己，而不至于迷失方向，这也是很重要的。从过去研究的经验，我们觉得要有效地研究国民性或民族性，应从心理学、人类学、社会学、精神医学以及史学与哲学各科不同的方法和观点来作综合性的讨论。[55]

我在博士学位论文《中国优伶性别表演研究》一书中提出，中国人对待优伶的“面具人格”，中国人经常在多种社会角色之间“相互摆弄”（an interplay），恐怕也是和中国人的情感人格与戏剧同格有关，国民人格中具有一种“表演”性格，而且，也符合社会表演学的四类行为，即目的性行为、规范调节行为、戏剧性行为、交往行为。这里，既有着集体有意识，也存在集体无意识，已经内化为中国人的人格结构。

中国人对待伶人家族却并不如此。与对待伶人的“面具人格”不同，对待伶人家族却是采取隔离和孤立的策略，是一种高压的“单面人格”。对待伶人和对待伶人家族，为何会存在着差异？为何一个是“面具人格”，一个是“单面人格”？两者之间是如何转换的？两者之间又是如何接通的？这些，大概都应与国民人格有关。因此，在中国伶人家族研究中，注入一种“文化研究”视角，就有可能触摸到“中国人‘文化——心理结构’的形成过程”。

在此，需要具有这样的一种研究态度：

> 力图摆脱以“史料”替代“史实”的弊病，想在大量的资料之上浮悬起一副现代人的目光。这副目光因为要坚持一定的整体性、鸟瞰性、思考性而不得不保留一定的陌生感。即便对于自己熟悉的一切，也要拉开距离来看，并在距离间投入欣赏、比较和反讽。[56]

这是我的研究理想。

由此，本著作的第一个研究价值，可以表述为：它使中国伶人家族研究，开始提升为中国伶人家族文化研究，“也把戏剧文化学的‘文化’概念作了高层次定位”。

第二，中国伶人家族研究，已经出现了个案研究、区域研究、断代研究等研究性质的著作，但是，至今没有一部具有宏观性和整体性的通论著作问世。

如前所述，微观和宏观研究之间的困境，一直苦恼着家族研究者，“选题的杂乱和琐碎，是目前家族史研究的一个通病。在这方面，许多学者有着不得已的苦衷：就宏观研究来说，由于材料分散，分析比较的难度较大，结论容易流于空泛；个案研究随意性较大，难以得出具有普遍性的结论，给人以琐屑的感觉。”

对此，许多学者也提出了自己的观点，认为从前的家庭以及家族历史研究，在贯通方面有所不足，大多数研究者都比较习惯于断代史研究，忽视了家庭以及家族历史的前后时代联系。家庭以及家族研究应该具有一种通观意识，不但需要考察家庭以及家族自身演变的前后时代联系，而且，也需要考察家庭以及家族演变与社会整体变迁的联结关系，考察家庭以及家族发展与不同时代经济、政治、文化的互动作用和影响。同时，还需要具有一种宏观的学术视野，例如通过跨文化的比较研究，从世界不同文明体系的历史异同中考察中国家庭以及家族的演变过程及其历史特征。如果具备这种通观意识，应该能够取得一些新的认识。有的学者也同时强调，宏观考察应该以大量的微观研究作为基础，研究宏观问题的学者不宜追求大、高、空的东西，应该充分综合微观研究的成果来反映大的观念和大的问题；从事微观研究的学者，仍然需要从事更多扎实的研究，努力填补研究的空白部位，为宏观思考提供更为丰富的素材，因此，从事宏观研究的学者与从事微观研究的学者需要通力合作。另外，个案研究应该谨慎地将结论限定在一定的范围之内，将一个小小的个案过分夸大并试图上升为一个模型是颇为危险的。既要充分考虑研究对象的特殊性，也要考虑它是否具有典型性和代表性，需要观照特殊个案与地方社会乃至整个时代普遍情况之间的联系，避免以偏概全。[57]

这些学理上的研讨，当然是具有启发意义的。但是，在具体研究运作中，却似乎没有那么简单。台湾学者黄宽重、刘增贵在谈到台湾家族研究现状时曾经写道：

> 到目前为止，除了像杜正胜等少数论文，台湾的中国家族史研究似尚未见《中国家族史》之类的通史，甚至连台湾中国家族史研究的回顾与前瞻之类的论文也很少见。这种情形反映了台湾史学研究重专题轻通论的传统，不只出现在家族史研究上，也出现在其他研究范畴中，值得我们进一步的思考和努力。[58]

中国伶人家族研究也是如此，“重专题轻通论”，因此，本著作的一个任务就是进行伶人家族文化的通论研究尝试。

需要说明的是，第一，这种通论研究不是面面俱到，出现一些通论著作常见的弊病，即大、平、全，而是选择几个“点”来进行研究。这几个“点”，具有一种典型性和代表性，能够观照特殊个案与地方社会乃至整个时代普遍情况之间的联系，能够体现伶人家族文化的本质内涵，同时，自己对这几个“点”又有一些独特的认识和理解，能够达到“坚持一定的整体性、鸟瞰性、思考性而不得不保留一定的陌生感”；第二，在研究方法上，也会结合个案研究、区域研究、断代研究等具体手段，并非是通论研究就排斥个案、区域、断代等研究方法；第三，中国家庭及其家族研究，曾经长期简单地套用某些先验的理论模式，受到其预先设定的框架的严重束缚，过分偏重对于家庭及其家族形态与结构的研究，对家庭及其家族实际运行状态的研究重视不够，导致对中国家庭及其家族历史认识的简单化与概念化，无法揭示中国家庭及其家族历史的复杂情形。应该说，概念化是家庭及其家族历史研究的一个通病，应该充分考虑不同时代和地域家庭及其家族状况的复杂性，将具体的家庭及其家族历史问题放到特定时代与地区条件之下，从特定的情境中加以理解，例如家庭伦理规范，主流社会的观念和民间实际的情形即有可能差别很大。对于历史文献记载也是如此，也是需要进行具体的分析，有些记载虽然言之凿凿，但是，未必能够反映社会普遍真实的情况，例如对于历史上的家庭及其家族关系，就不能够仅仅根据正史《孝义传》、《列女传》以及历代家训、家规之类的记载进行研究，因为它们大多只是反映了一种理想的样板和主流社会认同的标准，而不是一种普遍的事实。家庭及其家族研究所需要揭示的，主要不是社会理想中的家庭样板，而是表面观念掩盖下社会的真实状况和普遍情形。这一问题也是本著作所需要遵循的原则。[59]

因此，本著作的第二个研究价值，可以表述为：本著作是对中国伶人家族文化通论研究的一个尝试。

关于本著作的学术创新，除了上述两个研究价值里所包含的创新内涵，还有以下几点：

首先，它采用“社会科学的历史研究”[60]，即将历史的材料和社会科学的方法结合起来研究中国伶人家族文化，不再局限于以戏剧论戏剧的传统戏剧理论研究方法，它以文化人类学作为主要的研究方法，同时结合社会表演学、家族学、遗传学、谱牒学、历史学、戏剧学、意识形态分析、文化生态学、精神分析等各门学科，达到一种严谨而开阔的科际整合，以一种综合学科的优势，建立一种新的戏剧学理分析模式。应该说，世界学术界关于家庭及其家族历史研究的最好成果，既不是出自历史学家，也不是出自社会学家，而是多个学科学者合作的结果。因此，跨学科的研究方法，也能够为中国伶人家族文化生态研究带来一个新的开端和局面。与此同时，科际整合也不能淹没中国伶人家族文化的研究主体，根据中国伶人家族文化研究的内在逻辑结构，建立中国伶人家族文化的研究架构，并充分注意到不同科学之间概念和研究方法的缜密性和合理性。由于这种“社会科学的历史研究”，能够使中国伶人家族文化研究在较多的学科向度上展开，产生一种一般的戏剧理论研究方法所难以达到的研究广度和深度，使本课题研究具有一种深入厚重而又颇有延展性的特点。

其次，在具体研究手段上，作为一种职业家族文化的通论研究，除了整体考察与个案分析相互结合，定性描述与数量分析相互结合，同时也会结合实态考察、现场分析、比较关系等研究形式，并且，通过这些研究形式，除了关注知名伶人家族，对于一般家族的家族关系、家族结构与家族生活方式的实际情态也能够有切实的认识和分析，能够较为真实地反映出中国伶人家族文化的整体面貌、文化内涵和社会价值。

再次，研究中国伶人家族文化，实质上也是研究中国社会史和中国精神史，因此，在论述过程中，也会坚持前所论及的“陌生感”原则，运用“一个比较新鲜的立场”，“即便对于自己熟悉的一切，也要拉开距离来看，并在距离间投入欣赏、比较和反讽”。这种“距离”，在目前中国伶人家族文化的研究架构没有成熟的理论和研究方法可以借鉴时，它需要在具体的研究实践中探索和总结，但是，它是构成“陌生感”的基础，会作为本著作具体学术运作的一个基本研究形态。

由于伶人家族文献资料并不丰富，而且，许多相关著作存在着一种重复的倾向，基本史实比较类同。另一方面，这些伶人家族文献中一些家族成员关系的记载并不清晰，例如潘光旦曾称："王氏，荣蝶仙妻，瑶卿侄女，又一说瑶卿妹，又一说为瑶卿甥女，那就连王氏的姓也有问题了，普通论优伶的笔墨对于血缘与婚姻关系的漫不经心，这也是很好的一例。"[61]有些也存在着错讹的现象，例如天启三年刊行的《词林逸响》卷首附刻魏良辅的《曲律》，前有许宇的小引称："按：元魏良辅，昆山州人。瞽而慧，以师旷自期，先为丝竹之音，巧绝一世；既则定曲腔点板，发古人未有之心思，海内宗之。度曲必称昆腔者，不忘其所自始也。"这里，将魏良辅的生活时代错为元代，而且，将他错写成了一个盲人。此外，一些文献还含有文学描写以及夸饰、隐瞒的倾向。这些，都需要进行辨伪的工作。

【注释】

1. 北京市艺术研究所、上海艺术研究所．中国京剧史．上卷．北京：中国戏剧出版社，1999. 475 页．
2. 张发颖．中国戏班史．北京：学苑出版社，2004. 30 页．
3. 胡沙．刘喜奎．北京：人民音乐出版社，2000. 29 页．
4. 胡沙．刘喜奎．北京：人民音乐出版社 2000. 32 页．
5. 余秋雨．中国戏剧史·新版自序．上海：上海教育出版社，2006. 1 页．
6. 理查·谢克纳．什么是人类表演学——理查·谢克纳在上海戏剧学院的演讲．孙惠柱译．戏剧艺术，2004（5）．
7. 孙惠柱．规范 VS 自由：社会表演学的哲学探讨．见孙惠柱．人类表演学：平形式发展．北京：文化艺术出版社，2007. 157 页．
8. 孙惠柱．规范 VS 自由：社会表演学的哲学探讨．见孙惠柱．人类表演学：平形式发展．北京：文化艺术出版社，2007. 166 页．
9. 余秋雨．笛声何处．苏州：古吴轩出版社，2004. 9 页、10 页、11 页．
10. 田兆元．文化人类学教程．上海：华东师范大学出版社，2006. 192 页．
11. 常建华．中华文化通志·制度文化典·宗族志．上海：上海人民出版社，1998. 18 页 – 54 页．
12. 黄宽重、刘增贵．家族与社会·导言．北京：中国大百科全书出版社，2005. 4 页．
13. 杜正胜．传统家族试论．见黄宽重、刘增贵．家族与社会·导言．北京：中国大百科全书出版社，2005. 5 页．
14. 朱凤瀚．商周家族形态研究．天津：天津古籍出版社，1990. 14 页．
15. F. 缪勒利尔．家族论．王礼锡、胡冬野译．重印本．北京：商务印书馆，1990. 7 页．
16. 麻国庆．家与中国社会结构·代序．北京：文物出版社，1999.
17. 刘达临．家庭社会学漫谈．济南：山东人民出版社，1983. 12 页．

18. 迈克尔·米特罗尔、雷因哈德·西德尔. 欧洲家庭史. 赵世玲等译. 北京：华夏出版社，1987. 1 页.
19. 阎爱民. 汉晋家族研究. 上海：上海人民出版社，2005. 7 页.
20. 王玉波. 中国家庭的起源与演变. 石家庄：河北科学技术出版社，1992. 52 页.
21. 常建华. 中华文化通志·制度文化典·宗族志. 上海：上海人民出版社，1998. 15 页.
22. 阎爱民. 汉晋家族研究. 上海：上海人民出版社，2005. 9 页.
23. 徐扬杰. 中国家族制度史. 北京：人民出版社，1992. 5 页.
24. 杜正胜. 传统家族试论. 见黄宽重、刘增贵. 家族与社会·导言. 北京：中国大百科全书出版社，2005. 86 页.
25. 杜正胜. 传统家族试论. 见黄宽重、刘增贵. 家族与社会·导言. 北京：中国大百科全书出版社，2005. 60 页.
26. 滋贺秀三. 中国家族法原理. 北京：法律出版社，2003. 16 页.
27. 乌丙安. 中国民俗学. 沈阳：辽宁大学出版社，1985. 132 页.
28. 王沪宁. 中国村落家族文化——对中国社会现代化的一项探索. 上海：上海人民出版社，1999. 108 页.
29. 编户齐民——传统的家族和家庭. 见中国文化新论. 北京：三联书店，1992. 16 页.
30. 王玉波. 中国家庭史研究刍议. 历史研究，2000（3）.
31. 阎爱民. 汉晋家族研究. 上海：上海人民出版社，2005. 21 页.
32. 费孝通. 乡土中国. 北京：三联书店，1986. 39 页.
33. 王沪宁. 中国村落家族文化——对中国社会现代化的一项探索. 上海：上海人民出版社，1999. 38 页.
34. 徐枫. 评《中国家长制家庭制度史》. 中国史研究，1993（1）.
35. 陈爽. 近年来有关家族问题的社会史研究. 光明日报，1998. 10. 24.
36. 王利华. 中国家庭史国际学术讨论会述评. 历史研究，2002（6）.
37. 陈爽. 近年来有关家族问题的社会史研究. 光明日报，1998. 10. 24.
38. 徐煜. 厉震林：上戏培养的首位博士. 上海戏剧，2002（8）.
39. 潘光旦. 潘光旦文集（2）. 北京：北京大学出版社，1994. 102 页.
40. 余秋雨. 中国戏剧史·新版自序. 上海：上海教育出版社，2006. 17 页.
41. 余秋雨. 中国戏剧史·新版自序. 上海：上海教育出版社，2006. 18 页.
42. 潘光旦. 潘光旦文集（2）. 北京：北京大学出版社，1994. 93 页.
43. 幺书仪. 晚清戏曲的变革. 北京：人民文学出版社，2006. 424 页.
44. 潘光旦. 潘光旦文集（2）. 北京：北京大学出版社，1994. 75 页、76 页、86 页、87 页.
45. 李仲明、谭秀英. 梅兰芳·《百年家族》编者序言. 石家庄. 广州：河北教育出版社. 广东教育出版社，2002. 1 页、2 页、3 页.
46. 王馗. 雍正解放贱民令与中国戏曲发展（初稿）——苏州梨园会馆碑刻研究之三. 麻国钧、刘祯．赛社与乐户论集．下册．北京：中国戏剧出版社，2006. 468 页．

47. 黄宽重、刘增贵．家族与社会·总序．北京：中国大百科全书出版社，2005. 2 页．

48. 胡沙．刘喜奎．北京：人民音乐出版社，2000. 136 页．

49. 北京市艺术研究所、上海艺术研究所．中国京剧史．中卷．北京：中国戏剧出版社，1990. 162 页．

50. 潘光旦．潘光旦文集（2）．北京：北京大学出版社，1994. 120 页．

51. 潘光旦．潘光旦文集（2）．北京：北京大学出版社，1994. 87 页．

52. C. 伯恩、M. 恩伯．文化的选择．杜杉杉译．沈阳：辽宁人民出版社，1988.

53. 田兆元．文化人类学教程．上海：华东师范大学出版社，2006. 17 页．

54. 潘光旦．潘光旦文集（2）．北京：北京大学出版社，1994. 91 页．

55. 李亦园．杨国枢．中国人的性格·序言．南京：江苏教育出版社，2006. 5 页．

56. 余秋雨．中国戏剧史·新版自序．上海：上海教育出版社，2006. 1 页．

57. 王利华．中国家庭史国际学术讨论会述评．历史研究，2002（6）．

58. 黄宽重、刘增贵．家族与社会·总序．北京：中国大百科全书出版社，2005. 13 页．

59. 王利华．中国家庭史国际学术讨论会述评．历史研究，2002（6）．

60. 王利华．中国家庭史国际学术讨论会述评．历史研究，2002（6）．

61. 潘光旦．潘光旦文集（2）．北京：北京大学出版社，1994. 179 页．

第一编　伶人家族的政权、家族和文化环境

第二章　伶人家族的职业世袭制度

第一节　中国古代的聚族而居和生业相承

对于中国社会而言，伶人始终是一个特殊的阶级。潘光旦教授在著作《中国伶人血缘之研究》中指出："伶人的社会地位和别种人才的社会地位有一种很显著的不同；他一面受人'捧场'，一面却也受人歧视，歧视的结果，便使他们在社会里成为一种特殊的阶级，在心理和生理两方面，都呈一种演化论者所称隔离的现象（segregation）。"[1]这种"隔离的现象"，表现在伶人从事演剧职业以后，便难以改变职业限制。至少在相当漫长的历史时期，伶人职业具有世袭的性质。

应该说，中国殷周时期，已有世业相承，而且，颇为普及。贵族职司世守，自不待言，世俗小民也是较少改业，《礼记·学记》称："良冶之子，必学为裘；良弓之子，必学为箕。"春秋战国时期，虽然社会发生重大变革，弃农从工商业或者游学以猎官职者也时有发生，但是，世业相承仍然具有典型意义。《吕氏春秋·召类》有记：

> 士尹池为荆使于宋。司城子罕觞之。南家之墙犨（曲出也）于前而不直，西家之潦径其宫而不止。士尹池问其故。司城子罕曰：南家，为鞔（履也）者也。吾将徙之。其父曰：吾恃为鞔以食三世也。今徙之，宋国之求鞔者不知吾处也，吾将不食。为是故，吾弗徙也。

为鞔三世，可谓鞔之世家，而且，"吾恃为鞔以食"，是"南家"的经济来源，故而不迁徙、不改业。徙之"吾将不食"，故弗徙也，是与经济生计有关。世业相守，是"南家"的物质生活保障。《庄子·逍遥游》也有记宋人世袭之事：

> 世世以洴澼絖为事。客闻之，请卖其方百金。聚族而谋曰：我世世为洴澼絖，

不过数金，今一朝而鬻技百金，请与之。

“世世以洴澼絖为事”，也是一个“洴澼絖”的世家。这里，需要注意的是，有关经济事务则是“聚族而谋”，说明平民与家族关系密切，因为当时许多家族都是家业世传的职业家族。

上述两个故事，一个是春秋时期，一个是战国时期，具有一个历史时间的跨度。春秋战国时期，由于血缘宗法政治的瓦解和社会流动的扩大以及生产力发展水平的提高，中国社会经济发生重大变化，家族和个体家庭之间也出现了交织状态的复杂演变过程。但是，世守其业仍是一个普遍的社会观念。

许多学者认为，在中国家族历史发展过程中是先有家族而后有家的。人类童年时期，人类很少能够依靠个人或者数人的力量获取生存所需要的基本的物资条件和生活保障，而往往以一个部落形式出现，一个部落就是一个原始家族。在春秋时期之前，中国社会的基本实体单位应该是家族，而不是个体家庭。至于个体家庭从什么历史年代出现，目前学术界仍然存在争议。根据史料记载，春秋中期以前已经出现“室”的概念。从文献分析，室既是指一个单独居住的场所，也是指这个场所中共同居住的亲属。《诗经·豳风·七月》云：“嗟我妇子，曰为改岁，入此室处”，描述的“室”是夫妻子女共同居处的场所，又云：“同我妇子，馌彼南亩，田畯至喜”，“室”也是一个农业生产单位。但是，这并不表明当时的社会经济条件下“室”的独立性质，《诗经·周颂》中多次描写过“千耦其耘”、“十千维耦”的集体劳动场景，说明了社会基本形态仍然是《孟子·滕文公（上）》中所称的“死徙无出乡，乡田同井，出入相友，守望相助，疾病相扶持”的家族关系。“在《诗经》时代、春秋中期以前，自贵族至平民的衣、食、居处等日常生活通常应以‘室’为单位而进行，‘室’也拥有一定的属于自己的私产；井田制下的农民家庭也具有某种个体性质，生产经营一般以小家为单位进行。但是，‘室’的这种个体性质是有限的，并不具备充分的独立性，在生产和生活的许多方面对家族公社仍然具有很强的依附性。即使贵族阶级的‘室’，也是以家族为依托的，完全脱离家族关系而独立开展经济活动和日常生活是不可想象的。”[2]贵族阶级尚且如此，家族对于下层民众群体则更为重要，《豳风·七月》虽有歌咏以“室”为单位进行居住和劳作，但是，又云“七月流火，九月授衣”，冬衣仍然是由家族所授，反映了民众对于家族的依附关系。

春秋中晚期至战国时期，由于牛耕农业和铁器工具的相继出现，农业生产能力尤其是土地耕垦能力有了很大的提高，许多需要集体共同劳作才能完成的农业生产活动，通过个体劳动也能够完成，从生产力发展水平上为个体家庭也就是“室”的独立提供了物资生产条件，个体家庭的发展倾向逐渐增强。当然，个体家庭摆脱家族控制而成为独立的生产和生活单位，并且获得法律地位，它的直接原因并不是生产力发展水平提高，而是社会制度和结构变革的结果，例如分封制和井田制的瓦解、赋役制度的变革和“编户齐民”的制度以及宗法关系的松弛等政治和经济的变革。

这一时期出现了迁居易业的现象，而且是一个颇为显著的社会现象。但是，春秋战国的变法者，对于这一现象却并不认同，并且力图将之扭转，希望回归到原来的聚居不迁居、不易业的传统社会格局。因为虽然由于社会历史变迁，家族对于个体家庭生产和生活的干预与控制力量减弱，迁居易业时有可见，但是，个体家庭获得了一定的人身自由及其生产和生活自主权，却也逐渐失去了家族力量的支持，生产和生活的不稳定性也有所提高。因此，传统的聚居而守世业的观念仍然非常强大。《韩非子·饰邪》援引谚语称：“家有常业，虽饥不饿”，仍然将世业相承与物质生计联系起来，认为它能够稳定和保障生活。《韩非子·解老》也云：“工人数变业则失其功，作者数摇徙则亡其功”，表明了战国变法者的态度，不支持“数变业”与“数摇徙”。

战国时期在社会观念中对于“族居世业”的重视，从下面这个寓言也可得到反映。《庄子·渔父》称：

> 孔子游于缁惟之林……客指孔子曰：彼何为者也？子路对曰：鲁之君子也。客问其族，子路对曰：族孔氏。客曰：孔氏者何治也？子路未应。子贡对曰：孔氏者，性服忠信，身行仁义。

客首先“问其族”，说明战国时期民众与家族的关系依然非常密切，而当问到“何治也”，则与前面“洴澼絖”的故事似乎可以接通起来。两个故事都反映了战国时期社会普遍的观念仍然是“他们的族属和职业是二而为一的”，“他们代代以此为生；有事则聚族而谋，表明凡涉同族之共同利益，由族人共商”，“反映了战国时期族人聚居生活、世守其业的现象”[3]。

秦汉时期，封建政权世袭制度已经逐渐消亡。因为在此之前，周朝建立了较为完备的宗法分封制度。许多历史学者认为，从殷周到秦汉前后经历一千多年，曾经发生了两个对于中国社会产生巨大影响的历史事件，它们的意义不仅仅是朝代的更替，而是一种社会制度和文化体系取代了另一种社会制度和文化体系，实质上它们划分了中国历史发展的阶段，它们一个是周朝建立，一个是秦国统一。秦国统一，一般人都比较了解，它是春秋战国社会经济变革的一个结果，也是中国中央集权帝国时代的开始。周朝建立，则是在于它确立了系统而又严格的宗法制和分封制，将血缘关系和地域关系紧密结合起来，也即就家族与社会或者国家互相关联起来。具体而言，周朝的宗法制体现了一种血缘关系，根据血缘关系的亲疏确定权力和财产的继承状态，它是从父系家长制中的嫡长子继承制演变而来；分封制则体现了地域关系，周朝王位由嫡长子继承，其他非嫡长子被分封到各地，封为诸侯。诸侯同样也由嫡长子继承权力和财产，其他非嫡长子被封为卿、大夫，享有采邑；卿也由嫡长子继承，其他非嫡长子为士，拥有一块土地；士也由嫡长子继承，其他非嫡长子为庶民。宗法制和分封制结合成为一个整体，则确立了一个系统而又严格的血缘关系和等级系统合一的结构，是中国历史上第一次将家族和社会组织结合起来治理国家和社会的实践。但是，宗法分封制度由于先在的缺陷和不公，在经历了周郑“交恶”、“陪臣执国命”和暴动国人等历史事件以后逐渐地崩溃了。到了秦汉时代，封君世袭制度消失，从中央到地方官员，皆由中央派任，不再是父死子继的策略。因此，两次历史巨变，都与封建世袭制度发生关系，不同的只是一个建立，一个废除而矣。

其实，历史的复杂性并非如此简单，它不可能是一个完全替代的过程，而是会呈现出一种去粗存精的演化过程。需要关注的是，在宗法分封制度崩溃的过程中，周天子、诸侯王、卿、大夫等都已经体验到了血缘关系的力量，当时的斗争阵营都是根据血缘关系的远近亲疏形成的，“提倡宗法对于稳固同宗与异姓联姻者共同建立的政权能起到一定的积极意义，所以宗法制尽管崩溃了，但它维护统治的作用被统治者尽情挖掘而保留了下来。”[4]因此，秦汉时期，社会各个阶层多数还是聚族而居、家业传承。汉朝初年，异姓和同姓诸侯也是世袭的，过了数十年之后异姓诸侯渐次消亡。

关于秦汉时期家业世袭情况，台湾学者邢义田在《从战国到西汉的族居、族葬、世业论中国古代宗法社会的延续》一文中曾有详细分析。他认为，秦汉时期多数人口从事农业，少数以工商为业。在各种世袭家族职业中，医家当属一例，《礼记·曲礼下》曰：“医不三世，不服其药”，《正义》也曰：“择其父子相承至三世也，是慎物调齐也”，《汉书·游侠传》称：搂护“齐人，父世医也。护少随父为医长安，出入贵戚家”。从人们信赖世袭医家，搂护父为世医，而且，从少“随父为医长安”，说明当时世袭医家不在少数。另外知星历的畴人，也多世传，《史记·历书》云：“周室微……故畴人子弟分散，或在诸侯，或在夷狄……”如淳曰：“家业世世相传为畴。律：年二十三传之畴官，各从其父学。”根据如淳注例援引汉律，当时汉律似乎规定家业传承星历之学。其他“许多性质相近，专门性的职业如卜、祝、相、巫（汉有所谓巫家），大抵也是家学相承，世代经营”，“像制陶、建筑等工匠技艺之业以世代相传的居多”[5]。西汉一些著名人物，先祖也是世代务农，《汉书·萧望之传》载萧望之“父世以田为业”，《汉书·匡衡传》载匡衡“父世农父”，《汉书·邓彪传》注引《续汉书》载邓彪“其先楚人，邓况始居新野，子孙以农桑为业”。这些世辈农人之后，因为学优致仕，官至高位才被史籍记载。这种世世务农家族，应该是当时多数农人真实情况。工商职业家族世袭情形，史书所载甚少，应当是受中国重农抑商之观念的影响，《史记》和《汉书》的《货殖传》载有多名工商致富的人物，由于事迹过于简略，尚不能判断是否形成了家族职业，较为翔实的史料有范蠡，善于治生，“年衰老而听子孙，子孙修业而息之，遂至巨万”，曹邴生，冶铁起家，“家自父兄子孙约，俛有拾，仰有取，贳贷行贾遍郡国”。

这些秦汉时期家业相承史料，既有技术性较强的世袭家族职业，有着一些家传绝技，属于看家技活，不外露他人的，也就家族世传，也有一般士、农、工、商家族家业世袭，应该是多数家族的真实历史情景。

根据上述分析，初步可以得出一个结论：中国古代时期存在家业世袭，以家族聚居的方式，家业相承，利害与共，“即中国古代社会最基础的宗族或家族，在居住形式和生活手段上有十分强烈的延续性。从新石器时代开始，以血缘关系为主的群体，不论称之为氏族、宗族或家族，即维持着聚族而居、族墓相连、生业相承的生活。”[6]

第二节 伶人家业“累世不改”的特殊性

中国伶人家族职业世袭，与一般家族家业相承，是不是存在同样的性质？毫无疑问，答案是否定的。因为一般家族家业相承，它是当时社会生产力和生产关系相互适应而产生的社会现象，它虽然也是一种社会经济发展的客观性要求，但是，更多的是一种内生性的产物。根据社会分工，以家族的集体力量，形成一种较为稳定的职业，甚至形成一种职业的优势，在古代地理封闭、交通不便及其社会流动较少的生活状态下，或者由于生活惯性，家族职业技艺已经驾轻就熟，家族职业活动也已形成比较固定的人脉关系或者社交关系，或者家族职业形成一种专门技术，乃至拥有独门高技，在社会竞争中属于优质资源，也就世世相传，除非遇到各种机缘或者灾祸，才更换家族职业，重新开始选择家族事业。因此，一般家族职业世袭，除了前面论述的知星历的畴人，汉律规定家业传承星历之学，生业相承似乎具有一种强制性质，其他家族职业大多是自然内生的产物。

中国伶人家业世袭，却是与此不同。因为一旦成为伶人，也就失去一种职业选择自由，必须终生为伶，而且，累及子孙也须世世为伶。显然，与一般家族生业相承的内生性特点比较，伶人家业传承具有一种外在的强迫性和内在的被迫性。从某种意义而言，一为伶人，便成伶人家族，它会逐渐形成一个伶业的职业性家族。它的职业进口，具有强迫性和被迫性，它的职业出口，则已完全堵死，不像一般家族职业，职业进口和出口都是可以调整的，至少有调整的可能。伶业成为伶人及其子孙需要和必须共同从事的职业，从伶既成为他们家族赖以生存和繁衍的谋生手段，也是他们家族社会等级和形象的公众符号。

由此，伶人也就天然地与家族联系在一起，与家族存在着密切而又复杂的关系。应该说，生而为人，便处在一个血亲和姻亲关系组成的家族结构之中，被赋予了各种的家族定义以及享受和承担各种的家族权利与义务。每一个人都会被家族化，成为家族网格化中具体而明确的一员。人，无法逃脱家族的宿命。他的荣与辱，都与家族休戚相关。对于中国伶人来说，一旦为伶，便已陷入一种先在性和社会性的未来家族格局，由此繁衍子孙，也就成为伶人家族的始祖了。与普通民众相比，这种宿命，已经无关荣辱了。范公偁在《过庭录》中称：

丁石，举人也，与刘莘老同里发贡。莘老第一，丁第四，丁亦才子也，后失途在教坊中。莘老拜相，与丁线见同贺莘老。莘老以故不欲庭辱之，乃引见于书室中，再三慰劳丁石。丁石曰："某忆昔与相公同贡，今贵贱相去如此，本无面见相公，又朝廷故事不敢废，诚负渐汗。"线见因白启相公曰："石被相公南巷口掷下，至今赶逐不上。"刘为大笑。

丁石"失途"为伶，如此羞愧之极，在伶人职业的入口肯定充满无奈，也许还有一个辛酸和残酷的故事，而且，他是否也联想到伶人的后代，也须世世为伶。既然为伶，心态与一般伶人也就接近，世世"贱"字当头，而且，也无法确定家族职业"出口"的所在，因此，确已"无面"。士人沦为伶人，在古代社会较为少见，这种"贵贱相去如此"，体验会更加强烈。

小横香室主人《清朝野史大观》中云：

郝金官"晚年厌弃风尘，举历年所积五万金捆载还乡，雇镖师护送。行至山东，值大饥，人相食，官吏劝赈颇惶急。郝慨然以所有报大府，大府义之，将奏奖以官。郝固辞曰：'我优人也，即得官亦不齿于同列，若蒙破例，准子孙与齐民一体应试足矣。'大府允之。至同治改元，同篪捷顺天乡举，乙丑遂成进士入翰林"。

郝金官为道光年间的北京伶人，颇有一些名声。应该说，郝金官具有一定经济实力，"历年所积五万金"，但是，在政治人格上仍然是"优人也，即得官亦不齿于同列"。清朝初年，对于优伶各种限制已渐宽松，但是，仍然剥夺了优伶参加科举考试的权利，因此，郝金官捐财以求子孙的豁免，"准子孙与齐民一体应试"，希望子孙不再继续为伶，在家族职业的出口上，打开一条光明的缝隙。后来，郝同篪进士题名以后，官至吏部主事，但是，如此事情，在清朝不能说是后无来者，也该是前无古人，是一个独特的个案。

上述两个案例，一个是职业“进口”，一个是职业“出口”，伶人家族职业确实充满了一种强迫性和被迫性。“原不是伶人，要做伶人，固然不容易；既做了伶人，或伶人家庭的一员，而想改行，想另营别种职业，事实上却更要困难。”[7]这种情形，在清朝中期之前，具有一种普遍性，因此，在中国众多的家族职业中，伶人家族也就构成了它的特殊性。

关于伶人家族职业世袭史料，魏晋南北朝之北魏，已有“乐户”记载，是一种国家机器的刑罚规定。《隋书·裴蕴传》云：“蕴揣知帝意，奏括天下周齐梁陈乐家子弟皆为乐户。”据此，一入“乐户”，也就世代为伶，子孙永为乐户，永为贱民。《唐会要》卷三十四载：

> 四年九月二十九日，诏太常乐人，本因罪谴没入官者，艺比伶官，前代以来转相承袭。或有衣冠继续公卿子孙，一沾此色，累世不改……其大乐鼓吹诸旧乐人，年月已久，时代迁移，宜并蠲除，一同民制。但音律之技，积习所成，传授之人不可顿阙，仍令本司依旧上下。若已仕宦，先入班流，勿更追补，各从品秩。自武德元年配充乐户者不在此列。

唐初武德年间，政权甫定，高祖李渊实行怀柔政策，为了笼络社会，广施惠政，对伶人“大赦”，在伶人家族职业的“出口”“一同民制”，但是，也只局限于为伶历史久长者，对于自武德元年配充乐户者不在此列，也即唐朝之后成为“乐户者”不能享受，而且，规定了具体的管理制度。这种难以一遇的好运，只有在政权或者权力更替时才能出现，也是新旧有别，伶人家族职业世袭的主流并没有改变。

宋元明之时期，对于伶人家族职业实行了更加严酷的政策。顾起元《客座赘语·国初榜文》载：

> 洪武二十二年三月二十五日，奉圣旨：“在京但有军人学唱的割了舌头，下棋打双陆的断手，蹴圆的卸脚，做买卖的发边充军。”府军卫千户虞让男虞端，故违吹箫唱曲，将上辰连鼻尖割了。又龙江卫指挥伏颙与本卫小旗姚晏保蹴圆，卸了右脚，全家发赴云南。

圣旨虽然不是直接针对伶人，但从对接触伶艺者的血腥惩治中，“割了舌头”，“将上辰连鼻尖割了”，也反映出朱元璋不但仍循前制，限定伶人世袭家族职业，而且，从对涉及伶艺者的残酷围剿中，对伶人家族的职业“入口”和“出口”也是更加紧缩，使伶人世袭制度更加严厉和酷烈。

正是因为“一沾此色，累世不改”，伶人家族成为一个中国历史和中国文化的显著现象。

《左传》所载成公九年善乐楚囚，即为世代伶人；《汉书·佞幸传》中的武帝时期的李延年，“身及父母兄弟皆故倡也”；《汉书·礼乐志》称：“汉兴，乐家有制氏，以雅乐声律世世在大乐官。”《说郛》中援引《稗史》称，杭州有一位姓宋者，世为伶官，曾用“钟神”之谐谑方法，讥讽当时投降蒙古的朝中大臣，可见南宋时期优伶仍是祖传的家族职业。元代夏庭芝《青楼集》中所记载的伶人，多位即为夫妇子女关系，天锡秀，“善绿林杂剧；足甚小，而步武甚壮。女天生秀，稍不逮焉”；小玉梅，“姓刘氏，独步江浙。其女匾匾，姿格娇冶，资性聪明。杂剧能迭生按之，号小技。后嫁末尼安太平，常郁郁而卒。有女宝宝，亦唤‘小技梅’，艺则不逮其母云”；赵真真，“冯蛮子之妻也。善杂剧，有绕梁之声。其女西夏秀，嫁江润甫，亦得名淮浙间”；赵梅哥，“张有才之妻也。美姿色，善歌舞，名虽高而寿不永。张继娶和当当，虽貌不扬，而艺甚绝，在京师曾接司奴燕排场，由是江湖驰名。老而歌调高如贯珠。其女鸾童，能传母之技云”；事事宜，“姓刘氏，姿色歌舞悉妙。其夫玳瑁敛，其叔象牛头，皆副净色，浙西驰名”；孔千金，“善拨阮，能曼词，独步于时。其儿妇王心奇，善花旦，杂剧尤妙”。钟嗣成所著《录鬼簿》，记录了一百五十位戏剧作家，其中四位也有演员身份，除了赵文殷、张国宝，另两位属于连襟关系。红字李二，京兆人，教坊刘耍和女婿，作有剧本《病杨雄》、《板踏儿黑旋风》、《折担儿武松打虎》；李郎，《太和正音谱》和臧懋循《元曲选》称为花李郎，也是刘耍和女婿。关于刘耍和，元代高道安《嗓淡行院》套曲有云：“梁园中可惯经，桑园里串的熟。似兀的武光头、刘色长、曹娥秀，则索赶科地沿村转疃走”，“刘色长”即为刘耍和，可见刘耍和是一个颇有影响的伶人，刘耍和“不但是一个教坊色长，是一个擅长动作的伶人，也是一个会编辑院本的作家”，“他不但会编辑杂剧，并且自己还做过别人编的杂剧里的人物，高文秀的三十四种杂剧里，有一种叫做《黑旋风敷衍刘耍和》（《曲录》，卷二），不是把他编进剧本里去了吗？耍和自己既然是一个人才，又加上两位很有造诣的女婿，隐隐成为当时的一种伶官世家。”[8]清代乾隆年间，曾在苏州一带多次选伶进宫，“新整内务府档案”载：

二月初六日　奉旨民籍学生回南，今属下永德之祖父程芳华系乾隆十六年挑进京当差；父程双寿系乾隆二十二年挑进当差；本人系乾隆三十四年当差；再，属下之子四顺系嘉庆二十二年当差。四代在京六十余年，苏州并无亲丁，属下在京多年，情愿在京生理，为此谨禀。具呈人永德。

具呈人陶双寿。今奉旨着回原籍，念双寿自父芳玉由乾隆十四年进京当差，至今七十余年，苏州并无亲故可投。情愿在京别寻营运，不愿回籍。仰求大人恩准。具呈是实。

具呈人尤双官，年六十四岁，今奉旨着回原籍。尤双官自乾隆四十四年挑选进京当差，至今四十九年。尤双官祖父、祖母灵柩尽行拨移至京安葬。伊等南边并无亲族，亦无亲故所投。情愿守祖父坟墓，尽人子之理。所具是实。望求大人恩准施行。

这份档案没有注明年代，但从内容分析，应该是道光元年或者七年裁退民籍伶人期间。具呈人永德之祖父、父亲、儿子四代均为内廷伶人，到道光年间裁退民籍伶人时，已在京都宫廷承差伶业六七十年，他们多是子承父业，世代相袭，在宫廷中承应戏差。

第三节　伶人家族与戏班的“二位一体”

由于这种伶人家族职业世袭制度，也就会表现出伶人家族独特的社会和经济组织方式，其中一个比较普遍的现象，即为家庭戏班。

应该说，许多伶人家庭与戏班是二位一体的，一个伶人家庭组成一个戏班，或者戏班就是一个伶人家庭，还有一种情况是以一个伶人家族成员为主体，其他伶人家族成员以及社会成员共同组成一个戏班。《乐府杂录》、《云溪友议》等古籍记载了部分唐代“弄参军”的伶人名字，例如黄幡绰、李可及、李仙鹤、张野鹤、周季南、周季崇、刘采春，其中后三人即为一个家庭戏班的成员，周季南、周季崇为兄弟，刘采春是周季崇之妻。范摅《云溪友议》卷下载：

乃有俳优周季南、季崇及妻刘采春，自淮甸而来。善弄陆参军，歌声彻云，篇韵虽不及涛，容华莫不比之。元公似忘薛涛，而赠采春诗曰：“新妆巧样画双蛾，幔裹恒州透额罗。正面偷输光滑笏，缓行轻踏皱纹靴。言词雅措风流足，举止低徊秀媚带。更有恼人断肠处，选词能唱忘夫歌。”

这个家庭戏班在安史之乱之后颇为活跃，而且，“善弄陆参军，歌声彻云”，由此，可以推想这个家庭戏班的影响力。

元代家庭戏班也颇旺盛，夏庭芝《青楼集》所记伶人多位也应该是家庭戏班成员，组成一个以家庭成员为演员班底的营利性流动剧团。南戏《宦门子弟错立身》中的王金榜一家，也是金元或者宋元年间的家庭戏班，其中第四出介绍了这个家庭戏班的基本概况：

（虔上唱）【紫苏丸】伶伦门户曾经历，早不觉鬓发霜侵。孩儿一个干家门，算来总是前生定。

（白）老身幼习伶伦，生居散乐。曲按宫商知格调，词通大道入禅机。老身赵茜梅，如今年纪老大，只靠一女王金榜，作场为活。本是东平府人氏，如今将孩儿到河南府作场多日。今早挂了招子，不免叫出孩儿来，商量明日杂剧。孩儿过来。（旦上唱）

【紫苏丸】奴家年少正青春，占州城煞有声名。把梨园格范尽番腾，当场敷演人钦敬。

（白）娘万福！（虔）孩儿，叫你去来，别无甚事，只为衣饭，明日做甚杂剧？（旦）奴家今日身已不快，懒去勾阑里去。（虔）你爹爹去收拾去了。（旦）我身已不快，去不得。（虔唱）

【桂枝香】孩儿听启，疾忙收拾。侵早已挂了招子，你却百般推抵。又不知你每，生着何意？生着何意？教娘呕气。靠着你，这的是求衣饭，不成误了看的。（旦）

【同前】娘行听启，孩儿说与。如今病染着身，岂是奴家推抵。你只管苦苦，将人催逼，教奴怎地。娘，尽教它，任取红轮坠，尤它误看的。（末上）

【同上】勾阑收拾，家中怎地？莫是我的孩儿，想是官身出去？你娘儿两个，休闲争气，休闲争气。婆婆且住，听说与：阵马挨楼满，不成误看的。（净上）

王金榜一家的家庭戏班，由父母和女儿组成，而且，父母“年纪老大”，“只靠一女王金榜，作场为活”，母亲与女儿“商量明日杂剧”，“爹爹去收拾去了”，女儿自称“今日身已不快”，母亲仍然催她“疾忙收拾”，因为“这的是求衣饭”，这应该是当时家庭戏班日常生活的真实写照。

明代还有另外一种家庭戏班，它与以家庭成员组成的职业家庭戏班不同，是士大夫家庭中置备优伶以供自娱和待客的戏班，主要演唱昆曲，在明代万历年之后非常盛行，几乎成为一种习俗以及一种生活等级的标志。这种家庭戏班，在史籍中没有留下太多详细的资料，只在某些诗文笔记中被约略提及，但是，仍然可以从中发现一大批知名的家庭戏班。例如钱岱家庭戏班，《笔梦叙》中有着较为详尽的记载，有女教师二名和“女优十三名”。由于这些士大夫的家庭，经济阔绰，又有闲时，加上主人文化修养较高，在技艺训练、声腔尺寸以及服装道具等方面要求颇为严格，因此，这些家庭戏班艺术水准并不低俗。

明代伶人家庭职业戏班，《潘之恒曲话》称：

时有郝可成小班，名炙都下。年俱少，而音容婉媚，装饰鲜华。且专心致志，不以情窦自戕，朝缙绅而夕游冶，即欲假寐吾宴息处，余每以知音见赏。辄辞外招，而奏技唯谨。在先淫佚挑达之气一洗之，此后惟防其意得而惰，则技退矣。郝氏班中有三人皆竞爽，而可成最艳，余字之“虞初”。

合写《乐技》之评。

徐翩父，以旦色名。……二女翩翩、亭亭皆能，尤似之矣。

傅瑜，卯之父。色庄而音亮，至老犹不失度。卯之妹寿，皆能以声技擅场，南北音兼美。卯善藏，而寿荡，余以“双艳”名其楼。小幼王本尧、张志高，皆弹唱之丽者，而不能为剧。何少英啭喉蹙口作怪声，士女皆媚之。子亦旦色，与郝可成齐名。

陈启元，生色，蕴美有度，音亦清亮。

长末，楚楚琅琅。

大净，轩昂叫笑，英敖合体，皆小班之可观者。

“郝可成小班”，是由几个家庭的两代成员为主组成的，也是家庭戏班的另外一种表现形式。徐翩父，二女翩翩、亭亭，父女三人；傅瑜，卯及卯之妹，也为父亲与子女三人；何少英和儿子，也为一个家庭两代成员；还有班主、旦色郝可成，小生王本尧、张志高，另有长末，大净演员。这一戏班，主要以三个家庭成员作为演员班底，伶人家庭的作用显著。

关于傅瑜伶业家庭，《潘之恒曲话》之“傅灵修传”，更有详细的描述：

旧伶傅瑜，少有殊色，为名优，二十以前旦、三十生、四十外，尤以北曲杂剧擅长，班中推为教师。娶于陈，生子、女各一，子曰卯，女曰寿，皆美艳异常。年仅十二三，灼灼如双芙蓉，未知名也。新都逸史氏作《二妙篇》揶扬之，一时声重都邑。而卯尤狡甚，寿持闲静……二人登场，一坐尽狂，若交甫逢汉上姝，不知其捐佩而忽失也。第趋狭邪者竞新曲，以昆山魏良辅调相高。寿习为曼声遏云，吴人咸挢舌不下。卯则超距行伍中，振衣抒啸，举国无能和者，虽李延年兄妹不过是矣。己酉夏，岭南韩君来，适当秦淮结社，一至，先问灵修，灵修者，寿字也。既见，语潘髯曰：“彼殊非女流，有侠士风。且北音甚劲，吾有《司马相如传》，曷为演之？”灵修请寓目，一夕而竟，十日而成音。卯之司马，寿之文君，宛然绝代才人复出。韩大快，立赋诗千言，倾橐金为赠。与约曰：“愿下第后寻盟，再观垆头之剧。”遽别去。

傅瑜及其子女，“声重都邑”，尤其一子一女，“虽李延年兄妹不过是矣”。这个伶业家庭，确实具有很高的艺术素质和表演水平。

清代李斗《扬州画舫录》中，也有关于伶业家庭的描写，他们应该是盐商全盛时期扬州各个戏班的主要演员，例如大面刘君美是老生刘亮彩之父，俞宏源和俞增德也为父子，均曾经是副末，董抡标是正生董美臣之子，小旦马大保是大面马美臣之子，正生张明祖和大面张明诚为兄弟，陈嘉言和郭耀宗则是翁婿关系。他们并不一定组成家庭戏班，但是，他们这些伶人家庭成员是各个戏班的重要脚色。

李渔家庭戏班，在清代颇有影响。李渔“游秦、游楚、游闽、游豫、游江之东西、游山之左右，游西秦而抵绝塞，游岭南而至天表”，“海内名山大川，十经六七”，[9]都是携带着由他的姬妾组成的家庭戏班，在游缙绅名流之间宴乐演出，以获贶赠。毫无疑问，李渔是以一种文人特有的方式在经营家庭戏班，较一般职业家庭戏班似乎显得更高雅一些，在贶赠中淡化商业色彩，在游访中摆却伶业低贱面貌，但是，李渔仍然为文人所不屑，“李渔性龌龊，游缙绅间，喜作词曲小说，极艳亵。常挟小妓三四人，子弟过游，便隔帘度曲，或使之捧觞行酒。并纵谈房中，诱赚重价。其行甚秽，真士林所不齿也。”[10]不过，李渔经营家庭戏班颇有一套手段，从选材、培训到演出包装都表现出独特的行家风度，而且，他也可以说是家庭戏班中较早充分发掘和利用伶人“明星”价值的。

李渔的《李笠翁十种曲》中，其中一个剧目是《比目鱼》，描写的也是一个家庭戏班的故事。这个戏班，名字为舞霓班，班主是伶人刘文卿，他的夫人是班中女旦，女儿刘藐姑亦随班演出。后来，又组建起玉笋小班，刘藐姑是班中正旦。它也是一个以伶人家庭成员作为基本演员班底的戏班，也有其他搭班而来的伶人，但是，来去自由，因此，有时也张贴广告招人，“少净角一名”，“愿入班者，速来赐教”，已经有些近代戏班的经营理念。

第四节　政权策略与伶人家业世袭

由于中国伶人的特殊职业性质，史籍关于伶人家族的记载不多，一些关于伶人的著作对于伶人家族的描述也是颇为简略，以上所论的伶人家族职业世袭简史只能是沧海之一粟，大量的伶人世袭资料已经消失在历史的黄尘之中。但是，在清朝初期之前，伶人职业世袭是一种政权策略，从国家机器的控制系统中，对伶人职业的“进口”和“出口”防范一直是严格的。到了雍正皇帝废除“乐户”，从法律制度层面上取消了中国伶人的“乐籍”身份，而且，随着中国社会逐渐深化了近代转型，清朝中晚期以后，伶人职业的“进口”压迫感松了，许多票友“下海”成为职业伶人，多数也形成了新的伶人家族，伶人职业的“出口”强制性软了，也有伶人后人不再为伶，改营他业。由于处于近代，史籍对于伶人家族职业世袭记录也是颇为详尽。

著名的谭鑫培家族和梅兰芳家族，自不待言，一般的伶人家族职业世袭现象，也是俯拾皆是。茹富蕙，长于丑角，尤其蒋干、汤勤这类角色，萧长华以次，他独步一时，可谓尽得萧派真传。祖父茹莱卿，年轻时习武生，晚年改行操琴，父亲茹锡九，是位武生，哥哥茹富兰，先为小生，后改武生；萧长华也是伶人世家，是从他父辈开始的，虽然他的祖父是位游宦，从江西新建迁居到江苏扬州的江都县，但在太平天国时期，他父亲为了避乱北上京师，即开始涉及伶业。父亲萧镇奎，是位名丑，伯父艺名为小兰，是位昆旦，萧长华与哥哥萧长荣自幼学伶，萧长华终成丑行宗匠。萧长华之子萧盛萱，也是习丑，萧长华两位孙子，萧润增拜周信芳为师习老生，萧润德拜叶盛兰为师习小生。萧长荣之子萧连芳学习小生，萧长荣之孙子萧韵笙，也是从伶；孟小冬家族伶业，到她这一代已是三代，祖父孟七，武生、武净，父亲孟鸿群，也为武生、武净，三伯孟鸿荣，工武生，后改名小孟七，以示家族传承，六叔孟鸿茂，先工文武花脸，后改丑角。孟小冬则习余派老生，终成余派嫡传第一人；梅兰芳爱徒李世芳，也是世家，父亲李子健，为山西梆子戏花旦，母亲李翠芬，是山西梆子戏青衣。李世芳和毛世来、宋德珠、张君秋被称之为“四小名旦”，后来因为飞机失事，英年离世。这些伶人或者称为戏曲演员世家，既有声名昭著者，也有名气较弱者，但都存在家族职业相承，形成独特而丰富的家族职业文化。

这种伶人家族职业世袭，并非中国独有，西方国家同样存在。潘光旦教授在《中国伶人血缘之研究》一书中，曾援引英国学者戈尔登（Francis Galton）之著作《遗传的人才》（*Hereditary Genius*）的一段文字：“伶人之间的婚姻与血缘关系是很密切的——唯其密切之至，他们差不多成为一种特殊的阶级”，“我至少要把耿孛尔（Kembie）的家世提一提。在六十年以前，他们在英国人的见闻里，要占到很大的一个地位。”[11]耿孛尔（Kembie）的伶人家世情况，第一代为耿孛尔·饶吉（Roger Kembie），乃戏班总管，扮演莎士比亚剧中丑角十分出色，华德·莎拉（Sarah Ward），是耿孛尔·饶吉之妻，是一个流动戏班班主的女儿；第二代，莎拉，长女，杰出的女演员，约翰·飞利伯（John Phillip），长子，喜剧家，司蒂芬（Stephen），次子，喜剧家，伊丽莎白（Elizabeth），三女，也从伶业，查理，三子，悲剧家；第三代、第四代无人业伶；第五代，玛利·法朗射斯，业伶，是长女莎拉的重孙女。这个英国伶人家族，似乎与我国近现代伶人家族比较接近，第二代三个儿子全部从伶，但是，女儿就未必了，两个女儿有的为伶，嫁的却并不是伶人，一个女儿没有业伶，嫁的也不是伶人，第三代、第四代没有一人从事伶业，其中一人成为内务部次官，一人是研究盎格罗-撒克逊语言的学者，到了第五代才又出现了从伶的家族成员。应该说，英国伶人家族职业世袭或者变化情形，与我国近现代伶人家族比较，它们的生存背景和文化指数是并不相同的，它们的伶业世袭有着不同的人生动机以及家族文化内涵。

如前所述，在清朝初期之前，一旦为伶，世世从伶，具有一种强制性质，从法令制度角度加以规定，“一沾此色，累世不改”。其实，它也存在复杂的情形。首先，官方政策具有一种概念性和理想化，在具体执行过程中，也会发生政策“跑、冒、滴、漏”。在中国历史中，某个时期的某种哲学思想和官方法律，现实生活与它并不是等同的，利用哲学思想和官方法律说明一个历史时期的日常生活，往往会发生一些偏差，淹没甚至抹杀一些真实状态的生动和微妙。在中国人文社会科学研究中，经常会发现一些研究者采用宋明理学或者帝王诏令，来描述当时中国的真实生活，其实，它们之间虽然存在着很大的关系，但也不完全一样，真实生活要显得更加丰富和复杂。中国戏剧史研究，似乎也遇到类似问题。戏剧文学史料颇丰，但是，声腔、演出等很难用文字准确描述的实证素材很少，因此，一部中国戏剧史，从戏剧作为一个整体概念而论，也就难以真正复原它的历史。余秋雨曾有如此表述：“与其他艺术门类一样，戏剧的最精微之处总是最容易被历史磨损和遗失。后代所写的每一部艺术史，都是失去了最精微之处的抱憾之作。这正像描述一个绝色美人，只留下了她的履历和故事，还有一些遗物和照片，却永远也无法说明，她究竟是靠着什么样的风度和眼神，征服了四周。”[12]伶人家族职业世袭情况，如果完全利用政权法令史料论述，它也会失去一些“最精微之处”，伶人家族的职业“入口”和“出口”，也会由于执行过程中的复杂情况，即一些“最容易被历史磨损和遗失”的具体情景，有时会有松紧差别，尤其是一些流动的戏班伶人，政权系统管理更加困难，因此，应该会有个别伶人易业，并未继续为伶，只是史籍少于描记。

其次，史籍中所载的伶人家族，大多是知名的或者比较有特点的，而大量的芸芸伶人是否形成家族，或者家族能够持续多久，由于无人关注及记录，都已经在历史的发展中消失。伶人职业的流动性质，冲州撞府，四处卖艺，必然会使家族成员有所离聚。邢义田曾称：“可以想见的是一般的平民即使有族，大概也不可能像封建贵族那样有大、小宗的庞大细密的组织，他们如果缺乏特殊的机缘和运气，作为大多数人口的小农之家，要长期聚居在一地，发展成为生业世承、聚族而葬的大族不是很容易的事。天灾、人祸每使人口流散。像客、部曲一类的依附人口，或地位更卑下的奴婢，每因年成或动乱，先后大量地存在于这一时期的社会中。他们谈不上族人，谈不上世业，身后除了一堆黄土，魂魄恐怕是没有祖茔可以依附的。”[13]普通伶人的家族处境，大概也和上述人差不多，因此，伶人家族的职业“入口”和“出口”也会发生一些流变。

再次，在清朝初期之前，伶人家族存在的历史很长，经历了多个朝代，而每个朝代对待伶人家族的政策也会有所微调，为伶人家族的职业“入口”和“出口”创造一点缝隙，例如前述的唐高祖李渊，为了表示惠政，将年代久远的伶人家族“宜并蠲除，一同民制”，也会对伶人家族世袭制度产生微小影响。

第四，关于职业进口的被迫性和无奈性，也有例外个案，但都是由于特殊原因造成的。

清朝中晚期后，许多“票友”“下海”为伶，伶人职业“入口”性质已经发生较大变化，但是，在清初以前，仍然属于特殊案例。例如元杂剧《宦门子弟错立身》中的延寿马，他虽然是一个元杂剧中的人物，但也应该折射出社会的真实情况。他出身宦门，爱上女伶王金榜。宦门家庭不但反对，还将他禁闭了。他逃出以后，四处闯荡，遍寻王金榜。后来，终于与王金榜结婚，投入伶人生活。他唱道：“背杖鼓，有何羞！提行头，怕甚的！”但是，他实际上还是为了“我若得妆旦色如鱼似水”，而且，后来他还是觉得有些尴尬，“撞府共冲州，遍走江湖之游。身为女婿，只得忍耻含羞”，“休休，提起泪交流，那更担儿说重心忧。我亲朋知道，真个笑破人口”，说明伶人职业进口的被迫性和无奈性并未消失。

上述所论，并没有影响伶人家族职业世袭强迫性和被迫性的本质属性，它们大多是一种个案性质或者边缘形态，不可能对伶业世袭制度产生整体性或者完全性的动摇和颠覆。应该说，在清朝初期之前，政权机构对于伶人家族的防范和高压是一贯和坚决的。其实，政权机构对伶人及其家族的“围剿”，并不仅仅体现在家族职业世袭的强制方面。它采取了各种各样“隔离的现象”，实质上是一种“职业隔离政策”。

【注释】

1. 潘光旦．潘光旦文集．第二卷．北京：北京大学出版社，1994. 86 页．
2. 王利华．周秦社会变迁与中国家庭伦理体系的建立．见中国家庭史论集．天津：南开大学出版社，2003.
3. 邢义田．从战国到西汉的族居、族葬、世业论中国古代宗法社会的延续．见家族与社会．北京：中国大百科全书出版社，2005. 102 页．
4. 党明德、何成．中国家族教育．济南：山东教育出版社，2005. 6 页．
5. 邢义田．从战国到西汉的族居、族葬、世业论中国古代宗法社会的延续．见家族与社会．北京：中国大百科全书出版社，2005. 103 页、104 页．
6. 邢义田．从战国到西汉的族居、族葬、世业论中国古代宗法社会的延续．见家族与社会．北京：中国大百科全书出版社，2005. 119 页．
7. 潘光旦．潘光旦文集．第二卷．北京：北京大学出版社，1994. 253 页．
8. 潘光旦．潘光旦文集．第二卷．北京：北京大学出版社，1994. 104 页．
9. 李渔．一家言．
10. 赵函．娜如山馆说尤．
11. 潘光旦．潘光旦文集．第二卷．北京：北京大学出版社，1994. 120 页．
12. 余秋雨．中国戏剧史·新版自序．上海：上海教育出版社，2006. 2 页．
13. 邢义田．从战国到西汉的族居、族葬、世业论中国古代宗法社会的延续．见家族与社会．北京：中国大百科全书出版社，2005. 120 页．

第三章　伶人家族的职业隔离政策

第一节　中外种族隔离政策史述

关于“隔离政策”，即会联想到南非的“种族隔离制度”。种族隔离，南非语为 Apartheid，是从荷兰语援引而来的，意为区分隔离制度。这个制度对白人与非白人进行分隔并在政治经济等各个方面给予歧别待遇，其中，非白人包括黑人、印度人、马来人及其他混血民族，日本人与华人被视为与白人相同等级。种族隔离制度，以 1913 年的“原住民土地法”作为开端，由于广泛使用而被执政的南非国家党（National Party）予以强化。接受差别待遇的黑人约有2500万人，印度人约有90万人，但是，白人却只有约400万人。南非共和国前政府曾称：“南非共和国是一个多种族国家，各民族的传统文化与习俗皆有所不同，语言也有所差别。让各民族各自发展，并不是种族隔离，而是各自发展。”但是，由于白人掌握国家政治经济的权力，有色人种已然成为廉价劳动力的来源以及政治的贱民。

具体而言，“种族隔离制度”的法律分类以四种人作为分类，即白人、有色人种、印度人与黑人。内容包括如下：

1. 原住民土地法与“家园政策”——1971 年，开始将占人口多数的黑人移居到南非共和国 13% 的边陲地带的十“国”，并给予自治权，目标是使十“国”独立；移居十“国”的黑人会失去南非共和国的公民身份。但是，十“国”中的白人仍然拥有着政治经济的优越地位。从 1976 年到 1981 年，南非共和国扶植温达、希斯凯、川斯凯与波布纳等四个“国”独立，但均没有被国际社会所承认。

2. 隔离设施法——白人与非白人在公共场合的座位与使用方面差别规定。

3. 集团地区法——以人种作为居住地区的限制。

4. 混种婚姻禁止法——禁止人种不同的男女结婚。

5. 背德法——对于恋爱行为的限制与惩罚。

6. 其他医疗、宗教、就职等方面的限制。

归纳起来，种族隔离制度，大体可以分为两种：

一、人身隔离或者制度隔离。在社会生活各个领域，通过建立各个种族集团的平行机关或者有色人种的专门部门所实行的分离。如禁止有色人种和白色人种同读一所学校，同住一个房间，同上一个教堂，同葬一个墓地等。

二、地域隔离。对一定的种族集团在指定地域内实行的分离。如建立保留地、黑人区、犹太区等。

两种隔离一般相互结合，同时并用。

南非的种族隔离政策，不但引起国内的反抗与斗争，更是导致国际社会的强烈批评与经济制裁。1973 年 11 月 30 日，联合国大会通过的《禁止并惩治种族隔离罪行国际公约》宣布：种族隔离违反国际法原则，特别是联合国宪章的宗旨和原则，对国际和平和安全构成严重的威胁，是危害人类的罪行。凡是有种族隔离行为的组织、机构或个人即为犯罪。缔约国承担义务，禁止、预防并惩治犯有这种罪行的人。1989 年，戴克拉克担任南非总统以后，释放了因反对种族隔离政策而入狱的曼德拉，并且于 1990 年解除戒严。1991 年，南非共和国废止人口登记法、原住民土地法与集团地区法，在法律上取消了种族隔离政策。

有的学者认为，在中国历史上也曾经发生过类似现象。它主要体现少数民族政权入主中原以后，对汉人实现一种政治差别待遇政策。元代建立以后，实行等级歧视政策，将人分成蒙古、色目、汉人、南人四个等级。第一等为蒙古人，是处于统治地位的民族，拥有各种政治、经济、法律等各个方面的特权；第二等为色目人，包括西夏人、回族人、西域人以及留居中国的一部分欧洲人，政治地位仅次于蒙古人；第三类为汉人，包括契丹人、女真人和原来在金统治下的北方汉人。其政治地位比南人要高，比色目人要低；第四类是南人，主要包括南方的汉人和其他各个民族的人，政治地位最低。各级统治机构的长官和掌握实权者都是蒙古人和色目人，其次才是汉人，南人极少有入仕的机会。在刑法上，蒙古人、色目人、汉人、南人分属不同的机关审理，量刑也极为不平等。此外，规定汉人、南人不得私藏兵器和围猎等。对于中国文化发展影响最大的，即是元朝的科举考试，它分左右两榜，蒙古人和色目人考右榜，汉人和南人考左榜，难易程度有别。正是因为如此，许多汉族士人自觉科举无望，转而从事元杂剧创作，也应该是元杂剧成为中国一个历史时代文化标志的一个重要原因。

明朝取代元朝之后，则是“以其道反治其身”，通过国家人口登记，建立起一种社会等级的歧视制度，针对的两种人，一种即为留下的蒙古人以及元代降将。明朝政府法令规定，他们只能为普通民籍和宦籍服务，不能充当吏员、粮长、里长，更是禁止为官。

入清以后，仍然实行种族隔离。具体来说，实行满汉分区居住，旗人、民人分城居住，不得擅自逾制，旗人为旗军及其家属，“民人”则指汉、回等族。例如京城，北城也就是内城为旗人居住区，民人则在南城居住，原内城房屋居民限期搬到南城居住；严禁异族通婚，清代《户部则例》规定，旗人之女不准嫁与民人为妻，倘有许嫁民人者，将双方主婚人依违判例治罪，并将该女开除旗籍。这种风俗，在现代仍有残存迹象，岫岩、凤城、宽甸等满族自治县，一些满族老户定亲议婚，宁可到外县寻找满族人结婚，也不愿意与当地汉人结亲。在一些老人的观念之中，仍有“旗民不结亲”、“满汉不通婚”的传统风俗，列为通婚禁忌；社会地位方面，除了满族人八旗子弟，其他民族都是较为低下。“在清初的法律制度中，旗人享有种种特权，如旗人犯罪免发遣、免刺字，可减等。”[1]这种政治特权，使满人无论出身如何，均可以资兼文武、位至将相。汉人，即使在朝廷担任高职，在满臣面前也要下跪。中央机构虽然实行“满汉复职制度”，例如在内阁，规定大学士、协办大学士满汉皆用；在六部，规定尚书满汉各一员，左右侍郎满汉各一员，但是，虽然满汉官员同任一职，决定权却往往掌握在满洲贵族手中，军机处的领班军机大臣，都是满洲贵族。至于议政王大臣会议，也全部由满洲贵族所组成。

直到雍正王朝，清朝统治已经稳固，统治阶层也开始中原化，开始将“非良民籍”制度取消，实现“普世平等”，同时，实行蒙满一家、蒙满汉化，并提倡满、汉、蒙、回、藏“五族共和”。这项政策，撤除种族歧视政策，化解异族之争，所有外敌都变成中国人，敌我矛盾变成内部矛盾，由此，清朝版图急速扩大。由元朝开始，因为等级制度而导致的中国民族和社会矛盾，也逐渐缓解。

上述观点，有的也许只是一家之言，但是，也说明了“隔离的现象”在中外都曾经发生过。此中充满了深刻的政治玄机。

第二节　有关伶人职业隔离的五种具体形态

对于中国伶人及其家族来说，这种“职业隔离政策”是分外残酷的。从元朝到清朝，曾经发生“种族隔离政策”，但是，这都是异族之间的统治之术，伶人并不存在这个问题，它不是一种种族的禁忌，而是因为一个职业，却被深深地孤立和隔离。中国古代哲学一直强调众生权力平等，身份不与地位、政治权利直接挂钩，中国身份制度不像印度种姓制度，存在着非常沉重的宗教和历史的包袱。例如从隋唐开始的科举制度，不论出身和门阀，均可以报考，可谓是一个不计家庭出身的公平竞争制度。但是，伶人却是一个例外，男性伶人不但自己不能报考，累及子孙也不能够报考。也就是说，身为伶人，科举已经向整个家族关闭了大门。

如同伶人家族职业世袭制度一样，“职业隔离政策”充满了一种强制性和被迫性，是中国职业系统中一种非常严酷而又充斥微妙政治动机的调控机制，不但使中国优伶形成了一种特殊的阶级，也使伶人与家族的关系更加密切。这种“职业隔离政策”，从人身自由和人格精神多个方面对伶人进行了全面的“隔离”包围。

一是婚姻隔离政策，也就是“内群婚姻”。若干年前，阅读田汉的话剧作品《关汉卿》，心中曾有疑虑，关汉卿和朱帘秀感情如此和好，“狱中相会”的一曲《双飞蝶》如此深情缠绵，“俺与你发不同青心同热，生不同床死同穴；待来年遍地杜鹃红，看风前汉卿四姐双飞蝶。相永好，不言别!”却为何没有结成连理。当时的思考是，它毕竟是一个艺术作品，田汉为了加强戏剧效果，故意将其设计成一个悲剧，何况这部作品也是田汉的一种自况。后来，才了解了伶人的婚姻是有规定的，许多朝代都有明确的法律条文，《元典章》载有两则“圣旨”：“乐人只教嫁乐人，咱每（们）跟底近行的人，并官人每，其他的人每，若娶乐人做媳妇呵，要了罪过，听离了者。”“是承应乐人呵，一般骨头成亲，乐人内匹配者。”《清律例》称，凡伶人与“良人”通婚，杖一百，官吏若娶女伶为妻室，则“杖六十”。也就是说，伶人只能在业内选择婚配，与社会姻亲关系被强制隔离了。“在中国古代，人们就是这样以法律条文和社会舆论来切断优伶与外部世界血缘关系的联结，从而使优伶在血缘上处于一种明显的‘隔离’状态。很显然，这种‘隔离’和‘切断’的目的主要在于使优伶这一阶层永远地被禁锢在社会的最底层。”[2]当然，伶人的婚姻“入口”和“出口”，也会存在“缝隙”，但是，伶人也无非是成为官吏商贾的小妾，而且，许多也是强力霸占，《元典章》称：“官豪势要，富户之家，舍不痛之财，买不愿之乐，强将成名善歌舞能妆扮年少堪以承应妇女，暗地捏媒证，娶为妻妾。”妾媵实质上是变相奴婢，《青楼集》作者夏庭芝曾给嫁与杰里哥儿佥事，后来因为夫家家族反对而被休的李奴婢作赠【水仙子】有云：“丽春园先使棘针屯，烟月牌荒将烈焰焚。实心儿辞别莺花阵，谁想香车不甚稳，柳花亭进退无门。夫人是夫人分，奴婢是奴婢身，怎做夫人?”[3]还有一种情形是家乐女伶，作为主人对家中奴仆下人的一种“恩赐”，将她们嫁与奴仆下人。也有一些女伶嫁给道士，例如前所论及的朱帘秀，据说最后嫁与一位钱塘道士。

对于中国社会来说，婚姻是改变个人及其家庭命运的一个重要途径。婚姻关系，是一种社会资源的重新组合，是再次配置个人、家庭与家族的人力资源、财富资源以及智力资源，从而使荣誉指数和社会力量达到最大化和最优化。从某种意义而论，婚姻改变命运已经形成一种中国文化，小家碧玉高嫁贵族子弟作妇、寒贫书生高娶相府小姐为妻，历来是中国艺术作品长期使用的主题。一生清贫人下届，偶尔联姻人上人，曾经是许多中国人的一种心结。但是，中国古代政权系统却将伶人这种权利剥夺了，使伶人不再享有此等自由。如果说，普通民众由于社会的身份和等级关系，不太容易与身份高贵者攀上姻亲，唐朝法令有称：“人各有耦，色类须同”[4]，宋人也谓：“门当户对，结为姻眷”[5]，但是，伶人连这种基本的资格都不具备，伶人在正常婚姻关系面前完全属于“另类”。伶人因为职业关系，在婚姻资源上被“隔离”了。

在中国封建社会中，虽然哲学思想强调百姓平等，但是，在具体政治运作中，却是将人分成了良民和贱民两大等级，一直是奉行良贱不婚的。秦汉时期，即已经形成了如此观念，“凡民男而婿婢谓之臧，女而归奴谓之获”[6]。良民若同贱民通婚，也将沦为贱民。魏晋南北朝时期，则用法律条文将这种婚姻禁忌固定下来，而到隋唐时期，良贱不婚的法律体系已经相当完备和系统。“唐律的有关规定，可以概括为以下四点：第一，对于良贱通婚，一概不予承认，实行强制离婚；第二，良贱违法通婚，视其情节轻重，分别给予‘杖一百’到‘徒二年’的惩处；第三，贱民内部的不同等级之间不准通婚，如果违犯，其中情节最严重的，将受到‘徒一年’的惩罚；第四，奴婢本人及其子女的婚事应由主人决定，如果自行做主，按盗窃罪论处。”[7]宋代是封建婚姻制度发生重大变革的时期，但是，对于良贱不婚禁忌仍然基本延续，并且，对于良贱违法通婚所生子女如何处理作了补充规定。它主要的表现形态，除了主仆不婚，还有一种是良娼不婚。宋理宗时期，一位官吏曾在诉讼判词中称道：“公举士人娶官妓，岂不为名教罪人，岂不为士友之辱，不可不可大不可！”[8]宋代理学家程颐也称：“以父母遗体偶倡贱，其可乎?”“此禽兽不若也，岂得不害义理！”[9]因此，良娼不婚既有法令限定，也有社会舆论作势。

这种等级内婚姻与伶人内群婚姻，既有相同之处，也有不同之点，前者表现了一种婚姻禁忌，婚姻不能自由配置，后者则体现了除了伶人之外，还没有一个因为职业关系，大多只能选择同一职业的，其他贱民可以选择相同社会等级者，而伶人却只能是“乐人只教嫁乐人”。因此，也使伶人这种婚姻隔离政策，具有一种充满政治意味的特殊性。

由于伶人长期的“内群婚姻”，产生一种惯性作用，加上职业、兴趣和共同利害的关系，它本身具有一定的便利性，因此，伶人也习惯于在圈子内组织婚姻，甚至根据“优生学”的原理，“内群婚姻”将许多所以构成伶人才气的品行逐渐集中起来，不至于向伶人阶级以外扩散，如果因缘凑合，也有可能由此产生一两个极有创造能力的戏剧天才。但是，这些并不能掩盖婚姻隔离政策对于中国伶人的残酷性和危害性，“结果，伶人在社会上，在一切职业之中，便几乎成为一个特殊的阶级，一个小天地”，“一天不停止唱戏，一天不教子弟改行，一个伶人便一天要受一种特别的身份的拘束，这种身份一天不能摆脱，他要结交朋友，选择配偶，便一天不能跳出同业的范围”，“除了极少数的例外，大多数的伶人不能和所谓上流的社会发生对等的关系，婚姻的缔结，当然是绝无仅有”[10]。

这种婚姻隔离政策，对于中国伶人婚姻人格的影响，直到近现代仍然余波未灭。《儒林外史》二十七回，戏班领班鲍廷玺娶了一个二婚阔太太为妻，她原来以为鲍廷玺是个举人秀才，但是，听说他是一个戏班领班后，马上昏厥过去，得了个失心疯。这是文学作品，也许有艺术夸张的成分，不过，在近代和现代的现实生活中，同样不乏婚姻隔离政策的阴魂，清末“四大奇案”之一的“杨月楼诱拐案”，即为一个案例。它发生在同治十二年，即1873年，1874年2月24日的《申报》对此曾有详讯：

> 优伶杨月楼因诱匿韦氏闺女被控，叠经本馆将讯办情由，先后列诸前报，并有局外人再三辩驳，均经发刊。韦女之被诱，乘其父客他乡，因家长不愿收领，早已发交善堂择配。乃收禁之杨月楼，现在已经邑簿录供通详，奉到各大宪批示，饬为议拟究办。缘事出诱拐，遂查依诱拐之律拟予军遣，不日即详解省郡，听候上宪提勘。一经问实，则四千里塞外之风尘，虽杨月楼江湖浪荡，辛苦备尝，恐难消受。

杨月楼因为大胆追求粤商女儿韦阿宝，竟然被法办。杨月楼与韦阿宝“未婚而先奸”，虽然韦阿宝的母亲“供认以曾行许配”，但是，她的父亲并不知道。更为重要的是，杨月楼身为一伶人，“定例良贱不可为婚，总总不合事理”，杨月楼乃犯“通奸罪”，而且，官府对于杨月楼“用以极刑”，“打脚胫二百之多，吊拇指也半日之多，以天平架重压颈项，几乎不能呼吸，而又加之以杖责”，定要将他“问成诱拐”[11]。这里，婚姻隔离的政策仍然发生作用，究其根本仍然是“良贱不可为婚”的“定例”，杨月楼的职业为伶，与良家女子恋爱，就成了“通奸罪”，“遂查依诱拐之律拟予军遣”，去经受“恐难消受”的“四千里塞外之风尘”。这个案子，发生在清朝中晚期，伶人及其家族处境已有较大改善，但是，仍然发生此等婚姻隔离之事，从官府对杨月楼“用以极刑”，遍施各种酷刑，也可流露出官府的真实态度。此案最后以“诱拐”结案，杨月楼发配远徙，韦阿宝交官媒择配。需要关注的是，案子中的女主角韦阿宝，因为与伶人相恋爱，不同社会等级之间企图婚配，属于道德“乱伦”行为，恐已坏了名声，“因家长不愿收领，早已发交善堂择配”，悲凄心情可想而知。

婚姻隔离政策，使中国伶人及其家族永远束缚在社会底层的地位，不可能利用婚姻的机遇改变自身命运。如果说伶人及其家族的职业选择，已经有先天的限制，职业世袭乃是一种定例，但是，如果在婚姻契机上把握得好，仍然可能重新设计人生。婚姻隔离政策，却将这种可能性整个封杀，一旦为伶，婚姻范围已经基本注定，容不得更多的选择，由此，也使中国伶人构成为一个独立的职业和团体，形成了一种沉重而又独特的伶人家族文化。

二是科举隔离政策。科举制度，对于中国男性文士来说，乃是一个至为重要的事情。科举和中国男性文士之间的关系，从《范进中举》中即可反映，尽管它选择的是一个极端的个案。余秋雨曾说：“科举考试的最大优点是从根本上打破了豪门世族对政治权力的垄断，使国家行政机构的组成向着尽可能大的社会面开放”，“在历代的科举考试中，来自各地的贫寒之士占据了很大的数量，也包括不少当时社会地位很低的市井之子”，“这说明科举制度确实是具有包容性和开放性的，不太在乎原先家族地位的贵贱”，“科举制度的另一个优点是十分明确地把文化水准看做选择行政官吏的首要条件”[12]，因此，通过科举考试，“贫寒之士”甚至“市井之子”很有可能由此改变个人及其家族命运。十年寒窗苦读，“朝为田舍郎，暮登天子堂”，终于得到社会身份重新定位，它已经不是个人的事情，而是关乎着家庭、家族、故乡、姓氏荣辱的一个社会命题。古诗有谓：“一第知何日，全家待此身”，“一士登甲科，九族光彩新”，[13]即反映了科举考试与个人及其家族的深刻联系。

这种“文官选拔制度”是中国古代男性文士挥之不去的情结，“科举制度给中国读书人悬示了一个既远又近的诱惑，多数人都不情愿完全放弃那个显然是被放大了的机会”[14]。科举考试，为中国男性文士提供了一个个人社会地位翻身和家族荣誉光大的最佳平台。科举制度成功与否，也是中国古代社会对于男性社会身价的一个重要评判指标，因为它是男性获取社会资源和生存质量的一个官方身份。宋代即有“榜下择婿”之风，因为当时乃“尚科举”，“以此高下人物”[15]，故达官贵人、富豪士绅选择女婿，均以进士是择，甚至其他一切不问，即不问家世、不问人品、不问婚否，即一个男性文士其他的社会条件和个人品质都已经无法与科举相提并论。根据史籍所载，宋代每逢科举考试揭榜之日，官绅富户家庭一早即纷纷出动“择婿车”，在“金明池上路”，争相选择新科进士成为女婿，一日便有“中东床者十八九”[16]。《宋史》卷三一七《冯京传》载：

> 冯京……举进士，自乡举、礼部以至廷试，皆第一。时犹未娶，张尧佐方负官掖势，欲妻以女。拥至其家，束之以金带，曰：“此上意也。”顷之，宫中持酒肴来，直出奁具目示之。京笑不视，力辞。

李幼武《宋名臣言行录》续集卷三《傅察》也记：

> 公未廷试，蔡京辅政，卖弄威权……坚欲以女妻公，遣其子与术士数辈踵至视公。又托其姻，强公想见。公不从。

在此，似乎已经不是“榜下择婿”，而是“榜下捉婿”。其实，唐代已有此风，韩愈《送陆畅归江南》有云：

> 举举江南子，名以能诗闻。
> 一来取高第，官佐东宫军。

迎妇丞相府，夸映秀士群。

鸾鸣桂树间，观者何缤纷。

唐代选择进士为婿，也有榜下择婿、榜前择婿、榜前约定和榜下完婚等各种方式，俨然成为一种社会时尚。

分析它的原因，乃是因为科举是谋取官职的主要途径，宋孝宗称："朝廷用人，别无他路，止有科举。"[17]此语虽然有嫌绝对，但是，也反映了国家统治者对于科举的高度重视。进士出身，在官场上提升颇速，状元甚至十年而至宰相者也不乏其人，而且，如果不是进士或者是读书人，官场之上颇受歧视。因此，"人们千方百计要奔个科举中第，无非是为了谋取高官。至于所谓郎才女貌，就其总体而言，几乎可以直呼其为：郎官女貌；所谓榜下择婿，就其实质而言论，简直可以换言之曰：榜官择婿。"[18]

对于中国男性文士来说，科举如此之重，中举前后反差强烈。北宋时期，"有举子观人家娶妇，徘徊不去，至排坠门扉"，"其家大怒"，被人嘲之为"一双穷相眼"。[19]中举之后，则是身价猛涨，"才及第"，在姻缘上已是"便简点人家女"[20]。余秋雨在《十万进士》一文中曾经提到一位及第者王泠然，考中尚未授官，便给一位担任御史的熟人高昌宇写信，希望高昌宇今年之内为他解决一个女人，明年之内为他解决一个官职，否则，以后同朝为官，一定会给他脸色看的。这位及第者，颇有些得意忘形之态。"对于多数士人来说，考上进士使他们感到一种莫名的轻松，长久以来的收敛和谦恭可以大幅度地解除，虽然官职未授，但已经有了一个有恃无恐的资格和身份，可以比较真实地在社会上表现自己了。"[21]因此，科举考试可以说是一个男性文士的首要人生任务。

如此之重的科举，男性伶人却是被剥夺了权利，政权系统以强力的方式，将男性伶人隔离了最具有包容性和开放性的科举制度。白居易有云：

惟贤是求，何贱之有……拣金于沙砾，岂为类贱而不收？度木于涧松，宁以地卑而见弃？但恐所举失德，不可以贱废人。[22]

但是，男性伶人是个例外，因为"贱"、"卑"而"不收"、"见弃"。元代法令规定："娼优之家，及患废疾，若犯上恶、奸盗之人，不许应试。"[23]明代也有规定："近来奸徒利他处寡少，诈冒籍贯，或原系娼优隶卒之家，及曾经犯罪问革，变易姓名，侥幸出身，访出拿问。"[24]清代顺治九年规定："娼优隶卒之家……侥幸出身，访出严行究问黜革。"乾隆三十五年，又有规定："查娼优隶卒，专以本身嫡派为断；本身既经充当贱役，所生子孙，例应永远不准收考，其子孙虽经出继为人后者，终系下贱嫡裔，未便混行收考，致启隐匿冒考等敝。"[25]上述法令，可以分析得出如下结论：一是伶人家族，若同"患废疾"、"犯上恶、奸盗之人"、"隶卒之家"，都是"类贱"、"地卑"，由此，从理论上为伶人"不许应试"奠定了基础，使此等法令具有道德和法理的合理性与合法性；二是由于科举对于中国男性的重要意义，有伶人曾经使用各种"非法"的手段参加科举考试，而且，成功及第，"侥幸出身"，这从反面也说明了科举隔离政策的残酷性，伶人只能用"变易姓名"等手法，冒着极大风险以身相试；三是政权系统将科举隔离之门严密封锁，"侥幸出身"者，一经查实，"严行究问黜革"，可见它的管理制度非常严厉，将伶人严格隔离科举之外；四是与伶人家族职业世袭一样，伶人"所生子孙，例应永远不准收考"，它又从家族的体系彻底切断伶人及其家族与科举的考试，而且，"其子孙虽经出继为人后者"，也是"不许应试"，因为也是伶人家族"下贱嫡裔"，它将伶人及其家族世世代代剥夺科举考试权利。

它的原因和婚姻隔离政策一样，如果说女性伶人及其家族有可能更多地利用婚姻契机改变命运，男性伶人及其家族更可能利用科举考试彻底翻身，故而政权系统必然会像封杀婚姻一样，围灭伶人及其家族科举考试权利。另外一个方面，如果放开科举考试资格，男性伶人及其家族通过科举及第，就有可能获得一种职业选择机会，甚至与伶人家族职业世袭制度的制定者和执行者同朝为官，而且，在婚姻上也将等到更大空间，甚至如前所述的"才及第"，"便简点人家女"，它必然会动摇和冲击伶人家族职业世袭制度和婚姻隔离政策。因此，对于中国男性如此重要的科举，对于伶人及其家族必然是全封闭隔离。

三是服饰隔离政策。如果说，伶人家族职业世袭制度以及婚姻、科举隔离政策是从人身自由以及政治权利上隔离，那么，服饰隔离政策则是从外在形象上标志化和符号化，进行人格"示众"。前面的三种隔离，使伶人及其家族形成一个封闭社会，永远处于社会底层部位，不过，伶人及其家族也能够凭借着伎艺，心安理得地过着自身的生活，但是，这种服饰隔离政策让伶人及其家族也就暴露在社会公众面前，成为一个社会"囚犯"，令社会共同监督之。

此种服饰隔离政策体现为对于伶人及其家族的服饰规定性质，与一般民众加以区别，以示贵贱身份。北宋时期，据传伶人一般乃穿黄色服装，头戴牛耳幞头。[26]《通制条格》载有元代规定，伶人须是"穿皂衫子，戴角冠儿"，伶人家族则为"果青巾，妇人紫袜子"，且"不得戴笠子，穿金衣服"。《元代·顺治本帝》也有记载："禁倡优盛服，许男子裹青巾，妇女服紫衣。"焦循《剧说》称："院本中有唱夫之词，名曰'绿巾词'，虽有绝佳者，不得并称乐府。"青巾，应该是元代伶人的规定服饰，而青巾，或称"绿巾"，对于中国民众来说，毫无疑问是带有侮辱性质的。刘辰《国初事迹》载："太祖立富乐院于乾道桥，男子令戴绿巾，腰系红搭膊，足穿带毛猪皮靴"，"妓妇戴皂冠穿皂褙子，出入不许穿华丽衣服"。《明史·舆服志》也载："教坊司伶人常服绿色巾以别士庶之服。乐人皆戴鼓吹冠，不用锦绦，惟红搭膊。服色不拘红绿。教坊司妇人不许戴冠穿褙子。乐人衣服只用明绿、桃红、玉色、水红、茶褐色。俳色长、乐工，俱皂头巾杂色绦。”因此，服饰隔离政策，从外在形象上将伶人与社会隔离，使伶人成为社会“众矢之的”，也使伶人及其家族时刻不忘自已身份，从而在社会视觉图像上成为一个特殊的阶级。

四是行为隔离政策。政权系统对于中国伶人的职业隔离，在日常行为方面也有规定。《通制条格》载：元代“倡家出入服皂褙子，不得乘坐车马”。刘辰《国初事迹》载有明代规定，伶人“不许街道中走，止于道边左右行”。元明时期，这种伶人日常出行规定，更加深了伶人及其家族的社会化隔离。到了清代，这种情形虽然有所改变，但是，乾隆末年，魏长生因为乘坐与身份不符，仍然被“御使”“杖之途”[27]。一些文士对于伶人坐车乘轿更是极为愤慨，称：“优伶之贱，竟有乘轩赴演者。”[28]“据说以前在相公的风气很盛的时代，伶人对妓女相见时还得行礼请安。理由是妓女一旦从良，前途还有受诰封的希望，做戏子的连这一点都没有，所以就永远没有翻身的日子。”[29]这种行为隔离政策就更使伶人及其家族在社会公众印象中产生一种永无“翻身”之感。

五是舆论隔离政策。如果说伶人家族职业世袭制度和上述四种隔离政策都是有形的，舆论却是一种无形的隔离。它对中国伶人及其家族的精神“剿灭”是人格化与灵魂性的，因而也是非常彻底和严酷的。前所论及的丁石，“与刘莘老同里发贡”，后见到拜相的刘莘老，深感“今贵贱相去如此”，而“无面见相公”，即是这种舆论隔离政策对于伶人精神深刻伤害和束缚的案例。一旦为伶，伶人及其家族永为乐户，永为贱民，《唐会要》称：“婚姻绝于士庶，名籍异于编氓，大耻深疵，良可矜愍。”宋代陈淳《上傅寺丞论淫戏书》，则将社会诸般弊端皆归罪于伶业，称：“一、无故剥夺民膏为妄费；二、荒民本业事游观；三、鼓簧人家子弟玩物，丧恭谨之志；四、诱惑深闺妇人出外，动邪僻之思；五、贪夫萌抢夺之奸；六、后生逞斗殴之忿；七、旷夫怨女邂逅为淫奔之丑；八、州县二庭纷纷起狱讼之繁，甚至有假托报私仇，击杀人无所惮者。”此段言论，为舆论隔离政策提供了一种的理论依据。元代《事林广记》卷上《莅官政要》规定为官者三种人不得进入家门，即伶人、牙婆（媒婆与人贩子）和尼姑，因为此三种人乃为不祥之人，进门容易招致祸害。对于伶人的舆论隔离，在明清时期的《家训》中也有显著表现。明代高攀龙在《高子遗书》中称，与伶人相交危害极为深重，一是妨碍士人读书；二是销蚀高尚之襟怀，使人趋于粗俗；三是在潜移默化中引人为恶。清代周思仁在《家训》中也称，六种人不可进入家门，即妓女、优伶、赌徒、师巫、药婆、买淫具者，乃为“杜邪”。在这些家训中，伶人与妓女、赌徒、买淫具者等人同等。[30]

第三节　国家机器与意识形态国家机器功能

伶人家族职业世袭制度以及婚姻、科举、服饰、行为等四种隔离政策，都是一种强力制度，属于国家机器范畴。国家机器包括权力机构、法庭、监狱、军队等，都具有一种暴力的特征。在人类历史上，没有一种政权仅仅凭借国家机器而能够实现成功的统治，它都需要建立一种意识形态国家机器进行互动统治。“意识形态国家机器与国家机器的区别在于，它具有非暴力的特征，它发挥其功能的方式是通过整合和提供合法化论述，具有一种隐蔽和象征性的特点。说得直白一点，便是一个暴力的权力机器能够成功地统治或顺利地运转，在相当大程度上依赖意识形态国家机器提供某种令人信服的‘合法化’表述，它不仅说明统治者的统治是天经地义的，而且说服被统治者接受自己各自的地位和命运，尤其是那些不尽如人意的地位和命运”，“法律、军队、监狱是在政治社会中实现强制，而意识形态国家机器则是在市民社会中建立权威。”[31]政权系统的伶人家族职业世袭制度以及婚姻、科举、服饰、行为等四种隔离政策，也需要意识形态国家机器的充分配合，从而实现“成功的统治或顺利的运转”，伶人家族职业世袭制度以及婚姻、科举、服饰、行为等四种隔离政策要实现有效性的管理，也是“在相当大程度上依赖意识形态国家机器提供某种令人信服的‘合法化’表述”。这里，意识形态国家机器包括宗教、教育、家庭、法律（准确应称法律观念）、政治、传媒系统与文化（包括文学、艺术和体育）等八种专门化的机构，当然，中国古代舆论体系未必包含如此系统的专门机构。前所论及的《家训》应该属于家庭范畴，《唐会要》应是法律或者准确说法是法律观念，宋代陈淳《上傅寺丞论淫戏书》则是一种政治机构的行为。政权系统对于中国伶人及其家族的舆论隔离，除了意识形态国家机器进行运作以外，还应该包括在这种运作影响下的民间观念形态，例如“从前常有人说‘伶人无义’，并谓此辈人把忠、孝、节、义四字，都在台上演绝了，故而私下里遂不忠不孝不仁不义了”，[32]从而将伶人及其家族孤立化甚至“杜邪”化，从民间立场上将伶人及其家族隔离起来。

伶人家族职业世袭制度以及婚姻、科举、服饰、行为等四种隔离政策“是在政治社会中实现强制”，而舆论隔离政策“则是在市民社会中建立权威”。这种舆论隔离政策，也就使伶人及其家族在自身与其生存状态之间建立一种想象性的关系，使每一个伶人及其家族都能够在其中找到自身的合法的或者“宿命”的位置，并接受关于自身所处社会位置的合法性叙述，也即如前所述的“提供某种令人信服的‘合法化’表述，它不仅说明统治者的统治是天经地义的，而且说服被统治者接受自己各自的地位和命运，尤其是那些不尽如人意的地位和命运”。在此舆论隔离政策的作用下，伶人及其家族也就甘愿“接受自己各自的地位和命运”，甚至它已经成为伶人甚至整个社会的“集体无意识”，或者说是在经历“集体有意识”以后的漫长历史发展过程之中，也就成为“天经地义”的了，而形成“集体无意识”。

如果说伶人家族职业世袭制度以及婚姻、科举、服饰、行为等四种隔离政策，在清朝初期以后渐渐松弛，舆论隔离政策却是清朝中晚期甚至公元纪年时期仍然余脉犹存。齐如山在谈及初涉伶界时称：“一因自己本就有旧的观念，不大愿意与旦角来往。二则也怕物议……被朋友不齿。”[33]后来，他与梅兰芳频繁接触确实招来非议，一些昔日文友对他疏远，一些显贵亲戚也对他无法容忍，与他交谊甚厚的罗瘿公，也在1928年《晨报》副刊《星期画报》第一二九期上发表了一首《俳歌调齐如山》，对他表示不敢苟同，“齐郎四十未为老，歌曲并能穷奥妙；结想常为古美人，赋容恨不工颦笑。……额下鬑鬑颇有髭，难为天女与麻姑。恰借梅郎好颜色，尽将舞态上氍毹。梅郎妙舞人争羡，苦心指授无人见。”

不但外界如此，就是伶界内部也有伶人不许子女与伶界接触。女伶陆素娟，与张伯驹合演《打渔杀家》，曾蒙余叔岩指教。为了表示谢意，陆素娟邀请余叔岩和他二位女儿，赴六国饭店吃了一顿西餐。事后，《立言报》却将此事登了出来，称陆素娟和余叔岩及其二位女儿吃饭如何。余叔岩见报以后勃然大怒，认为不应该将他女儿与青楼女子交往的事情登上报纸，就去报馆兴师问罪。他要求报馆更正，报馆却说此事乃是事实，他们是根据事实记载，无需更正，结果双方吵了半天，无果而散。第二天，报馆又将吵架一事登了出来，余叔岩为此生了好几天闷气。最后，经过双方友人调解，报馆也不提此事，也就不了了之。此后，余叔岩严厉嘱咐两个女儿交友必须选择，谨言慎行，而陆素娟也吓得再也不敢去余家了。

由此，舆论隔离政策也就使每一个伶人及其家族在其中可以照见自身的主体形象并且从中加以确认。在此，“主体是一个俯首称臣的人，一个屈服于更高权威的人，因为主体除了‘自由’地接受自己的从属地位以外没有任何自由。”[34]中国伶人的“主体”形象是异常清晰的，他只能是“一个俯首称臣的人”。

【注释】

1. 郑秦．清末司法制度的几个问题．历史档案，1988（3）．
2. 谭帆．优伶史．上海：上海文艺出版社，1995. 69页．
3. 夏庭芝．青楼集．说集本．
4. 张邦炜．宋代婚姻家族史论．北京：人民出版社，2003年．1页．
5. 洪楩：快嘴李翠莲记．见清平山堂话本（2）．点校本．上海：上海古籍出版社，1987.
6. 杨雄．方言（3）．四部丛刊本．

7. 张邦炜．宋代婚姻家族史论．北京：人民出版社，2003 年．2 页．

8. 户婚门·婚嫁·士人娶妓（蔡久轩）．见名公书判清明集（6）．点校本．北京：中华书局，1987.

9. 程颢、程颐．传闻杂录．见二程集·河南程氏外书（12）．点校本．北京：中华书局，1981.

10. 潘光旦．潘光旦文集（2）．北京：北京大学出版社，1994. 159 页．

11. 记杨月楼在省翻供事．申报，1874. 4. 14.

12. 余秋雨．山居笔记．上海：文汇出版社，2002. 216 页、217 页．

13. 余秋雨．山居笔记．上海：文汇出版社，2002. 221 页．

14. 余秋雨．山居笔记．上海：文汇出版社，2002. 226 页．

15. 周密．科举论．见癸辛杂识．前集．点校本．北京：中华书局，1988.

16. 谢维新．科举门·登第·择婿车．古今合璧事类备要．前集（37）．

17. 张瑞义．贵耳集．卷下．学津讨原本．

18. 张邦炜．宋代婚姻家族史论．北京：人民出版社，2003 年．2 页．

19. 李錞．李希声诗话·诗嘲．见宋诗话辑佚．卷下．

20. 邵伯温．邵氏闻见录（8）．点校本．北京：中华书局，1983.

21. 余秋雨．山居笔记．上海：文汇出版社，2002. 224 页．

22. 白居易．白居易集（67）．

23. 学令科学．见通制条格（5）．

24. 卧碑．见松下杂钞．卷下．

25. 学政全书（43）．

26. 焦循．剧说（1）．

27. 幺书仪．晚清戏曲的变革．北京：人民文学出版社，2006. 300 页．

28. 龚炜．巢林笔谈．见元明清三代禁毁小说戏曲史料．上海：上海古籍出版社，1981. 273 页．

29. 潘光旦．潘光旦文集（2）．北京：北京大学出版社，1994. 255 页．

30. 周思仁．欲海回狂集（2）．见元明清三代禁毁小说戏曲史料．上海：上海古籍出版社，1981. 177 页．

31. 戴锦华．电影批评．北京：北京大学出版社，2004. 186 页．

32. 徐慕云．梨园外纪．北京：生活·读书·新知三联书店，2006. 46 页．

33. 齐如山．齐如山回忆录．北京：中国戏剧出版社，1998. 110 页．

34. 戴锦华．电影批评．北京：北京大学出版社，2004. 187 页．

第四章　传统家族的驱逐伶人制度（上）

第一节　血亲和姻亲关系的利益共同体

从某种意义而论，伶人家族职业世袭制度以及五种隔离政策，最后都会归结到家族。因为对于中国人来说，家族是最后的精神防线。

德国学者马克斯·韦伯在分析20世纪中国社会基本特征时，提出一个概念，即“家族结构式的社会”。他认为，无论是城市还是农村，宗族组织在中国社会中都有着重要作用，在同一地域中生息和劳作的家族，依靠地缘关系组成一种村落的共同体，形成以共同的风俗习惯与规范作为纽带的自治群体，在内部实行自给自足的自然经济，是一个一切以传统为准绳的封闭、自律的社会生活组织，政治组织和社会政治自上而下都打上了父系家长制的烙印。[1]孙中山先生在《三民主义》中也曾经写道：

> 中国人最崇拜的是家族主义和宗族主义，没有国族主义，外国旁观的人说中国是一盘散沙，这个原因在什么地方呢？就是因为一般人民只有家族主义和宗族主义，而没有国族主义。中国人对于家族和宗族的团结力非常大，往往因为保护宗族起见，宁肯牺牲身家性命。……至于说到对于国家，从没有一次具有极大牺牲精神去做的。所以中国人的团结力，只能及于宗族而止，还没有扩张到国族。[2]

孙中山先生在此谈论到，中国人虽然“国族主义”淡薄，但是，“家族和宗族的团结力非常大”，甚至为了“保护宗族起见，宁肯牺牲身家性命”。这种“家族结构式的社会”，说明中国人和家族之间存在密切的内在关系，它们的接通部位应该包含着深刻而复杂的中国传统文化内涵。简而论之，因为家族建立了中国人最为重要的人与人之间的关系。这种关系是通过血亲关系和姻亲关系建立的。

应该说，中国和西方国家对于家族及其家族文化的精神价值认同存在一些差异，一般认为中国文化乃是以家族为本位，而西方文化是个人。梁漱溟认为，西方社会的基本特征是“个人本位，阶级竞争”，中国社会的基本特征是以家族作为社会组织细胞的“伦理本位，职业分途”[3]。由于中国人热衷于家族生活，因而缺乏社会集团生活。社会集团生活需要具有一种公共观念、纪律习惯、组织能力和法治精神，而家族生活无法培育这些精神，却形成伦理本位的社会，故而西方社会团体和个人为大写，家庭为小写；而在中国社会，家庭为大写，团体和个人为小写。[4]冯友兰在《新世纪》一书中认为，中国属于“以家为本位”的“生产家庭化”的生产方式和社会制度，西方是“打破了以家为本位”的“生产社会化”的生产方式和社会制度。费孝通在《乡土社会》一书中则是以体现“差序结构”原则和“团体结构”原则，具有政治、经济和宗教等复杂功能的“事业组织”和主要承担生育功能的“生活堡垒”分别指称中国传统家族体制和西方传统家族体制。

但是，上述观点不管如何表述，都没有否定家族在东方和西方国家中的重要作用以及在历史发展过程中的长期性和影响力。“无怪乎德国社会学家齐美曼认为：‘任何一种文明为了生存下去，必须建立一种强固的家族制度。’”[5]因为在人类社会生活中，不论处于何种发展阶段和文明形态，年龄、性别、家族等关乎个人身份的社会符号及其关系是永远存在的。“人类首先是作为个人而存在的，个人又只有通过与他人产生并发展关系，进而结成群体才能适应大自然，才能建立一定的生活秩序得以生存下来，这就有了家庭、家族乃至社会、国家。人诞生又死亡，家庭组成又分解，而家族却超越了个人和家庭维持着人类的生存与延展”，“‘家族’作为人类一种最基本的文化心理情结和精神价值确认也从来就存在于人类的观念形态中。”[5]正是因为为了“适应大自然”和“建立一定的生活秩序得以生存下来”，[6]通过血亲关系和姻亲关系建立起来的家族，也就与人类产生了一种无法分离的相互关系，成为人类日常生活形态和社会交往方式的重要内容。

中国是“家族结构式的社会”，血亲关系和姻亲关系是中国传统社会最为重要的社会关系，“举整个社会各种关系而一概家庭化之，务使情益亲，其义益重，由是乃使居此社会中者，每一个人对于其四面八方与他有伦理关系之人，亦各对他负有义务。全社会之人，不期而辗转互相连锁起来，无形中形成一种组织。”[7]在中国五种传统的社会关系中，即君臣、父子、兄弟、夫妇、朋友，其中父子、兄弟、夫妇均属家族关系，其余两种虽然不是，但是，也是可以按照家族关系理解。君臣关系可以按照父子关系理解，朋友关系可以按照兄弟关系理解，而事实上人们也是如此理解的。钱穆在《中国文化史导论》中称：“‘家族’是中国文化的一个最主要的柱石，我们几乎可以说，中国文化，全部都从家族观念上筑起，先有家族观念乃有人道观念，先有人道观念乃有其他的一切。”[8]由此，也使家族文化成为儒家思想的核心部分。

由于中国家族关系，乃是“举整个社会各种关系而一概家庭化之”，在20世纪以前，通过血亲关系和姻亲关系建立起来的家族，也就不仅仅是一种血缘共同体，而且，也是一种利益共同性、政治共同体和文化共同体，它不仅具有血缘的意义，同时，也有着政治、行政、经济和文化的功能与作用，血亲关系和姻亲关系的生理性与社会性，更加凸现了生理性基础上发展起来的社会性，家族以及家族认同也就成为家族共同成员的精神抚慰和归宿，为人们彰显这种通过血亲关系和姻亲关系而构筑起来的共同体，提供了一定的组织和表达形式。因此，家族既是中国人物质利益的攸关方，更是中国人精神利益的共同体。日本学者对此也有表述：

> 中国人的家族意识的坚固性甚至比万里长城都有过之而无不及，而且，中华民族的家族主义观念长盛不衰，历久而弥坚，既不因外族和外国的多次入侵而中断，也不会由于佛教和基督教的巨大冲击而崩溃，这就与西方家族文化在中世纪的宗教文化的逼迫和近代工业革命的撞击下趋于衰微决然不同。[9]

正是因为家族对于中国人的重要意义，政权系统在对中国伶人的防范机制中，最后一个极限必然是关乎家族的。

第二节　传统家族的注销伶人族籍

从前所论述中，已经可以发现伶人家族职业世袭制度以及五种隔离政策，都与家族存在着紧密的联系，从不同角度和层面向家族的最后一个底线逼近。这个底线，就是族籍。

伶人职业世袭是将伶人职业家族化，将伶人及其家族永远束缚在伶业上；婚姻隔离政策和科举隔离政策，则是防止伶人家族通过婚姻和科举的管道，改变家族性质以及命运，而服饰、行为和舆论隔离政策，是将伶人家族除了国家机器暴力管理以外，还将伶人家族置于意识形态国家机器的共同监督之下。但是，这些似乎都还没有触及到伶人家族的最后精神部位。开除族籍，则可以说是在精神上将伶人家族“满门抄斩”。

家族不仅仅具有物质性，更是有着丰富而复杂的精神性，因为它是家族共同成员的精神抚慰和归宿所在。一般认为，家族文化主要是由三个不同的层面构成的：一是人伦秩序，即家族成员之间上下尊卑、长幼贵贱的伦理秩序，它是以卑幼对尊长的敬重和服从作为前提的，它具有一种强力的行为规范；二是道德情感，即父慈子孝、兄友弟恭、夫义妇顺的家庭伦理，体现了一种在家族等级制度之上的血缘和姻缘的亲情；三是价值理想，家族不仅仅是生存场所和人伦关系，它还是一种精神领域的终极关怀，它是家族成员的灵魂栖息地和抚慰地，是人生旅途的最后精神港湾，故而人们总是将家族视为精神的家园与情感的归宿。人的无家可归，更多地体现为精神层面的无所皈依。“从某种意义上说，家族文化是中国人的一种集体无意识，每一个人从出生到死亡都不可避免地要扮演不同的家庭角色，承担自己对家族的责任与义务，即便是没有接受过正规文化教育、无家可归的流浪者，也一样会在思想、精神与行为上流露出较明显的家族意识。”[10]家族，已经成为家族成员的身份象征和精神力量。

但是，如此重要的家族族籍，中国伶人却被剥夺了。毫无疑问，中国伶人也就成为了无家可归的家族孤魂，家族大门已经关闭，伶人沦落为“中华民族的家族主义”的弃儿。伶人被家族放逐了。对于一个“往往因为保护宗族起见，宁肯牺牲身家性命”的中国人来说，失去家族族籍，也就无异于被剥夺了一种国民权利，而且，乃是被剥夺终身。因此，中国伶人的精神痛苦，是可以想象的。

程长庚的个案，即是一个典型的例子。程长庚家庭贫苦，无以谋生。程长庚开始并不愿意为伶，他也想走攻读经史的科甲功名道路，最后为了家庭生计，还是学戏了。程长庚经过一番奋斗，有了一些名声，经济条件也有一定的改善。母亲给他张罗亲事，从安徽潜山说了一位女子，已经派人回乡下了聘礼，约定年后娶亲。后来，程长庚收到家乡一封书信和一张银票，却惊呆了。原来去年家乡程家井修家谱，凡是程姓子孙都需要拿钱赞助，因此，家境再苦的人家也会拿出一石二斗米交给祠堂。消息传到京城，程长庚也马上写了银票，送回家乡。但是，宗族开会商定续谱事宜时，有人提出程长庚的伶人身份，认为饿死事小，失节事大，当了伶人如同婊子卖身，执此贱业，根本不能编入程氏家谱，忝列程门理学之后，以免辱没先祖脸面。最后，议定退回程长庚的银票，并且修书一封，警告程长庚若不抽身伶界，此生休想再入族谱。书信中称：“……程伶私入伶界，卖身为奴，自甘堕落，以营市利。似此行径，辱没显祖，族人以为不齿，经议不准入族谱，故退回银票，以儆效尤!”[11]程长庚一家收到书信和银票以后，痛苦不已。第二天，又收到一封信函，原来是定亲女方的退婚文书。程长庚的母亲急火攻心，死了。程长庚在悲愤之中，准备将母亲的丧事办得体面一些。家人表示忧虑，担心如此张扬，是否会惊动官府。程长庚却认为，自己是伶人乃下贱，但是，母亲不是伶人，又何关官府呢。丧事隆隆重重地举办了。事后，程长庚被抓到官府，重打四十大板，罪名是一个优伶沿用官宦排场举丧，实属犯罪。后在伶界人士的金钱疏通下，终于释放出来。官吏称，念他初犯，且饶他这一遭，若是依照刑典，定是要判他一个发配罪。程长庚被抬回家以后，多少天人事不知。

这件事情，对于程长庚的精神打击是巨大的。他知道，女方退婚文书也是与“不准入族谱”有关的，既然自己都入不了族谱，以后所生子女也就更与族谱无缘，岂不是世世代代都成了“族谱”无名的游魂。程长庚拒绝了许多说亲事情，立志终身不娶。道光十八年，程长庚回到家乡，乡人觉得上次“不准入族谱”之事有点过分，而且，原来主张此议的族长已死，就有重新接纳他入谱的意思，但是，要他摆酒请客。程长庚淡然以对，也就不了了之了。程长庚已经伤透了心。后来，程长庚过继了叔伯兄弟的孩子作为自己的儿子。礼部尚书赐他一位年轻女子为妻，他也转给了一位秀才。程长庚“年轻时被拒婚和不准入谱的刺激太大了，至今他的自尊心仍在流血”，“他是如此的自尊和敏感，怎么敢再做一次遭受打击的尝试”[12]？到了五十多岁，程长庚才终于结婚，有了一个老年“伴儿”。也许年岁老了，需要有个女人照顾，其实，程长庚一直打算终身不娶的原因，就是害怕女方受到委屈。但是，现在他不同了，他已经是皇上恩赏的“五品顶戴”，也可以无愧于祖先。

这里，需要提醒的是，程长庚生活的年代是清朝中晚期，“乐籍”制度已经取消，所以，程长庚的家族身份，到了续修族谱时发现，才予以除名，而且，事后还可以考虑重新接纳入谱，只是设置一些障碍而已。如此，已经与清朝初年以前大为不同了，显得宽松多了，尽管这样还给了程长庚如此大的刺激。从程长庚的个案中，可以发现以下的情形：

一是尽管清朝初年“乐籍”制度已经取消，但是，民间仍然流行入了伶业必须注销族籍。这说明了制度形态可以取消，但是，观念形态却仍然有着巨大的惯性，会继续发挥着它的余威。到了公元纪年时期，此等事情仍然具有一定的普遍性，许多伶人饱受它的痛苦。政府的制度虽然不再强制，民间的观念仍然盛行，构成了中国近现代转型时期伶人家族的一个独特社会现象。

二是许多伶人出身农村，由于伶业的流动性，早已离开了族居的家乡地区，也可能与家族再也没有任何的联系了，如同前述的“他们谈不上族人，谈不上世业，身后除了一堆黄土，魂魄恐怕是没有祖茔可以依附的”。这是由于伶业的特殊性决定的。以程长庚为例，他早已离开了家乡，如果不是续修族谱，他主动与宗族联系，写上银票送回家乡，家族也不一定知道他的从业情况。这种情形，虽然不是家族开除伶人族籍，而是伶人自己自动放弃或者无奈放弃族籍，在实际上即使主动联系了，也会遭到程长庚同样的结果，所以，也就自我放逐。在中国戏班结构中，这种流动戏班颇为普遍。《唐会要》载：

> 其年（开元二年）十月六日，敕：散乐巡村，特宜禁断。如有犯者，并容止主人及村正决三十，所由官入考奏。其散乐人仍递送本贯入重役。

从“禁断”散乐来看，唐代在民间流动谋生的散乐伶人，应该不在少数。中唐以后，则出现了在民间流动的家庭戏班，而且，从经营方式到服务对象，都已颇有一些商业性质和市民性质。根据《云溪友议》载，前所涉及的伶人周季南、周季崇及其妻子刘采春，经常演出于淮甸、越州一带，即今扬州、绍兴一带，演出内容颇能根据看客意趣出发，为看客所欢迎。刘采春《望夫歌》有唱：

不喜秦淮水，生憎江上船。载儿夫婿去，经岁又经年。

莫作商人妇，金钗当卜钱。朝朝江口望，错认几人舡。

《云溪友议》称："采春一唱是曲，闺妇行人莫不涟泣"，而且，如此之曲，刘采春能唱一百余首。

宋代王曾在《王文正笔录》云：

驸马都尉高怀德，以节制领睢阳岁久，性颇奢糜，而洞晓音律，故多声伎之妙，冠于当时。法部中精绝者，殆不过之。宋城南抵汴渠五里，有东西二桥，舟车交会，居民繁夥，倡优杂户，厥类亦众。然率多鄙俚，为高之伶人所轻诮。每宴领乐作，必效其朴野之态，以为戏玩，谓之"河市乐"，迄今俳优常有此戏。

河市乐，唐代已有此称谓，刘邠《中山诗话》称："盖唐元和时，《燕吴行役记》其中已有'河市'字，大抵不隶名籍而在河市者，散乐名也。"故"河市乐"也是一些流动从艺的伶人。

宋代有谓"路岐人"，都是一些四处流动演出的伶人。宋代曾三异《同话录》注"散乐"云："野人之能乐舞者，今乃谓之路岐人。"《武林旧事》称："路岐不入勾栏，只在要闹宽阔之处作场者，谓之'打野呵'。"《西湖老人繁盛录》也记：杭州"十三军大教场、教奕军教场、后军教场、南仓内、前杈里、贡院前、佑圣观前宽阔所在，朴卖及路岐人在内作场"。《都城纪胜》也记："执政府墙下空地，诸色路岐人在此作场，尤为骈阗。又皇城司马道亦然。候朝门外殿司教场，夏月亦有绝伎作场。其他街市，如此空隙地段，多有作场之人。""路岐人""打野呵"，宋代周南《山房集·刘先生传》中有生动描述：

市南有不呈者三人，女伴二人，莫知其为兄弟妻姒也。以谑丐钱。市人曰："是杂剧者"；又曰："伶之类也。"每会聚之冲，阛阓之市，官府厅事之旁，迎神之所，画为场，资旁观者笑之。自一钱以上皆取焉，然独不能鉴空。其所仿效者，讥切者，语言之乖异者，巾帻之诡异者，步趋之伛偻者，兀者，跛者。其为戏之所，人识而众笑之。

南戏《宦门子弟错立身》中描写的也是金元或者宋元年间的"路岐人"的伶业生活，剧中"题目"即云："冲州撞府妆旦色，走南投北俏郎君，戾家行院学踏爨，宦门子弟错立身。”“冲州撞府”，“走南投北”，说明这个家庭戏班流动很大，“路岐岐路两悠悠，不到天涯未肯休。这的是子弟下场头”，而且，延寿马之父责令王金榜一家赶快离开此地，“你今夜快与我收拾去，不许在此住。明日早若见你在此，那时节别有施行”，也说明了这个家庭戏班的流动性。杂剧《汉钟离度脱蓝采和》中的第四折，也描写了蓝家班在流动作场演出。此时，王把色八十岁，李簿头七十岁，他的妻子蓝山景九十岁，王簿头已经不能上场，只能帮助年少的打鼓。

（末唱）【庆东原】那里每人烟闹。（云）是乐声响哩。（唱）是一伙村路岐，料应是在那公科地，持着些枪刀剑戟，锣板和鼓笛，更有那帐额牌旗。行院内是谁家，多管是无名器。

元代杂剧伶人，多数为“路岐人”，杂剧《独角牛》第一折白道：“有人学得轻巧艺，敢走南州共北州”，也表明了元代杂剧伶人流动性质。

明代初年，由于朱元璋和朱棣对于戏剧严厉管制，流动戏班较少，但是，到了明英宗时期，似乎又活跃起来。都穆《都公谭纂》称：

吴优有为南戏于京师者，锦衣门达奏其以男装女，惑乱风俗。英宗逮问之，优具陈劝化风伦状。上令解缚，而令演之。一优前云“国正天心顺，官清民自安”云云。上大悦：“此格言也，奈何罪之?”遂籍群优于教坊。群优耻之，上崩，遁归于吴。

此时，吴优已到京师演出。张岱《石匮书》后集卷五十七《义人列传》称：

周之兰，苏州人，为梨园弟子，入粤东，号大班。庚寅，清复有粤东，之兰与其妻诀：“必薙发，我死!”妻曰：“吾闻清演剧，皆不去网。”之兰曰：“否，网发者存，而发去矣!”妻曰：“必薙发，我先死!”投井死，之兰从之。

从这则记载中，吴优也已发展到粤东演出了。明代昆腔伶人，北上南下，清代潘丰《遂初堂集》中称：“吴歈盛行于天下”，可见它的流动性非常大。

清代伶人流动比明代更甚，北京伶人许多乃是从外省迁徙而来，有的已经形成数代规模。

从以上历代伶人流动的描述中，许多伶人由于各种原因离开家乡，如同《宦门子弟错立身》所唱的："撞府共冲州，遍走江湖之游"，在当时交通不便和信息不畅的情况下，与家族大概也不会存在多少联系，即使还有信息，大概也是害怕也同《宦门子弟错立身》所唱的："我亲朋知道，真个笑破人口"，无颜再与家族联系，也就放弃族籍，在正统族籍里"失踪"。

第三节 "另册以注录之"的"乐户"身份

伶人从事伶业注销族籍，古代文献记载不多，到了近代时期才有较多详尽记录。古代文献对于伶人注销民籍，则是多有描述。不过，民籍既无，已经打入另册，自然不属良民，大概也不会为家族所容，族籍也该已是自动除名。这从近代转型时期仍然频繁发生此类事件，也可分析判断。因为到了近代，伶业生存环境已经有所改善，明代后期苏州地区许多贫苦良民已经认为伶业也是一个职业，也可成为谋生手段。明代张瀚《松窗梦语》称：

> 夫古称吴歌，所以来久远，至今游堕之人，乐为俳优，二三十年间，富贵家出金帛，制服饰、器具，列笙歌、鼓吹，招至十余人为队，搬演传奇，好事者竞为淫丽之词，转相唱和，一郡之内，衣食于此者，不知几千人矣。

"一郡之内"，"不知几千人矣"从事伶业，说明当时人们对于伶人族籍、民籍已经开始转变观念。当然，苏州地区具有一定的特殊性，商品经济程度较高，经济制度已经发生变化，但是，也从一个侧面反映了从伶社会生态的变化。在如此情形下，入伶开除族籍仍然不断，上述程长庚的个案即是一例，况且它还发生在远在明代后期之后的清朝中晚期。

关于入伶注销民籍，《左传》即有相关记载：襄公二十三年，有一"裴豹，隶也，著于丹书"。孔颖达释曰："近世魏律缘坐配没为工杂乐户者皆用赤纸为籍，其卷以铅为轴，此亦古人之遗法。""乐户者"，"著于丹书"，与民籍不同，说明已经"另册以注录之"[13]，而且，"此亦古人之遗法"，应该已经成为历史定例。《唐会要》载：乐人"婚姻绝于士庶，名籍异于编氓"，伶人名籍也是不同民例。长孙无忌《唐律疏义》曰："诸乐工杂户及太常音声人。疏义曰：工乐者属少府；乐属太常，并不贯州县。……太常音声人谓在太常作乐者，元与工乐不殊，俱是配隶之色，不属州县，惟属太常。"因为"俱是配隶之色"，伶人也是"不贯州县"，已经失去民籍，其籍直属太常。

中国伶人注销民籍以后，"另册以注录之"，也就进入"乐籍"，伶人也就成为"乐户"。这里，又分为了两种情形：

一是一为伶业，即被纳入"乐籍"，成为"乐户"身份。此种情形，可以称之为"前强力性”。“乐户”名称，最早见于南北朝时期的北魏。《魏书·刑罚志》载：

> 孝昌已后，天下淆乱，法令不恒，或宽或猛。及尔朱擅权，轻重肆意，在官者多以深酷为能。至迁邺，京畿群盗颇起，有司奏立严制诸强盗。杀人者首从皆斩，妻子同籍配为乐户。其不杀人及赃不满百匹，魁首斩，从者死，妻子亦为乐户。

此为国家机器一种统治手段，将已被镇压的强盗之妻“配为乐户”，作为一种“严制”方法，这些失去强盗丈夫的女性自然是被强制入籍。因此，这种“前强力性”入籍，已经纳入国家机器的统治秩序以及技术系统，作为刑罚征服的一种补充手段。“我国的乐户制度，其名称虽始见于北魏，但《周礼》、《春秋》时期实已有之”，“我们后人所说之‘乐籍’，即由此来。”[14]入伶即入“乐籍”，历史颇为悠久，而且，作为制度和观念形态一直延续下来。它作为一种国家专政手段，使入伶者从民籍进入乐籍，成为特殊管理的一个职业群体。

二是从伶以后，逐渐被纳入了“乐籍”。它的情形似乎复杂一些。首先，需要关注的是，前所论及的流动艺人，例如“打野呵”的“路岐人”，由于它的流动演出性质，身份管理比较困难，而且，他们大多是出身于贫苦农村，被生活所迫而从伶的。清代晋城梨园会馆《五聚堂纪德碑序》称：

> 窃人生各有执业，赖以养家糊口。凤邑西南一带，山多地薄，梨园一行，大抵皆自幼迫于饥寒所致，业虽不同于农工商贾，而恃以仰事俯畜，则无有不同。[15]

在此，“业虽不同于农工商贾，而恃以仰事俯畜，则无有不同”，强调职业的正当性质，应该与时处清代颇有关系，作为梨园会馆立碑碑序，自然会突出表达自身的利益立场。但是，“梨园一行，大抵皆自幼迫于饥寒所致”，则是表明了从事伶业的原因。正是因为如此，一些初涉伶业者，可能也是半农半伶，农闲季节才外出卖艺，其身份比较模糊，如前面论及的周南《山房集·刘先生传》中称的：“市南有不呈者三人，女伴二人”，“市人曰：‘是杂剧者’；又曰：‘伶之类也。’”上述《五聚堂纪德碑序》所论的，也有因为“饥寒”为伶而将伶人列入“良民”的意味。“真正的大部分戏曲艺人多属于一些农民在荒年歉月以艺谋生，糊里糊涂而被视为和进而成为乐户者”，“虽然他们不是在籍之乐户乐人，然而集中起来之后，他们就自然地被纳入国家乐籍”[16]。

其次，是王公富绅的家伎，虽然与专门从事伶业的乐户不同，没有进入“乐籍”，但是，他们也多是以伶艺服务主人，而且，也是少有人身自由，如同王公富绅的部分家庭财产。这些家伎，可以说是私家的“乐户”，或者说是社会上的准“乐户”，因为他们随时可能会以各种方式被补充到社会“乐户”之中，乃是正式乐户后备队伍。当年，鲁迅针对易卜生的《玩偶之家》风靡全国，提出“娜拉出走以后怎么办”的问题，其实，这些家伎离开王公富绅家庭以后，也是很有可能成为社会“乐户”的，唐代蒋防之小说《霍小玉传》中的霍小玉及其母亲，“或入北里，干脆成娼妓乐户”[17]。《东京梦华录》称：“教坊减罢并温习：张翠盖、张成弟子、薛子大、薛子小、俏枝儿、杨总惜、周寿奴、称心等”，这些被皇家教坊“减罢”的家伎，即到瓦子勾栏从伶，成为社会正式乐户。家伎成为社会“乐户”，还有一种情形，就是家伎与伶人结婚，也就成为了乐户。此外，家伎被“减罢”后，也有可能成为其他王公富绅的家伎，白居易《有感三首》一诗有吟：“莫养瘦马驹，莫教小妓女”，“三年五岁间，已闻换一主”，或者从事与伶人乐户身份同等的职业。《霍小玉传》曰：“有长安鲍十一娘者，故薛驸马家青衣也，折券从良”，然而，她“性便僻，巧言语，豪家戚里，无不经过，追风挟策，推为渠首”。这位鲍十一娘，“折券从良”以后，干的却是为妓家“追风挟策”的媒婆营生，而妓家也属乐户，她仍在妓家乐户之间谋生，也应该属于一个人身自由的“乐户”。

再次，还有一些散乐艺人，虽然没有被纳“乐籍”，如同刘邠《中山诗话》中所称的：“大抵不隶名籍而在河市者，散乐名也”，但是，在社会观念中仍然视同他们为“乐户”的身份，等同乐户一般对待。《宦门子弟错立身》中的王金榜一家，也属于散乐，“大抵不隶名籍”，但是，延寿马瞒着父亲唤“官身”，“如今瞒着我爹爹，叫左右请他来书院中，再整前欢，多少是好!”“伊且住试听：唤取多娇金榜来，书房内等待。休道侯门深似海，说与婆婆休虑猜，只道家中管待客。展华筵，已安排，是必教他疾快来。”于是，王金榜一家便不得不来。

【同上】适蒙台旨，教咱来至。如今到得他家，相公安排筵席。勾谏罢却，勾阑罢却。休得收拾，疾忙前去，莫迟疑。你莫胡言语，我和你也棘赤。

（虔末白）真个是相公唤不是？（净）终不成我胡说！

（旦）去又不得，不去又不得。（末）孩儿与老都管先去，我收拾砌末恰来。（净）不要砌末，只要小唱。（虔末）恁地，孩儿先去。我去勾阑里散了看的，却来望你。孩儿此去莫从容，相公排筵画堂中。（旦）情到不堪回首处。（合）一齐分付与东风。（并下）

由此，即使不属社会乐户，没有正式注籍于国家教坊等管理机构，“一些平民以艺谋生，被看作乐人和纳入乐籍”[18]，也是一个普遍的伶业现象，而且，此种文献记载也不少见。

中国“乐户”制度从周、秦时代，延续三千余年，使伶人脱离了正常的民籍而成为一个隔离的阶级，成为人类发展的一个独特现象。

在中国历史中，也曾经出现过可以改变个人及其家族身份的朝代机遇，例如两宋时期，社会流动较大。与传统社会的政治地位、经济地位以及职业的非运动性比较，两宋体现出了一定的社会流动倾向，在政治方面“贱不必不贵”[19]，没有士、庶之分，只有官、民之别，而且，官民之间可以转化，既可以由贱到贵，也可以从贵到贱；经济方面也乃是“贫富无定势”[20]，既有“有朝为富商，暮为乞丐者”[21]，由富变贫，也有“初以织草屦自给，渐至卖油。才数岁，资业顿起，殆且巨万”的从贫到富的社会现象；[22]职业方面，中国传统社会结构分为士农工商四等，等级贵贱不同，士为最高，商为最末，但是，两宋时期商品经济发展，许多商人积累财富甚巨，“商人为了集‘富者’与‘贵者’于一身，拼命挤入仕途，力争由商到士。其具体途径除了教子读书考进士、花费重金买官做而外，与官员通婚也是一条重要的办法。因此，在宋代热衷于攀高亲、结贵戚的，就社会集团来说，莫过于商人”，[23]而官员为了钱财利益，也乐于与商人成为亲家，商人由此也可以谋到了官场职位。商人除了与官员、外戚联姻，需要走门道才能够弄到一官半职，那么，与宗室结亲，则可正当地获得官位，当时朝廷有令：“皇族郡县主出嫁，其夫并白身授殿直接。”[24]两宋时期，也存在一种“婚姻不问阀阅”的姻亲现象，[25]具体而言，士庶通婚颇为普遍，“今之俗，娶其妻，不顾门户，直求资财”，[26]甚至后妃也不全是出自名门，宗室联姻不重门阀，由此，商人也凭借经济优势，纷纷与官员组成婚姻关系。可以说，“‘婚姻不问阀阅’既是宋代社会流动的一种表现，又是其结果”[27]。

但是，两宋时期这种社会流动中，却是与伶人及其家族无缘。由于伶人及其家族的乐户身份，在社会士农工商四个等级之中，它都没有资格列入，已被隔离成为“乐籍”，属于“贱民”范畴，而且，政权系统在政治、婚姻、职业等方面实现强力封锁，使伶人及其家族不可能通过科举、婚姻等方式改变身份。这里，需要关注一些两宋时期商人子女科举考试情况，原来商人属于社会四民之末，子女也是不准参加科举考试，但是，宋太宗时期却规定：“工商杂类人内，有奇才异行、卓然不群者，亦许解送。”[28]所谓“奇才异行、卓然不群”，难有统一的标准和尺度，其实，也是给商人子女参加科举考试编造了一个借口。作为乐户的伶人及其家族却是无此可能，相反国家机器以及意识形态国家机器一直对此严加管理，甚至到了清朝，仍然不准伶人“僭越”参加科举考试。应该说，“乐户”制度包含着颇为深刻的政治及其人性的规则与潜规则动机。

第四节　废除“乐户”制度的历史学评价

直至清朝初年，“乐户”制度逐渐取消。它的一个标志，即为雍正元年废除“乐户”制度。《十朝诗乘》载：“雍正元年除乐户籍，七年改教坊司为和声署，由内府承直。”《雍正会典·刑部》也载：“各省乐籍并浙省惰民丐民，皆令确查削籍，改业为良。”《皇朝通志·食货略》对雍正皇帝的“削籍”心情也作出了描述，称：

> 雍正元年，时山西省有曰乐籍，浙江绍兴府有曰惰民，江南徽州府有曰伴当，宁国府有曰世仆，苏州之常熟昭文二县有曰丐户，广东有蛋户者，该地方视为卑贱之流，不得与齐民同列甲户。上甚悯之，俱令削其籍与编氓同列。而江西、浙江、福建，又有所谓棚户，广东有所谓寮民，亦照保甲之法按户编查。臣等谨按乐籍，因明永乐时不附靖难兵，遂编为乐籍，世世不得为良者。

应该说，这是中国伶人家族发展史的一个重大事件，至少它在制度形态上废除了延续三千余年的“乐户”禁令，也使伶人及其家族在制度形态上重新获得了一个“独立”身份。

王馗在《雍正解放贱民令与中国戏曲发展（初稿）——苏州梨园会馆碑刻研究之三》一文中，对于雍正元年废除“乐户”制度的前后背景作了详细分析。他认为：“在各种文献和调查资料中，国家政策及其相关法令成为最具特色的一类。乐户及其相关社会群体的存在与国家制度的变迁具有密切的关系，政策法令对于这些群体的变迁，或前或后起着重要的调节作用。在关于乐户为代表的相关法令中，最引人注目的是清代雍正年间废除乐户等相关贱民的法令。”[29] 正是因为这项废除乐户法令对于伶人及其家族的重要性，因此，《皇朝文献通考·泰陵圣德神功碑》称：

> 自明初绍兴有惰民，靖难后诸臣有抗命者，子女多发山西为乐户，数百年相沿未革。一旦去籍为良民，命下之日，人皆流涕。

此等心情是可以想象的。它包含了三千余年中国伶人及其家族的复杂而又艰难的生命体验。

根据《大清会典》与《康熙会典》所载，顺治八年，已经奉旨停止教坊司妇女入宫承应，而是改换内监承担；康熙十二年，覆准直省府州县拜迎芒神、土牛，勒令提取伶人娼妇者，严行禁止。由此，可见是作为清朝政权建立初期的一项具有战略意义的政治统治策略。雍正元年，噶尔泰在提请废除江浙堕民之奏折中称："臣于雍正元年三月内，见御史年熙以山陕乐籍沉沦日久提请削除，以正风俗，当蒙圣恩悯恻，敕部遵行，中外臣民，闻风欢舞。臣今奉特旨巡视两浙，访闻绍兴府属之八邑，有所谓堕民者"，"臣细思此辈，在宋有应得之罪，处之固宜，今已终沉孽海。伏乞皇上特沛恩纶，请照山陕乐籍，一并削除，使尧天舜日之中，无一物不被其泽，岂独浙省堕民，生者衔环，死者结草，即万世之后，共戴皇恩于无既矣。"[30]最后，山陕乐户和浙江惰民皆除其籍，所以励廉耻而广风化也。[31]雍正在位十三年，大力整饬积弊。他一生较少介入声色之娱，为事简朴。《清世宗实录》卷五十六载：

雍正五年四月

辛丑。谕内阁：朕今年五十，已有谕旨，不行庆贺礼。……再各省地方，若有指称万寿，建立经坛，或聚集梨园，喧哗糜费者，此皆生事不安本分之徒，诱惑愚人，希图财利，尤宜严禁。倘地方有司，不行禁止，经朕访闻，定照欺罔之律治罪。

这是雍正在位期间唯一的一个整数万寿，他也是力戒奢糜，不准庆贺和演戏祝寿。雍正的个人作风，可能与废除"乐籍"制度也有一定关系，"上甚悯之"。

但是，更为重要的是，这项法令与总体历史情景以及特殊历史事件之间的关系。法国电影刊物《电影手册》编辑部，曾经集体撰写了一篇重要的电影论文《约翰·福特的〈少年林肯〉》，在论文中提出了一个"铭文"（inscription）的概念，解构主义理论家德里达在他的相关著作中通常将它译为"书写"。这个"铭文"，主要是考察社会意识形态如何将自身"篆刻"或者书写在每部具体的文化文本之中，因为每部文本都有某种局限性，需要将它放置入一个更大的关系范畴——一个"历史文本"之中进行解读，因为每部文化文本都是在总体的历史文本的生态环境中生产出来的，由此，"对任何个别的文本的考察，都可以在两个面向上展开：一方面要考察它和总的'历史文本'之间的动力学关系，另一方面要考察这个总的历史文本和特殊的历史事件之间的动力学关系。"[32]对于一项法令的考察也是如此，既要考察它和总体历史情景的动力学关系，也要分析它和特殊历史事件的动力学关系。

对于雍正废除"乐户"法令而言，在总的历史情景中，从明朝后期开始社会经济发生重大变化，资本主义商品经济已经开始萌芽，思想领域也是颇为活跃，一种平等的人文主义思潮开始蔓延，例如汤显祖的《宜黄县戏神清源师庙记》，名是崇神，实为崇人，伶人和伶业不是贱民和贱业，与其他行业一样乃有师传，有同样值得尊敬的社会地位。因此，社会上对于伶人的观念出现一些微妙变化，尤其是在南方地区，陆容《菽园杂记》称："嘉兴之海盐、绍兴之余姚、台州之黄岩、温州之永嘉皆有习为优者，名曰'戏文子弟'，虽良家子不耻为之"，甚至范濂《云间据目抄》有称：明朝万历末叶"苏州鬻身学戏者甚众，又有女旦、女生，插班射利，而本地戏子十无二三矣"。对于一个励精图治的帝王来说，雍正在顺治和康熙的基础上，也就毅然作出废除延续三千余年的"乐户"制度。

在"特殊的历史事件之间"，雍正废除"乐籍"制度，应该与他推行的赋税和户籍改革有着密切的关系。"对于雍正年间大刀阔斧废除乐户、贱民令产生的背景，除了前述来自雍正皇帝自身的'圣恩悯恻'，以及被不少学者提及的'移风易俗'、'励廉耻而广风'的社会政策，和官方要员施政时必须面对的具体社会群体的现实之外，归根结底在于这一时期被日益明确化的经济制度的改革，这就是在中国赋税制度中具有特殊意义的'摊丁入亩'政策的出台，以及与之密切相关的户籍制度的重新编审。"[33] 作为一项关乎民生和国家赋税的政策，"摊丁入亩"政策还是根据中国赋税制度所关注的"土地"和"人丁"进行改革。清朝初期，康熙已经颁布"滋生人丁永不加赋"法令，广东也已开始"摊丁入亩"的试验改革，雍正元年的"摊丁入亩"政策可以说是解决土地和人丁的最终政策。因为清朝初期，按照人丁征税，但是，人丁数量还是根据明朝末年的统计结果。由于朝代更替以及战争原因，人口变化较大，加上晚明时期以来土地高度集中所产生的诸种弊端，清朝政府面临着户丁编审不实和人丁大量隐瞒的赋税困境，丁税和人丁数量出现很大偏差，既导致了社会矛盾，也影响了清朝政府赋税收入。雍正实行"摊丁入亩"政策，将丁银摊入地粮之内征收，力图解决人丁统计不实带来的社会矛盾，也就成为一项强硬的改革政策。

在"摊丁入亩"政策的背景下，原来没有纳入民籍管理的贱民，由于执业的关系也有可能拥有一定的财富和土地，只是由于贱民身份，虽然具有一定经济实力，但是，社会地位并没有改变。贱民阶层的财富和土地，也就纳入清朝政府的关注视线，成为政府赋税制度必须考虑的一个因素。"乐户"也是如此，明代吕坤《实政录》称："乐工有地者，既纳粮差，又朝贺、祭祀、接官，一岁在官不成一日，原无工食，丁银免出；下三则人户、力差、银差。二者并无出之法也。"正是因为"乐户"也有买田置地现象，甚至如同《（乾隆）平阳府志》所称的："今之为乐户者，亦有田宅，亦有丁徭，亦有稼穑，亦知勤俭，与良民无异"，《钦定皇朝通志》卷八十五载："雍正元年，直隶巡抚李维钧言请将直隶丁银摊入地粮内征收，嗣是各省计人派丁者，以次照例更改，不独无业之民无累，即有业民户，亦甚便之"，并将"乐籍"、"惰民"、"伴当"、"世仆"、"丐户"、"蜑户"，"俱令削除其籍"，"与编氓同列"，"棚户"、"寮民"，"亦令照保甲之法，案户编查"。因此，"案户编查"是实行"摊丁入亩"政策的一个基础条件，"乐户"等贱民阶层"俱令削除其籍”，也是为了“摊丁入亩”政策进行确切的人丁数目统计，故而“《皇朝通典》卷九在统计各省人数的时候，实际上把贱民以及相关社会群体列入其中，使这些长期以来不在税户范畴的群体，成为增加国家收入的一部分。在《清史稿》的编撰中，将豁除各地贱民的措施，列入‘食货’、‘户口’条目中，显示出这项举措深层的经济、税制背景”[34]。

雍正为了防止传统“乐户”再度成为官员的附属优伶，杜绝传统“乐户”在官方祭赛和应酬之中安身立命的生存机制，使伶人及其家族走向独立的职业活动，通过商业的运作手段获得生存资源，从官方全面控制的状态之中脱离出来，成为一个可以独立谋生的职业，从而使伶业更好地“成为增加国家收入的一部分”，加上雍正也很重视看戏作乐的负面影响，十分警惕由此导致各级官员沉溺声色和贪污腐败，雍正严禁官员畜养伶人，多次下旨严令禁止。

> 雍正二年十二月禁外官畜养优伶
>
> 雍正二年十二月十八日，奉上谕，外官畜养优伶，殊非好事，朕深知其弊，非倚仗势力，扰害平民，则送与属员乡绅，多方讨赏，甚至借此交往，夤缘生事。二三十人，一年所费，不止数千金。如按察使白洵终日以笙歌为事，诸务俱已废弛。原任总兵官阎光炜将伊家中优伶，尽入伍食粮，遂致张桂兰等有人命之事。夫府道以上官员，事务繁多，日日皆当办理，何暇及此。家有优伶，即非好官，着督抚不时访查。至督抚提镇，若家有优伶者，亦得互相访查，指明密折奏闻。虽养一二人，亦断不可循隐，亦必即行奏闻。其有先曾畜养，闻此谕旨，不敢存留，即行驱逐者，免其具奏。既奉旨之后，督抚不细心访察，所属府道以上官员，以及提镇家中尚有私自畜养者，或因事发觉，或被揭参，定将本省督抚照循隐不报之例从重议处。

据上所述，雍正废除“乐户”制度，包含着深刻的政治和经济动机。虽然由于“削除其籍”，使伶人及其家族在法律层面上获得了与普通臣民同等资格，能够编户齐民，毫无疑问，对于伶人及其家族而言，这是一个具有重大历史意义的“翻身”事件，但是，由于废除“乐户”制度的功利性，它是为了缓和社会矛盾和提高伶业对于国家赋税收入的贡献率而采取的政治举措，因而它也是不可能彻底的，它的“翻身”意义只能是局部的和阶段性的。此后发生的历史事实，也说明了此种判断。

第一，雍正虽然“上甚悯之”，或者“圣恩悯恻”，但是，在伶人触及它的政治利益时，仍然毫不留情地进行强力镇压。昭梿《啸亭杂录·杖杀优伶》载：

世宗万机余暇，罕御声色。偶观杂剧，有演《绣襦》院本“郑儋打子”之剧，曲伎俱佳，上喜赐食。其伶偶问今常州守为谁者（戏中郑儋乃常州刺史）。上勃然大怒：“汝优伶贱辈，何可擅问官守？其风实不可长。”因将其立毙杖下，其严明也若此。

雍正对于伶人及其家族的态度也是复杂的。他的废除“乐户”制度，主要是一种国家政治和经济战略运作，并不一定表明他个人对于伶人及其家族的思想，所以，也会出现“汝优伶贱”的怒言。

第二，雍正废除“乐户”制度，作为一种国家政策施行，但是，它不能够消弭政权系统对于伶人及其家族的惯性防范和戒备心理。《清史稿》之《食货志一·户口田制》载：

山西等省有“乐户”，先世因明建文末，不附燕兵，编为乐籍，雍正元年，令各属禁革，改业为良。并谕浙江之“惰民”、苏州之“丐户”，操业与乐籍无异，亦削除其籍。五年，以江南徽州有“伴当”、宁国有“世仆”，本地呼为“细民”，甚有两姓丁口，村庄相等，而此姓为彼姓执役，有如奴隶，亦谕开除。七年，以广东“蜑户”，以船捕鱼，粤民不容登岸，特谕禁止，准于近水村庄居住，与齐民一体，编入保甲。乾隆三十六年，陕西学政刘墫奏请山陕“乐户”、“丐户”应定禁例，部议凡报官改业后，必及四世，本族亲支皆清白自守，方准报捐应试。广东之“蜑户”，浙江之“九姓渔船”，诸似此者，均照此办理。嘉庆十四年，又以徽州、宁国、池州三府“世仆”，捐监应考，常为地方所讦控，上谕：此等名分，总以现在是否服役为断。如年远文契无考，着即开豁。

《京报》曾载，乾隆三十六年六月，礼部议覆上述这位陕西学政的奏折云：

山陕之乐户，浙江之丐户虽编籍由来无可确据，而其相承旧业，实属卑污，应请以报官改业之人为始，下逮四世，清白自守，方许捐报应试。其广东之蜑户、浙江之惰民、九姓渔船及各省凡有似此者，均照此办理。[35]

“乐户”已除，又提出“必及四世”，而且，还有一个标准，“本族亲支皆清白自守”，至于如何把握这个尺度，解释权又属于政权系统，至此“方准报捐应试”。礼部也予以议准。乾隆三十六年，距离雍正元年，约五十年。五十年的时间，又开始将雍正元年废除“乐户”制度的“缺口”缩小了，强化了对于伶人及其家族的控制，而且，控制的目标在

"捐报应试"，因为此很有可能真正改变已经"报官改业"的伶人及其家族的命运。雍正的原来目的，是想将伶人及其家族从官方的控制中摆脱出来，成为一个独立的行业，但是，仅仅是五十年，这种控制又重新加强。"乐户"可以"削除其籍"，"改业为良"，但是，不能与齐民拥有同样的社会权力。《皇朝文献通考》卷七十二也载有乾隆三十六年的这一政策：

> 又议准陕西学政刘墫奏，称山陕之乐户，浙江之丐户，虽编籍由来，无不确据，而其相仍托业，实属卑污。雍正元年，因御史年熙噶尔泰先后条奏，准令除籍改业，得为良民，正所以杜其邪僻之路，非即许其厕身衣冠之林。嗣后应酌定限制，如削籍之乐户、丐户，应以报官，改业之人为始，下逮四世本族亲支皆系清白自守，方准报捐应试，该管州县取具亲党里邻甘结，听其自便，若仅一二世及亲伯伯姑姊尚习猥业者，一概不许侥幸出身。其广东之蜑户、浙江之九姓渔户、及各省凡有似此者，悉令该地方官照此办理。[36]

关于"报捐应试"，《燕兰小谱》称："桂林官——戊戌（乾隆四十三年）春，余过友人寓，与之同饮——继闻浙东某县佐延入幕中书启，后回苏，不数年而殒——（桂林曾冒北籍考试）"[37]，《金台残泪记》也称："嘉庆间，有旦色某郎入资为县令，曾官吾郡。后为巡抚颜公以'流品卑污'参革遣戍。"[38]前者是"应试"，后者是"报捐"。桂林"冒北籍考试"，应该是在乾隆三十六年颁布限制伶人"报捐应试"前后，因为没有考中，故也没有结果，但是，从他需要"冒北籍"才能"应试"，仍然属于一种逾制行为，说明当时对于伶人的科举限制还是严格的。后者"报捐"，被"参革遣戍"，性质如同"应试"逾制一样，只是处罚可能更为严酷，"参革遣戍"的理由也仍是莫须有的"流品卑污"。不过，需要注意的是，能够"冒北籍考试"，而后又能够忝列"书启"，"入资为县令"也能够成功，说明了废除伶人"乐籍"以后，政权系统对于执行伶人律令已经出现一些"缝隙"。

由此，"乐户"制度虽废，但是，涉及到社会权益的核心部位，政权系统仍然会对伶人进行补充限制，在政策上出现后继的修补和完善，反映了废除"乐户"政策的不稳定性和不彻底性。

第三，作为户籍制度改革的一项措施，伶人"削其籍与编氓同列"，它使伶人在国家制度形态上实现"改贱为良"，但是，在社会观念形态上达到"改贱为良"则并非是一件易事。"作为一项有着上千年历史的奴隶制度的遗留，'良''贱'确实成为'人'能否被列为'民'的重要准则，这两个具有强烈道德概念的字，在上千年的应用过程中，积淀成了强大的社会观念，使这些沉潜在四民之下的群体及其所操技艺职业，附带上浓郁而难以改变的道德评判。雍正废除贱民的法令让长期以来不入良民视线的群体而编户齐民，但是作为改贱为良的进程，却远没有法令宣布时的容易，这主要源于贱民的职业认同、由此形成的行户心理，以及他们存在于社会所面临的社会其他群体结成的稳定的社会观照，和国家基于政治、经济、文化等因素凝结而成的综合指标，这无不成为这些群体能够彻底得到解放的标准。"[39]一般来说，如果一项制度长期运作，随着历史的发展和时间的推移，也就容易形成一种制度文化，甚至成为一种具有历史厚度的社会意识形态，"积淀成了强大的社会观念"。此时，制度和制度文化既是互为内容的关系，但是，又具有一种分离的格局，从某种意义而言，制度文化已经出现了能够脱离制度而独立存在的倾向，形成了一种自我封闭的结构体系。如果废除制度，制度文化未必随之消亡，这种自我封闭的结构体系还会依照历史的惯性继续运作下去，它的时间长度与制度文化的历史厚度紧密相关。"乐户"制度也是如此，"乐户"制度虽然废除，但是，"乐户"制度文化仍然存在，即"贱民的职业认同、由此形成的行户心理，以及他们存在于社会所面临的社会其他群体结成的稳定的社会观照，和国家基于政治、经济、文化等因素凝结而成的综合指标"，在社会观念中伶人及其家族仍然无法逃脱被视为"贱民"的传统目光。

由于上述原因，雍正废除"乐户"制度，虽然在国家制度上伶人及其家族已经不再是"乐户"的身份，也有一部分伶人及其家族从中获得了益处，但是，大多数伶人及其家族仍然无法获得与平民同等的权利，"在权利上的缺失却隐含着社会观念对这一群体长期以来形成的蔑视，这也造成了在保留着浓郁的等级观念的地区中，乐户、丐户的地位并不随着他们在经济、文化领域的作用而发生更加显著的变化。"[40]这种"权利上的缺失"，也包括伶人的族权。

第五节　族权管理与国家管理的差异

"乐籍"是一种社会身份，关乎国家的制度体系，而伶人的族权是一种家族地位，关乎家族的群体利益。"乐籍"可以除籍，国家可以给伶人一个身份，但是，家族仍然要给伶人开除族籍，不能给伶人一个地位。这里，家族对于伶人的管理，似乎比国家还要严格。

因为家族具有"物质生活的相依性"和"精神生活的相依性"，是一个血缘共同体、利益共同体、政治共同体和文化共同体。原来国家一直将伶人纳入"乐籍"管理，伶人已经失却"民籍"身份，属于"贱民"阶级，现在国家律令废除"乐籍"，家族却并不能够接纳伶人回到家族系统。由于废除"乐户"制度以后，"乐户"制度文化仍然存在，伶人从事伶业已是"玷污"家族，如果伶人获得族权，则有可能是再次"玷污"家族，故而家族必然坚持只要从事伶业，仍然是开除族籍。"中国人的家族意识的坚固性甚至比万里长城都有过之而无不及”，中国家族对于伶人的族权地位，采取了比国家制度对于伶人的社会身份更加严厉的立场，国家可以根据政治需要，赋予伶人一个“民籍”资格，它是一种国家行为，与某些特定群体并无特殊的利益关系，而如果家族使伶人获得族权，则是严重涉及到整个家族的社会形象，乃是具有一种特殊的利益关系。王沪宁在论述中国村落家族文化的保护功能时写道：“保护功能指的是对村落家族利益的保护，这是村落家族的一项基本功能，尤其是在村落家族文化呈强势的地方。村落家族的利益可以分为成员、财产、利益和名誉四个方面。村落家族在这四个方面的利益都是不能受到他人侵犯的，如果受到侵犯，村落家族有义务进行保护。”[41]这种村落家族文化的保护功能，在中国家族系统中具有一种普遍性，家族对于伶人的族权管理也应该是这种保护功能的一个方面，它更多表现为对于“名誉”的保护。

家族对于伶人采取了比国家更加严格的态度，其实，在中国历史发展过程中，家族的力量有时也曾经是非常强大。先秦时期，由于分封制和宗法制结合，周王集宗族权力与国家权力于一身，“家”、“国”一体，以下的诸侯、卿大夫、士也是各自层级的宗族的宗长，集政权与族权一身，具有政治和社会的双重功能。到了汉唐时期，君统和族统分离，君权仍然力图控制族权，但是，族权则是进行了抗争，东晋时期甚至出现了士族与天子共掌朝政的局面，即所谓的“王与（司）马共天下”。南朝时期，寒人若想进入士族，必须征得士族首领同意，而天子不能过问之，也就是说天子已经难以干预宗族内部事务；士族之下有着政府承认的荫户，他们不在政府户籍名册之内，政府也不能够对他们征收赋役。“士族对天子宗室敬意不足，所以唐太宗开始制作《氏族志》，官员竟然将皇族列为族姓的第二等，经过皇帝运用天子的权威力争，才把皇族升列为第一等。李唐经历二百年的统治，大士族尚不以与皇族通婚为荣。这个时期宗族是宗室与士族的结合，政权要通过士族的族权统治宗族制下的民人，士族既是政权的依靠力量，又是它的某种对抗势力；臣民对尽忠与尽孝的孰先孰后问题，并没有先忠后孝的一致观念，而是尚在讨论之中。”[42]宋代以后，这种情形才出现了变化，虽然家族与政权仍然存在不协调因素，但是，总的发展趋势是政权将家族完全变成了附属物，到了清代则是更为显著了。

由此可见，家族为了“家族利益的保护”，是完全有可能采取极端的措施处置伶人的族权问题，“尤其是在村落家族文化呈强势的地方”。雍正虽然废除“乐户”制度，但是，家族仍然坚持为伶则开除族籍，形成了一种家族驱逐制度。伶人的社会身份和家族权利不能同时得到“解放”，显示了家族的力量，它的“利益都是不能受到他人侵犯的，如果受到侵犯，村落家族有义务进行保护”。

这种家族驱逐制度，到了清末民初依然余脉犹存。它的具体形态，与前面的伶人“另册以注录之”进入“乐籍”颇为类似，可以分为以下几种：

一是入伶以前，事先注销族籍。例如清代，旗人票友“下海”，必先注销旗籍。德珺如即是一个例子，他嗜爱京剧，经常以“票友”的身份“粉墨登场”，他的叔父萨廉将他革除家庭，注销宗谱。奚啸伯也曾谈到他当年“下海”遭受“族议”的情形：

> 我十九岁下海谋生（半票半钱），家婶大怒，以为玷辱家族，遂召全族，欲加抗议制止，时代已是公元纪年十七年（1928），族中各家均是朝不虑夕，穷困潦倒，吃饭还顾不上口，哪有闲心办理此事。这时只有四格格仍高枕无忧，吃饱了没啥干，闲得难受。在我喜塔腊本家共有十二处，还有我先伯处（裕禄之子）生活还不错，清末时任某部尚书。这次四格格召集的族议，意见不一，众口纷纷，只有这位尚书太太（尚书已死）同意把我逐出族外，虎头蛇尾，不了了之。我闻讯，在家等候审判，把发言材料准备妥当，不想渺无音信，久待无帖来请。我本拟以理相问，先母止之乃罢。这事出于公元纪年十七年，倘若时在清末，我一定成了德珺如，被销革族外矣。[43]

奚啸伯“半票半钱”，可能还不属职业从事伶业，即已招致“族议”，只是当时已是公元纪年时期，如同他自己所称的，“倘若时在清末，我一定成了德珺如，被销革族外矣”。

这里，旗人“下海”注销族籍，具有一定的特殊性，因为旗人在清朝乃是一个特殊的阶级，故清朝政府规定旗人不准演戏。其实，这种为伶以前，即先注销族籍并不普遍，因为为伶属于“贱业”，当事者不可能事先向家族报告，而导致家族“除名”。应该说，开除族籍更为普遍的现象，是出现在第二种情形。

二是入伶以后，被注销族籍。从事伶业之后，或者被家族发现，或者续谱时考虑到族权问题，即被家族除籍。前所论及的程长庚即属于后者。与程长庚同一时代的徐小香也是如此，“他本是官宦出身，只因父亲死得早，家道中落，不得已才事身伶界，不想却因此叫族人看不起，也像大老板程长庚一样不准续谱入宗，成了无家可归的人儿。”[44] 周信芳的父亲周慰堂原是布店的伙计，后来“下海”入了戏班，而且，和一位女伶结了婚。他为了怕辱没祖族门楣，取了一个艺名叫金琴仙，挂牌演出。但是，家族发现以后，仍然极为震惊。周家乃是官宦书香门第，怎能如此自甘下贱，成为一个伶人？族长马上召集会议，以“缺席审判”的形式，宣布将周慰堂及其他的子孙后代永远逐出祠堂。辛亥革命以后，周氏族人周仰山成为了族长，周仰山曾经参加光复会，参与反清起义，后来兴办实业，思想比较开明，在周氏祠堂董事会公开表示，戏子也是人，现在既然光复了，五族共和，国民平等，应该准许周慰堂重新回到祠堂，但是，这一主张受到一些族人的强烈反对，没有通过族议。官宦书香门第如此，贫苦家族也不例外。常香玉出身于河南农村，她的姑姑一辈都是童养媳，叔叔卖给了他人，由于家庭贫困，父亲无以谋生，跟着戏班学戏、唱戏，导致舅舅不认外甥，姐姐不认弟弟。后来，由于父亲嗓子塌中没有能够恢复，“只得随着戏班干些零活混饭吃，并带着女儿随班学戏，以致被族长开除族籍。常香玉不得姓张，以其干老常姓为姓。”[45]常香玉原名张妙玲，不但“开除族籍”，而且，“不得姓张”，连姓氏也被驱逐了。

三是家族驱逐制度，还有一些连锁反应。张二奎，二十余岁为工部都水司经承，业余好戏，嗓音洪亮异常，为一些职业伶人所不及，故经常被邀请以票友身份在和春堂义务演唱。当时，清政府规定，凡在朝任职者不准粉墨登场，张二奎由此触犯朝廷规定而被革除。后来，为了生计，也就无奈“下海”了。刘迎秋原为宦门子弟，幼时常随父亲观戏，迷恋程派艺术，后来考上中国大学文学院。1939 年农历八月二十六日，在北京泰丰楼拜程砚秋为师，次日北京报纸纷纷刊出新闻。刘迎秋回到学校上课，却见到自己的处分布告：“文学院国学系二年级学生刘衡玑（刘迎秋）行为不检，有玷校誉，着记大过一次。”[46]刘迎秋跑去责问教务长，教务长竟宣称，一个大学生拜戏子为师，简直是侮辱“老师”的称呼。刘迎秋一怒之下，将布告栏玻璃打碎了，撕毁布告，从此退学。王鸿寿也是位宦门子弟，他的父亲是管理水道粮运的官员，不善官场应酬，却好玩票唱戏，而且，办了两个戏班，一个唱昆曲，一个是徽班，王鸿寿也在戏班里学戏。后来，他的父亲因事得罪上司，以“引良为优”被参劾，称将良家子弟教唆成为伶人，并称由此不理政务，于是，满门抄斩，王鸿寿幸好躲在大衣箱之内，才捡了一命，流落江湖，正式成为伶人。

因此，从事伶业或者接触伶业，不但家族驱逐，而且，职业、学业驱逐，甚至为此而被满门抄斩。山西蒲剧伶人，有一种三不回家的说法：“发了财不回家，‘金太谷，银祁县’，比南路富庶；倒了运不回家，怕乡亲们耻笑；死了不回家，唱戏系贱业，难入祖坟。”[47]因为已被家族驱逐，自然死了也是“难入祖坟”。

【注释】

1. 苏国勋．理性化及其限制——韦伯思想引论．上海：上海人民出版社，1988. 153 页．
2. 孙中山．三民主义．见孙中山选集．北京：人民出版社，1981. 617 页．
3. 岳庆平．家族文化与现代化．社会科学战线，1994（6）．
4. 梁漱溟．中国文化要义．上海：学林出版社，1987. 80 页．
5. 汤为本．家庭学的缘起和演进．百科知识，1986（7）．
6. 杨经建：家族文化与 20 世纪中国家族文学的母题形态．长沙：岳麓书社．2005. 2 页．
7. 梁漱溟．中国文化要义．上海：学林出版社，1987. 80 页．
8. 钱穆．中国文化史导论．修订本．北京：商务印书馆，1994. 51 页．
9. 莫聿．家族文化与文学叙事．中国人民大学学报（哲社版），2001（1）．

10. 曹书文．家族文化与中国现代文学．北京：中国社会科学出版社，2002. 2 页．
11. 刘强、杨宏英．程长庚传．石家庄：河北教育出版社，1996. 160 页．
12. 刘强、杨宏英．程长庚传．石家庄：河北教育出版社，1996. 231 页．
13. 张发颖．中国戏班史．北京：学苑出版社，2004. 2 页．
14. 张发颖．中国戏班史．北京：学苑出版社，2004. 2 页．
15. 翟冲宵．五聚堂纪德碑序．见冯俊杰．山西戏曲碑刻辑考．北京：中华书局，2002. 470 页．
16. 张发颖．中国戏班史．北京：学苑出版社，2004. 18 页、19 页．
17. 张发颖．中国戏班史．北京：学苑出版社，2004. 12 页．
18. 张发颖．中国戏班史．北京：学苑出版社，2004. 20 页．
19. 刘跂．马氏园亭记．见学易集（6）．影印文渊阁四库全书本．
20. 治家．袁氏世范（3）．
21. 本朝四·自熙宁至靖康用人．见朱子语类（130）．点校本．北京：中华书局，1994.
22. 洪迈：独脚五通．见夷坚志．支癸（3）．点校本．北京：中华书局，1981.
23. 张邦炜．宋代婚姻家族史论．北京：人民出版社，2003. 354 页．
24. 黄维、杨士奇．内治．见历代名臣奏议（75）．影印本．上海：上海古籍出版社，1989.
25. 郑樵：氏族略一．见通志（25）．影印本．北京：中华书局 1987.
26. 蔡襄．福州五戒．见吕祖谦．皇朝文鉴（108）．四部丛刊本．
27. 张邦炜．宋代婚姻家族史论．北京：人民出版社，2003. 346 页．
28. 宋会要辑稿．影印本．北京：中华书局 1957.
29. 王馗．雍正解放贱民令与中国戏曲发展（初稿）——苏州梨园会馆碑刻研究之三．见麻国钧、刘祯．赛社与乐户论集（下册）．北京：中国戏剧出版社，2006. 468 页．
30. 朱批噶尔泰奏折．见朱批谕旨（170）．影印文渊阁四库全书（422）．832 页．
31. 俞正燮．巳癸类稿．辽宁：辽宁教育出版社，2001.
32. 戴锦华．电影批评．北京：北京大学出版社，2004. 189 页．
33. 王馗．雍正解放贱民令与中国戏曲发展（初稿）——苏州梨园会馆碑刻研究之三．见麻国钧、刘祯．赛社与乐户论集（下册）．北京：中国戏剧出版社，2006. 490 页．
34. 王馗．雍正解放贱民令与中国戏曲发展（初稿）——苏州梨园会馆碑刻研究之三．见麻国钧、刘祯．赛社与乐户论集（下册）．北京：中国戏剧出版社，2006. 492 页．
35. 张发颖．中国戏班史．北京：学苑出版社，2004. 8 页．
36. 皇朝文献通考（72）．影印文渊阁四库全书（633）．725 页．
37. 安乐山樵．燕兰小谱．见清代燕都梨园史料（上册）．北京：中国戏剧出版社，1988. 38 页．
38. 华胥大夫．金台残泪记．见清代燕都梨园史料（上册）．北京：中国戏剧出版社，1988. 243 页．
39. 王馗．雍正解放贱民令与中国戏曲发展（初稿）——苏州梨园会馆碑刻研究之三．见麻国钧、刘祯．赛社与乐户论集（下册）．北京：中国戏剧出版社，2006. 494 页．

40. 王馗．雍正解放贱民令与中国戏曲发展（初稿）——苏州梨园会馆碑刻研究之三．见麻国钧、刘祯．赛社与乐户论集（下册）．北京：中国戏剧出版社，2006. 493 页．

41. 王沪宁．中国村落家族文化——对中国社会现代化的一项探索．上海：上海人民出版社，1999，121 页．

42. 冯尔康．18 世纪以来中国家族的现代转向．上海：上海人民出版社，2005. 42 页．

43. 古都艺海撷英．北京：燕山出版社，1996. 114 页．

44. 刘强、杨宏英．程长庚传．石家庄：河北教育出版社，1996. 293 页．

45. 张发颖．中国戏班史．北京：学苑出版社，2004. 18 页、603 页．

46. 陈培仲、胡世均．程砚秋传．石家庄：河北教育出版社，1996. 280 页．

47. 张发颖．中国戏班史．北京：学苑出版社，2004. 30 页．

第五章　传统家族的驱逐伶人制度（下）

第一节　政治及其人性的玄机

家族驱逐制度，使伶人成为了“无家可归的人儿”。在中国传统社会中，家族既是一种秩序和等级，使人的行为具有一种规范和约束，同时，也是一种物质和精神安全的保证，更为重要的是，建立在血缘基础之上的家族感情是一种无可替代的天然情结，对于每一个人都具有极大的重要性和诱惑性。在此，中国人和西方人表现出不同的民族特征，“西方人更侧重皈依宗教，特别强调个人在精神上与上帝同在的‘我们’之间的联系，在宗教教义与宗教社团中找到自己的寄托和位置。中国人更侧重依恋家族，把自己视为连续不断的家族世系中的一个发展部分，力求争取来自家庭和亲属等社会关系的支持，使自我从这些关系中获得力量和安全感。”[1]因此，对于中国人而言，家族是一种精神价值的终极关怀，“无家可归的人儿”不仅仅是有形家族的消亡，更加重要的是精神家园的丧失，生命意义无所寄托的惶惑和茫然。在家族驱逐制度下，中国伶人内心的惶惑和茫然是可以想象的。

前所论述的程长庚，是一个较为典型的案例。周信芳的父亲周慰堂被逐出祠堂以后，等到周信芳出生以后，还是按照家族的辈分给儿子取名。应该说，尽管族籍已除，但是，周慰堂仍然无法摆脱对于家族的眷恋之情。在周仰山公开提议五年以后，族议才同意周慰堂回到祠堂。周信芳二十二岁时，父亲带他回到故里，准备扫墓祭祖。“谁知那些管理祠堂的同族通知慰堂，必须拿出三千块银元作为修缮之费，方能进入祠堂祭奠祖先，后来虽然价钱降到二千，但周慰堂咽不下这口气：‘难道因为我们是唱戏的，就要罚这样一笔钱，才能承认我们是周家子孙？’他一气之下，拂袖而去。他对儿子说：等以后，我们自己出钱另外修造一座祠堂！”[2]1925 年，周慰堂终于在县城置下一块土地，花费五千银元，建造一座周氏祠堂“全恩堂”，并以周慰堂的名义立了重建全恩堂碑。

需要注意的是，程长庚和周慰堂的案例都是发生在晚清和公元纪年时期，中国社会已经开始转型，在此之前的家族驱逐制度必然更加惨烈，况且程长庚和周信芳都非普通伶人，族权和扫墓祭祖问题发生时，程长庚和周信芳都已声名鹊起，也有一定的经济基础，普通伶人估计连他们的待遇都不可能享受。在如此情形下，"无家可归"的伶人，家族对于他们来说，不要说是"力量和安全感"，恐怕只有惨痛的经历和悲愤的记忆。荀慧生曾说：

我们唱戏的不敢说自己的出身，我们知道唱戏的让人看不起，生时不能入宗祠，死后不能进祖坟。[3]

潘光旦也曾写道：

伶人不但是一个职业团体，也是一个特殊的卑微阶级；所以成为这种阶级的原因，是社会一般的歧视和伶人自己的随波逐流，不能自己尊重、自己振拔。[4]

这种"不能自己尊重、自己振拔"，恐怕也与家族驱逐制度之下，伶人内心的惶惑和茫然有关。钱穆写道：

家族是中国文化一个最重要的柱石，我们几乎可以说，中国文化，全部都从家族观念上筑起，先有家族观念乃有人道观念，先有人道观念乃有其他的一切。中国人所以不很看重民族界线与国家疆域，又不很看重另外一个世界的上帝的，可以说全由他们看重人道观念而来。人道观念的核心是家族，不是个人。因此中国文化里的家族观念，并不是把中国人的心胸狭窄了闭塞了，乃是把中国人的心胸开放了宽大了。[5]

这里，必须关注的是，中国家族观念对待伶人，却似乎并不是"把中国人的心胸开放了宽大了"，而是"把中国人的心胸狭窄了闭塞了"。在中国政治制度设计中，为何要将伶人打入"贱民"阶级？在"贱民"阶级中，又为何要对伶人实现家族职业世袭制度以及其他五种隔离政策？中国家族为何要将伶人驱逐？在国家已经废除"乐户"制度下，又为何要继续实现家族驱逐制度？

如前所述，它包含着深刻而微妙的政治及其人性玄机。

第二节　伶人的原罪身份

关于古代伶人的出身，它的渊源关系可能会联想到巫觋。我在《论戏剧起源的性别主题》一文中曾经论述巫觋的社会“表演”及其身份问题。“通神的巫术和图腾‘表演’，在原始舞蹈和哑剧历史性的延伸中，最后形成为世俗而自觉的戏剧表演。在这中间，存在一个漫长的演变地带。巫觋，则在其间‘扮演’了重要的‘角色’。”[6]应该说，巫觋与降低标准之后才能发现和承认的原始“表演”存在着一定的关系，但是，巫觋作为神职人员，社会地位颇高，在“社”的社会组织中，巫觋除了祭祀职能，还有更为重大的氏族管理职能。在巫觋的祭祀活动中，往往也传承了氏族的历史与文化，而且，还担负有医的职能，从某种意义上甚至可以认为，巫觋是中国最为原始的知识分子。正是因为如此，对于巫觋的选拔也是非常严格的，例如女巫，必须考虑她是否具备歌舞与表演的形貌和才能，杨慎在《升庵集》中称：“晋《夏统传》：女巫章丹、陈殊二人，并有国色，装服雅丽，歌舞轻徊。”中国云南民族民间，“一般的女巫，都是生得风流多姿，体态妖娆，歌喉清脆动人，手腕灵活的年轻女子。”此种挑选标准，自然也与歌舞和表演是女巫最重要的事神手段有关。

巫觋与优伶的关系，目前学术界还有不同的观点。一种观点是认为两者存在着渊源关系；另外一种观点则否认之，他们是一种共同孕育和发展的关系。前者认为，“古优的远祖，导师、瞽、医、史的先路者不是别人，就是巫。……随着社会的演进，巫者技艺渐分化为各种专业，而由师、瞽、医、史一类人来分别担任，倡优则承继他们的娱神的部分而变之娱人的。”[7]“优从巫演化而来，仍然是祭祀礼仪的产物，但在美学职能上，两者有很大的不同；巫既娱神，也娱人，但外层目的是娱神，娱人只是一种‘副产品’；到了优，活动的目的已经完全转到娱人上来了。”[8]后者则认为，“优伶和巫觋并不存在渊源关系，他们犹如一对孪生兄弟或姐妹，共同孕育于原始时代民间歌舞的母体，脱胎于奴隶社会初期，均是奴隶制的产物。出现于优伶与巫觋之前的原始民间歌舞，是生产劳动的产物。它发展到了奴隶社会，明显地沿着两种职能在延伸：一是继承上古人们以歌舞作为劳作之余的娱乐手段；一是用以祀神祭祖、既娱神又娱人的宗教礼仪。事为前者，是后世优伶的祖先；事为后者，即是巫觋”，“优伶对中国戏剧的影响是直接、积极的，与巫觋有着本质的区别，他们才是中国戏剧职业演员的真正先驱，是中国戏曲艺术的缔造者。”[9]两种观点虽然有所差异，但是，对于优伶和巫觋的区别看法是基本一致的，都认为巫觋的地位比较优伶的地位则要高出许多，甚至巫觋是古代社会或大或小的“精神领袖”，而优伶的处境远不是如此了。

应该说，两种观点存在差异，主要是运用何种标准衡量原始戏剧和原始表演的问题。这里，最令人感兴趣的问题是，不管是两者存在着渊源关系，还是共同孕育和发展的关系，为何巫觋地位如此之高，而优伶地位如此之低呢？伶人的原始出身，乃是必须考虑的问题。

一是罪臣家属出身。这种罪臣家属，分为平民罪人之家属和官吏罪人之家属。平民罪人之家属，如同前述的《魏书·刑罚志》所载的：“杀人者首从皆斩，妻子同籍配为乐户。其不杀人及赃不满百匹，魁首斩，从者死，妻子亦为乐户。”这些平民“群盗”罪人，妻子被罚成为“乐户”。官吏罪人之家属，赵璘《因话录·政和公主》卷一载：“天宝末，番将阿布思伏法，其妻配掖廷，善为优，因使隶乐工。”此为唐朝史实，番将阿布思获罪伏法，妻子也是成为“乐工”。后来，由于唐肃宗女儿政和公主的说情而获得了赦免，政和公主云：“禁中妓女不少，何必须得此人？使阿布思真逆人，其妻也同刑人，不合近至尊之座；若果冤横，又岂忍使其妻与群优杂处，为笑谑之具哉！”[10]这里也说明了罪臣家属被罚成为伶人，处境颇为凄惨，“又岂忍使其妻与群优杂处”，但是，阿布思妻子如此的被赦结果，估计也是一个个案。明成祖朱棣对待建文诸忠的遗属，《国朝典故》载：“铁铉妻杨氏年三十五，送教坊司。劳大妻张氏年五十六，送教坊司。张氏旋故，教坊司安政于奉天门奏：奉圣旨分付上元县抬出门去，著狗吃了。”根据墨遗萍《蒲剧史魂》考证，明代万历十年张居正子孙也被编为“乐户”，落身蒲州，称为山西乐户。前所论述的《唐会要》卷三十四载：“四年九月二十九日，诏太常乐人，本因罪遣没入官者，艺比伶官，前代以来转相承袭”，也说明了“因罪”成为伶人者，应该是不在少数。

这些获罪平民和官吏家属没有进行其他惩罚，而是“配为乐户”，在公众面前表演之，从某种意义而言，也是一种“游街示众”。作为一种侮辱性和人格化的惩罚手段，以此儆人，告诫臣民不得犯罪作乱，否则，家属就有可能成为“乐户”“示众”表演。这从“劳大妻张氏年五十六，送教坊司”也可以反映出来，它完全不是从演艺角度考虑，而是一种人格羞辱，是作为刑事处罚的配套措施，“其妻也同刑人”，进行人格“示众”，一方面可以发泄统治阶级的怨愤，另一方面也可以警示世人。这种政治上的目的，也反映在“张氏旋故”，“奉圣旨分付上元县抬出门去，著狗吃了”。

应该说，“罪人之家属配没而为‘乐户’，并不自北魏始。其来源很早，《周礼·秋官》有‘司厉’之职，主司入与罪隶之隶。汉刘向《新序·杂事》言楚钟子期府中有击磬人，是因其父杀人按刑偿命，他才被没官至钟府为击磬人”，“我国的乐户制度，其名称虽始见于北魏，但《周礼》、《春秋》时期实已有之。其来源为得罪没官之家属人等。”[11]因此，“罪人之家属配没而为‘乐户’”，自古有之，它是政权系统的一种政治运作手段，乃是一种刑事“示众”惩罚。这种“得罪没官之家属”，应该是原始伶人的一个重要来源。

如此，伶人的出身也就天然地被赋予了一种“原罪”的内涵。《三字经》称：“人之初，性本善”，而对中国伶人来说，则是“业之初，性本恶”，他们是在戴“罪”从伶，为伶乃是“按刑”洗罪。

二是战俘及其家属出身。《魏书·高祖纪》载：“沃野统万二敕勒叛，……灭之，斩首三万余级。徙其遗并于冀定相三州为营户。”邓之诚《骨董琐记·宋官妓营妓》称：“宋太宗灭北汉，夺其妇女随营，是官妓之始。”明代朱元璋将俘获的张士诚部下士卒之妻孥悉属别营，有数万人之多，曾经引起大臣异议，《明史·解缙传》云：“太常非俗乐之所肄，官妓非人道之所为。……给配妇女之条听之于不义，则一何取夫节义哉。”战俘及其家属成为“营户”，性质如同“罪人之家属配没而为‘乐户’”，也是一种人格“示众”惩罚，以震慑敌国或者敌方，由此，战俘及其家属出身的伶人也就同样具有了“原罪”身份。

三是奴婢出身。在中国历代王侯、官绅家庭中蓄有大量奴婢，其中也有一部分乃是以歌舞音乐侍奉主人，她们虽然与职业伶人不同，只是服务于王侯、官绅家庭，但是，却也是职业伶人的一个重要来源。这些男女奴婢，如同主人的家庭财产一样，社会地位很低。他们由于各种原因离开主人家庭以后，其中一个重要的去向就是流入社会成为职业伶人。此外，还有买良为优而成为乐户者，崔令钦《教坊记》载：“平人女以容色选入内者，教习琵琶、三弦、箜篌、筝等者，谓之搊弹家。”《武林旧事补遗·钱塘先贤》载，宋英宗时杭州知府沈遘，“郡人有贫不能葬及子女孤无以嫁者，以公使钱嫁数百人；娼优养良家女为己子者，夺归其父母”，说明当时买良为娼、为优，并不少见。一些职业戏班也是购买女童培训成为伶人，徐珂《清稗类钞》载：“京师伶人辄购七八龄优童，纳为弟子，教以歌舞。”《金台残泪记》卷三也载：“八九岁，其师资其父母，券其岁月，扶至京师，教以清歌，饰以艳服。”李渔的剧本《比目鱼》也描写了一个戏班的班主，准备将女儿卖与他人为妾，然后用此钱购置“良家女”，凑成一个女班，“（净）请看五十两一封，共二十封。都是些粉边细丝，一厘搭头也没有。（小旦细看背介）他起先那些话，说得一字不差，我若有了这注银子，极少也买他十个妇人，就教一班女戏。一个个趁起钱来，我这分人家，那里发积得了。”应该说，这种买良为优而成为乐户者的案例，在史籍中颇多，“事实上，唐、宋、元、明那么多的娼优乐户，真正的由所谓‘十恶不赦’的罪人家族配隶者还是少数，大多数还是误堕风尘之良家子女为娼为优者”，“买良为娼、为优，在我国历史上自古直至近代一直就是屡见不鲜之事。因之，一般普通人家儿女被鬻于仕宦豪门之家、娼优之门而成为伶人、乐户，亦是乐户来源的重要途径之一。”[12]王侯、官绅家庭的奴婢出身，使伶人也同样成为卑贱一族，买良为优而成为乐户者也同样是贫苦群体，因此，在中国伶人的原始出身中，又沾染了卑贱和贫苦的成分。

四是贫苦农民出身。《周礼·春官》载：“旄人掌教舞散乐，舞夷乐。”郑玄注云：“散乐，野人为乐之善者，若今黄门倡矣。”唐代贾公彦疏云：“若今黄门倡矣者，汉倡优之人亦非官乐之内，故举以为说也。”由此，这些“散乐”应该是一些流散于乡村城镇之间以艺谋生的平民。前所论及的《唐会要》所载的“散乐巡村，特宜禁断。如有犯者，并容止主人及村正决三十，所由官入考奏”，说明这些“散乐”很有可能也是农民组成，是贫困农民饥荒岁月的一种谋生方式。吴自牧在《梦粱录·百戏技艺》中也称杭州“又有村落百戏之人，拖儿带女，就街坊桥巷呈百戏伎艺，求觅铺席宅舍钱酒之资。”潘光旦在论及农民加入伶业的原因时写道：

> 农民之所以加入伶业，原因完全是经济的。伶是“贱业”，他们的亲戚朋友决不会赞成；但因为做伶人须得离开乡村，或因避荒避乱早就离开了家乡，亲戚朋友的耳目已经照顾不到，城市里的耳目虽多，却是新的，不大相干，无关痛痒。所以在社会的毁誉方面，是不成多大问题的。[13]

潘光旦论述的是近现代农民为伶的一些动机，在中国历史上农民入伶可能主要考虑的并非“在社会的毁誉方面”，而是“原因完全是经济的”。中国历代“乐籍”娼优不分，上述所论的罪臣家属、战俘、奴婢以及买良为优而成为乐户者，有的学者认为，这些应该是“大部分属娼，而真正的大部分戏曲艺人多属于一些农民在荒年歉月以艺谋生，稀里糊涂而被视为和进而成为乐户者”。由此，中国伶人的贫苦农民出身身份，又使伶人形成了穷苦的社会公众印象。

五是侏儒出身。原始优伶的主要职能乃是滑稽调笑，汉代史游《急就篇》云：“倡优俳笑观倚庭。”汉代颜师古注云：“倡，乐人也。优，戏人也。俳，谓优之亵狎者也。笑，谓动作云谓皆可笑也。”此外，原始优伶还兼有歌舞、音乐、杂技等职能。由于滑稽调笑的主要职能，具有生理缺陷的侏儒也就成为原始伶人的来源之一。“做优人的往往是一个畸形变态的人，优旃于‘善为合于大道’的‘笑言’以外，同时是一个侏儒。春秋时期里，又有一个优施，曾在颊谷之会的时候，舞于鲁君的幕下，见《谷梁传》，《孔子家语》，及何休《公羊解诂》，根据后二种的参考，可知优施也是一个侏儒。”[14]这种侏儒伶人，司马迁《报任安书》称：“主上所戏弄，倡优所畜，流俗之所轻也”，除了他们的政治讽谏而被人指责为“馋贼”，可能他们的生理缺陷也会成为取笑和蔑视的对象，故而“流俗之所轻也”。

由于上述五种原始出身的因素，伶人也就形成了一种罪、贱、穷的公众形象，具有了一种出身带来的“原罪”，他们从事伶业一生戴着“原罪”枷锁，而且，似乎一生也无法洗脱这一种“原罪”。“原罪”（original sin）概念乃是来自基督教的传说，它是指人类生而俱来的、洗脱不掉的“罪行”。根据《圣经》所述，人类有两种罪，即原罪和本罪，原罪是始祖犯罪遗留的罪性和恶根，本罪则是各人今生所犯的罪。其实，中国伶人后来的出身，已经不止这五种类型，前所论述的北宋伶人丁石即为士人出身，而且，“与刘莘老同里发贡。莘老第一，丁第四，丁亦才子也。”到了晚清公元纪年时期，官宦子弟为伶更已不是少数。还有一种是仆役阶级，因为他们与伶人阶级社会接近，娼、优、隶、卒都属“贱业”，被剥夺了普通各业的许多权利，他们从事伶业不会存在太大的心理障碍。

但是，由于五种原始出身的“原罪”，它是属于伶人始祖犯罪遗留的罪性和恶根，也是生而俱来的、洗脱不掉的“罪行”，后来其他阶级出身的加入，并不能改变五种原始出身的

“原罪”公众形象，加上历史的发展过程中，这种“原罪”公众形象已经凝固化了，甚至成为铁板一块，因此，伶人原始出身的“原罪”，已经规定了中国伶人的宿命。

第三节　伶业的色情公共印象

在中国历史中娼优似乎是互为一体的两种职业，说明了两种职业之间重叠的部位颇多。“乐户人家出来的子女，女的就是妓女，男的也许就做戏子，而一部分的戏子也兼营男妓的生活，就是相公。”[15]娼优并称，在称谓上娼还在优的前面，可能地位还超过优。前面所论的在相公风气很盛的时期，伶人见到妓女还得行礼请安，因为妓女还有从良的可能，而伶人连这一点可能也没有。妓女还往往借助伶人的表演方法，作为兜售肉体的手段，宋代即有父母等到女儿长大以后，则教之以歌舞，由此卖淫谋利，所以，开封曾经出现如此习俗，“中下之户不重生男，每生女则爱护如捧璧擎珠。”[16]苏州知府陈润道《吴民女》一诗云：

吴民嗜钱如嗜饴，天属之爱亦可移。
养女日夜望长成，长成未必为民妻。
百金求师教歌舞，便望将身瞻门户。
一家饱暖不自怜，旁人视之方垂涎。
朱门列屋争妍丽，百计逢迎主人意。

有的妓女利用串演戏剧增重自身身价，即所谓“娼兼优”。它又分为两种情况，一是以“优”为主，与专业伶人颇近，但是，她的基本身份还是娼妓；二是以“娼”为主，身怀绝艺，只是偶尔串演，是为名妓。《板桥杂记》上卷载，张岱曾称：“南曲中，妓以串戏为韵事，性命以之”，余怀则称：“名妓仙娃，深以登场演剧为耻。若知音密席，推奖再三，强而后可。”两种说法似乎矛盾，实质内在的动机是接通的，妓女“串戏”表示多才多艺，能够增加身价，乃一“韵事”，如果轻易“登场演剧”，不免落入女优名义之中，反是低贱一等，故而“为耻”。

从某种意义来说，在中国传统社会中，“乐户”一直是被视为“娼妓”的一个重要组成部分。《五杂俎》曰：

今时娼妓满布天下，其大都会之地，动以千百计。其他偏州僻邑往往有之。终日倚门卖笑，卖淫为活，生计至此，亦可怜矣。而京师教坊官收其税钱，谓之脂粉钱。隶郡县者，则为乐户，听使令而已。唐宋皆以官伎佐酒，国初犹然。至宣德初始有禁，而缙绅家居者，不论也。[17]

到了清中晚期和公元纪年时期，伶人色情的社会公众印象仍然颇为严重。这里，一个突出的表现是“相公堂子”。嘉庆以后，京师伶人大多以堂名作为私寓的标志。私寓除了作为住所，伶人还会在此教授弟子，收徒授艺。除了登台献艺，还在私寓或者客人指定的酒楼、饭庄，开展接待客人来访、侍宴、侑酒等活动，均为有偿收费服务，弟子也同样参与这一些活动。后来，逐渐形成一种行业，达官贵人、文人雅士趋之若鹜，生意颇为兴隆。这些弟子伶人被称作“歌郎”、“相公”，客人将此“娱乐”称之为“打茶围”、“逛堂子”或者“逛胡同”。因此，伶人私寓的性质实质上包含了住所、科班、“打茶围”营业三种职能。由于私寓作为“堂子”的“营业”功能越来越突出，在社会的公众印象中，私寓即为“堂子”，私寓也就逐渐地被称之为“堂子”。日本人辻听花的《中国剧》曾有如此的描述：

像姑俗称相公，乾隆间初兴于北京（天津也有品格至卑）。专以侑酒鬻色为营业。自道光至光绪中叶，营业最盛。相公年齿，多在十二三岁以上，二十岁以下，十五岁前后者最多。眉目清秀，宛如处女。其住所曰私寓，或称堂子。向在前门外韩家湾附近。操是业者，有时登台演剧，其不善歌舞者，则每日侑酒陪客而已。其性质与娼寮殆无异也。当时王公富人为之惑溺者颇属弗鲜……

在此，已经涉及到“堂子”的色情色彩，“其性质与娼寮殆无异也”。曾朴小说《孽海花》也有描述客人“老斗”与年轻伶人“歌郎”的关系，“老斗”是苏州文士曹公坊，“歌郎”是京师相公朱霞芬（蔓云）。

（一日，金霁青走访曹公坊，看到从寓中出来一个相公，金霁青暗想）不要是景和堂花榜状元朱霞芬吧？他的名叫蔓云，他的绰号叫小表嫂……公坊名以表，大家就叫他一声表嫂……

（曹公坊说是要请金霁青等人“吃蔓云的喜酒”）霁青道：“蔓云出师了吗？这个老斗是谁呢？老婆又谁给他讨的？”公坊只是微微的笑，顿了一顿说：“发乎情，止乎礼，世上无伯牙，个中有红拂，行乎其所不得不行罢了。”霁青道：“这么说，公坊兄就是个护花使者了”……“照这种抠心挖胆的待您，不想出在堂中名人……我倒羡你这无双艳福！便回族人落第，也是情愿。”……肇廷道：“霞芬是梅慧仙的弟子，也是我们苏州人，那妮子向来高着眼孔，不大理人，前月有个外来的知县，肯送千金给他师父，要他陪睡一夜，师父答应了，他不但不肯，反骂了那知县一顿跑掉了，因此好受师父的责罚。后来听说有人给他脱了籍，倒想不到就是公坊。公坊名场失意，也该有个钟情的璧人，来弥补他的缺陷。”……[18]

此段描述虽是小说，却是反映了当时“相公”的一些基本情况，一是“堂子”经营活动中，年轻伶人“相公”是作为女性角色出现的，“他的绰号叫小表嫂”，“那妮子向来高着眼孔”，这里包含了一种“反串”性质的性别玩味，是当时女伶缺失的一种替代品；二是“堂子”营业是有卖淫性质的，“要他陪睡一夜，师父答应了”，说明“陪睡”这种色情活动颇为平常，而且，“肯送千金给他师父”，商业色彩非常明显，属于一种交易行为；三是“老斗”与“相公”的交易关系，如果“相公”运气好，也有可能得到“老斗”的救助，“后来听说有人给他脱了籍，倒想不到就是公坊”；四是“相公”回到自己的日常真实生活，还是一个男人的身份，“老婆又谁给他讨的?”说明仍是一个男人的世俗生活。

堂子业主培养“相公”、“歌郎”，乃是根据男性顾客的心理需求和审美趣味，即“反串”性质的性别玩味，将他们变换成为一个充满理想化和诱惑性的女性角色，例如“翠翎，王姓，字雨初……飞鸟依人，大动人可怜色。是儿意态，近之如山茶花，秾而不俗。大家儿女固应尔尔。”[19]“艳仙隶三庆部，天真烂漫，秀中慧外，……如秋柳眉香颊，玉质仙姿，为群芳之冠耳。吐属清朗，绝无浮嚣习……容秋则风流秀逸，雅俗共赏，性善饮，用情尤挚，不以贫富区厚薄，轩冕韦布，款接如一。”[20]这些男性伶人确实堪比丽人，故而“相公”、“歌郎”的吸引力已经绝对超过娼妓，蜀西樵也称道：“人间真色，要不当于巾帼中求之。不则历遍青楼，亦得赝物耳……而选笑征歌，必推菊部。”[21]

幺书仪在《晚清戏曲的变革》一书中，对于晚清“堂子”的发展情况进行了详尽的论述，其中根据《道咸以来梨园系年小录》一书统计了清朝道光、咸丰、同治、光绪四个时期名伶的出身情况，得出如下的“出身”分布情况：[22]

表 5.1：道光、咸丰、同治、光绪时期名伶出身分布情况

年　号	科班出身	堂子出身	票房出身	私家出身	出身不详	总人数
道　光	3 人	7 人	1 人			11 人
咸　丰	1 人	14 人	2 人		1 人	18 人
同　治	8 人	88 人	3 人		6 人	105 人
光　绪	22 人	30 人	2 人	13 人	14 人	81 人
总　计	34 人	139 人	8 人	13 人	21 人	215 人

这里，215位四朝名伶中，除去21位“出身不详”者，其余194人，“堂子出身”的139人，为整个伶人总数的百分之七十二左右，而“科班出身”者只有34人，为整个伶人总数的百分之十八左右，由此，“堂子出身”者为整个伶人总数的绝大部分。由于“堂子出身”的色情因素，也就不难推断社会公众对于伶人的总体印象了，“真视相公堂子如妓薮矣”[23]。

梅兰芳时运较好，他的青少年时期已经是相公失权，也就避免了他深入成为“歌郎”。他进入演艺界刚好是“后三鼎甲”的时代，京剧艺术成为一种社会时尚，同时，木讷的性格也使他受益匪浅。由于以上因素，他没有步走红“歌郎”的覆辙，而是能够有机会在艺术创造上发挥自身的天才。

除了伶人与色情有涉，伶人演出的剧目也有一些与色情相关。例如秦腔伶人魏长生表演的剧目，许多是包含有显著色情成分的“粉戏”，在表演方法上他又充分运用了男旦的优势，极力追求性感的舞台效果，他发明了高跻，明显是为了迎合男性观众虐淫狂的心理。这种色情剧目和色情表演，曾经引起了政权系统的反弹：

> 乾隆五十年议准：嗣后城外戏班，除昆、弋两腔仍听其演唱外，其秦腔戏班，交步军统领五城出示禁止。现在本班戏子，概令改归昆、弋两腔。如不愿者，听其另谋生理。倘有怙恶不遵者，交该衙门查拿惩治，递解回籍。[24]

《燕兰小谱》曾经如此描述这种伶人和伶业的色情情景：

> 近时豪客观剧，必坐于下场口，以便与所欢眼色相勾也。而诸旦在园见有相知者，或送果点，或亲至问安，以为照应。少焉歌管未尽，已同车入酒楼矣。鼓咽咽醉言归，樊楼风景于斯复睹。

由于伶人和伶业的色情印象，自然为社会道德所不容，使伶人无法成为主流社会成员，因为对于中国人来说，诲淫诲盗乃是大恶，在伶人的社会性格上又加重了“贱”的成分，真乃是“将‘堂子’等同于‘妓院’，将‘歌郎’等同于‘妓女’”，伶人又被赋予了一条由于职业带来的“原罪”。

第四节　权力的编排

中国伶人似乎一直与政治发生着联系，可以说中国伶人是被政治充分客体化的群体。中国原始优伶最早的记载中，即有关于伶人讽谏的内容。伶人以戏谑滑稽的表演方式，

"谈言微中"，对统治者一些政治作为表达个人的观点，而对统治者来说，在一种独裁专行的政治运行格局中，能够有优伶的聪言慧语辅佐着政治思索和运作，也认为是有利无弊，"更何况，这种讽谏与艺术相伴，与愉悦合一，听来怡性适情，不便抵拒，也很难抵拒。先秦时代有一些特别机智、敏捷、果敢的优，甚至获得了统治者特殊的信任，取得了较大的发言权，已成为'殿前弄臣'。"[25]

但是，需要充分重视的是，这里有一个前提，即"卑贱的优，构不成一种政治势力，所以也构不成一种威胁"[26]。在最早的优伶与政治的关系框架中，已经设计好了两者之间的游戏关系，即伶人必须是"卑贱的"，才能与政治发生关系。它充满着一种政治编排的玄机。由此，也出现了政治对于伶人及其伶业的矛盾态度，一种权力与人性之间的悖论。

首先，是政治对于伶人及其伶业的利用。伶人及其伶业的娱乐功能，可以歌功颂德，粉饰太平，道德教化，我在博士学位论文《中国优伶性别表演研究》中对此曾有详细的论述。从人性的角度来看，戏剧"听来怡性适情，不便抵拒，也很难抵拒"。因此，历代统治者对于戏剧颇为重视，也出现了多位好戏的帝王，"皇帝对内廷演戏的关注程度远远超过了人们的想象。本来作为消遣的唱戏活动，事无巨细地都要经过皇上的认可。哪个伶人上哪个角色、舞台表演如何调度、唱腔用接板还是起板，甚至起更罗鼓打成了上场锣鼓皇上都很清楚，并常用'钦此钦遵'这样正式的谕旨予以确认"，"以至于可以说皇上实际担当了导演[27]"。即以清代为例，内廷演剧活动既是为了满足皇家声色之娱，也是对于中华民族传统文化与传统道德的认同和弘扬，故而代代相传，成为了历朝清帝的一个共同嗜好，即使一生较少介入声色娱乐的雍正，对于内廷演剧也是颇为重视。"皇帝对内廷演戏的关注程度远远超过了人们的想象"，嘉庆和咸丰皇帝即是案例。

> 长寿传旨，往常唱排戏时，有扯下去重打四十，难道是竟打四十不成？原是假的，打四十就算四十，若是重打不是真戏了。再得住旬（寻）常排大戏，连台派的角儿都派多了，所以恨他。要不多，叫谁上场？再，学生们不是为派角儿，都定是得住外边做些拉蓬扯牵不法之事。为何同乐园伺候差事之日，为何不喊御冤？如若情实，朕重重办得住，告他之人朕必重恩；既无此事，为何在当儿上打得住？以后就是戏上打人，若打重了，立打掌板人四十，替场上人报仇。再，今日陆福寿等将吕文官、安宁拉来扯去，全无俱（惧）色。这是当着朕尚无规矩，若是背后不知怎样处理，还说总管等拉晃绳。朕想总管等旬（寻）常不管闲事，使用学生说他们拉晃绳。再，南府景山总管为大，尚此无理。你们既是总管就当管闲事，不管闲事要你们总管什么？你们要是管闲事，他们怎么说你们拉晃绳。钦此。[28]

在此，嘉庆皇帝真是管得非常细致，连伶人之间的矛盾也要调解，负责派角的得住在台上被人家报复打重了，他也要替他做主，“以后就是戏上打人，若打重了，立打掌板人四十，替场上人报仇”，可见他对内廷演剧的大小事情都很留心。咸丰皇帝也是如此：

> 十一月三十日　朱批一件：《红门寺》轴子除妇女仍旧装束外，一切男之正杂爵（角）色俱改本朝衣冠，于成龙戴红顶，方补，朝珠，便衣，穿马褂，戴小帽。知州戴亮白顶，方补，朝珠，如有不全者，著酌量穿戴。庙内妇女有几个梳两把头的，一把头的。[29]

咸丰皇帝对于角色的服饰扮相如此关注，而且，不循旧例，将角色服饰扮相改为清朝时装打扮，也可以说是“皇上实际担当了导演”。

慈禧是清朝皇宫的一大戏迷，当年慈安太后二十七个月的服期刚刚结束，第二天便急不可待地在宫里唱戏，没有多等一天，而且，提前三个月在民间挑选伶人，以便服期一满，马上可以观看京城的新剧目和新角色。

> 二十五日　奴才边得奎谨奏，为求恩事。奴才再四思维，所当差使，实实欠缺教习。奴才恐后差使迟误，叩求恩赏民籍十门角教习、场面人等二十九名，奴才不敢自专，请旨教导，如蒙允准，请交内务府大臣办理。谨此奏请。[30]

政治对于伶人及其伶业的利用，还表现在政权系统对于戏剧剧目主题及其内容的掌控方面，运用国家机器的强力手段，使戏剧成为一种意识形态国家机器，成为“合法法”表述和“想象性”解决的有效工具，如同丘濬在《伍伦全备记开场词》中所宣扬的：“若于伦理无关紧，纵是新奇不足传”，“今宵搬演新编记，要使人心忽惕然”，“这本五伦全备记，分明假托扬传，一场戏里五伦全。备他时世曲，寓我圣贤言。”在政权系统的政治设计中，是将戏剧作为“寓我圣贤言”的一种代言手段。

还有一种情况，则是一些政治人物利用戏剧作为一种政治掩体，例如朱权，由于与明宣宗意见抵牾而受谴，便将内心投身到戏剧创作中，流连于此，比他小一辈的周宪王朱有燉也是如此，一生留下三十余个杂剧剧本，而且，在当时也是声望颇高的。但是，他们的戏剧活动都没有离开政治隐蔽和自我排遣的目的，是特殊政治生活的一种装潢和上层政治人物的一种掩体，由此，是另外一种政治利用戏剧的方式。

其次，是政治对于伶人及其伶业的防范。它的目的，可以分为几种情形，一是防范帝王以及各级官吏沉湎于此，影响日常朝政管理。因为在历史上喜欢自己串戏而荒废朝政的帝王不乏其人，例如后唐李存勖，吴主杨隆演以及宋徽宗。清朝时期，也有皇帝国家危难，仍然热衷看戏作乐，例如咸丰逃到热河以后，对于英法攻占北京束手无策，却是看戏不误。咸丰十年，清宫在热河所建“十一、十二月立”恩赏日记档有载：

十一月初一日　总管安福上热河请安，奉旨著昇平署三拨至热河。

十一月初四日　前往热河。

头拨：总管安福、首领李三德、长清、太监陆得喜——（人名略）共人四十八名。

学生范得保——（人名略）共人三十二名。

内学写汉字人、档案房首领、太监、写汉字人、钱粮处、管箱人、工程处，普共人一百名。

初五日，敬事房传旨，十一日内外伺候帽儿排，无地方、无时刻。

初六日，领口分银米，每名三两，米一斗，共一百份。

初七日，赏皮袄一百件。

初八日　朱笔《升平除岁》、《彩炬祈年》、《藏钩家庆》、《端应三星》、《金星奏事》、《锡福通明》、《喜朝五位》、《岁发四时》、《膺受多福》、《万福攸同》。

金环传旨，十一日帽儿排在烟波致爽东院伺候。午正至申正二刻。衣裳齐不齐不要紧，只有官帽就好。[31]

正值国难当头，作为一国之君，仍然“朱笔”指定剧目，赐赏伶人，甚至“衣裳齐不齐不要紧，只有官帽就好”，已经将演剧作为一种精神麻醉剂。在中国历史上，戏剧文化确实与帝王文化联系在一起，从某种意义来说，已经深入到帝王文化的本质深处。如果处理得好，属于一种娱乐以及装点江山气象，如果处理失当，也会波及朝廷政治。另外，各级官吏好戏，也会败坏官场风气。因此，必须对于伶人及其伶业有所节制，提防国家管理阶层误迷戏剧，影响朝政安全。即以清朝为例，虽然历代帝王好戏，但是，上至皇家观剧，下到乡村草台戏班演出，都直接受到相关政策法令的制约。清朝曾经颁发许多法令，约束戏剧发展形态。康熙五十三年（1714）禁止满洲学唱戏要，雍正二年（1724）禁止八旗官员遨游歌场戏馆。关于禁止内城开设戏园演剧，康熙年间即禁内城开设戏馆；乾隆二十九年（1764）禁止五城夜戏、乾隆四十五年（1780）禁止京师内外开设戏园；嘉庆四年（1799）、七年（1802）两次禁止内城开设戏园；道光三年（1823）禁设京师乐部；光绪七年（1881）禁止内城演剧。

二是对于剧目演出内容的防范。应该说，伶人以戏谑滑稽的表演方式进行讽谏，还不是属于一种成熟戏剧的形态。它们缺乏一种戏剧美，乃是一种机智的逻辑思辨，从而达到政治与伦理的目的。有关远古优伶的记载中，只有优孟扮演孙叔敖的故事，颇具有一些戏剧的因素，因为它包含了一种表演，但是，这种表演也只是辅助性手段，它的目的仍然是一种逻辑性讽谏，由此，远古优伶还不能说是严格的戏剧演员。这种戏剧形态经过漫长的历史发展过程，到了宋代，它才逐渐地成熟起来。它的原因，应该说，与中国儒家思想具有一定的关系，“作为氏族贵族思想代表的中国思想家孔子则把巫术礼仪引向政治、伦理之途，使戏剧美的因素渗透在生活之中，未能获得凝聚而独立”，“孔子的儒家礼乐观念倡导和谐调节、温柔敦厚的生命基调，更是延缓了中国戏剧的形成。”[32]

但是，宋元时期中国戏剧成熟以后，戏剧对于中国社会的影响力量，则已经不是远古优伶戏谑滑稽的讽谏可以同日而语，这从中国戏剧成熟起步阶段的元杂剧即可以反映出来，它的剧目已经出现了《窦娥冤》、《赵氏孤儿》这样直面社会矛盾的作品。《窦娥冤》唱道：

> 天地也，只合把清浊分辨，可怎生糊突了盗跖颜渊。为善的受贫穷更命短，造恶的享富贵又寿延。天地也，做得个怕硬欺软，却原来也这般顺水推船！地也，你不分好歹何为地？天也，你错勘贤愚枉做天！

中国戏剧的成熟形态，已经包含了叙事的张力、歌舞的亮丽和情感的抒情，从一种诗的形态向戏剧形态的转化，它可以运用歌舞的形式叙述一个完整的关于社会和人生的故事，而且，充满情感的冲击力量，因此，它就有可能对现实生活构成一种影响力量，甚至是直接干预的力量。元杂剧的两个叙事主调，即为倾吐整体性的郁闷和愤怒、讴歌非正统的美好追求，戏剧开始以一种“凝聚而独立”的艺术形式，对社会和人生表达自己的思想和美学立场。

中国戏剧对于社会的影响力量，可以分为两种形态，其一是通过虚构的故事形态，只对总体社会语境产生作用，它不针对具体的社会目标和社会事件；其二则是与社会特殊事件发生联系，戏剧直接干预了生活。第一种的情形，较为普遍流行；第二种的情形，也不乏其例，早在戏剧初步走向成熟的南戏，即有一个不知其名的剧目，我们姑且按主人公的名字，将之拟名为《祖杰》。它与当时浙江温州地区的一场社会斗争紧密联系，而且，发挥了非常关键的作用，体现了戏剧的社会效能。周密的《癸辛杂识别集》对此曾有记载。温州乐清有一恶僧，名叫祖杰，将一个自己糟蹋日久的女孩嫁给一位俞姓青年，以此作为遮隐。俞姓青年带着女孩逃避，祖杰就砍掉了俞家坟木。俞姓青年告他，反被诬入狱。俞姓青年继续告他，祖杰就杀死他全家。后来，祖杰因为贿赂官府证据暴露而被捕，但他马上派人赴京城疏通去了。温州百姓感觉到祖杰可能又一次逃脱惩处，就立即编演戏文到处演出，将祖杰的恶行广为传播，官府见此，就将祖杰处决。果然，五天以后，京城的赦免令到了。如果没有这出戏文，善恶的颠倒还会继续演义下去，戏剧发挥了它干预社会的功能。《鸣凤记》和《清忠谱》等剧目也是如此，前者严嵩势力刚刚败露，即编演了这一剧目，后者同样具有较强的纪实风格，《曲海总目提要》称其“事皆据实”，描述的是1626年东林党人周顺昌的冤狱事件。其实，这一事件曾经为多位戏剧家创作剧本，可以说是形成一个创作高潮。吴伟业在《清忠谱序》中云：“逆素既布，以公事填词传奇者凡数家。李子玄玉所作《清忠谱》最晚出，独以文肃与公相映发，而事俱案实，其言亦雅驯，虽云填词，目之信史可也。”在此，戏剧似乎已经成为一种编演迅疾、社会反响热烈的宣传样式。

从诗的形态向戏剧形态的转化，使戏剧能够具备一种故事与歌舞兼备的煽情手段，产生一种当场应和与情感满足型的效果，因此，在中国历史中，政权系统一方面对于戏剧总是严加防备，陈淳的《上傅寺丞论淫戏书》，即是一个典型案例；另一方面，则是如同前所论及的对于戏剧的利用，将戏剧纳入“教化”的意识形态国家机器管道。应该说，防备与利用两者之间的关系颇为微妙，如果使两者之间达到一个平衡点，是对于政权系统的执政智慧和功能的一种考验，如果掌控适当，则是相安无事，反之则有可能影响政治时局的稳定乃至政权的安危。

在中国历代统治阶级中，不管如何处置防备与利用两者之间的微妙关系，在政治设计中都将伶人及其家族列入“贱民”阶层，如此来尽量规避防备与利用两者之间微妙关系所可能带来的风险，或者说是至少可以将这种风险降到最低点。伶人及其家族属于“贱民”，伶业也就同样成为“贱业”，统治阶级就可以居高临下地享用戏剧，因为“卑贱的优，构不成一种政治势力，所以也构不成一种政治势力”，同时，演出的剧目即使有“若于伦理无关紧”内容，甚至是倾吐整体性的郁闷和愤怒以及讴歌非正统的美好追求的作品，也会因为表演者伶人的“贱民”身份而产生了颠覆，至少也是削弱了它的力量。

这种政治设计还深入到人性的部位。中国伶人在舞台上扮演各种角色，乃至可以经常扮演帝王将相。中国民族是富于戏剧本能的民族，罗锦堂称道：“中国人就往往把为人看成和演戏一样，盖以为生命的过程，如同剧情，有悲欢离合；人性的善恶，如同角色，有生旦净丑。”[33]古人也有类似表述，杜牧《西江怀古》云：“魏帝缝囊真戏剧，苻坚投箠更荒唐。”苏轼《送小本禅师赴法雪寺》也道：“山林等忧患，轩冕亦戏剧。”他们都将生活与戏剧等同，即一种“泛戏剧化”现象。这种“泛戏剧化”现象，在中国戏剧成熟以后，仍然对于戏剧的艺术格局影响很大，以至于中国戏剧颇为合适在婚丧与节庆活动时演出，成为戏剧化生活礼仪的一个部分。因此，中国人似乎经常模糊生活与戏剧之间的界线，或者说是将生活与戏剧之间打通了。如此，中国伶人在舞台上扮演帝王将相，也就有可能“延伸”到日常生活之中，在精神上他们也觉得似乎与帝王将相同格，他们在舞台上可以成功表演帝王将相，那么，在一种生活与戏剧互通的精神幻觉上，在真实生活中与帝王将相也颇为相似。此种情形，就有可能降低和动摇统治阶级的体面性和稳固性。政权系统必然会采取措施，防止此种现象发生，其中的一个方面，即使伶人人格“贱民”化，伶人可以在舞台上出将入相，但是，在真实生活中是彻底的“贱民”，从而化解中国人性中生活与戏剧互通所可能带来的伶人的风险。

此外，由于中国一直乃是以农为本，属于一个农耕社会，故而在政治设计中制定了一个“重农抑商”的政策。由于农业是历代王朝立国的经济基础，因此，政权系统都把农业作为立国之本，称为“农本”，鼓励百姓从事农业生产，甚至“驱之归农”。在这种传统经济模式下，中国家庭一般都以重农观念作为指导，注重农桑生产。商业则是属于流动系统，它不直接增加物资产品，在物质并不丰富的历史阶段，它自然不会被重视，历代政权都将工商作为“末”的地位，并将经商作为一种“不务正业”行为。中国古代许多学者也都从舆论上强化了“重本抑末”的国家政治设计，并且，对于从事农业过程中所形成的家庭经济形态进行赞美，北齐颜之推称：“生民之本，要当稼穑而食，桑麻以衣，蔬果之蓄，园场之所产，鸡豚之善，埘圈之所生，爰及栋宇器械，樵苏脂烛，莫非种植之物也。至能守其业者，闭门而为生之具以足。”[34]既然工商为“末”，伶业更是属于服务业，而且，远古时期的伶人大多具有一种依附性，因此，伶业更是“末”之“末”了，在政治设计中必然会将伶人列入“贱民”阶级，与“惰民”、“世仆”、“丐户”等同列。

根据以上分析，统治阶级在理性上激烈否定伶业以及伶人，需要进行各种防备，但是，在情感的深层又无法摆脱伶业以及伶人的诱惑，“怡性适情”，“很难抵拒”，因此，在政治与戏剧的两者关系上，将伶人定格为“贱民”阶层，两者的关系才会处于一种安全的状态。余秋雨写道：

> 唐代咸通年间著名演员李可及曾在唐懿宗面前表演过参军戏《三教论衡》。这个参军戏，并没有直接对唐懿宗提出讽谏，而是嘲弄了社会上的宗教观念。对此，当时有人认为是狐媚不籍之词。照理，这对李可及来说仍然是危险的，因为唐懿宗对宗教的事情很敏感，曾为此贬谪过身居高位的文学家韩愈，韩愈在贬途中写下的悲剧性诗句“一封朝奏九重天，夕贬潮阳路八千”，“云横秦岭家何在，雪拥蓝关马不前”人所共知。但奇怪的是，唐懿宗观看李可及演的《三教论衡》时，却一会儿“为之启齿”，一会儿“大悦”，一会儿“极欢”，不仅当场“宠赐甚厚”，而且第二天竟给李可及授了一个官职：“环卫之员外”。[35]

在此，唐懿宗为何对韩愈如此苛刻，而对伶人李可及如此宽容，不但观看时十分轻松，而且，封赏授官，因为韩愈乃是“身居高位”，很有可能构成一种政治势力，乃至成为一种威胁，而伶人是身处贱流，“构不成一种政治势力，所以也构不成一种威胁。”在中国政治的权力编排中，如何对待伶业及其伶人，里面充满了中国政治的智慧、诡秘极其残酷，也似乎可以触摸到中国政治的玄机。

从原始出身、色情印象和政治编排中，中国伶人沾染了“罪”、“贱”、“贫”、“残”等各种成分，也可以说是几“毒”俱全，中国伶人也就具有了一种原罪和宿命，即生而俱来的、洗脱不掉的“罪行”。

第五节　国家与家族的合谋关系

在国家与家族的关系上，中国历来是“家国同构”的。虽然汉唐时期族权势力强大，对君权产生了一定程度的疏离，东晋时期甚至出现了士族与天子共掌朝政的现象，但是，作为一种政治架构却是一贯的政策。孟子云：“人有恒言，皆曰天下国家。天下之本在国，国之本在家”[36]，赵岐注曰：“国谓诸侯之国，家谓卿大夫家也。”这里，“国”乃指诸侯国，“家”指大夫。《东晋·陶侃传》云：“侃厉色曰：‘国家年少，不出胸怀’。”“国”，开始演变为皇帝，而家的意义后来也逐渐扩展，其中一个重要的意义即是家族，即由血亲关系和姻亲关系构成的社会单位，它是大的社会关系网络，并由此形成“家天下”的观念，《礼记·礼运》称：“今大道既隐，天下为家。”《汉书·盖宽饶传》也称：“五帝官天下，三王家天下，家以传子，官以传贤。”因此，帝王将天下、民众和土地作为自己的家，也就形成一个观念，即“帝王是家，家是帝王，家是天下”[37]。侯外庐在《中国古代社会史论》一书中对于“家天下”也有过论述，他认为，如果用“家族、私产、国家”三项作为文明路径的指标，古代西方是从家族到私产再到国家，国家代替家族；古代中国乃是由家族到国家，国家混合在家族里面，称之为“社稷”。由于古代中国从家族到国家，没有经历个体私有制而只是存在着一种家族私有制，并没有将家族血缘组织彻底斩断，因此，也就将它带入文明阶级社会，国乃是建立在家的基础之上，形成三代“家天下”的社会结构。

由于上述因素，国家与家族存在一种相同的结构形态，家是小国，国乃大家，古人有谓治国犹如治家，治家犹如治国。中国的国家伦理和社会伦理是从家族伦理演绎而来，而这些伦理制度化以后，又成为家族的精神支柱，两者之间存着一种互动的关系。《孝经·广扬名》云：“君子之事亲孝，故忠可移于君；事兄悌，故顺可移于长；居家理，故治可移于官。是以行成于内，而名立于后世矣。”在此，也就将“亲孝”与忠君，“兄悌”与尊长，“家理”与治官打通了，居家为“亲孝”，出则为忠君，忠孝互通。《易·序卦传》曰：

有天地然后有万物，有万物然后有男女，有男女然后有夫妇，有夫妇然后有父子，有父子然后有君臣，有君臣然后有上下，有上下然后礼义有所措。

在这段论述中，“男女”、“夫妇”、“父子”、“君臣”等将家庭、家族与国家联系起来，也奠定了“家国同构”的伦理思想基础。

先秦时期，君统与宗统合一，分封制与宗法制结合，已经确立了政权与家族的密切关系。梁启超曾有如此的表述：“吾中国社会之组织，以家族为单位，不以个人为单位，所谓家齐而后国治是也，周代宗法之制，在今日其形式虽废，其精神犹存也。”[38]经过汉唐演变，宋明以后，家族更是成为了政权的附属物。如同《大学》所云的：“一家仁，一国兴仁；一家让，一国兴让”，“欲治其国者，先齐其家”。家族乃是国家的基础，两者之间的关系决定着国家的政治治理结构稳定与否。冯尔康在《18世纪以来中国家族的现代转向》一书中，对于清代政权与家族的密切关系有着详细的论述，首先是祠堂教忠教孝与守法，要求民人“移孝作忠”，做君主之顺民，祠堂将忠君的教育放在重要的地位，不少家族编撰族谱也将康熙的“圣谕十六条”或者雍正的《圣谕广训》刊刻于家谱卷首，以便于族人习读。洪秀全祖先、广东嘉应州进士洪钟鸣曾作《原谱祖训续训》，其中专撰“忠君”一条，称：“君恩重于亲恩，谚云：‘宁可终身无父，不可一日无君。’生当明圣省刑薄敛，敬先尊贤，永享太平。其敢忘诸！”[39]平江叶氏《家训》也称：“家训莫大于人伦，人伦莫先于君父。君也者，祖宗所赖以存身家，所赖以立子孙，所赖以生长陶成，而绵绵延延维持于勿替也。”[40]至于教导子姓遵守国法，其一为遵守皇家法令，其二为及时完纳赋税，由此感戴“君父”恩德；其次是政府对宗族的保护和支持，康熙颁布的“圣谕十六条”，其中第二条“笃宗族以昭雍穆”，是政府要求家族的总纲，雍正对此有颇为概要的阐释，云：“凡属一家一姓，当念乃祖乃宗，宁厚毋薄，宁亲毋疏。长幼必以序相洽，尊卑必以分相联。喜则相庆以结其绸缪，戚则相怜以通其缓急。立家庙以荐蒸尝，设家塾以课子弟，置义田以赡贫乏，修族谱以联疏远。”[41]雍正认为，宗族活动的中心是在建立祠堂、设置家塾、建设义庄、纂修族谱等四个方面，它也是衡量一个家族状况的标准。清朝政府实行传统的“以孝治天下”方针，鼓励孝道与惩治忤逆的政策，并且，与宗族维护君主政权相互结合，有条件地支持宗族对族人的治理，例如亲权法的改定，旌表义门和节孝，保护宗族公共产业。

由于中国政权与家族的密切关系，政权与族权在宣扬封建伦理、贯彻封建礼法、维护封建秩序以及巩固封建统治等各个方面，可以说是目标完全一致，而且，族权还以自己的特殊功能弥补国家政权在某些方面的缺陷。政权系统调控中国社会，其一由于中国地域广阔，权力系统无力延伸如此大的范围，故而广大的国土幅员削弱了社会权力的力度，会存在一些薄弱点甚至空白点，其二中国传统社会体制乃是一种双层结构，即上层的高度集权与下层的松散直处，中国政治体系虽为高度集权的体制，但是，这种体制的规模和能量都是有限的，到达基层社会能量便会稀化，因此，中国政权系统需要家族配合进行社会管理，家族管理是政权管理的基础环节。

既然政权系统将中国伶人定位在“贱民”阶级，毫无疑问，对于“君恩重于亲恩”的封建家族，自然会与政权系统充分保持一致，而且，为了表示“忠君”，可能处置更加严厉。从家族内部来说，家族乃是血缘共同体、利益共同体、政治共同体和文化共同体，中国人将家族作为自己的灵魂场所。

> 中国人所持有的是家族至上的价值观，……同一家族的成员，生活在同一屋檐下，就必须解决好家族内部成员之间的关系以及家族的对外关系，必须努力维护好本家族的生存，维护好家族的美好印象，使家族兴旺不衰的理想变为现实。——以家族本位为典型特征的中国传统文化，要求家族成员必须对家族持有足够的责任感和义务感，能够在关键时刻舍弃自己个人利益维护整个家族的利益，顾全大局，家族成员必须时刻不忘保持整个家族的和谐，正所谓“家和万事兴”。所以，家庭成员间的伦理关系，家庭成员必须维护好，家庭成员应该尽的义务和履行的职责，家庭成员也都应该履行好，不能有拖沓，否则便有“家法”或“族规”来严惩不贷。[42]

从此意义而论，作为“罪”、“贱”、“贫”、“残”的中国伶人，自然是破坏了“家族的美好印象”，是需要“‘家法’或‘族规’来严惩不贷的”。应该说，中国伶人是家族的“逆子”，“玷污”了家族的纯洁，因此，驱逐伶人出族，似乎也是为了“必须努力维护好本家族的生存，维护好家族的美好印象，使家族兴旺不衰的理想变为现实”。每个家族都追求荣誉感，并作为一种家族的无形资产需要不断进行经营。在此，从家谱中也可以反映出来，许多家谱都希望攀附名贤，企慕虚荣，原因有两个方面，一为名贤先人乃是社会资源，可以提升家族的自豪感，作为后人学习楷模；二为可以提高家族在乡土的影响和地位，不但可以产生保护作用，而且可以凌驾于人。既然家族如此重视荣誉资源，自然无法容忍伶人在家族的存在，而开除伶人族籍，可以斩割这一“污点”，甚至也有从相反的角度，在社会产生治家严厉的印象。由此，中国伶人被开除出籍，乃是不可避免的了。

还有一个方面，中国许多地区在节庆活动时都要祭祀祖先，奉献演剧。日本学者田中一成在论述中国清朝时期的祭祀戏剧时写道：

从前，小宗祠的祖先祭祀是以儒教礼仪为主体的，而大宗祠祖先祭祀则采用戏剧形式。由支派、单独宗族成员组成的大宗祠祖先祭祀，因成员间的血缘意识薄弱，对于作为祭祀对象的祖先的敬畏意识也薄弱，所以祭祀的风格与乡村中对社神（外神）的感觉有点近似。而且，要将血缘意识薄弱的成员组织到一起，比起难懂的儒教礼仪，也许还是通俗的戏剧比较有效。事实上，在清代族谱中可见到的祖先祭祀的戏剧，几乎都是用于大宗祠祭祀的场面。[43]

应该说，中国戏剧也是确实适合在婚丧节庆活动时演出，演剧乃是生活礼仪的一个组成部分。此与西方不同，西方也有许多生活化的礼仪，但是，它在公元前5世纪即与戏剧基本脱钩，戏剧脱离生活独自发展。中国没有出现这种现象，而是仍然存在着生活的“泛戏剧化”现象，它需要经历漫长的历史发展过程，才将戏剧性从生活中捡拾和凝聚起来，它可能也是造成中国戏剧成熟较晚的一个原因。

这种大宗祠举行的祭祀戏剧，浙江萧山镇龙庄大义村的汪氏家族，曾有“祭规”：

春秋祭毕，向无戏剧之事。岁在任寅（乾隆四十九年——1784），因祭费有余，不便分析，故于秋分祭毕，演戏二台以敬祖先。今遂为例。每年秋祭前，预先雇定梨园一部，约上中班。以两本为率。共二本。贪贱定下班，罚钱。祭毕，先演秋分戏，晚补春分戏。戏台搭在祠前河涯，不得搭入祠内道地。亵祖犯法。倘临期，梨园不到，令罚若干，公同另议。[44]

许多地区家族还有元宵、春分、清明等祭祖演剧，此外还有秋祭、冬祭，一些富商生日祝贺演剧也会包含祖先祭祀内容。

钱穆称道：“短生命融入长生命，家族传袭，几乎是中国人的宗教安慰。”[45]这种“宗教安慰”，使祭祀演剧成为一个十分严肃的活动，而中国伶人在祭祀演剧中粉墨登场，不管何人祖先都用倾情表演。自然，对于伶人原来的家族而言，是一件难以容忍的“家耻”。对于中国家族来说，伶人只要获利，一见祖先就可表演，既是对自己祖先的亵渎，也可以说是“无祖无宗”了，因此，属于“亵祖犯法”。

如前所述，中国文化乃是“耻感文化”。台湾学者朱岑楼曾有如此表述：

有不少学者，如美国之艾克逊（Erik Erikon）、希特生（Hazel Hitson），——指陈东方社会（尤其是中国社会）的社会化主要是灌输耻感。——文化是耻感的，产生耻感取向人格（shame-oriented personality）。……

中国人的人格如此发展于人文环境之中，耻感取向紧紧控制住一言一行，一举一动。心中时时有他人的存在（而无神的存在），即在离群索居之时亦复如是。常将实际并无他人存在的情境，视为有他人存在的情境。此即儒家所倡导的“慎独”工夫，君子不欺暗室，无愧屋漏。因此，中国人有所作为之时，脑内首先要考虑的不是什么是什么（what is what），而是谁是谁（who is who）的问题。[46]

如此“中国人的人格”，即使“实际并无他人存在的情境，视为有他人存在的情境”，因此，中国伶人在他人祖先面前表演，对于本家族而言无疑是充满“耻感”的。这种“耻感取向人格”，必然会使中国人对伶人采取措施，使伶人与家族彻底割除关系，在“谁是谁（who is who）的问题”上，伶人已与家族无关，已被家族除去族籍，从而减轻“耻感人格”负担。

梁漱溟认为，在中国思想之中，所有传统的态度总是不承认个体的独立性质。中国人乃是依存者（dependent being），这种“依存”不是指中国人的生存必须依靠他人而言，而是指生活在世上须尽一种责任，人无异于为此责任而生。中国伶人也不可能是一种个体的独立性质，他们与家族之间也存在着一种“依存者”的关系，而对于中国传统家族来说，伶人的“罪”、“贱”、“贫”、“残”等各种“贱民”成分，伶人已经没有尽到责任，也就失去一种资格，在“依存者”的关系中，被除去家族身份了。在中国的政治治理设计及其国民文化人格中，中国伶人也就无法逃避自身的宿命，“生时不能入宗祠，死后不能进祖坟”，是一个“无家可归的人儿”。

【注释】

1. 罗成琰．现代中国的浪漫文学思潮．长沙：湖南教育出版社，1992. 52 页．
2. 沈鸿鑫．周信芳传．石家庄：河北教育出版社，1996. 8 页．
3. 谭志湘．荀慧生传．石家庄：河北教育出版社，1996，275 页．
4. 潘光旦．潘光旦文集（2）．北京：北京大学出版社，1994. 261 页．
5. 钱穆．中国文化史导论．上海：上海三联书店，1988. 42 页、43 页．
6. 厉震林．论戏剧起源的性别主题．戏剧，2003（1）．
7. 冯沅君．冯沅君古典文学论文集·古优解．济南：山东人民出版社，1980. 13 页、14 页．
8. 余秋雨．中国戏剧史．上海：上海教育出版社，2006. 20 页．
9. 孙崇涛　徐宏图．戏曲优伶史．北京：文化艺术出版社，1995. 14 页、15 页、18 页．
10. 赵璘．因话录·政和公主（1）．

11. 张发颖．中国戏班史．北京：学苑出版社，2004. 1 页、2 页．
12. 张发颖．中国戏班史．北京：学苑出版社，2004. 16 页、17 页．
13. 张发颖．中国戏班史．北京：学苑出版社，2004. 1 页、249 页．
14. 潘光旦．潘光旦文集（2）．北京：北京大学出版社，1994. 93 页．
15. 潘光旦．潘光旦文集（2）．北京：北京大学出版社，1994. 248 页．
16. 洪巽．旸谷漫录．见说郛（73）．
17. 项阳．山西乐户研究．北京：文物出版社，2001. 28 页．
18. 曾朴．孽海花．上海：上海古籍出版社，1979. 26 页、27 页．
19. 长安看花记．见清代燕都梨园史料（上册）．北京：中国戏剧出版社，1988. 312 页、316 页．
20. 凤城品花记．见清代燕都梨园史料（上册）．北京：中国戏剧出版社，1988. 570 页．
21. 燕台花事录．见清代燕都梨园史料（上册）．北京：中国戏剧出版社，1988. 545 页．
22. 幺书仪．晚清戏曲的变革．北京：人民文学出版社，2006. 193 页．
23. 幺书仪．晚清戏曲的变革．北京：人民文学出版社，2006. 207 页．
24. 钦定大清会典事例．见张庚、郭汉城．中国戏曲通史（下册）．北京：中国戏剧出版社，1981. 13 页、14 页．
25. 余秋雨．中国戏剧史．上海：上海教育出版社，2006. 21 页．
26. 余秋雨．中国戏剧史．上海：上海教育出版社，2006. 21 页．
27. 朱家溍、丁汝芹．清代内廷演剧始末考．北京：中国书店，2007. 75 页．
28. 朱家溍、丁汝芹．清代内廷演剧始末考．北京：中国书店，2007. 80 页．
29. 朱家溍、丁汝芹．清代内廷演剧始末考．北京：中国书店，2007. 267 页．
30. 朱家溍、丁汝芹．清代内廷演剧始末考．北京：中国书店，2007. 370 页．
31. 朱家溍、丁汝芹．清代内廷演剧始末考．北京：中国书店，2007. 303 页．
32. 余秋雨．中国戏剧史．上海：上海教育出版社，2006. 23 页．
33. 罗锦堂．中国人的戏剧观．见余秋雨．中国戏剧史．上海：上海教育出版社，2006. 15 页．
34. 颜之推．颜氏家训·治家（1）．
35. 余秋雨．中国戏剧史．上海：上海教育出版社，2006. 46 页．
36. 朱熹．孟子集注（7）．见四书章句集注．北京：中华书局，1983. 278 页．
37. 王建科．元明家庭家族叙事文学研究．北京：中国社会科学出版社，2004. 10 页．
38. 梁启超．饮冰室合集·专集（5）．见王建科．元明家庭家族叙事文学研究．北京：中国社会科学出版社，2004. 13 页．
39. 陈周棠校．洪氏族谱．杭州：浙江人民出版社，1982. 20 页．
40. 家训五条．见公元纪年．平江叶氏族谱（1）．
41. 雍正．圣谕广训．宣统木刻本．见冯尔康．18 世纪以来中国家族的现代转向．上海：上海人民出版社，2005. 50 页．

42. 洪永铿、贾文胜、赖燕波．海宁查氏家族文化研究．杭州：浙江大学出版社，2006. 134 页．

43. 田中一成．中国戏剧史．北京：北京广播学院出版社，2002. 284 页．

44. 田中一成．中国戏剧史．北京：北京广播学院出版社，2002. 285 页．

45. 钱穆．中国文化史导论．上海：上海三联书店，1988. 43 页．

46. 朱芩楼．从社会、个人与文化的关系论中国人性格的耻感取向．见李亦园、杨国枢．中国人的性格．南京：江苏教育出版社，2006. 96 页．

第六章 伶人阶级的泛家族化现象

第一节 “乐户”的拟血亲关系

家族驱逐制度，使中国伶人与传统家族产生一种“隔离的现象”。潘光旦写道：

> 社会的与心理的隔离本来是极不幸的，但是在社会的歧视甚至于作贱之下，而伶界的人物依然不断地产生，足见才气之所钟，自有寻常社会环境所不能摧残抹杀者在。[1]

中国伶人虽然被传统家族所驱逐，但是，“伶界的人物依然不断的产生”，他们依然在繁衍生息和世业相承，说明他们存在着自身的家庭和家族关系。在此，中国伶人也就形成了自己的家族系统，而且，存在着一种泛家族化的现象。

由于伶人家族驱逐制度、家族职业世袭制度以及婚姻、科举、服饰、行为、舆论隔离政策，中国伶人“在社会里成为一种特殊的阶级”，他们具有共同的社会身份，如同《元典章》所载之“圣旨”称：“是承应乐人呵，一般骨头成亲，乐人内匹聘者”，乃是伶人“一般骨头”，唐宣宗曾对伶人祝汉贞称道：“我养汝辈，供戏乐耳，敢干预朝政！”[2]前所论述的雍正怒杀优伶时也称：“汝优伶贱辈”，因此，在中国统治阶级的政治格局中，中国伶人“汝辈”都是“贱辈”、“一般骨头”，在中国社会的公共评价体系中，伶人同样也是共同“贱民”阶级。中国伶人隶属“乐籍”，都属于“乐户”。

刘平青在论述家族企业时称道：

> 这里的家族是具有一定的包容性和开放性，且有别于中国传统意识上的父系家族的范畴，是由家庭扩大到血缘、亲缘甚至包括拟血缘关系组成的团体。[3]

从某种意义而言，中国伶人被传统家族驱逐以后，由于他们的共同“乐户”社会角色，都乃“一般骨头”，这种“乐户”也就形成了一种“拟血缘关系”。也就是说，中国伶人无宗而有“宗”了。中国伶人脱离传统家族以后，由于家族职业世袭制度，从第一位入伶者开始，形成了自身的“乐户”家族。如此“乐户”家族，也就成为中国伶人的家族存在形态，并且，在文化和血缘上聚合为一种泛家族化现象。这种伶人泛家族化，“有别于中国传统意识上的父系家族的范畴”，“具有一定的包容性和开放性”，使中国伶人形成一种独特的“家族共同体”。

从文化角度而论，每个个体的“乐户”家族，由于家族生计生活性质相同及其内容相同，相互之间也就存在着一定的相互依赖性质，尽管这种“依赖”并不一定是物质意义上的，也可能是精神层面的。作为由不同婚姻关系和血缘关系作为纽带组成的最小的特殊社会群体，“乐户”家族似乎是散沙状的，它是一种“小家族”，但是，由于共同的职业性质及其由此带来的社会隔离制度，“乐户”家族的公共经济活动、公共事业活动、公共文化活动的需求，也就会产生一种横向依赖性，形成一种共同社交圈，包括婚姻社交圈、经济社交圈和精神社交圈等。这些社交圈构成了一种网状结构，使“乐户”家族成为紧密相连的泛家族化整体。

元人杨宏道《小亨集》卷六称，元初战乱期间，坚白子居于般溪，路上遇一人同行，“不负不荷”准备赴汴，因为按照当时情况，路途千里需携三月之粮，“怪而问之”：

> 曰：“我优伶也。”且曰：“技同相习，道同相得，相习则相亲焉，相得则相恤焉。某处某人优伶也，某处某人亦优伶也。我奚以资粮为？”言竟自得之色浮于面。

在这位伶人看来，天下伶人都是一家人，因为“技同相习，道同相得，相习则相亲焉，相得则相恤焉”，故而“某处某人优伶也，某处某人亦优伶也”，必然“相亲”、“相恤”。这段回答，已经将中国伶人泛家族化的内在成因以及具体表现形态说明清晰。新中国成立前，此风犹存。伶人流浪谋生时，生活发生困难，只要遇到戏班演出，进去给祖师磕个头，也就可以吃饭，分配演出剧目，获取些微报酬作为川资。台湾学者丁秉鐩在《菊坛旧闻录》一书中记有萧长华捐助梨园墓地之事：

> 公元纪年二十一年冬天，北平的梨园义地（国剧演员的公墓）不敷应用了。他就联合北平名伶，大家捐助，又开辟了十八亩地，奔走呼号，全由他一人提倡。[4]

"梨园义地"，说明当时伶人去世以后，乃是葬于一处，如同家族墓地一样，此也从一个侧面反映了中国伶人的泛家族化现象。晚清公元纪年时期，北京伶界有谓"窝头会"义务戏，即在每年年底，为了救济贫苦伶人，全体名伶都要义务演出两三天。伶人对"窝头会"义务戏都较重视，因为这是泛家族化的同业的"相亲"、"相恤"，平常营业戏不敢轻易演出的小戏，或者需要好角合作，而自己戏班无法派出的码子，都会在"窝头会"义务戏中演出。以程砚秋为例，他对每年年终的"窝头会"义务戏当仁不让，而且，对于他的"龙套"伶人，年底也是每人送两袋面粉，以备包吃饺子。

这种泛家族化现象，既有外力作用原因，也有内生因素。前者而言，由于中国伶人被传统家族驱逐，被社会视为"一般骨头"，编为"乐户"，成为单列管理的特殊家族；后者而论，由于堕入"乐籍"，处于"贱民"阶级，"技"、"道"相同，从而"相亲"、"相恤"，自视为同类的社会群体，故而前面的伶人脱口说出了"我优伶也"，而且，"言竟自得之色浮于面"，因为这种泛家族化的意识，也是处于社会弱势的伶人阶级的一种自我"相亲"、"相恤"，甚至属于一种自我保护意识。

潘光旦在《过渡中的家庭制度》一文中，认为中国家族的特征：

> 固然始终是一个个人与社会间的重要的枢纽，但它并没有尽它的承上启下或左拉右拢的职责。它固然始终是中国社会组织的真正的单位或基体，不过这基体发展得过于庞大了，过于畸形了，畸形之至，它自身便变做一种社会，或自身以外，更不承认有什么社会的存在，我们甚至于可以说，家族自身就是一个小天地，以外更无天地！结果是个人的发育既受了压迫，所谓社会化的过程，也受了莫大的障碍，无从发展。[5]

应该说，中国伶人的泛家族化现象，也有这种"它自身便变做一种社会"，但是，它却不是"自身以外，更不承认有什么社会的存在，我们甚至于可以说，家族自身就是一个小天地，以外更无天地"！它是公共社会和伶业家族共同作用的结果。

第二节　业缘与血缘的套层结构

从血缘角度而论，由于婚姻隔离制度"乐人只教嫁乐人"，形成一种同业的姻亲关系。其实，业缘形成姻缘，中国古已有之，只是伶人的业缘和姻缘关系是一种属于强力制度性质。王沪宁在论述村落家族文化时，认为业缘是人们根据一定的职业活动形成的特定关系，而职业活动又是一种超出了传统村落家族的农耕活动，而且，与社会整个政治、经济、文化活动相互结合的活动，因此，中国乡村也就出现了血缘、地缘和业缘并存的状况。这种格局，存在三种基本类型，其一是血缘关系强于业缘关系，其二业缘关系强于血缘关系，其三处于两者之间的较为宽泛的中间形式。对于中国社会实际情形而言，第一种和第三种在总体上占据主导地位。从总的趋势来看，业缘关系削弱血缘关系和地缘关系，但是，在具体操作过程中，业缘关系又仿佛强化血缘关系和地缘关系，因为中国村落家族成员得到工作机会不是那么容易，需要通过血缘关系以及其他关系获得机会，业缘关系通过血缘关系和地缘关系结合起来，“业缘关系暂时地又会表现为对血缘关系和地缘关系的强化。因此，在业缘关系的发展中，是这样一种逻辑在发生作用：纯血缘关系→半血缘半业缘关系→纯业缘关系。有的时候半血缘半业缘关系可能有更多的消极因素，但这又是从纯血缘关系向纯业缘关系转变必须经过的环节”，“在短时期内，业缘关系往往通过血缘关系和地缘关系联结，这会导致这两层关系的强化，但长远地观之，业缘关系是业缘关系的否定力量。”[6]

中国伶人家族的业缘和血缘关系似乎并不如此。正是因为业缘关系，如同前所论述的“技同相习，道同相得，相习则相亲焉，相得则相恤焉”，强化了血缘关系和地缘关系，加上中国伶人“内群婚姻”的制度，业缘关系不是暂时地“表现为对血缘关系和地缘关系的强化”，在很长的历史时期之内，它一直发挥着作用。业缘和血缘相互关系的发展中，存在着一种如此的逻辑：纯业缘关系→半血缘半业缘关系→纯血缘关系。从开始完全是一种业缘关系，由于这种业缘关系发展成为出现血缘关系，体现为一种半血缘半业缘关系，到最后是纯血缘关系，形成为一种家族戏班。这种中国伶人业缘和血缘之间的关系延续了几千年，甚至已经成为一种伶业民俗，因此，在“乐户”制度被取缔以后，伶人业缘和血缘的关系仍然较为显著地存在着，业缘关系仍然是血缘关系的一个主要通道。

具体而言，这种伶人业缘关系体现为一种相同的职业性质、职业内容以及社会等级，容易产生一种共鸣以及共同语言，自然也就容易发展成为婚姻关系。中国社会存在着一种等级婚姻的观念，所谓“门当户对”，形成了一种封闭式的婚姻圈。以地主阶级而言，他们的不同阶层各自具有排他性质的婚姻集团，魏晋隋唐时期的山东七姓十家头等富绅家族，乃是“相为婚姻，它族不得预”[7]。平民社会也是如此，大多有固定的通婚对象，它的范围一般也为同一社会等级。中国伶人由于“乐户”婚姻隔离制度，业缘和姻缘天然地结合在一起，但是，在废除“乐户”制度以后，婚姻约束已经相对宽松，伶人仍然习惯在业内通婚，恐怕也必然有相同的职业性质和社会等级关系，业缘关系使伶人之间在婚姻方面容易相互适应。例如潘光旦在《中国伶人血缘之研究》一书中所绘的萧长华家族的血缘网图。(见表6.1)

萧长华家族已经是近现代伶业家族，但是，通婚关系仍然以伶界为主。萧长华的两个女儿都是嫁给唐成宗、刘顺宝等两个文场面之子，其中刘顺宝之子刘富溪也是文场面，萧长华的兄弟萧长荣的女婿殷连瑞也是一位武生。此表制作于 20 世纪 30 年代，由于制作者资料的限制以及当时调查的困难，一些家族成员情况“不详”，估计实际的家族情形可能会有更多的伶人成员。从萧、唐、刘、冯四个从伶家族联姻来看，由于相同的职业性质和内容，在同业里通婚在近现代仍然较为普遍。

表 6.1 萧长华家族血缘网

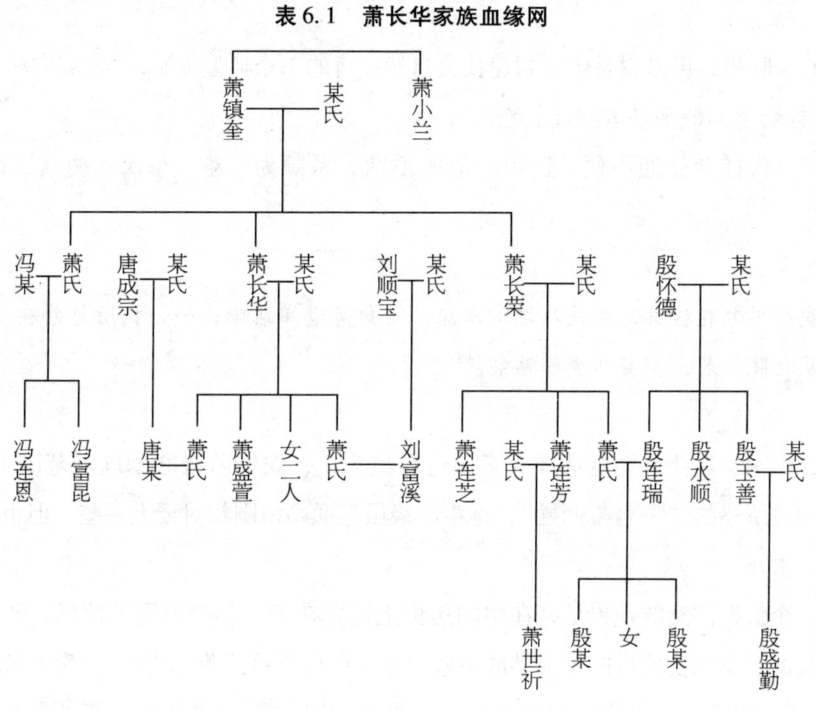

除了相同的职业性质和社会等级关系，同业之间接触频繁，相互之间人际较为熟悉，可谓知根知底，不会存在一种了解距离，也是增加婚姻关系和血缘关系的一个原因。中国民间即有流行“嫁娶先近邻”的习俗，白居易在《朱陈村诗》中所描写的徐州丰县的朱陈村，即为如此情形：

> 一村唯两姓，世世为婚姻。
>
> ……
>
> 生者不远别，嫁娶先近邻。[8]

应该说，它与中国古代社会的经济性质存在着密切联系。中国封建经济乃是一种小农经济，自给自足，与社会不必发生太大的关系，相互之间来往较少。白居易在《朱陈村诗》

中又云：

> 县远官事少，山村人俗淳。
> 有财不行商，有丁不入军。
> 家家守村业，头白不出门。
> 生为陈村民，死为陈村尘。

如此的朱陈村，可以说是中国封建社会自然经济的一个典型缩影，“家家守村业，头白不出门”，社会之间似乎基本相互隔绝。

另外，古代社会交通不便，远距离形成婚姻关系颇为困难。东汉张衡《四愁诗》感叹道：

> 我所思兮在桂林，欲往从之湘水深，侧身南望涕沾襟；……我所思兮在汉阳，欲往从之陇坂长，侧身西望涕沾裳。[9]

由此，中国封建社会婚姻选择大多以近距离为主，农民阶级联姻地域范围十分狭窄，甚至产生如前所述的“一村唯两姓”，地主阶级虽然通婚范围相对要大一些，但也大多不会超出本县、本州。

还有一个值得注意的现象是，在中国历史上还存在着一种中表通婚情形，即同姑母的子女、舅父的子女以及姨母的子女结成亲戚关系。唐代李百药曾有诗曰：“秦晋称旧匹，潘杨有世亲”[10]，“秦晋”乃指春秋时期秦、晋两国世代联姻，“潘杨”则指两晋时期潘、杨两家累世通婚，说明中表成亲颇为普遍。宋代“姑舅之子为昏”，“公私皆已通行”，[11]“交朋之分，重以世姻”，[12]故而“姑舅兄弟通婚甚多”。[13]宋代袁采在《袁氏世范·因亲结亲尤当尽礼》中，曾经公开提倡：“人之议亲多要因亲及亲，以示不相忘，此最风俗好处。”“至于广大农村，俨然是一片自给自足的自然经济的汪洋大海，‘世婚’之风尤其盛行。”[14]前面论及的白居易在《朱陈村诗》中所描写的徐州丰县的朱陈村，也是“一村唯两姓，世世为婚姻”。因此，在中表通婚中，出现了“姑母做婆”、“姨母做婆”、“舅母做婆”的几种表现形式。

对于中国伶人来说，也会是“嫁娶先近邻”，在相知相熟的同业之内，形成了一个婚姻圈，而且，互为婚姻，一圈套着一圈。随着时间发展，这种婚姻关系历代相沿，又是一层套着一层，形成了广度和深度无限扩展的伶人婚姻家族圈子。

颇有趣味的是，西方伶人也存在如此“物以类聚”的婚姻关系，英国学者戈尔登在

《遗传的人才》一书中，曾经提到“伶人之间的婚姻与血缘关系是很密切的”。[15]美国学者摩西士的著作《美国的优伶世家》，论述了美国十个优伶世家，也涉及到了伶人通婚现象，例如巴瑞摩和达文包两家，同娶于名为朗金（Rankin）的伶人世家，朗金的两个姐妹也都是伶人。从摩西士著作的血缘图谱中，说明了伶人与伶人之间结婚的频数颇高，应该说，也是符合优生学者提出的“类聚配偶律”（Law of Assortative Mating）。

中国伶人既有外力的强制婚姻隔离政策，又有内生的联姻条件，“伶人和外行缔婚的频数虽一时无法查考，但我们知道同业之间的婚配确乎是来得容易，而同一种脚色之间的联姻，尤其是来得爽快”，[16]因此，伶人由于业缘关系形成了非常普遍的姻缘关系和血缘关系，而且，互为套层，构成了一种环环相扣和不断扩展的泛家族化局面。

潘光旦论述道：

> “方以类聚，物以群分”原是生物界的一大原则。此种原则行使的结果叫做“隔离”（Segregrtion）。有地域上的隔离，即物种之间，因距离太远或有水陆的障碍，彼此不能交通；有生理上的隔离，即物种之间，根本因为结构上的不同，不能有孳乳的行为；有心理上的隔离，即物种之间或有一种的各派之间，有一种歧视或自己居奇的心理，不愿意和别种或别派发生太密切的接触，而配偶的关系，尤所禁忌。记得《南史·王元规传》里有三句话：“姻不失亲，古人所重，岂得辄婚非类”，就完全可以代表这一层意思。伶人与伶人之间，因为兴趣、职业和共同利害的关系，原有比较强烈的“类聚”与心理方面“隔离”的倾向。这种倾向，又因为社会的歧视、侮弄，以至于作践，不免愈益增加他的强烈的程度。……他要结交朋友，选择配偶，便一天不能跳出同业的范围。这样一来，一个以票友开始的个人往往终于会造成一个三四代专以优伶为业的家系，而家系与家系之间，复因彼此互为婚配的关系，可以造成一个庞大的集团，一个千头万绪、循环往复的“血缘网”。[17]

从入伶开始，由于业缘关系发展成为一种姻缘和血缘关系，“造成一个三四代专以优伶为业的家系”，又因为是“彼此互为婚配”，所以，“造成一个庞大的集团，一个千头万绪、循环往复的‘血缘网’”，乃是形成中国伶人阶级泛家族化的内在发展逻辑。

费孝通在《乡土中国》一书中，提出一个“差序格局”的概念。这种“差序格局”，指的是社会乃是由无数私人关系搭成的网络。这个网络颇类似蜘蛛网，它有一个中心，即是自己。以“己”作为中心，如同石子一般投掷水中，与他人联系结成的社会关系，就像水的波纹一般，一圈圈推出去，愈推愈远，也是愈推愈薄，也即愈往外推，关系的紧密程度与信任程度也就愈加稀薄，存在一种递减趋势。由于存在这种“差序格局”，中国家族出现一种泛家族文化的现象。作为一种同质异构现象，这种“差序格局”仍然出现在现代社会里，虽然高度流动和紧张竞争的现代社会，已经进入一种契约社会，但是，人们在意识或者下意识里仍然会迅速复制出一种仿家族和准血缘的人际关系，例如上下级之间以及个人之间的利益加情感的关系模式；执政者或者单位领导的父母官意识；个人对于团体和族群的依赖感以及由此产生的情感体验，也都是将现代社会关系转化为一种泛家族关系，关系处理好了就成为了“家人”，处理不当则就是“外人”，是一种泛家族化的文化心理密码。因此，在现代社会中，人们按照这种泛家族化思维建立起了一张盘根错节的具有类似家族性质的社会关系网络，相互之间关照和体恤，可以说是“一荣俱荣”。

从某种意义而言，在中国国民人格结构中都包含有这种泛家族化的内在编码。但是，中国伶人阶级的泛家族化，与此并不相同，它是一个阶级的泛家族化。普通民众的泛家族化，具有一种不确定性、不稳定性以及脆弱性，尤其是在社会动荡时期，这种泛家族化的分裂和重组更加显著。中国伶人由于“因为兴趣、职业和共同利害的关系，原有比较强烈的‘类聚’与心理方面‘隔离’的倾向。这种倾向，又因为社会的歧视、侮弄，以至于作践，不免愈益增加他的强烈的程度”，其泛家族化的广度和深度都不是普通民众的泛家族化可以比拟的，他们因为无宗而有宗，乃是整个阶级的拟家族化格局，如同前面那位伶人所称的：“某处某人优伶也，某处某人亦优伶也”，是将整体伶人作为一种仿家族和准血缘的关系，故而中国伶人的泛家族化现象，具有一种整体性、稳定性和内生性。它的“差序格局”可以推及更远，递减趋势要比一般普通民众舒缓许多。中国伶人对于这种泛家族化现象产生了一种情感认同和情感满足，所以，前面那位伶人脱口说出“我优伶也”，而且，“言竟自得之色浮于面”。

第三节　地缘、辈分排名和类祠堂

中国伶人的泛家族化现象，还有一些具体的表现。清朝中晚期，北京南城即是伶人及其家族居住集中的地区。当时，南城除了饭馆多、苑囿多，而且，“堂子”多、戏园多。李大翀为张次溪的著作《燕都名伶录》所作的“序”中写道：

至清康、乾间，京师始建戏馆，太平园、四宜园、查家楼、月明楼、方壶斋、蓬莱轩，则其最著者焉。是皆见于历史载籍，斑斑可考。[18]

周明泰的《〈都门纪略〉中的戏曲史料》一文，对于《〈都门纪略〉中之戏园》作了详细统计，道光二十五年（1845）和同治三年（1864）北京知名的戏园共计有十九个，其中内城三个，为万兴园、景春园、泰华园，内城之外四个，为阜成园、德胜园、芳草园、隆和园，南城十二个，为庆顺园、庆春园、广德园、庆和园、同乐园、庆乐园、三庆园、中和园、广和园、裕兴园、天乐园。可以说，当时北京的大戏园都集中在南城，具体而言，是在大栅栏、鲜鱼口附近。

戏园多，“堂子”也就多。因为看客观剧结束以后，如果为了一种猎奇心理，很想看看卸妆后的伶人便装形象，还可以顺便到伶人住处消遣，即所谓的“打茶围”、“逛堂子”，所以，戏园和“堂子”的距离一般不会太远。另一方面，戏园在“堂子”的附近地区，也是为了方便伶人到戏园的演出，往返不至于耽误太多的时间。因此，南城地区的“堂子”颇多。清人华胥大夫在《金台残泪记》中描述了道光八年大栅栏西南一带的“堂子”盛况：

> 王桂官居粉坊街，又居果子巷。陈银官尝居东草场。魏婉卿尝居西珠市。今则尽在樱桃斜街、胭脂胡同、玉皇庙、韩家谭、石头胡同、猪毛胡同、李铁拐斜街、李纱帽胡同、皈子庙、陕西巷、北顺胡同、广福斜街。每当华月照天，银筝拥夜、家有愁春，巷无闲火，门外青骢呜咽，正城头画角将阑矣。尝有倦客，侵客经过此地，但闻莺千燕万，学语东风，不觉泪随清歌并落。嗟乎！是亦消魂之桥，迷香之洞邪？[19]

蕊珠旧史的《京尘杂录》四部笔记，也记载了嘉庆末年到道光末年的知名“堂子”四十八个，它们分布在十八条街上。具体而言，韩家谭八个、李铁拐斜街六个、石头胡同六个、朱家胡同四个、臧家桥三个、陕西巷三个、小李纱帽胡同三个、百顺胡同二个、燕家胡同二个，其他樱桃斜街、五道庙、大外廊营、小安南营、椿树胡同、羊毛胡同、东皮条营、朱毛胡同、春家胡同各为一个，另外二个地址不详。这十八条胡同，也就是后来著名的京华“八大胡同”一带。

到了20世纪二三十年代，南城仍然是伶人集中居住地区。例如百顺胡同居住着陈德霖，大外廊营居住着谭鑫培，笤帚胡同居住着杨小楼、九阵风，大马神庙居住着王瑶卿、王凤卿，东街居住着徐兰沅、姜妙香，椿树上头条居住着余叔岩，李铁拐斜街居住着梅兰芳，潘家河沿居住着金少山，大吉巷居住着李万春、李庆春，永光寺西街居住着王又宸，椿树下二条居住着尚小云，西草厂居住着筱翠花、萧长华，校场小七条居住着言菊朋，山西街居住着荀慧生，红线胡同居住着杨宝森，豆腐巷居住着马连良，海柏胡同居住着叶盛兰。[20]

这些伶人集中在一个区域居住和演出，它的成因情况，幺书仪在《晚清戏曲的变革》一书中认为，乃是因为当年徽班进京的时候，落脚的地方即为此地。蕊珠旧史的《梦华琐簿》称：“乐部各有总寓，俗称‘大下处’。春台寓百顺胡同，三庆寓韩家谭，四喜寓陕西巷，和春寓李铁拐斜街，嵩祝寓石头胡同。”[21]此等“大下处”，如同剧团的团址。后来，伶人选择自己下处的时候，也就考虑与“大下处”距离较近的地方，这样可以便于与“大下处”联系。后来，如此的伶人下处越来越多，伶人的居住地也就越来越集中了。[22]

这种情形颇像一个村落，先是来了一户人家，在此开创家业，属于原始移民性质，后来不断地有其他人家加入进来，而且，“一村唯两姓，世世为婚姻”，互为婚姻关系，形成一种村落家族关系。费孝通称道：“地域上的靠近可以说是血缘上亲疏的一种反映。……血缘和地缘的合一是社区的原始状态。”[23]虽然说共同区域只是村落家族的一种地理基础，或者说是物理外壳，村落家族的核心部位仍然是以血缘为基础的宗亲关系，如果没有血缘关系，尽管拥有共同地域，仍然不能形成村落家族，但是，没有共同地域，也就没有中国村落家族。应该说，一定规模的血缘关系网络，是在能够提供一定的物质资料或者生活资料的地域上发展起来的，如果没有这种地域条件，村落家族文化也就难以形成。

中国伶人居住地域集中，也是先来部分伶人，然后，这一地域能够提高相应的物质资料或者生活资料，例如北京南城地区，“以大栅栏为中心的‘南城’能有这么多的戏院共存并非没有理由，这与它是明清以来文人、商人出没的地界而成为北平的销金窟有关。这一带与戏院错杂共生的有诸多的旅馆、会馆、饭店，各种商号、澡堂子、伶人居处和八大胡同……全国各地到北平来做生意的人，大都会住在南城大栅栏一带，享受那里的方便舒适，满足声色之娱；在八大胡同‘打茶围’的时候谈生意，成功率也极高。”[24]正是这种“销金窟”的地域，伶人才逐渐地聚集起来，形成一种伶人“村落”，也构成了一种业缘、血缘和地缘的“千头万绪、循环往复”的关系。由于文化观念和现实血缘的社会与自我的认同，这种伶人居住地域也就如同一个村落一样，虽然不是“一村唯两姓”，但也大多是“世世为婚姻”，也形成了一种泛家族化的现象。

中国传统家族对于父系家族成员，有着行辈排名民俗。最为典型的是孔氏家族，自孔子以降，至孔德成止，已经传衍七十七代，经历两千五百多年，但是，却是行辈有序，支派不乱，这与孔子家族行辈排名也有一定的关系。孔氏家族有着极为严格和完善的宗支、谱系、继嗣、族规等家族管理体系。孔氏族谱的行辈排名，乃是按照皇帝钦赐的字序。朱元璋赐十个字命名行辈，即希言公彦承，弘闻贞尚胤，乾隆皇帝加赐二十个字，即兴毓传继广，昭宪庆繁祥，令德维垂祐，钦绍念显扬。1920年，北洋政府又根据当时衍圣公孔令贻要求，申批补家二十个字：建道敦安定，懋修肇彝常，裕文焕景瑞，永锡世绪昌。孔氏家族对于行辈排名要求非常严格，规定“不循世次，随意妄呼者，概不准入谱”[25]。

中国伶人虽被传统家族驱逐，但是，如同前述周信芳之父周慰堂被族人公议逐出祠堂以后，仍然按照家族的辈分排名为儿子命名，伶人仍然无法摆脱传统家族的“世次”观念，因此，在科班组织中，也采用行辈排名的方法。在手把徒弟时，已经流行新学徒入科时，都要按照固定的一个字命名，例如梅巧玲景和堂的徒弟，均以“云”字命名，有余紫云、孙福云、张瑞云等，徐小香岫云堂，也以“云”字命名，有董度云、陈五云、郑多云、李亦云，加上他的儿子徐如云，合称“五云”。后来，科班也按照这种方法命名，只是每一届规定的“字”不同，这个“字”也就成为学生年级的标志，而且，学生出科以后一般也就很少改变。李洪春在《京剧长谈·长春科班》中写道：

> 那时谁入科班得另起个名字。我们科班是“长春”，所以就以“春”字作中间的字。而底字按福、禄、喜、平、安、如、意、吉、志、全、才十二个字排名字。我被叫做李春才。……那时候取名字是靠“祖师爷”赐给的；就是在一个筒子内备有许多写好的名字条，比如“春福”、“春才”等，你抽到什么就是什么。不管你的行当、身材合适不合适。抽到之后，在科内一律不许更改，因为这是祖师爷给起的。比如陈春霞，听名字是唱旦角的，可却是个身材魁梧的大花脸！这种令人啼笑皆非的名字一生不能更改的，特殊的也有，但很少。[26]

叶龙章在《喜（富）连成科班的始末》一文中，对于喜（富）连成八科的行辈排名有着详细的记录。第一科是“喜”字，有雷喜福、武喜贞（别名云中风）、赵喜奎等；第二科是“连”字，有高连甲、马连昆、赵连城、骆连翔、马连良等；第三科是“富”字，有沈富贵、邱富棠、耿富斌、杨富茂等；第四科是“盛”字，第五科是“世”字，第六科是“元”字，第七科是“韵”字，第八科是“庆”字。[27]这种行辈排名，就是在颇有些现代教育精神的中华戏曲专科学校也是如此。本来校长焦菊隐开始是不同意排字起名的，后来他觉得排字起名可以区别入学先后和男女性别，就根据每个学生的行当及其特点，为每个学生取好名字，然后，在召开的大会上发给学生一个红包，里面有一块糕点和为他取好的名字。

应该说，传统家族的行辈排名乃是一种确定辈分关系的符号，它里面包含着一种家族秩序以及异构同质的国家政治秩序。一般来说，行辈排名是在名字的第二个字，将它作为辈分的象征，第三个字由各个家庭自由处置，可以作为家庭的标识。第二个字确定以后，同一家族的人即可区分对方辈分，然后也就可以决定自己对于对方的态度。这种姓名系统是中国古代维持和标志家族秩序甚至国家政治秩序的重要环节，因为古代的秩序是通过人伦关系作为主要的通道建立起来的，人伦关系不仅表现在人的意识中，而且，还通过姓名的外观形态体现出来，人的姓名已经规范了一个人在家族秩序中的身份和地位。

中国伶人组织也采用行辈排名的方法，虽然也可能是如同焦菊隐所认为的为了辨认年级和性别，甚至可能作为一种集体形象在戏曲市场竞争中亮相，扩大知名度和美誉度，但是，在伶人的意识和潜意识中还是属于一种情不自禁地复制出仿家族和准血缘的关系，它也是与传统家族行辈排名异构同质的，同一“字”辈的伶人如同兄弟，前后“字”辈的伶人犹如长幼，也形成了一种泛家族化的架构。

许多学者在论述中国国民人格时，都提到了中国人的“祠堂”情结。应该说，祠堂不仅仅是一个物质载体，即祭祀先人和家族议事的场所，它更是一种精神力量，或者说是崇拜和信仰，从某种意义来说，它是一种家族图腾。家族通过祠堂以及各种祠堂活动，宣扬和教化家族的伦理道德，要求家族成员忠君爱国、敬老爱幼，并由此强化家族内部的凝聚力和向心力，使家族能够绵延不断，祠堂也就逐渐地人格化和神圣化，成为一种文化象征，具有了一种道德震撼力和威慑力。人们对于家族的具体态度，也就通过对于祠堂的态度表现出来，祠堂成为家族的组织机构和代称。杨经建在《家族文化与20世纪中国家族文学的母题形态》一书中写道：

> 人类学研究已证实，重返母体或子宫（“子宫”的英文Womb又可译为“发源地”）回归永恒的观念在人类宗教意识发展中起着十分重要的作用，艾利亚德在《生与再生》一书中系统地研究了这种观念如何从原始部落的启蒙仪式发展到基督教的神秘信念，耶稣死而复生的信仰只不过是以人为宗教的形式重复着远古社会启蒙仪式所具有的回归子宫的主题。……重返母体或子宫回归永恒的主题在人类宗教和仪式行为中的重要性和持久性必然在文明人类的精神世界中留下难以磨灭的印记。……在孩子生命具有决定意义的最初几年，他感到母亲是其生命的源泉，是一种无所不包的生命力量。当他长大成人后，他不得不离开母亲的抚育和庇护。然而，在成人的无意识深处，对母体乐园曾给予的生命和安全的追忆化为深切的渴望。一旦现实的创伤或挫折冲破了意识的外壳，这种重返子宫回归母体乐园的渴望便显露出来。[28]

中国国民对于家族代称的祠堂，也似乎有着这种“重返母体或子宫”的内心情感，而且，也具有一种“重要性和持久性”，感觉到“是其生命的源泉，是一种无所不包的生命力量”，因此，前所论及的周信芳父亲周慰堂在被家族驱逐之后，等到周信芳已趋而立之年，即自己出全资建造了一座周氏祠堂“全恩堂”，并立有《重修全恩堂碑记》。因为对于周慰堂这种曾经饱受家族除籍创伤的伶人来说，对于祠堂的感受更加深刻，故而“一旦现实的创伤或挫折冲破了意识的外壳，这种重返子宫回归母体乐园的渴望便显露出来”，他倒不是因为在社会上遭遇创伤，渴望“重返子宫回归母体”抚慰，而是遭受祠堂伤害，所以，他要建造一座祠堂，以证实自己对于祠堂的一种“渴望”。

因此，中国伶人虽然“生时不能入宗祠，死后不能进祖坟”，但是，却会创造一种同样属于异构同质的组织形式或者民俗形式，达到一种敬奉祖先的功能。例如清代时期，“戏园中每开戏之前，须先在祖师爷龛前烧香，方许开戏。但此香须生行或净行烧之，他行不许。盖因旦脚丑脚不庄重也。”[29]这里，虽然没有祠堂，仪式却颇有些类似祠堂活动，显得非常庄重。“旦脚丑脚”，前者视如女人，后者也是被当做地位低下者，因此，没有资格给“祖师爷龛前烧香”，生行多为扮演贤相、忠臣、儒将等正直和善良的角色，净行也多为扮演男性性格刚强之人，故由他们“烧之”，说明伶人祭祀“祖师爷”的仪式形态，与一般民间祠堂祭祀活动并无多大区别，只是显得简略一些而已。可以说，伶人祭祀“祖师爷”的活动，也体现了一种男性中心的社会规则。

需要说明的是，伶人祭祀“祖师爷”是全体伶人共同行为，“开戏之前，须先在祖师爷龛前烧香，方许开戏”，已经成为一种伶业民俗形态，由于中国伶人业缘、血缘和地缘的关系，也成为了伶人泛家族化的一种祭祀行为。只是中国伶人的“祖师爷”是何方神圣，似乎说法不一，几种说法分别是唐明皇、后唐庄宗、翼宿星君、二郎神，还有耿梦、田都元帅。其实，这些“祖师爷”无非是为了提高伶业地位，以示来路光明正大，使卑贱之伶人身份能够通过“祖师爷”的社会影响力量能够有所改善，这和传统家族附会伟大远祖，也是同样一种人格心理，都是借“祖”抬高家族或者泛家族的职业的社会地位。

伶人还有九皇会、戏子会等祭祀“祖师爷”的活动。关于九皇会，乃是祭祀“九皇斗姥元君”，王瑶卿在《我的戏剧生活》中描述道：“每年九月初一至初九，各班全都吃‘九皇斋’、念‘九皇经’，由艺人着老道装念经。到了初九，各班艺人‘送架’，用纸扎成九猪辇，焚了。”[30]张次溪的《燕归来簃随笔·九皇会》、叶盛长的《梨园一叶》也有详细记录。伶人“着老道装念经”，长达九日，也是通过此等方法将整个梨园界行动统一起来，以示伶业乃是一个统一而又组织的整体，也可以说是一种泛家族化的整体。戏子会则是在每年三月十八日举行，活动有三，一是祭祀“祖师爷”，或在公寓祭祀，或没有公寓，则共同在约定的饭庄举行，届时从戏园将“祖师爷”抬至饭庄，路途唢呐、单皮和大钹齐奏，到达饭庄以后，全体戏班成员必须前来烧香，礼毕用餐以后，将“祖师爷”送回戏园，一路也是颇为壮观；二是此日为“官工”日期，也即“假日”，禁止全体伶人演唱；三是“说官话”之日，即此日伶人确定搭班情况，是搭原班还是转为新班，包银照旧还是增薪。商定以后，在“祖师爷”面前焚香为定。“因是在祖师面前所定，大家皆须履行，虽无契约文字，比平时有契约文字更严肃，更不许违犯。如谁背之，即或至精忠庙、内务府，亦不得褊护”，“总之，此为伶界表示团结、信用及班社改组落定之日。”[31] 这些伶人祭祖行为，是将伶人作为一个整体，也从一个角度反映了中国伶人由于特殊的职业情境而形成的泛家族化现象。

这里提到的“精忠庙”，景孤血在《精忠庙首琐谈》中称道：

> 精忠庙首，实际是晚清北京戏曲艺人的同人组织梨园行会会首的别称，因梨园行会设在精忠庙内而得名。庙首由戏曲界公推德高望重、技艺精深而又热心公益、能为同业排难解纷之人担任。[32]

精忠庙建立于明朝，清初“梨园行会”设立于此。这个“梨园行会”作为一个伶业公会，是为全体伶人谋福利的。它的庙首是“公推”产生，还要向管理精忠庙事务堂郎中呈请批准，方才可以上任。关于精忠庙的具体职能以及管理方法，光绪四年十二月的一份谕示颇有详细记载，“赏带花翎二品顶戴管理精忠庙事务内务府坐办堂郎中锡为出示晓谕事：现据精忠庙庙首程椿（即程长庚）等禀称，该庙首程椿年近七旬，遇有传办事件，恐难兼顾承应”，选出徐小香和杨月楼作为新庙首，其理由是“老成谙练，堪以帮办庙首”，得到批准以后，“嗣后遇有传办及讲庙事件，即着会同程椿、刘宝山（即刘赶三）妥协办理”，“为此晓谕北京梨园人等一体遵照。倘有不法情事，即惟该庙首是问，毋谓言之不预也。谨之慎之，毋违。”[33] 在此，“传办”是指上边指派差务，“讲庙”则是指研究伶业内部事务，这两项“事件”应该是精忠庙的主要职能。“传办”而言，曾有谕示如下：

> 管理精忠庙事务衙门为严行晓谕事：现届国服期满，查梨园演戏，润色太平，自应按照定章，于三月初五日后、初六日起，准其照常演唱。其应行禁止各腔及淫靡之词，仍照常禁止，并不准私行立班演唱。如敢故违，即行究治。为此晓谕精忠庙庙首及各戏班并开设园馆人等知悉，各宜凛遵勿违。特示。[34]

由此谕示可知，“梨园行会”、戏班、戏园都由“管理精忠庙事务衙门”统一管辖。当时，清朝内务府准备设立教坊司之后的机构，为了与“梨园行会”一起办事方便，也就选择了精忠庙这一地方，称为“管理精忠庙事务衙门”。光绪中叶，“梨园行会”曾经一度改设在前门外惠济祠之内。

“讲庙事件”，也即处理伶业内部事务。周明泰《道咸以来梨园系年小录》有记：

> 同治六年，丁卯。

丑行刘赶三私自三月十七十八两日，应地安门内黄花门东口路北内务府堂郎中马子修名嵩林宅，无名班堂会两日。被庙首张子久、王兰凤、程长庚、徐小香等查知，将赶三赶出梨园，注销保身堂名号。后经其徒张福官（张采林、宝昆之父）、王顺福（梅兰芳之妻父），托求马子修谕庙首等科罚赶三不应为而为"银五百两"，重修大市街精忠庙旗杆二座。刻有上下款："同治岁次丁卯夏季，津门弟子刘宝山敬献重修。"[35]

此为三月十八日，乃是"官工"日期，禁止伶人从事演唱活动，刘赶三身为庙首之一，"不应为而为"，故精忠庙"将赶三赶出梨园，注销保身堂名号"，后改为"科罚"才罢。因此，精忠庙具有严格的业规。张次溪《燕都名伶传·时小福传》称道：

先是梨园有四大会首，会首者内务府堂所派以掌梨园者，在精忠庙设公桌。会首上座，傍则诸管事及场面等。梨园子弟有不遵会规经众议决革籍则终身不得演剧，是以四大庙首非德望隆重不足以服重，彼时庙首为程长庚、俞润仙、谭鑫培及君也。又北京梨园子弟每组新班，须先将班名拟妥送内务府堂郎中处审核，俟准后始能出演。往往经年累月，不易揭晓，是以又须庙首至府恳托。光绪间新班层出，得君之力为多。盖君性好事使然也。[36]

此段文字，对于精忠庙的"讲庙事件"，描述颇为细致，也提到庙首的声望条件。

祠堂作为家族的组织机构及其代称，设有族长及其其他管理人员，他们的主要职责，一是负责家谱的编纂，确认家族成员的族籍；二是制定家族规约，作为处理家族内部事务的准则；三是管理家族的公有财产，作为祭祀和赡族之用；四是部分祠堂还设有族学，也要进行管理。有些地区家族制度不甚完备，只是设立族老制，或者称为"清明会"，由德高望重或者家产丰厚者出任族长。还有一些地区管理机构不太健全，许多家族事务无人管理，也设有"宗约会"，作为调节族内矛盾以及自我教育的机构。

从此意义而论，精忠庙也颇有些类似家族祠堂，如前所述，精忠庙的"讲庙事件"，同样制订规约，"梨园子弟有不遵会规经众议决革籍则终身不得演剧"，刘赶三"官日""不应为而为"受罚，即使作为庙首也不例外，而且，开始是"赶出梨园，注销保身堂名号"之重罚。精忠庙也处理伶业内部事务，"北京梨园子弟每组新班，须先将班名拟妥送内务府堂郎中处审核，俟准后始能出演。往往经年累月，不易揭晓，是以又须庙首至府恳托"。精忠庙庙首如同族长一样，也多是"由戏曲界公推德高望重、技艺精深而又热心公益、能为同业排难解纷之人担任。"清代时期，祠堂族长制、族老制都是一种宗法性质，他对外可以代表家族与官方或者社区其他群体进行交涉和往来，精忠庙庙首虽不具有宗法性质，但是，他们也是“内务府堂所派以掌梨园者”，故而他们也是代表梨园与官方交往，承担“传办及讲庙事件”。由此，精忠庙在某种程度上也就家族祠堂化了，甚至可以说是颇有一些与家族祠堂异构同质，从而也从另外一个角度使伶人产生泛家族化现象。

尤其需要注意的是，明末清初以来联宗修谱现象较多出现，它的范围已经超出本乡、本县甚至本省，而且，对家族的血缘关系开始淡化。例如19世纪台湾地区的“丁仔会”，即是同姓而不一定同宗人群的融合家族，均由男性个人名义人股，已经不再局限血缘关系，按同姓的关系联合。20世纪前期有“敦宗会”或“同宗会”，虽然名义上因为相同血缘关系而立会，但是，实际上也只是同姓人群的关系。家族是男性血缘传承关系，它一直坚持纯粹性和制度性，反对异姓论宗，但是，“联宗修谱、丁仔会、以县为范围的同宗会、跨地区和国别的宗亲会，只注意于同姓而不留意于同宗，反映出家族血缘关系的松弛”，“它不讲究血缘原则，只要是同姓成年人即可吸收，颇具俱乐部性质。近年大陆有些姓氏的成员受其影响组织跨地域的宗亲会，并同新加坡及中国台湾、香港地区的宗亲会举办联谊活动，也有一些家族进行跨地域的联宗修谱。这类家族形态的变化途径可以简化成这样的公式：祠堂（含宗约会）——联宗（含丁仔会）——同宗会——宗亲会。”[37]从这个角度而言，这种“家族血缘关系的松弛”，它“只注意于同姓而不留意于同宗”，也可以说是泛家族化了，甚至是“颇具俱乐部性质”，那么，在精忠庙执掌之下的伶人阶级，同样也是具有一种泛家族化的特征。

【注释】

1. 潘光旦．潘光旦文集（2）．北京：北京大学出版社，1994. 87页．

2. 孙崇涛、徐宏图．戏曲优伶史．北京：文化艺术出版社，1995. 69页．

3. 刘平青．家族基因：家族企业生命力解读．太原：山西经济出版社，2005. 57页．

4. 丁秉鐩．菊坛旧闻录．北京：中国戏剧出版社，1995. 306页．

5. 潘光旦．过渡中的家庭制度（上）．华年，5（33）．

6. 王沪宁．中国村落家族文化——对中国社会现代化的一项探索．上海：上海人民出版社，1999. 176页．

7. 韩琦．录夫人崔氏事迹与崔殿丞请为行状．见安阳集（46）．影印文渊阁四库全书本．

8. 白居易．朱陈村诗．见白氏长庆集（10）．四部丛刊本．

9. 萧统．杂诗．见文选（29）．四部丛刊本．

10. 彭定求、曹寅．李百药·戏赠潘徐城门迎两新妇．见全唐诗（43）．点校本．北京：中华书局，1960.

11. 黎靖德．礼六．见朱子语类（89）．点校本．北京：中华书局，1986.

12. 苏轼．与迈求婚启．见苏轼文集（47）．点校本．北京：中华书局，1986.
13. 洪迈．杨三娘子．见夷坚志．补卷十．点校本．北京：中华书局，1981.
14. 张邦炜．宋代婚姻家族史论．北京：人民出版社，2003. 96 页．
15. 潘光旦．潘光旦文集（2）．北京：北京大学出版社，1994. 120 页．
16. 潘光旦．潘光旦文集（2）．北京：北京大学出版社，1994. 260 页．
17. 潘光旦．潘光旦文集（2）．北京：北京大学出版社，1994. 158 页．
18. 张次溪．燕都名伶录．见清代燕都梨园史料（上册）．北京：中国戏剧出版社，1988. 1186 页．
19. 华胥大夫．金台残泪记．见清代燕都梨园史料（上册）．北京：中国戏剧出版社，1988. 250 页．
20. 幺书仪．晚清戏曲的变革．北京：人民文学出版社，2006. 377 页．
21. 蕊珠旧史．梦华琐簿．见清代燕都梨园史料（上册）．北京：中国戏剧出版社，1988. 365 页．
22. 幺书仪．晚清戏曲的变革．北京：人民文学出版社，2006. 374 页．
23. 费孝通．乡土中国．北京：三联书店，1985. 72 页、73 页．
24. 幺书仪．晚清戏曲的变革．北京：人民文学出版社，2006. 379 页．
25. 李鹏程、王厚香．天下第一家——孔子家族的历史变迁．北京：经济日报出版社，2004. 252 页．
26. 张发颖．中国戏班史．北京：学苑出版社，2004. 386 页．
27. 北京市政协文史委员会．京剧谈往录．北京：北京出版社，1985. 43 页．
28. 杨经建．家族文化与 20 世纪中国家族文学的母题形态．长沙：岳麓书社，2005. 146 页、147 页．
29. 齐如山．戏班．见齐如山全集（1）．台北：重光文艺出版社．35 页．
30. 张发颖．中国戏班史．北京：学苑出版社，2004. 369 页．
31. 张发颖．中国戏班史．北京：学苑出版社，2004. 370 页．
32. 景孤血．精忠庙首琐谈．见北京市政协文史委员会．京剧谈往录．北京：北京出版社，1985. 524 页．
33. 北京市政协文史委员会．京剧谈往录．北京：北京出版社，1985. 516 页、517 页．
34. 北京市政协文史委员会．京剧谈往录．北京：北京出版社，1985. 517 页．
35. 张发颖．中国戏班史．北京：学苑出版社，2004. 370 页．
36. 张发颖．中国戏班史．北京：学苑出版社，2004. 365 页．
37. 冯尔康．18 世纪以来中国家族的现代转向．上海：上海人民出版社，2005. 10 页．

第二编　伶人家族的社会和业界认同

第七章　近代社会转型时期的伶人家族

第一节　家族伦理思想的“重新估计”

到了近代社会转型时期，中国伶人家族也发生了一些变化。如同前述，雍正初年废除“乐户”制度以后，中国伶人及其家族在法律意义上已经“改贱为良”，能够编户齐民，与普通臣民具有了同等资格。虽然由于废除“乐户”制度的功利性质，它乃是属于一种缓解社会矛盾以及加大伶业对于国家财政收入的贡献而采取的帝王政治策略，它对于中国伶人的“翻身”意义只能是局部性的或者说是阶段性的，但是，需要肯定的是，明末清初以来中国社会开始进入近代转型，传统家族伦理体系也随之发生了嬗变，伶人及其家族的社会处境确实已经有所改变。

明代中叶，中国社会经济开始出现资本主义萌芽。从嘉靖至崇祯年间，江南一些地区冶铁、纺织等手工业已经有了较细的社会分工，商品经济开始兴盛，货币流通也是明显加快，由此，城市工商业者与手工业工人逐渐扩大，市民阶级开始崛起。一个基本的原理是，经济基础发生变化，上层建筑必然受到冲击。其中一个重要的方面，即是关于家族伦理思想体系的变革。刘海鸥在《从传统到启蒙：中国传统家庭伦理的近代嬗变化》一书中论述道：

> 资本主义萌芽的产生和发展，明显地带来了两性关系和家庭伦理观念的异动和变革。具有“人的发现”和“重新估计一切价值”之鲜明近代特征的早期家庭伦理启蒙思潮也已出现。一场从经济基础开始的静悄悄的革命正在无情地挖掘着数千年宗法专制文化上层建筑和意识形态的根基。家庭伦理的变革，也因此拉开了序幕。[1]

这场“早期家庭伦理启蒙思潮”，颇有点类似西方思想家卡西勒（Ernst Cassirer）所称的"批判的时代"（The Age of Critism）。卡西勒运用这一判断来描述欧洲18世纪资产阶级启蒙运动，并且，认为这种批判的精神乃是启蒙运动最为重要的特点和基础。中国的这场启蒙思潮也是如此，具有一种批判的精神。例如对于"人的发现"，面对封建伦理核心概念的"天理"，中国思想家则是提出"唯情论"。冯梦龙在《情史类略》序中称道：

> 六经皆以情教也。《易》尊夫妇，《诗》有《关雎》，《书》序嫔虞之文，《礼》谨聘奔之别，《春秋》于姬姜之际详然言之，岂非以情始于男女，凡民之所必开者，圣人亦因而导之，俾勿作于凉，于是流注于君臣、父子、兄弟、朋友之间而汪然有余乎！异端之学，欲人鳏以求清静，其究不至无君父不止。情之功效不亦不可已。

李贽在"唯情论"的基础上又提出"任物情"，他在《李氏文集·明灯道古录》中论述道：人们"或欲经世，或欲出世；或欲隐，或欲见；或刚或柔，或可换不可，固皆吾人不齐之物情"，"天下之民，各遂其生，各获其所愿有。"袁枚也肯定情欲的合理性质，他称道："惜玉伶香而不动心者，圣也；惜玉伶香而动心者，人也；不知玉不知香者，禽兽也"，"好色不必讳，不好色尤不必讳。人品之高下，岂在好色与不好色哉?"[2]而且，他公然宣称自己"好味，好色，好葺屋，好游，好友"[3]。

在"两性关系"上对于"人的发现"，也必然触动到对于"家庭伦理观念"的"重新估计一切价值"，例如对于"孝"的质疑。中国传统文化历来崇尚人伦，而孝乃是人伦之本，故而常常将孝作为中华文化的特征与核心。《孝经》云："夫孝，德之本也，教之所由生也。……身体发肤，受之父母，不敢毁伤，孝之始也。立身行道，扬名于后世，以显父母，孝之终也。夫孝，始于事亲，中于事君，终于立身。""夫孝，天之经也，地之义也，民之行也。天地之经，而民是则之。则天之明，因地之利，以顺天下。"[4]它的一个核心内容则为"善事父母"。[5]"善事父母"，无非分为事生和事死。《孝经》称道："孝子之事亲也，居则致其敬，养则致其乐，病则致其忧，丧则致其哀，祭则致其严，五者备矣，然后能事亲。"[6]"孝"是中国传统伦理的元德，对于中国国民性格的形成产生一种根源性与本质性的影响，应该说，对于中国家庭以及家族的稳定以及家庭以及家族的社会救济功能，它的影响无疑是正面的。但是，在中国封建社会发展过程中，由于政权系统对于孝道和孝治的宣传与利用以及中国思想文化观念的使然，所谓敦教化、移风俗，乃是追求一种整体秩序的稳定而较少关心个人的责权，个人的所作所为和所欲所愿只有成为整体秩序的一个环节时才具有意义，个人并不具有目的性，而只是实现整体秩序的一种手段，因此，"孝"也就容易被极端化甚至扭曲化。在许多地方志的人物传中都有"孝友传"或者"孝义传"，其中就有一些关于“孝”的奇节和愚忠的记载。道光《昌化县志》载：

王彦华，以能孝闻。先是，母病笃，刲股和药饮之而愈。无何，父又病将殆，彦华计无所出，亦割股饮之，果疗，然人不觉也。有族叔，无赖子也，殴辱彦华母，邻里左袒五（回）殴，值彦华奔救，而族叔已伤重死矣。竟以活杀讼官，坐抵系府狱，太守李以暑月亲临清囚，见彦华臂二疮痕，诘之，得实，并得救母情，力为申雪，始得释归。[7]

此为清朝县志所载孝事，王彦华虽然杀了人，但是，因为曾经“割股”疗亲，“以能孝闻”，也就“释归”。由此，似乎可以推断出，只要行孝乃是可以不择手段。光绪《吴江县续志》之编纂者辩护道：

割股之事，儒者议之，以为伤生，非孝也。李龄寿曰：人之有身，一毛发无不爱也，蚊蚋攒之，即觉于心而动于体；针锥刺之，虽壮夫亦色骇。及至无可如何，顾引刃以自割，其心知有父母耳，不知有身也，尚何引《诗》、《书》绳礼仪，以自文饰哉？余考前辈诸记载，得如干人，或士人，或农夫，或市人，盖天性之事，虽愚夫妇而或过于士大夫。[8]

但是，当时即有学者认为，“割股之事”乃属愚孝。焦循《愚孝论》云：

李氏之子以亲疾刲股肉至于死，或诮其愚且诋其非，焦子称之，何也？称其愚也，刲股之为愚，不独智者知之，愚者亦知之。余尝与湖荡中绝不知书之人语说及此，皆知刲股愚孝不可为。李氏之子居郡城，素读书，其知之当更过于湖荡中诸无识者，一旦临亲之疾而行之，自若向所知为愚者固忘之，其忘之何也？心一于亲，不知其愚，一不知其为不愚也。盖当是时为之亲者奄息欲，呻吟在床，求之医药弗效，求之鬼神亦弗效，苟有可以活亲者无弗为也。斯时之可以活亲者，诚舍刲股之事，别无所出，而且传之故老，载诸简编者，皆刺刺称其效之如响，奈何以其愚不一试之？……余恐邪说之惑人，急为论而明之。[9]

焦循因为“恐邪说之惑人，急为论而明之”，说明态度颇为激烈。袁枚之姑母也曾有诗云：

孝子虚传郭巨名，承欢不辨重和轻。无端枉杀娇儿命，有食徒伤老母情。伯道沉宗因缚树，乐羊罢相为尝羹。忍心自古遭严谴，天赐黄金事不平。[10]

因此，明清之际，随着启蒙思想的出现，“孝”的绝对合理性受到了挑战和怀疑。这场“从经济基础开始的静悄悄的革命正在无情地挖掘着数千年宗法专制文化上层建筑和意识形态的根基”，自然会从“家庭伦理观念”扩展到与此紧密相连的家族伦理观念。应该说，雍正废除“乐户”制度，除了一种政治目的，也不能排斥这种思潮的影响作用。

毫无疑问，对于家族伦理观念也是“重新估计一切价值”。19 世纪末期，康有为、梁启超、谭嗣同等对于中国家族制度都进行过不同程度的批判，动摇了中国国民对于家族制度合理性与神圣性的信心。五四运动前后，中国家族制度更是成为了启蒙知识分子批判的重要对象。这一时期，对于中国传统家族的冲击主要体现于舆论方面。吴虞在《家族制度为专制主义之根据论》一文中，将中国家族制度作为封建专制主义的基础，“盖孝之范围，无所不包，家族制度与专制政治，遂胶固而不可分也。”[11]这些启蒙知识分子认为家族伦理乃是对于人的解放与独立的束缚和限制，陈独秀在《东西民族根本思想之差异》一文中称道：“一曰损害个人独立自尊之人格；一曰窒碍个人意思之自由；一曰剥夺个人法律上平等之权利（如尊长卑幼同罪异罚之类）；一曰养成依赖性戕贼个人之生产力。”[12]作为维护家族制度基础的“三纲五常”同样受到质疑，“儒者三纲学说，为一切道德政治之大原：君为臣纲，则民于君为附属品，而无独立自主之人格矣；父为子纲，则子于父为附属品，而无独立自主之人格矣；夫为妻纲，则妻于父为附属品，而无独立自主之人格矣；率天下之男女，为臣，为子，为妻，而不见有一独立自主之人者，三纲之说为之。”[13]根据上述所论，五四运动前后对于家族的批判，主要集中在以下四个方面，一是家族主义是封建专制的基础；二是家族本位压抑个人，个人没有自由、平等与人格；三是家族通财容易养成个人的依赖心理，缺乏社会义务思想；四是家族小团体主义阻碍中华民族的统一。

从明末清初开始，中国社会出现新的经济因素，“从经济基础开始的静悄悄的革命”发展到轰隆隆的革命。这里，既有中国社会基本矛盾运动的内在冲力，也有外来思想的渗透和外来军事的入侵所造成的外在冲击。这场革命以启蒙运动作为导向，对于中国上层建筑与意识形态的伦理基础进行了猛烈的批判。应该说，“五四”前后的思想启蒙运动充满着一种强烈的政治冲动，从某种意义而论，它是政治冲动超过科学精神，但是，在当时的历史语境之中，它却具有一种必然性和合理性。

第二节　“对峙递交”的伶人家族观念演变

在这场思想启蒙运动中，也涉及到了中国伶人及其家族问题，陈独秀以“三爱”的笔名在《论戏曲》一文中写道：

戏园者，实普天下人之大学堂也；优伶者，实普天下人之大教师也。

我中国以演戏为贱业，不许与常人平等。泰西各国则反之，以优伶与文人学士同等；盖以为演戏事，与一国之风俗教化极有关系，决非可以等闲而轻视优伶也。[14]

由于这种舆论影响，中国社会对于伶人及其家族的观念确实发生了一些转变。中国传统家族对于职业的认同，一直都有自身的准则，除了士农工商四业，其他诸如巫师、和尚、道士、屠夫、胥史、书吏都在不许之列，奴仆、演员、理发、修脚、轿夫、吹鼓手等更是认为贱业，自是属于禁止范围。但是，到了五四运动前后，这种情况已经发生了微妙的变化。20世纪初，湖北省夏口县王氏家族修谱，将以前族规的“倡优隶卒”不准入谱，改为“营业不正”者不得入谱。由此，主持修谱者王继树将伶人王继炎及其妾甘氏列入谱中。族人王继均对此极力反对，并在1918年向湖北高等审判庭状告王继树，称优伶即为营业不正，不应入谱，应该将已经修成的族谱作废，其损失乃由王继树赔偿。湖北高等审判庭驳回王继均的控告，称清代所指之“卒”，即为现在的士兵、警察，职务虽然相同，却是身份迥异，至于“优伶营业，为社会教育事业之一种，根本不能谓之不正，则王继树等许王继炎入谱，系因谱例改良之结果，不能谓为违反习惯”。王继均不服此判决，将之上诉到北京政府大理院，称“营业不正”与“倡优隶卒”意思相同，“业优之人，有何身份，当然不能载入宗谱”，否则，家族将是世代蒙羞。又称本案之争论点乃是家规问题，不是法律问题。最后，大理院也予以驳回上诉。[15]此一案例说明，雍正废除“乐户”制度以后，家族仍然执行驱逐伶人制度，但是，到了清末、公元纪年初年，家族驱逐伶人制度已经开始松弛，在法律层面上认为“优伶营业，为社会教育事业之一种，根本不能谓之不正”，中国社会对于伶人及其家族的观念出现修正和调整趋势。

明代中叶，江南地区已有良家子弟习戏。应该说，它当时与江南地区商品经济的发展及其由此造成的思想观念的变化有关，对于劳动阶层来说，也就将伶业作为谋生的手段而已。陆容《菽园杂记》中所载的海盐、余姚、慈溪、黄岩、永嘉等地“皆有习为娼优者，名曰‘戏文子弟’，虽良家子不耻为之”。徐树丕《识小录·吴优》也云：

吴中几十年来，外观甚美，而中实朽然。至近年奇荒之后，即外观亦不美矣，而优人鲜衣美食，横行里中。人家做戏一本，费至十余金，而诸优尤悵悵嫌少。甚至有乘马者、乘舆者、在戏房索人参汤者，种种恶状。然必有乡绅主人之家惴惴奉之，得一日无事便为厚奉矣。屠沽儿家以做戏为荣，里巷高致，此辈益肆无忌惮。人言吴儿痴，岂不信然。

此虽为士大夫历数伶人“种种恶状”，但是，从“人家做戏一本，费至十余金，而诸优尤恨恨嫌少”的描述可以看得出来，这些伶人已经颇有一种商品经济意识，他们是将伶业作为一种生计方式经营的，与“客户”交易，双方合则成交，不合则罢。在封建士大夫的心目中，伶人还是一种贱业，而伶人也可能如此看待自己，但是，他们在经济上是平等的，并不存在一种明显的隶属关系。伶业在商品经济发展过程中已经能够进行市场化的运作，作为一种职业生存，而且，“优人鲜衣美食，横行里中”，“甚至有乘马者、乘舆者、在戏房索人参汤者”，说明有些伶人及其家族的经济收入和生活不错，可能较之一般的农民和市民阶级更为丰裕，难怪“虽良家子不耻为之”。

这种“以做戏为荣”的情形，到了清末、公元纪年初年更为显著，甚至有些传统家族认为，伶业乃是一个不错生计，敞开祠堂欢迎伶人归来祭祖。刘斌昆在《我的梨园家世及从艺恩师》一文中写道：

听父亲说，那时北洋舰队水师统领丁汝昌办了个科班，叫永胜和，人们又叫它为老永胜和科班，大伯到北京后，便进了这个科班学武旦。后来就成为了名噪一时的九仙旦。……

大伯成名后回家祭祖，族众开祠堂欢迎他，都说唱戏这条路不错。于是大伯就把父亲和姑姑带到北京，父亲也进了永胜和科班。[16]

此等情景与前面的家族驱逐伶人制度比较，颇有一种“恍如隔世”之感，说明历史确实已经发生重大变迁。

在中国近现代社会转型过程之中，对于伶人家族的观念体现出一种矛盾的态度。这是时代的使然，由于启蒙的不彻底性和革命的不彻底性，加上伶业的特殊性质，对于伶人家族的认识也存在着一种对峙递交结构。黄子平在《边缘阅读》一书中写道：

表演的另一尴尬、沉浮不定的性质，植根于“自娱/娱人”这一二项对立之中。作为一种游戏，一种想象的置换，一种技艺的追求，一种真诚严肃的创造，都属于“自娱”（“自我满足”、“自我欣赏”一直到“自我实现”诸层次）的方面。然而“观众”的存在或介入破坏了这种理想化的假定。……

“娱人”的一面，给表演带来了奉献、屈从、魅惑、鼓动、号召、迎合等暧昧不明的因素……这也决定了演员的职业、社会地位等等在文化——权力结构中的尴尬、沉浮不定的境况。[17]

其实，这个转型时代也是处在一种“尴尬、沉浮不定的境况”中，又由于伶业的“奉献、屈从、魅惑、鼓动、号召、迎合等暧昧不明的因素”，也必然产生“演员的职业、社会地位等等在文化——权力结构中的尴尬、沉浮不定的境况”。

这种“尴尬、沉浮不定的境况”，不但出现在对待伶人及其家族的态度之中，而且，也体现在思想启蒙者自身的身上。例如鲁迅，作为“五四”启蒙运动的主将，他的许多思想论著和文学作品都体现了他的反叛力度与思想深度，但是，在个人情感上却是一直处于“尴尬”的境地，构成了一种悖论，即家族伦理的启蒙主张与个人生活的伦理实践的矛盾状态。他是“打倒旧道德提倡新道德”的力倡者，但是，他从日本回国以后，却是遵照母命，与旧式女子朱安结婚，成为了“旧道德”的牺牲品。鲁迅对此非常痛苦，曾对友人称：“这是母亲给我的一件礼物，我只能好好地供养它，爱情是我所不知道的。”[18]这个曾经写过《我们现在怎样做父亲》的思想启蒙者，在现实生活中却是“爱情是我所不知道的”。其实，在新旧道德交替冲突、新旧社会变更转换的社会转型过程中，一个思想觉悟了的男性要获得理想的爱情，往往是以一个尚未从中世纪精神世界中走出的“女性”的“牺牲”作为代价的，朱安即是一个如此的女性。鲁迅在《热风·随感录四十》中写道：“女性一方面，本来也没有罪，现在是做了旧习惯的牺牲”，对他而言，“只好陪着叫一世牺牲，完结了四千年的旧账。”鲁迅在理性上呼唤“新道德”，但是，在感情上却是没有勇气摆脱“旧道德”的纠缠。这种悖论也体现在鲁迅的小说作品《伤逝》中，曾经经受新文化运动洗礼的涓生和子君，他们热烈追求自由恋爱，不顾家庭强烈反对，但是，结婚以后，他们还是回到了传统婚姻的状态，或者说是回到了他们曾经反对的婚姻生活。由此看来，连鲁迅这样的先觉者都发生了如此的悖论现象，说明了“五四”思想启蒙的任务还远远没有完成，也折射了历史进步发展的迂回性和艰难性。

胡适，也有和鲁迅相似的情形。对于婚姻观念，胡适曾经认为“没有爱情的夫妇关系都不是正当的夫妇关系，只可说是异性的强迫同居”[19]。但是，他和鲁迅一样，为了不违抗二十二岁即开始守寡的母亲的意愿，与缠足的和不识字的旧式乡村女子江冬秀结婚。一个留美博士与如此女子结合，曾经被列为公元纪年七大奇事之一。结婚不久，胡适给好友胡近仁的信中写道：“吾之就此婚事，全为吾母起见，故从不曾挑剔为难。（吾不为此，吾决不就此婚，此意但可足下道，不足为外人言也。）今既婚矣，吾力求迁就，以博吾母欢心。吾之所以极力表示闺房之爱者，亦正欲令吾母欢事也。”[20]对于这种“异性的强迫同居”，应该说胡适是心知肚明的，但是，他却无力采取行动。这也体现在他与表妹曹诚英的爱情关系上。1923年，胡适在杭州养病期间，与曹诚英相遇，两人产生感情，但是，当曹诚英办理了离婚手续后，胡适却临阵脱逃了。对于自己言与行的矛盾，胡适曾经如此解释："吾于家庭之事，则从东方人，于社会国家政治之见解，则从西方人。"[21]

鲁迅和胡适的悖论现象，说明了一种理智与情感的矛盾。他们在理智上面向未来，但是，在情感上却又回顾传统，"他们常处在两个不同的生存平面和文化坐标之中，他们是传统的背叛者，但却又身处传统当中"，"难以摆脱情感与道德的两难境地，在家庭伦理行为方面与他们所主张的家庭解放言论存在着具有反讽意识的背离"，"沿着他们迷失的足迹，我们可以探寻到新旧交替时期一代知识分子的家庭伦理格局中的精神悲剧。"[22]这种"情感与道德的两难境地"乃是时代造成的，作为一个个体是无力脱逃这种悖论的。它也是一种对峙递交的发展过程结构。

一个转型的时代，必然是一个矛盾的时代。伶人家族，同样也不例外。对待伶人家族，也包含着这种理智与情感的矛盾，只是中国近现代社会转型时期，是理智上认为伶人及其家族也是正当营生，但是，在情感上则又无法摆脱伶业是贱业的意识，而此前中国历史上，往往是理智上坚守伶人及其家族是贱民的观念，但是，在情感上又拒绝不了伶人剧艺的诱惑。它们都存在着一种悖论的结构，只是由于中国社会出现转型，它们的形态发生了转换。

这种理智与情感以及由此体现出来的言论与行为的矛盾，实质上也流露出了中国国民性格的一种原型结构，即一种理想人格与现实人格的矛盾关系。对于中国人来说，这种理想人格与现实人格，往往会在一个人身上对立统一地存在着，它们之间有着一种微妙而复杂的转换关系，它的接通部位，应该说，包含着一种中国哲学的玄机，也就是儒、道、释之间的游移关系。它突出地表现在中国社会转型时期。

由于"演员的职业、社会地位等等在文化——权力结构中的尴尬、沉浮不定的境况"，在"新旧交替时期"，对于伶人家族更是会体现出一种"具有反讽意识的背离"，形成中国伶人及其家族的独特文化图谱。

第三节　"社会性痴迷"与"集体深层心理"

中国近现代社会转型时期，对待伶人家族的观念可以分为内外两个方面。外部方面而言，也即中国社会对于伶人家族的态度，"具有反讽意识的背离"是十分显著的。由于中国社会转型，伶人家族的处境有所改变，社会对于伶人家族的观念也是有所改善。

一是政治领域。首先，清朝帝王颇多戏迷，而且，对于伶人及其家族也是颇多恩赏。例如前面已有论述的咸丰皇帝，在道光七年裁退民籍学生以后，由于对于宫廷传统剧目和太监演技的不满，咸丰六年终于按捺不住寂寞，不惜违背祖训，重又将民籍学生引入宫中。

三月，奴才禄喜谨奏，为感恩事。今奴才挑得鼓板四名、吹笛四名、随手四名，查得民籍学生每月食银二两，公费一串，向广储司讨领，每月白米十口，向白米仓讨领。每名房屋三间，可以栖身城内，现有房间原系民籍所居之处，奴才求恩，照例赏给鼓板、吹笛、随手人等钱粮、米口、房间，以为眷属人等口分安家。如蒙恩准，奴才行知内务府堂上办理。谨此奏请。

（随奏十五日单，交《小妹子》净本。）[23]

道光年间裁退民籍学生以后，其间虽然由于人手短缺，曾有旗籍随手、管箱人进入昇平署，但是，民籍学生进宫此乃首次，禄喜查阅以往民籍伶人待遇，奏请给予民籍学生相应待遇。显然，咸丰不会满足于此，他继续引进民籍学生入宫当差，充当教习，而且传进外边戏班演出。

四月十一日　安福奏要外班人。此片上交大人。

双奎班：正旦　翠香，武丑　赵广发，武丑　陈九儿。

三庆班：武生　张三福，文武生　殷得瑞。

四喜班：武副　冯双得，净　孙保和，鼓　唐阿招。

春台班：武净　郭三元，大锣　李福寿。

此片上留。　轴子：《赵家楼》、《武文华》、《恶虎庄》、《八蜡庙》、《艳阳楼》、《窦儿敦》、《蔡天化》、《连环套》、《落马湖》、《罗四虎》。轴子名又写一张总管交大人。

奴才安福谨奏，为奏闻事。于五月承应《阐道徐邪》，过当儿，万寿承应大戏，《老人呈技》演技人加添掌仪司玩意。谨此奏闻。　此片交堂上。[24]

咸丰十年，英法联军入侵北京，圆明园已毁于一炬，咸丰逃往承德避暑山庄，仍不断将伶人调往承德，沉溺于笙歌之中。

前往热河二拨：首领王成、祁进禄；太监班进喜——（人名略）；学生方国祥——（人名略）谱共七十九名。

初九日　赏皮袄口分银米。……

十七日　三拨到热河：中和乐首领刘三福、吴吉福、太监赵喜——（人名略）共人三十五名。

二十一日　烟波致爽西院花唱。

《富贵长春》、《认子》、《饭店》、《玉面怀春》、《查关》、《二进宫》（吴全禄、沈长儿、严福喜）、《盗韩》、《游寺》、《徐庶见母》、《战潼关》。[25]

此日，还恩赏三十七名伶人每人银一两，可见咸丰对于演剧的醉心，如同前述的“皇帝对内廷演戏的关注程度远远超过了人们的想象”。应该说，咸丰热衷观剧，对慈禧日后养成观剧嗜好也产生了很大影响。

慈禧好戏，则是更为闻名。自慈安太后于光绪七年去世以后，慈禧独揽大权，更加沉湎于戏剧中。当时，宫廷演剧活动，分为临时承应、月令承应和庆典承应。从“昇平署”档案资料中可以看出，慈禧有时几乎天天看戏。例如临时承应，《清昇平署存档事例漫抄》卷三载：

初一日，纯一斋承应，三庆班伺候戏十四出；
初五日，纯一斋承应，玉成班伺候戏十一出；
初八日，纯一斋承应，宝和班伺候戏十三出；
十三日，纯一斋承应，义顺和班伺候戏十二出；
十四日，纯一斋承应，小丹桂班伺候戏十出；
十五日，纯一斋承应，同春班伺候戏十一出。

上述十三、十四、十五日，乃是三天连续演戏，自然慈禧也是连续三天看戏，而且，每天的戏班都不相同，说明慈禧也喜欢换一换演剧“口味”。清朝内廷档案载：

六月初七日　昇平署总管何庆喜跪奏，本署内外学生实不符应差，奴才叩恳天恩，传外边各班角色于光绪十九年七月初一日轮班进内排演差使，以备庆典承应。为此请旨。[26]

虽然已经选择北京最为杰出的伶人进宫当差，但是，慈禧仍然不满足，她要观看北京各个著名戏班的演出，更要看到更多的角色和新戏，因此，昇平署总管何庆喜只能说：“本署内外学生实不符应差。”慈禧痴迷戏剧，对于伶人的恩赏也是随性而赐的。例如光绪十年的恩赏日记档案：

正月初一日　行礼伺候乐，大卯四五六早。……

佛爷赏中和乐伺候乐首领、太监银五两。

午正 乾清宫午宴承应宴戏。《膺受多福》、《万福攸同》。

内殿交下，赏都福星马得安小卷蓝线一件。钟馗四十名，每名银一两。……

初二日 四五六早，卯正进门。

长春宫承应 巳正开戏，戌初戏毕。

《开筵称庆》（一分）、《盗令》（魏成禄）、《巧连环》（刘进寿、武长寿）、《七盘山》（四出）、《泗水关》。

赏总管边得奎银十两；首领何庆喜银六两；郭福喜银八两；孔得福、陆得喜二名，每名银六两；狄盛宝、（人名略）十一名，每名银三两；李金福，（人名略）六名，每名银二两；刘振喜（人名略）二十二名银二十两；袁庆喜（人名略）十七名银十二两；刘进喜、方福顺、金福保三名，每名银三两；安来顺、李如寿二名，每名银二两；姜有才银一两；吴进喜（人名略）五名银十两。

档案房内听差首领太监四名银二两。

钱粮处首领太监九名，银四两。

管箱人等二十二名，银十二两。

中和乐首领太监二十七名，银十两。

陈寿峰、张云亭、王阿巧、杨隆寿、李顺亭、李永泉、许福英、许福雄八名，每名银八两。

袁大奎（人名略）每名银六两。[27]

由此，可以反映出慈禧给予伶人的赏银非常随意，而且，随着演剧次数愈加频繁，赏银数额也在逐渐增加。到了光绪末年，赏银已经大大高于上述数额。下面光绪十五年的恩赏日记档案，即可说明此点。

正月初一日 内殿交下，赏都福星马得安小卷蓝线绸一件；钟馗四十名，每名银一两。

长春宫承应 《福寿延年》（六出）。

赏总管边得奎银四两；

内学首领四名，每名银三两；

魏成禄、李金福二名，每名银二两；

李福贵、刘进胜二名，每名银一两八钱；

白进贵（人名略）四名，每名一两五钱；

马得安、安进禄、狄盛宝（人名略）五名，每名一两四钱；

李来海、高如桂二名，每名一两二钱；

王进福（人名略）十四名，每名一两；

丁进寿（人名略）七名，每名银六钱。

档案房首领、太监七名，银四两。

钱粮处首领、太监、管箱人等三十一名，银八两。

中和乐首领、太监二十四名，银四两。

穆长寿、李燕云、李连重、时小福、孙菊仙、杨永元、张桂香、王桂花、杨月楼九名，每名银十两；

杨隆寿、李顺亭、张长保、许福雄、联凯五名，每名银八两；

鲍福山、傅双成二名，每名银六两；

阿福（人名略）四名，每名银五两；

王阿巧、陈寿峰、阿寿、姚阿奔、方镇泉、彩福禄、普阿四、郝春年八名，每名银四两。（后略）[28]

与光绪十年的恩赏比较，光绪十五年的恩赏数额明显增加。光绪中叶以后，内廷档案关于赏银记录越来越详尽了，慈禧对于为她晚年带来快乐的伶人的赏银也是愈来愈高。中国第一历史档案馆保存着许多光绪中后期内廷观剧的赏单，上面详细地列着当日参加演出的伶人及其随手的名字，用朱笔在名字下方写着赏银数额，光绪末年谭鑫培、侯俊山等著名伶人，常常一次赏银就达六十两，明显高于光绪中前期。

从上述具体的历史文献资料中，反映出了清朝帝王对于戏剧的沉湎以及对于伶人的恩赏，在中国政权系统中，这种最高权力的影响力量无疑是巨大的。福科在《真理与权力》一文中指出："权力关系贯穿社会每一个领域"，"在人与人的关系中，无论是怎样的关系"，"总有权力存在"。[29]在中国政治管理的架构之中，权力不仅仅是一种行政强力手段，而且，也是社会观念与时尚的导向力量，故而帝王嗜好戏剧，这种"权力关系"也会在某种程度上改善中国社会对于伶人及其家族的观念。

应该说，在中国历史上封建帝王热衷戏剧并不乏人，但是，如同上述历史文献资料中所记录的，帝王逃亡期间仍然"前往热河二拨"，"三拨到热河"，不惜抗拒祖令，重又民籍伶人入宫当差，索"外班人"在宫廷里演出，甚至天天看戏，使"本署内外学生实不符应差"，恩赏率性大方，而且，在清朝帝王好戏者如此密集，此等嗜戏的深度和广度恐怕在中国历史上却是并非多见的。不但如此，清朝帝王对于伶人及其家族还有其他的恩赏。

二十四日 查得嘉庆四年四月二十二日，上赏地二顷八十五亩，内赏给长寿四十亩，赏给南府、景山外边学生等二顷四十五亩。外有地一段，计五十八亩，赏给才保、九如每名二十九亩，共五十八亩。

赏给南府、景山太监地六十亩，以上普共地四顷零三亩。

二十七日 敬事房交下，恩赏禄喜金线香袋四个。[30]

嘉庆到道光年间，常有土地赏赐于伶人，有的作为茔地，此处则是作为产业。清朝帝王对于自己喜欢的伶人也是特别恩宠，例如谭鑫培可以说是佛缘很大，慈禧对他极为赏识，谭鑫培演技绝伦，加上他伶牙俐齿，很讨慈禧欢心，有时谭鑫培误了差，不但没有受罚，而且，还受到了封赏。光绪三十年，谭鑫培女儿出嫁，慈禧还特地赠送嫁妆铜盆一个，上写“光绪三十年六月十五日慈禧端佑康颐昭豫庄诚寿恭钦宪皇太后上赏谭金培之女嫁妆铜盆一个”[31]。杨小楼奉旨携女入宫，慈禧对他女儿“见面欢爱逾恒，赏赉极厚”[32]。慈禧还颇喜欢给伶人起“外号”和“诨名”，例如杨月楼为杨猴子、杨小楼为小杨猴子、谭鑫培为叫天、孙菊仙为孙一锣、李连仲为狗熊、余玉琴为庄儿、李燕云为小不点儿、罗寿山为百岁。[33]这种殊荣，可以说是连品官都难以得到，显示了帝王对于伶人及其家族的“天恩”。

由于最高统治阶级对于戏剧的热衷及其对于伶人的恩遇，也就容易形成一种社会风尚，“谭鑫培可以自由出入大内，和王公大臣们称兄道弟。一时间，富商巨贾、文人墨客争相与谭鑫培拉拢来往。官卑职小的人借巴结谭鑫培博取衣食父母的欢心，以趋附谭鑫培引起同行的钦羡。寻常百姓中，喜欢谭鑫培的人更多。‘谭迷’们遍布京城，遍布天下。‘谭迷’们如迷如醉，似癫似狂”[34]，因此，在一定程度上也提升了伶人及其家族的社会形象和地位。

其次，由于清朝实现“内廷供奉”制度，也就使伶人具有了一种官方色彩。应该说，它“是清代以来中国优伶身份得到极大改变的最大动因”[35]。关于“内廷供奉”，清朝宫廷从未正式给予奉旨入宫演剧的伶人以“供奉”的头衔，他们在档案记录中称之为“外学”、“教习”或者“外边学生”，但是，宫中确实曾经将被昇平署选入宫中并且“吃俸米”的伶人称为“内廷供奉”。“内廷供奉”始于咸丰十年，到了慈禧时期，由昇平署的太监到民间到挑选优秀戏班入宫演剧，其中的杰出伶人也就选入昇平署成为“内廷供奉”。

南府时代，“内廷供奉”的待遇类似于供给制，颇为优厚。慈禧时代，是“钱粮制”加“赏银制”。虽然前后待遇有所差异，但是，能够为帝王演出，而且，可以常常目睹天颜，已经是一种“身份高贵”的象征了。一方面能够成为“内廷供奉”，已经属于伶界的佼佼者；另一方面，当了“内廷供奉”，不但有“月米”和“月俸”，而且，每次演出结束后都有“赏金”。如果有幸能够得到帝王的恩宠，那么，每次的“赏金”会不断提升，而且，立即身价百倍，就连达官贵人都要对其格外恭敬。一次，庆亲王为一位姨太太做寿，特邀谭鑫培唱戏。谭鑫培因为病后初愈，只是同意前来助兴，不能登台，但是，谭鑫培到场以后，庆亲王还是想请他赏光唱戏，谭鑫培在再三拒绝以后，调侃说除非是哪位军机大臣给他跪求，没有想到军机大臣那琴轩真的给他跪了下来。这次堂会上那相国跪求谭鑫培唱戏一事，也就传遍京城朝野。[36]中国民间一直流传程长庚得到“五品顶戴”、谭鑫培“六品顶戴”、杨小楼“四品顶戴”的说法，刘强、杨宏英著的《程长庚传》中也提到此事，咸丰十年，咸丰皇帝内太平军攻破江南大营，外英法联军打到天津外海，他内忧外患，沉湎于声色，懿贵妃引进了皮黄戏班，想使咸丰高兴一点。

> 这一天，是皇上赏戏的日子，王公大臣们坐满了台下，众人都晓得程长庚和三庆班的规矩，当然也是慑于皇上在座，个个屏声静息，恭敬听戏。三庆班全体同仁使尽浑身解数，将一个《群英会》唱得慷慨激昂，淋漓尽致，使咸丰皇帝紧绷着的苍白的面庞上绽开了笑容，戏场上也跟着活跃起来，懿贵妃长长地舒出了一口气，她成功了！
>
> 咸丰皇帝当即恩赏程长庚五品顶戴，擢为内廷供奉，并命其接替张二奎（已故）“精忠庙”庙首之职，总领三庆、四喜、春台三大徽班。[37]

幺书仪在《晚清戏曲的变革》一书中认为，这些传说“并不见诸历史记载，应当是子虚乌有”[38]。清代内廷档案中，有关于伶业太监擢升为“五品顶戴”的记录，咸丰二年十一月“十九日　（重华宫承应戏）常禄传旨，禄喜赏五品顶戴，每月食银七两”[39]。道光十五年五月，禄喜恢复“六品顶戴”以后，又过了十余年，才被咸丰皇帝破例擢升为“五品顶戴”，此时禄喜已经七十一岁。应该说，他得到了伶业太监极少遇到的恩赐与殊荣，而且，作为伶业太监，他是属于“内学”。

尽管如此，由于“内廷供奉”的身份，伶人及其家族的社会地位还是“得到极大改变”。关于“几品顶戴”“这样的神话可以源远流长，也从一个侧面说明了‘内廷供奉’的身份高贵和引人注目”，“这种地位的改变，虽然不是‘法律’规定的变易，却也是出自帝王的许可，自然，‘帝王的许可’也就等于是‘权力’和‘法律’。”[40]

再次，在中国近现代社会转型过程中，一些伶人直接参加政治斗争活动。例如潘月樵以及夏月珊、夏月润兄弟，在辛亥革命中他们带头剪掉辫子，而且，在光复上海的战役中，他们组织伶界商团，是攻打制造局的先锋。当时，上海制造局是江南最大的军火工厂，它制造的军火正在不断运往各地，供给清军镇压革命党人，因此，革命党人决定先攻破制造局，既可断绝清军后方弹药支援，也是光复上海关键所在。梅兰芳在《戏剧界参加辛亥革命的几件事》一文中写道："午夜，商团开始围攻制造局。制造局用机关枪扫射，火力甚猛，无法攻入。……局里的总办、会办等，在火光烛天、杀声四起时，以为外面的火力很猛，被这种声势吓慌了，就仓皇登舟逃往浦东，卫队亦纷纷散去，商团一拥而入。"[41]参加攻打制造局的伶人计有夏月珊、夏月润、潘月樵、张顺来、马飞珠、邱治云、薛令寿、夏月华以及潘月樵弟弟潘少棠和潘月樵的两个儿子等。后来，孙中山在新舞台的后台经理房召开秘密会议，夏月润他们还负责警卫工作。因为攻打制造局有功，潘月樵被授予少将军衔，其后又参加了攻打南京之役。1912 年，孙中山在南京就任临时大总统后，潘月樵又被沪军督都任命为调查部长，孙中山还接见了潘月樵。

刘艺舟也是一位曾经参与革命的伶人，只是他与一般伶人不同，他是以留学生的身份加人伶业。在日本早稻田大学留学期间，与黄兴、宋教仁等革命党人结识，加入了同盟会。因为喜欢戏剧，与春柳社颇有来往。宣统二年（1911），他和王钟声一起加入了田际云的玉成班，演唱《张汶祥刺马》、《爱国血》等宣传爱国思想剧目。宣统三年（1912），他在东北、山东等地演出，辛亥革命爆发以后，他马上将剧团演员武装起来，乘船从海上攻占山东登州，后又收复烟台、黄县等地，被推举为临时大都督，后来又改为登黄司令。袁世凯窃取大总统以后，他想投奔广州孙中山，在南下途中潘月樵以及夏月珊、夏月润兄弟挽留，在新舞台合演时装京剧，被称之为"都督演戏"。1913 年，反袁革命失败以后，他流亡日本，以演剧维持生活，并筹款接济流亡的革命党人。1915 年，袁世凯企图与日本秘密签订"二十一条"，刘艺舟作为留日学生代表回国请愿，被逮捕关押了 130 天。出狱以后，他继续演剧嘲弄袁世凯复辟称帝，遭受袁世凯余党的秘密缉捕，只好潜逃。对于以戏剧作为战斗的武器，刘艺舟在《组织励群社小启》中曾经称道："吾心之向，提倡人权；吾志所趋，铲除民贼。人溅之以铁血，吾溅之以心血，同利于国，利于身。吾志未酬，吾心不死！吾国一日不强，吾舌一日不弊。有生之日，即吾奔走鼓吹之年。碎骨粉身，亦吾之所不计。豪者自豪，伟人自伟，吾行吾素而已。知我者，当在讴歌俚曲之间，而觅爱国励群之道，则吾道不孤矣。"[42]

毛韵珂是一位旦角演员，辛亥革命后，上海军政府草创期间事务繁杂，财政非常困难。毛韵珂积极参加演剧筹款活动，而且，自已解囊相助，向军政府捐款一千元，当时上海军政府首脑、沪军都督陈其美特书函向毛韵珂致谢。

以上所举，在伶人中比例甚少，他们的出身背景也不相同，而且，他们经历的时代也具有一定的特殊性，但是，他们的政治斗争活动却是具有一定的影响，在某种意义上也改变了中国社会对于伶人女性化和色情化的认识，使中国社会对于伶人及其家族的传统观念产生一种修正的效果。

二是商业领域。如前所述，明代中叶，江南地区“习为娼优者”，“虽良家子不耻为之”。范濂《云间据目抄》也称，万历末年以来，“苏州鬻身学戏者甚众，又有女旦、女生，插班射利。”因为此时，随着中国社会商品经济的发展，伶业也逐渐成为一种商业的手段，如果能够具有一定的声望，不但可以作为一种谋生的手段，而且会有较为丰厚的经济收入。“优人鲜衣美食，横行里中”，“甚至有乘马者、乘舆者、在戏房索人参汤者”，应该反映了一些伶人及其家族在商业收益方面的实际情形。

中国伶人一直是职业化发展，而且，一为伶人也就形成伶业家族，但是，伶人的职业化只有到了资本主义商品经济萌芽以后，它的商业价值才能充分发挥出来，可以将它作为一种文化商品经营。中国近现代社会转型过程中，这种趋势愈来愈明显，伶业的商业性质也愈来愈显著。到了晚清时期，原来的“包银制”改为了“戏份制”，使一些著名伶人的演出收入大幅飙升，与普通伶人的收入距离拉开很大。

“包银”一词，最早《梦华琐簿》称：“聘歌师食月俸者曰‘拿包银’。”它类似于月薪或者年薪。《程长庚专记》称：“何桂山、卢胜奎等，每年拿包银京钱六百千，每日拿车资六千，他也一样，绝不因身为班主之故而要多拿。”[43]此说明了程长庚担任班主时期，“班主”、骨干伶人与普通伶人的分配收入差距不是很大，尤其是“班主”和骨干伶人都是“一样”。倦游逸叟的《梨园旧话》详细描述了“堂会”的“包银制”分配方式：

> 余官京曹时（光绪二年），屡提调戏事，皆以三庆为班底，都不过用当十钱二千缗之谱，略分例给、专给、普给三项。例给约五六百缗，所谓戏价是也。本班伶人及外召他班伶人，或演一剧或演二三剧，每伶多则给百缗或数十缗，以次而降。最著名之程长庚、徐小香，逾格给二百缗为止。此项约共用千缗内外，所谓专给是也。至名伶登场，必给彩钱，有给一二次，递至六七次，每次十缗，此项约共六七百缗左右，乃本班众人所分得，所谓普给是也。……彼时银价，每两易当十钱十六七缗上下。计戏价一项，只用银百数十两耳。[44]

“堂会”的报酬分配方式，系由雇主决定的。由于“堂会”主要是为了观看名伶的表演，故而名伶的报酬除了“普给”，还有“专给”，例如“最著名之程长庚、徐小香，逾格给二百缗为止”。应该说，名伶的报酬与普通伶人相比，已经拉开一定距离，但是，也还不是很大。因此，“包银制”颇有一点平均主义的意味。虽然“班主”、骨干伶人比较普通伶人略高，但是，差距没有太大。这里，伶人演戏报酬人人有份，相互之间距离不大，如同一家人一样的，一个戏班犹如一个家族，也流露出一种泛家族化的倾向。

在“包银制”中，还包含一种“车资”。它虽然名义上属于交通费用，但是，实际上是通过“车资”方式给伶人的一种薪给补贴。开始“车资”数额不是很大，而且，“绝不因身为班主之故而要多拿”，但是，到了后来数额越来越大，性质也发生了变化。齐如山《戏班》“车钱”条云：

从前各脚除拿包银外，每日上园子演戏，另拿车钱，小脚至少每日大个钱四吊至八吊，二三路脚十吊至十二吊，好脚最多到三十六吊至四十八吊，此为顶高之数。虽张二奎、程长庚一生未过此数。到光绪末叶，十三红、十三旦等人，曾经到过六十吊。以后谭鑫培等人，亦到过六十吊，以后渐渐涨至一二百吊或几十吊，然此已为戏份性质，与从前之车钱不同矣。

名伶与普通伶人报酬收入真正出现巨大差距的，是从“包银制”转变为“戏份制”以后，它的始作俑者是杨月楼，他从上海回到北京以后，提出要求以“分成”代替“包银”的分现方式，这是一种更加成熟的商业化经营运作方式。齐如山称道：

到光绪初年，杨月楼由上海回京，搭入三庆班，非常之红，极能叫座，他自己以为拿包银不合算，所以与班主商妥改为分成，就是每日卖多少钱，他要几成。从此以后，北京包银制的成规算是给破坏了。[45]

也可以说，“从此以后”，名伶与普通伶人报酬收入开始拉开距离。齐如山《戏班》“戏份”条称：

包银、车钱，都系旧名词。……现时都说是戏份。每日现演戏，现开份。头等脚每日二三百元，下至十元二十元不等。但既名曰头等脚，则只许搭一班，不得再赶别班。二路脚由两三元至三四十元，既以二路脚自居，则可赶演他班，惟要紧二路脚，亦有预先约定、不赶他班者。三路以下等脚，则多者一二元，少者八吊十吊足矣。

这里，头等脚与三路以下等脚的收入差距确实非常之大，说明伶业的商业化已经走向成熟。从“包银制”转变成为“戏份制”应当是它的重要标志，不管它是否是杨月楼从上海引进北京的伶业经营观念，这种转变都表明了北京伶业商业化已经发展到一个新的阶段。“头等脚”的高额收入，它是市场需求形成的，“头等脚”已经成为一种戏剧市场商业明星，具有极高的票房号召力量，拥有一批固定的观众，因此，“头等脚”也就能够获得颇为可观的演出收入。刘守鹤的《谭鑫培专记》详细记载了谭鑫培的报酬收入变化情况：

当同治至光绪初年，鑫培的戏份，仅当十钱四吊至八吊……到光绪中叶，增加到二十四吊或四十吊，到庚子则增加到七十吊或一百吊，后来又由一百吊增至二百吊。到光绪末与宣统初年，就增至二百吊以上。……

唱堂会呢？那就有可惊的增加了！光绪中叶不过十两银子，庚子以后就猛增至一百两，宣统初年则增至二百两至三百两。……

从庚子以后，鑫培外串就要五十两，这是开从来未有的新纪录。再由那琴轩之流一跪一揖，一吹一捧，就由五十两加至一百两。随后又继涨增高，乃至二三百两，乃至五百两。在那家花园刘宅堂会，唱一出《武家坡》，竟拿了七百二十元的代价。[46]

关于“堂会”，由于雇主为了体现身份，以能够邀到“头等脚”为荣，也就愿意加码，因此，也就相互抬价，将“头等脚”的价钱抬得更高。罗瘿公《菊部丛谭》称：

从前堂会外串，普通名角皆系二两，较优者四两，其十两者则大名鼎鼎之名角也。梅巧玲一生未尝出十两以外，以十三旦、田桂风之震耀九城，亦不过十两也。王瑶卿极盛时间有给二十两者。当庚子后壬寅癸卯之间，外串谭鑫培为五十两，已开前此未有之奇迹。记癸卯年广东会馆堂会外串老谭《空城计》、《武家坡》两出，共给银五十两，则以魏耀亭代约所给较廉。王瑶卿之《武家坡》，亦给银十两而已。老谭之由五十两骤进而为一百两，则那琴轩相国所代为抬高者也。袁项城之在枢府五十正寿，在锡拉胡同本宅演出。余时在座。……其时也不过每堂会一百两而已。入公元纪年骤增至三百元，更涨至五百元，其有交情者或减至四百元或三百五十元。而梁任公太翁做寿，老谭演《一捧雪》仅送二百五十元而已。

公元纪年三年，老谭以入公府演剧不力，为庶务司郭某所怒，禁其登台。……其后老谭托人缓颊，愿以时效力，不敢领赏，郭某乃定为每出给银四十元，其时梅兰芳仅给十元，朱幼芬六元而已。

在此，从十两到五百两，确实属于“骤进”，可能应与“那琴轩之流一跪一揖，一吹一捧”，“那琴轩相国所代为抬高者也”有着一定的关系，但是，它也应该是雇主所许可的，是能够为市场需求所接受的。正是因为如此，谭鑫培“为庶务司郭某所怒”，“乃定为每出给银四十元”，仍然比梅兰芳、朱幼芬价高颇多。

对于谭鑫培来说，这种高额演出收入，与他担任“内廷供奉”以及深受慈禧恩宠也应该有着一定的关系。谭鑫培担任“内廷供奉”时已经四十多岁，原因是他成名较晚。民间常有传说，谭鑫培进宫后拿了多少钱粮，其实，从每月固定的钱粮来说，他与其他伶人并没有区别，但是，谭鑫培经常能够拿到较多的赏银，而且越来越多，到了光绪三十四年，一次赏银数额已经达到六十两，当时确实是一个比较大的数目。根据清代内廷档案记载，光绪二十五年十月十一日，“赏总管马得安银五钱，内学首领四名每名银四两，狄盛宝、刘荣福每名五两，李连仲、谭金培、孙菊仙、时小福（人名略）十二名每名银三十两”，“十二月初一日，赏总管马得安银四两，首领四名每名银二两四钱，孔得福五名五钱，李连仲、刘七儿、王桂花、孙怡云、侯俊山、罗寿山、陈德霖、谭金培、龙长胜、于庄儿、晌九霄、孙菊仙、时小福十三名每名银十二两”[47]，对于谭鑫培来说，光绪二十五年的两次恩赏，虽然数额不一，但是，高的已是三十两。清朝内廷演剧赏银确实很大，根据档案记录，光绪二十五年八、九、十、十一、十二月均有演剧活动，而且，赏银数量大为增加，每次演出之后多达数百两乃至千余两，远远超过庚子之前。光绪三十年，是慈禧七十正寿，两次万寿节更是一掷千金，“六月二十六日，赏总管、首领里外各处承差人等银一千一百三十六两”，“十月十五日赏总管、首领里外各处承差人等银二千六百四十七两。”[48]对于谭鑫培这样的名伶来说，不但是在宫内担任“内廷供奉”领受颇为可观的赏银，而且，可以利用在宫内的恩遇抬高自己在外面的身价，提升自己的“戏份制”收益，在“堂会”中更是可以提高自己的价码。

由于伶业的商业化程度愈来愈高，一些著名伶人也就成为社会的高收入阶层。以言菊朋为例，他本是官宦子弟，祖先曾经担任过一二品的大员，自己先在蒙藏会里当差，后来又调到财政部担任科员，平时颇好谭派，成为知名票友，北京城里的达官贵人诸如各部总次长，只要家里举办堂会，“戏提调”总要将言菊朋请来，方才显得能够办事，雇主也有面子，即使杨小楼、梅兰芳、王又宸等名伶都邀全了，如果没有言菊朋的到场，那也是脸上没有光彩的。因此，许多亲友都劝说言菊朋下海。当时，言菊朋担任科员一个月的收入不到一百元。1923 年，上海共舞台邀请梅兰芳南下演出，梅兰芳也邀言菊朋同行，包银是七千元，胡琴圣手陈十二替他操琴，两人平分，每人三千五百元，即使如此，也是言菊朋担任科员三年的工资总额，可见当时名伶的商业演出收入之高。1913 年，谭鑫培已经驰名海内外，日本杂志报道：谭鑫培在百代公司灌制的京剧唱片，在日本的销量多至五千余张，“合洋约一万五千元左右”[49]。许多名伶拥有丰厚收入以后，大多是置房产，或者从事其他商业投资活动，到了新中国成立以后，程砚秋在入党申请书中还提到了自己的动产和不动产情况，“在过去，演员们都有唱戏挣钱买房子待年老色衰唱不动的时候好生活的思想。那时的社会，演员们确是没有生活保障的。我家亦有戏界中的这种传统的想法，所以，我买有房子大小七八处。我们早感觉到在我们国家的制度规定上是不合法的，我们亦早就没有年老无养的顾虑了，只是没有得到机会，我们愿趁此将房子送给国家，作为我的入党费。还有中央滦煤、启新、东亚股票等同上一并请给处理为盼。当时买股票的目的，不是为买卖倒把赚钱，亦是有许多原因的，亦不去细说理由了。”[50]一个名伶，“有房子大小七八处”，还有“中央滦煤、启新、东亚股票”，毫无疑问是属于中国社会高收入者的。

由于商业演出收入发生变化，伶人的生活环境也同样发生变化。“鑫培生时有谭贝勒之徽号”，“晚清亲贵亦争相延纳，略分论交。”[51]关于“谭贝勒”的说法，徐慕云在《员外、贝勒、候补道》一文中写道：

古今的名伶中就数老谭的派头大，饮食起居和家中一切设备固然都考究已极，就是私下穿的衣服，也是极力模仿贝子、贝勒等装束，四季的衣服全按夹单皮棉一定的套数次序，逐日更换，白袜、套云鞋、缎袍、漳绒马褂、瓜皮小帽上镶着珠玉宝石，手拿鼻烟壶，腰间系着荷包汉玉，出门时向双跨缘的轿车上一坐，的确很有个样儿。同时他寓中每日来来往往的都是些达官贵人、贝子、贝勒等，同行中瞧他的举动豪阔，俨如贝子、贝勒的势派，所以谭贝勒这个称呼也就遍及九城了。[52]

由于生活较为丰裕，名伶及其家族的日常生活也就显得奢华起来，“俨如贝子、贝勒的势派”，就是生日也是大操大办，颇为隆重，而且，豪客都去送礼祝贺。李慈铭《越缦堂菊话》载：

光绪三年……八月二十日：晚，赴心泉及张霁亭府尹景和之召。是日，梅蕙仙生日也。坐客甚杂，无憀之甚……诣景和以钱二十千为蕙仙寿……

时琴香者，名小福……今年（光绪二年）其三十生日，百镒之金，十日之馔，豪客接坐，豪毂塞门……[53]

这些豪客似乎还有一点“巴结”之意，“晚清亲贵亦争相延纳，略分论交”。由于名伶经济地位的逐渐提升，他们的社会地位自然也同步发生了改变，其中一个突出的表现是，名伶的交际圈子发生重大变化，与上层社会联系密切起来，“每日来来往往的都是些达官贵人、贝子、贝勒等”。李大翀在《〈燕都名伶录〉序》中云：“迄于同光，其风渐衰，伶人始以演剧为职业，后有程长庚、谭鑫培出，以至于今，伶人地位日高，安富尊荣，为天骄子。贵贱今昔，不啻云泥，物极而返，亦固其宜。”[54]原来伶人属于“贱民”，如今“安富尊荣，为天骄子”，确实“贵贱今昔，不啻云泥”，伶业的商业化发展成为伶人改善社会地位的一个重要因素。虽然能够取得商业成功的名伶，毕竟是少数人，实现“戏份制”以后，名伶和普通伶人之间的收入差距拉开很大，许多普通伶人并没有与名伶一样能够从“戏份制”中获得更多的商业收益，整个伶人收益结构形成一种塔字型的形态，塔尖者为高额收入者，但是，人数毕竟很少，而大量的塔身者和塔底者，收入不高，生活仍然寒苦。即使是一些“头等脚”，或者因为实际技艺达不到“头等脚”水平，或者因为年老、技艺过时，按照“打厘”办法，戏份虽照原来价钱，但是，实际报酬收入要看售票情况，因此，报酬收入也不一定很高，甚至可能没有收入。齐如山《戏班》“打厘”条云：

> 所谓打厘者，是戏份虽照原价，但须看每日卖票情形如何。如卖满座则照原价发给，倘卖七成座则戏份亦照七成计算。戏份大小随当日售票情形规定之，故有时亦竟一文不给者，此即名曰打厘。有此伸缩办法，则角色身份面子无损，而约角者亦不至大为吃亏。日久便成习惯，于是又有预先将数目规定好者，如原戏份五十元，卖座八成给四十元，有六成则给三十元，此普通办法也。又有一种特别规定，戏价虽照售票情形规定，但亦须有最小限度如原价五十元，至少为十元之规定。则售票虽只一成，而戏份则不能再减，然有时亦可一文不给，但须对该脚说许多好话，此算一种人情，非规矩矣。此现在戏班最普通之办法。此种办法，于成班人最合适，因上座八成，亦可对各脚说六成也。

但是，从社会角度而言，它关注的往往是处于塔尖的高额收入者名伶，他们是一个剧目及其伶业的标志性人物，他们的报酬收益和日常生活情形，也就成为伶人及其家族的重要社会标识，而其他二路脚以及三路以下等脚只是伶业演出的“班底”，也就容易被忽视了。名伶的商业成功，“向时优与倡同贱，今则尊敬过师儒矣”。到了公元纪年时期，可以说，部分伶人及其家族的社会地位已经从明末清初的社会最底层，开始逐渐向社会上层靠拢。这种情形，在吴祖光的话剧作品《风雪夜归人》中也有所体现，虽然它属于文学作品，但是，也从一个角度反映了伶人及其家族社会地位的变化。剧中的伶人魏莲生，与高官阔佬“来来往往”，街坊邻居马大婶求他为被捕的儿子说情，他也有能力鼎力相助，他也颇有一些自我满足，如同剧中的玉春对他说的：“你一定没有把自己打在受苦的人里头吧？你帮人家的忙，救人家的难；你高兴，你笑。”伶人及其家族的社会地位，确实有些如同前述的

“安富尊荣，为天骄子”的意味。

由于伶业存在这种暴利机会，也使伶人的出身情况发生了变化。伶人的原始出身，是罪臣家属、战俘、奴婢、贫苦农民、侏儒，其实，后来伶人的出身已经多种化了，到了中国近现代社会转型时期，商人家庭出身的伶人增加很多。按照常识而论，农民阶级与仆役阶级应该是伶人出身的最大社会阶层，在中国近现代社会转型时期，实际情形并不如此，其中商人家庭出身的比例更高。随着中国近现代城市的发展，商业经济愈加繁荣起来，生活节奏也就越来越快，人们需要通过娱乐调节身心。近现代的娱乐方式，一般需要满足三个条件，一是本人直接参加；二是个人的形式，无需组成一个团体的方式；三是要有某种艺术的意味。在北京这样的都市，若要达到如此三个条件，“玩票”似乎是最为符合的。玩票自然需要本人亲自参加，而不是间接的参与，也无需一个团体，可以独自加入一个原有的票房，或者一个人向名伶请教，玩票自然也包括艺术的内涵，“所以商人玩票的独多，由玩票而下海的，也比比皆是。这便是商界出身的人所以特多的理由之一了。至于那些直接加入伶业的商人子弟，一则因为都市人口娱乐的要求大，再则因为伶业的报酬比许多职业为多，三则因为鄙夷伶业的社会心理已不像以前那般厉害，当然也不会在少数。”[55]这里，对于商人家庭来说，“因为伶业的报酬比许多职业为多”，恐怕是最为根本的，因为商人总是比常人具有更强的商业敏感，而伶业作为商业的价值，一旦成名成家可以获得丰厚经济收益，商人的感受自然更为深刻，因此，也就会将伶业作为一个职业经营。从某种意义来说，“鄙夷伶业的社会心理已不像以前那般厉害”，是商人子弟加入伶业的一个动因，反过来说，也是因为商人子弟等其他家族出身者为伶增多，使“鄙夷伶业的社会心理”更加稀薄起来。

三是社会领域。在中国近现代社会转型时期，“都市生活的维持一面固然靠商业，一面靠娱乐；商业越发达，生活越忙迫，越紧张，越单调化，便越不能没有娱乐”[56]，而戏曲成为这种娱乐的最主要的方式之一。从明代潘允瑞的《玉华堂日记》和祁彪佳的《祁忠敏公日记》中可以反映出来，明代苏州、扬州、杭州、上海等地一些观众，即已出现似乎天天看戏的习惯，而且，北京和天津等地也有这种现象，故而常使戏曲演出人满为患。张岱《陶庵梦忆》称，杭州余蕴实戏班的一次演出，出现“万余人齐声呐喊”的热闹景象，苏州枫桥的一次演出竟然达到“四方观者数十万人”，陆文衡在《啬庵随笔》中称苏州一带看戏乃是“通国若狂”。余秋雨提出一个“社会性痴迷”的概念：

社会性痴迷是一种很值得玩味的文化现象。一切艺术都在寻找着自己的接受者，而一切接受者都在寻找着接受对象，当一种艺术与一个群落终于对位并产生如胶似漆的互吸力的时候，便产生了社会的痴迷。……在中国艺术史上唐诗和书法都产生过长时间的社会性痴迷，社会的精神翅翼围着它们转，人生的形象、生活的价值都与它们不可分，为着一句诗、一笔字，各种近乎癫狂的举动和匪夷所思的故事都随之产生，而社会大众竟也不觉为怪，由此足可断定唐诗和书法在中国的古典审美构架中有着举足轻重的地位。昆曲作为一种在广阔范围内引起了社会性痴迷的艺术门类繁荣了两百多年，其在中国历史文化史上的地位也就不言而喻了。[57]

这种“社会性痴迷”，齐如山在《齐如山回忆录》中也曾提到民众如此狂迷戏曲的情形，他的家乡河北省高阳县大书房的先生、学生都能够唱昆弋腔，到保定府赶考的时候，车上还带着锣鼓琴笛等乐器，住在旅店，无事就唱起来，而且，附近的安新县等地也是如此。“先曾祖竹溪公（名正训）本就能唱，后中嘉庆年进士”，“先君禊亭公（令辰）乃光绪甲年进士”，“亦能歌数十曲，与吾乡之昆弋班诸老角无不相熟，且能背诵昆曲很多，如《北西厢》、《琵琶记》、《牡丹亭》、《长生殿》、《桃花扇》等等”，“所以看剧的瘾，永远是很大的。”[58]后来，齐如山到了北京同文馆学习以后，又借助一位在都察院担任都事的同学关系，经常到戏院蹭戏看。

因此，到了清朝公元纪年京剧兴盛时期，这种“社会性痴迷”仍然非常显著，同样也是“社会的精神翅翼围着它们转，人生的形象、生活的价值都与它们不可分”，成为都市的消费热点和时尚艺术。台湾学者丁秉鐩如此谈到自己的“戏迷”生活：“先严在天津行医多年，息影后便以听戏自娱，每逢京角来津公演，就大批买票，偕家人排日往观，而笔者即以‘附件’身份（不占位子），每天都跟着去听，因此，后天上也从小培养成听戏的习惯。等到长大了能独立听戏以后，更几乎是日无虚夕的听，两个戏院之间赶场的听，甚至从天津赶到北平去听。说来惭愧，五十多年在听戏上所消耗的时间和金钱可太多了，而好戏确也听了不少。[59]可以说，‘一种艺术与一个群落终于对位并产生如胶似漆的互吸力’，也就成为一种社会性的”互吸现象。

京剧时期，还出现了一大批近乎偶像的戏曲明星。这些偶像伶人也成为社会的“痴迷”对象，“各种近乎癫狂的举动和匪夷所思的故事都随之产生”。例如围绕着戏曲名伶展开的评花、选色、征歌、咏伎、出花榜、打茶围等各种活动，例如乾隆五十年（1785）刊刻出版的《燕兰小谱》以及由此开始的嘉庆、道光年间的“花谱热”。道光三年（1823）《燕台集艳》作者播花居士称道：“都中伶人之盛，由来久矣。而文人学士为之作花谱、花榜者，亦复汗牛充栋。名作如林，续貂非易。”[60]张次溪编撰的《清代燕都梨园史料》，即收录有如下的“花谱”书名：《日下看花记》、《长安看花记》、《金台残泪录》、《听春消咏》、《梦华琐簿》、《片羽集》、《众香国》、《莺花小谱》、《燕台鸿爪集》、《辛壬癸甲录》、《丁年玉筍志》、《燕台集艳》。这些花谱，记人、纪事、排名均有，而且，大致形成了自己的写作格式，即序言、自序、题词、例言、正文、跋语，可以说是一种通俗的伶业读物。颇为令人产生兴趣的是，起初阶段，这些“文人学士为之作花谱、花榜者”，在“花谱”中对于伶人还是流露出一种“仰望”或者“单恋”的“神情”，伶人对于这些“酸丁”、“饿眼”也根本不放在眼里，觉得这种“花谱”对于自身并无切身利益，最重要的还是“豪客”、“钱郎”等人，但是，由于京剧在嘉庆、道光年间的城市大众消费艺术的特点，具有一种通俗性、大众性和娱乐性，在当时没有其他传播媒介的情形下，这些“花谱”也就具有一种广告推介的功能，对于戏剧演出市场具有一定的影响作用。由于伶人感受到了“花谱”的价值，对于“文人学士”从冷淡和不屑开始转变到了依赖和渴求。《日下看花记》作者小铁笛道人称：“如张郎者，色艺岂必人所绝无，而一经品题，顿增声价，吹嘘送上，端赖文人。”[61]《丁年玉筍志》也记载了为伶人花君记载之事，“秀莲，字花君。扬州人。桐仙得意弟子也”，桐仙详细叙述了他的情况，“且乞立传。是夕张灯呼酒，命秀莲奏其伎，曰：努力博周郎一顾，将以实吾言之非谬也”，“桐仙以丁酉首夏为花君乞立传。一时诸郎咸原得厕名《看花记》中，争请余顾曲，乞品鹭色艺，冀得一言为重，招邀者踵武相接也。于是传写《看花记》者，几有洛阳纸贵之叹。”因此，可见“花谱”的影响力量以及伶人对于“文人学士”的倚重，就是花甲之年的作者，伶人也是环绕在他的周围，“冀得一言为重”。“画眉仙史”、“莲因居士”为《日下看花记》“题词”称：

砚屏春静捻吟髭，浅绿深红又几枝。消受晴窗风日暖，万花环护待题诗。
阿谁敢笑服模糊，日日寻芳兴自孤。醉倒春风无限感，白头人借万花扶。

在中国戏剧文化史上，“文人学士”和伶人结成如此紧密的经济利益关系，恐怕也是一个颇为奇特的现象。但是，开始阶段，“文人学士”的动机还是比较单一的，安乐山樵自序中称是记叙北京的“太平风景”，竹酣居士跋语则说是抒写“沉郁无聊之慨”，都是属于一种消遣性质，也可以说是一种较为特殊的“社会性痴迷”。

中国近现代社会对于戏曲及其伶人的“社会性痴迷”，还表现在“票友”的大量出现。

故都玩票之风盛行，上自王公，下自负贩，趋之若鹜，今且染及学子矣。美其名曰“艺”，不思艺有专门，何须人人习之耶？废弦诵而讴歌，易须眉以巾帼，可惜亦可耻。……学子青灯，有味胜于观剧，更不必身自为之矣。[62]

这里，虽然是谴责“玩票”的行为，“可惜亦可耻”，但是，也从一个角度反映了“玩票的普及性，今且染及学子矣”。由于这种痴迷，一些票友后来也就直接下海为伶，其中有些乃官宦子弟。应该说，如此案例数目不少。1935 年，北平警察局内六署署长延庚，他将儿子延玉哲送入北京戏曲学校学习，他与杨小楼很熟悉，又通过名流的推荐，将儿子拜在杨小楼门下，在中山公园水榭举行拜师仪式。局长儿子学伶，这只是官宦子弟下海的一个小小例子。

由于在政治、商业、社会等领域所发生的变化，中国社会对于伶人及其家族的观念产生了改变，尤其是一些著名伶人及其家族的社会地位发生骤变。到了光绪时期，伶人及其家族特别是名伶及其家族的社会已经颇为显赫。清末时期，戏曲表演艺术已经从杂剧戏谑转变为一种具有现代商业意味的消费艺术，而且，在一些社会改革家的心目中，它还是一种改良社会的手段，由此，伶人及其家族的社会身份，也开始淡出了“贱民”或者皇家奴仆的社会印象，“可以说，公元纪年时期，优伶的社会地位已经从清初的社会最底层，逐渐上升到社会的上层[63]”。

但是，由于“演员的职业、社会地位等等在文化——权力结构中的尴尬、沉浮不定的境况”，仍然会产生一种“具有反讽意识的背离”。潘光旦写道：

> 善意与恶意的最好的测验终究是婚姻。捧角的人，无论他见了一个伶人，尤其是一个旦角，怎样的歌功颂德，要他把自己的妹子或女儿嫁给他，面上一定立刻会有难色。由此可知上文所谓善意的态度，十分之八九还不过是一个玩弄的态度，说得最多些，也不过是等于英雄爱骏马的态度，在这种态度之下，伶人是没有独立人格的。无论捧角的人怎样多，而伶人犹不免成一个特殊的阶级，并且是一个特别的卑贱的阶级，这就是一个解释了。[64]

此等情形，如果在中国近现代社会转型时期，也许显得严重一点，此时“鄙夷伶业的社会心理已不像以前那般厉害”，将它作为中国戏剧发展史上的整体伶人及其家族处境，还是颇为恰当的。“所谓善意的态度，十分之八九还不过是一个玩弄的态度，说得最多些，也不过是等于英雄爱骏马的态度”，应该说，它还是属于一种理性与情感的矛盾。

这种矛盾，“文人学士”在撰著“花谱”方面的行为，也是颇为典型的。“文人学士”热衷撰写“花谱”，“选色年年盛，评花难定论。闲情余太史，小谱记燕兰”[65]，无论是初始阶段“文人学士”对于伶人的“仰望”或者后来伶人对于“文人学士”的“依赖”，“文人学士”撰著的“花谱”，都没有使用真名，而是使用室名别号一类，例如《片羽集》的作者为来青阁主人，《众香国》的作者为众香主人，《日下看花记》的作者为小铁笛道人，《听春新咏》的作者为留春阁小史，《金台残泪录》的作者为华胥大夫，《长安看花记》

的作者为蕊珠旧史，《燕兰小谱》的作者为安乐山樵，《燕台集艳》的作者为播花居士。这些“花谱”作者，在“花谱”中还常常邀请“同好”写诗题词，留春阁小史的《听春新咏》，“同好”人数竟然达到三十五六人之多。与“花谱”作者一样，“同好”使用的也是室名别号一类，例如《片羽集》的“同好”有“松坪居士”、“闲泉居士”、“丽渔散人”、“芙塘居士”等，《众香国》的“同好”有“月府仙樵”、“四于漫士”、“二松居士”、“听鹂馆客”、“望仪馆主”、“红蕉馆主人”等，《听春新咏》的“同好”有“小南云主人”、“芳草词人”、“停云居士”、“听竹道人”、“林香居士”、“醉菊居士”、“湖墅小隐”、“松北闲鸥”等。耐人寻味的是，这些“花谱”作者与“同好”，既然热衷“选色”、“评花”，跻身于“花谱”作者的行列，又为何不愿意暴露真名呢？分析他们的动机，应该说，这些“花谱”作者与“同好”还是不愿意与“伶人”同伍，在他们的意识或者潜意识里，伶人及其家族仍然属于“另类”，自己虽然愿意通过文字在娱乐界“抛头露面”，但是，仍然需要保持“文人学士”身份，不能与伶人名列一起，否则，有损于“文人学士”的高雅形象。既想过一把瘾，又不会失体面，使用室名别号一类是一种可以两全的方法，但是，却流露了“文人学士”的悖论心态。当时有人称道：“所以称号者，以游戏笔墨，知者自知，不必人人皆知。”[66]“不必人人皆知”，已经反映了文人学士的深层心理。

权力阶层对于伶人及其家族的矛盾态度，前已有所论及。《清稗类钞》载：

> 黄三演奸雄之剧最肖，尝供奉内廷，与谭鑫培同演《骂曹》。黄演至“修书黄祖”一节，孝钦后遽传旨笞杖。杖毕，厚赏之，曰：“此伶扮奸雄太肖，不得不杖。而演剧如此聪明，又不得不赏。”[67]

在此，帝王阶级颇有些“玩弄的态度”，也不分辨戏内和戏外，对于伶人的态度喜怒无常。《菊部丛谈》也载：

> 清德宗亦嗜歌曲，最赏识余玉琴，常令其唱“十粒金丹”、“儿女英雄传”诸作。一日，玉琴戏毕，犹未卸装，德宗遽召之入殿（伶工例不能入殿），携庄儿（余玉琴）手顾后说：“玉琴具文武才。”后以其近御座，有愠色，将诉诸太后。德宗惧，视余伶所佩倭刀非假物，将律以“御前持械罪”，挥之出曰：“送刑部。”玉琴遂报暴故，不敢复应召。直至公元纪年后，始敢以色相示人。[68]

从“最赏识”到“送刑部”，只是转瞬之间。这里，自然也有“德宗惧”的成分在内，但是，也说明了德宗对于伶人的真正态度。需要关注的是，帝王从“笞杖”到“厚赏”之间，或者从“最赏识”到“送刑部”之间，中间是如何转换的，为何转瞬之间即可完成转换。余秋雨在分析《三国演义》中刘备三顾茅庐时诸葛亮的心态转换时，曾经提出一个“集体深层心理”的概念，他认为开始诸葛亮几次三番地躲避着刘备不肯出山，但是，第三次与刘备接触一谈，却是大谈政治军事局势，“这两者，看似极为矛盾，却构成了中国文人‘入世’、‘出世’两层互补的心理构建。既可以修身、齐家、治国、平天下，又可以啸傲山林、遁迹江湖、藏匿自身。儒道互补，用则行之，舍则藏之，构成了中国文人世代相袭的机智和狡黠”，“这种世代相袭的集体深层心理既有显意识的成分，也有潜意识的成分。”[69]如此“集体深层心理”是针对中国文人而言的，“儒道互补”，时儒时道，可以“儒道互补”。帝王自然与此情况并不相同，但是，在伶人及其家族的态度上也是异质同构的，体现了相同的转换结构形态，时“厚赏”、“最赏识”时“笞杖”、“送刑部”，也流露了一种中国统治阶层的集体深层心理，也可以说是一种中国统治阶层的天性，即理智与情感的矛盾态度。这种理智与情感的关系，会有相互一致和合一的时候，但是，更多的是相互对立、挣扎甚至撕裂。应该说，它伴随着中国帝王走过他的最主要的政治生涯，因此，帝王总是会表现出一种喜怒无常的性格，在中国政治生活中历来有着“伴君如伴虎”的说法。帝王对待伶人及其家族也是如此，同样存在着理智与情感的矛盾态度，时理智时情感，或者在理智上认为必须对伶人及其家族防备，但是在情感上又无法摆脱伶业的诱惑，或者在理智上认为伶人及其家族的社会地位已经随着社会转型而变化了，然而在情感上又不能抹去伶人及其家族乃曾是传统贱民或者皇家奴仆的认识，这种理性和情感的复杂内涵和微妙关系，必然带来一种恩威无常的矛盾态度。这是中国帝王的天然性格，也是伶业的特殊性质所带来的宿命。恩威转瞬之间的变换，包含了中国的政治和人性，构成了一种理智与情感的两层互补的心理构建，它的转换关系，统治阶层总是将它控制在能够掌握的范畴之内，在两者之间进行掌控，由此，这种矛盾态度既体现了统治阶层的机智和狡黠，也流露了统治阶层对待伶人及其家族的底线态度，决定了演员的职业、社会地位等等在文化——权力结构中的尴尬、沉浮不定的境况。在中国历史上，曾经发生过许多权力系统对待伶人及其家族矛盾态度的案例，在此似乎都可以发现它们的集体深层心理。

中国社会对于戏曲的“社会性痴迷”，出现了“明星”以及“明星崇拜”的现象，使伶人及其家族的社会角色也随之发生变易，但是，对于中国民众来说，“新”与“旧”的观念以及与此相关的身份与习俗的“变”与“常”，总是体现为一种混杂和交错存在的形态。伶人及其家族的社会身份虽然“贵贱今昔，不啻云泥”，但是，这种“贱”的意识，在“新”“旧”观念的纠缠中，仍然会存在着，也会出现一些尴尬的现象。唐鲁孙在《故园情》一书中曾经记载一件事情，1924年，梅兰芳的祖母病故，在家停灵期间，自然是天天念经放焰口，由于前来吊祭的显要不少，可以说是每天车马盈门，警方派了几名保安队坐镇弹压和几名清道夫清扫街道。由于北京风俗，富有人家举办丧事，杂役人等也是大吃大喝，“有位仁兄大概酒喝得沉了点，忽然异想天开地说：梅老板穿上戏装，就如同天上仙女一样，下了装，也是细皮白肉像个大姑娘。咱们各位谁有胆量过去，搂着梅老板要个乖乖（北平市井之徒管接吻叫要乖乖），我送他一块大头。结果清道夫中有位二百五的老不羞，一听有一块大洋可拿，立刻答应下来，欣然愿往。等到梅的祖母伴宿开吊，僧道喇嘛嗪经送圣烧楼库，梅老板以承重孙资格麻衣麻冠于思满面，正在大街跪在孝垫子上低头静听僧道宣圣，忽然从人堆里窜出一人搂着梅氏狂吻几下又钻进人群。正好赶上侦缉队长马玉林带队巡逻，一望有人从人堆里慌慌张张出来撒腿就跑，心知必有缘故，赶上去一腿，就把这人撂在当地。”[70]问清原因以后，因为此事也不能说是犯罪，就处罚此清道夫从宣外大街到菜市口这条大街，每天泼街一次，为期十天。从梅兰芳门前车马盈门，警察坐镇保卫，几位清道夫应该知道，梅兰芳已不是等闲之辈，已经位列社会上层，但是，社会最底层的清道夫，竟敢当众“搂着梅氏狂吻几下”，而且，选择在一个非常大不敬的环境，祖母丧事活动之中，“僧道喇嘛嗪经送圣烧楼库，梅老板以承重孙资格麻衣麻冠于思满面，正在大街跪在孝垫子上低头静听僧道宣圣”，发生这种情形，应该说，在清道夫的“深层心理”中，梅兰芳并没有与“戏子”、“贱民”的社会身份完全脱钩，当时梅兰芳的高贵社会地位对他没有构成太大的威慑力。如果是一个与梅兰芳社会地位类似，甚至社会地位还不如梅兰芳的官员，几位清道夫无论“酒喝得沉了点”，也不敢如此的“异想天开”和“欣然愿往”。

中国社会对于伶人及其家族的矛盾态度，自然与近现代社会转型有关，里面也包含了“集体深层心理”，而且，这种“集体深层心理”也有“既有显意识的成分，也有潜意识的成分”。这是由于时代使然的。鲁迅、胡适等人都难以避免，“难以摆脱情感与道德的两难境地”，胡适只能以自己“于家庭之事”“从东方人”和“于社会国家政治之见解”“从西方人”搪塞之。曹书文在《家族文化与中国现代文学》一书中写道：“中国现代作家以其对家族制度与家族伦理的大胆否定显示出反封建的战斗锋芒，但由于来自封建旧家庭的经历，家族文化早已渗入他们的骨髓和血液，因而他们在感情上大都对传统的家族伦理表现出一定程度的认同。鲁迅、胡适、郭沫若、茅盾等既是家庭专制的激进反叛者，又是封建家庭的孝子，他们一方面大力提倡自由恋爱，但同时又接受了门当户对的包办婚姻，在家族利益与个人感情的矛盾中尽管有不得已的苦衷，但最终还是坚持了家族本位的立场。”[71]中国近现代社会转型虽然也体现在政治与经济方面，但是，更多的还是表现在精神结构方面，“激进反叛者”与“孝子”统一在一个人身上，这种悖论式的“精神悲剧”，实质是一个时代的“集体深层心理”。中国社会对于伶人及其家族的态度，在如此的一个“新旧交替时期”，自然也无法逃脱这样的悖论精神格局。

第四节 伶人家族的自身人格建设

内部方面而论，也即伶人自己对于伶人家族的态度，也体现出一种尴尬的处境。中国伶人为了提升伶人及其家族的社会身份，曾经进行过各种改革，建立一种人格形象，在中国近现代社会转型时期，从自身内部出发，使伶人及其家族的公众形象也发生了变化。

一是除弊改革。在中国伶业中，由于它的“娱人”性质，存在着一些色情化现象，例如站台，即让男旦扮妆以后，每日站在戏台的东西厢，以供台下观赏。程长庚执掌三庆班以后，即禁止男旦“站台”，而且，也禁止男旦与士大夫宴乐相狎、经营色相，禁止男旦表演艳戏、粉戏，他要求男旦在艺术上钻研求新。一个更为突出的现象，是前面曾经论述的“相公”。周志辅在《枕流答问》一书中称道：

> 当时私房子弟，以年青貌都，大多数习为旦角，后来子弟浮薄，行为不检，而达官贵人，从而利诱，文人墨客，又自命风雅，推波助浪，老板们慑于官威，明知故纵，其不肖者，亦不免因此博利，遂使人误以相公为像姑，牵强附会，真视相公堂子如妓薮矣。……
>
> 道光初年，堂名始盛，梨园风气，为之一变，以迄清末，八十余年间，私房子弟，人才辈出，虽其间薰莸同器，不免贻人以口实，但隐然占梨园中重要地位，则是事实，无可否认。[72]

应该说，“堂子”在培养伶业人才方面还是做出很大贡献的，“人才辈出”，“无可否认”。齐如山也认为，“堂子”培养的伶业人才，“光绪几十年中，一直到公元纪年初年，戏界的名脚，这种人才，占极大的部分。”[73]这些“堂子”，通常是经营“科班”和“打茶围”两项事务。“堂子”出身的演员极为密集，一方面说明了“堂子”确实是培养伶业人才的重要途径，另一方面也反映了“堂子”在当时伶业的显赫地位。

正是因为“堂子”的显赫地位，“堂子”的色情印象在社会上传播更广和影响更大，因此，到了清末时期，伶人田际云上书请求废止私寓制度。

> 际云以私寓制度，为伶界奇耻，欲上书废止之（宣统三年）。呈未上而被私寓有力者阻挠；御史某受贿，诬彼以“暗通革命党，编演新剧，辱骂官僚”之罪名下诸狱者百日。公元纪年成立，彼以贯彻初衷故，请愿禁止私寓，终致成功。又

请废止女伶娼业者，亦得其许可。[75]

"呈未上而被私寓有力者阻挠"，说明"私寓"具有较大的利益关系，"私寓有力者"才会设法"阻挠"，而田际云即使"下诸狱者百日"，在时机成熟时仍然"请愿禁止私寓"，因为他觉得"私寓制度，为伶界奇耻"。这次"终致成功"，是在辛亥革命成功以后，已经改朝换代，田际云成立了"正乐育化会"，由谭鑫培担任会长，他自己担任副会长，"正乐育化会"的第一个活动就是"请愿禁止私寓"，1912 年 4 月 15 日向北京外城巡警厅递呈，请求查禁韩家潭像姑堂，外城巡警厅于 4 月 20 日批准。告示曾经刊登在北京《正宗爱国报》，全文如下：

外城巡警厅为出示严禁事：照得韩家潭、外廊营等处诸堂寓往往有以戏为名，引诱良家幼子，饰以色相，授以声歌。其初由墨客骚人偶作文燕游之地，沿流既久，遂为纳污藏垢之场。积习仍相，俨然一京师特别之风俗，玷污全国，贻笑外邦。名曰"像姑"，实乖人道。须知改良社会，戏曲之鼓动有功；操业优伶，于国民之资格无损。若必以媚人为生活，效私倡之行为，则人格之卑，乃达极点。现当共和公元纪年初立之际，旧染污俗，允宜咸与维新。本厅有整齐风俗，保障人权之责，断不容此种颓风尚现于首善国都之地，为此，出示严禁。仰即痛改前非，各谋正业，尊重完全之人格，同为高尚之国民。自示之后，如再有阳奉阴违，典买幼伶子弟，私开堂寓者，国律具在，本厅不能为尔等宽也。切切特示，右谕通知。[76]

这份重要告示可以说是对"堂寓"的一个总结。在田际云的倡导下，公元纪年政府肯定了"须知改良社会，戏曲之鼓动有功；操业优伶，于国民之资格无损"，因此，伶人在人格上"尊重完全之人格，同为高尚之国民"，对于改善伶人及其家族的社会形象具有十分重要的意义。

"正乐育化会"还提出了更改戏班班名的"班"字，认为它颇接近于妓馆之名称，议决改为"社"字。1913 年新成立的戏班班名，已经使用"社"字，例如"翕庆社"。1914 年阴历正月初一日，所有戏班班名一律改为"社"字。

表 7.2 公元纪年初年戏班新旧班名对比情况

原名	戏园	新名
玉成班	天乐	翊文社
同义和班	广兴	群益社
春庆班		辅文社
和庆班	中利	维文社
双庆和班	同乐	志翕社
斌庆和	三庆	文德社
鸿顺班	福寿	励德社
蓉仙班	春仙	蓉仙社
永庆和班	西安	永庆和社
翕庆社	天和（1913 年成立）	翕庆社
天顺和班	燕舞台，天桥	天顺和社
德春和班	歌舞台，天桥	德春和社
四顺班	吉祥，天桥	四顺社
吉庆和班	升平，天桥	吉庆和社
喜连和班	振仙，天桥	喜连和社
贵鸣班	六安茶园东安市场大棚	贵鸣社
庆华班	庆华茶园	庆华社

当时，还有三个戏班班名未改“社”字，后来改者，即洪庆班改为庆和社，正乐班改为民乐社，富连成改为广德社。[77]

另外，还有人提出废除“艺名制”，挂牌演出使用本名，例如“小叫天”直书“谭鑫培”，“白牡丹”直书“荀慧生”，“元元红”直书“郭宝臣”，“十三旦”直书“侯俊山”。由于伶人内部的除弊努力，改革伶业的不良习俗，使伶人真正脱离“以媚人为生活，效私倡之行为，则人格之卑，乃达极点”的处境，使伶人及其家族成为“高尚之国民”，确立良好的伶人及其家族的职业形象，伶人自身的改革力量也是非常重要的。

二是人格力量。首先是一些著名伶人所表现出来的人格魅力。例如程长庚，陈彦衡《旧剧丛谈》称道：

长庚，九龄皆读书识字，故其胸襟与俗子不同。余幼时见其登场，不但声容之美，艺术之高，人不能及，即其神采举止，一种雍容尔雅之气概，亦觉难能而可贵。盖于古人之性情、身份体察人微，一经登场，不啻现身说法，故为大臣则风度端凝，为正士则气象严肃，为隐者则其貌逸，为员外则其神恬，虽疾言遽色，而体自安详，虽快意娱情，而神殊静默，能令观者如对古人，油然起敬慕之心。[78]

这里，描述的主要是程长庚的舞台形象气质，但是，这种“神采举止，一种雍容尔雅之气概”，也与他个人的精神内涵与修养有着很大关系，“其胸襟与俗子不同”。在周传家的《谭鑫培传》一书中曾经提到程长庚对孙菊仙说过的一段话，“与其习武求官，不如下海唱戏。优伶未必下贱，全看你自己。自强自尊，优伶亦贵。不然，虽贵也贱。”[79]因此，程长庚非常看重伶人的“自强自尊，优伶亦贵”。程长庚演戏，不允许观众“狂叫喝彩”，故而他表演的戏园子里，无论是王公大臣还是市井百姓都是非常安静地看戏，一些往常习惯于喝彩之辈，此时也只好是屏声敛气，生怕因为喝彩而导致程长庚中途退场。程长庚即使到了皇宫内院，已经成为御用伶人，担任内廷供奉，对皇帝也提出不要喝彩的要求，“上呼则奴止，勿罪也”，奏准免于叫好，他才登台演唱，而皇帝也答应了他，由此，“终其身数十年，出则无敢呼叫者。”[80]程长庚对于演戏环境和演戏效果的要求，正是他“自强自尊，优伶亦贵”观念的具体表现。

程长庚对待伶人周恤备至，克己待人，非常讲究戏德。例如按照当时伶业习俗，主演与配演的角色界限分得非常清楚，凡是成名演主角者一般不肯饰演配角，而程长庚则是经常饰演配角。张次溪《燕都名伶传》称：“长三庆班时，每遇堂会，配角缺乏，必自出充补”，当时也有人劝阻他，觉得他这样对名声有碍，程长庚却正色道：“众人之搭三庆班，乃因我程长庚。众人为我，我又何敢不以手足视众人！正角唱戏，配角亦何独不唱戏耶？同一唱戏，又何高低之分，贵贱之别耶？”王梦生《梨园佳话·程长庚为戏中山斗》称道：“唱不择人，调可任高下，必就人之所可能，而每一发声则与‘配戏’者往往自忘其所演，专注耳以尽其妙，台下笑之不觉也。其为技至此，岂偶然者，人以是服老班之能。”

程长庚掌管三庆班，纪律严明，不容谬误，“长庚演剧极为认真，他人有误，退场必严词呵责，不少宽容。然当场从不与人难堪，所谓戏德也。”[81]张次溪在《燕都名伶传》一书中也提到程长庚治理三庆班的严格公道，威信赫然，“有治事才能，耐苦，每未申之交，必至戏园主事。园中无杂乱声，前台执事人外，无一人搴帘外出者，秩序因之井然。”当时，三庆班规定演员个人不得“外串”，即不许演员搭本班时另在其他戏班应活演出，不能因为个人博取巨额缠头而影响了整个戏班营业。一位颇有名望的伶人违反了这一戏班的规约，程长庚即严厉给予处罚，绝不姑息。后来，一次都察院搞团拜，邀请四喜班去演戏，也想请程长庚串戏，程长庚不允，后某位亲贵亲自邀约，程长庚仍然不允，都察院官员大怒，竟然将程长庚拘锁在台柱之下，以羞辱之，“问其何以不唱，长庚漫称喉痛，事后好事者询其故，长庚正色道：‘锁宁足畏，吾畏无以对三庆诸弟兄。锁柱下何耻，足以见都察院无理’，众益感动。”[82] 如同程长庚所称的，“吾畏无以对三庆诸弟兄”，他是不想破坏三庆班不准“外串”的规约，以身作则，不惜受辱，维护伶业“自强自尊”的形象。穆辰公《伶史·程长庚本纪》记：

又有某伶者，唱净，艺不佳而冀增薪。商于程，程曰：“尔能出台时博喝彩者，余即增尔薪。”某领之，于出幕时故误其髯，观客争以反意报以彩。程于幕后以为彩也，即加以薪。后乃知其弊而薪削矣。程治梨园无殊治国，以恩威为御物之本，所任必量其材，恩加人知感，威加人不怒。如此数十年，未尝或懈。

根据以上所述，“程治梨园无殊治国”，这种评价并不为过，因为程长庚是怀抱“优伶亦贵”的信念的。他的人格魅力，还体现在他对于伶业公益事业的热心。张次溪在《燕都名伶传》称：“长庚廉而不吝，长年布衣布履，然朋旧有所借贷，辄罄囊以助。”战乱年代，伶人演出受到影响，生活发生困难，程长庚总是慷慨相助，特别是在帝王治丧期间，由于城内很长时期禁止演出，伶人为了维持生活只能在城外的茶馆清唱。程长庚总是带领全班伶人外出清唱，收益归全班使用，自己绝不多取一分。到了晚年时期，程长庚仍然时常上台表演，徐珂《清稗类钞·优伶类》载，当时许多人对之很纳闷，“君衣食丰足，何尚乐此不疲?”程长庚说“某自入主三庆以来，于兹树十年，支持至今，亦非易易。且同人依某为生活者，正不乏人。三庆散，则此辈谋食艰难矣。”程长庚如此，仍然是为“同人”的“谋食”考虑。程长庚对于后辈也是关怀备至，尽心教导和提携，谭鑫培、孙菊仙、汪桂芬、杨月楼等后辈名伶都曾经得到过他的教益。

程长庚生活的时代，正是中国内忧外患时期，“鸦片战争”之后外部强国入侵，内部政治昏庸。英法联军攻占北京以后，咸丰皇帝早已逃往热河，英法联军一路烧杀抢劫，火烧了圆明园。程长庚闻讯后，顿时吐血昏倒，在众人救助下醒来时仍然悲痛不已，与众伶相对而泣。陈澹然《异伶传》称：“咸丰十年，英法联军入京师，显皇帝狩木兰。长庚痛哭出。”程长庚将自己对于国家的忧愤转移到艺术之中，他擅长表演的剧中人物大多是古代的英雄豪杰，例如伍子胥、岳飞、祢衡等，也形成了独特的唱腔风格。陈澹然《异伶传》载：

道光十八年，英吉利以鸦片入广东，二十二年入长江，长庚愤欲绝。咸丰间“发、捻、回、苗”遍中国，诸贵人燕乐不衰，长庚则闭门不出。或怪之，则泫然流涕曰：“京师首善乃若此，吾不知所税驾矣”，……咸丰六年英人破广州缚粤督去，江南军大溃。“捻益寇”中原；十年英法联军入京师，……未几和议成，俄罗斯夺龙江，……穆宗幼立，两宫听政，返京师，恭忠亲王领枢府，始开译署，理外交，诸贵人燕乐如故。长庚丧乱且贫，则复治故业，孤怆抑塞，调益高，独喜演古贤豪创国，若诸葛亮、刘基之伦，则沉郁雄壮，四座悚然。至乃忠义节烈泣下沾襟，座客无不流涕。

程长庚因为“愤欲绝”而“通哭出”，从咸丰十年到同治元年，辞别舞台暂不唱戏。程长庚由于内心的激愤，加上所扮演人物的身份和处境，逐渐形成了“沉郁雄壮”的演唱风格，业界人士形容他的嗓音是“脑后音”，唱腔不求花哨，柔中有刚，在平直舒展中取胜，《梨园旧话》称：“高亢之中，又别具沉雄之致，视他伶之徒唱高调，听之索然无韵者，殆有宵壤之殊。”[83]如此的“脑后音”、“高亢”、“沉雄”，甚至能使“四座悚然”，“座客无不流涕”，应该是程长庚对于时代的愤怒感情在他的唱腔声乐中的曲折反映的结果。

正是程长庚的人格魅力，加上他的知名度和影响力，为伶人树立了一杆做人作艺标尺，“他的作风对当时的伶人产生了很大的影响，对不自尊自爱的习气和心理，也起到遏制作用”，[84]也改变了中国社会对于伶人的人格观感。这从程长庚在台上演出，台下无人“狂叫喝彩”，即使是皇帝也是如此也可以反映出来。据说程长庚非常厌恶叶子烟气味，他在舞台上表演时，台下观众也就停止吸烟。王梦生《梨园佳话·程长庚为戏中山斗》如此评价程长庚：

居长衣履甚不讲求，被服如村学究。遇伶界中人，老必抚，幼必教，乏资必用；无归必养，无资斧必赆；有过必殷殷劝勉，重则训示惩戒，虽亲族无或轻免，故以是人服老班之公。

程长庚技艺绝伦，已是一代的巨匠，但是，他的人格境界可以与他的艺术并驾齐驱。穆辰公《伶史·程长庚本纪》云：程长庚“操行特著，后人称道弗衰，虽古之贤宰相，不是过也。则其得名也，岂偶然哉”！将程长庚与古代“贤宰相”并论，“不是过也”，程长庚称得上一代“伶圣”。

除程长庚之外，还有其他众多的伶人以自己的人格魅力，提升了伶人以及伶界的精神等级，在一定程度上使中国社会改善了对于伶人及其家族的传统世俗观念。孙菊仙掌管四喜班，全部用程长庚章法，《伶史·程长庚本纪》记载孙菊仙称道：“我师大老板，不师其艺，实师其为人也。”主要是从“为人”的角度师法程长庚。梅巧玲的“焚券”和“赎当”故事，在伶界乃至社会上则是产生更大的影响。需要注意的是，梅巧玲在这两个事件中资助的都是文人和官员，而并非是同业伶人或者伶人家族，“焚券”中的谢梦渔乃是探花出身，官至御史，“赎当”中也是举子，也已考上探花，因为梅巧玲与他们交谊颇厚，生前死后都主动给予他们大力的资助。一个在社会观念中还残留有“贱民”痕迹的伶人，资助在社会地位上处于上层的文人和官员，确实是颇有值得咀嚼的，在晚清时期的伶人和戏迷之中广为传颂。梅巧玲对于伶人及其家族的周恤关爱，梅兰芳在《舞台生活四十年》一书中谈到过祖父与他的老师吴菱仙的一件事情：

> 吴先生在先祖领导的四喜班里，工作过多年。他常把先祖的逸闻轶事，讲给我听。他说：“你祖父待本班里的人，实在太好。逢年过节，根据每个人的生活情形，随时加以适当的照顾。我有一次家里遭到意外的事，让他知道了，他远远地扔过一个小纸团儿，口里说着：‘菱仙，给你个槟榔吃！’等我接到手里，打开一看，原来是一张银票。”[85]

因为当时班社制度是“包银制”，每个人的戏份都是固定的，这种赠予属于一种例外的情况，根据每位伶人的家庭环境、经济状况以及实际情况需要，采用这种方法予以照顾。伶人收到这类赠予款项的时候，大多也是他需要钱款的关口。梅巧玲曾经遭遇两次衔接起来的“国丧”，清穆宗载淳在同治十三年十二月驾崩，载淳皇后孝哲后在光绪元年去世，前后相距时间不足百日。按照当时规定，“国丧”期间，百日之内，不准动用响器。百日之外，方可便衣上台，名为“说白清唱”。当时，伶业分为大班小班，小班无力支撑这种局面，一般只好解散，大班由于规模较大，而且是固定的组织，伶人都签有契约，全体伶人都居住在“下处”宿舍，为了照顾同业生计，所以不能解散。但是，在习惯上只开半份戏份来维持伶人的生活，而梅巧玲的四喜班却是全开。如此，并不意味着梅巧玲经济条件很好，他是依靠借债来全开包银的。开始是向汇票庄借，后来也跟私人告贷。梅巧玲因为四喜班赔垫过多，实在无力维持，想请时小福接替他掌管。时小福自己也管理着春和班，以无法兼顾的理由推辞，后来，看到四喜班的经济状况日益恶化，如果再没有援助，就要瓦解，许多同业必然失业。时小福不忍，就借给梅巧玲一笔数目相当大的银子。过了一个时期，仍然不能维持，时小福竟然卖掉了自己居住的房子，来挽救四喜班最后的危机。

在中国近现代社会转型时期，中国社会可能对伶业的“卑贱”地位，在意识或者潜意识中还有着不同程度的残留观念，但是，由于程长庚、梅巧玲、时小福、孙菊仙等著名伶人所显示出来的人格魅力，使中国社会对于伶人的人格精神已经不至于轻视或者忽视。这种“自强自尊，优伶亦贵。不然，虽贵也贱”的观念，从伶人内部开始提升伶人的精神层次，他们已经与高等级的精神部位接通，“虽古之贤宰相，不是过也”，也使中国社会对于伶人及其家族产生了一种敬重心情，在一定程度上改变了伶人及其家族在近现代社会转型时期的生存人文环境。

其次是伶人身上的傲骨品格。中国宋金元时期的伶人及其家族，官身制度非常严格，例如“唤官身”，只要是官府召唤，任何时候不得迟误，《宦门子弟错立身》中的王金榜，延寿马“唤官身”，“唤取多娇金榜来，书房内等待。休道侯门深似海，说与婆婆休虑猜，只道家中管待客。展华筵，已安排，是必教它疾快来”，王金榜便不敢不来。《汉钟离脱度蓝采和》中的蓝采和，正在高高兴兴地过生日，与给他祝寿的家人和亲戚喝酒时，传来了官府“唤官身”，他便只好离开生日祝寿活动，前去应差，但是，还是被以误官身的理由，被下扣厅责打四十大板。如此变化，使他痛苦万分：

【哭皇天】唬的我半晌宋如痴挣，悠悠的去了魂灵，则听的乐台上呼唤俺乐名。唬的悠悠的丧了三魂又不见分毫动静，我怠慢了官身，连忙点缀，便要招成。偌来细细荆杖子临身，比俺那勾栏里淡交疼。（孤云）扣厅打四十，下下打着者。（正末唱）更过如包待制涅，几曾见行院来负荆。

由此，蓝采和看破了凡尘，跟随着钟离权出家去了。这里，虽然是钟离权、吕洞宾所设下的幻景，但它应当是一种现实生活的艺术折射。

到了明朝时期，则是已经没有关于“唤官身”的记载，虽然也有官府叫唤演出，演出价码可能开得低些，但是，应该开赏的还是开赏，也没有因为误官身而被“扣厅”杖打的。清末公元纪年时期，一些伶人已经敢于拒绝官府命令。《清稗类钞》载：

同光间，上海有名伶陈彩林者，隶金桂园。其初居京师胜春奎班，班为内监所蓄。时彩林尚髫龄，以不赴某侍御召，侍御衔之，因劾宦官不得私蓄梨园，上韪其言。班散而彩林遂至海上，登场四顾，倾倒一时。

陈彩林“以不赴某侍御召”，颇有一些胆量，而且，他可以躲到上海去发展，说明当时伶人的处境也已经相对宽松。杭州织造局曾经推荐盖叫天入清朝内廷担任供奉，这对于普通伶人来说，是一个非常难得的机遇，但是，盖叫天拒绝了，因为他无意于服侍皇亲国戚和宦官太监。按照当时伶业习俗，每到一个城市演出，都要去“拜码头”，到当地的要人、地头蛇、票房和报馆拜客，甚至围着达官贵人转，常常是陪客侑酒，成为达官贵人的玩弄对象。盖叫天对于这种不自重的行为却是深恶痛绝，所以，他每到一处从不拜客，想要看戏自已到剧场来即可。《洪宪纪事诗本事簿注》载，1915 年袁世凯寿辰时，下令宣召北京著名伶人为他祝寿演出，但是，谭鑫培、孙菊仙却是召而“不至”，九门提督将他们挟持到现场，演出结束以后，谭鑫培“不辞而别，大笑出新华门”，孙菊仙则是将“二百银元沿途漏落”。谭鑫培、孙菊仙“傲视”、“拒绝”袁世凯，内心背景可能是比较复杂的，或者是藐视袁世凯，对于他称帝和丑化孙中山无法认同，或者是作为前清的“内廷供奉”，觉得自己只能侍候“老佛爷”，而不能够侍候政治暴发户袁世凯。这种傲骨，作为一个伶人来说，都有利于提升伶人及其家族的社会形象。汪桂芬也是一位不畏权势之人，一生耿直，演戏常常依兴而歌，兴尽而至。《异伶传》称：

> 少侍长庚，职胡琴，久之通。……尝与杨月楼俱出鑫培上。鑫培领供奉，桂芬独傲睨不偕。少不娶，无室家。独御道人装，首金圈约其发。……桂芬耻言金，无食而出，饱则否。……虽太后召示，重金不至。客慕其高洁，饮之，至巨馆门则返，饮陋馆则狂喜歌呼。客喜，请奏歌，不可，则挂胡琴馆壁上，酒酣，桂芬辄自取，高调入云，恒数出不倦。客怪之，桂芬笑曰：歌以乐吾天耳！日娱贵人瞻家室，则优人矣！

汪桂芬的孤傲可能有他的性格因素，但是，他不但不愿意担任“内廷供奉”，“桂芬独傲睨不偕”，而且，“虽太后召示，重金不至”，汪桂芬的傲气确实显得有些反抗意识，甚至属于一种人格意识。《清代伶官传》载：“惟晚年无论在戏馆或堂会多临时避演，即强之亦不可得。故京师有‘八不见’之号焉。”

中国近现代社会转型时期伶人所体现出来的傲骨，可能有时代的整体背景，受到了当时新思想和新意识的熏染，但是，从这种傲骨中也流露出来著名伶人作为社会公众人物的自我“形象”意识，甚至是一种自我人格的意识。作为从伶人及其家族内部爆发出来的人格冲击力量，同样也使中国社会对于伶人及其家族不会如同昔日一般的等闲视之，“往昔等优伶于娼妓，以声色取悦于人，无所称艺术也”，但是，清末公元纪年时期，富贵人家“风气所趋，非演剧不足以示豪，寿父母者，微堂戏不足以称孝，座无名优，盛筵不乐，朋鲜名伶，交游见窄，于是优伶为时势所造之英雄，身价顿增百倍。”[86]

但是，“为时势所造之英雄”的伶人，仍然存在着一种身份矛盾和困惑。许多著名伶人虽然在经济上已经获得很大成功，甚至被称之为“安富尊荣，为天骄子”，而且，伶人及其家族从内部的精神构建方面表现出了自身的人格力量和铮铮铁骨，令社会敬重之，在政治上也似乎是颇为风光，达官贵人、富商文士都愿意与他们交往，常常会觉得与他们来往，很有一些光荣甚至是一种“身份”的标志。但是，伶人感觉到这种政治地位的虚幻性质，它是不扎实和不稳固的，在伶人的身后仍然拖着长长的“贱民”的尾巴。潘光旦写道：

> 一班文人替伶人说话，一面叙他的上代谁做过官、谁营过商，一面往往特地

添上“家世清白”四个字；又如一个伶人的儿子改了行，写惯捧角文字的人居然会写“某某有后，令人为之艳羡不止”的话；都好像唱戏本身就是一种丢脸的事、有唱戏的儿子就等于没有儿子似的。但是在这种矛盾和冲突之中，结果还是恶意与歧视的态度占了优势。上文“身家清白”和“有后”一类的话所代表的心理就不能说完全是善意的。[87]

在中国近现代社会转型时期，伶人的政治地位表现出一种反复无常的状态，一旦碰到实质问题，这种政治地位就贬值了，甚至是为零了。光绪、宣统年间，庆亲王家举办堂会，谭鑫培到来时，庆亲王亲自到“仪门”迎接，“庆王并且和谭鑫培携着手走进来”，并且，“阔绰烟具招待他”[88]。此等关于伶人政治地位的“神话”，流传颇多，但是，1917 年 4 月 8 日，广东督军陆荣廷到达北京，江宇澄等政府要员为了欢迎他，准备在金鱼胡同那桐府演戏，拟约谭鑫培演唱《珠帘寨》。谭鑫培正在病中，对戏提调称如果演出那天病愈，可以演唱《碰碑》，但是，不能演唱文武并重的《珠帘寨》。到了演出之日，谭鑫培身体还没有痊愈，便谢绝演出。江宇澄数催不至，便派官警押车来到谭宅，强迫谭鑫培去演出。谭鑫培再三说明自己的身体状态，官警仍不允，只好抱病前往。回来不久，就含恨辞世。上述两个事情已经属于两个时代，也许谭鑫培在清代担任“内廷供奉”，备受慈禧宠爱，而到公元纪年时期，他就没有如此的“恩遇”了。这里，也许有个人感情的因素，但是，到了公元纪年时期社会已经更加开明，还发生如此的伶人悲剧，而且，还是有关“伶界大王”谭鑫培的遭遇，说明伶人政治地位的虚幻化。另外，清朝时期，权力阶级对于伶人及其家族态度的喜怒无常，前面已经多有论及。因此，伶人的政治地位，仍然处于一种矛盾的尴尬境地。

吴祖光的话剧《风雪夜归人》，也曾提到了伶人的政治地位问题。它是一部文学作品，但是，也从一个角度折射了中国伶人政治地位的悖论性质。剧中的玉春对京剧名旦魏莲生说道：

我想，你一定没有把自己打在受苦的人里头吧？你帮人家的忙，救人家的难；你高兴，你笑，可是你帮人家的忙，救人家的难，是不是你自个儿的力量？要是人家的力量的话，人家可又是为的什么？你还高兴，是什么值得你高兴？你笑，是从心里发出来的笑吗？再说你活着，你想到过你是怎么活着的吗？你知道那些大官儿、阔佬儿们是拿你当消愁解闷儿的玩意儿要着玩儿的吗？你想到过你是个男人吗？一个男子汉，（伸出大拇指）大丈夫。……

从昨天晚上我们见了面到现在，莲生，你一点儿长进也没有啊！你爸爸是个铁匠，可是你为什么瞒着不告诉我？你觉得你的铁匠爸爸会失了你的身份吗？你觉得读书人就比铁匠、木匠、皮匠、花儿匠、泥瓦匠要高几等吗？

在玉春的影响下，魏莲生决心脱离这种“大官儿、阔佬儿们是拿你当消愁解闷儿的玩意儿要着玩儿的”的生活，与玉春一起出走。由于坏人出卖，计划夭折了，魏莲生被驱逐出城，玉春被送给了另外一位官僚，从此天各一方。二十年后，贫病交加的魏莲生和早已洗尽铅华的玉春仍在茫茫风雪中互相呼唤着。

此剧写于1942年，应该说是当时中国知识分子对于伶人的人生意义和人生价值的一种思考，由此，作者还模糊了故事发生的具体年代和地点，在“序幕”中写道：“那是高贵蒙受着耻辱的时代，黄金埋没在泥沙里的时代。在那样的时代里，到处都有那样的地方”，也就拓宽了话剧作品所展现和批判的社会背景，将主题升华到人生哲理的境界。魏莲生和玉春诀别时称道：“我将来也许会穷死，会冻死，会饿死，会苦死，可是我会快活一辈子。”这里，体现出来的伶人的人格觉醒，显示出巨大的批判力和感召力。

魏莲生似乎很有政治地位，身边围着一群“捧角”的达官贵人、太太小姐，能够“帮人家的忙，救人家的难”，但是，这种政治地位是具有依附性质的，“你帮人家的忙，救人家的难，是不是你自个儿的力量？要是人家的力量的话，人家可又是为的什么？”因而也是不稳定的。等到他与玉春的事情被人出卖，他即被驱逐出城。

但是，魏莲生的人格境界已经发生重大变化，如同玉春对他说的，“到那个时候，你才真是一个‘人’了，到那时候你才知道什么是快活，什么是苦恼，你才知道人该是什么样儿，什么样儿就不是人。你才知道人该怎么活着。”话剧作品并没有写到魏莲生被驱逐出城以后，是否会从事伶业，但是，即使从事伶业，魏莲生也会产生如同程长庚所说的“优伶未必下贱，全看你自己。自强自尊，优伶亦贵。不然，虽贵也贱”的职业态度了。

由此，中国伶人的自身人格建设，对于改善伶人及其家族的政治地位和社会处境，只能是阶段性的和局部性的，它有益于提高伶人及其家族在社会中的精神等级，但是，它必然体现出一种对峙递交的结构，需要经受着社会态度变化无常的尴尬处境。

第五节　悖论境况的客观必然性

这种尴尬具有中国近现代社会转型时期的客观必然性，它也许不能排斥与个人道德的关系，但是，它更体现为一种无法摆脱的混杂性和交错性。“有一些更为深刻的客观真实情况，并不能用道德评判的眼光完全把握得了”，“在宏阔严峻的客观必然性面前，‘天若有情天亦老’；在无可阻遏的社会潮流之中，‘你别无选择’”[89]。正因为如此，曾经激烈批判封建家族制度罪恶的巴金，家族观念仍然在他身上有着不同程度的流露。陈思和在《人格的发展——巴金传》一书中写道：他离家到达上海以后，“第一件事就是回老家寻根问祖，并为祠堂的破落而伤心，也可证明他在离川前对家庭的反抗并不激烈，不像他在回忆录里所渲染的那样。嘉兴之行后，兄弟俩把李家祠堂的情况向四川老家作了报告，不久，由四川老家寄去八十元钱，在三哥尧林的主持下重修了祠堂。到这一年的旧历腊月，兄弟俩第二次回嘉兴代二叔做神主，祭扫祖宗牌位。”[90]一位家族制度的批评者，在意识或者潜意识中表现出对于传统家族的眷恋。鲁迅笔下的叛逆知识分子魏连殳，“对人总是爱理不理的，却常喜欢管别人的闲事；常说家庭应该破坏，一领薪水却一定立即寄给他的祖母，一日也不拖延。”这种人格矛盾状态，具有一种“宏阔严峻的客观必然性”，也可以说是“你别无选择”，故而中国近现代社会转型时期伶人身上所体现出来的人格力量和人格觉醒，它对于改善伶人及其家族的社会处境只能是局部性质的，在“更为深刻的客观真实情况”面前，伶人及其家族仍然无法逃脱时代给予他们的规定性和局限性。

中国近现代社会转型时期伶人及其家族社会身份的复杂性，也与伶业自身性质的复杂性存在着一定的关系。清末公元纪年时期，由于戏曲的商业化程度提高，一些色艺俱佳的著名伶人在年轻时代成为具有巨大票房号召力以及人格魅力的明星和偶像，由此，也使中国伶人及其家族的社会角色发生了变化，但是，到了年老色衰的时候，他们又会回到“贱民”的地位。此时，表演力不从心，入戏班没人要，甚至落得东家讨，西家乞，例如著名伶人毛毛旦，年轻时名声非常大，但是，年老以后，却是沦落街头，贫病交加，最后惨死在张家口大境门外。另外一个方面，伶人结构存在着一种“金字塔”形态，塔尖者可以获得丰厚的经济收益和相应的社会地位，但是，塔身者和塔底者却是以次递减，存在着一种按序递减的结构，广大的塔身者和塔底者，仍然经济收益和社会地位不高，甚至生活潦倒。陈铎《秋碧乐府》中的《北要孩儿·嘲川剧》套数云：

【北要孩儿】身长力壮无生意，办磅的谁人似你，三三五五厮追陪，不着家四散求食。生来一种骨头贱，磨抢多遭脸脑皮。攘动了妆南戏，把《张打油》篇章记念，《花桑树》腔调攻习。

【八煞】（则说道）靳广儿那一班，韩五儿这一起，桩桩脚色都标致。（一个）妆兴等地梳斜了鬓，（一个）爱晃平空绞细了眉，（一个）快刀儿常把髭髯剃。（又不是）官司差遣，（又不是）刑法临逼。

【七煞】黄昏头唱到明，早晨间唱到黑。穷言杂语诸般记。把那骨牌名尽说一片，生药名从头数一回，有会家又把花名对。称呼也称呼的改样，礼数也礼数的跷蹊。[91]

上述描写应该是普通伶人的日常真实生活，“黄昏头唱到明，早晨间唱到黑”，而且，不少班主或者财东为了牟取暴利进行连续演出，导致伶人劳累过度，他们就鼓动伶人吸食鸦片和赌博，许多伶人为此形容枯槁，穷酸潦倒，甚至卖儿鬻女，沦为乞丐，也并不是少数。因此，戏曲的商业化程度提高，真正在经济上获得巨大利益的，还是在塔尖的少部分伶人，绝大部分伶人的经济收益并没有同步增长，还是“不着家四散求食。生来一种骨头贱”。

中国伶人由于职业的特殊性质，往往与家族相互联系在一起。到了明清时期，伶人业内互为联姻仍然非常普遍，虽然随着“乐户”制度的废除，对于伶人及其家族的“隔离”政策已经逐渐松绑，但是，伶人同业通婚似乎已经成为一种婚姻惯性，甚至形成一种民俗形态，因此，中国社会对待伶人的态度，也就基本上等同于对待伶人家族的态度。中国近现代社会转型时期虽然从外部环境和内部建设，伶人及其家族的社会处境和社会地位都发生了一定的变化，但是，由于社会转型时期的矛盾性和复杂性，加上伶业自身的“奉献、屈从、魅惑、鼓动、号召、迎合等暧昧不明的因素”，必然流露出一种悖论的现象，中国社会对待伶人及其家族的态度，也往往表现出一种“具有反讽意识的背离”的格局。

伶人及其家族“社会角色的升沉不定，在很大程度上取决于社会态度的臧否”，由于社会态度的悖论性质，因此，伶人及其家族在中国近现代社会转型时期必然处于一种“尴尬、沉浮不定的境况”，中国社会对于伶人及其家族的态度是矛盾而复杂的，伶人自身对于伶人及其家族的态度也是矛盾而复杂的。矛盾而复杂，这是时代的局限，也是伶人及其家族的命运。在中国近现代社会转型时期，它是伶人家族“别无选择”的历史身份。

【注释】

1. 刘海鸥．从传统到启蒙：中国传统家庭伦理的近代嬗变．北京：中国社会科学出版社，2005. 51 页．
2. 袁枚．答杨笠湖．见小仓山房尺牍（7）．上海：上海古籍出版社，1988.
3. 袁枚．所好轩记．见小仓山房诗文集·续文集（23）．上海：上海古籍出版社，1988.
4. 孝经译注．胡平生译注．北京：中华书局，1996. 1 页、12 页．
5. 肖群忠．孝与中国文化．北京：人民出版社，2001. 11 页、12 页．
6. 孝经译注．胡平生译注．北京：中华书局，1996. 1 页、25 页．
7. 人物志·孝友．见道光．昌化县志（15）．“丛书·华中”，594（2）. 715 页．
8. 人物三·孝友．见光绪．吴江县续志．（18）．“集成·江苏”，（20）. 425 页．
9. 焦循．愚孝论．见雕菰集（8）．道光四年刻本．
10. 袁枚．随园诗话 12（44）．南京：江苏古籍出版社，2000.

11. 吴虞．家族制度为专制主义之根据论．新青年，2（6）．1917. 2. 1.

12. 陈独秀．东西民族根本思想之差异．青年杂志，1（4）．1915. 12. 15.

13. 陈独秀．一九一六年．青年杂志，1（5）1916. 1. 15.

14. 三爱．论戏曲．见陈多、叶长海．中国历代剧论选注．长沙：湖南文艺出版社，1987. 460 页．

15. 冯尔康．18 世纪以来中国家族的现代转向．上海：上海人民出版社，2005. 235 页．

16. 刘斌昆．我的梨园家世及从艺恩师．北京：北京市政协文史委员会．梨园往事．北京：北京出版社，2000. 159 页、160 页．

17. 黄子平．边缘阅读．香港：牛津大学出版社，1997. 192 页．

18. 许寿裳．亡友鲁迅印象记．北京：人民文学出版社，1981. 960 页．

19. 胡适．胡适文存（4）．上海：上海亚东图书馆，1926. 81 页．

20. 胡明．胡适传论．北京：人民文学出版社，1997. 62 页．

21. 胡适．胡适文存（4）．合肥：安徽人民出版社，1987. 117 页．

22. 刘海鸥．从传统到启蒙：中国传统家庭伦理的近代嬗变．北京：中国社会科学出版社，2005. 240 页．

23. 朱家溍、丁汝芹．代内廷演剧始末考．北京：中国书店 2007. 271 页．

24. 朱家溍、丁汝芹．代内廷演剧始末考．北京：中国书店 2007. 297 页．

25. 朱家溍、丁汝芹．代内廷演剧始末考．北京：中国书店 2007. 304 页、305 页．

26. 朱家溍、丁汝芹．代内廷演剧始末考．北京：中国书店 2007. 399 页．

27. 朱家溍、丁汝芹．代内廷演剧始末考．北京：中国书店 2007. 373 页．

28. 朱家溍、丁汝芹．代内廷演剧始末考．北京：中国书店 2007. 304 页、385 页．

29. 福科．真理与权力．见法国社会学．哥伦比亚大学出版社，293 页．

30. 朱家溍、丁汝芹．代内廷演剧始末考．北京：中国书店 2007. 304 页、124 页．

31. 丁汝芹．清代内廷演剧史话．北京：紫禁城出版社，1999. 246 页．

32. 曹心泉．前清内廷演戏回忆录．邵茗生笔记．剧学月刊，公元纪年 22 年．2（5）．

33. 周志辅．杨小楼评传．北京：燕山出版社，1992. 13 页．

34. 周传家．谭鑫培传．石家庄：河北教育出版社，1996. 281 页．

35. 幺书仪．晚清戏曲的变革．北京：人民文学出版社，2006. 293 页．

36. 周传家．谭鑫培传．石家庄：河北教育出版社，1996. 277 页、278 页、279 页．

37. 刘强、杨宏英．程长庚传．石家庄：河北教育出版社，1996. 305 页．

38. 幺书仪．晚清戏曲的变革．北京：人民文学出版社，2006. 294 页．

39. 朱家溍、丁汝芹．代内廷演剧始末考．北京：中国书店 2007. 254 页．

40. 幺书仪．晚清戏曲的变革．北京：人民文学出版社，2006. 294 页、295 页．

41. 北京市艺术研究所、上海艺术研究所．中国京剧史（上卷）．北京：中国戏剧出版社，1999. 456 页．

42. 北京市艺术研究所、上海艺术研究所．中国京剧史（上卷）．北京：中国戏剧出版社，1999. 460

页、461 页、462 页、463 页．

43. 刘守鹤．谭鑫培专记．剧学月刊，公元纪年 21 年．1（12）．

44. 倦游逸叟．梨园旧话．见清代燕都梨园史料（下册）．北京：中国戏剧出版社，1988. 13 页、829 页．

45. 齐如山．京剧之变迁．见张发颖．中国戏班史．北京：学苑出版社，2004. 346 页．

46. 刘守鹤．谭鑫培专记．剧学月刊，公元纪年 21 年．1（12）．

47. 朱家溍、丁汝芹．代内廷演剧始末考．北京：中国书店 2007. 427 页．

48. 朱家溍、丁汝芹．代内廷演剧始末考．北京：中国书店 2007. 455 页．

49. 李仲明．谭鑫培．石家庄：河北教育出版社，2006. 169 页．

50. 章诒和．伶人往事．长沙：湖南文艺出版社，2006. 356 页．

51. 蛰叟．谭鑫培佚事．戏剧月刊，1930（2）．

52. 徐慕云．梨园外纪．北京：生活·读书·新知三联书店，2006. 152 页．

53. 李慈铭．越缦堂菊话．见清代燕都梨园史料（下册）．北京：中国戏剧出版社，1988. 13 页、706 页、709 页．

54. 张次溪．燕都名伶录．见清代燕都梨园史料（下册）．北京：中国戏剧出版社，1988. 1186 页．

55. 潘光旦．潘光旦文集（2）．北京：北京大学出版社，1994. 251 页．

56. 潘光旦．潘光旦文集（2）．北京：北京大学出版社，1994. 251 页．

57. 余秋雨．笛声何处．苏州：古吴轩出版社，2004. 22 页．

58. 齐如山．齐如山回忆录．沈阳：辽宁教育出版社，2005. 86 页．

59. 丁秉鐩．菊坛旧闻录．北京：中国戏剧出版社，1995. 8 页、9 页．

60. 播花居士．燕台集艳．见清代燕都梨园史料（下册）．北京：中国戏剧出版社，1988. 1055 页．

61. 小铁笛道人．日下看花记．见清代燕都梨园史料（上册）．北京：中国戏剧出版社，1988. 56 页、74 页．

62. 伦明诗序．见张次溪．清代燕都梨园史料（上册）．北京：中国戏剧出版社，1988. 3 页．

63. 幺书仪．晚清戏曲的变革．北京：人民文学出版社，2006. 294 页、306 页．

64. 潘光旦．潘光旦文集（2）．北京：北京大学出版社，1994. 257 页．

65. 李家瑞．北平风俗类征．商务印书馆 1937 年版影印（下册）．上海：上海文艺出版社．361 页．

66. 小铁笛道人．日下看花记．见清代燕都梨园史料（上册）．北京：中国戏剧出版社，1988. 109 页．

67. 徐珂．清稗类钞．北京：中华书局，1986（11）．5122 页．

68. 罗瘿公．菊部丛谈．见清代燕都梨园史料（下册）．北京：中国戏剧出版社，1988. 207 页．

69. 余秋雨．艺术创造工程．上海：上海文艺出版社，1987. 170 页．

70. 唐鲁孙．故园情．台北：台北时报文化出版事业有限公司，1984. 73 页．

71. 曹书文．家族文化与中国现代文学．北京：中国社会科学出版社，2002. 78 页．

72. 周志辅．枕流答问．见晚清戏曲的变革．北京：人民文学出版社，2006. 207 页．
73. 齐如山．齐如山全集．台北：重光文艺出版社．1964（3）．52 页．
74. 波多野乾一．京剧二百年历史．鹿原学人编译．上海：上海启智印务公司．公元纪年 15 年．260 页、261 页．
75. 张发颖．中国戏班史．北京：学苑出版社，2004. 528 页．
76. 张发颖．中国戏班史．北京：学苑出版社，2004. 529 页、530 页．
77. 陈彦衡．旧剧丛谈．见清代燕都梨园史料（下册）．北京：中国戏剧出版社，1988. 871 页、872 页．
78. 周传家．谭鑫培传．石家庄：河北教育出版社，1996. 101 页．
79. 陈澹然．异伶传．见清代燕都梨园史料（下册）．北京：中国戏剧出版社，1988. 725 页．
80. 张发颖．中国戏班史．北京：学苑出版社，2004. 118 页．
81. 张发颖．中国戏班史．北京：学苑出版社，2004. 187 页．
82. 北京市艺术研究所、上海艺术研究所．中国京剧史（上卷）．北京：中国戏剧出版社，1999. 392 页．
83. 幺书仪．晚清戏曲的变革．北京：人民文学出版社，2006. 137 页．
84. 梅兰芳．舞台生活四十年（插图珍藏本，上卷）．北京：团结出版社，2006. 23 页．
85. 朱琴心．朱琴心之妙文．申报，1927. 10. 14.
86. 潘光旦．潘光旦文集（2）．北京：北京大学出版社，1994. 257 页．
87. 刘守鹤．谭鑫培专记．剧学月刊，公元纪年 21 年．1（12）．
88. 余秋雨．艺术创造工程．上海：上海文艺出版社，1987. 82 页、86 页．
89. 陈思和．人格的发展——巴金传．上海：上海人民出版社，1992. 53 页．
90. 张发颖．中国戏班史．北京：学苑出版社，2004. 426 页．

第八章　伶人家族的理智和情感态度

第一节　抵抗与妥协的“背离”

潘光旦称道：

> 在伶人自己呢，他们的态度，也就是社会一般的态度。自以伶业为可以矜持的伶人，我们至今还没有找到一例。伶人在同业之间，尽可以取恃才傲物的态度，尽可以有同行嫉妒的心理，假若自己是出自一个梨园世家，更可以鄙薄那些暴发与乘时崛起的伶人；鹿原学人在《二百年史》里引林屋山人的话说：“京俗梨园最重世家，世家之传固正，然对于崛起者亦不能无妒。”但无论如何，对于同业以外的一般社会，一个伶人就不能用绝对对等的人格，出来周旋。[1]

“伶人自己”“他们的态度”，“也就是社会一般的态度”，如上所述，由于中国社会对待伶人及其家族态度的悖论性质，伶人对待伶人及其家族态度也同样是悖论性质。田际云，是一个典型案例。周明泰《道咸以来梨园系年小录》如此记载田际云：

> 名瑞麟，艺名响九霄，小名田虎，直隶（河北）高阳人。……值戊戌维新，际云以供奉内廷出入禁闼，时与党人通消息，无何变作，逃避之沪，辛丑回京，重建天乐（鲜鱼口即华乐园故址）并起小吉祥班。宣统时以言官奏参其沟通革党、编演新戏，诋毁朝廷（时新剧家王钟声演于天乐园），捕入狱，百日始释。入公元纪年后，组织正乐育化会，又组崇雅女科班，授徒甚众，曾一度为直隶省议会议员。

田际云一个影响颇大的举动，就是提议取消私寓制度。他的目的非常明确，即为了摆脱伶人屈辱的社会地位，使伶人能够堂堂正正地做人做艺，“尊重完全之人格，同为高尚之国民”。为此，田际云曾经遭受牢狱之灾。公元纪年成立以后，田际云仍然继续请愿，终获成功。但是，这样一位为了伶人人格奋斗的著名伶人，却不同意自己的儿子为伶。鹿原学人编译的《京剧二百年历史》称：“名花旦田际云之子，父不欲彼为优，使专心致志于学问，奈其不能上达，无法，亦为伶人。”这里，确实体现了上述的悖论，一个一心为伶人谋取人格利益的伶人，生怕自己的儿子也成为伶人，这是一种悖论；一部为伶业张目的著作竟然出现了“奈其不能上达，无法，亦为伶人”的语气，也是一种悖论。它形成了一种二律背反，理智与情感的矛盾具体表现为对于伶业的目的和对于儿子的希望的矛盾关系。

这位著名伶人尽管具有一种社会思想的前瞻性，但是，从家族的角度而论，他并没有超越社会的观念层次，同样体现了“具有反讽意识的背离”，他不愿意他的伶人家族继续生存下去，而是到他这一辈戛然而止了。中国伶人对于伶人家族流露出了最后的态度，理智与情感的较量仍然摆脱不了他们底色的“贱民”的印痕。虽然它并非每个伶人家族都是如此，却是时而可遇的。

中国伶人以一种特有的方式，表明了自己对于伶人家族的价值取向和情感态度，而且，也体现了一定程度的相似性质。应该说，“名伶的内心深处与外在表现常常是矛盾的：在精神上对许多事物很抵触甚至是抵抗的，但是在日常生活中他们又特别能妥协。”[2]这是中国伶人的局限，是中国历史和转型时代赋予中国伶人的局限。

第二节　上辈和下辈的改换门庭

由于这种价值取向和情感态度，当中国伶人家族职业世袭不再成为一种强力制度时，便有伶人家族希望逃逸出去，从此与伶业不再关联。它突出的一个表现，是在伶人家族的传承上，希望不再进行延续。它可以分为两种情形，一是上辈对下辈的，在中国家族中父权具有一种神圣性和专制性，他可以对后代决定职业选择。因为家族在中国传统社会中，首先是表现为一种秩序和等级，因此，也就给家族成员的行为造成一定的约束，但是，同时又产生一种安全感。对于伶人家族而言，上辈为了下辈的这种安全感，给以不准学伶的约束。上面论述的田际云，即是一个例子。

和田际云一样，程长庚为了争取改变伶业在中国历史上一直处于社会底层的境遇，保障伶人及其家族人权，使伶业成为一个正当的职业，也曾经进行各项改革。例如前所论及的“站台”，《侧帽余谭》称：伶人“自挂籍乐部后，日日进园，立于戏台之东西房，谓之‘站台’。蝶使分巡座间，似曾相识者通眉语，使侍坐，坐时久暂不等”，因此，应该属于出卖色相，还美其名曰“像姑”。这些男孩大多是从贫困地区被购买而来，《金台残泪录》

称购买者“资其父母，券其岁月，挟至京师，教以清歌，饰以艳服，奔尘侑酒，好营市利焉”。当时，伶界风行养孩子从事侑酒和站台，程长庚对此感到非常愤怒。担任班主以后，他几番想劝阻一下，却总是有人抵制，并称以后他们人老色衰，不养孩子靠什么吃饭？不像大角儿包银多，天天会有堂会，自然用不着做如此下三滥的事情。由于程长庚自己没有养孩子，对别人养孩子，也就不便多说什么。但是，后来两位“像姑”为了争风吃醋，竟然在舞台上互相拆台，使戏无法演唱下去，而且，它还牵涉到两位“像姑”的大人，从台上到台下也跟着闹将了起来，甚至大打出手。程长庚心里非常着急，自从被宗族拒绝入族谱，程长庚已经受了很大的伤害，常常觉得伶人被人歧视，自己绝不能够轻贱自己，所以非常看重自己的一言一行，发生如此陋习，长此以往如何得了？程长庚忍无可忍，遂决定一条班规：从今往后，伶人不得站台，以免遮蔽前台。

但是，如此一位“伶圣”，也不完全同意自己的后人为伶。由于被拒绝入族谱事件刺激，程长庚曾经拒绝结婚，以免自己的后人为伶，继续成为“贱民”阶级。后来，虽然结婚了，但也没有自己的子女，过继了叔伯兄弟的两个孩子作为儿子。他对两个儿子做了不同的安排。大儿子章圃习司鼓，兼管“四箴堂”科班，程长庚要求长孙必须继承伶业，后来章圃的大儿子程继先进入了杨隆寿等伶人创办的小荣椿科班，与杨小楼、谭小培、叶春善等齐名。对于程长庚的如此安排，当时即有人不解，徐珂的《清稗类钞》曾有相关的记载，友人曰：“如鄙伶业，后世当弃之，如不然，为何如此截然相反?”程长庚答道：“余本家世清白，以贫故，执此贱业。近幸略有积蓄，子孙有啖饭处，不可不还吾本来面目，以继书香也。惟余去都，无人不知，若后人尽使读书，没能上进，人反易于觉察，是求荣反受辱。今使吾一子仍入伶界，庶不露痕迹。伶虽贱业，余实由此起家，一旦背之，亦觉忘本。”此段文字，应该说出了程长庚的真实想法，他还是想“不可不还吾本来面目”，但是，担心“是求荣反受辱”，所以，做出了妥善的安排，“今使吾一子仍入伶界，庶不露痕迹。”对于第二个儿子章瑚，则是安排“以继书香也”，程长庚要求他携眷出京，寄籍正定，从事耕读生活，并且，明确要求子孙中必须有人继承程氏家族书香家风。后来，章瑚的第二个儿子程遵尧进入仕途，担任公元纪年政府外交部参事兼秘书。光绪三十年，程氏家族续修家谱，章瑚后人坐馆执笔纂修，将程长庚及其后代子孙名字列入谱中。

程长庚一直爱读书，希望能够建功立业，光耀家族，但是，因为“以贫故，执此贱业”，可以说，他的一生都是在矛盾之中度过的，甚至他一直都是在盼望着能够恢复“家世清白”，只是“若后人尽使读书，没能上进，人反易于觉察”，因此，他令一子习伶业。如此安排，虽然也有不能“忘本”的感情因素，但是，更多的是一种权宜之计，乃是为了“不露痕迹”。

侯永奎在《我的昆曲从艺片断》一文中写道：

> 我出生于河北省饶阳县一个村庄里，父亲和叔父都唱昆曲，而且演唱都很有成就。艺人在旧社会被人看不起，所以我父亲早就决定不叫我干这一行。我10岁的时候，父亲和一些老前辈领着剧社在北京演戏。我们住在前门外。当时我在刷子市一个小学念书，没事就到戏院看戏，日久天长我被熏染得一天到晚瞎哼哼，上学时在路上也唱，在家也唱。我父亲看到后不让我唱，更谈不上教戏。我就偷着唱，但有曲没词。时间一长，引起了剧社老前辈的注意。郝振基、陶显庭、王益友等先生们都和我父亲说："叫孩子就干这一行吧。他唱的虽然没词，但是韵很好听。"后来他们教了我两段曲子，我就经常唱。这些老前辈也经常对我父亲说我是干这一行的材料。在这种情况下，我父亲活了心眼儿，不坚持原来的想法了。[3]

如同侯永奎一样的，井始父辈"早就决定不叫我干这一行"，但是，自己非常喜欢演戏，后来，"父亲活了心眼儿"的案例很多。

对于言慧珠来说，父亲言菊朋是坚决不同意她为伶的。毫无疑问，言菊朋的"下海"，对于培养她对于戏曲的热衷是不无影响的。每到夜晚，言慧珠兄妹几人在温习功课，父亲在天井里吊嗓练功，或者在风雨天，父亲站在屋檐之下练唱，每当父亲唱道："一轮明月照窗下，陈宫心中乱如麻"，言慧珠就不禁神往之。程砚秋在1930年创办了"中华戏曲学校"，学生在吉祥戏院里演出，当时言慧珠还在读中学，却天天邀请几位同学去看戏。言慧珠在剧场里不光看，还鼓掌和吆喝，因此，颇成为娱乐小报的花边新闻。"高中没毕业就退了学，十六岁的她终于着魔般地正式学戏了。原本坚决不让女儿涉足梨园的言菊朋除了叹息，已毫无办法。"[4]言菊朋的长子言少朋也是如此，言菊朋也不希望他从伶，言少朋迫于父命，考入了财商学校，但是，最后还是辍学肄业。言菊朋眼见言少朋读书无望，气得把他痛打一顿，只好延师让他学戏。

王瑶卿的父亲王彩琳，艺名绚云，曾经跟随昆曲著名小生谢肃玉学习昆旦，在剧坛颇有名气。后来，与郝兰田的女儿结婚。光绪七年，生下长子，取名瑞臻，即为从艺以后的王瑶卿，两年以后，又生下次子王凤卿。由于昆曲每况愈下，加上王彩琳性格乖僻，后来就逐渐离开舞台，开始做些小本买卖。因此，他不希望自己的两个儿子重蹈覆辙，继续从事伶业，而是决心将两个儿子培养成为商人，就将两个儿子送到学堂念书。没有想到两个儿子对读书兴味索然，对于演戏却是兴趣盎然。每当父亲吊嗓子或者与同仁商讨技艺，王瑶卿坐在一边，听得非常仔细，有时赶他去背书，父亲只有发怒了，他才离开。王彩琳的师兄田宝琳发现这种情况以后，觉得王瑶卿适合学伶，就多次劝说王彩琳让王瑶卿学戏，并且，自己来给王瑶卿开蒙。后来，王彩琳也总算答应下来。

宋丹菊也曾经谈到当年父亲宋德珠不同意她学戏的情形。由于生于伶人家族，宋丹菊从小就有机会在剧院看戏，对戏曲产生了很大兴趣，尤其是父亲扮演的巾帼英雄形象，对她产生了很大的影响，她希望自己能够成为一名戏曲演员，"然而父亲却不愿意我学戏演戏。他深知做京剧演员所经历的艰辛，尤其是女孩子，他怕我受不住这些苦和累"，"随着我逐渐长大，我越来越热爱京剧。我只能偷偷地学着父亲在台上的动作，偷偷地模仿着他的姿态，又怕被父亲看见。这时我小学刚刚毕业。"后来，还是由于荀慧生的帮助，父亲才同意宋丹菊学戏，但是，父亲告诫她："真打算干这行，就得豁出去，就要不怕吃苦，不能三心二意。"[5]

周信芳对于儿女也是如此，他不希望自己的儿女继承父业。由于从小耳濡目染，儿女自小就已经爱上了戏剧，但是，周信芳并没有轻易松口让他们学戏。后来，大概由于儿女对于京剧的酷爱感动了周信芳，也有可能新中国成立以后戏曲演员的地位和工作性质发生了深刻的变化，周信芳原来的想法才发生了改变。

李少春对于自己儿子李宝春当初学戏也是不同意的，而且，和他父亲李桂春的意见是一致的。李少春"坚决反对李宝儿和他的弟弟妹妹再步入学戏，多次告诫李宝儿，好好学文化，今后谁也不许唱戏"[6]，但是，李宝春却是入了迷，非要学戏不可，见父母那里行不通，就去奶奶爷爷那里央求，没有想到爷爷听到他的想法后，却是狠狠地给了他一记耳光，李宝春才知道，爸爸和爷爷都是坚决不同意他们学戏的。后来，在跟奶奶软磨硬泡以后，奶奶才同意他学戏，父亲也就无可奈何。

上辈由于自身在伶业的经历，"坚决不让女儿涉足梨园"，但是，由于下辈对于戏曲的爱好，或者加上社会环境的变化，才同意从事伶业。这种上辈的拳拳之心，还是包含了一种对于伶人家族的态度，希望由此能够从伶人家族中脱身出来。对此，马连良的态度似乎可以表达伶人对于子女不再从伶的真实想法，马龙在《我的祖父马连良》一书中写道：

> 戏班人常说："唱得好是戏饭，唱不好是气饭。"赶上这种世道，唱得好的人也吃的是气饭。……为了不让孩子再吃气饭，马连良与夫人商议后，对自己几个孩子说，以后你们就一门心思好好读书，别想唱戏的事了，我将来负责供你们上大学，做个文化人，别再吃这碗气饭了。为了让子女起点高，进步快，他把孩子们都送到教会学校"育英"去念书。又把马元智从科班里唤回来，重新送入育英小学。为了加强他们的古文基础，家中请了一位武先生，专门讲古文，从《论语》讲起。后来为了强化孩子们的英文学习，又请了一个洋教堂里的外国神甫教英文。为了扩大孩子们的视野，增长见识，他从上海买回一部电影放映机和许多卓别林的电影，与子女们一起欣赏，提高他们的艺术鉴赏水准。一门心思地教导子女

“好好念书，改换门庭”。[7]

“改换门庭”，恐怕是许多伶人对于子女的真实愿望。前所论及的清朝同治年间的京城伶人郝金官，“晚年厌弃风尘”，在还乡途中将所携历年积蓄赈济山东灾民，官府为了表彰他，想奏请授他官职，但是，金官拒绝了，只是提出一个要求，“准子孙与齐民一体应试足矣”[8]。因为“一体应试”，通过科举道路，就有可能“改换门庭”。果然，他的后人金官考中了进士，成为翰林。因此，马连良的十一个子女中，即七子四女，真正从事京剧工作的，可以说只有“两个半”，即马崇仁、马小曼和属于半个的幼子马崇恩。所谓“半个”，即马崇恩高中毕业以后，因为喜欢体育考上体育学院，后来，又迷上了戏曲表演。开始马连良不同意他去学戏，认为他文章写得好，对戏曲又比较了解，希望他能够拜香港戏剧评论家沈苇窗为师，从事戏剧评论工作比较合适，但是，马崇恩非常痴迷戏曲表演，而且，表现出很高的天赋，马连良也就同意了。“文革”以后，马崇恩赴香港定居，从事多年商业活动。后来，又在一些教育单位和媒体从事艺术的教学工作，故而称为“半个”。马连良的其他子女，在新中国成立以前没有学戏，都是“好好念书”，成为了读书人，并且，都是学有所成，成为了总会计师、大学副教授、企业家、护士长和艺术管理干部等。长子马崇恩虽然从事戏曲表演，但是，他的妻子满羡懿也不是伶界中人，而是京城著名中医世家之女。应该说，马连良“改换门庭”的愿望已经达到，多数子女不再从事伶业。

为了“改换门庭”，有些伶人是坚决不同意子女为伶，而不是如同上述的妥协立场，在子女的痴迷和友人的劝说之下，最后还是同意。程砚秋的态度就是如此。这种态度，在程砚秋后来的入党申请书中，似乎仍然是延续着。

> 在这个小花园内，我演了好几十年的戏，太疲倦太厌倦了，所见所闻感到太没有什么意味了，常想一个男子汉大丈夫在台上装模作样，扭扭捏捏是干什么呢？我要求，希望党给我去做一些新鲜的平凡的事情去尝试尝试，我觉得是有趣味的，这是我的要求。人生如轻云易逝，在这五六年内做些有意义的事情。[9]

应该说，新中国成立以后，戏曲演员的地位已经有了很大的提高，被称为艺术家，程砚秋的个人身份也非常高，担任中国戏曲研究院副院长，并被选为全国人民代表大会代表。即使如此，程砚秋似乎仍然对于戏曲职业有着传统的情结，甚至希望“去做一些新鲜的平凡的事情去尝试尝试”，“做些有意义的事情”，而不在“台上装模作样，扭扭捏捏”。因此，早年程砚秋对于儿女的安排，也就可以想象他的选择。

程砚秋学戏非常苦。他投在荣蝶仙门下学艺，却几乎成了荣家的童仆，荣家所有生活琐事也要去做，荣蝶仙脾气又很坏，经常举鞭打程砚秋。在程砚秋出师以前，荣蝶仙又将他的腿打伤，留下很大的血疙瘩，直到成名以后，程砚秋赴欧洲考察戏剧，才由一位德国医生将他医好，因此，程砚秋很早就立志发誓，将来有了子女绝不让他们再学戏。程砚秋在欧洲考察期间，在写给夫人果素瑛的信中称，他准备接家里人到德国定居，自己则想在柏林音乐大学读书。由此，从这天起，他开始抽烟喝酒，而且，吃肥肉抽雪茄，一个月后体重大增，他还特意将照片寄回了北京。但是，北京方面却是连续发了函电，以程剧团同仁生活困难为由，请他火速回国。程砚秋为此黯然，“自身以外的势力却能极其有效地逼着自己继续操持旧业，退回到那个非常实在、实际、实用的圈子里。程砚秋必须就范！程砚秋乖乖地回到北京，回到了梨园行，尽管这是一种极不情愿的就范”，“1934 年的6 月1 日，他亲自带着十岁的长子（永光）从上海启程经意大利、法国转到瑞士，安排在日内瓦世界学校读书，费用自付。程砚秋没有忘记当年的誓言，说到做到——让自己的后代无一人唱戏。”[10]在当时的情况下，大学生出国留学已经并不多见，将儿子从小学起即送到国外读书，则是可以说是绝无仅有，可见程砚秋想逃逸伶人家族的决心之强烈。程砚秋访欧时，他的母亲曾经将长孙程永光拜在鲍吉祥门下学戏，而且，程永光也表现出了一定的艺术天分，但是，程砚秋回国后，就坚决停止程永光学戏，而是将他送到了日内瓦读书。程砚秋不仅不让儿子学戏，女儿也不同意。他的女儿程慧贞从小是一个戏迷，一直跟程砚秋吵闹着要学戏，程砚秋被闹得不耐烦，就想出一个知难而退的方法，一大早就让程慧贞起来练习撕腿，将两腿平架逐步加砖垫高，程慧贞痛得叫起来，就自愿作罢了。

对于不让子女学伶，程砚秋曾经跟三儿子程永江谈过自己的想法，“我们不是梨园世家，学戏极苦，你们受不了。在旧社会，人们确实没有活路才不得不卖身学戏的，万一有一线生路也不会狠心把儿女送进火坑。其二，戏曲演员被称为‘戏子’、‘倡优’，是同妓女并列的职业。即使你在台上唱戏了，私下里仍然受人轻视和欺侮。其三，梨园行又叫做‘无义行’，甭管是多么近的亲戚，平常称兄道弟和和气气，一遇到利害冲突的节骨眼就六亲不认了。”[11]应该说，这是程砚秋对于伶业和伶人家族的真实看法，所以，他执意不让子女学戏为伶，而是希望子女掌握一门实际本领安身立命，所以，程砚秋并无后人从事伶业。

潘光旦教授在《中国伶人血缘之研究》一书中写道：“自己虽不得已挂上伶人的招牌，儿子却无论如何不许再吃唱戏的饭。净角郝寿臣不愿意教他的儿子传他的衣钵，便是很好的一例了。”[12]梆子名旦侯俊山曾经誉满京华，艺名“十三旦”，当时有“状元三年一个，十三旦盖世无双”之美誉，却是终生不授一徒，不传其艺，而且，也不准他的子孙再从事伶业。著名须生郭宝臣也是如此，同样一生没有授徒和不令子孙再习其业。前所论及的余叔岩，报纸上登出女伶邀请他和两位女儿到六国饭店吃饭一事，他认为将他女儿与如同青楼女子的女伶牵扯到一起，深感受辱，就到报馆兴师问罪，最后，虽然不了了之，但是，他严厉嘱咐两个女儿交友必须谨慎选择。余叔岩出身梨园世家，他的祖父余三胜、父亲余紫云都是著名伶人，但是，到了他这一代，他连女儿与女伶交往都已经不能够允许了。

当然，伶人家族职业世袭制度逐渐松弛以后，有些伶人家族并非力主后人不再从伶，而是由于各种不同原因，有些下辈没有习伶，而是从事其他职业。例如谭鑫培的六子谭嘉乐，也没有进入伶业，而是从事美术行业，只是他只有两个女儿，他的三兄谭嘉祥就将次子谭裕智过继给他，谭裕智从事武场面，才又续上伶业，最终形成“谭门七代”伶人家族。林树森也是出身于梨园世家，他的祖父林连贵、父亲林宝奎都是老生演员，林树森兄弟三个曾经长期在上海新舞台演出，他的二哥林树棠原习武生，但是，“二哥1922年后弃艺经商”[13]，也就离开了伶业。

二是下辈对上辈的，出于一种家族的社会形象考虑，下辈希望上辈不要再从事伶业了。郝寿臣不希望儿子子承父业，他的儿子郝德元是个独子，先在北京辅仁大学攻读教育，后来又到国外深造，工作多年以后才回北京。他长得与父亲很像，偶尔哼唱两句郝腔也很酷似，但是，他不但没有业伶，而且，总是劝说父亲早日退休，脱离舞台。1939年，郝寿臣五十四岁时，应老友马德成邀约合作演出了一次《连环套》，就正式退休不唱了。应该说，郝寿臣如此年龄就离开伶业，主要是受儿子的影响。言菊朋迷恋于演戏，终于被任职的机构以“请假唱戏，不成体统”之名，[14]被革退职位，无奈只好正式“下海”为伶。对此，他的大女儿言慧英很不以为然。言菊朋的大弟子奚啸伯曾经对她有意，颇有提亲之意，但是，言慧英坚决回绝了。她的理由非常明确，对于父亲演戏，她尚且不很同意，何况是自己未来的夫君呢。言慧英知道，此时言家已成为伶人家庭，外界人更未必肯娶伶人之女，因此，必须要有自己的生活技能，就考入了产科学校，毕业以后就自食其力了。

下辈希望上辈不再继续从伶的案例，虽然不是很多，但是，也说明了下辈希望伶人家族停止延续的一种愿望，断绝与伶人家族身份的联系，并且，重新形成社会尊重的家族体系。这种态度，与上辈要求下辈“今后谁也不许唱戏”一样，都乃是为了“改换门庭”。

还有一种情形是，伶人对于伶人家族身份的忌讳。较为典型的是，孙菊仙已经是伶界知名人物，在光绪十二年，与时小福等人一起被选入升平署，长达十六年，颇受慈禧宠爱，常常受到赏赐，但是，孙菊仙始终只承认自己是一个票友，而不是一个伶人，而且，到处标榜自己的不灌音、不拍照等“二不”或者“三不”主义，以表示与普通伶人不同。一般情况下，伶人多不留须，而且，也不戴眼镜的，但是，孙菊仙在休息或者不被传差的日子，他就将胡须留起。徐慕云的《梨园影事》，收录了名伶照片三百帧，除了场面以及票友之外，只有孙菊仙一个人穿便装留胡须，五十八岁和八十八岁两张照片都留胡须，他不留胡须的照片，外面从未见过。孙菊仙鼻间高架着墨镜，缎靴貂帽，身上穿皮外套，相貌端肃，气度不凡。如果事先不知道他是票友出身的伶人，还会以为他是一位候补道呢，因此，孙菊仙也有候补道的外号。孙菊仙对于伶人的态度以及平时极力避免伶人的习气，可能跟他的出身和经历有着一定的关系。他出身于一个商人家庭，父亲原来经营粮行，后来改开铁厂。孙菊仙从小读书聪慧，但不甚用功。咸丰八年，孙菊仙十八岁时，曾经入武庠为武秀才，又到北京应武举试不第，愤而从戎。曾转战各地，参与镇压太平军，后因为军功被赐花翎三品衔，候补都司。后又经商，光绪二年，正式“下海”演出。自然，孙菊仙的如此背景以及对于伶人及其家族的观念，“孙菊仙有子三人，皆不习梨园之业。”[15]

齐如山在《齐如山回忆录》一书中曾经写道：

> 我与程遵尧兄弟三人同学，他们都是程长庚之亲孙，庚子联军入京后，我住在他家很久，以后且常去，他们兄弟虽因考试关系，讳言此事，但我因此却认识了许多戏界人。[16]

兄弟三人为了考试，不提及与程长庚的关系，还是担心伶人家族的背景影响他们的前程。程长庚的亲孙程经世做官以后，别人问及他与程长庚的关系，他竟然称“同姓不同宗”，连自己的祖父都不敢承认，说明伶人家族对于后人的影响。程长庚当年的忧虑，还是得到了应验，说明伶人家族仍然难以逃出自己的宿命。

第三节　入伶的家族阻力

除了上述情形，在入伶的入口处也往往会遭受各种反对的势力。因为加入伶业，一是必然会被传统家族除名或者疏远，二是一为伶人，就有可能形成新的伶人家族，成为或显或隐的“贱民”阶级。因此，这种选择必然是合力作用的结果，因而也必然是艰难的。

谭鑫培的父亲谭志道由于经常去听汉调，从而慢慢迷上了汉调，“乃不顾父母反对”，自己开始拜师学艺，学唱老旦，谭鑫培的奶奶对此极不高兴，有时便恼怒地责备丈夫：“你儿子唱上戏了，这都是你做缺德事（指做捕快）的报应，你别再干这一行了。”[17]后来，谭鑫培的爷爷去世以后，由于家里生计困难，奶奶只好同意父亲继续去唱。

黄桂秋自幼酷爱京戏，他的父亲黄荣在北京市商会工作，并开设一家商店豫康号，家境殷实。虽然当时京剧艺术正处鼎盛时期，但是，社会对于伶人的观念仍然是矛盾而复杂的，因此，黄荣坚决反对儿子下海唱戏。黄桂秋汇文中学高中毕业以后，进入北京电话局担任话务员。一次偶然的机会，黄桂秋以票友的身份演唱了一出《苏三起解》，颇获行家好评，鼓励他正式拜师学戏。“黄师请示其父，其父不仅不允，还狠狠打了他一记耳光说：‘你真没有出息，甘心当个戏子。’黄师个性很强，竟因此与父亲反目。”[18]后来，黄桂秋也就正式学艺下海了。

程砚秋的父亲去世以后，家道中落，生计非常困难，同院一位唱花脸的邻居动员他的母亲让程砚秋学戏，程砚秋为了减轻家庭的生活重担，自己也愿意去，但是，刚跟母亲讲出了自己的心事，母亲就训斥他："你是名门之后，如何想沦落为优伶!"说完，两人抱头痛哭，对于母亲来说，"承麟本不是梨园子弟，而是有头有脸的满族贵胄的后裔，如今送去当低贱的戏子，怎么对得起列祖列宗？孩子一旦吃上了戏饭，岂不是一辈子被人歧视、受人欺侮？可是不去学戏，家徒四壁、一贫如洗，又何以为生？难道忍心看着孩子挨冷受饿，甚至去沿街乞讨?"[19]但是，最后程砚秋还是去学戏，因为这也是当时唯一能够选择的出路。

马连良出身于商人家庭，他的父辈兄弟几个都好京戏，而且，他的二叔马昆山的演唱水平已经达到"下海"的水平，但是，仍然不敢轻言"下海"。

> 唱戏挣钱多，不但能让一家老小过上安生的日子，而且还能山南海北地云游四方，增长见识，多过瘾呢！可是不行，要让北京的老回族人亲戚知道马昆山下海唱戏，马家天天都得被人戳脊梁骨。回民的传统观念认为，唱戏就不是回族人应该干的职业。因为穆斯林只有安拉才是惟一应该顶礼膜拜的真主，而唱戏这行在后台要拜祖师爷，前台上又化装、勾脸，时不时还要下跪，拜拜帝王将相、各路神仙，这都是伤"伊玛尼"的事，就是指破坏了回族的宗教信仰，所以不能干。另外，当戏子毕竟是"下九流"的贱业，为世人所不齿。在中国社会传统的四堕民"娼优隶卒"中，唱戏的还排在妓女的后面。戏班的人曾无奈地自嘲："咱们管窑姐儿还得叫声姨儿哪。"马昆山把他的难处说了，有人开导他"你唱戏养家，靠本事吃饭，天经地义！总比眼看着一大家子人受穷挨饿强。有没有真主，在你心里，不在乎别人怎么说!"马昆山何尝不想下海唱戏帮补家里呀，只是碍于坊间的闲话，怕伤及家人。[20]

最后，父辈兄弟几人商量决定，让马昆山先去上海尝试一下，一方面上海离北京很远，"北京的老回族人亲戚"难以知道马昆山唱戏的事情，可以避免"天天都得被人戳脊梁骨"，另一方面又可以实现"唱戏挣钱多"，而且，如果唱得不行还可以悄悄地回到北京，如同悄悄地去上海一样，"坊间"不大会有人知道的。

前面曾经提及的德珺如从票友下海，叔父骂他"自甘下贱"，将他注销宗谱，而且，祖父、父亲为此懊恼而死；奚啸伯下海时，族人认为"辱及先人"，准备采取"族议"来制裁他；刘喜奎的母亲也不同意她学戏，不让女儿离开房门一步，她出门去拿活，也是将女儿的脚绑在桌子的腿上，而且，四处去找房子，准备离开这个地方，刘喜奎的二叔为此气得扬言要活埋她，后来也气死了；赵荣琛学戏时，父亲也是坚决不同意的，只是赵荣琛给父亲写了含糊其辞的信，他考取的山东省立剧院，属于学府不是科班，如果试读不好，还可以回北平念书，由于分隔两地，父亲再震怒也是鞭长莫及了。

根据上述所论，一个非伶人家族的人想要进入伶界，确实是充满家族、家庭和自我的斗争的。因为一个人并非是个体，它都是属于社会的和家族的，已经成为社会和家族整个网络的一个组成元素，牵一发而动全身，如同马昆山所想的“怕伤及家人”。这种“伤及”，甚至可能付出生命的代价，德珺如的祖父、父亲懊恼而死，刘喜奎的二叔气死，虽然属于一种个案，但是，也充分说明了它的“伤及”程度。它可能产生三个层面的后果，一是“辱及先人”，这是对于列祖列宗而言，“怎么对得起列祖列宗?”二是对于现在的家族成员，“坊间的闲话”，“天天都得被人戳脊梁骨”；三是对于入伶者而言，“岂不是一辈子被人歧视、受人欺侮?”而且，极有可能由此形成伶人家庭，成为一个“贱民”阶级。因此，对于入伶者的长辈来说，必须考虑后辈入伶对于个人以及家族产生的综合效应。

但是，这些欲从事伶业的后辈还是成为了伶人。它的原因，第一，这些欲入伶者，特别痴迷戏曲表演，而且，也表现出了一定的天分，上辈也就无可奈何，只好同意他们入伶；第二，欲入伶者由于热爱伶业，不惜与家庭反目，自己做主成为了伶人；第三，上辈原来反对下辈入伶，但是，由于家庭经济困难，将入伶作为一种生活出路，不得不允许下辈去学戏。这种情形，因为经济的原因而无奈成为伶人是最为普遍的；第四，将伶业作为一种职业，也许可能“唱戏挣钱多”，作为一种谋生的商业手段。

第四节 加入和退出的“围城”

在中国近现代社会转型时期，伶人家族的生存环境处于一种“尴尬、沉浮不定的境况”，伶人对于自身伶人家族的观念也同样处在如此的律动之中，因此，在伶人及其家族的出口处和入口处，必然存在逃逸伶人家族的决心和进入伶业的阻力。

“晚清时期，清代的‘贱民’制度，已经进入了某种程度的解体过程，作为‘贱民’的优伶的社会地位，逐渐在发生着根本性的变化。特别是一批出色的‘名伶’，不仅跻身于上层社会，而且成为被许多人艳羡的‘明星’。但是，他们身上的‘贱民’的印记也还没有达到‘完全消失’的地步。”正是“他们身上的‘贱民’的印记也还没有达到‘完全消失’的地步”[21]，使伶人对于伶人家族还是会采取一种逃避的态度，尽管有些伶人“不仅跻身于上层社会，而且成为被许多人艳羡的‘明星’”，使一些伶人家族之后或者社会家族的年轻人由于热爱以及其他原因，对伶业充满了一种期待，但是，作为伶人家族长辈或者社会家族长辈，他们必然会表达自己的态度，反对和阻止下辈成为伶人，尽管这种态度由于各种原因也可能夭折了，但是，态度仍然是清晰的。这种态度就是伶人对于伶人家族最后的态度。在可以逃逸的时代，他们中的一部分人必然会选择逃逸。

这里，似乎也是表现出了一种悖论，一些年轻者似乎想冲入伶业，而年长者想逃离伶业，大概也包含了一种情感与理智的矛盾，年轻者比较情感化，而年长者则是表现出了一种理智，中年盖叫天如此描述自己对于伶业的认识，他觉得从幼年学戏开始：

> 要吃没吃，要穿没穿，还要给老师提壶端水，老师高兴了，方才教给你点拿手的玩意儿。可是一干上这一行，就低人一等，在社会上遭人白眼，六亲不认。好不容易挨饿受冻，闯荡江湖，在戏班中有个名位了，可又没有戏馆给你唱，即使给你唱，即使搭上班子，也非得让名角儿上戏，你只能陪着打下手，这就算瞧得起你了。等自己斗争着比上去了，该露一手了，社会各种势力又要来打击你，使你仍然挨不着好日子过。特别是上了年纪的人老珠黄不值钱，老板一脚就把你踢出戏园子，你只好蹲到荒郊野外的古庙里等死去。[22]

大概到了年长以后，对于伶业也就容易产生如此的体验，在前所论述中也有多位伶人曾经发出如此的感慨。在中国近现代社会转型时期，年轻者与年长者似乎产生了矛盾的情形，一些年轻者痴迷伶艺，希望能够成为伶人，而伶界内外的年长者则反对之，设法与伶人家族脱离关系。应该说，这是社会转型时期的特有景观，“明星”与“贱民”的不同印象混杂在伶人及其家族的身上，使情感化的年轻者和理智型的年长者作出不同的判断。

但是，在这种矛盾而复杂的社会转型格局中，存在着强烈的逃逸伶人家族的决心和进入伶业的阻力，甚至由此生死离别，说明这种悖论的底色仍然是无法“完全消失”的“‘贱民’的印记”，伶人对于伶人家族的观念也同样无法跳出如此的思想范畴，逃逸必然成为一些伶人家族的选择，如同马连良对于儿女所称的：“以后你们就一门心思好好读书，别想唱戏的事了，我将来负责供你们上大学，做个文化人，别再吃这碗气饭了”，总的一个原则，“好好念书，改换门庭”。

潘光旦的《中国伶人血缘之研究》一书写作于1934年，它的出版是在四年以后。作为一部公元纪年时期写作的著作，它是从人才问题角度来研究中国伶人血缘关系的，他以一个公共知识分子的身份，表达对于改善伶人家族社会生态环境的若干期望：

> 第一步是提高伶人的人格与尊重伶人的职业。恶意的歧视固宜竭力消弭，善意的狎弄，尤应在所力避。第二步是使加入伶业的人和退出伶业的人，在加入和

> 退出之间，有更大的自由。这种出入的自由，不但足以增加伶人职业团体的纯洁性与维系力，并且可以把旧日卑微阶级的招牌，逐渐地撤去。第三步是使伶人婚姻选择的范围可以扩大，可以从狭义的伶人阶级推而至于一般的社会，使一般社会之中凡有可以做伶人的良好才具的分子，都能有交接与往还的机会，再由往还交接进而缔结姻好。换言之，就是使“类聚配偶律”的行使，更来得自由，使婚姻选择的努力，更取得它的自动性，而不受社会阶级的畛域的限制。[23]

在中国近现代社会转型时期，针对“身上的‘贱民’的印记也还没有达到‘完全消失’的地步”，潘光旦提出了一种理想化的伶人家族生态系统。对于中国伶人家族来说，“使加入伶业的人和退出伶业的人，在加入和退出之间，有更大的自由”，其中，“退出”的“自由”也许更加重要，因为伶人家族逐渐脱离伶业，重新选择职业范畴，对于获得社会的尊重和提高自身的人格，使“婚姻选择的范围可以扩大”，“而不受社会阶级的畛域的限制”，也许更加直接和便利，它无需等待“‘贱民’制度”缓慢的“解体过程”。由此，逃逸，也就必然成为中国伶人家族的一种选择。

【注释】

1. 潘光旦．潘光旦文集（2）．北京：北京大学出版社，1994. 257 页．
2. 章诒和．伶人往事．长沙：湖南文艺出版社，2006. 218 页．
3. 北京市政协文史委员会．梨园往事．北京：北京出版社，2000. 596 页．
4. 章诒和．伶人往事．长沙：湖南文艺出版社，2006. 38 页．
5. 宋丹菊、刘松岩、肖漪．珠光菊影．北京：中国戏剧出版社，2000. 112 页、113 页．
6. 和宝堂．松柏庵．北京：人民音乐出版社，2001. 224 页．
7. 马龙．我的祖父马连良．北京：团结出版社，2007. 92 页．
8. 小横香室主人．清朝野史大观（7）．
9. 章诒和．伶人往事．长沙：湖南文艺出版社，2006. 356 页．
10. 章诒和．伶人往事．长沙：湖南文艺出版社，2006. 326 页．
11. 陈培仲、胡世均．程砚秋传．石家庄：河北教育出版社，1996. 283 页．
12. 潘光旦．潘光旦文集（2）．北京：北京大学出版社，1994. 257 页．
13. 北京市艺术研究所、上海艺术研究所．中国京剧史（中卷）．北京：中国戏剧出版社，1999. 1153 页．
14. 北京市艺术研究所、上海艺术研究所．中国京剧史（中卷）．北京：中国戏剧出版社，1999. 1135 页．
15. 北京市艺术研究所、上海艺术研究所．中国京剧史（中卷）．北京：中国戏剧出版社，1999. 431 页．

16. 齐如山．齐如山回忆录．沈阳：辽宁教育出版社，2005. 91 页．

17. 李仲明．谭鑫培．石家庄：河北教育出版社，2006. 23 页．

18. 北京市政协文史委员会．梨园往事．北京：北京出版社，2000. 330 页．

19. 陈培仲、胡世均．程砚秋传．石家庄：河北教育出版社，1996. 2 页．

20. 马龙．我的祖父马连良．北京：团结出版社，2007. 5 页．

21. 幺书仪．晚清戏曲的变革．北京：人民文学出版社，2006. 310 页．

22. 龚义江．盖叫天传．石家庄：河北教育出版社，1996. 174 页．

23. 潘光旦．潘光旦文集（2）．北京：北京大学出版社，1994. 261 页．

第三编　伶人家族的业缘、地缘和阶级关系

第九章　伶人家族的业缘关系

第一节　业缘的价值

在前所论述之中已经涉及到中国伶人家族的血缘、地缘和业缘的关系问题，“技同相习，道同相得，相习则相亲焉，相得则相恤焉。”正是因为业缘关系，强化了血缘关系和地缘关系。

王沪宁在《当代中国村落家族文化》一书中，对于中国村落家族的血缘、地缘和业缘关系作了详尽的分析。他认为，血缘是以宗族血缘所决定的关系，它具有一种先天性，家族成员无法选择地处在一定的血缘关系之中，地缘则是根据共同居住的地域形成的关系，对于中国村落而言，血缘和地缘往往是相互联系在一起，由此，地域也就演化成为重要的人际认同坐标，也即“族居”现象。同一姓氏的村落家族，生活在特定范围的地域之内，在这特定范围的地域之内形成了特定的地缘关系。族居，可以说是村落家族最为基本的结构，决定了不同家族共同体之间的地理界线，或称物理界线。它在中国乡村中表现得尤为突出，但是，共同地域虽然是村落家族共同体的地理基础，但是，它并非是构成村落家族的核心，而只是它的物理外壳，内在精神是以血缘作为基础的宗亲关系。对此，费孝通也表达如此观点：“血缘是稳定的力量。在稳定的社会中，地缘不过是血缘的投影，不分离的。地域上的靠近可以说是血缘上亲疏的一种反映。……血缘和地缘的合一是社区的原始状态。”[1]

在中国村落家族的“血缘和地缘的合一”的“原始状态”中，王沪宁认为，“近年来，这两种连带关系较为迅速地受到另一种连带关系的冲撞，这就是业缘关系。业缘关系的性质与血缘和地缘迥然不同：它不以先天的某种因素为转移，也不以某一地域为转移，可以说它是跨血缘和跨地域的，因而也就是跨家族的。业缘关系的形成，自然滋生出削弱血缘关系和地缘关系的力量，同时也就改变着村落家族文化，造成村落家族力量的削弱。”[2]这里，王沪宁所指的是中国改革开放十年以来中国村落家族文化的变化情况。

对于中国伶人家族来说，业缘关系早就已经存在，而且，从某种意义来说，它是血缘和地缘关系的出发点。中国伶人的原始出身中，其中一部分是罪臣家属和战俘家属出身，她们因为家庭和家族成员获罪或者战败而被罚为成为优伶。这里，包含了一种家族关系的成分，因为家族因素“配没而为‘乐户’”。作为单个家族而成为优伶时，家族内部存在一种血缘关系，但是，刚入伶时，普通伶人相互之间并不存在一种血缘关系。只有入伶以后，由于伶人的业缘关系，即相同的职业性质、职业内容以及社会等级，伶人之间才逐渐发展了血缘和地缘的关系，加上中国伶业的特殊性质，社会对它采取的隔离和孤立政策，又加快了这种发展趋势。这种业缘对于血缘和地缘关系的基础作用，使中国伶人家族产生了与普通家族颇不相同的特征。

美国学者加里·S. 贝克尔在《家庭经济分析》一书中，认为在传统社会中一个亲属集团就是一个很有效力的“保险公司”，在现代社会中血缘关系远不如在传统社会中显得那样重要，原因是社会保险代替了家庭保险，家族成员各自分散去寻找他们最好的机会。[3]这一观点，对于分析中国伶人家族和普通家族的不同颇有一些启示意义，尽管他是传统和现代比较的角度来论述的。在中国传统社会中，以血缘关系为主的普通家族，也可以说是一个亲属集团就是一个很有效力的“保险公司”，但是，对于伶人来说，他已经成为了“乐户”，被传统家族除籍了，他只能运用业缘的关系，去寻找他们最好的机会，重新组织血缘和地缘的关系，也就是说，刚入伶时伶人已经无法依靠家族关系获取资源，而只能通过业缘关系向社会获取资源，因此，中国伶人的业缘特性，使伶人家族产生了与普通家族不同的生存方式，伶人家族只能向传统家族体制以外的社会获取资源。业缘，是中国伶人及其家族生存的重要基础。

因此，中国伶人及其家族都格外重视业缘的价值，希望能够使业缘最大化，通过这种业缘关系，能够向社会获得最大的资源，并且，在这基础上逐渐发展血缘和地缘的关系。

第二节　同业的资源空间

许多伶人家族都与同业的其他伶人家族，有着非常良好的社会关系。以谭鑫培家族而言，它与梅兰芳家族即有着几代深厚情谊。梅兰芳祖父梅巧玲主持四喜班时，谭鑫培曾经兼搭四喜班，梅巧玲颇为提携谭鑫培，两人合作不错。梅巧玲去世后，谭鑫培过年时总要到梅家去拜年，平常两家也是时有来往。梅兰芳伯父梅雨田是著名琴师，为谭鑫培操琴二十余年，加上鼓师李奎林，三个人配合默契，可谓相得益彰。梅雨田病逝后，谭鑫培怀念故交，又主动邀请梅兰芳与他合作。1912 年，正乐育化会举行募款义款，原定谭鑫培与陈德霖合演《桑园寄子》，但是，陈德霖因事来不了，谭鑫培就主动提出与梅兰芳合演。两人的首次合作即非常默契，后来也多次合作。一次，谭鑫培在丹桂园演出一个久不露演的老戏，当天，梅兰芳受俞振庭邀请，在吉祥园演戏，无形之中和谭鑫培打了一个对台。由于梅兰芳的戏码既有新戏又有老戏，上座爆满，而谭鑫培只演老戏，上座率不太好。为此，梅兰芳心里非常内疚。后来，梅兰芳专门向谭鑫培解释吉祥园唱对台戏的事情，使双方消除了误会。

谭鑫培家族与马连良家族关系也非常好。谭元寿写道：

我们谭家与马连良先生家，也是有几辈的深厚感情。我祖父谭小培和马先生的父亲，是很要好的老朋友。我父亲谭富英和马先生，是先后出身于喜（富）连成科班，是总角之交，几十年的好兄弟。1955年北京各戏班合团以后，马先生和我父亲共同研究《十道本》这出戏，马先生饰褚遂良，我父亲饰王子。当时马先生55岁，我父亲整50岁，这老哥俩，决不是一般人所想象的那样“同行是冤家”，而是精诚团结在一起，共同切磋琢磨。老哥哥一字一板地教，老弟一字一板地学，那种亲密无间的精神，为我们后一代树立了很好的榜样。[4]

颇有意思的是，谭鑫培家族与余叔岩家族还互为师生，艺术承递颇为紧密。谭鑫培家族第七代传人谭正岩，乃是祖父谭元寿取的名字，意为学习“正统的余叔岩”。当年，谭鑫培曾经向余三胜学习须生演唱艺术，而后谭鑫培又收余三胜的孙子余叔岩为徒，后来余叔岩又纳谭鑫培的孙子谭富英为徒，因此，谭元寿对于孙子谭正岩充满了期待，故取了此名。梅兰芳也曾经谈到谭鑫培家族与余叔岩家族互为师生的事情：

今天舞台上，老生的唱念都带有湖北音，是因为谭派（鑫培）、余派（叔岩）流行不衰。谭老先生是湖北江夏人，他的唱工做工，吸取程长庚、王九龄等各家之长，受余三胜的影响更多，晚年常演的《定军山》、《卖马》、《桑园寄子》、《捉放曹》、《托兆碰碑》、《琼林宴》，就都是余老先生的拿手戏。叔岩没有看过祖父的戏，可是从继承谭派又间接继承了家学，成为新的“余派”。谭老先生的孙子谭富英同志，继承家学，又曾拜叔岩石为师，多年来，谭余二家不断交流，不断发展，所以至今汉派在京剧舞台上的影响是比较大的。[5]

谭鑫培家族和杨月楼家族也具有很深的交谊，谭鑫培和杨月楼是在三庆班时的老朋友，杨月楼临终前，还托孤给谭鑫培，谭鑫培收杨月楼之子杨小楼为干儿子，所以，杨小楼有个名字叫“嘉训”，就是按照谭鑫培家族的“嘉”字排行起的。

谭鑫培家族的这种业缘关系，可能正是能够形成“谭门七代”的内在文化密码之一。由于职业的关系，形成了一种职业同仁之间的关系，继而形成职业家族之间的关系和职业家族之间的感情。如此业缘关系，可以使伶人家族在没有传统家族作为一个很有效力的“保险公司”的情况下，通过职业的联系在向社会获取资源时，形成一种互相帮扶和援助的合力作用关系。中国伶人家族获取社会资源的性质，必然形成一种显著的业缘关系。

除了谭鑫培家族，其他伶人家族之间的业缘关系，也是比比皆是。梅兰芳家族与马连良家族同样也是关系非同一般，“文革”当中马连良一家被扫地出门，被赶到和平里的“黑帮楼”居住。梅兰芳夫人福芝芳看到马连良夫人陈慧琏身体多病，于是，就将她接到“梅宅”居住。在客厅的东头，用屏风隔出一块地方，作为陈慧琏的卧室，而且，一住就是六年，梅家上下对陈慧琏如同亲人一般。1972年，福芝芳又用梅家在香山脚下万华山麓的两间房子，与香山大队置换了两块土地，作为马连良的墓地。在马连良逝世六年以后，他的骨灰终于能够入土为安。

梅兰芳家族与杨月楼家族也是如此，梅兰芳家从庚子年搬到百顺胡同以后，就跟杨小楼家住在一个大门里面。当时，梅兰芳七八岁，在私塾里念书。杨小楼经常背着梅兰芳上学，可以说是看着梅兰芳长大的。后来，梅兰芳与杨小楼又经常合作演出。杨小楼从小在小荣椿班坐科，而小荣椿班的创办人，即为梅兰芳的外祖父杨隆寿。杨隆寿给杨小楼开蒙，教的第一出戏是《淮安府》。两个家族，可谓业缘很深。

杨月楼家族与俞菊笙家族也是交情甚好，杨小楼是俞菊笙的第一高足，鹿原学人在《京剧二百年史》中援引周剑云的话称道：

> 杨月楼继程长庚掌三庆后，与俞菊笙友善，两氏内眷，亦颇亲密。时皆怀孕，临盆有日。菊笙谓月楼曰，“吾侪交可刎颈，情逾手足，毋使两姓旧谊，及身而断，趁此时机，联一世好；弟妇与嫂氏，所生如系一男一女，则指腹为婚，由异姓骨肉，进而儿女亲家，如同属男，或同属女，当互相交换，以永情愫。”月楼诺之。及期则皆男也。果如约。小楼既长，颖悟异常儿，振庭则桀骜不驯，如劣马之不易驾驭。菊笙渐有悔意，然以驷不及舌，不能自食前言，而天伦至亲，究难恝然，于是尽出其技授小楼，对振庭则不免冷淡。故菊笙武剧，小楼得十之七八，振庭仅得十之二三。不知者犹谓振庭顽劣，不能得父伶爱，小楼雅驯，始能蒙其垂青；岂知俞氏私心未除，显分厚薄，此中有换子之关系哉？某遗老为余言如此，

得之传闻，殊难证实；然以其为常情所有，尚非离奇突兀之谈，故乐得而载之；至于是否确有其事，还当质诸两姓之家族。[6]

这里，杨月楼家族与俞菊笙家族易子，由于“得之传闻，殊难证实”，但是，不管它的真实情况如何，也说明了两个伶人家族的厚谊，“吾侪交可刎颈，情逾手足”，“互相交换，以永情愫”，而且，这种情形还是颇为当时社会所理解的，“其为常情所有，尚非离奇突兀之谈”。需要注意的是，从这种业缘发展出来的伶人家族之间的关系和伶人家族之间的感情，自然会逐渐发展到伶人家族之间的血缘和地缘关系，“由异姓骨肉，进而儿女亲家”。

第三节　从业缘到血缘

关于伶人家族之间互为婚姻，前面也有较多论述。一般来说，第一代入伶时，相互之间大多没有血缘关系，兄弟以及堂表亲缘关系者同时入伶毕竟不多，例如盖叫天，他的大哥张英甫首先学伶，艺名“赛阵风”，是一位武旦演员。在他的影响下，加上当时农村生活艰难，盖叫天兄弟几个准备到上海投奔大哥，只是在天津搭船时，天津隆庆和科班正在招收学员，既可学戏还可解决吃饭问题，盖叫天就和他的四哥张英俊一同进了科班。但是，像这种兄弟几人同时入伶的情形，还是属于一种相对特殊的案例。

由于职业的联系，特别是伶业的婚姻隔离政策以及后来的互为婚姻对象的习俗，第一代入伶者到了结婚年龄阶段，则是开始了与其他伶人发生姻亲关系，到了伶人家族的第二代，这种情况就比较普遍了。以梅兰芳家族为例，它的家族世系简表如下。(见表9.1)[7]

从上表可以看出，第一代入伶者梅巧玲，娶的是老生陈金爵之女，与他成为连襟的还有旦角演员谢宝云，后来又改演老生和老旦，还有演旦角的钱阿四，由此，梅兰芳家族的第一代梅巧玲，由于业缘关系发展到姻亲关系，已经与陈家、谢家和钱家等伶人家族发生了姻缘关系。到了梅兰芳家族的第二代，梅兰芳父亲梅竹芬，娶的是武生演员杨隆寿之女杨采玉，杨隆寿当时有“活武松”、“活石秀”之美誉，与俞菊笙、姚增禄齐名，长期在四喜班业伶，晚年时转入三庆班，又创办了小荣椿班，培养了杨小楼、程继仙等众多名伶。梅竹芬与著名琴师徐兰沅为连襟关系。梅兰芳伯父梅雨田，是京剧琴师四大名家之一。徐珂的《清稗类钞》，如此评论梅雨田的胡琴技艺：

表 9.1　梅兰芳家族世系简表

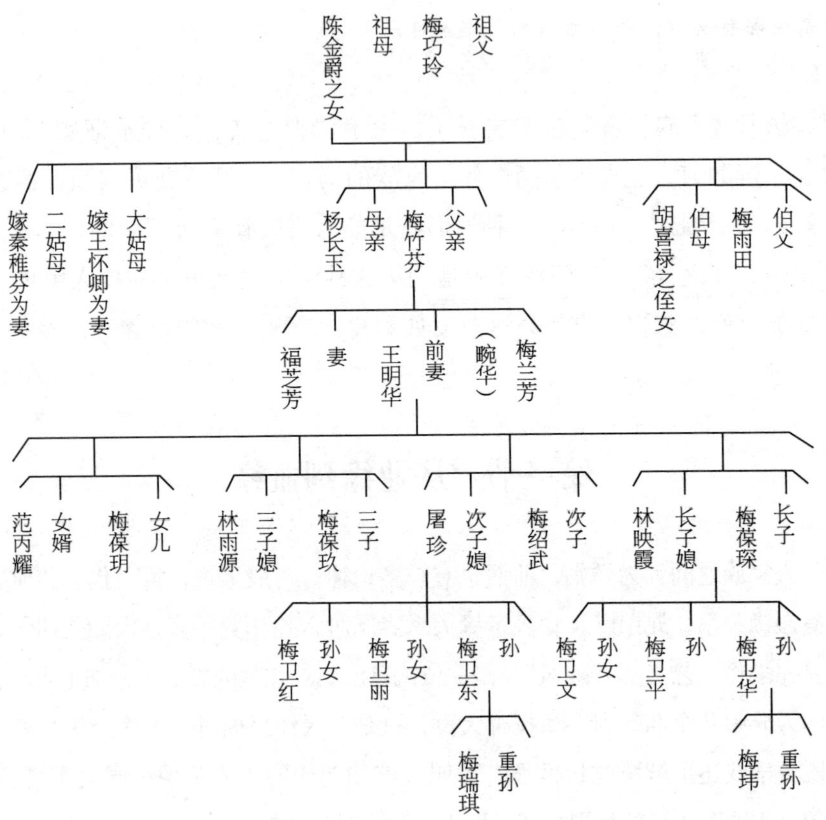

胡琴本无奇声，自梅弄之，凡喉所能至，弦亦能至。柔之令细则如绳，放之令洪则如虎，连之令密则如雨，断之令散则如风。呼吸通神，清脆高响。他琴师皆板板数调，取足和音而止。梅自开板（俗谓之过门），即出新声，至唱处，更丝丝入扣。大抵人之喉音，能密能久，丝则一响即杀。梅鼓之，尺寸加密，凡一隙，均加一音，节节填满，不令有丝毫空漏。手指上下，急如风轮，密如蛇足。而某音应深按使切，某音应浅抚令泛，虽繁不胜记之中，而以耳会，以神通，无不入妙入微，曲尽其趣。其二簧开板，迥不犹人，不独倜傥舒和，而煞尾处撮六七音于一轮指之中，如联琳并流，如轻环急转。紧处加密，而余处仍故放令疏，戛止徐来，界限清楚。其取经皆大方家数，又非叛以繁弦急管见长。唱调无穷，弦复亦无穷；每换句调，则易其法；每弄过门，则更其声，五花八门，层出不已。他人虽拾得一二，莫能窥其涯涘也。

前所提及谭鑫培和梅雨田、李奎林的合作，珠联璧合，被时人称之为“三绝”。陈彦衡曾有如此的评述：

> 谭的腔调是综合程长庚、余三胜、王九龄等各家优点，再加以体会融化，便成为独具风格的声腔艺术。同时，操胡琴的梅雨田和击鼓的李五，都是当时的杰出人才。
>
> 他们三个人都具有独特的艺术，高傲的性格。在表面上彼此不肯互相请教，可是到了台上，唱的、拉的、打的，如胶似漆，黏合无缝，从来不会“碰”，这是一个奇迹。而且老谭每出戏里的唱法，是常常变换不定的。那是一种有规则的变动。他事先并不通知梅、李二位，今天要唱哪一个腔。但是，无论怎么唱，梅的胡琴总能很稳定地衬托着谭的运腔换气；李的鼓也是指挥若定，操纵着整个舞台上的工作者。[8]

从上述描述中，可以反映出梅兰芳家族到了第二代已经出现了“当时的杰出人才”，“他人虽拾得一二，莫能窥其涯涘也”，尽管梅巧玲也是一位著名伶人，但是，梅雨田在他的行业领域里，已经成为顶尖人物，他为“伶人大王”谭鑫培操琴二十余年，即是一个例证。梅雨田娶的是旦角胡喜禄之女，与老生尉迟喜儿、老生陈四儿为连襟关系。因此，梅兰芳家族到了第二代，通过业缘关系发展起来的姻缘关系，已经扩展到杨隆寿、徐兰沅、胡喜禄、尉迟喜儿、陈四儿等家族，已经形成一种伶人家族网络结构。

梅兰芳家族第三代，则出现了巅峰人物梅兰芳。梅兰芳曾有三次婚姻，第一个夫人为王顺福之女、武生王毓楼之妹王明华，两人非常恩爱，生有一子一女，但是，都先后夭折了。后来，王明华患肺结核医治无效，在天津医院病逝。由于梅兰芳兼祧两房，家族为了延续子嗣，又与崇雅社坤班青衣演员福芝芳结婚。梅兰芳与福芝芳相亲相爱，共同生活了四十年，生育了九个子女，其中五个因为生病以及当时医疗条件较差而夭折了。梅兰芳与女老生孟小冬也有过一段短暂的婚姻，为此，孟小冬曾经离开舞台数年。孟小冬也是梨园世家出身，到她已为三代，祖父孟七，工武生和武净，原籍山东，因为避乱到了上海，遂在上海定居。孟七生子六人，三子孟鸿荣，工武生，颇有些名气，后改名小孟七。六子孟鸿茂，原工文武花脸，后来改为丑角，也是驰誉沪上。孟小冬的父亲孟鸿群，工武老生兼武净，是孟七的四子。

梅兰芳家族的第四代，在三子一女中，已经只有一子一女从事戏曲表演工作。它的原因，主要是时代环境发生了变化。不过，另外一个不从事戏曲表演工作的儿子梅绍武，虽然长期从事美国文学研究工作，但是，后来也开始与戏曲发生了关系，借助亲友的叙述和家藏的文物资料，把对父亲梅兰芳的认识和感受用文字记录下来，并且，以专著的形式出版，以供戏曲研究工作者和戏曲爱好者参考。

关于谭鑫培家族，也是从业缘开始逐渐发展起了血缘和地缘关系。谭鑫培家族世系简表如下：（见表9.2）[9]

从表中看，作为伶人家族的第一代，谭志道并不存在伶业的血缘和地缘关系。到了第二代，伶人家族则已经迅速达到了巅峰状态。沈太侔在《宣南零梦录》中曾经提到谭鑫培的成名经过，谭鑫培“庚子以前并无卓卓名（余在京时，尝与谭伶斗蟋蟀、赛马。据其自言，每日拿戏份三十千，谈君之言确也），庚子而后，名忽大噪，九城妇孺几无不知‘小叫天’者。”[10]罗瘿公在《菊部丛谈》中也称谭鑫培为清末时期“伶界中独占优越地位之唯一名手，其技术无一不精湛圆通。誉满全国，已成万众一辞之口碑”[11]。谭鑫培在金奎班学艺时期，谭志道夫妇已经为他定了一门亲事。原来工刀马旦的侯廉，也有一种说法是侯幼云，和谭志道很熟，也见过谭鑫培，对谭鑫培印象很好，认为他以后一定会有大的出息，就将自己的妹妹侯玉儿介绍给谭鑫培，父母也都表示同意。虽然后来发生了一点变故，但是，谭鑫培和侯玉儿还是结婚了。

谭鑫培家族的以后几代，由于谭鑫培在伶业的巨大影响，业缘与姻缘的关系更加紧密。谭鑫培的前室侯玉儿生有八子四女，后室张秀卿虽然生有一女，但是，早就夭折了。八个儿子，以“嘉”字排列，为嘉善、嘉瑞、嘉祥、嘉荣、嘉宾、嘉乐、嘉祜、嘉禄，其中，前面五个儿子均为从事伶业。

长子谭嘉善，曾习武老生，后来掌管家务。娶妻李氏，生有儿子谭裕仁、谭裕礼，谭裕仁早夭，谭裕礼工武生，还有一个女儿，嫁给河北梆子著名旦角演员李吉才，李吉才乃李节琦之父，裘盛戎岳父。谭裕礼生有二女一子，长女谭曼华嫁给武生钱富川，次女早夭，儿子谭国梁管理戏箱，妻子马学茹工旦行。

次子谭嘉瑞，初习武丑，后为琴师。娶妻刘氏，生有四女二子。长女谭淑诚为武生吴彦衡之续室；次女谭淑瑜嫁给一位刘姓医生；三女谭凤英嫁给净行演员吴润衡；四女谭淑英嫁给净行演员郭元汾。长子谭裕德工老生，未婚即卒。次子谭裕武工净行，艺名谭世英，师从孙盛文、刘喜益、王连平等习架子花脸和武净，擅长演出《钟馗嫁妹》、《芦荡花》、《火判》等剧目。谭世英娶妻张瑞英，生有三子四女，长子谭韵扬、三子谭少英均是工净行；次子谭韵龙曾经习老生；小女儿谭明珠工旦行。

三子谭嘉详，原习青衣，后来改为武旦，中年以后又改小生。曾经担任谭鑫培同庆班管事。他的妻子为丑角沈庄之妹，生有三子三女，长子谭裕义工武生；次子谭裕智过继谭鑫培六子谭嘉乐为子；三子谭裕章，艺名谭盛英，先后师从萧长华、蔡荣贵、王连平等学习老生和武生；长女谭大红嫁给张淇林之侄张福林。谭嘉详的第二个夫人，为武净方二群之妹，其子谭裕信工武生。谭裕义有二子三女，长子谭增儿早年夭折；次子谭金增工老生。

四子谭嘉荣，工文武老生，娶妻钱氏，为著名净角钱宝峰之女。

表 9.2 谭鑫培家族世系简表

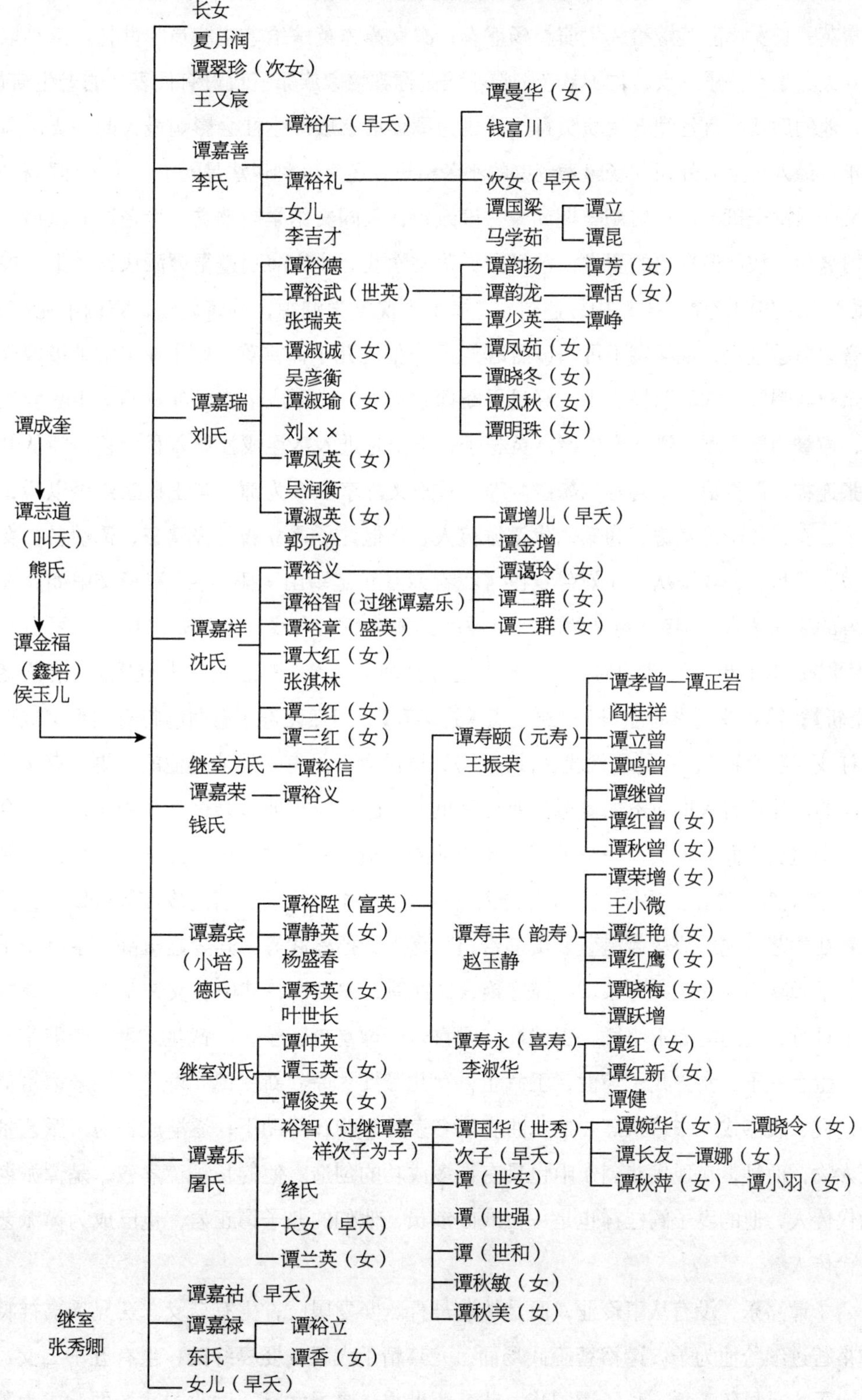

五子谭嘉宾，即谭小培。妻子德氏，为著名小生德珺如之女，生有一子一女，其自谭裕陞，即谭富英；长女谭静英嫁给武生演员杨盛春；次女谭秀英嫁给老生演员叶世长。谭小培继室为刘氏，生有一子三女，均不从艺。谭小培是谭鑫培家族第三代最有代表性的老生演员，而且，他的后辈一直延续老生演员行当，成为谭鑫培家族产生社会影响最大的一支。谭小培幼年曾经入梅兰芳外祖父杨隆寿创办的小荣椿班，还有一种说法是入了“小天仙”科班，后来又转入洪奎班。谭小培变嗓期间曾一度改行，入同文馆学习德文。嗓音恢复以后，继续学习老生，按照谭鑫培的要求，曾经向许荫棠学戏。他的演唱遵循谭派风格，张非禅在《谭派几大须生中之余、王》中评述道：“演来不愧家学渊源，箕裘克绍，声调不亚叔岩，而嗓音之清越过之，视又宸不可同日而语矣。”[12]他的儿子谭富英，则是在忠实地汲取谭鑫培和余叔岩唱腔艺术的前提之下，经过不断探索努力，又形成了自己独特的老生唱腔艺术风格，被誉为新谭派。谭元寿，谭富英长子，十岁时进入富连成社第六科学艺，师从刘盛通、张连福、雷喜福、王喜寿、茹富兰等，后来又拜李少春为师。与王振荣结婚以后，生有四子二女，长子谭孝曾，为第六代谭派传人，其他儿子谭立曾、谭鸣曾、谭继曾，女儿谭红曾、谭秋曾，均未从艺。刘曾复在《我看谭派〈定军山·阳平关〉》一文中如此评价谭元寿的表演艺术，“我坚持认为，一个谭派必须擅长七出戏，比如靠把戏《定军山》或《战太平》；褶子戏《问樵闹府》；衰老头戏《打渔杀家》；王帽戏《大登殿》；诸葛亮戏《失空斩》；箭衣戏《秦琼卖马》；武生戏《连环套》。当然元寿还有两出特有的看家戏，一是摔打戏《打金砖》，一是现代戏《沙家浜》，还没有看见有人能演过他的。更没有像他如此全面的。尽管有人说他不如老谭，他自己也说自己不能与他父亲谭富英相比，但是今天要找一个这么全面的演员，一个下过如此苦功的演员，一个如此谦虚好学的演员，还是真难。”[13]谭韵寿，谭富英次子，七岁时进入富连成社第七科学艺，富连成社解散以后，又转入荣春社学艺，先后师从萧盛萱、贯盛吉、茹富惠、孙盛武等。其妻赵玉静，生有一子四女，儿子谭跃增，女儿为谭荣增、谭红艳、谭红鹰、谭晓梅，其中长女谭荣增从事戏曲表演，工旦行，她的丈夫王小微，工武净。谭喜寿，谭富英三子，工武生。妻子李淑华，工旦行，生有一子二女，儿子谭健，工武生，女儿谭红、谭立新。谭元寿，在父亲谭富英以及马连良、裘盛戎、张君秋等一批戏曲表演名家的影响和帮助下，逐渐成长为谭派艺术的代表人物，而且，在现代戏创作中也具有许多成功的创造。他的长子谭孝曾，是谭派老生第六代传人，他的妻子阎桂祥也是一位戏曲演员，他们的儿子谭正岩，也已成为谭派艺术第七代传人。

六子谭嘉乐，没有从事伶业，而是从业丹青。娶妻屠氏，生有二女。三兄谭嘉祥将次子谭裕智过继给他为子。谭裕智工武场面，尤其精于大锣，娶妻绛氏，生有五子二女，长女、次子均是早年夭折；长子谭国华，艺名谭世秀，原习武旦，后改习武场面，成为著名鼓师，“其司鼓技艺文戏不瘟，武戏不燥，张弛有序，恰到火候。马、谭、张、裘联袂演出之《秦香莲》、《赵氏孤儿》，由他司鼓堪称珠联璧合，成为京剧史同场为四位京剧名家司鼓的唯一演奏家。”[14]谭世秀长女谭婉华的女儿谭晓令，也学习老旦，谭世秀三女谭秋萍的女儿谭小羽，是谭家第一位女老生。谭裕智三子谭世安、四子谭世强均是工武场面。谭世强的长子谭长利也工武场面。

七子谭嘉祜，早年夭折，八子谭嘉禄，生有一子一女，均不从艺。

谭鑫培的四个女儿，长女嫁给上海著名武生演员夏月润，次女嫁给谭派老生演员王又宸。三女、四女早年夭折。[15]

从谭志道入伶开始，到了伶人家族第二代谭鑫培达到“伶界中独占优越地位之唯一名手”，通过业缘关系，发展起了一个庞大的血缘关系网络，它已经不是与几个伶人家族发生血缘联系，而是和众多的伶人家族产生姻亲关系。

第四节　初入伶者的业缘效果

一个初入伶者在伶界并不存在业缘和血缘的关系，后来由于个人的奋斗和伶业的性质，在业缘的基础上逐渐发展起了血缘和地缘的关系，乃至形成错综复杂的伶人家族网络。这里，颇为值得关注的是，伶人家族的第一代，也就是一个初入伶者，他是如何建立起了业缘和血缘的关系。

应该说，一个初入伶者从事伶业，大多经历了一个惨痛的过程。传统伶人从伶，大多带有一种被迫的性质，“原不是伶人，要做伶人，固然不容易；既做了伶人，或伶人家庭的一员，而想改行，想另营别种职业，事实上却要更困难。”[16]到了中国近现代社会转型时期，入伶的动机复杂化了，虽然大多数入伶者仍然是由于贫困而选择伶业，但是，也有相当一部分入伶者乃是出于爱好戏曲表演，从票友“下海”成为伶人，还有的入伶者，是将伶业作为一种商业的谋生手段，获取比其他行业更多的经济收益，甚至有的入伶者，是将戏曲表演作为一种“补偿”（Compensation）的功能。德珺如的入伶情况，张次溪的《伶苑》有如此描述：“穆相孙之为伶也，家人强归袭伯爵，不可；或怪之，相孙曰，‘吾以一身备帝王将相，威重一时，此何为者?’或曰，‘子之帝王将相，乃伪耳。’孙笑曰，‘天下事，何者为真哉！’客大惭而退。”此固然是戏言，甚至可能是德珺如为了搪塞社会的舆论压力而故作的姿态，但是，似乎也表明了破落贵族子弟的一种心理结构。原来在社会上“威重一时”，但是，家族衰败以后，已经不可能重复如此的待遇，只有到了伶业领域，在舞台上“以一身备帝王将相”，似乎仍然可以威福可作，声色可享，台下的看客虽然知道“乃伪耳”，但是，台上的表演者却未必不以为真，他已经将生活和表演的界限模糊，生活即是一种表演，表演是另外一种生活，似乎已经是看破“天下事”。陆长春《香饮楼宾谈》卷二中也记载有如此的故事，“吴江周某，喜唱昆曲，日与优伶相狎，遂习串戏。父恶其沦于下贱，屡加扑责，严禁之而终不悛。人问其串戏有何乐。周曰：吾侪小人，终不能纡青紫，若串戏时，时为卿相，时为帝王，旗旄导前，从卒拥后，人因为戏，我以为真，其乐何可支也!”这种入伶动机的多样化并没有摆脱入伶过程的惨烈情形，一个初入伶者若想习伶，无论是个人的身心，还是对于家族成员的刺激和打击，都需要经历一个心理动荡的过程，德珺如弃伯爵不袭执意从伶，祖父、父亲为此懊恼而死，言菊朋因为迷恋戏曲表演，又想多挣一点经济的收益，终被任职机关革职，上述“吴江周某”，“父恶其沦于下贱，屡加扑责”，都是如此，家族和个人都不可避免地经历过一个人格斗争的过程。

一个初入伶者从伶以后，由于缺乏一定的业缘关系，除了入伶时需要经历一个惨痛的过程，入伶以后，同样需要经历一个艰难的过程。王金璐在《回忆恩师丁永利先生》一文中记叙了丁永利对他说过的一段话：

> 戏班这行，外界都瞧不起咱们。外行的闺女都不大愿意跟咱们，所以大部分都是本行结亲。慢慢地，祖祖辈辈都成了环套环的亲戚了。父一辈、子一辈都干这一行，搭班唱戏都有照应。你行吗，唱戏你是谁的亲戚？……父一辈、子一辈，就是爸爸唱戏，儿子也唱戏，以至孙子还唱戏。就拿咱们武生行说吧！杨小楼女婿是刘砚芳，外孙子刘宗扬；高庆奎的儿子高盛麟；徐元珊是徐兰沅的儿子；杨盛春成为谭家门婿后又进了谭家班；张云溪的父亲是张德俊；王又宸是谭家门婿，他班里武生是他儿子王世英。这就是父一辈、子一辈，这就叫有人！人家学成出科唱戏，家里是内行，懂得怎么抄近，怎么绕远，出哪门进哪门都错不了，台上唱戏一抿子心。这些都是武生，你家有谁？这些班儿都是亲戚，你进得去吗？就拿我自己说，开头若没有你师爷给打好底，我也不好混哪！[17]

应该说，这种初入伶者的遭遇具有一定的普遍性质。从其他职业家族和家庭进入伶业，由于没有业缘的基础，“唱戏你是谁的亲戚?”“你家有谁？这些班儿都是亲戚，你进得去吗?”因此，开始从事伶业时必然是步履维艰的。在伶业发展过程中，由于“人家学成出科唱戏，家里是内行，懂得怎么抄近，怎么绕远，出哪门进哪门都错不了，台上唱戏一抿子心”，也必然要付出的艰辛和苦难。

幼年学伶，一般都要进入科班或者拜师学艺成为手把徒弟，这应该是初入伶者建立的第一层业缘关系，但是，如同俗话有云“宁给千金，不施一春”，甚至说是“教会徒弟，饿死师父”，一些伶人并不轻易授徒。“一般地说，师父终生承认其学生为自己的徒弟；学生终生承认师父为自己长辈，自己是师父的传人。因此，老师多不轻易收徒，学生亦不轻易拜师。”[18]即使拜师以后，幼年学伶者也要经历一个严格甚至残酷的训练，即所谓“不打不成材”，“打”乃是幼年学伶者的家常便饭。这里，外行子弟学伶和伶业子弟学伶还是稍微有些区别，“梨园世家子弟学戏要好一些，师父总要留点情面，该重打的改轻打，该轻打的骂几声，该骂的就变成说几句算了。若是名伶子弟，家里有些根基，还可以花钱请师父说戏，请来的师父就很客气了，绝无打骂之理。科班的孩子学戏挨打也很厉害，还有大‘满堂红’一说，即一人有错，整个科班的孩子都陪着挨打，但师父打徒弟得有个说道，有个约束，若是触了众怒，也是很棘手的事。唯有写卖身契的徒弟最苦，师父想打就打，师娘想骂就骂，没有人愿意劝，愿意管，因为人家打的是自己花钱买来的徒弟。”[19]外行子弟初入伶者，许多都是属于这种“花钱买来的徒弟”。

荀慧生出生在河北省东光县八里庄，由于家庭生计艰难，父亲荀凤鸣和母亲及氏带着八岁的哥哥荀慧荣和七岁的荀慧生，流浪到了举目无亲的天津。虽然荀凤鸣有着制造线儿香的手艺，母亲能够帮做零活，但是，生活仍然难得温饱。荀凤鸣没有办法，只好将荀慧荣和荀慧生兄弟二人，以五十块大洋卖给天津小桃红梆子班一个王姓伶人学戏，但是，由于王姓伶人管教十分严苛以及传统戏班惯有的虐待毒打，哥哥荀慧荣却是偷偷溜走了。由于荀慧荣和荀慧生兄弟两人是师父买来的，荀慧荣逃走，师父连荀慧生也不要了，逼着荀凤鸣退回五十块大洋，但是，荀凤鸣哪还有能力归还五十块大洋，后来，经过乡人调解，将荀慧生转卖给河北梆子花旦教师庞启发作为私房徒弟，除了还清王姓伶人的五十块大洋，荀凤鸣还多得了二十块大洋，但是，立下了一张卖身契。此后，荀慧生也就变成了庞家的奴仆。荀慧生夫人张伟君在《荀慧生传略》一文中写道：

> 慧生自到庞家以后，便和挨打受骂结下了不解之缘。只要稍有懈怠，师父就用麻绳搓的鞭子沾水后抽打他，而且还不许哭出声来。六七岁的孩子，挨了毒打哪能不哭呢？但只要哭声大了一些，师父就用棉花把他的嘴堵住，然后由师娘等人帮着把他按倒，继续抽打。慧生是师父出了70大洋买来的，师父说打就打，说骂就骂。7岁的慧生，除了白净细嫩的脸，到处是青一块、紫一块的伤痕。[20]

在中国伶业，“打”是幼年学戏的一种“文化”，“打”固然是伶人练就一身功夫的途径之一，但是，对于伶人家族的第一代，幼年学伶则要比伶业子弟学伶，更多地经受“打”的考验，而且，“写卖身契的徒弟最苦，师父想打就打，师娘想骂就骂，没有人愿意劝，愿意管，因为人家打的是自己花钱买来的徒弟。”因此，伶人家族的第一代，建立第一层的业缘关系，都是以“打”作为代价的。

如前所述，程砚秋学伶时很苦，可谓是边学边唱边挨打，而且，师父还将他的腿打伤了，直到成年时才医好。程砚秋自己说过：“学艺的八年，是我童年时代最惨痛的一页”[21]，因此，程砚秋绝不允许自己的子女学伶，他的下一代都没有从事伶业，程砚秋也就没有形成一个伶人家族。

伶人家族的第一代出科或者出徒以后，如果想在舞台上立住脚甚至出名，还必须扩展自己的业缘关系，其中一个重要的方面，即遍求名师，继续拜师学艺。但是，求师并不容易，而若要拜名伶为师，则是更加困难，翁偶虹称道：“谭鑫培一生靳于收徒，除以骨肉关系，传艺于五子谭小培、爱婿王又宸；因特殊供应及懿自严命不敢抗拒，授艺于溥西园、陈子田外，一般渴望求艺者，都在绛帐不开、杏坛不启的冷遇中，饱尝闭门羹而却步。”[22]

余叔岩也不轻易收徒，著名琴师杨宝忠曾经拜在余叔岩门下，余叔岩还将他的“绝活”，即《打鼓骂曹》、《打棍出箱》、《打渔杀家》、《打侄上坟》等四打”教给了杨宝忠，对于杨宝忠颇有些期待，但是，杨宝忠在日常生活中好酒贪杯，经常醉酒以后，带着朋友去余叔岩家里听师父吊嗓子，并且，说长道短。对此，余叔岩非常反感，后来只要听说杨宝忠上门，就拒而不纳，由此，也就断绝了杨宝忠与余叔岩的师生业缘。如此，即使已经拜上名师，如果自己不珍惜，也会失去缘分的。凌霄汉阁在《于戏！叔岩》一文中对于谭鑫培、余叔岩疏于收徒的原因，作了如此分析：“谭派之无传人，不在什么秘诀密授，某宗某派，且名派与模型派迥乎两途，如王福寿包丹亭之授受，所谓教一手儿，说一出儿便算某一技传某一出会矣，此种机械式的接受，非所以论谭也。故谭终身不乐收徒，因彼自身并非学来就算者，技式可以教练，心灵、气韵、才力运用绝非冬烘教法便可过电也。余叔岩之不愿收徒，理由亦不外此。若曰不轻易收徒，而得列门墙者，便可夸榜，此又是生意经，有常识者皆有以知其不然也。”[23]谭鑫培、余叔岩乃伶业顶尖人物，他们收徒至少不能影响他们的业界声誉，而且，最好是通过收徒能够再次抬高他们的业界地位，“而得列门墙者，便可夸榜”，也可以挟师自重，作为扩大自己业缘关系的一个平台，因此，谭鑫培、余叔岩自然是“不轻易收徒”，“此又是生意经”。由此，可以推断其他名伶也会有同样的“生意经”。

伶人家族的第一代，在以后的伶业发展中也会产生不同的业缘效果。逸明在《公元纪年艺术》一书中如此写道：“因为梅巧玲与梅竹芬的人缘，梅家一直是北京京剧界的沙龙。许多著名演员都愿意无偿地将演技传授给父亲早丧的小梅。”[24]应该说，梅巧玲生活的时代存在着一种以半商业与半封建隶属为基准的非常实际和残酷的人际关系，这里将它温清化和诗意化了，变成了一种“人缘”维系的人情关联。梅兰芳在《舞台生活四十年》一书中叙述过他祖母讲述的关于祖父梅巧玲的一些事情：

我嫁过来，他就渐渐地红起来了。最后他掌管了四喜班。别人看他当了老板，还以为他该是很舒泰的了，其实他的一生心血，就完全耗在四喜班里。全班有百十口人，都得照顾到了才行。角儿和场面还常跟他闹脾气，最使他难受的是连他一手培植出来的得意学生余紫云也常常告假不唱。幸亏时老板（小福）跟你祖父交情最好，余紫云告假，时小福就上去代唱。有一个时期你祖父为了“国丧”停锣，亏空太多，几乎不能维持，时小福还卖了房子借钱给你祖父。[25]

但是，毕竟还是有许多伶人较为成功地发展起了自己的业缘关系，“每一个能够站得住的‘班主’、‘堂主’、‘师父’在维护戏班子和‘堂子’的正常运转的时候，都有自己的‘过人之处’”，这些“过人之处”使一些伶人家族的第一代，已经在伶界打开了业缘局面。梅巧玲也是一个案例。徐慕云在《梨园外纪》一书中写道：

兰芳之祖梅巧玲氏，为程大老板（长庚）同时之旦行祭酒，处世谦和，艺能超群，当时诸旦如时小福、余紫云等皆为其门墙桃李。梅氏生平尤喜参加慈善事业，积德之厚，恐在古今梨园界中无出其右者。……

他晚年时本已谢绝歌坛，不常露演，不过他为慈善心的驱使，每值年终岁尾眼看贫苦同业，无衣无食，实在觉得情景凄惨，因此就自动发起一次或两次窝窝头会戏（北平贫寒人家皆吃棒子面做成的窝窝头，因价廉也），并邀请其他名伶参加，以所得票款，救助贫苦同业。此外他对于穷朋友的搭桌戏或地方公益的义务戏，照例是一概不予拒绝，所以当时称道他的人的确不在少数。[26]

前面曾经论及的梅巧玲在“国丧”期间，向汇票庄和私人告贷，始终维持戏班全份待遇，还有“焚券”与“赎当”的义举，同样“当时称道他的人的确不在少数”。“处世谦和，艺能超群”，“积德之厚”，从业形象自然非常优异，也就建立了一种良好的业缘关系。这种业缘关系，对于梅巧玲家族的后辈也带来很大的益处。梅兰芳在谈到向吴菱仙学戏情景时称道：“吴先生对我的教授法，是特别认真而严格的。跟别的学生不同，他把大部分精力，都集中在我身上。好像他对我有一种特别的希望，要把我教育成名，完成他的心愿”，“我能够有这一点成就，还是靠了先祖一生疏财仗义，忠厚待人。吴先生对我的一番热忱，就是因为他和先祖的感情好，追念故人，才对我另眼看待。”[27]伶人家族的第一代所建立起来的业缘关系，也就能够延续到家族的后面几代。

伶人家族的第一代也有因为没有处理好业缘关系，造成尴尬的从业处境。在此，言菊朋是一个较为典型的例子。对于言菊朋的业缘关系，丁秉鐩曾有如此的分析：

言菊朋一生，志高行疏，年轻时嗓子好，咬字准，又有陈彦衡的胡琴陪衬、在票友里是学谭铮佼人物，他便自我陶醉，以谭派传人自居，目无余子，对余叔岩都不大看得起，更不论别人了。但是下海以后，和内行人一比，除了字眼以外，身段、武功都不如人。后来又与陈彦衡闹翻了，声势大落，他还不自觉。假如搭上常班，在舞台上多历练些年，培养火候和基本观众，到了相当时期，实至名归，未尝不可独当一面，成个气候。不想他不此之图，自视甚高，常闹脾气，给人挂二牌都嫌委屈。岂不知梅兰芳唱过倒第六，余叔岩唱过倒第三，只要你剧艺精进，自然会脱颖而出，能挑班挂头牌的。言菊朋却闹个高不成、低不就，第三次挑班虽然挂了头牌瘾，但是阵容不整，营业不振，后来好容易有言慧珠帮了忙了，却又与女儿闹翻，是他最后的最大失策。[28]

因此，对于伶人家族的第一代来说，除了表演技艺“实至名归”，业缘关系也是相当重要。因为伶人家族的第一代，大多还没有能够通过业缘关系建立起较为巩固的血缘和地缘关系，并且，通过血缘和地缘关系的反作用力，改善和强化自己在伶业的业缘关系，建立一种初步的同业人际关系，可以扩大自己在伶业的公共关系资源空间和提升自我从业形象，它既是无形的，又是非常实在的，从某种意义而言，它是建立一种社会资源系统。这种业缘关系如果运作良好，则可以非常有效地拓展初入伶者及其此后建立起来的伶人家族的社会资源，而且，由此逐渐发展起一种血缘和地缘关系，反之，则会使这种社会资源日益枯竭。

根据如上所论，伶人家族的第一代建立业缘关系确实颇为艰难。丁永利对学生王金璐说道：“我问你，一个没人没钱的人要跟梨园界这么些人争，凭着什么？小子，台上唱得比人家高一点儿可不行，要比人家高一大块才有你的戏饭吃！嘴里光说不怕苦，拼一阵不行。”[29]这里，丁永利强调的是表演技艺，其实，业缘关系和表演技艺一样，伶人家族的第一代同样“要比人家高一大块才有你的戏饭吃！”故而伶人家族的第一代建立业缘关系的感悟和经验显得分外重要和珍贵，它往往会成为伶人家族一种类似家训一般的性质，甚至成为一种家风。

梅兰芳在《舞台生活四十年》一书中，提到祖母对他一次说话的情景：

“咱们这一行，就是凭自己的能耐挣钱，一样可以成家立业。看着别人有钱有势，吃穿享用，可千万别眼红。常言说得好‘勤俭才能兴家’，你爷爷一辈子帮别人的忙，照应同行，给咱们这行争了气。可是自己非常俭朴，从不浪费有用的金钱。你要学你爷爷的会花钱，也要学他省钱的俭德。我们这一行的人成了角儿，钱来得太容易，就胡花乱用，糟蹋身体。等到渐渐衰落下去，难免挨冻挨饿。像上海那种繁华地方，我听见有许多角儿，都毁在那里。你第一次去就唱红了，以后短不了有人来约你，你可得自己有把握，别沾染上一套吃喝嫖赌的习气，这是你一辈子的事，千万要记住我今天的几句话。我老了，仿佛一根蜡烛，剩下一点蜡头儿，知道还能过几年。趁我现在还硬朗，见到的地方就得说给你听。”我听了她老人家的教训，心里感动得几乎流下泪来。这几句话我很深刻地印在脑子里，到今天还一直拿它当做立身处世的指南针。[30]

美国学者詹姆斯·休斯.JR认为，一个家族若要成功地保持财富，必须要在家族成员中形成能够反映家族共有价值观的社会性契约，并使家族的每一代都必须重申和再次采纳此项社会性契约。它作为治理体系基础的概念，是一个群体表达他们的价值观和目标以及根据这些价值观和目标进行自我管理的意愿，对于一个家族而言，它也使家族成员确认一种共享的价值观和目标，并且据此进行自我管理。因此，伶人家族的第一代所形成的关于业缘关系的“家训”或者“家风”，也就类似于一种社会性契约，成为一种伶人家族的共享的价值观和目标，而且，也使伶人家族后代据此达到自我管理，从而巩固伶人家族的业缘基础，扩大伶人家族的业缘资源系统。这种社会性契约，如同业缘的理念一样，而梅兰芳祖母对他讲述他爷爷的业缘经验，则是类似于一种讲述家族业缘神话的传记。这些家族业缘传记，对于树立伶人家族后代的价值观和目标是非常重要的。詹姆斯·休斯.JR称道：

这些传记是将家族中单个成员凝聚在一起的黏合剂。家族传记让每一个成员感受独一无二的历史和共享的价值观，以及他们的差别。一个家族若不给小孩注射疫苗以防止儿童疾病将会使其最重要的资产面临风险。同样，若没有给年轻一代注射以家族历史和传记中所包含的价值观疫苗，防止熵的预防针，也将是非常危险的。

一个家族需要讲述它的历史。家族使命陈述的编制给予一个家族讲述自己传奇经历的机会。家族传奇是把单个家族成员维系在一起的黏合剂。我所知道的每一个成功保持其财富的家族，都会在家族聚会上留出时间分享其独一无二的历史。年轻的和年老的成员讲述各自的经历，他们通过这种方式寻找共同的义务和价值。[31]

对于伶人家族来说，伶人家族的第一代关于业缘关系的“传奇经历”，也就成为一种

“家族传奇”，“是将家族中单个成员凝聚在一起的黏合剂”。通过这种“家族传记”让伶人家族第一代的业缘经验，“让每一个成员感受独一无二的历史和共享的价值观，以及他们的差别”。

因为业缘关系是伶业发展的始点，是血缘和地缘关系的基础。这种业缘关系的重要性，也就决定了“一个家族需要讲述它的历史”，一个伶人家族必然讲它的业缘经验历史，尤其是伶人家族第一代开创业缘关系时期的经验历史，如同梅兰芳所说的，“我听了她老人家的教训”，“到今天还一直拿它当做立身处世的指南针”。

第五节　文化血缘关系及其“寄口”现象

伶人家族的业缘关系中，师徒关系也是一个重要方面，如前所述，“一般地说，师父终生承认其学生为自己的徒弟；学生终生承认师父为自己长辈，自己是师父的传人”。这里，需要关注的是，有些伶人并没有直接向某位名伶学习，而是间接学习，甚至是间接又间接学来的，它实质上是一种戏曲流派文化传承，也会形成伶人家族的一种业缘关系。例如谭鑫培“一生靳于收徒”，但是，学习谭派的演员和票友不少，构成了一种独特的伶人家族业缘关系。谭鑫培家族第五代传人谭元寿，对此作过详细的分析。他认为，学习谭派的演员和票友，按照年代划分可以分为以下三个部分：

一、与祖父谭小培同一时代的，除了曾祖父正式收的四位徒弟贾洪林、刘春喜、贵俊卿、余叔岩以外，还有言菊朋、王又宸、马连良、贯大元和专以研究谭派闻名的红豆馆主、陈彦衡、夏山楼主（韩慎先）、王君直、王庾生等。

二、与父亲谭富英同一时代的，有杨宝忠、孟小冬、李少春、奚啸伯、王少楼、杨宝森、王琴生、陈少霖、王文源、郭少衡、贾少棠、刘盛通、徐东明、张文娟和研究谭派的陈鸿谋等。

三、和他自己同一时代的，有孙岳、殷宝忠、马长礼等。

在谭鑫培的四位徒弟中，贾洪林跟随谭鑫培时间最长，谭鑫培去世那年最后演出的《洪羊洞》，也是贾洪林配演的八贤王。从艺术成就而论，余叔岩的影响最大，他创造了“新谭派”。红豆馆主，即清朝皇族溥侗，他对于辞章音律都有很高造诣，而且，很早开始研究谭派艺术，谭鑫培生前对他非常敬佩。他不但能演谭派文武老生戏《定军山》、《连营寨》、《天雷报》、《打棍出箱》，而且，也能扮演《金山寺》、《群英会》、《奇双会》中的生旦角色，可以说是文武昆乱不挡，在内行里也并不多见。陈彦衡对于谭鑫培的唱腔音乐有着很深的研究，曾经将谭鑫培的《空城计》、《武家坡》、《李陵碑》、《清风亭》、《汾河湾》、《宝莲灯》、《群英会》、《桑园寄子》、《击鼓骂曹》等剧目的一些精彩唱段，写成了工尺谱，最后整理以后印成《谭鑫培唱腔集》，包括《戏选》、《说谭》和《燕台菊萃》三大部分，将谭鑫培在每个剧目里的唱做表情全部做了介绍。[32]

上述这些直接、间接或者间接又间接学习名伶的演员和票友，虽然没有生理血缘关系，但是，实质上构成了一种文化血缘关系，从某种角度而论，也形成了一个文化家族，它也是伶人家族业缘的一个组成部分。

在伶人家族的业缘关系中，还有一种独特的现象，即一些伶人家族长期生活着一些没有血缘关系的伶人。在中国传统家族中也存在着一种所谓“寄口”的现象，这些“寄口”主要包括两个方面，一是寄养在本家族内的成员，一般多为亲友关系；二是雇佣的乳娘、仆人、管家等佣人，后者许多乃为雇佣世袭奴仆。一般来说，这些“寄口”只能属于家族的从属人员，或者说是一种社会往来关系，不能算作“家口”，但是，一些在物质生活和精神生活上相依关系较为密切的“寄口”，例如奶娘或者寄养的至亲好友，则与家族成员具有相近似的性质。

对于伶人家族来说，这些“寄口”主要是随伶人学艺的弟子。例如王吟秋，十二岁到北京投师学伶，拜在王瑶卿的门下学习青衣，就留居王瑶卿家中。后来，经过王瑶卿的观察，发现他较为适合学演程派，就将他推荐给程砚秋。程砚秋将他收为弟子以后，知道他出身非常清苦，自幼父母双亡，就将他收养在身边，居住在程砚秋家里。程砚秋对他精心培育，并且承担了全部教养责任。李慕良出身于梨园家庭，父亲李赶三在戏班管事，经济收入不多，加上家里人口又多，五个孩子、母亲和祖母，家庭生计艰难。李慕良从九岁开始学戏，因为没钱请人帮助吊嗓，就自拉自唱，竟无师自通。空闲经常帮助别人吊嗓，获取一些零钱以补贴家用。马连良知道他的孝道，对他颇为喜欢，听了几段他的演唱之后，认为他还没有完全变声，就想带他到北京深造。李慕良父母对儿子能够有名师教导非常高兴，但是，儿子远离自己又有点难舍难分。马连良跟他父母说，孩子的事情他全包了，于是，就将李慕良带到了北京。马连良将豆腐巷前院的西屋，腾出一间房子作为李慕良的住所，从此，李慕良就长期住在马连良家。每天早上，李慕良就到东便门城根去喊嗓和练功，马连良还专门为他请了一个琴师帮他吊嗓，下午则给马连良拉琴吊嗓子，晚上或者观摩名家演出，或者在扶风社扮演一个配角。马连良认为，如此安排可以最近距离学戏。由于李慕良从南方来到北京，水土不服，加上学戏过于刻苦，得了一种“大头瘟”的病症。马连良非常着急，生怕他和自己小时候一样，差点死在科班里，就令长子马崇仁天天陪李慕良到医院看病，病愈以后他才放下心来。后来，李慕良经常向杨宝忠等人请教琴艺，他的琴艺有了很大提高。北京伶界都知道，马连良的一位新徒弟琴艺不错。言菊朋就邀请李慕良给他三场戏操琴，马连良答应了以后，还特意去看了一场。事后，李慕良请马连良谈观感，马连良认为李慕良操琴会比演戏得道更快。由于当时伶界流行一个观念是“吹、打、拉、跟”是“傍角儿的”，在伶业内低人一等，因此，李慕良操琴本来是一种玩票的心态。听了马连良的建议以后，李慕良也就下了决心学习琴艺，马连良还特意请梅兰芳的琴师徐兰沅作为他的师父。在梨园公会认可以后，李慕良也就正式从事操琴行业，成为著名琴师。钳韵宏从富连成社出科以后，由于非常崇拜裘盛戎的演唱艺术，与师弟夏韵龙一起拜裘盛戎为师，在北京前门外大栅栏厚德福饭庄举行了拜师仪式。此后，就经常住在裘盛戎家里，一起生活了五六年。早晨，裘盛戎经常带他们去喊嗓和练功，回来以后则给他们吊嗓和说戏，在北京或者到外地演出，两人也跟在裘盛戎身边，既学习了伶艺，又学会了做人。后来，随师搭班演出，技艺大进，钳韵宏和夏韵龙成为裘盛戎的四大弟子之一。

还有一种情形是，一些伶人家族收一些伶人为义子，这些义子虽然不住在伶人家里，但是，却是按照伶人家族的辈分排行取名。它的原因，大多是由于业缘关系，受同业好友之托，将好友后辈收为义子。前面论及的杨小楼即是一个例子。杨月楼自从执掌三庆班以及担任精忠庙首以后，由于事务繁多，劳心费力，演戏越来越少，身体状态也是越来越差。临终之际，托付谭鑫培关照儿子杨小楼，并且，希望能够收他为义子，谭鑫培满口答应。在杨月楼后事处理完了以后，就认杨小楼为义子，并按照谭家的排行，取名为谭嘉训。在家族身份上，杨小楼似乎也是一种“寄口”现象。谭鑫培觉得杨小楼的身材和嗓音条件不错，而且，学伶刻苦努力，对他非常器重，亲自教授《镇潭州》等武生老戏，并和杨小楼合演《连营寨》、《阳平关》等剧目。杨小楼进入昇平署以后，也入宫廷演出，谭鑫培为了提携杨小楼，让杨小楼唱大轴戏。演出之日，谭鑫培先演唱了《洪羊洞》，杨小楼演唱了大轴戏《铁笼山》。事后，谭鑫培又对杨小楼进行指导。到了光绪、宣统年间，杨小楼在伶人界地位颇著，甚至被称为“京师第一武生”和“京师第一名伶”。对此，杨小楼总是辩驳称：“如果我杨小楼称为第一名伶，把谭老板往哪里摆？谭老板是我干爹，我好多戏都是向他学的。他肚里多宽绰，我差得远哪！”[33]

另外，伶人家族雇佣的仆人、管家等佣人，也长期生活在伶人家里，甚至也有世袭现象。例如顾桂春，他的母亲杨二娘在马连良家照顾他的母亲，顾桂春成年后，也被马连良收留。他与马连良同年、同月、同日生，只是马连良时辰早一点，因此，马连良管他叫“春儿”，视如自己兄弟一般。顾桂春为马连良之“跟包”，伶界称他为“顾二爷”。马龙在《我的祖父马连良》一书中写道：

> 马连良的行头房中物件堆积如山，哪一件行头在什么位置，顾桂春如同“活目录”一样，伸手就能拿到，任何人都没他清楚。对工作恪尽职守，一丝不苟。马连良也对他百般信任，在后台饮茶的小茶壶总是在他手里，别人想拿他决不放手。因在旧社会时曾出现过有人向茶壶里下药的事情，据说尚小云曾聘请侦缉队退役人员

做他的跟包。顾桂春时常与马连良开玩笑地说："您就比我大几个时辰，您就是角儿，我就是跟包的！"几十年来，对马连良忠心耿耿，对马家的孩子视同己出。[34]

上述三种"寄口"现象，虽然情形不一，有的长期住在伶人家中，有的并不居住，而且，身份也不相同，或者属于随师学艺，或者作为伶人家族佣人，或者作为伶人家族"义子"，但是，都与伶人家族产生了不同寻常的关系，甚至已经成为伶人家族的一个特殊组成部分。其中的一部分，由于与伶人家族在物质和精神生活上已经产生一种拟家族倾向的依附关系，可以说是属于一种"家口"性质。詹姆斯·休斯.JR 对家族确立过如此的定义："两个或两个以上的个体，或者因为婚姻的结合，或者由于基因或感情的联系，因为他们彼此相互关联。"[35]在此，提到了"感情的联系"，上述"寄口"现象是伶人家族在业缘关系发展中所产生的工作联系、生活联系和友情联系，但是，在共同的生活和相处中也必然产生一种"感情的联系"。从此意义而论，这些寄口也可以归入家族的范畴。

在中国传统家族形态中大多是地缘和血缘相互结合，形成一种族居的现象，但是，由于业缘的出现，它的形成和发展突破了地缘和血缘相互结合的格局，故从长远来看，业缘关系也就成为血缘关系和地缘关系的否定力量。由于中国伶人职业的特殊性质，伶人被传统家族所驱逐，"编为乐籍"，已经无法与传统家族保持正常关系，因此，伶人只能从从事伶业开始，重新组织和发展自己的社会交往关系，具体而言，也就是从业缘开始，重新建立自己的血缘关系和地缘关系。这里，在血缘、地缘和业缘的相互关系中，伶人家族表现出了自己特殊的性质，业缘关系是伶人家族血缘和地缘关系的基础，而与典型传统家族的"纯血缘关系→半血缘半业缘关系→纯业缘关系"的内在发展逻辑不同，业缘关系在伶人家族中处于一种基础地位。中国社会其他职业系统，也有由于业缘关系而发展起来的血缘和地缘关系的，但是，它只是个案或者局部性质的，伶业由于它的伶人家族职业世袭制度和社会隔离政策，它的业缘关系对于血缘和地缘关系的基础作用，是具有全局性和阶级性的，是伶人家族的一种基本特征。

第六节　伶人家族的社会资本

近些年来，西方学术界提出了"社会资本"的概念，它与物质资本和人力资本不同，"社会资本是指社会组织的特征，诸如信任、规范以及网络，它们能够通过促进合作行为来提高社会的效率。"[36]陈勇的《近代早期英国家庭关系研究的新取向》一文，对此有详细的介绍。"社会资本"概念，是多位学者共同研究的成果，其代表人物有法国社会学者皮埃尔·布迪厄（Pierre Bourdieu）、美国社会学者詹姆斯·科尔曼（James S Coleman）和罗伯特·帕特南（Robert D Putnam）等。1980 年，布迪厄在《社会科学研究》杂志上正式提出“社会资本”的概念。1990 年，科尔曼的著作《社会理论的基础》，对社会资本进行了理论界定和系统分析。1993 年，帕特南出版的专著《使民主运转起来》，则使“社会资本”概念开始在西方的社会学、经济学、政治学等各个领域产生较大影响，并且引起长期争论。罗伯特·帕特南曾经花费二十多年时间，对意大利地方行政区的社会状况，进行田野调查和追踪研究。通过研究发现，意大利的北部地区由于社区成员之间具有较高水平的相互信任和合作，经济发展水平也比较高，“长期存在的社会资本优势是这一成功的部分原因”，而南部地区的情况与此相反，社区成员之间普遍缺乏信任感和群体感，“谁相信别人谁该死”、“人人为自己，人人骗人人”乃是当地长期流行的社会观念，[37]故而社会资本的严重短缺，加剧了当地经济的落后与社会秩序的动荡。这一概念，也被史学界所关注，1997 年 12 月哈佛大学举办了“社会资本的范式：比较视野下的稳定与变革”的史学研讨会，麻省理工学院主办的《跨学科历史杂志》在 1999 年开辟专辑，发表哈佛大学研讨会的代表性论文以及其他有关社会资本的专题论文。由于受“社会资本”理论的影响，历史学者特别关注“信任”、“规范（互惠规范）”和“网络”（社会网络）等三个社会资本内涵的基本要素，尤其是历史上社会变动时期社会支持网络的状况，“社会网络是一定范围的个人之间相对稳定的社会关系。个人的社会支持网就是指个人能借以获得各种资源支持（如金钱、情感、友谊等）的社会网络。通过社会支持网络的帮助，人们解决日常生活中的问题和危机，并维持日常生活的正常运行”[38]。毫无疑问，亲属关系是社会支持网的一个重要组成部分，故而也就成为“社会资本”研究的一个主要内容。

“社会资本”理论对于中国伶人家族业缘关系研究，具有一定的启示意义。由于中国伶人已经被传统家族所隔离，由此，传统家族的亲属关系已经无法成为他们的“社会支持网”。中国伶人必须要在伶业的发展过程中，去建立自己的“社会资本”，在传统家族开除族籍以及传统家族亲属关系已经不可能形成一种“资源支持”的处境下，只能获取社会“资源支持”，通过一种业缘关系，“借以获得各种资源支持（如金钱、情感、友谊等）”，并且，从业缘关系出发，建立一种个人的“社会支持网”，“通过社会支持网络的帮助，人们解决日常生活中的问题和危机，并维持日常生活的正常运行。”因此，从某种意义而论，业缘关系对于中国伶人及其家族也就成为一种“社会资本”，成为“日常生活的正常运行”的重要基础，并由此逐渐发展血缘关系和地缘关系。

【注释】

1. 费孝通．乡土中国．北京：三联书店，1985. 72 页、73 页．
2. 王沪宁．中国村落家族文化——对中国社会现代化的一项探索．上海：上海人民出版社，1999. 72

页、74 页、171 页、172 页．
3. 加里·S. 贝克尔．家庭经济分析．北京：华夏出版社，1987. 283 页．
4. 北京市政协文史委员会．梨园往事．北京：北京出版社，2000. 150 页．
5. 梅兰芳．舞台生活四十年（插图珍藏本，下卷）．北京：团结出版社，2006. 532 页．
6. 波多野乾一．京剧二百年历史．鹿原学人编译．上海：上海启智印务公司，公元纪年 15 年．160 页、161 页．
7. 朱振华、吴迎、梅葆玖．德艺双馨：艺术大师梅兰芳．济南：山东大学出版社，1994. 361 页．
8. 李仲明、谭秀英．梅兰芳．石家庄：河北教育出版社、广东教育出版社，2002. 7 页．
9. 李仲明．谭鑫培．石家庄：河北教育出版社，2006.
10. 沈太侔．宣南零梦录．见清代燕都梨园史料（下册）．北京：中国戏剧出版社，1988. 804 页、805 页．
11. 罗瘿公．菊部丛谈．见清代燕都梨园史料（下册）．北京：中国戏剧出版社，1988. 71 页．
12. 李仲明．谭鑫培．石家庄：河北教育出版社，2006. 187 页．
13. 李仲明．谭鑫培．石家庄：河北教育出版社，2006. 225 页．
14. 李仲明．谭鑫培．石家庄：河北教育出版社，2006. 229 页．
15. 李仲明．谭鑫培．石家庄：河北教育出版社，2006. 184 页、185 页、186 页．
16. 潘光旦．潘光旦文集（2）．北京：北京大学出版社，1994. 253 页．
17. 北京市政协文史委员会．京剧谈往录续编．北京：北京出版社，1988. 419 页、420 页．
18. 张发颖．中国戏班史．北京：学苑出版社，2004. 656 页．
19. 谭志湘．荀慧生传．石家庄：河北教育出版社，1996. 30 页．
20. 北京市政协文史委员会．梨园往事．北京：北京出版社，2000. 275 页．
21. 章诒和．伶人往事．长沙：湖南文艺出版社，2006. 301 页．
22. 李仲明．谭鑫培．石家庄：河北教育出版社，2006. 189 页．
23. 梅兰芳．中国戏剧大师的命运．北京：作家出版社，2006. 208 页．
24. 逸明．公元纪年艺术．北京：国际文化出版公司，1995. 21 页．
25. 梅兰芳．舞台生活四十年（插图珍藏本，上卷）．北京：团结出版社，2006. 14 页．
26. 徐慕云．梨园外纪．北京：生活·读书·新知三联书店，2006. 118 页．
27. 梅兰芳．舞台生活四十年（插图珍藏本，上卷）．北京：团结出版社，2006. 23 页．
28. 丁秉鐩．菊坛旧闻录．北京：中国戏剧出版社，1995. 385 页．
29. 北京市政协文史委员会．京剧谈往录续编．北京：北京出版社，1988. 420 页．
30. 梅兰芳．舞台生活四十年（插图珍藏本，上卷）．北京：团结出版社，2006. 180 页．
31. 詹姆斯·休斯．JR. 让家族世代兴盛．北京：清华大学出版社，2006. 12 页、42 页．
32. 谭元寿．谭门艺语．见北京市政协文史委员会．梨园往事．北京：北京出版社，2000. 155 页、156 页．

33. 周传家．谭鑫培传．北京：河北教育出版社，1996. 259 页．

34. 马龙．我的祖父马连良．北京：团结出版社，2007. 267 页．

35. 詹姆斯·休斯．JR. 让家族世代兴盛．北京：清华大学出版社，2006. 6 页．

36. 罗伯特·D. 帕特南．使民主运转起来．南昌：江西人民出版社 2001. 195 页．

37. 罗伯特·D. 帕特南．使民主运转起来．南昌：江西人民出版社 2001. 167 页．

38. 贺寨平．国外社会支持网研究综述，国外社会科学，2001（1）．

第十章　伶人家族的地缘关系

第一节　伶人家族的流动与“移民”

中国伶人家族从业缘关系发展到血缘关系和地缘关系。对于伶人家族的地缘关系，在前面论述中已经谈到伶人由于业缘的关系，在一个城市中伶人及其家族往往集中居住在某个地域，由于中国伶人的泛家族化倾向，颇有些类族居的意味。从某种角度来说，这一地域也就具有一种族群认同坐标的性质，成为伶人或者“乐户”的一个代称。

应该说，中国伶人及其家族是具有一种流动性质的，为了谋生需要也就产生一种流动习惯。在中国伶人成分中，可以分为官方隶属伶人、民间职业伶人和私家蓄养伶人，三者之间也存在着相互转换关系。官方隶属伶人和私家蓄养伶人具有一定的稳定性质，但是，民间职业伶人却是需要走南闯北，沿街转庄，如同《宦门子弟错立身》题目所称：“冲州撞府妆旦色，走南投北俏郎君”，因此，民间职业伶人又有“路岐人”的称呼。南宋《武林旧事》云：“或有路岐，不入勾栏，只在要闹宽阔之处作场，谓之‘打野呵’。”《宦门子弟错立身》中的延寿马为了寻找王金榜家的戏班，“走南跳北，典了衣服，卖了马匹”，说明王金榜家的戏班一直是处于流动状态，并无固定居所。剧中的第九出和第十出，描述颇为详细：

【八声甘州】子规两三声，劝道不如归去，羁旅伤情。花残莺老，虚度几多芳春。家乡万里，烟水万重，奈隔断鳞鸿无处寻。一身，似雪里杨花飞轻。

（旦）

【同前换头】艰辛，登山渡水，见夕阳西下，玉兔东生。牧童吹笛，惊动暮鸦投林。残霞散绮，新月渐明，望隐隐奇峰锁暮云。泠泠，见溪水围绕孤村。

（末）

【解三醒】奈行程路途劳顿，到黄昏转添愁闷。山回路僻人绝影，不觉长叹两三声。(旦)望断天涯无故人，便做铁打心肠珠泪倾。只伤着，蝇头微利，蜗角虚名。

(卜)

【同前换头】向村庄上借宿安此身，只邮孤馆萧条扃。(旦)想村醪易醒愁难醒。暗思昔情人，临风对月欢娱频宴饮，转教我添愁离恨。您今宵里，孤衾辗转，谁与安存?

【尾声】且宽心，休忧闷。放怀款款慢登程，借宿今宵安此身。

(地铺介)……

(生上唱)【江和水】离了家乡里，奔路途。不知它在何州住?使我心中添愁闷。闪得我今日成孤零，渡水登山劳顿。未知何日，再与多情欢会?

(白)……一似和针吞却线，刺人肠肚系人心。

延寿马和王金榜结婚以后，延寿马也成为伶人，需要跟着戏班到处流动。延寿马走慢了，耽误了行程，岳父岳母还埋怨他，“你们不三思，红日渐西流，两人没来由，只管此迤逗。”延寿马只能解释道：“爹行听分剖，奈担儿难担生受，更驴儿不肯快走。”岳母还是不依不饶，甚至骂他“泼畜生因甚底，缘何尚然落后”。岳父只能出来打个圆场，“婆婆住休，又何用唧唧啾啾，料不是冤家不就头，且担着担儿，疾速往前走。”阔少爷出身的延寿马，面对如此无休的流动生涯，确实只能是感叹“奈担儿难担生受，更驴儿不肯快走”。《汉钟离度脱蓝采和》虽然没有描述蓝采和家庭戏班的流动演出情况，但是，在蓝采和离开以后，家庭戏班只能到乡下去流动演出谋生，蓝采和成仙后，在赴瑶池会的路上，碰到自己原来的家庭戏班在演出，“那里每人烟闹，是一伙村路岐，料应在那公科地，持着些刀枪剑戟，锣板和鼓笛，更有那帐额牌旗。”

这种民间职业伶人流动演出谋生，到了公元纪年时期仍然颇为普遍。韩世昌在《我的昆曲艺术生活》一文中写道：

一个台口挨着一个台口，在这个村子唱完一个台口，夜里12点散戏以后，立刻就走，到另外一个村子去唱。一定要在第二天天明开戏前赶到。往往这个演出地方距离那个演出地方七八十里，那就得夜行军，一宵不能睡了。常常四天连演12场，还得熬一次夜，说起来是很辛苦的。……住所讲究点的是破庙，没有庙，就住席棚，冬天是非常冷的。戏台多是临时搭的，也大都是席棚。吃的，事先约定好，由当地供给。早晨喝稠粥，中午吃馒头或烙饼，晚饭没有，由演员自己垫补。

戏班里有所谓“三不让”的规矩。“三不让”是“吃饭不让，睡觉不让，坐车不让”。“吃饭不让”是说吃的全一样。……再一个是“睡觉不让”。到了一个演出地方，住的下处有时是庙，有时是席棚。冬天靠门处冷，里面暖和，谁先到谁先占好地方，徒弟也不让师父。在一个“不让”是“坐车不让”，坐车一般都在夜晚散戏后，那时差不多都困了。大车的两头放大衣箱、二衣箱、靴箱、帽箱，中间形成一个车厢，坐在里面非常安全可以睡觉，若坐在车的两边，就得时刻警惕掉下来。常有掉下来摔一下子，或者翻车出事摔得三两天好不了的。车上的好座谁先占谁坐，也不互让。另外还有一个“不让”是“分零钱不让”。有时有人点戏，赏钱两吊，大伙一样分。[1]

这种民间伶人流动演出，确实“说起来是很辛苦的”。因此，流浪到了城镇以后，由于城市人口密集，娱乐消费市场较为发达，对于伶人及其家族来说，易于通过伶业谋生。

如前所述，到了清末公元纪年时期，北京的一些区域也就成为伶人家族集中居住之地。这些区域一般都是商业和娱乐中心，例如北京“南城”地区，即是晚清时期北京商业生产和商品流动的重要集散地点。曾有著作如此描述晚清时期“南城”地区的商业繁华景象：

京师最尚繁华，市廛铺户，装饰富甲天下，如大栅栏、珠宝市、西河沿、琉璃厂之银楼缎号，以及茶叶铺、靴铺，皆雕梁画栋、金碧辉煌，令人目迷五色，至肉市酒楼饭馆，张灯列烛，猜拳行令，夜夜元宵，非他处所可及也。[2]

正是“南城”地区作为一个商业和娱乐中心，“非他处所可及也”，戏园和“堂子”也就多了起来。应该说，它的一个重要成因，乃是因为清朝政府定都北京以后，规定八旗军队分驻内城，汉族官民居住外城，因此，在颁布的一系列政令中，规定凡是与戏曲有关的，例如戏曲作家、戏曲伶人和戏园，也都只能在外城也即“南城”地区生存和发展。当年，各个戏曲名班总寓，即俗称的“大下处”选择在这一区域，应该与此等政令有关。由于“大下处”的关系，一些名伶选择自己的“下处”时，自然会考虑与“大下处”距离较近的地区，加上为了方便与戏园的来往以及延伸伶业的产业链，这一区域也就逐渐成为伶人家族的密集地区。例如梅兰芳家族居住的李铁拐斜街，位于正阳门外，是北京戏园最为集中的地区，在道光年间就有十一座。由于距离戏园较近，赶场比较方便，也就成为伶人喜欢选择的“下处”。四大徽班之一的和春班，曾将这里作为它的总寓。除了梅兰芳祖父梅巧玲以外，还有韩宝芬、李玉祥等伶人在此购宅居住。这些都市中的伶人家族“村落”，也就与“南城”地区的商业要素以及其他娱乐要素形成一种互动关系，使“南城”地区产生了“夜夜元宵”的景况。

由于业缘的关系，伶人及其家族在都市中形成一种拟族居的现象。但是，需要关注的是，这些伶人及其家族大多是流动而来，“走南投北”，“冲州撞府”，至少是在都市从事伶业的第一代伶人，多数并非都市本地人，而是从外地流动至此。在中国伶人及其家族结构中，由于伶业的流动需要，颇具有一种移民的性质。这些都市中的伶人及其家族“村落”，大多是“移民”形成的。以四大徽班为例，小铁笛道人的《日下看花记自序》中云：

往者六大班旗鼓相当，名优云集，一时称盛。嗣自川派擅场，蹈跷竞胜，坠髻争妍，如火如荼，目不暇给，风气一新。迩来徽部迭兴，踵事增华。人浮于剧，联络五方之音，合为一致。舞衣歌扇，风调又非卅年前矣。

这里所称的“迩来徽部迭兴”，即为“四大徽班”。它最早出现在北京，是在乾隆五十五年。《批本随园诗话》卷十称：

适至（乾隆）五十五年举行万寿，浙江盐务承办皇会。先大人（即伍纳拉）命三庆班入京，自此继来又有四喜、启秀、霓翠、和春、春台等班。各班小旦不下百人，大半见诸士大夫歌咏。

根据《扬州画舫录》记载，三庆班乃是由扬州带往北京。春台班也是如此，且最早也是外地来扬州之戏班，它的主要名伶也是广聘各地名旦，例如苏州的杨八官、安庆的郝天秀，后来春台班在扬州大获成功。“四大徽班”中的另外两个戏班，即四喜班与和春班，景孤血在《由四大徽班时代开始到解放前的京剧编演新戏概况》一文中，认为三庆班由扬州带往北京以后，四喜班、春台班随后就到。和春班最晚，嘉庆八年成立，道光十三年解散。[3]到了道光年间，“四大徽班”已在北京落地生根，成为北京伶业的著名戏班。

由此，可以反映出大多数伶人都是从外地“入京”的，逐渐地在北京扎下根来。当然，也有可能再次流动到其他的城市。

第二节　地理的分布

这里，伶人及其家族多为流动而来，那么，从伶人及其家族流出的地域，与伶人职业之间是否存在着一定的联系，也就是说业缘和地缘之间，它们之间是否存在着一种必然的内在联系，确实是令人颇感兴趣的一个问题。

潘光旦在《中国伶人血缘之研究》一书中，提出了一个分布的概念。他认为，“分布”

的概念，不仅仅属于地理学范畴的。研究动植物学的学者，至少可以分为两种不同情形的分布，一是地理学上的分布，即动植物在同一时代以内的空间上的分布；二是地质学上的分布，它是兼具时间性和空间性的。“往古来今谓之宙，上下四方谓之宇”，一切事物既然不能越出宇宙之外，自然无往而不可以谈分布。如此而论，地理上的分布，即为“四方”的分布；地层上的分布，即为“往古来今”和“上下”的分布。此外还有一种生物学上的分布，讲究一种所谓高度的分布（altitudinal distribution），即为生物从海洋深处到高山高处之间的分布，它是“上下”的分布。又有研究地层分布的生物学者，不但研究两种不同生物的时代先后，还有推导它们的渊源关系，也即它们的血缘关系的疏密远近，故而遗传研究从根本上也就是一种比较狭义的时间上的分布研究。根据上述分析，可以总结出三种不同的分布：平面的分布、高度的分布、时代的分布。

对于中国伶人及其家族业缘关系和地缘关系的研究而言，关系最为密切的是平面的分布，也就是地理的分布。在中国伶人地理分布中，某些地域大概是比较密集的。对此，潘光旦作过如此的判断：

> 凡是能产生杂剧或产生腔调的地方，我们现在姑且假定它也能出优伶人物，虽未必中，当亦不远。焦氏不又引明陆容（式斋）《菽园杂记》的话么？“嘉兴之海盐、绍兴之余姚、宁波之慈溪、台州之黄岩、温州之永嘉，皆有习为倡优者，名曰‘戏文子弟’。”腔调的发源地，大概也就是“戏文子弟”的发祥地，这是很好的一些证据了。[4]

如果按照这种理论，对于中国古代伶人地理分布，也许可以作出一些推断。因为在中国历史文献中，伶人的记载本来就少，即使有所记录，由于中国伶人的特殊身份，也很少涉及到出生籍贯。“凡是能产生杂剧或产生腔调的地方，我们现在姑且假定它也能出优伶人物”，那么，南宋以后，这个戏剧逐渐走向成熟，开始出现腔调流派，焦循《剧说》云：“南戏出于宣和以后，南渡时谓之温州杂剧，后渐转为余姚、海盐、弋阳、昆山诸腔”，因此，“温州”，“余姚、海盐、弋阳、昆山”等地域，应该是伶人较为密集的地区，焦循在《剧说》中还援引李日华《紫桃轩杂缀》云：“张镃，字功甫，豪侈而有清尚，尝来吾郡海盐，作园亭自恣，令歌儿衍曲，务为新声，所谓海盐腔。”张镃为宋人，“作园亭自恣，令歌儿衍曲”，说明宋时海盐也许已经产生“戏文弟子”。

到了元代杂剧时期，由于史籍记录相对较多，尤其是关于杂剧作家的出生籍贯，史料较为清晰。王国维在《录曲余谈》中写道：“曲家多限于一地。元初制杂剧者，不出燕齐晋豫四省，而燕人又占十之八九。中叶以后，则江浙人代兴，而浙人又占十之七八。即北人如郑德辉、乔梦符、曾瑞卿、秦简夫、钟丑斋辈，皆吾浙寓公也。至南曲则为温州人所擅，宋末之《王魁》、元末之《琵琶》，皆永嘉人作也。又……有永嘉《韫玉传奇》，亦元末明初人作。至明中叶以后，制传奇者以江浙人居十之八九，而江浙人中，又以江之苏州，浙之绍兴，居十之七八。此皆风习使然，不足异也。”

这里，元代杂剧初期作者多为北方人，“不出燕齐晋豫四省，而燕人又占十之八九。”从13世纪末期开始，中国经济中心逐渐南移，杂剧活动中心也从北方转移到了南方杭州。根据钟嗣成《录鬼簿》统计，蒙古政权占领中原到统一南北的四五十年之间，五十位剧作家都是北方人；统一南北以后的五六十年之间，三十六位剧作家中南方人已占大多数，北方人只有六七人；从14世纪40年代到元代灭亡的二三十年之间，剧作家则基本上是南方人了。

从北方发源的杂剧转移到了南方发展，确实遭遇到了很大挑战，即南戏的竞争。一个显著的问题是，一切艺术现象都无法摆脱地域的关联以及限定，尤其是戏曲之中的音乐，更与特定地域的风土人情和社会格调存在着密切的文化密码接通关系。王骥德认为，杂剧和南戏有着各自的音乐渊源，杂剧属于“北音”系列，而南戏是“南音”系列。他在《曲律》一卷“总论南北曲第二”中论述道：

> 以辞而论，则宋胡翰所谓：晋之东，其辞变为南北，南音多艳曲，北俗杂胡戎。以地而论，则吴莱氏所谓：晋、宋、六代以降，南朝之乐，多用吴音；北国之乐，仅袭夷虏。以声而论，则关中康德涵所谓：南词主激越，其变也为流丽；北曲主慷慨，其变也为朴实。惟朴实，故声有矩度而难借；惟流丽，故唱得宛转而易调。吴郡王元美谓：南、北二曲，“譬之同一师承，而顿、渐分教；俱为国臣，而文、武异科。”“北主劲切雄丽，南主清峭柔远。”“北字多而调促，促处见筋；南字少而调缓，缓处见眼。”北辞清少而声情多，南声情少而辞情多。“北力在弦，南力在板。北宜和歌，南宜独奏。北气易粗，南气易弱。”

这是中国古代对于艺术地理的非常重要的论述，由于南北观众对于听觉审美方面的重大差异，导致他们在整体审美领域的不同趣味和偏好，而且，这种不同趣味和偏好，一个非常重要的原因是由北曲和南曲熏陶而成的，同时，它又反过来作用于北曲和南曲。王世贞在《艺苑卮言》中称：“南曲不快北耳而后有北曲，北曲不谐南耳而后有南曲。”因此，杂剧到了南方以后，自然也是“北曲不谐南耳”，南方观众对它感到“不谐”，在与南方观众既“快”又“谐”的南戏相互争斗格局中，它已经进入一种地域文化的尴尬处境，虽然杂剧在气势上似乎非常强盛，但是，它只能局限在南方都市演出，而宽阔的乡村仍然是南戏的驰骋舞台，而且，它时时可能对杂剧构成了一种“反渗透”作用。

由于如此审美现象，剧作家的地理分布以及流动也就是必然的结果。王国维在《宋元戏曲考》中有着更为详细的归纳，他写道：

> 就杂剧家之里居研究之，……则六十二人中，北人四十九，而南人十三；而北人之中中书省所属之地，即今直隶、山东、[山] 西产者，又得四十六人，而其中大都产者十九人。且此四十六人中，其十分之九为第一期之杂剧家，则杂剧之渊源地自不难推测也。又北人之中，大都之外，以平阳为最多，其数当大都五分之二……至中叶以后，则剧家悉杭州人，中如宫天挺、郑光祖（即德辉）、曾瑞（即瑞卿）、乔吉（即梦符）、秦简夫、钟嗣成等，虽为北籍，亦均久居浙江。盖杂剧之根本地已移而至南方，岂非以南宋旧都文化颇盛之故欤？

杂剧南移以后，剧作家多为南方人，即使有些剧作家是北方籍贯，“如宫天挺、郑光祖（即德辉）、曾瑞（即瑞卿）、乔吉（即梦符）、秦简夫、钟嗣成等，虽为北籍，亦均久居浙江”，但是，在史料记载中，也仍有关于北方籍剧作家的文字，例如钟嗣成《录鬼簿》，虽然它记录的是一百五十个剧作家的传记，但是，其中四位是伶人兼剧作家，赵文殷是彰德人，张国宝是大都人，红字李二是京兆人，他们三位都是北方人，另外一位李郎与红字李二是连襟，他们二人的岳父是刘要和，乃是一位伶人，而且，也是一位能够编写院本的作家，因此，李郎与刘要和很有可能也是北方人。

按照“凡是能产生杂剧或产生腔调的地方，我们现在姑且假定它也能出优伶人物”的观点，那么，也可以推断出“编剧家的中心，大概也是演剧家的中心”，[5] 况且，上述北方籍的剧作家，都是伶人兼剧作家，也说明了伶人和剧作家的密切关系了。这些盛产剧作家的地区，也应该是伶人及其家族较为密集的地区了。

关于明代情况，在王国维《录曲余谈》中也表明，“制传奇者”仍然是江浙人为多，尤其是苏州和绍兴地区最多。需要注意的是，明代的腔调中心曾经发生几次转移，故而伶人的地理分布也会发生一些变化。王骥德在《曲律》中写道：“南曲之始，不知作何腔调，沿至于今，可三百年。世之腔调，每三十年一变，由元迄今，不知经几变更矣……凡旧唱南调者，皆曰海盐，今海盐不振，而曰昆山……今苏州、而太仓、松江，以及浙之杭、嘉、湖，声各小变，腔调略同……然其腔调，故是南曲正声。数十年来又有弋阳、义乌、青阳、徽州、乐平诸腔之出，今则石台、太平梨园，几遍天下，苏州不能与角什之二三，其声淫哇妖靡，不分调名，亦无板眼，流而为两头蛮者，皆郑声之最，而世争膻趋痂，好靡然和之，甘为大雅罪人，世道江河，不知变之所极矣！”根据这段描述，南曲腔调确实“不知经几变更矣”，从海盐、昆山，“今苏州、而太仓、松江，以及浙之杭、嘉、湖”，“又有弋阳、义乌、青阳、徽州、乐平”，“今则石台、太平”，可以说是各领腔调风骚，故而也就有可能影响到伶人及其家族的地理分布情况。不过，仔细分析一下，这些地域大多属于江苏、浙江、江西、安徽等地区，从大的地理范围来看，应该属于江南地区，因此，明代时期江南地区应该是伶人及其家族较为密集的地域。

第三节　清代和公元纪年时期的伶人籍贯

到了清朝时期，由于史料较为丰富，可以作一些比较详细的论述。它可以分为两个方面，一是伶人的地理分布，二是伶人的移植情况。

潘光旦根据鹿原学人在《昆曲皮簧盛衰变迁史》中所援引的《燕兰小谱》、《听春新咏》两书中的伶人出生籍贯资料，得出如下结论：

第一，江苏是伶人出生籍贯最为密集的地区。这种地位，到了徽班兴盛以前，一直没有动摇过。它也似乎应验了钮锈在《觚剩》中的一个笑谈故事，“长洲汪钝翁在词馆日，玉署之友，各夸乡土所产……以为欢笑。唯钝翁默无一言。众共揶揄之曰：苏州自号名邦，公是苏人，宁不知苏产乎？钝翁曰：苏产绝少，唯有二物耳。众问二者为何。钝翁曰：一为梨园子弟。众皆抚掌称是。钝翁遂止不语。众复坚问其一。钝翁徐曰：状元也。”它又可以分为两个时期，一是明代万历之后至清代乾隆中叶，南曲兼并以后演化成为昆曲，苏州和扬州也就渐渐成为南方伶人的唯一产地。《扬州画舫录》记载了一百零三位伶人，其中一些标明是家庭或是家族关系，关于他们的出生籍贯，相关文字很少，但是，余维琛、费坤元、恶软三人是苏州人，而且，扬州梨园总局的所在地称之为苏唱街，《扬州画舫录》中又有“苏州脚色优劣，以戏钱多寡为差”，扬州最老戏班徐班解散以后，伶人又“归苏州”，因此，可以推测这些籍贯不明的伶人之中，应该相当大的一个比例是苏州籍。根据《燕兰小谱》统计秦腔兴盛时期伶人分布情况，雅部伶人十七人中，十四位是江苏人，另外三位是浙江人。十四位江苏人中，苏州人十二人，其中包括常熟一人，另外，扬州、武进各为一人。三位浙江人中，两位是杭州人，一位是德清人；二是清代乾隆中叶以后，昆曲渐渐失势，一部分苏州籍伶人为了适应戏曲环境变化，开始兼习秦腔、徽调。根据《听春新咏》统计嘉庆年间秦腔末流时期伶人分布情况，其中有四位童伶是江苏扬州人，应该是兼习秦腔的，还有《听春新咏》中记载的嘉庆年间徽班初期伶人出生籍贯情况，徽部伶人“稍盛之先辈”有江苏籍十人，“当时最盛行之伶人，被录而收于徽部者”有江苏籍三十九人。这四十九人中，扬州籍三十六人，苏州籍十三人，他们都应该是兼习徽调的。《燕京杂记》云：“京师优童，甲于天下，一部中多者数百，少者亦数十……大半是苏、扬小民，从粮船至天津，老优买之教歌舞以媚人者也。”陈森《品花宝鉴》中的魏聘才曾有如此的说法，“京里有个什么四大名班，请了一个教师，到苏州买了十个孩子，都不过十四五岁，还有十二三岁的，用两个太平船，由水路进京……在运河里粮船拥挤，就走了四个多月。见他们天天的学戏，倒也听会了许多。”因此，可以反映出苏州和扬州的伶人密集程度。浙江籍的伶人，到了秦腔末流时期和徽班初期，《听春新咏》已经没有他们的记载了。

第二，四川籍伶人的兴骤亡速。根据《燕兰小谱》统计秦腔兴盛时期伶人分布情况，有十二位是四川人，仅次于京兆和直隶、江苏，如果将京兆和直隶算作一个省份，四川籍的伶人可以排到第三位，但是，到了根据《听春新咏》统计嘉庆年间秦腔末流时期伶人分布情况，四川人则只有一位，而到《听春新咏》中记载的嘉庆年间徽班初期伶人出生籍贯情况，四川人已经一个也没有。应该说，它与魏长生和徒弟陈银官二人在北京的来去匆匆有着极为密切的内在关系。

第三，安徽籍伶人的兴起。在王骥德《曲律》、焦循《剧说》以及《扬州画舫录》中，曾有零星的安徽籍伶人的记载。安徽籍伶人到北京，应该从乾隆末年高朗亭开始，《扬州画舫录》称：“高朗亭入京师。以安庆花部合京、秦两腔，名其班曰三庆。”当时，三庆班由扬州组成带往北京，高朗亭是三庆班的旦角台柱。《日下看花记》载：

> 月官，姓高，字朗亭，年三十岁，安徽人。本籍宝应，现三庆部掌班，二簧之耆宿也。体干丰厚，颜色老苍，一上氍毹，宛然巾帼，无分毫矫强。不必征歌，一颦一笑，一起一坐，描写雌然神情，几乎化境。

此后，安徽籍伶人即不断增多。《听春新咏》中记载的嘉庆年间徽班初期伶人出生籍贯情况，徽部伶人“稍盛之先辈”有安徽人五人，“当时最盛行之伶人，被录而收于徽部者”有安徽人九人，均仅次于江苏。杨掌生在《长安看花记》称：“嘉庆以还，梨园子弟多皖人，吴儿渐少”，《梦华琐簿》也云：“今乐部皖人最多，吴人亚之，淮扬又亚之，蜀人绝无知名者。”它大致反映出了当时伶人地理分布的概况以及变迁情况。[6]

关于京剧兴起以后伶人地理分布情况，潘光旦根据周明泰《道咸以来梨园系年小录》、鹿原学人译的《京剧二百年历史》和徐慕云的《梨园影事》，进行伶人地理分布统计。《道咸以来梨园系年小录》，共记载一千零二十七人，其中伶人家族人员二十四人，票友二十五人，文武场面二十人。除去这些人员，男女伶人为九百五十八人，其中有籍贯记载的二百三十三人，不到总数的四分之一。这些伶人的地理分布如下：

表 10.1 《道咸以来梨园系年小录》一书中的伶人地理分布情况

省　　区	人　　数
河北（北京）	118
江　　苏	59
安　　徽	26
湖　　北	7
山　　东	4
浙　　江	3
山　　西	2
贵　　州	1
满　　旗	9
汉　　军	3
蒙　　旗	1
总　　计	233

《京剧二百年历史》记载伶人四百二十四人，其中有籍贯记载的一百六十二人。他们的地理分布如下：

表 10.2 《京剧二百年历史》一书中的伶人地理分布情况

省　　区	人　　数
河北（北京）	7
江　　苏	42
安　　徽	28
湖　　北	10
山　　东	9
浙　　江	5
山　　西	2
河　　南	2
湖　　南	1
福　　建	1
江　　西	1
陕　　西	1

续表

省　区	人　数
贵　州	1
满　旗	11
汉　军	1
总　计	162

《梨园影事》的篇首列有《生旦净丑各部人名表》，计有伶人四百五十三人，在《伶人小传》中，有籍贯记载的六十九人。具体分布如下：

表 10.3　《梨园影事》一书中的伶人地理分布情况

省　区	人　数
河北（北京）	31
江　苏	12
安　徽	9
湖　北	5
山　东	2
浙　江	1
山　西	1
河　南	1
湖　南	1
贵　州	1
满　旗	5
总　计	69

需要说明的是，上述三个表格所依据的三本著作，它记录的伶人也不可能全面而又准确。首先，三本著作关于京剧起始时间也不相同，《道咸以来梨园系年小录》以嘉庆十八年作为京剧起点，而《京剧二百年历史》，原著乃日本人波多野乾一所作，他以乾隆二十五年作为三庆班入京的年份，显然是错讹的，《梨园影事》注重在于照相，对于事迹非常粗略，因此，三本著作统计的伶人时代范围并不相同；其次，三本著作中的许多伶人，并没有出生籍贯记录，因为伶业特点需要经常流动演出，加上多数伶人出身卑微，社会身份低下，因此，也就少有人关注他们的出生籍贯问题，而且，即使有所记录，一些伶人的出生籍贯

也不清晰，存在各种说法，例如张二奎，一说是北京人，一说是天津人，一说是安徽人，汪桂芬，一说是安徽人，一说是湖北人，一说是“失其地”。这些还是较为知名的伶人，普通伶人更有可能发生错误。由于这些因素也影响了上述三个表格的完整性和准确性；再次，三本著作的性质和形式也不相同，《道咸以来梨园系年小录》是编年史，《京剧二百年历史》是脚色分类传记，《梨园影事》是一种相片的集子，各自的侧重点并不相同。

但是，三本著作仍然提供了当时尽可能详尽的伶人地理分布情况，可以得出一些结论，第一，是中国京剧兴起以来的伶人地理分布，主要集中在少数几个省份或者属籍，三个表格的统计结果，均为河北（包括北京）第一，江苏第二，安徽第三，湖北第四，山东第五，属籍分布方面，则为满旗最多；第二，是这些省份或者属籍出生的伶人，在全部伶人中的比例要达到百分之九十以上。河北（包括北京）之所以为第一，估计跟移民有关。到了太平天国事件以后，则北京成为了中国伶人最大的出生地域，显然，它是一种移民的结果。这些移民在北京生活几代以后，也就成为土著了。这里，太平天国事件是值得关注的问题，一是由于战乱时期，南方伶才无法如同往常一样的输送到北方，只能在北方就地取材，而战乱结束以后，也就成为一种习惯；二是在战乱中，南方伶人家族为了避乱向北方迁徙，后来也就到达了北京。因此，虽然战乱断绝了南方伶才输送到北方，但是，又逼迫一些伶人逃往北方，最后，还是使北方伶才增加了。[7]

笔者根据北京市艺术研究所、上海艺术研究所组织编写的《中国京剧史》上卷中的伶人传记，对他们的出生籍贯进行统计。《中国京剧史》上卷中的伶人，是指19世纪的京剧伶人。这些伶人的地理分布情况如下：

表10.4　《中国京剧史》上卷中的伶人地理分布情况

省　区	人　数
北　京	63
河　北	21
江　苏	14
安　徽	10
山　东	8
湖　北	7
天　津	7
浙　江	6
上　海	4

续表

省　区	人　数
河　南	2
江　西	1
陕　西	1
湖　南	1
山　西	1
蒙　古	1
福　建	1
贵　州	1
总　计	149

除此之外，还有七人没有标明出生籍贯或者不详，另外六人出生籍贯存在争议。何桂山，第一种说法是何桂山父亲何喜福，从事伶业，先为花旦，后改老旦，擅长表演《守门杀监》、《对刀骂子》、《王婆骂鸡》等戏，何桂山十八岁进入保定府清苑县全庆班学花脸，先得刘大头教授，又拜汪正士为师，学习皮黄正净及其昆腔花脸；第二种说法是，根据1930年7月10日北京一家报纸报道，何桂山为安徽籍人，父亲为山西某县令，颇为清廉，在任所去世后，身后没有积蓄，故何桂山无所依靠，辗转到了保定府清苑县，因为从小喜欢皮黄，一日，当地全庆班班主偶然听到他唱《二进宫》，觉得乃是一奇童，就将他介绍给汪正士，从其学伶；第三种说法是，穆辰公《伶史》云："桂山幼时，以家贫从父旅于保阳，作小贩。时保阳有科班名三台班，桂山常潜入观剧，归辄引吭歌之，声如黄钟大吕，其父以其有天资，送入三台，数年艺成。"三种说法，既有相同之处，更有差异所在，"关于桂山家世、出身及入科学艺前的三种说法，孰是孰非，尚待再作稽考，故皆录之。惟第一种说法系根据与桂山同门同班的伶工杨文玉所述记之，较为可信，故姑从此说。"[8]前面曾经提及张二奎的出生籍贯，有北京人、天津人、安徽人三种说法，《中国京剧史》上卷称其原籍是河北衡水，又提到《梨园佳话》称其是安徽人和《梨园旧话》称其是浙江人。前面也曾提及汪桂芬的出生籍贯，有安徽人、湖北人和"失其地"三种说法，《中国京剧史》上卷则提到《道咸以来梨园系年小录》称其湖北汉川人，《皖优谱》称其安徽人，《菊台集秀录》称其顺天（北京）人。卢胜奎，一说江西人，一说安徽人。王九龄，一说安徽人，一说湖北人。王鸿寿，一说安徽人，一说江苏人。

根据上表统计情况，与潘光旦的统计结果比较，可以说是基本一致。北京和河北地区仍然第一，江苏第二，安徽第三，只是湖北和山东的名次换了一下，潘光旦的统计结果是湖北第四，山东第五，笔者的统计结果是山东第四，湖北第五。在一百四十九位出生籍贯清晰的伶人中，北京和河北地区有八十四位，占总数的百分之五十六，大于潘光旦的统计结果。在他的统计结果中，《道咸以来梨园系年小录》为百分之五十一，《京剧二百年历史》为百分之二十九，《梨园影事》为百分之四十五。这里，潘光旦根据《道咸以来梨园系年小录》和《梨园影事》资料统计的结果，与笔者的统计结果接近一些。出现如此现象，应该是《中国京剧史》上卷将满旗出身的伶人也列入北京和河北地区，而潘光旦是单列之，如果在潘光旦的统计范围中，也加上满旗出身的伶人，则《道咸以来梨园系年小录》为百分之五十五，《京剧二百年历史》为百分之三十六，《梨园影事》为百分之五十二，与笔者的统计结果更为接近。

根据上述笔者的统计结果与潘光旦的统计结果对照分析，基本上可以得出京剧兴盛以来的伶人地理分布情况。潘光旦的一个结论是，河北（包括北京）、江苏、安徽、湖北、山东以及满旗等省份和属籍，要占到全部伶人的百分之九十以上。笔者的统计结果，虽然没有达到百分之九十以上，但是，也达到了百分之八十三，两者可以说是非常接近的。北京、河北、江苏、安徽、湖北、山东，基本上形成了一条从北到南伶人密集的狭长地带，只是安徽、湖北稍微偏到中部地区，其他几个省份北京、河北、山东、江苏，在中国的东部形成了一条伶人密集线，而且，两头密集，中间稍稀，也就是北京、河北、江苏更为集中，山东稍次。

这里，笔者的统计结果与潘光旦的统计结果如此接近，也有可能《中国京剧史》上卷援引的伶人资料和《道咸以来梨园系年小录》、《京剧二百年历史》、《梨园影事》援引的伶人资料比较接近。当时的伶人文献资料中比较全面和准确的伶人史籍，也就那么几部，也会导致伶人地理分布情况的大致近似。不过，历史不能复原，根据当时记录伶人资料的书籍统计出来的伶人地理分布情况，从理论上来说，已经是最为接近历史真实了。

第四节　伶人家族的移植路线

在上述分析中，已经提到北京、河北的伶人密集程度最高，到了太平天国事件以后，北京则成为伶人出生地域的最大中心，它与伶人移植存在着密切的联系。笔者根据《中国京剧史》上卷的统计结果，北京为六十三人，为整个伶人总数一百四十九人的百分之四十二。到了《中国京剧史》中卷，北京出生的伶人，占整个伶人总数的比例则又有提高。《中国京剧史》中卷的伶人收录范围为1917年前后至1949年，他们的地理分布情况如下：

表 10.5 《中国京剧史》中卷中的伶人地理分布情况

省区	人数
北京	71
上海	14
河北	13
天津	10
江苏	8
山东	6
浙江	6
河南	3
安徽	1
福建	1
吉林	1
湖北	1
广东	1
总计	136

根据这一表格，北京为七十一人，为整个伶人总数一百三十六人的百分之五十二。可见，1917 年以后比 1917 年以前，北京的伶人密集程度更加提高。另外，从表格中，还可以发现两个现象，一是上海上升到了第二名，天津也前移到了第四名，上海和天津这两个中国商业城市，也已经成为京剧的最大消费城市之一，也说明了京剧的商业化趋势愈加明显，上海籍和天津籍的伶人数量增加，也是一个佐证；二是除了安徽、湖北这两个偏到中部的省份，原来中国东部的几个伶人密集的省份，北京、河北、江苏、山东，名次仍然靠前。

北京的伶人密集程度如此之高，它跟移植现象有关，这从《中国京剧史》中卷中可以得到较为充分的体现。许多北京籍的伶人，他们的祖籍都为外省人。列表如下：

表 10.6 《中国京剧史》中卷北京籍伶人的祖籍地理情况

伶人姓名	祖籍省份
余叔岩	湖北罗田
孟小冬	山东
高庆奎	山西榆次

续表

伶人姓名	祖籍省份
杨宝森	安徽合肥
李宝櫆	安徽祁门
杨小楼	安徽怀宁
俞振庭	江苏扬州
高盛麟	山西榆次
姜妙香	河北沧州
叶盛兰	安徽太湖
梅兰芳	江苏泰州
徐碧云	江苏元和
于连泉（筱翠花）	山东蓬莱
朱桂芬	江苏苏州
宋德珠	天津
侯喜瑞	河北衡水
萧长华	江苏扬州
茹富蕙	安徽
王长林	江苏苏州
叶盛章	安徽太湖

这些北京籍的伶人应该是伶人移植北京以后的后代，例如余叔岩、梅兰芳，都是众所周知的伶人家族后代，前所论及的茹富蕙，是武生茹莱卿之孙、武生茹锡九之子，还有叶盛章、叶盛兰是富连成社社长之子。在上述表格中，有些直接是家族关系，俞振庭乃是著名武生俞菊笙之子。因为《中国京剧史》中卷收录的伶人范围为1917年前后至1949年，因此，这些北京籍的伶人，应该是1917年以前伶人移植北京的后人。

需要说明的是，在表格中的个别伶人，虽然家族移民北京几代，但是，到了他这一代才开始从伶的。例如宋德珠，即是一个例子，他们家移民到北京以后，是从事渔行的，到了宋德珠这一代，兄弟三人才开始学戏和学杂技，但是，由于这里统计的是北京出生的伶人祖籍，因此，也将他们列人其中。还有孟小冬的北京籍的身份问题，丁秉镃在《菊坛旧闻录》中写道：“孟小冬生于上海，以出生地为籍贯根据的话，算是上海人。”[9]《中国京剧史》中卷的“孟小冬”词条，是由许姬传、邹慧兰合写的，“孟小冬”，“北京人，祖籍山东。出身梨园世家，祖父孟七是同治、光绪年间的文武老生兼武净演员，父孟鸿群和叔父小孟七均为文武老生。”[10]由于上述表格是对《中国京剧史》中卷的伶人祖籍统计，加上许姬传对于梅兰芳、孟小冬的了解程度，还是采用《中国京剧史》中卷的观点。

上述二十位伶人，他们的祖籍身份地理分布情况如下：

表 10.7 《中国京剧史》中卷北京籍伶人的祖籍地理分布情况

省区	人数
江苏	6
安徽	6
河北	2
山东	2
山西	2
湖北	1
天津	1
总计	20

从这一表格中，可以发现几个问题，一是北京籍伶人的祖籍，也都是伶人出生籍贯密集的省份，也就是说，伶人出生籍贯密集的省份，也是伶人移植最多的地区，他们的目的地大多是北京；二是如果仔细加以分析，这些北京籍伶人祖籍密集的省份，伶人祖籍也多集中在这个省份的某些地区，以上述表格中的江苏而论，在六人中间，苏州三人，包括属于苏州地区的原为元和现为吴县一人，扬州二人，临近扬州的泰州一人，因此，这些北京籍伶人的江苏祖籍，主要集中在苏州和扬州以及它们的邻近地区。

关于这一问题，潘光旦也根据他当时手头所有的伶人相关资料，得出六十二个家系曾经有过移植的现象，而且，他们的目的地也都是北京。这些移植的伶人移出省份的具体市县地理分布如下：[11]

表 10.8 目的地北京的伶人家系移植情况

姓名或者所代表的家系	移出省份和县市	移出原因	附注
徐小香	江苏苏州		由常州迁苏州
罗巧福	同上		
俞菊笙	同上	躲避战乱	

续表

姓名或者所代表的家系	移出省份和县市	移出原因	附注
梅巧玲	同上		十岁时到北京
钱桂蟾	同上		
时小福	同上		
陈桂亭	同上		
陆喜明	同上	随班演戏	居住北京已经四代
王长林	同上	躲避战乱	
范芷湘	同上		
郑多云	同上		
张梅清	同上		
夏鸿福	江苏扬州		
萧连芳	同上	躲避战乱	由江西迁扬州 居住北京已经四代
吴盛珠	上海		居住北京已经三代
王盛意	同上		居住北京已经二代
方连元	江苏丹徒		
王绚云（即王采菱）	江苏靖江	躲避战乱	
王又宸	江苏徐州	父亲为官	
诸桂枝	江苏海门		
余玉琴	安徽潜山	父避继母虐待	曾至上海
杨月楼	同上	避难	
程长庚	同上		
叶盛璋	安徽太湖	避荒	
米喜子	同上	寻找唱戏机会	
刘倩云	安徽望江		
杨隆寿	安徽桐城	避匪	
杨小朵	安徽合肥		
曹春山	安徽歙县	躲避战乱	一说是怀宁人
李寿峰	安徽祁门		
吴铁庵	安徽		
王斌芬	同上		
张二奎	同上		一说是天津人

续表

姓名或者所代表的家系	移出省份和县市	移出原因	附注
陈四儿	同上		
余三胜	同上	躲避战乱	一说是湖北人
小兰英	天津		
孙福喜	同上		由辽阳迁天津
殷连寿	河北冀县	经商	居住北京已经三代
李连贞	同上		居住北京已经二代
贯大元	河北昌平		居住北京已经数代
卢长福	同上		
侯喜瑞	河北衡水	经商	居住北京已经二代
何连涛	河北霸县	避荒	
刘盛莲	河北河间		居住北京已经二代
荀慧生	河北东光		由洛阳迁东光
赵盛碧	河北饶阳		居住北京已经二代
路三宝	山东济南		
唐富尧	同上		居住北京已经三代
于连泉	山东登州		
琴雪芳	山东		
苏连汉	同上		
谭鑫培	湖北黄陂	避难	一说是江夏人
姚　四	同上		
汪桂芬	湖北汉川		一说是安徽人
吴红喜	湖北	学戏	
王琴侬	浙江绍兴		
黄金凤	同上		
侯俊山	山西太原		由洪洞迁太原 曾至张家口
刘奎官	河南开封		由历城迁开封
马富禄	陕西扶风		居住北京已经三代
黄玉麟	江西		由贵州迁江西 曾至上海
孙菊仙	辽宁辽阳		居住天津

需要说明的是，当时上海属于江苏，天津和北京昌平属于河北，因此，上海、天津和北京昌平仍然作为江苏、河北的县市。从这一表格中，可以清晰地反映出伶人移出省份的具体市县地理分布，移植伶人集中在某些市县中。对此，潘光旦写道：

> 近代伶人虽以苏、皖、楚三省为独多，而真正的渊薮则限于每一省区的一角。这一角，在江苏为苏州扬州；在湖北为黄陂向南到武昌一路，谭鑫培一系的出生地，有的说黄陂，有的就说武昌，在安徽是长江以北的西南一隅；北至合肥，南及桐城、潜山、太湖、望江，都有过伶人向北移植，而潜山和太湖两个近邻的县份所贡献的尤其是来得显著。曹春山一系的出生地，有的说是歙县，有的说是怀宁，倘若是怀宁，并且是怀宁石牌市人。在安庆的本地人，向有“无石不成班”的话，也可见石牌市所出伶人之多了。以地位而论，石牌市恰好在怀宁、潜山、太湖、望江四个县份的中间。还有一点也是值得注意的。河北本省以内向北平移植的分子，除了昌平的两个例外，原籍全都在北平以南，例如东光、衡水、霸县、冀县、饶阳、河间，并且都可以说是正在南北交通孔道之上，和南方移植的大势完全吻合。假若要找寻一些解释的话，我们不妨说，这些县份里的土著，恐怕有一部分原是南来的移民，不过中间略有耽搁，没有一口气到北平罢了。[12]

根据以上论述，伶人出生籍贯密集的省份，也是伶人移植最多的省份，例如河北、江苏、安徽、湖北、山东，而且，这些省份的伶人，也往往集中在某些市县，“真正的渊薮则限于每一省区的一角”，形成了中国伶人地理分布的独特面貌。

第五节　文化地理学与伶人密集线

这里，需要思考的是，这些省份以及它们的某些市县为什么盛产伶人？它们背后的成因是什么？是具有必然性还是仅仅出于偶然现象？又是什么形成了它们的盛衰变迁？这种独特的文化地理现象，与伶人职业之间又存在怎样的内在关系？

其实，某些地区盛产某种人才或者某种文化现象，学术界并不乏研究。例如梁启超在《清华学报》第一卷第一期即发表了一篇《近代学风之地理的分布》，潘光旦在《优生》第一卷第二期著文研究苏州长洲文氏家族，发现文氏家族从明代中叶到清代中叶，十世之中曾经产生三十个著名的画家。近些年来，在诗歌理论界也有学者提出诗歌与地理关系的问题，甚至提出了“诗歌地理学”概念。诗歌地理，应该是诗歌、地理、自然、文化交融的结果，《敕勒歌》的“敕勒川，阴山下。天似穹庐，笼盖四野。天苍苍，野茫茫，风吹草低见牛羊”与《西洲曲》的“卷帘天自高，海水摇空绿。海水梦悠悠，君愁我亦愁。南风知我意，吹梦到西洲”，也就成为南北地理中的诗歌情感符号代表，自然是南北诗歌、地理、自然、文化综合发酵而成的艺术产品，从某种意义而言，在诗歌艺术中地理文化始终是它的一个重要文化意象，它似乎已经形成了一种集体无意识，成为诗歌创作的一种习惯地域意境。张立群在《诗歌月刊》发表的《历史文化与时代心理——略谈“诗歌与地理”的关系》一文中，以“历史”、“文化”、“时代”、“心理”如此四个重要环节作为理论资源，阐述“诗歌与地理”之间的关系，“对于中国诗歌而言，从《诗三百》本身的编订过程以及‘《诗》可以观’的阐述中，我们就可以看到一种‘诗歌地理学’的原型，而后，为诗歌史带来瑰丽奇异的楚之‘骚体诗’也堪称较早反映这种倾向的范本。不过，即便是诗歌史上从不匮乏这样的例证，如南北朝诗歌的‘南北差异’，盛唐诗歌的‘边塞诗群’……我们也毕竟要注意到这样两个重要的环节——历史文化与时代心理，而且，如果可以进一步细分的话，那么，它们又可以被断为‘历史’、‘文化’、‘时代’、‘心理’这样四个重要的环节。”[13]后来，他又提出“传统文化”和“时代现实”两个方面，应该是阐释“诗歌地理学”的关键所在。应该说，地理文化对于诗歌创作的影响，主要体现在三个方面，一是对于诗歌创作者而言，无论他的教育背景和写作状态，对于生于斯、长于斯的故乡以及熟悉的地域，在表现它们时总是显得情不自禁与得心应手，将故乡以及熟悉的地域情感化和人格化；第二，从某种角度而言，扎根于某一地域并以此地域作为创作背景的诗歌创作者，只有突出独特的地域式创作，才能确立它的风格和价值；第三，具有地域特征的诗歌创作，必须注意诗歌的历史与现实交融之后的文化心理以及由此呈现出来的文本特征。

在“传统文化”与诗歌地理的关系中，地理已不仅仅属于一个自然概念，在漫长历史的发展过程之中，一个国家及其下属地区积淀形成某种传统文化，也使某一地域积淀形成了传统文化的厚度，地理与诗歌的内在接通关系中，必然包含传统文化的精神密码和情感指数。在此，也涉及到文化地理学的概念，毫无疑问，文化地理学是从地理的角度研究文化，它的研究重心在于研究文化是如何影响我们的日常生活空间，故而在文化地理学中，文化被视为是现实生活实际情景中可以定位的具体现象。英国学者迈克·布朗在《文化地理学》一书中认为，“文化地理学不仅关注不同民族形式上的差异即物质文化的差异，同时也关注思想观念上的不同，而正是思想观念把一个民族凝聚在一起……由此可见，文化地理学研究人类生活的多样性和差异性，研究人们如何阐释和利用地理空间，即研究与地理环境有关的人文活动，研究这些空间和地点是怎样保留了产生于斯的文化。”[14]从此意义来说，诗歌地理研究也应该是探讨与地理有关的诗歌人文活动，探讨“这些空间和地点是怎样保留了产生于”这里的诗歌文化。

“文化地理学”是从地理角度解读和阐释文化现象，而“地缘政治”理论则是阐述政治与地理的关系问题。对于国际关系理论现实主义学派来说，“地缘政治”和“权力均衡”乃是它的两个理论支柱。“地缘政治”理论产生以后，经历了一个兴衰演变的发展过程，在学术界也产生了非常大的争论，但是，不管对于它的态度如何，“在实际的外交运作中，其广义上合理的内涵，至今为各国所广泛使用。”[15]“地缘政治”概念，在不同的国家和时代并不相同，于春苓在《地缘政治与国际关系》一文中，曾经对之进行归纳，第一种观点是地缘政治家尼古拉斯·斯皮克曼认为，地缘政治的内涵之一是“作为政治地理学的同义语，这样它就成为地理学的一个分支，专门描述个别国家的结构和世界政区的划分”[16]。斯皮克曼的观点，强调了地缘政治学研究目的只是限于政治组织与活动；第二种观点是法国学者皮埃尔·伽罗瓦认为，地缘政治学乃是“研究国际上权力政治学与其奉行的地理范围之间的关系[17]”。这种观点，突出了地理与政治之间的内在关系，因此，它还将“地缘政治”的概念推广到世界列强争夺地区优势和权力的斗争之中，认为国家之间竞争，尤其是全球性竞争的典型情况，也是属于地缘政治；第三种观点，认为地缘政治学是根据地理因素策划一个国家的安全政策，将地缘政治学研究看做一种外交政策的工具。地理因素对于国家对外行为的影响，最初是作为国家对外行动的环境因素之一提出来进行研究的。美国学者哈罗德和玛格丽特·斯普劳特认为，“如果不参与整个人类和非人类的有形的和无形的环境因素光谱，就无法充分理解国际政治的背景”[18]；第四种观点，前苏联学者拉祖瓦耶夫提出，地缘政治学具有双重含义，“作为一门科学，它主要在于研究国际关系和多半是保障国家安全背景下的外交政策的空间逻辑，但地缘政治学也可以看做政治本身注意到的地理因素。”[19]这种解释，将“地缘政治”分为了两层内涵，其一为国家当局制定政策时“注意到的地理因素”，其二为作为地理学的一个分支，即政治地理学的学科理论；第五种观点是中国一些学者对地缘政治学概念的解释，例如王逸舟在《当代国际政治析论》一书中认为，“它是一门以地理分析为基础，专门研究国际政治力量与地球自然性质之间内在联系的学问”[20]，它将领土国家视为国际政治力量的主要单元，而气候、植被、土壤、位置、矿物资源、海拔高度、陆块分布等因素则构成“地球自然性质”的内涵，于春苓对地缘政治学的定义是“是从地理条件和环境角度去观察和处理国际关系”[21]。这些“地缘政治”的不同解释，都是由于时代的局限以及国家利益的需要而产生的，但是，它们都表明了地理与政治的内在关系。

从地理角度研究政治和文化问题，自然会联想到“地理环境决定论”的理论。“地理环境决定论”的一个核心内容，就是主张地理环境在人类社会生活和社会发展中发挥着决定性作用，它以自然过程的作用来解释社会和经济发展的进程，从而归结于地理环境决定政治体制。在古希腊时期，即已经萌芽地理环境决定社会现象的思想。希波克拉底（Hippocrates）认为人类的特性乃是产生于气候，柏拉图（Platon）也认为人类精神生活与海洋影响有着相互的关系。公元前四世纪，亚里士多德（Aristoteles）认为地理位置、气候、土壤等因素影响个别民族特性和社会性质，对于希腊人来说，由于希腊半岛处于炎热与寒冷气候之间，因而使希腊人具有了一种优良的品性，故而天生能够统治其他民族。这些观点，并不能够解释当时希腊半岛各个民族的历史进程，但是，它的影响却是非常深远的。在中世纪时期，阿拉伯思想家和历史学者伊本·哈尔顿也曾大力宣称地理环境对于社会生活的重大作用。到了启蒙运动时期前后，许多学者为了反对宗教关于社会生活规律具有神创性质的观点，运用地理唯物主义反对唯神史观，进一步发展了地理环境决定社会发展的思想，以此证明社会制度的世俗起源和正在巩固之中的资本主义生产关系的自然性。16 世纪的法国思想家 J. 博丹（Jean Bodin）在他的著作《论共和国》中认为，地理环境决定着民族性格、国家形式与社会进步，民族差异的原因产生于所处自然条件的不同，不同类型的人需要不同的政府。16 世纪法国启蒙思想家 C. de 孟德斯鸠在《论法的精神》一书中，则是颇为系统地论述了地理条件、气候影响各个民族人民的生活和习惯以及影响各国经济乃至政治制度的思想，他认为，地理环境对于一个民族的性格、风俗、道德、精神面貌、法律及其政治制度具有一种决定性的作用，例如土地贫瘠，则使人勤奋、俭朴、耐劳、勇敢以及能够适应战争，土地膏腴则是使人因为生活宽裕而柔弱、怠惰和贪生怕死。在 19 世纪中叶，“地理环境决定论”已经广泛地为历史学、政治学、社会学、经济学和人类学等其他人文学科吸收和运用。英国历史学者 H. T. 巴克尔在《英国文明史》一书中认为，食物、气候、土壤和“自然界总貌”，乃是社会发展的决定性因素，文明发展不平衡的原因来之于自然界，而且，他认为社会不平等是合乎自然的。德国地理学者拉采尔（F. Ra – tzel）在《人类地理学》一书中，也认为地理环境从多个方面控制人类，对人类生理机能、心理状态、社会组织和经济发达状况都有着影响，并决定着人类迁移和分布，地理环境野蛮地和盲目地支配着人类命运。美国地理学者亨丁顿（E. Huntington）在 1903 年至 1906 年之间，考察了印度北部和中国塔里木盆地等地之后，出版了《亚洲的脉动》一书，他提出了 13 世纪蒙古人之所以大规模向外扩张，乃是由于居住地区气候变干以及牧场条件日益恶化所致。他在 1915 年出版的著作《文明与气候》，则创立了一种人类文化只能在具有刺激性气候的地区才能发展的假说。1920 年出版的《人文地理学原理》一书，他进一步论证了自然条件是经济与文化地理分布的决定性因素。他在 1945 年又出版了著作《文明的主要动力》。在这一系列著作中，他还作出了中亚地区人类群体衰退解体乃是由气候造成的，欧洲地区的气候最为适合人类活动等结论。

应该说，地理环境对于人类社会生活和社会发展具有一定的影响作用，但是，将社会发展以及人的活动，仅仅看做是作为对于自然界的一种适应，认为人的体质、心理状态、智力的高低、人口和民族分布、经济的盛衰、国家的强弱、社会的发展乃至宗教信仰、婚姻家庭形态等众多的社会问题和个人情形，都要受到地理环境的控制和支配，则是曲解了人类社会历史发展的内在规律，抹杀了人在社会行动中作为主体的主观能动性。地理环境只是社会发展的一种客观物质条件，而并非是主导性或者决定性的因素，只有当人类社会活动与地理环境发生联系，并且能够加以利用和改造的时候，地理环境才能够显示出它的特性，对社会发展产生加速或者延缓的影响。“地理环境决定论”，对于摆脱宗教神学的影响以及探索社会历史发展的客观规律，在历史上曾经产生过一定的积极作用，但是，这种从外部自然条件之中寻找人类社会发展根本动因的外因学说，到了20世纪20年代，却成为了法西斯主义对外侵略扩张政策的理论根据，认为“优等民族”有权占有“生存空间”与建立“新秩序”。

根据以上论述，分析伶人出生籍贯地理分布情况，既要尊重地理环境作为一种客观物质条件的作用，又不能唯“地理环境决定论”。法国丹纳在《艺术哲学》一书中写道：“我唯一的责任是罗列事实，说明这些事实如何产生”，“我不提出什么公式，只让你们接触事实。这里和旁的地方一样，有许多确切的事实可以观察，就是按照派别陈列在美术馆中的‘艺术品’，如同标本室里的植物和博物馆里的动物一般。”[22]在中国伶人出生籍贯地理分布中，“有许多确切的事实可以观察”，因此，“说明这些事实如何产生”，确实是一个值得思考的问题。“地理的分布，当然不会到处分布得一样，既不一样，我们就不免要问为什么不一样。譬如一个区域里人才出得特别的多，成为一个中心，或一个渊薮，以前的几乎千篇一律的解释是‘天地钟灵，山川毓秀’八个大字，至于天地怎样‘钟’法，山川怎样‘毓’法，一样在天覆地载之中，又何以两地要分轩轾；一样一座华山、或嵩山、或泰山，一样一条洛水、渭水、或洙水、泗水，以前‘毓’过多少圣哲，何以现在便不大有人提起——这些，便没有人往下追究了。”[23]关于伶人出生籍贯地理分布情况，“要问为什么不一样”，如果“往下追究”，从地理环境的角度而论，北京、河北、江苏、安徽、湖北、山东，这些伶人出生籍贯密集的省份，也是伶人移植最多的省份，除了安徽、湖北稍微偏到中部地区，北京、河北、江苏、山东，这条狭长地带都具有一些特殊的地理客观物质条件，也就是说，它颇具有一种地缘戏剧的特点，地缘与戏剧之间存在着一种内在的互通关系，如同“如果不参与整个人类和非人类的有形的和无形的环境因素光谱，就无法充分理解国际政治的背景”一样，如果不考虑“有形的和无形的环境因素光谱”，也是同样“无法充分理解”伶人出生籍贯地理分布情况。

第一，江苏地区乃是中国当时经济较为富庶之地，而江苏伶人出生籍贯最为密集的苏州和扬州，更是一个工商业的中心城市。正是由于经济发达程度，使伶业的发展具备了一定的社会物质条件，使伶业这样的“第三产业”能够具有一定的消费市场和生存空间，作为社会经济生活的附属成分，伶业也就具有一定的职业发展条件。王锜的《寓圃杂记》卷五“吴中近年之盛”条如此描写16世纪初叶的苏州：

> 吴中素号繁华。自张氏之据，天兵所临，虽不被屠戮，人民迁徙实三都戍远方者相继，至营籍亦隶教坊。邑里萧然，生计鲜薄，过者增感。正统、天顺间，余尝入城，咸谓稍复其旧，然犹未盛也。迨成化间，余凡三四年一入，则见其迥若异境。以至于今，愈益繁盛。闾檐辐辏，万瓦甃鳞；城隅濠股，亭馆布列，略无隙地；舆马从盖，壶觞罍盆，交驰于通衢。水巷中，光彩耀目；游山之舫，载伎之舟，鱼贯于绿波朱阁之间，丝竹讴歌，与市声相杂。凡上供锦绮文具，花果珍馔奇异之物，岁有所增。若刻丝累漆之属，自浙宋以来，其艺久废，今皆精妙。人性愈巧，而物产愈多。

苏州历来是纺织业中心，到了明代时期，手工业和商业已经颇为发达，而且，也萌芽了资本主义经济性质，城市经济“愈益繁盛”，因此，苏州的城市消费文化也同步发展起来，“舆马从盖，壶觞罍盆，交弛于通衢。水巷中，光彩耀目；游山之舫，载伎之舟，鱼贯于绿波朱阁之间。”在这些消费文化中，自然也包括戏剧文化，“丝竹讴歌，与市声相杂”。从某种角度来说，戏剧作为一种消费文化，是要附丽于一定的物质基础之上的，而苏州则是拥有较为丰裕的物质条件，因此，苏州的伶业较之其他一般地区，也就具有了某种优势，一是士绅富商为了满足声色之娱，广蓄戏班，甚至成为了一种习俗和一种生活等级标志。刘祯、谢雍君在《昆曲与文人文化》一书中，对此有着较为详尽的论述，“家班既然是权势的象征，那么置办家班就需要雄厚的经济基础”，“没有雄厚的财力无法办成家班，从这个意义上来说，家班是富人的消费品”，“富足的经济是保证家乐生存的首要条件”[24]。正是由于这种“富足的经济”，士绅富商置办戏班也就具有“雄厚的经济基础”。张瀚《松窗梦语》云：“夫古称吴歌，所以来久远，至今游惰之人乐为优俳。二三十年间，福贵家出金帛，制服饰、器具，列笙歌鼓吹，招至十余人为队，搬演传奇。好事者竞为淫丽之词，转相传唱，一郡城之内衣食于此者，不知几千人矣。人情以放荡为快，世风以侈靡相高，虽逾制犯禁，不知忌也。”[25]可见，“福贵家”之“搬演传奇”颇为普遍。应该说，置办一个家庭戏班也是一件麻烦事情，需要多方物色优伶，聘请教习训练，家班主人自己寻找甚至自编演出剧本，还要营造演出所使用的场所，戏台、厅堂或者戏船，乃至为了演出张罗筵席，切磋戏班技艺，参与互相竞争，家班主人需要将相当大的精力投放在上面，甚至力求使自己也成为一个戏曲行家，从此意义而言，戏曲也就成为他们的精神表达方式，甚至成为一种生活方式。

二是由于城市市民阶级力量发展起来，戏曲和小说越来越受到喜爱和欢迎。如上所述，

"人情以放荡为快，世风以侈靡相高，虽逾制犯禁，不知忌也"，经济生活的日益富足，使市民阶级的生活追求和审美趣味也发生了变化。顾起元《客座赘语》称："又云嘉靖十年以前，富厚之家，多懂礼法，居室不敢淫，饮食不敢过。后遂肆然无忌，服饰器用，宫室车马，僭拟不可言。又云正德已前，房屋矮小，厅堂多在后面，或有好事者，画以罗木，皆朴素浑坚不淫。嘉靖末年，士大夫家不必言，至于百姓有三间客厅费千金者，金碧辉煌，高耸过倍，往往重檐兽脊如官衙然，园囿僭拟公侯。下至勾阑之中，亦多画屋矣。"[26]这种"侈靡"风尚，"肆然无忌"，也反映在对于戏曲的社会性痴迷，"下至勾阑之中，亦多画屋矣"。根据当时文献记载，许多人几乎是到了每天必看戏曲的地步，明代潘允瑞《玉华堂日记》和祁彪佳《祁忠敏公日记》都清晰地记叙了当时演剧和观剧的频繁程度，延续二百来年的苏州虎丘山中秋曲会，更是一个典型的案例。它是一年一度的全民戏曲大赛，中秋之日，苏州倾城而出，外地伶人也是纷至沓来，张岱《陶庵梦忆》称："土著流寓、士夫眷属、女乐声伎、曲中名伎戏婆、民间少妇好女、崽子娈童，及游冶恶少、清客帮闲、奚僮走空之辈"，在虎丘山举行戏曲盛会。首先，万众齐唱，然后逐次比赛，最后由一位水平最高者登场演唱，《陶庵梦忆》也记："声出如丝，裂石穿云，串度抑扬，一字一刻，听者寻入针芥，心血为枯，不敢击节，惟有点头。"李渔在《虎丘千人石上听曲》中吟道："一赞一回好，一字一声血，几令善歌人，唱杀虎丘月。"如此全民戏曲大赛现场，颇令人联想到古希腊大圆剧场中万众向悲剧演员声声欢呼的场面，恐怕在中国戏剧史上也难以再发现虎丘山曲会这样壮观的戏剧景象了。

需要关注的是，"人性愈巧，而物产愈多"，这里也颇包含一些文化地理学的内涵。苏州人杰地灵，故而能够"物产愈多"，它的经济富庶程度，与"人性"地理有着一定的内在关系。由于"物产愈多"，作为娱乐行业的伶业也就有了寄生的物质基础，因此，苏州产生了戏班多和伶人多的现象，"一郡城之内衣食于此者，不知几千人矣"，从事伶业者确实颇众。另外，由于伶业具有一定的经济发展空间，人们也就会将它作为一种职业进行处理，而淡化了伶业属于贱业的观念，也加剧了伶人数量的增加，如同范濂在《云间据目抄》中所称的："苏人鬻身学戏者甚众。"

由于以上情形，苏州自然成为伶人出生籍贯以及伶人移植密集的市县。钮锈在《觚剩》里所论及的苏州优伶特产的笑谈故事，也就不足为奇了。扬州作为一个商业和运输中心城市，情形大致与苏州类似。

第二，北京、河北地区成为伶人出生籍贯密集的省份，它很大的一个原因是伶人移植的结果，绝大多数伶人家族移植，"他们的最后的目的地全都是北平"，而河北地区，"正在南北交通孔道之上"，"这些县份里的土著，恐怕有一部分原是南来的移民，不过中间略有耽搁，没有一口气到北平罢了。""最后的目的地全都是北平"，说明北京对于伶人及其家族的吸引力，也反映了北京的戏曲生存和发展状况。到了清代时期，宫廷热衷演剧活动，前面已有较为详细论述，例如咸丰皇帝在道光初年裁退民间伶人以后，在咸丰十年又招民间戏班伶人和教习入宫演剧，周明泰《清昇平署档案事例漫抄 · 恩赏日记档》载：

咸丰十年三月二十一日，挑得陈金雀等二十名外面伶人进宫当差。二十三日又挑得黄春泉等十二名。至闰三月十二日内务府交进共十三名。

三十日，索取外边学生戏本，如《借靴》、《瑶台》等，并要外边学生籍贯岁数。

闰三月初一日，要外边学生加减伺候戏，并于同乐园承应。其剧目有：《万民感仰》、《花鼓》、《定情赐盒》、《冥判》、《劝妆》、《借靴》、《杀狗》、《乔醋》、《瑶台》、《十段兴唐外史》。

四月十一日，又挑进外边各班包括鼓手唐阿招等十人。

五月十八日，安福据朱批："现在里边当差之外边学生，除留当教习外，尚有愿在里边当差者，令其自报明"，"不必勉强，亦不准勒派"。于是决定留下愿在里边当差学生。

在中国政治格局中，上有所好，下必效之。由于清朝宫廷演剧颇盛，民间演剧也就流行起来，甚至成为一种社会时尚。另一个方面，北京作为一个消费城市，也需要寻找一些精神消遣的娱乐方式，华胥大夫在《金台残泪记》中云：

本朝修明礼义，杜绝苟且。挟妓宿娼，皆垂例禁。然京师仕商所集，贵贱不齐。豪奢相向。赵李狭斜，既恐速狱；田何子弟，乃共嬉春。盖大欲难防，流风易扇。制之于此，则趋之于彼。政俗递转之机，即天地自然之数。今欲毁竹焚丝，凭权藉力未尝不行。然以数十里之区，聚数百万之众，游闲无所事，耳目无所放，终日饱食，诲盗图奸，或又甚焉。[27]

本来清朝政府为了使官员和兵丁禁绝腐败与保持骁勇善战传统，曾经对其有着许多禁令，但是，从上述史料可以看出，这些禁令并未起多大作用，"盖大欲难防，流风易扇"，被以各种变相的方式突破，例如"内城"不准开设戏园，就到"外城"戏园观剧。清朝宫廷和民间对于戏曲的喜好，也就使戏曲成为当时社会各个阶层的主要娱乐方式之一，于是，如前面所述，"优伶为时势所造之英雄，身价顿增百倍。"

此等情形，自然会使其他省份移植来京的伶人产生定居的愿望，而在北京定居几代以后，也就变成北京的土著了。“几十年间，全国各地优秀艺人云集京城，伶人水平并不低于当年的演剧中心扬州、苏州一带。因此，朝廷再也不必舍近求远到江南去挑选艺人”[28]，况且，太平天国运动期间，由于战乱原因，南方的伶才也就无法输送到京城，王梦生《梨园佳话》云：“道光之季，洪杨事起，苏、昆沦陷，苏人至京者无多。京师最重苏班，一时技师名伶，以南人占大多数。自南北隔绝，旧者老死，后至无人”，也就只能就地取材。战乱结束以后，也就延续下来。由此，北京以及临近的河北地区成为伶人出生籍贯密集的省份，也就是一件非常自然的事情。这里，北京和河北特殊的地理身份和位置具有一种决定性的作用。

第三，山东之所以也成为伶人出生籍贯较为密集的省份，也应该跟它的地理条件有关。山东北距京城、河北不远，南离江苏也近，可能受到北京、河北、江苏等省份伶业发展的影响，觉得伶人也是一个可以独立谋生的手段，故而从伶者也就增加起来。另外一种情形，可能跟河北一样，一些从南方移植北京的伶人及其家族，“中间略有耽搁，没有一口气到北平”，在山东“耽搁”了下来，有些可能就再没有北上，也就在山东定居了，因此，也从一个方面逐渐增加了山东出生籍贯的伶人数量。

第四，至于安徽、湖北地区，虽然偏到中部地区，但是，它们却都是长江领域的省份，这种沿江地理也使安徽、湖北的某些市县商业和运输业较为发达，也有一种让戏曲生长的地理条件，因而也就成为西皮、二黄的发源地，自然也就形成伶人出生籍贯较为密集的省份。

上述从地理角度来分析伶人出生籍贯和伶人移植分布情况，但是，并不能够“地理环境决定论”。地理环境，只是伶人出生籍贯和移植密集程度的条件之一，而且，仅仅从地理因素分析，有些问题并不能够说明清楚，例如苏州地区后来逐渐衰弱，如同前所论及的王骥德《曲律》云：“世之腔调，每三十年一变，由元迄今，不知经几变更矣……数十年来又有弋阳、义乌、青阳、徽州、乐平诸腔之出，今则石台、太平梨园，几遍天下，苏州不能与角什之二三”，虽然这种演变大致在江南区域演变，但是，苏州仍为江南工商业的都会，为何“苏州不能与角什之二三”，恐怕已难从地理角度解释了。在此，还需要关注到业缘问题。

第六节　地缘与业缘的“通道”

在前所论述中，三个案例颇为值得思考。一是海盐腔的产生问题，李日华《紫桃轩杂缀》称：“张镃，……尝来吾郡海盐，作园亭自恣，令歌儿衍曲，务为新声，所谓海盐腔。”这说明了张镃来到海盐以后，海盐腔才逐渐产生，它的方式是“作园亭自恣，令歌儿衍曲"，而它的目标是"务为新声"。因此，似乎表明了一个现象，一个新的腔调的产生很有可能是由于一个或者几个伶人的创新能力，然后，在这些核心伶人的带动下，四周围绕着"歌儿衍曲"，这些"新声"在社会上颇为欢迎，也就逐渐流传开来，遂产生了新的腔调中心。按照"凡是能产生杂剧或产生腔调的地方，我们现在姑且假定它也能出优伶人物"的观点，一个新的腔调中心也应该是伶人密集的地区。这里，业缘在这里发挥了关键性的作用，正是在业缘的引领下，产生了新的腔调中心并且由此成为伶人密集的地区。业缘在伶人出生籍贯地理分布中的作用，在第二个案例中可以得到更好的印证。

二是四川籍伶人的兴骤亡速，在《燕兰小谱》中还有十二位四川人，仅次于京兆和直隶、江苏，它的排名应该是在三四名，它统计的时间范围为秦腔兴盛时期，而到嘉庆年间秦腔末流时期，在《听春新咏》中已经只有一个四川人了，到了嘉庆年间徽班初期，则一个四川人也没有了。有的学者指出，它应该与魏长生、陈银官师弟二人在北京的来去匆匆有着关系。魏长生是四川金堂人，由于家境贫苦，十三岁到西安，在一家卷烟铺学徒，后与邻商学徒斗殴，畏责潜逃。在路途中，见到一同州梆子戏班演出，为了生计活路，他也就入班学艺。乾隆三十九年时，他曾经到过北京，但是，当时北京盛行昆曲，对秦腔不适应，他又回到陕西。乾隆四十四年，再度入京，当时双庆班颇受市场冷落，他对双庆班称，如果让他入班，两个月内不使双庆班增加收益，他甘愿受罚。结果，他的《滚楼》一剧轰动北京，甚至产生了"魏三热"。"庚子、辛丑（四十五、四十六年）之际，征歌者无不以双庆为第一。奔走豪儿、士大夫等皆为之心醉。一时歌楼观者如堵，六大名班无人过问；京腔被束之高阁"，"秦腔名伶魏长生之进京，在我国戏曲史上，对北京剧坛、戏曲品种、班社之嬗变，确实有极大影响。是秦腔及其后徽班占据北方舞台以及成为中国戏剧正宗的契机。"[29]魏长生入京确实使北京的"戏曲品种"结构发生变化，北京人已经厌听的昆曲和京腔逐渐没落，而秦腔开始风靡一时。除了北京观众喜新厌旧，魏长生表演的秦腔确实也有过人之处，例如旦脚跻工，《燕兰小谱》卷五云："京旦之装小脚者，昔时不过数出，举止多瑟缩，自魏三擅名之后，无不以小脚登场。"《梦华琐簿》也云："歌楼梳水头，踹高跻二事，皆魏三作俑，前此无此。""梳水头"、"踹高跻"等表演技巧，应该是魏长生的秦腔表演吸引北京观众的原因之一，因此，他的《滚楼》、《烤火》、《思春》、《别妻》、《潘金莲葡萄架》、《大闹销金帐》、《打门》、《吃醋》、《樊梨花送枕》等剧目，使北京观众耳目一新、心驰神往。另外，如同《燕兰小谱》卷五所云：秦腔"以胡琴为主，月琴副之，工尺咿唔如话"，北京观众也觉非常新鲜，而且，秦腔描情状物，也是颇为贴切，赵冀《檐曝杂记·梨园色艺》云："惟演戏随事自出新意，不专用旧本，盖其灵慧较胜云。"因此，《燕兰小谱·例言》称："魏长生开近年风气，序言中颇致讥词，然曲艺之佳，实超时辈。"

魏长生不但具有高超的表演技艺，而且，为人豪爽仗义，乐于助人。昭梿《啸亭杂录·魏长生》称：

长生虽优伶，颇有侠气，庚子南城火灾，形家言，西南有剑气冲击，长生因建文昌祠以厌胜。又纳兰太傅孙成安者，初与狎昵，后遇事遣戍。归，贫无以立，长生赠恤之，亦其难能也。

但是，魏长生的旦脚跻工，颇有一些色情嫌疑，“魏氏的发明高跻，其为迎合一班观众迹及虐淫狂的心理，也是很显而易见的。”[30]当时，戏园中的伶人和观众均为男性，因此，必然表现出一种男性的审美趣味，在现实生活中与异姓的接触以及观看舞台上带有色情成分的戏曲表演，对于男性而言，也是对于缺少变化的家庭生活的补充。魏长生表演的剧目，大多是有着色情内容的“粉戏”，加上又突出了男旦的优势，刻意追求一种性感的效果，因此，也就迎合了男性观众的潜在要求。《燕兰小谱》对一些伶人的表演风格以一字概括之：

魏三曰“妖”（以其开淫冶之风，旧评曰“骚”，未足以概之），银官曰“标”，桂官曰“娇”，玉官曰“翘”（宜于健妇而少韵致），凤官曰“刁”，白二曰“飘”（飘逸也），万官曰“豪”，郑三曰“骚”，蕙官曰“挑”，三元曰“糙”（平声）。

这里，也以“妖”字概括魏长生，“以其开淫冶之风”。可能正因如此，秦腔引起清朝政府的关注，乾隆五十年魏长生被递解回籍。张次溪《北京梨园掌故长编》载：

嗣后城外戏班，除昆、弋两腔仍听其演唱外，其余秦腔戏班交步军统领，五城出示禁止。现在本班戏子，概令改归昆、弋两腔，如不愿者，听其另谋生理。倘有怙恶不遵者，交该衙门查拿，惩治，递解回籍。

魏长生在递解回籍的归途中，曾经到过经济富庶与南北地理要冲的扬州、苏州、杭州、安庆等地区。根据《扬州画舫录》记载，魏长生在扬州时，曾经投入江鹤亭戏班，演戏一出，赠以千金，而在苏州时，因为魏长生的演出成功，致使一些昆曲伶人改学秦腔。昭梿《啸亭杂录·魏长生》载：

嘉庆辛酉（六年）长生复入都，其所蓄已荡尽，年逾知命，犹复当场卖笑，……无复当年之姿媚矣。壬戌春，卒于旅邸。贫无以殓，受其惠者为董其丧，始得归柩于里。

可以说，魏长生的结局是非常凄惨的。魏长生还有两个徒弟，《梦华琐簿》称："魏三有弟子二人，长曰金官，今人但知银官而已。金官白皙，银官微有雀麻。"这位陈银官，也是四川人，表演也颇精彩，后来因为得罪权贵，被逐回四川，后不知所终。

从乾隆四十四年入京，到乾隆五十年被递解回籍，六年时间，魏长生可谓是声名远播，《日下看花记》称："海内咸知有魏三，清游名播大江南。"鹿原学人的《昆曲皮簧盛衰变迁史》，对于魏长生、陈银官师徒二人更有详细的论述，"自乾隆四十四年，魏三入都，以至银官被逐，于此短日月之中，在京师舞台，起革命之大涡乱，如双狮之狂吼，因以耸动世人耳目，压倒群流，彼师徒二人，亦一时之杰哉。"由于魏长生的影响力量，应该能够吸引一批四川籍人加入伶业，如同《啸亭杂录》所称的："一时不得识交魏三者，无以为人。"从人们争相渴望结识他，也可以反映出魏长生完全有能力引领一些四川籍人从事伶业，他的徒弟陈银官，即为四川成都人。魏长生到了扬州，甚至还有昆曲伶人改学秦腔，拜师学艺，也从一个方面反映了魏长生的吸引力。另外，魏长生的侠气性格也有一定的感召力，《金台残泪录》云："魏长生至今天下称魏三官，豪侠好施，其居西珠市口。传有蜀某孝廉，以贫偶坐其门阑。魏询知，因留于家，且为求贵人得县令以去"，确是侠义为人。正是由于魏长生的伶业声望与豪侠性格，在他业缘关系最为旺盛的时期，也即秦腔兴盛时期，四川籍的伶人骤增，在《燕兰小谱》各个省份伶人出生籍贯排名中，名列第三、四位。应该说，它与魏长生、陈银官的业缘关系是存在着密切联系的，由于他们的业缘关系促使了四川籍伶人数量的增加。到了魏长生、陈银官被迫回籍，四川籍的伶人明显少了，而到嘉庆六年，魏长生再入京城，已是"无复当年之姿媚矣"，最后"卒于旅邸"，甚至"贫无以殓"，在嘉庆年间徽班初期时，《听春新咏》中所记录的各个省份伶人出生籍贯，已经没有一个四川人了。因此，说明了业缘关系与各个省份伶人出生籍贯的内在关系。

三是河北和山东两个省份的伶人，也应该与业缘存在着一定的关系。一方面是由于地理关系，与北京、江苏相邻，另一方面从南方移植到北京，伶人必须要经过山东和河北两省，在路途中也可以说是一路播撒伶业的种子，山东和河北两省某些民众从这些路过的伶人及其家族中，觉得伶业也是一条谋生之道，因此，也有可能习伶，甚至跟随这些南方伶人及其家族到达北京，成为职业伶人。如前所述，有些"中间略有耽搁，没有一口气到北平"，而"耽搁"在河北和山东两省，更会对两省的民众产生影响，在"耽搁"的南方伶人及其家族的影响之下，一些民众也会从伶，如同上述张镃来到海盐的行为。南方伶人及其家族在"耽搁"过程中也会收徒授艺，也增加了河北和山东两个省份伶人出生籍贯的数量。如果南方伶人在"耽搁"过程中定居，他的伶人家族后代也就转化为河北和山东两个省份的土著伶人了。

从上述分析中，可以发现地缘在伶人出生籍贯以及移植地理分布中，具有一定的客观物质条件作用，在伶人地理分布中，地理身份和位置也会产生一种客观的基础和条件，从某种意义来说，甚至也会产生一种“地缘戏剧”的特征，但是，它不是唯一的决定性力量，也不可能是“地理环境决定论”。在“说明这些事实如何产生”时，业缘在其中发挥了很大作用，正是在一些伶人尤其是一些知名的核心伶人的业缘关系影响下，他们的伶业成就和人格力量催生了与他们的业缘关系发生联系的某些地域的民众加入伶业，从而增加了该地域伶人出生籍贯以及移植的数量。需要关注的是，伶业具有一定的特殊性质，人的因素在其中的作用不可低估，从某种角度而论，伶业属于一种“能人经济”，在一些“能人”伶人的带动和促进下，某一个地域产生可能一个新的腔调中心或者成为伶人出生籍贯以及移植密集的地区，人在伶业发展中作为主体具有一种积极的主观能动性，因此，伶业的特殊性以及由此产生的业缘关系，在伶人出生籍贯以及移植地理分布中具有一种十分重要的意义。当然，在伶人出生籍贯以及移植地理分布中，有些情形是体现为地缘关系和业缘关系的结合，两者之间存在着一种互相促动的关系，但是，业缘关系在伶人出生籍贯以及移植地理分布中的引领作用，仍然是十分显著的。

【注释】

1. 北京市政协文史委员会．梨园往事．北京：北京出版社，2000. 558 页、560 页．
2. 李家瑞．北平风俗类征．商务印书馆 1937 年影版印．上海：上海文艺出版社，2 页．
3. 北京市政协文史委员会．京剧谈往录．北京：北京出版社，1985. 526 页．
4. 潘光旦．潘光旦文集（2）．北京：北京大学出版社，1994. 138 页．
5. 潘光旦．潘光旦文集（2）．北京：北京大学出版社，1994. 139 页．
6. 潘光旦．潘光旦文集（2）．北京：北京大学出版社，1994. 140 页、141 页、142 页、143 页、144 页．
7. 潘光旦．潘光旦文集（2）．北京：北京大学出版社，1994. 144 页、145 页、146 页、147 页、148 页、149 页、150 页、151 页、152 页．
8. 北京市艺术研究所、上海艺术研究所．中国京剧史（上卷）．北京：中国戏剧出版社，1999. 527 页．
9. 丁秉鐩．菊坛旧闻录．北京：中国戏剧出版社，1995. 356 页．
10. 北京市艺术研究所、上海艺术研究所．中国京剧史（中卷）．北京：中国戏剧出版社，1999. 1133 页．
11. 潘光旦．潘光旦文集（2）．北京：北京大学出版社，1994. 265 页、266 页、267 页．
12. 潘光旦．潘光旦文集（2）．北京：北京大学出版社，1994. 153 页、154 页、155 页．
13. 张立群．历史文化与时代心理——略谈“诗歌与地理”的关系．《诗歌月刊》（下半刊）. 2006（8）．
14. 迈克·布朗．文化地理学．南京：南京大学出版社，2005. 3 页、4 页．
15. 萨本望．新兴的“地缘经济学”．《世界知识》，1995（5）．

16. 尼古拉斯·斯皮克曼．和平地理学．北京：商务印书馆，1965. 14 页．

17. 齐甘科夫．地缘政治学理性的最后避难所．现代外国哲学社会科学文摘，1995（4）．

18. 哈罗德、玛格丽特·斯普劳特．国际政治与人类事务的生存前景．普林斯顿大学出版社，1965. 27 页．

19. 拉祖瓦耶夫．论“地缘政治学”概念．现代外国哲学社会科学文摘，1994（10）．

20. 王逸舟．当代国际政治析论．上海：上海人民出版社，1995. 178 页．

21. 于春苓．地缘政治与国际关系．北方论丛，1998（5）．

22. 丹纳．艺术哲学．北京：人民文学出版社，1963. 11 页．

23. 潘光旦．潘光旦文集（2）．北京：北京大学出版社，1994. 135 页．

24. 刘祯、谢雍君．昆曲与文人文化．长春：春风文艺出版社，2005. 85 页、95 页．

25. 张瀚．松窗梦语（7）．上海：上海古籍出版社，1986. 122 页、123 页．

26. 顾起元．客座赘语（5）．北京：中华书局，1987. 第 170 页．

27. 华胥大夫．金台残泪记．见清代燕都梨园史料（上册）．北京：中国戏剧出版社，1988. 252 页、253 页．

28. 朱家溍、丁汝芹．清代内廷演剧始末考．北京：中国书店，2007. 295 页．

29. 张发颖．中国戏班史．北京：学苑出版社，2004. 146 页、147 页．

30. 潘光旦．潘光旦文集（2）．北京：北京大学出版社，1994. 117 页．

第十一章　伶人的阶级成分及其入伶动机

第一节　伶人出身阶级的复杂化

在中国原始伶人出身中，主要是罪臣家属、战俘及其家属、奴婢、贫苦农民、侏儒等出身，因此，也就具有一种与生俱来的“原罪”。但是，到了明清时期，伶人出身的阶级成分复杂化了，商人、官宦、文人、工仆、医家，甚至盗贼阶级都出现了入伶现象，而且，特别需要注意的是，原来入伶的被迫性质，到了这一时期似乎也淡化了一些，入伶的动机也复杂化了，或者由于喜好，或者出于商业要求，或者为了一种“补偿”心理。当然，更多的仍然是属于生计所迫，无奈选择伶业。

笔者根据《中国京剧史》上卷中的伶人传记资料，将这些伶人的阶级出身情况列表如下：

表 11.1《中国京剧史》上卷中的伶人阶级出身情况

阶级出身	伶人数目
工仆	11
商人	10
官宦	8
农民	6
旗人	6
文人	4
艺人	2
出身不详	48
总计	95

上述表格伶人的统计范围为19世纪的京剧伶人。潘光旦在《中国伶人血缘之研究》一

书中根据自己掌握的伶人资料，统计出七十余位伶人出身的阶级情况，这里也包括在加入伶业以前父亲、兄弟或者自己从事的职业情况，由于有些伶人是兼执两业或者兼跨两个阶级，也作为两个人计算，这些伶人的阶级出身如下：[1]

表 11.2《中国伶人血缘之研究》统计的伶人阶级出身情况

阶级出身	伶人数目
商人	34
仕宦贵族	33
农民	11
工仆	9
医家	5
盗贼	1
总计	93

两个表格由于统计的伶人范围不同，加上统计的方法也有差异，因此，得出的结论有些相异。不过，商人和官宦阶级出身的伶人排在前面几位，两个表格的结论是一致的。这里，颇为令人感到兴趣的是，尽管说中国社会一直是重农抑商，商人的社会地位并不很高，但是，与一直笼罩在“贱民”观念中的伶人相比，毕竟是相距很大的两个阶级，而官宦阶级出身者如此多的规模成为伶人，则更是需要值得关注的。潘光旦还列出了部分商人和官宦阶级出身的伶人名单，商人出身的伶人有：

粮业三人：孙菊仙（父亲）、许荫棠（自己）、陈德霖（父亲）。

酒业二人：刘景然、麻穆子，麻穆子所从事的贩卖私酒。

木业二人：郝寿臣（父亲）、程连喜（世业）。

当铺二人：陈喜星、陈喜光（世业）。

银行或者钱业二人：张盛禄（弟弟）、李盛佐（父亲）

玉器行业一人：龚云甫（自己）。

铁业一人：孙菊仙（父亲）。

铜器业一人：李连贞（父亲）。

刀铺一人：刘鸿声（自己）。

参商一人：孙菊仙（祖父）。

药业一人：王长林（先辈）。

茶业一人：茹莱卿（父亲）。

果业一人：袁子明（先辈）。

馄饨业一人：王长林（自己）。

澡堂商一人：杨瑞亭（父亲）。

杂货商一人：田际云（父亲）。

上述孙菊仙祖父和父亲从事的并不是一个商业行当，而且，孙菊仙父亲自己也先后从事了两个商业行当，因此，作为家族的商业行当并不清晰，好在都是从商，都还可以算入商人阶级。王长林先辈从事的是药业，而自己从事的是馄饨业，也不相同。张盛禄的弟弟从事的是银行或者钱业，但是，如此未必表明他父亲或者先辈从事的也是银行或者钱业，因为没有别的资料，也就权且将他列为银行或者钱业家庭出身。

还有一些伶人的阶级出身，虽然是商人，但是，具体的商业行当并不清楚。他们是：朱琴心、白瑞生、荀慧生、黄玉麟、雷喜福、于连仙、何连涛、张喜广、赵喜奎、侯喜瑞、胡盛岩、许盛奎、袁世海。

官宦阶级出身的伶人有：

亲王：票友金伴菊。

宰相：程砚秋之高祖、德珺如祖父。

尚书：文瑞图父亲为兵部尚书、蓉丽娟祖父为户部尚书。

督抚：骆连翔族人，即骆文忠公秉章。

将军：杜富兴、杜富隆祖父，程艳芳父亲。

副都统：陈德霖祖父。

海关道：王斌芬祖父。

知府：德珺如父亲，王芸芳祖父，余玉琴祖父（后补）。

知县：汪笑侬自己，王芸芳父亲，梅巧玲父亲，尚小云祖父，何桂山父亲是否是知县，存疑。

部、委、局下僚：王又宸父亲，王又宸自己，言菊朋自己，胡盛岩父亲，雪艳琴父亲，张二奎兄弟。

除此之外，“溥侗、金仲仁是宗室；刘天红、黄玉麟、恩晓峰等的上代也都做过‘显宦’；林颦卿的叔父是一个‘名宦’；奎富光的上代登过仕版；尚小云、陈德霖的上代、孙菊仙自己都做过武官；但底细都不详。黄玉麟的父亲又参过李烈钧时代的江西军幕。和科举制度发生过关系的至少也有三例；汪笑侬自己和孙菊仙的哥哥都是拔贡，诸桂枝的祖父是一个举人。玩票的蒋君稼是一位教育家的侄子，武进蒋氏本是一个仕宦人家，也是一个书香门第。”[2]

其实，在上述的资料中，有些伶人与官宦的关系已经很远，有的已经相隔多代，例如程砚秋的高高祖为宰相，“刘天红、黄玉麟、恩晓峰等的上代也都做过‘显宦’”，“奎富光的上代登过仕版”，“尚小云、陈德霖的上代”“做过武官”，后面的这些“上代”也不知是家族中的溯上几代，应该说与他们实际家族生活关系已经不是很大。当然，由于每位伶人的情况不同，对于这些“显宦”祖先的感受不同，对于他们的家族身份和个人角色仍然可能存在着不同程度的影响；有的只是家族中的成员而言，例如骆连翔族人为督抚，只是一个家族的相互关联关系，将他由此称之为官宦家族出身，似乎也许勉强。

上述已经“罗列事实”，现在需要关注的是，“说明这些事实如何产生”，即为什么会有如此多的商人阶级和官宦阶级的出身者成为伶人？他们入伶的动机是什么？与此相关的家族文化生态又是怎么样？

第二节 商人阶级的伶人道路

关于商人阶级出身的伶人，他们入伶的动机，大致可分为以下几种情形：

一是家族商业破产。例如黄玉麟本来出身官宦家族，他的祖父黄蔡曾任工部郎中，父亲黄炎清朝末年为江西候补知县，后来担任江西步兵混成协第十五标统带。武昌起义爆发以后，黄炎在江西举兵响应。第二年，黄炎被选举为江西都督府参谋次长。后来，他又协助李烈钧在江西组织讨伐袁世凯，参与发动“二次革命”。失败以后，黄炎逃到上海避居，开始弃官经商，投资巨资开设纱号，但是，由于缺乏经营经验，最后负债累累，并因此被上海租界英国捕房拘押，三年以后始获释放。由于家庭经济破产，为了生计活路，九岁的黄玉麟只好辍学从伶，拜江南名伶戚艳冰为师，习京剧花旦。后来，黄玉麟也曾中断伶业经商，“1943 年与金少山、吴素秋、孙焕如等去北平（今北京），自己组班演出年余。因年龄、身体条件的变化，已难以花旦戏召客，即与徐兰沅、王少楼、李盛斌、白家麟等在广德楼合组节勤社彩头班，勉维生计。抗日战争胜利后，戒绝鸦片嗜好，改行经商。1948 年回到上海，因不善经营，资本亏损殆尽，靠教戏度日，生活潦倒。”[3]黄玉麟因为父亲商业失败被迫学伶，而后来自己也停止伶业经营商业，最后也是失败，在中国伶人中确实较为少见，但是，它也说明一个问题，即商业和伶业是可以打通的，它们都可以成为获得经济收益的途径，因此，也都可以成为一种谋生的方式，只是具体的职业形态不同。

谭鑫培的家族出身，一般可能会将他列入工仆阶级，因为他的祖父曾是一名捕快。谭元寿在《谭门艺语》一文中写道：

> 我的高祖父谭志道，原是唱汉调（今称汉剧）老旦的。高祖父的上几辈我就说不清楚了，只知道他的父亲是清朝旧衙门当马快的，专负责捕拿盗贼歹徒，类

似今天的刑警人员。他好喝酒，每天在衙门公干完毕，就去酒馆喝几杯。他的夫人以纺线帮助家中生计。老夫妇只有一个独生子谭志道，他生于1808年（嘉庆十三年），殁于1887年（光绪十三年），终年80岁。[4]

许多论者指出，谭志道的父亲谭成奎是因为商业破产才去从事捕快职业的。谭家原来开着一爿小粮店，生意虽然不是十分红火，但也能够养家糊口。到了谭成奎顶门立户的时候，由于当时灾荒不断，粮价上涨，加上谭成奎不善于经营，粮店蚀本倒闭。由于谭成奎曾经练过拳脚，颇有一些武功，托人求情以后，在江夏县衙里做了一名捕快，但是，由于"他好喝酒，每天在衙门公干完毕，就去酒馆喝几杯"，又得罪了当地权势人物，干了没多久，也就被解雇了。谭成奎又气又恼，一病不起，壮年就去世了。十几岁的谭志道为了家庭生计也就从事伶业了。虽然说谭成奎商业破产以后也曾从事捕快职业，谭志道自己也非常喜欢演戏，曾经主动拜师学艺，学唱老旦，但是，家庭的经济困境，也是谭志道成为职业伶人的重要原因，谭志道的母亲曾经极力反对他学伶，但是，家庭生计如此状况，也就同意他从伶。

二是个人喜好原因。它又可以分为两种情况，其一从票友逐渐成为职业伶人。由于在商业化色彩越来越浓的都市，生存压力很大，人们在忙碌的工作和生活中，需要通过娱乐来舒缓和调节身心，"玩票"是一种颇为合适的娱乐方式。应该说，商人是都市中最为忙碌和压力最大的社会群体之一，因此，商人"玩票"颇为普遍。"玩票不比看戏或听戏，只是间接的领略，而是可以直接参加，现身说法。玩票不比赛球，定须结成团体，却可以独自加入一个现存的票房，或就名伶请教。玩票的艺术价值，也就是戏剧的艺术价值，有事时可以登台客串，供别人和自己的从容欣赏；无事时独自哼上几句，也未尝不能排愁遣兴。"[5]玩票，也就商人的一种"排愁遣兴"娱乐方式之一，并有可能由此"下海"。如此案例，可谓"比比皆是"。它应该是商界出身的伶人较多的原因之一。根据北京市艺术研究所、上海艺术研究所组织编写的《中国京剧史》上卷中的伶人传记资料，其中十六人为票友出身，即张二奎、卢胜奎、薛印轩、徐小香、孙菊仙、汪笑侬、刘鸿升、许荫棠、德珺如、谭志道、龚云甫、庆春圃、黄润甫、穆凤山、刘赶三、金秀山，其中张二奎、孙菊仙、刘鸿升、许荫棠、谭志道、刘赶三六位伶人为商人阶级出身。

张二奎幼年时，跟随先辈经商来京，故而他的家庭是从事商业的，只是他个人的身份，由于他曾经担任过工部都水司经承，与官宦也有一定的关系。由于他迷恋唱戏被朝廷革职，为了生计原因也就从"票友"转成了职业伶人。孙菊仙，前面已有论及，他的祖父是参商，父亲则始营粮行，后来又改开设铁厂，是一个典型的商人家族。孙菊仙除了是一个票友，曾在票房学戏，并在金声茶园演出《捉放曹》、《教子》、《寄子》等剧目，他还喜欢武术。

后来，应武举试不第，愤而从军，因为军功在军中被赐花翎三品衔，候补都司，因此，孙菊仙自己也与官宦身份有着一定的关系。同治九年，两广总督英西林因粤省闱试赌博案被议去职后，跟随英西林的孙菊仙也弃职去了上海，与友人合开了一家升平轩茶园，但是，仅仅半年时间，就亏损歇闭了。同治十一年，还是由老丹桂茶园老板刘维忠代为还清茶园。同治十三年，孙菊仙又与英商韩某合资创办大观茶园，二年以后将茶园转让给黄月仙、刘凤林经营。后来，孙菊仙在北京终于正式下海。孙菊仙出身商人家族，后又行武从戎，又曾经商，最后以“票友”的身份下海，而且，在伶界声望甚高，确实颇有一些传奇色彩。刘鸿声乃一刀剪铺学徒，原来并不姓刘，只是因为刀剪铺老板姓刘，他也随刘，由于他嗓子好，下街卖货时，人称“小刀刘”，因为喜欢学唱花脸演员穆凤山唱腔，在穆凤山的指点和帮助下，从票友成为职业伶人。许荫棠，米商出身，他自幼酷爱京剧，经常以票友的身份出入伶界，后拜穆凤山为师。由于他的嗓音颇似张二奎，扮相也较富丽，初登舞台颇受观众欢迎。后来，曾经因为家中有事返乡，春台班班主俞菊笙爱才，追到他的家里，被约为春台班主演，但是，后来许荫棠在伶业发展不顺，一是观众逐渐不太喜欢他的“大嗓”唱法，二是他因为吸上鸦片而败嗓。谭志道，如前所论，家庭商业破产促使了他正式为伶，他是由业余爱好汉调，而转为职业演员的。刘赶三，先世经营药业，到他父亲这一辈时，家道渐兴，因此，父亲送他入学，希望他能够光耀门庭。刘赶三虽然读书天分很高，颇有才名，却是爱戏成癖。道光年间，入天津侯家后群雅轩票房，后来，正式成为职业伶人。

其二某些商业阶级出身的伶人，并不是从票友转变成为伶人的，而是直接入伶的。裘盛戎家族原是浙江绍兴人，“大约是来北方做买卖吧，不知为了什么后来就定居在北京了。裘桂仙的长辈并不是梨园行，而是干中药行的，是中药铺的职工。裘桂仙是清光绪七年（1881）生人，本名裘荔荣。他从小就是个戏迷，看戏、唱戏的瘾头特别大，家里本不愿让他走学戏这条路，不过看他的心思全在戏上，九头牛也拉不转他一心学戏的兴趣，于是只得来个顺其天性、任其所为了。”[6]后来，拜徐立棠、张凤台为师，学习铜锤花脸，又入小鸿奎科班坐科学戏。此后，又拜名净何桂山为师。裘盛戎是裘桂仙的第四个儿子，由于二哥、三哥先后夭折，裘盛戎也就成为裘桂仙的次子，裘盛戎入伶，由于裘桂仙早已从事伶业，也是属于梨园家庭了。周信芳的先辈也是官宦人家，家乡浙江慈溪至今保存着“重修全恩堂碑记”，碑文有记，周家先祖周静庵明代时曾任江西道监察御史，他的玄孙周南溪在福建、河南当过知县，周南溪的儿子周少溪为进士，官至刑部江西清吏司郎中，另一个儿子周亦溪也做过太学官。周亦溪即为周信芳的曾祖父。后来，周氏家族逐渐衰弱，周信芳的伯父以“丁忧”去职，也就结束了周氏家族的官宦历史。周信芳的父亲周慰堂却没有读书做官，而是在县城一爿布店里学徒，后来满师以后成为伙计。光绪年间，江浙一带京剧演出颇为流行，周慰堂也常去看戏，也就逐渐迷恋上了京剧。后来，由于与童年邻家女孩、现已成为女伶的许桂仙来往，看戏就更多了，而且，回来以后还要学演学唱，也帮助戏班干一些杂务。后来，由于一个偶然机会，周慰堂临场顶替一个伶人演夫人，竟然震惊四座。周慰堂就干脆辞掉布店伙计，“下海”加入戏班。周慰堂也不是票友出身，也是从商业阶层直接进入了伶业。

三是将伶业作为一种谋生的手段。到了明清时期，由于商业元素的介入，伶业也具有一种商业谋生的性质。“优人鲜衣美食，横行里中”，“迄于同光，其风渐衰，伶人始以演剧为职业，后有程长庚、谭鑫培出，以至于今，伶人地位日高，安富尊荣，为天骄子”，伶业可以成为一个在演出市场上获得经济收益的独立职业，虽然它具有较大的风险，伶人“金字塔”的经济收益结构，塔尖的商业暴利者毕竟是个案的现象，但是，这种个案的存在仍然会诱惑着其他社会阶层的人士进入伶业，而具有冒险精神的商人，它的可能性则更大。在中国社会对于伶业的观念逐渐宽松的情形下，“因为都市人口娱乐的要求大，再则因为伶业的报酬比许多职业为多”，“直接加入伶业的商人子弟”，“当然也不会少数”。[7]马连良即是如此。马连良祖父从事饮食业，生有六男一女七个孩子，去世以后，留给孩子一份祖产，即马家在阜成门外经营的“门马茶馆”。因为茶馆设有“清音桌”，票友、戏迷经常在此演唱京剧，金秀山、德珺如等知名伶人也常来此喝茶与演唱，“门马茶馆”也就成为一个颇具艺术凝聚力的票房。马家六个兄弟受此影响，自然都迷京剧，而且，其中三爷马昆山的演唱水平并不亚于专业伶人。马龙在《我的祖父马连良》中写道：

> 唱戏挣钱多，不但能让一家老小过上安生的日子，而且还能山南海北地云游四方，增长见识，多过瘾呢！可是不行，要让北京的老回族人亲戚知道马昆山下海唱戏，马家天天都得被人戳脊梁骨。……老哥儿六个商量之后，想出了个高招，决定让三爷昆山先到上海尝试一下。这一招进可攻退可守，倒也两全。于是马昆山踏上了南下的火车。
>
> 马昆山到上海以后，没费多少周折，竟然以票友出身在戏班里唱上了二路老生。时常来个《洪羊洞》中的八贤王，《珠帘寨》里的程敬思等二路活儿，并以擅长王帽戏在上海滩站住了脚，非常不易。等把白花花的银子汇到北京后，老回族人亲戚们才知道，原来唱戏比干勤行和做小买卖强多了，真挣钱呀！随着当时社会上西风东进，思想也日渐开放，老辈们也逐渐地接受了现实。
>
> 马昆山又将其四弟振东，六弟沛霖约到了上海，正式“下海”。振东唱小生，沛霖唱丑角。北京这边主要靠大哥西园维持。虽然兄弟们在上海挣了钱，可北京的日子也没好到哪里去。主要是马家人丁兴旺，各家添丁进口，开销也就大了。于是马昆山又把大哥的次子马春轩、二哥的长子马春樵、四弟的长子马四立、大

嫂的娘家内侄马春甫等全接到上海，让他们进了当地的小金台科班学戏。从此，在马昆山的带动之下，马家两代人均在上海走上了从艺的道路，马连良以后从艺多受其三伯影响。[8]

由此，商人家族出身者似乎与常人比较，确实具有较强的商业意识，他们能够判断“唱戏挣钱多”，而且，为了这个目的，兄弟几人采取一种“进可攻退可守”的策略，也颇有一种商业计谋。“等把白花花的银子汇到北京后”，商人家族也就很快地明白了，“原来唱戏比干勤行和做小买卖强多了，真挣钱呀！”“老辈们也逐渐地接受了现实”，因为“伶业的报酬比许多职业为多”，“在马昆山的带动之下，马家两代人均在上海走上了从艺的道路。”伶人的商业化，“伶人始以演剧为职业”，可以将伶业作为一个职业发展，善于发现商机的商人，自然会考虑这一机会，它也成为商人阶级出身的伶人数量增加的一个原因。

四是由于贫苦入伶。虽然属于商人家族，但是，仍然生计艰难，被迫学伶。宋德珠家族祖居天津，以捕鱼为业。宋德珠祖父原有六条渔船，后来因为得罪渔行把头，不但船被扣留，而且，差点入了牢房，一家人只好逃到了北京。宋德珠父亲宋恩元在北京崇文门大街开了一个渔行，养活着一家人。由于他为人忠厚，不善心计，在经商中上当受骗，将渔行赔光了。由此，宋恩元急火攻心，突发心脑血管病去世。家庭生活的重担，落在宋德珠母亲身上。在亲友们的帮助下，她开了一个小茶馆。为了分担母亲的生活压力，宋德珠大哥宋志雄原在织袜厂当学徒，后来成了杂技演员，宋德珠也进了管吃、管住、管衣裳的中华戏曲专科学校，后来，他的弟弟宋金声也进了这个学校。商人阶级，似乎与贫困联系不上，其实，经商未必都是家境殷实的，惨淡经营的也不在少数。由于贫困因素成为伶人，和伶人原始出身一样，还是占了绝大多数，“伶界人物终究以出身于卑微阶级的为多，至少除了那些梨园世家的子弟以及玩票的达官贵人以外，一百个里总有九十九个是出身于贫苦人家的。”[9]

从上面这些商人阶级出身的伶人材料中，还可以发现几个特点：

第一，以上各种动机并非都是各自独立的，而是存在着一种互叠现象。例如谭志道入伶，既有家族商业破产的原因，也有个人喜好的元素；张二奎迷恋唱戏被革职，迫于生活压力，也就只好正式下海。孙菊仙是一个票友，喜好演剧，但是，在仕途和商业遭受挫折的时候，才正式“下海”从伶。马连良一方面“从艺多受其三伯影响”，另一方面也有个人喜好的原因。由于家族生活与个人兴趣的复杂性，也有些商人阶级出身的伶人的入伶动机产生一种复杂性。

第二，这些商人阶级，大多是一些小商人家族，小本经营，因此，在市场风浪中抗击风险能力不是很强，因此，也产生了因为商业破产原因入伶，或者经营艰难，生计仍然十分困窘，将入伶作为一条生活活路。

第三，在入伶之前，这些商人阶级出身的伶人的生活环境中，大多具有一些伶业氛围。例如谭志道业余爱好汉调，也与当时湖北汉调颇为流行很有关系。清朝政府对于民间小戏一直严厉禁止，认为花鼓戏等民间小戏，开少年子弟之情窦，动无知妇女之春思，诲淫诲盗，伤风败俗，但是，清朝政府越禁，百姓似乎更加喜欢，演出愈加热烈。到了清代中叶，花鼓戏等民间小戏不但在乡野流动演出，也开始向城市集中，武汉三镇自然成为了一个伶人谋生的流向目的地，谭志道的家乡田家湾即居住着不少的伶人。谭元寿在《谭门艺语》一文中写道："由于环境的熏陶影响，谭志道从小就喜欢唱这个调调，经常去听戏。随着年龄的渐长，越学兴趣越浓厚，终于以此为业，唱上了老旦。"[10]周慰堂从伶，恐怕也与童年邻家女孩、现已成为女伶的许桂仙有关，许桂仙是周慰堂童年时玩耍的好友，原名叫许婷婷，幼年时去安徽学伶，先学徽腔，后来又改学京戏了，许桂仙是她的艺名。长大以后，与周慰堂相遇。周慰堂本来就好戏，有了这层关系，看戏就更勤了，后来，终于入了戏班，并与许桂仙结了婚。马连良也是如此，由于家族茶馆的票房熏陶，自幼也就喜欢上京剧。马连良自己称道："我家原来开一家茶馆，设有清音桌，也就是票房，金秀山、德珺如、刘鸣山都在我们的茶馆走票，所以我从很小的时候就特别喜欢戏。七岁的时候，我就在三里河的一个北礼拜寺学堂读书，现在北京中医医院院长赵炳南是我的同窗好友。我们每天放学，路过一家戏园子，叫阜成园，我现在还记得，当时的宝胜和班在那里唱戏。我总听见里面有唱戏的锣鼓声，心里一直在想，这舞台上的戏是什么样子呢？越来越想进去看看。后来我实在控制不住自己的好奇心，就决定逃学看戏。事先我跟一个小摊贩商量好，第二天上学，我就把书包放在小摊上，自己溜进阜成园。这是我马连良第一次看戏"，"这一看戏，就更喜欢戏了。后来家里问我将来干什么，我就毫不犹豫地说：'唱戏去'。"[11]个人的伶艺天赋与爱好，加上伶业环境的诱发和催生，也是商人阶级出身者入伶的原因之一。

第四，伶人商人阶级的出身，也存在着与其他社会阶级互叠的现象。由于人生或者家族可能从事过多种职业或者承担多种社会身份，可能会使出身阶级呈现出一种非纯粹性。在上述伶人阶级出身背景中，黄玉麟父亲黄炎先官后商，既有官宦阶级成分，也有商人阶级背景，但是，黄玉麟入伶的一个重要原因，乃是因为家庭经商失败，而且，黄玉麟后来自己也曾经经商，所以，可以列为商人阶级的出身。谭志道的父亲谭成奎也是因为家族商业破产才去当了捕快，而且，后来也失去了捕快差事，英年早逝。张二奎的先辈都为商人，只是他个人因为担任过工部都水司经承，与官宦也有一些关系。孙菊仙是典型的商人家族出身，他个人也因为从戎的关系，也有一些官宦的经历，但是，他后来也曾经经商。刘赶三，也是商人家族出身，只是他个人是一读书人，由票友而成为职业伶人。周信芳家族祖辈虽为官宦，但是，他的父亲周慰堂已经从商，学徒出师以后已经成为伙计。这些伶人，虽然阶级出身背景不是十分单一，但是，商人阶级出身背景仍是十分显著的。

第三节 官宦家族的出身者

官宦家族出身的伶人，和商人阶级出身的伶人一样，对于戏曲表演的痴迷也是他们的重要特征之一。它也可以分为两类，一是从票友转化为伶人。在中国戏曲表演身份中，其中一点颇耐咀嚼，即伶人唱戏，属于贱业，而票友票戏，则是极其风雅的事情。吴小如在《看票友的戏——戏迷闲话之五》一文中写道：

> 作为一名戏曲业余爱好者，为了进行艺术实践而刻苦钻研、求师问艺，甚至为了达到登台献技的目的而废寝忘食地苦练勤学，这就成了我们常说的“票友”。从文献资料上看，可以说从有戏曲的那一天起就有票友（即业余爱好者）存在，而票友的演出水平也是多层次的。……清末的遥吟甫畅票房，民初的春阳友会，以及一直延续到40年代属于全国铁路系统的“扶轮雅集”，都是著名的票房，而且都培养出一批“名票”和由“名票”下海的著名京戏演员。此外还有些皇室贵族如载涛先生、溥侗（西园，即红豆馆主）先生，社会名流如当年北京的奎派名票李吉甫先生（人称李六先生），以学程长庚享誉京师的周子衡先生，都因酷爱戏曲而出过大本钱（延师学艺）和下过真功夫，往往连梨园世家也要向他们受教问业，可见其艺术修养之不同凡响了。可是在旧社会，也有有钱有势的达官贵人或富商巨贾，为了出风头和摆阔，不惜花钱买个“大爷高乐”，一心要登台“玩儿票”的；而更多的则是戏瘾奇大，一心“只管自己痛苦，不顾观众死活”的所谓“票友”，经常要上台“彩唱”过瘾。就我个人半个世纪以来看戏的经历来说，看票友演戏的场次也占有相当比重。我可以用两句话来概括：好的真好，哏的真哏！[12]

这里，也指出了票友的两种心理，其一“有钱有势的达官贵人或富商巨贾，为了出风头和摆阔”；其二“戏瘾奇大，一心‘只管自己痛苦，不顾观众死活’的所谓‘票友’”，但是，它并没有涉及伶人与票友有关卑贱与高雅的问题。伶人唱戏，它是一种职业化的行为，它已经进入一种政治设计的目标范围，根据政治设计需要，职业伶人必须处于一种卑贱的社会角色，从而保证政治系统的顺利运转。票友则是不同，它只是业余的行为，尽管它可能“因酷爱戏曲而出过大本钱（延师学艺）和下过真功夫，往往连梨园世家也要向他们受教问业”，但是，它毕竟只是一种自娱自乐的行为，因此，它一般也不会成为政治设计的目标范围。正是伶人与票友的性质不同，权力系统对于他们的安排也不相同，也就会导致伶人属于卑贱、票友则为高雅的政治编排格局。

台湾学者丁秉鐩在《菊坛旧闻录》一书中，如此描写作为票友的张伯驹的派头：

> 张伯驹是大少爷出身，席丰履厚，不知物力维艰。……性情孤高自赏，傲气凌人，沉默少言，落落寡合。……
>
> 张伯驹的学戏，也固执得很，坚持规矩，保存传统，他在认识余叔岩以前，简直不知皮黄为何物。与余叔岩结交以后，才开始对戏有兴趣，而且从余学老生，专攻余派，拳拳服膺。……他的学戏方法，也是效法叔岩。……因为余叔岩在演戏末期，王长林、钱金福已然物故，就用他们二人的哲嗣为配。张伯驹不但从王福山、钱宝森学戏，后来索性长年把他们二人养在家里，以备随时练功、咨询，像这种大手笔，就非一般人所能办得到的了。
>
> 张伯驹自己工余派，对天下唱老生的人，也以宗谭学余的标准来衡量。遇见有不唱谭余，或是唱出花腔的人，不论内行票友，生张熟魏；不论是私人吊嗓，或公开演唱，他必然怒目相视，恶言责骂，当面开销，不留余地。而且说话越急，他那河南味儿就越发浓厚的发挥出来。当事者、旁观者，愕然相顾，他却认为当然，昂然而去。……
>
> 那么，究竟张伯驹的玩意儿怎么样呢？论他的腔调、韵味、气口、字眼，那是百分之百的余派，没有话说；可惜，他限于天赋，没有嗓音。在公开演唱的时候，不要说十排以后听不见，连五排以内都听不真。所以一般内行，都谑称之为“张电影儿”。……但是张伯驹却自视甚高，很喜欢彩排，还以余派真传名票自居。[13]

张伯驹也许是票友里一个极端的人物，属于一种个案性质，但是，从他那种做派，“怒目相视，恶言责骂，当面开销，不留余地”，“昂然而去”，“还以余派真传名票自居”，也可以反映出票友的心理状态，他确实认为票友是一件非常高雅的事情，因此，他也是“自视甚高”。

正是由于这种高雅，票友当中也有女性，甚至后来也有“下海”为伶的。例如陶默庵，她是清朝末年满载官僚端方的女儿，开始先是票友，后来就正式以唱戏为职业。据说陶默庵也是“自视甚高”，每次演出总要与名角同台。一位德国混血女郎雍女士，也是一位女性票友，海报上最初只写“雍女士”，后来则写作“雍竹君女士”。近云馆主，是名门望族之女，著名美籍华裔杨令茀女士是她的姑母，夫家也是名门望族，与周叔弢、周叔迦同族，也是酷爱演戏，应该说在当时还具有一定的风险性，而且，在她去世之前，仍然弦歌不辍。她的小姑周铨庵，也是热心于昆曲，直到晚年仍在授徒课艺。此外，还有俞珊、吕宝棻也是女性票友，其中吕宝棻甚至可以说是“明星”式的女性票友，当时的报刊杂志经常登载她的照片，而且，她对于戏曲表演的造诣极深，可以说是文武昆乱不挡。吴小如在《名媛演戏——戏迷闲话之七》一文中提到吕宝棻，称林焘教授1936年在金鱼胡同福寿堂看过一场吕宝棻参与演出的堂会，吕宝棻在中场演了一折昆曲《昭君出塞》，由孙盛武或者高富远配演王龙，本来由叶盛章配演马童，由于叶盛章伤臂，改由郭世诒代演，叶盛章坐在幕侧看戏兼“把场”。另外，还有余叔岩、朱琴心合演的《戏凤》，杨小楼的《铁笼山》等。林焘教授认为，吕宝棻的表演相当精彩，甚至有些内行都不及她的功底深、身段美。刘曾复教授看过吕宝棻的另外一次堂会，即1936年初的吴宅堂会，有余叔岩的《碰碑》和程砚秋的《大登殿》，而吕宝棻则是演双出，一是武旦戏《青石山》，二是青衣戏《回荆州》。因此，也可以反映出当时女性票友确实颇具实力。

在这些票友中，还有一些是皇族后人，如前所论及的，“还有些皇室贵族如载涛先生、溥侗（西园，即红豆馆主）先生”。载涛，系清朝道光皇帝之子醇亲王奕譞的第七子，起初过继给钟郡王奕詥为嗣，中间曾经改嗣贝子奕谟，后又仍嗣奕詥。曾被封为二等镇国将军、晋辅国公，后又加郡王衔。宣统年间，曾任禁卫军训练大臣、军咨府军咨大臣。载涛学戏完全按照专业的要求，由看功和抄功的先生分别训练腰腿和筋斗，常在自己府中和堂会演出，除了武生和武花脸，他还学过旦角。载涛也是“往往连梨园世家也要向他们受教问业”，李万春向他学过《安天会》，梁小鸾向他学过《醉酒》。在清朝皇室中也有梨园世家，例如爱新觉罗·溥绪，入公元纪年以后，自名清逸，号清逸居士。清逸居士是一位戏曲作家兼票友，他的剧本多由杨小楼、尚小云演出以后而声噪伶界。“清逸居士出身于戏曲世家”，“清皇室，袭封庄亲王”，“第一代庄亲王允禄，是清乾隆年间的一位著名音乐家兼戏曲作家，曾参加《律吕正义》的编纂工作。”[14]清逸居士虽是逊清贵胄，却是遭际坎坷。庚子之后，他的伯父载垣因为追随肃顺反对慈禧垂帘听政而遭“谥杀”，他自然也受到株连。辛亥革命以后，虽然按照公元纪年优待逊清皇族政策，清逸居士始袭祖封，享受庄亲王的爵禄，但是，由于不久优待逊清皇族政策取消，清逸居士只能寒俭自处。由于中国社会的改朝换代以及个人命运的沉浮，清逸居士的剧作中总是包含了对于受压迫者的同情，对于正义的歌颂和对于邪恶的鞭挞。后来，清逸居士贫病而死。在清朝皇室票友中，也有成为职业伶人的。金仲仁，本名爱新觉罗·春元，他是清朝礼烈亲王的后裔，世袭奉恩将军。初为票友，经常在翠峰庵和肃王府票房演出。清朝朝廷为了培养皇族子弟，让他进入贵胄法政学堂。他在学习期间，由于受维新思想影响，对于清朝朝廷的腐败无能感受更深，于是，对于皇族生活更加厌倦，十七岁时正式“下海”成为职业伶人。金仲仁虽然出身于皇族，但是，在学习伶业上却是十分刻苦，不怕辛苦，因此，他的武功和表演技巧都有较高的水平。卧云居士，本名爱新觉罗·毓铭，他的祖父清凯，为诰封世袭奉恩将军，父亲联福，在宗人府任职。清代皇族爱新觉罗氏姓名排名为“弘、颙、冥、奕、载、毓、衡、启……”，卧云居士排在“毓”字，后来改“玉”为姓；辛亥革命以后，他在江西督军府陈光远处任职，又取《百家姓》第一姓“赵”为姓，名为赵静尘。卧云居士年轻时也曾就读于贵胄法政学堂，但是，他好戏，除了能唱京剧老旦外，也能唱“八角鼓”，常到麻花胡同的继（纪）家票房和兴化寺街的金继贤家票房演唱，后来拜龚云甫为师，其后改为专业演唱。

这些票友如此热衷伶艺，官宦家族出身的票友自然不会少数。在前面论及的票友中，其中几位已是官宦家族出身者，也有从票友成为伶人者。言菊朋即是较为典型的一个例子。奚啸伯也是从票友成为伶人的官宦家族出身者，他的祖父裕德乃是清朝文渊阁大学士，后来入阁拜相，他的父亲熙明曾担任度支部司长。奚啸伯好戏，他在《四十年的艺术道路》一文中写道：“我最早接触戏，大概是六七岁时看过的一次堂会戏。至于是哪家的堂会，演员都是谁，唱的什么戏，都已回忆不起来了，但从那时起，我却深深地爱上了京剧。”奚啸伯与言菊朋两家来往颇多，言菊朋的二哥跟随奚啸伯的父亲学习绘画，奚啸伯也经常到言菊朋家听他吊嗓，于是，奚啸伯决定拜言菊朋为师学伶。奚啸伯写道：“自从我看见人家唱戏之后，就很希望自己也能像人家一样，登上舞台唱一出，加上学会了几段唱之后，这种愿望就更加迫切了。经过了几度请求，终于获得了家里的同意。12 岁那年，正式磕头拜了师父。我的开蒙老师就是后来独树一帜自成一家的言菊朋先生。”[15]颇有意思的是，奚啸伯在倒仓时期，又回到了学校读书，准备走读书的道路，后来，倒仓以后嗓子恢复，又开始了学戏，最后终于正式下海。徐小香也是官宦家族出身，父亲为北京某部的郎官。他自幼随父亲定居北京，非常爱戏，也是由票友“下海”成为了伶人。

二是并非从票友转化为伶人的官宦家族出身者。赵荣琛先辈乃是四代翰林。在清朝两百多年历史中，一家四位翰林并不多见，仅有光绪老师、江苏常熟翁同龢、安徽桐城张家，但都并非直系相承，祖孙直系四代翰林，仅有安徽太湖赵家，最后一位翰林是赵荣琛的祖父赵曾重。赵家四代翰林，虽然到了赵荣琛的父亲一代断了，但是，他的父亲赵恩鋐也仍然是读书人本色，后来曾任天津厘捐局局长，他的母亲洪氏夫人也是清朝同治、道光时期的榜眼洪思亮之女。后来，赵荣琛喜欢上了京剧，在北京师范大学附属中学读书时，参加了“国剧研习社”，并终于考上山东省立剧院，与家庭周旋一下以后，开始学习伶业。黄三雄，蒙古旗籍，为世袭云骑尉。道光初年，进入恩庆高腔科班，先学老生，后改丑行。他高腔、昆腔、皮黄皆能，颇受旗籍人士的喜欢。需要关注的是，虽然黄三雄所擅长的剧目不少至今仍有流传，但是，他却无亲传弟子承继衣钵，也是一个颇值得思考的现象。

官宦家族出身的伶人，他们的入伶时机也有许多值得分析的因素。

第一，这些官宦家族出身的伶人，他们入伶时，许多家族已经衰落，有的甚至是为了生计的原因。如前所论，一些官宦家族出身者由于迷恋戏曲表演，不顾家族上辈的极力反对，甚至不惜与家族决裂，从票友成为职业伶人，其实，这些家族的极力反对之所以没有能够奏效，除了时代环境发生变化以外，还有一个重要的原因，就是这些家族许多也已是日落西山，今非昔比了。厉彦芝的父亲是清朝的一名军官，生活来源都靠朝廷俸禄，但是，辛亥革命以后，俸禄没了，他的父亲整天发脾气，而厉彦芝的大哥厉紫芝、二哥厉敬芝都已是养废了的人，父亲寄望于厉彦芝，但是，厉彦芝不喜欢读书，就是好戏，曾向票友罗福山学习老旦。十三岁时，开始登台演出，与汪笑侬、李桂春合演。“这时候，已能挣到六百元，家里有钱了，两元钱一袋面，生活有了保证。父亲高兴，又开始吱——咂”吃起酒来。十七岁，彦芝变声，唱不了啦。父亲又干发脾气！彦芝拜了董凤年专攻京胡，继而为黄韵笙伴奏，同时向名琴师孙佐臣学艺。这期间，不得不常跑天津。今天在东南角为这位吊嗓，一月挣3元钱；明天到西北角为那位操琴，一月挣3元钱。就这样勉强维持生计。后来混不下去了。二十二岁时，1917年，随黄韵笙南下大上海，“未久，成为沪上有名的‘江南第一把胡琴’，人尊称：‘小老板’。”[16]可见，厉彦芝的入伶，除了个人爱好，很大的一个原因乃是由于家庭经济需求的推动，从而达到生活有了保证，至少也是能够勉强维持生计。陈德霖的祖父陈世涛为一京官，世袭二等子爵，曾经担任山东青州府副都统。他的父亲陈广志则是经商，在山东武定府开米粮店，因为经营不善而倒闭，又遇到荒年，只好携全家逃到北京投靠亲戚。由于家庭生活非常困难，陈德霖十二岁到全福昆腔科班学习昆旦。这里，陈德霖的父亲虽然经商，但是，他的祖父却是京官，而且，他们家族是汉族入了旗籍，陈德霖也出生在北京，他的父亲在山东为商，估计也与他的祖父在山东做官有关，因此，也可以列入官宦家族出身。他也是由于家庭衰败才去学伶的。奚啸伯家族在辛亥革命以后，家道中落，到了奚啸伯父亲这一代，已经只能靠卖房产度日了。奚啸伯学伶曾遭族人反对，族人准备运用族议来制裁他，但是，后来也是不了了之，原因也是由于家族没落了。徐小香原为官宦家族出身的票友，但是，父亲去世以后，为了生计问题，他才入了伶业，在吟秀堂潘氏门下学伶。因为事身伶业，他也和程长庚一样被家族剥夺了续谱入宗权利。尚小云是清平南王后裔，乃汉军旗籍人，祖父尚志铨曾任清远县令，父亲尚元照在光绪年间任那王府总管。但是，父亲病故以后，家里没有收项，他的母亲带着六个孩子，生计越来越困难，只好以捡废纸、换肥子儿为生，于是，尚小云和三弟尚富霞投在李洪春之父李春福门下学戏。

这些官宦家族衰败而学戏的伶人，许多属于旗人，从上述分析的伶人之中也可以反映出来，甚至还有皇室的。它的原因非常简单，由于晚清腐败政治以及后来的改朝换代，旗人的地位已经发生了很大变化。张菊隐在《坤伶小史》中称：“前清末季，旗人自王公贵人，多嗜剧，尤以广识伶人为豪，其在官者，固多富人，而格于定章，不得置私产，往往有失官一二世，家即中落者，晓峰父恩某，亦显宦之后，至其身而贫者也。”在此，论述的是旗籍伶人恩晓峰的家世，“至其身而贫者也”。尤其是在辛亥革命以后，原来养尊处优、不事生产劳动的官宦阶级，特别是旗人，也就无法维持原来的生活了，其中的一部分就有可能沦落成为伶人，那些平时好戏者的可能性则更大。旗人为伶，除了政治和经济的原因，可能还有心理的因素。“仕宦贵族人家往往习于声色、惯作威福，一旦富贵绝人而去，最好的下场当然是无过优伶的职业。唯有在优伶的职业里，他们才依然有声色可享，威福可作”，“对于败落的仕宦贵族人家，中国式的戏剧，有声有色，作威作福，是再好没有的一种补偿。”[17]应该说，这种“补偿”心理，在一部分官宦家族衰败而学戏的伶人中间是有可能存在的。

第二，是由于政治落难的原因。前面已经论述的王鸿寿，即是一例。他的父亲在家中蓄养了两个戏班，因为寿礼一事，得罪上司，以“引良为优”被参劾，导致满门抄斩，王鸿寿逃出后，只好“下海”唱戏。汪笑侬，原名德克俊，也称德克金，出身八旗。十六岁应试入八旗官学。从小喜欢戏剧，曾是北京“翠峰庵”的票友。他中举以后，任河南太康知县，因为触怒当地巨绅，被革职查办。弃官之后，汪笑侬遂“下海”唱戏。

第三，由于读书落第而入伶的。卢胜奎，出身官宦家族，自幼读书，由于考试不中而流落在北京。卢胜奎经常到戏园看戏，逐渐地与伶人相熟，即进入伶界以演戏为业。程长庚赏识他的剧艺，约他加入三庆班。他入伶后，也就隐去他的真名，卢胜奎是他的艺名。

第四节　工仆和农民阶级的入伶者

在一般的常识中，习伶者最多的应该是农民阶级和工仆阶级，笔者根据《中国京剧史》上卷中的伶人传记资料统计所得的伶人阶级出身情况，工仆阶级是第一名，农民阶级是第四名，商人阶级是第二名，官宦阶级是第三名。潘光旦在《中国伶人血缘之研究》一书中，统计出七十余位伶人出身的阶级情况，商人阶级是第一名，官宦阶级是第二名，农民阶级是第三名，工仆阶级是第四名。由于统计的范围和方法不同，两者结果有所差异，但是，商人和官宦阶级出身的伶人，两者排名都在前三名之内，确实人数较多。这种情形似乎与常识有悖，其实，从以上论述中，它的成因已经比较清晰。应该说，工仆和农民阶级出身的伶人并没有减少，而是商人和官宦阶级出身的伶人增多了，形成了一种后来居上的局面。如果工仆和农民阶级出身的伶人人数不变，则就有可能被商人和官宦阶级出身者超过。商人和官宦阶级出身的伶人增多现象，在辛亥革命前后尤其明显，改朝换代对于政治和经济带来的重大变化，必然会使一部分商人和官宦阶级出身者沦落成为伶人。

在两个统计结果中，工仆阶级出身的伶人或是第一名，或是第四名，在排名中都较靠前。它的原因，应该也是非常清晰的。工仆阶级和伶人阶级之间差别不大，跨行不会存在太大障碍。“在仆役阶级，他们所从事的职业，在当时的社会眼光里，本来就不大高明；娼、优、隶、卒，原是并称的‘贱业’，都不许享受普通各业所能享受的许多权利，例如应科举的考试。所以他们要做伶人，根本就没有困难；江南有句俗话，叫做‘蹲在坑里臭，坐在坑里臭’，反正是臭，蹲与坐的分别就大可不必讲究了。”[18]例如龚云甫，生于湖南常德，十二岁时祖父和伯父到北京定居，在前门外廊房二条宝珍斋玉器铺学徒，后来，已是一名熟练玉工，但是，他自幼酷爱戏曲表演，光绪十一年时，入南宫园孙华亭创办的华兰习韵票房，学习老生，曾拜刘桂庆为师，后在孙华亭介绍下正式“下海”，加入孙菊仙主持的四喜班。数十年间，他对于老旦的唱、念、做都曾有所革新，被称为“剧界革命党”，故而一直高踞老旦行当的首席地位。他是从一名玉工成为伶人的。笔者将部分工仆阶级出身的伶人，排列如下：

玉工：龚云甫（自己）。

筐篓竹器手工业者：唐韵笙（祖父）。

雕刻艺人：梅巧玲（父亲）。

裁缝：张文艳（父亲，其父后为伶人）。

赶车工人：新砚秋（父亲）。

木工：郝寿臣（父亲）。

羊肉铺学徒：侯喜瑞（自己）。

喂养大象工人、赶轿者工人：袁世海（祖父、父亲）。

这些工仆阶级出身的伶人，其中一小部分先辈也有官宦背景，例如唐韵笙出生于一个清廷官吏家庭，祖父石秀川是满族正红旗人，青年时期被清廷从沈阳派到福州任职，退役后也就定居福州，依靠官俸养家。父亲中过秀才，但是，中年早逝，家庭生活陷入困顿，祖父只好以编织筐篓竹器为生。刘喜奎先辈也有官宦渊源。由于这些伶人在入伶时期，家庭已经成为工仆阶级，而且，普遍存在一个现象，即家庭经济大多是非常贫苦。如前所述，荀慧生由于生计艰难，父母带着他们兄弟三人，背井离乡，流浪到了天津，虽然父亲有捻线香的手艺，母亲能够帮做零活，但是，一家人仍是难得温饱。没有办法，父亲只好将荀慧荣、荀慧生兄弟二人送入戏班学戏；唐韵笙也是如此，由于父亲早逝，家庭生活无法维持，哥哥很早就出去学徒谋生了，自己也协助祖父外出卖些手工业品，勉强艰难度日，因此，还是将他们列入工仆阶级出身。

如前所述，“娼、优、隶、卒，原是并称的‘贱业’”，对于工仆阶级“所以他们要做伶人，根本就没有困难”，但是，也有例外案例，刘喜奎入伶就曾遭受他二叔的极力反对，并且，为此付出生命代价。在此，也许跟刘家的官宦渊源也有一定的关系，故而他们无法容忍自己的族人成为伶人。当时，报刊上曾有文章记载刘喜奎家族的情况，“喜奎，南皮县人，世居县南之黑龙村，诗书之家，全县瞩目。祖有铭，字镌山，前清道光乙巳进士，数迁至工部左侍郎，屡司文柄，门生遍天下，同治庚午，与李文田典试浙江，名士李慈铭出其门，癸酉与黄自元典试闽中，因误取文理纰缪之卷，降三级调用，再起为五品京堂，进为都察院副都御史，未几逝世，生三子，长名义文，次名秉文，三名广文，有铭死后析居，家道亦不如前，义文不嗜诗书，素无正业，只身赴天津，娶刘氏女为妻，逾年生一子，旋夭亡，又一年，生一女，即喜奎也。喜奎生数岁，其父病死，母女衣食缺乏，贫不能自给，离津赴营口，依其戚李某求生活，李无以为计，暂寄食于其家。时东省坤伶竞出，学戏者颇不乏人，喜奎八岁学老生戏，艺名连奎，碌碌无所表见，观者不以为重，月之所得，仅以糊口而已。”[19]刘喜奎的祖父进士出身，“数迁至工部左侍郎”，但是，到了她父亲的一辈，已经开始破落，“其父病死，母女衣食缺乏，贫不能自给”，后来只好习伶了。她二叔的激烈表现，估计应该与“诗书之家”的意识或潜意识有关。

农民阶级和工仆阶级与伶人阶级社会地位较近，自然是伶人阶级的天然输送基地。农民阶级出身的伶人，在上述两个统计结果中分别是第四名和第三名，排名也都比较靠前。“农民之所以加入伶业，原因是完全经济的。伶是‘贱业’，他们的亲戚朋友决不会赞成；但因为做伶人须得离开乡村，或因避荒避乱早就离开了家乡，亲戚朋友的耳目已经照顾不到，城市里的耳目虽多，却是新的，不大相干，无关痛痒。所以在社会的毁誉方面，是不成多大问题的。”[20]程长庚即为农民阶级出身，虽然他的先祖可以追溯到宋代理学大师程颐，程氏家谱载：“颐（程颐）之三子曰瑞彦，为会州参军。彦子旸。旸子谦之，尝与朱子通书，朱子勉其家学。谦之次子曰淮，为迪功郎。淮之子振，为宣州军事。振之子纲，元时游寓安庆，乐皖山皖水清涟秀丽，兼多醇厚之风，于是作室于潜之古城山下，及毛家垅，耕田食、凿井饮，而程家井之名起矣！”[21]程长庚即出生于此“程家井”，但是，程长庚的父亲程凤鸣已是一个本分老实的农民，母亲张氏也是一个大字不识的农家女子。程长庚幼年曾经入道观，学了一些文化知识，后来师父去世以后，他又回到家里。父亲程凤鸣由于肝气痛，有人介绍他每日服些烟土可以止痛，没有想到竟然上了瘾，家里仅有的一点田地所剩无几。程长庚的舅舅张坦除了做些小买卖，还会制作乐器和唱戏，故逢有人邀班，他便搭伙唱戏。张坦就给程长庚报名，加入了科班。盖叫天也是出身于农民家庭，他的大哥张英甫先学伶，艺名“赛阵风”，盖叫天和他四哥张英俊准备到上海投奔大哥，在天津搭船时，刚好隆庆和科班正在招人，两人就一同入这一科班。韩世昌也为农民阶级出身，他在《我的昆曲艺术生活》一文中说道：

> 我的祖父人称韩老天，是个中农，家中有几十亩地，当我出生的时候，他和我的祖母侯氏早已死了。我的父亲韩玉琢和我的伯父早就分了家。分家以后，我父亲这一股人口多，生活负担重，日子一天天不好过，在我出生的时候，家里只有三亩地了，而且还有很多坟头子，可耕地的面积是很少的。[22]

韩世昌的父亲和哥哥除了种自己的“三亩地”，还要外出做长工、打短工，给人家种地来过活。后来，由于乡村无地可种，加上家庭经济困难万分，他父亲就到县城做起小买卖，二哥韩德良在烧饼铺当了学徒，三哥韩志成到财主家里当小听差儿的。韩世昌十二虚岁时，因为不能老在家里打草和拾柴火，需要去谋生路，刚好村里成班演戏，通过托人说项，韩世昌进了这个班，开始学戏生活。白云生祖上三代都是雇农，家里一贫如洗。祖父是个农民兼卖针线，父亲在农闲时兼唱昆曲，也曾卖过针线，但是，英年早逝。母亲为了还清埋葬丈夫的债务，到人家家里做了三年帮工作为抵债。白云生曾到私塾伴读几年，由于祖父和父亲相继去世，他又回家务农、捕鱼，后来，又当过雇工、学徒，也做过小买卖。当时，农村常有戏班前来演戏，白云生白天在地主家干活，晚上偷偷去看戏，甚至到戏班学戏。家人知道他学戏以后，觉得是家族耻辱，就将他强行捆回，送到天津的一家洋袜子工厂学徒。最后，还是投奔戏班学戏去了。荀慧生祖父也曾做过知县，但是，到了荀慧生父亲荀凤鸣这一辈，家族已经完全衰落，成为房无一间、地无一垅的破落户，在祖居地洛阳无法立足，荀姓宗亲举族迁至河北，以务农为生，荀慧生的家乡八里庄大多姓荀，或与荀姓沾亲带故。荀凤鸣老实忠厚，不知何故得罪了族长，荀凤鸣竟被扣以“盗卖祖坟树木”之罪名，族长提出“绞死荀凤鸣，整顿族规”。荀凤鸣为了逃命，带上全家离开八里庄，后来，落户天津。由于家庭经济困厄，荀慧生就开始学伶。

这些农民阶级出身的伶人，他们大多有着一些共同的特点，其一家庭经济都是非常困顿，“日子一天天不好过”，所以，“农民之所以加入伶业，原因是完全经济的”；其二，他们生活的环境中，大多有一些戏曲的环境，例如程长庚的舅舅张坦常常搭伙唱戏，盖叫天的大哥张英甫已经从伶，韩世昌和白云生周围都有一些演戏的环境，或者这些家庭都有一些从事小买卖的经历，走街穿巷，见过一些社会世面，因此，对于伶业也就大多能够接受。

在潘光旦的统计结果中，还提到了医家和盗贼出身的伶人，其中前者为五人，后者为一人。在富连成“盛”字班伶人中，至少三人是医生的儿子，即孙盛云、朱盛凌、李盛泉，其中，朱盛凌为伶人朱素云之孙，他们中间的一代改行从医了，也是颇为值得关注。在五人中，另外二人，陆四儿是学习外科的，郭仲衡自己也是医生，后来终于“玩票”下海。“盗的一例是张黑，是特别提出来作陪衬的。在昔娼优并称，乐户人家出来的子女，女的就是妓女，男的也许就做戏子，而一部分的戏子也兼营男妓的生活，就是相公。这样出身的伶人一定也不在少数，但要确实指出一两个例子，到也不容易。社会之有女妓、男妓，和有盗贼一样，都是失其位育的一种表示，都是一种社会病态，所以举可知的一例，以概其余不可知的许多例子。”[23]这里，又似乎回到了伶人的原始出身，盗贼与罪臣家属、战俘及其家属等一样，都包含着一种“原罪”，而“乐户人家出来的子女”的“女妓、男妓”色彩，“和有盗贼一样，都是失其位育的一种表示”，因此，盗贼向伶人的身份转换，自然不会是困难的事情。

第五节　从文人到伶人

在笔者的统计结果中，还有文人出身的伶人。笔者在博士论文《中国优伶性别表演研究》中，曾经提出了中国男性文士对于女性优伶的“面具人格”观点，其中一个方面是，“男性文士在言论上视女性优伶为不祥之物，在理性上加以排斥，但在情感中却又无法抗拒之，公然玩狎女性优伶，言论思想与实际行为出现一种分裂形态，前者体现为理智层面，后者则是情感性的行为，男性文士在此表现出了一种分裂人格”，[24]但是，后来男性文士自己也有成为伶人的。前面论及的丁石，乃是“举人也”，“后失途在教坊中”。卢胜奎虽然是官宦家族出身，但是，自己则是属于一个读书人，因为考试落第才逐渐成为一个伶人的。薛印轩也是少年读书，后来因为喜欢唱戏而成为专业伶人，是票友出身的知名演员。刘艺舟自幼喜爱读书，后来，由于愤于清朝政府的腐败而拥护维新变法，又到日本留学，在早稻田大学读书期间，与黄兴、宋教仁等革命党人结识，加入了同盟会。因为从小喜欢戏剧，与春柳社成员常有来往。回国以后，与王钟声一起加入田际云的玉成班。《清稗类钞》也云：“木铎者，鄂人刘霖也，尝留学于日本早稻田大学，未卒业而回国。在杭州之求是书院为教员。转徙至天津，为大学堂通译员。其在京时，好冶游，善唱二黄，与优人狎。寻与钟声合，而以改良戏曲递呈民政部，是为吾国学生演新剧之鼻祖也。”刘赶三虽然出身于商人家族，但是，他自己也为读书人。父亲命他入学攻书，期望能够光大家族。刘赶三也是刻苦攻读，青年时期即以才名闻名乡里。后来，因为观剧成癖，遂由票友转成伶人。朱琴心出身于知识分子家庭，具有较高文化基础，且懂英文。由于父亲英年早逝，为了生计问题，十七岁时来到北京，供职于北京协和医院，任英文速记员，由此供养老母。朱琴心从小好戏，后来，与蒋君稼、林钧甫、臧岚光一起，被称为票友“四大名旦”，后正式下海为伶。俞振飞的父亲俞粟庐，对于昆曲有着很深的研究，著有《粟庐曲谱》等书传世。俞振飞原是一票友，曾参加上海声誉最高的票房“雅歌集”，后来成为暨南大学文学院讲师。俞振飞在《回忆先师程继仙先生》一文中写道：“到二十九岁，我在上海暨南大学文学院当讲师，程砚秋先生到上海演出，我们交了朋友。他那时在梨园卓尔不群，傲骨铮铮，我很佩服他的为人。我们二人成为莫逆之交。他很希望我能到北京同他一起唱戏”，[25]后来，俞振飞也就正式“下海”成为了戏曲演员。

在中国伶人历史发展过程中，伶人也曾经与文士发生过密切的关系。一个典型的案例是，在元杂剧时期，由于文人社会地位的卑微，与伶人处于同一社会部位，因此，由于文人与伶人的密切合作和共同创造，使元杂剧达到了中国戏剧的巅峰状态。“男性文士和女性优伶的性别交游，既有一种男女之间天然的性吸引和性激情，更有特定处境中的心灵渴求”，[26]尤其是在元代的“特定处境”，使文人与伶人容易产生同病相怜的人生体验。曾有学者认为，正是由于文人与伶人的卑贱社会身份，才造就了元杂剧的辉煌。“卑微的出身确和戏剧的艺术价值有很密切的连带关系”，“‘屈在簿书，老于布素’的人借编剧来抒胸中郁积，是一种‘补偿’，寒微穷困人家的子弟，借扮演来舒展他们的才具，也未始不是。两者都是在没有社会出路之中找寻去路。元代的编剧家是一些在科举制度停止之下无法应试的人；现代的伶人是有了科举制度不许应试的人；科举是以前有才志的人求谋出身的唯一阶梯，对于元代的作剧家，这梯子就根本没有；对于现代的伶人，却有了不许攀登，结果是一样不能出人头地。不能，就得寻求替代的方法，前者薄有教育，就编剧；后者没有教育，就演戏。”[27]这种时期，文人“编剧”，伶人“演戏”，也就作为“出人头地”的“替代的方法”，也是使文人与伶人产生了“很密切的连带关系”。对于中国昆曲艺术，文人的介入也是很深。刘祯、谢雍君在《昆曲与文人文化》一书中写道：

> 说昆曲是文人的专利品，一点不为过。从明嘉靖、隆庆年间魏良辅对昆山腔进行革新开始，昆曲与文人之间成为相互依存、互为因果的关系。可以说，如果没有文人的参与，就没有昆曲艺术的滥觞，更不用谈繁荣和发展。反之，剧作家如果没有昆曲这种艺术载体，就无法展现文人关于戏曲艺术的独特思想。[28]

余秋雨也如此写道：

> 上层文化人排除了自己与昆曲之间的心理障碍，不仅理直气壮地观赏、创作，甚至有的人还亲自扮演，粉墨登场，久而久之，昆曲就成为他们直抒胸臆的最佳方式，他们的生命与昆曲之间沟通得十分畅达，因此他们也就有意无意地把自身的文化感悟传递给了昆曲。总的说来，昆曲与元杂剧相比，创作者的主体人格传达得更加透彻和诚恳了。[29]

但是，文人若要成为职业伶人，则并非一件容易的事情了。程砚秋多次邀请俞振飞到北京与自己合作，劝其正式“下海”，但是，“俞振飞总以父命在身不会应允为辞婉谢。1930年俞粟庐先生辞世后，经程砚秋再三邀请，俞振飞辞去暨南大学讲师职务”，才“下海”从事职业戏曲演员生涯。俞振飞欲拜程继仙为师，程继仙却称道：

> 我听说你在大学里当讲师，不用说，你是有文墨功夫的，既然有文墨功夫，那么什么事都干得了，何必一定要往戏圈里钻呢？你别净看好角儿拿大包银，这是不容易的。你要知道我们这一行，吃得好是戏饭，吃不好是气饭，像我们家是三代吃戏饭的，到今天我还想改行呢！[30]

因此，若要成为职业伶人，不但文人自己存在一种人格障碍，而且，伶界也颇难理解，“既然有文墨功夫，那么什么事都干得了，何必一定要往戏圈里钻呢？”因为，在社会世俗观念看来，为伶乃是“在没有社会出路之中找寻去路”。文人为了摆脱这种人格障碍，大多去做“票友”，这样也就可以排除“心理障碍”，“不仅理直气壮地观赏、创作，甚至有的人还亲自扮演，粉墨登场”，只是由于在游戏“票友”过程中，由于各种因缘际会而成为了职业伶人。

笔者根据《中国京剧史》中卷的伶人传记资料，统计出伶人的阶级出身情况，与《中国京剧史》上卷比较，又出现了新的情况。《中国京剧史》中卷的伶人阶级出身情况列表如下：

表11.3《中国京剧史》中卷中的伶人阶级出身情况

阶级出身	伶人数目
伶　　人	46
公　　仆	3
文　　人	2
农　　民	1
非伶业艺人	1
出身不详	83
总　　计	136

《中国京剧史》中卷收录的伶人范围，为1917年前后至1949年。从上述表格中，伶人阶级出身的伶人四十六人，占整个伶人总数的百分之三十四，如果从已知阶级出身的伶人数量来看，伶人阶级出身的伶人占已知阶级出身的伶人的百分之八十七。伶人阶级出身的

伶人数量如此之大，唯一的解释是前面商人、官宦等阶级出身的伶人，经过几代积累，已经转化为伶人阶级了，而且，伶人已经基本上能够从自己的伶人阶级中选拔了。

第六节　阶级出身与伶人心态

中国伶人出身的阶级如此之多，来自不同的阶级，而且，这些阶级之间差距又是如此之大，农民、工仆阶级与官宦阶级不可同日而语，但是，他们加入伶业以后，在社会评价体系中他们已经成为同一类型的社会等级人物，由于业缘的关系，他们在对外身份上，已经将原来出身阶级的差距甚至鸿沟拉平或者填平，他们的社会身份已经归一，只是在对内的方面，伶人在伶业发展的程度不同，会形成不同的业内地位，“吃得好是戏饭，吃不好是气饭”，成功的伶人尽可以对同业之间采取恃才傲物的态度。

这里，颇为令人感兴趣的是，这些不同阶级出身的伶人，从事伶业以后，他们的心态如何？原来天壤之别的阶级出身地位，从伶以后一下子变成同一类型人物了，他们又是如何调节自己的人格状态，又是如何调整与社会交往的身份姿势？原来的阶级出身，对于他们处理业缘关系又产生了怎样的影响？

在这些阶级出身中，官宦阶级原来是社会地位最高的，虽然他们由于各种原因为伶，或者家族衰败，或者政治落难，也有的是被迫为之，但是，不管如何，伶业与原来出身阶级的社会地位毕竟相距很大，他们的心理落差也应该很大。因此，可以将官宦阶级出身的伶人，作为一个案例分析。应该说，官宦阶级出身的伶人，在从伶以后，多少保留了一些官宦阶级出身的痕迹，在他们处理业缘关系中有意或无意地表现出来。

一是伶业脚色选择中，官宦阶级出身的伶人，多数都是扮演生旦脚色，只有极少数是例外。潘光旦写道：

> 这些从仕宦贵族阶级里出来的伶人专扮生旦脚色，而不扮净丑脚色。生旦总是比较冠冕的脚色，而净丑不是。上面三十几个例子中只有两个例外：一是何桂山的净，一是奎富光的丑。但何桂山唱的是正净，并且他所由出身的阶级也还有问题。他的父亲怕不是一个县令。说他是县令的人根本连名字都叫不出。其实桂山的父亲叫何喜福，唱旦，在山东卖艺，后来娶了一个陈藩司家里的婢女，生了桂山（详见方言《伶史》）。县令之说，便是这样讹传出来的。奎富光的祖父虽做过官，他的父亲星垣却是一个弹单弦的人，并且“喜八角鼓杂耍小戏”，本来没有以仕宦出身自己矜贵。[31]

除去两个存疑的伶人，其余官宦阶级出身的伶人都是“专扮生旦脚色，而不扮净丑脚色”，也就是说，在三十三个官宦阶级出身的伶人中，两个因为出身“还有问题”或者父亲一代已经是艺人，其他三十一个对于脚色选择的态度都是一致的。这说明了官宦阶级出身的伶人，还保留了官宦家族的意识或者潜意识，仍然需要保持官宦阶级出身的面子，虽然已经从伶，但是，在脚色选择上仍然无法接受“净丑”的脚色，而是体面的“生旦”脚色，延续着一种官宦家族居高临下的姿态。另外，前所论及的官宦阶级出身的伶人的“补偿心理”，“吾以一身备帝王将相，威重一时”，官宦阶级出身的伶人要在舞台上有声有色，作威作福，与现实中的官宦阶级生活相仿佛，也只有选择“比较冠冕的脚色”，才能在情绪和心理上与自己原来的阶级出身接通，“其乐何可支也!”

二是从伶以后，官宦阶级出身的伶人仍然“以仕宦出身自己矜贵”，保持了官宦家族出身的心态。陈培仲、胡世均的《程砚秋传》一书中提到程砚秋入伶前，他的母亲对他郑重讲述官宦家族历史，“你们虽说还小，可小四就要自己去找饭碗了！应当将自己的祖宗记住，将来不管做什么事，都要对得起祖宗!”“听老辈们讲，你们的老祖宗姓李，原来居住在很远很远的吉林长白山一带。他壮年随多尔衮摄政王入山海关，任正黄旗佐领下，打仗时战死疆场，身首异处。皇上特地赏了金头，安葬在德胜门外小西天”，“五世祖英和，字煦斋，曾在乾隆朝时做过大官，有人说是相国”，“你们的祖父阿昌阿，祖母王氏夫人也是官宦人家。你们的父亲荣寿是有官职的人，袭有‘将军’的爵位，他不愿进宫当差，将官职让给了叔伯兄弟——也就是二叔荣福，自个儿在家享清福，提笼架鸟，养狗抓獾。前几年得了暴病，丢下你们几兄弟去了”，“眼下实在揭不开锅，才让小四儿去学戏”。[32]这里，虽有文学描写的成分，但是，也从一个方面反映了官宦家族出身者对于自己阶级的留恋，乃是因为“眼下实在揭不开锅，才让小四儿去学戏”。应该说，程砚秋事伶以后，一直没有忘记自己的出身，其中一个突出的表现是，他坚决不让子女学伶，程砚秋成为家族中唯一一代从伶者，也可以说是“对得起祖宗”。

孙菊仙虽然是商人家族出身，但是，自己也曾有官宦经历，因此，他始终只承认自己是一个票友，而不是一个伶人，在日常生活中，他也是极力避免伶人的习气，奉行不灌音、不拍照等“二不”或者“三不”主义，而且，只要是休息的日子，他就架眼镜、留胡须，俨然一候补道。孙菊仙和程砚秋一样，三个儿子均不习伶业。言菊朋出身于官宦世家，自己也有官场经历，因此，在后来从伶中也似乎仍然保留着官宦家族的脾气，“自视甚高，常闹脾气，给人挂二牌都嫌委屈”，“以谭派传人自居，目无余子，对余叔岩都不大看得起，更不论别人了”，“闹个高不成、低不就”，最后，落魄而死。除了个人个性因素，也许也是受了官宦家族出身的毒害。

三是官宦阶级出身的伶人，有的还身兼剧作家。因为官宦家族出身，大多受过一些良好的教育，故而也就可能具有一种编剧的能力。其他阶级出身的伶人，有的连字也不认识，“近代的伶人，除了极少数能书能画的例子以外，有的连念剧本还常念别字，谭鑫培就是一个；皮黄剧本文字的恶劣，也是常为通人所诟病的一件事实。”[33] 官宦阶级出身的伶人身兼剧作家，也就获得了另外一种身份。如果说伶人是一种“贱民”阶级，那么，剧作家却大多属于文人，与伶人毕竟有着较大的区别，官宦阶级出身的伶人可以凭借剧作家的身份，减轻伶人身份对于官宦家族出身所带来的心理压力，而得到从事伶业的另外一个精神支撑点，即自己毕竟还有文人的成分。从业内角度来说，伶人兼剧作家的双重身份，也会比单纯的伶人更加得到重视，在伶界可以发挥更大的作用。

卢胜奎因为考试落第而入了伶界，被人称之为“卢台子”，盖因为卢胜奎能够编剧，而剧本又是一台戏的根本，故如此称之，寓有一种推重之意。卢胜奎是一位知名的老生演员，当时他在三庆班演出的连台本戏《三国志》中扮演诸葛亮，有“活孔明”之誉，同时，他也是京剧最早期剧作家之一，上述的连台本戏《三国志》即为他创作的作品，有一种说法是，《龙门阵》、《法门寺》也是他编剧的。卢胜奎从伶后，一直在三庆班，当时三庆班能够在伶业名列前茅，除了程长庚治班有法外，也与卢胜奎编创新剧目有关。汪笑侬也是一位官宦阶级出身的伶人兼剧作家，瘦碧生《耕尘舍剧话》论及他的戏曲演唱时称道：“檀板一声，凄凉忧郁；茫茫大千，几无托足之地。出愁暗恨，触绪纷来；低回咽呜，慷慨淋漓，将有心人一种深情和盘托出，借他人酒杯浇自己之块垒”，故而汪笑侬的演唱形成了苍老遒劲、慷慨悲郁的风格。汪笑侬编剧的京剧剧本很多，主要有《哭祖庙》、《马前泼水》、《受禅台》、《骂阎罗》、《党人牌》、《博浪锥》、《瓜种兰因》等，在王钟声被杀以后，他还为此编剧了《问天》一剧，以示心中不平，因此，汪笑侬的剧本大多抨击时政，充满了忧国忧民的思想感情。由于汪笑侬的渊博学识，他被称之为伶界的“儒伶”。

四是有些官宦阶级出身的伶人，或是为了不让族人知道，以免引起麻烦，或是为了不让祖宗蒙羞，隐去真名，改用艺名。卢胜奎即是一例，卢胜奎是他的艺名，当时，张二奎非常走红，故取名“胜奎”。金仲仁是清朝皇室，原名爱新觉罗·春元，“下海”为伶以后，改为此名。卧云居士，本名爱新觉罗·毓铭，后来改名玉铭，还有一种说法是玉钦，字静尘，号卧云居士，公元纪年以后取名为赵静尘，一直以卧云居士之名在伶界使用。汪笑侬也是艺名，虽然他的改名，并不一定属于上述原因，他弃官下海后，伶人汪桂芬取笑他，他遂更名为汪笑侬，以此鞭策自己，也是以艺名行世。

【注释】

1. 潘光旦．潘光旦文集（2）．北京：北京大学出版社，1994. 246 页．

2. 潘光旦．潘光旦文集（2）．北京：北京大学出版社，1994. 246 页、247 页、248 页．

3. 北京市艺术研究所、上海艺术研究所．中国京剧史（中卷）．北京：中国戏剧出版社，1999. 1308 页．
4. 北京市政协文史委员会．梨园往事．北京：北京出版社，2000. 138 页．
5. 潘光旦．潘光旦文集（2）．北京：北京大学出版社，1994. 251 页．
6. 刘琦．裘盛戎传．石家庄：河北教育出版社，1996. 2 页．
7. 潘光旦．潘光旦文集（2）．北京：北京大学出版社，1994. 251 页．
8. 马龙．我的祖父马连良．北京：团结出版社，2007. 5 页、6 页．
9. 潘光旦．潘光旦文集（2）．北京：北京大学出版社，1994. 251 页．
10. 北京市政协文史委员会．梨园往事．北京：北京出版社，2000. 139 页．
11. 和宝堂．松柏庵．北京：人民音乐出版社，2001. 317 页、318 页．
12. 燕山出版社．古都艺海撷英．北京：燕山出版社，1996. 202 页．
13. 丁秉鐩．菊坛旧闻录．北京：中国戏剧出版社，1995. 32 页、33 页、34 页．
14. 北京市艺术研究所、上海艺术研究所．中国京剧史（中卷）．北京：中国戏剧出版社，1999. 1420 页．
15. 北京市政协文史委员会．梨园往事．北京：北京出版社，2000. 126 页、127 页．
16. 魏子晨、厉畅．厉慧良传．北京：中国戏剧出版社，1997. 4 页．
17. 潘光旦．潘光旦文集（2）．北京：北京大学出版社，1994. 249 页、250 页．
18. 潘光旦．潘光旦文集（2）．北京：北京大学出版社，1994. 249 页．
19. 胡沙．刘喜奎．北京：人民音乐出版社，2000. 137 页．
20. 潘光旦．潘光旦文集（2）．北京：北京大学出版社，1994. 249 页．
21. 汪传碧、徐迅．程长庚籍贯生卒年月考．见歌台论坛唱剧神．北京：中国戏剧出版社，1992. 51 页．
22. 王蕴明．荣庆传铎．北京：华龄出版社，1997. 18 页．
23. 潘光旦．潘光旦文集（2）．北京：北京大学出版社，1994. 248 页．
24. 厉震林．论论男性文士对待女性优伶的双重人格．见戏曲研究（72）．北京：文化艺术出版社，2007. 195 页．
25. 梅兰芳等．中国戏剧大师的命运．北京：作家出版社，2006. 113 页．
26. 厉震林．论男性文士和女性优伶的文化交游．新余高专学报，2005（4）．
27. 潘光旦．潘光旦文集（2）．北京：北京大学出版社，1994. 252 页、253 页．
28. 刘祯、谢雍君．昆曲与文人文化．长春：春风文艺出版社，2005. 73 页．
29. 余秋雨．笛声何处．苏州：古吴轩出版社，2004. 24 页．
30. 梅兰芳等．中国戏剧大师的命运．北京：作家出版社，2006. 115 页．
31. 潘光旦．潘光旦文集（2）．北京：北京大学出版社，1994. 250 页．
32. 陈培仲、胡世均．程砚秋传．石家庄：河北教育出版社，1996. 5 页．
33. 潘光旦．潘光旦文集（2）．北京：北京大学出版社，1994. 253 页．

第四编　伶人家族的文化基质分析

第十二章　伶人家族的封闭社会形态

第一节　封闭社会及其性格

毫无疑问，伶人家族的封闭性，具有一种被迫的性质。由于中国政权系统的政治设计，伶人家族从一种职业的团体变成一个特殊的阶级，由于长期被隔离和孤立，伶人家族也就形成了一种自我封闭的性格。“因为梨园界旧社会被人瞧不起，他们之间就几乎等于形成了自己的一个封闭社会。久之，互为婚姻，更形成了一个亲上套亲的圈圈套套。”[1]

正是由于这种“封闭社会”的长期性和彻底性，使伶人家族形成了一种封闭的惯性思维。在前所论述中，已经较为详细地阐释了伶人及其家族的职业世袭制度和职业隔离政策，可以说它从制度体系和舆论系统对伶人及其家族进行了全面“围剿”，而且是颇为彻底的，使伶人及其家族难以脱离“乐籍”的身份。也正因为如此，伶人家族形成了一种泛家族化特征，除了共同的“乐籍”社会身份标志，“技同相习，道同相得，相习则相亲焉，相得则相恤焉。某处某人优伶也，某处某人亦优伶也”，这种“相习”和“相得”的业缘关系，也颇有天下伶人是一家的意味。

这种伶人的泛家族化特征，从内外两个方面促使了伶人家族封闭性格的形成。外的方面，它具有一种强迫性，它包含制度的强迫和舆论的强迫，使伶人家族无法向其他家族转换。曾有一些伶人家族成员企图向其他职业或者家族形态突破，但是，成功的概率是可以想见的。这种现象到了清初，虽然出现了松动的趋势，然而，管理伶人的“逾制”行为，仍然是清代各级官吏的职责内容。如前所论的伶人桂林，因为身为“乐籍”没有资格参加科举考试，但他曾经“僭越”考试，只是没有中榜，后作了一个“书启”，也算是过了一把“良民”瘾，而另一位旦角伶人曾经用钱谋得一个县令，查出以后则被发配。从科举方面而言，从伶人家族向其他家族突破成功的，清代同治年间的郝同篪是一个特殊的例外了。内的方面，由于长期被社会隔离化，这种外在的压力已经转化为伶人及其家族的心理积淀，已经成为伶人族群的集体无意识。到了清初以后，伶人家族成员突破家族隔离藩篱已有较多出现，例如徐小香，“他的儿子却不以演剧为职业了，在前清时候就捐了一个武职。在那种贵官贱伶的封建社会里，他不使他的儿子继续他的艺术生命，却叫他儿子去做官，原怪不得他。”[2]但是，伶人及其家族在中国历史上一直被孤立化，它所形成的心理积淀已经颇为厚重，故而它仍然会情不自禁地回到一种“封闭社会”的心理结构之中，从伶人家族的内部，形成了一种自然归向封闭的精神机制。

第二节　伶人家族的特殊性

王沪宁在论述中国村落家族的封闭性基质时，有着如此表述：

> 由于村落家族共同体生活在相对集中的一块土地上，又能够在这个领域中达成一定水平的自给自足，外部也没有什么经济力量和信息力量能够有力地渗透到村落共同体中来，因此其封闭性就逐渐形成了。不少村落处在远离市镇的边远山区，地理屏障也造成了其封闭性。封闭性表现为村落共同体与外部没有什么常规性的联系，没有经济的、文化的、人际的广泛交往。……造成村落家族共同体封闭性的有多重原因，血统使家族排斥非血统人员的介入，聚居使家族共同体集中于一地，农耕和自给使家族共同体形成内部的自我供应和消费系统，自然障碍使家族共同体难以自如地向外活动，更根本的是社会经济力量的弱小使这种“鸡犬之声相闻、老死不相往来”的格局难以被突破。长期以来的封闭性造成了文化、心理、风俗、习惯、性格上的封闭性。[3]

中国伶人家族与村落家族的比较，它们的封闭性有着不同内涵。中国村落家族的封闭性，是一种自然形态造成的，由于地理、血统、族居及其社会经济的发展水平，形成了“这种‘鸡犬之声相闻、老死不相往来’的格局”，“村落共同体与外部没有什么常规性的联系，没有经济的、文化的、人际的广泛交往”；中国伶人家族的封闭性，是由于强力制度形成的，只是在长期的隔离过程之中，在伶人家族内部也逐渐形成了“封闭社会”的惯性。作为职业戏班伶人，在地理上不可能“生活在相对集中的一块土地上”，故而不会“地理屏障也造成了其封闭性”，而是需要走街串巷，如同《宦门子弟错立身》中所唱的“撞府共冲州，遍走江湖之游”。由于这种流动性质，职业戏班许多也为家族戏班，或者是以家族成员为主、其他社会成员参与的戏班，戏班的人数也不会很多。冯沅君在《古剧说汇》一书中写道：

> 宋杂剧的主要脚色不过四五人。元杂剧较复杂，但似乎仍以三人、四人或五人者为多。先就杂剧来看，《元曲选》载剧百种，每剧四折（惟《赵氏孤儿》五折），加楔子，得四百七十个单位。每个单位假定为一场，那便是四百七十场。在这四百七十场中，每场二人的是三七场，每场三人的是一0九场，每场四人的是一三六场，每场五人的是七七场，四者合计得三百五十九场，约当全数的四分之三。每场十人、十一人及十二人的都只占全数的四百七十分之一。换句话说，这三类都只一见。南戏在这方面似乎较杂剧还简单些。就《永乐大典》所载的三种来统计，三剧共得八十七场，而就中每场一人者十七，二人者十五，三人者二十二，四人者十二，四者合计共得六十六场，实据全数四分之三以上。至于使用演员最多的场面，一场七人，那只占全数四十二分之一，两场，元剧每场需要的专门演员既然这样少，那么就将奏乐的及其他执事人合起来计算，总不会超过三十人，若只演人物较少的剧本，十余人也可应付。[4]

在此，冯沅君的戏班人数估计可能还是过多。山西省洪洞县广胜寺明应王殿元杂剧壁画，内容是忠都秀的杂剧戏班在剧目正式演出之前的参场仪式，全场共计十一人。湖南湘剧的前身，是在农村流动演出的案堂班，也是由九人伶人组成，称之为“九条纲巾”或者“九老图”。戏班人数精干，这是“冲州撞府”的家族戏班或者以家族成员为主的戏班所必然采用的方式，一是便于流动，二是为了节约成本。流动戏班为了弥补演出人数需要，或者是伶人兼演，一个伶人扮演多个角色，或者是伶人兼做场面，或者是家族老人，虽然不能上场演戏，但也可以帮助打鼓敲锣，例如《汉钟离度脱蓝采和》第四折，剧中人物云：“王把色我如今八十岁，李簿头七十岁，都老了，也做不得营生，他每年小的便做场，我们与他擂鼓”，还有一种方法是临时借一些人充当角色。由于流动戏班大多带有家族色彩，因此，伶人家族也大多具有流动性，而不是如同中国村落家族一样，“家族共同体生活在相对集中的一块土地上”。延寿马入赘王金榜家以后，最大的一个感受就是无休止地走路，“在家牙坠子，出路路岐人”，“路岐岐路两悠悠，不到天涯未肯休。这的是子弟下场头”，延寿马这样的官宦子弟，确实难以经受如此颠沛流离之苦。马连良的父辈在商谈入伶时，也谈到伶人的生活，“还能山南海北地云游四方，增长见识。”

应该说，官府伶人和家班伶人也许可以避免流动演剧生活的艰辛，可以相对固定地生活在一个地方，但是，这些伶人多数也是流动而来，而且，到了一定年纪以后，又有可能被流动出去，“有的很可能即流入社会，为娼妓、为乐户”，“他们被皇家教坊减下来，就到瓦子勾栏卖艺谋生，成为一般乐户。那么这些仕宦豪门家乐出路，除了为仕宦家之奴才小子正式姬妾而外，恐怕也有的会到瓦子勾栏中成为以艺谋生的乐户者。”[5]流动家族戏班到了城市以后，由于城市人口密集，文化消费能力也高，相对容易谋生，就有可能在城市稳定了下来，甚至形成伶人居住的集中区域，颇似城市中的一个伶人家族村落，但是，城市戏曲活动竞争激烈，因此，一些戏班又会被淘汰下来，又开始流动演出。只有城市经济文化发展到一定程度，戏曲活动具有较大的市场生存空间，戏班在城市的卖艺谋生会相对稳定一些。

中国村落家族“自然障碍使家族共同体难以自如地向外活动”，“地理屏障也造成了其封闭性”，而中国伶人家族并不存在这种“自然障碍”或“地理屏障”，甚至具有一种天然的流动性质，故而中国伶人家族文化的封闭性基质，应该包含一种另外的内涵。

在中国村落家族中，“封闭性表现为村落共同体与外部没有什么常规性的联系，没有经济的、文化的、人际的广泛交往”，中国伶人家族由于它的流动性质，而且，这种流动是一种经济活动和文化活动，自然会有“经济的、文化的”“广泛交往”。官府伶人和家班伶人会有不同程度的薪金和赏银，例如《武林旧事·皇后归谒家庙》载：

乐官犒设：
内藏库支赐银，
皇后殿外库支赐钱酒，
本府支犒钱酒。

上述赏赐似乎数目不会太小。民间职业戏班，它的经济活动则要复杂一些。张发颖的《中国戏班史》一书对此有较为详细的介绍，宋杂剧的演出营业收入，如何收费以及收费多少，要根据伶人水平、演出地点和收费方式而定。《水浒传》五十一回《插翅虎枷打白秀英》有宋杂剧演出情景的描写，每当故事演唱到关键时刻，即所谓的“务头”，即停止下来，由女伶拿着盘子或者锣翻转过来，嘴上说着吉利话：“财门上起，利地上行，吉地上过，旺地上走，手到面前，休教空过，教看客付钱，钱数随看客赏赐。”还有一种营业方式，即到一些士庶人家助兴演出。五代范质《玉堂闲话》载：

唐营丘有豪民姓陈，藏镪钜万，染大风疾，众目之为陈癞子。……每年五月，值生辰，颇有破费。召僧道，启斋筵，伶伦百戏毕备，斋罢，伶伦赠钱数万。时有诨者何岸高，不敏见，既去，复入。谓曰：“蒙君厚惠，感荷奚言！然某偶忆短李相公诗，落句一联，深协主人盛德也。”陈曰：“试诵之。”时陈君处于中堂，坐碧纱帏中，左右侍立，执轻箑白帚者数辈。伶伦曰：“诗云，'三十年来陈癞子，如今始得碧纱幪。”遭大诟而去。

此为唐代一般士庶人家喜庆宴集用戏之记载。明代民间职业戏班演出营业收入，大致与上述相同，可以分为两种方式：一是在戏场演出，例如庙宇中的戏楼、露台等公用场所演出，营业收入以近似于如今卖门票的方式获得，金末元初杜善夫《庄家不识勾栏》散套曲文有“要了二百钱放过咱”，元代高安道《淡行院》中称“把棚的莽壮真牛”，小说《梼杌闲评》也有魏忠贤在蓟州去城隍庙看戏“买了两根筹进去”的描写。这些描述，都是一种购票观剧的行为，而且，由于票价不同，戏场的待遇也不相同；二是受雇演出，例如婚丧嫁娶、祝寿生子、赛神还愿等活动时，整个戏班被雇佣去演出，演出收入方式，或者按照天数，或者按本、按出论价，而且，还有赏钱。赏钱，不是随意所给，而且，一般有着一个约定俗成的通例。陆文衡《啬庵随笔·风俗》条云：

> 苏州素无蓄积而习于侈靡，……万历年间优人演戏一出止一两零八分，渐加至三四两、五六两。今选上班至十二两，若插入女优几人，则有缠头之费，供给必罗水陆，此尤妄耗者也。俗尚如此，末流安可砥柱。

关于戏班戏价，叶绍袁顺治五年在他的日记《甲行日注》中也称：“平湖效外，盛作神戏，戏钱十二两一本。国难未纾，居然忘用夷之变，人心亡尽。”小说《梼杌闲评》第四回也有描写：“做戏要费得多哩，他定要四两一本，赏钱在外。那班蛮奴才好不轻薄，还不肯吃残肴，连酒水将近要十两银子。”由此，可以反映出戏班戏价也一直看涨。至于赏钱，何良俊《四友斋丛说》载：

> 许石城言，介老请东桥日，许亦在座。……戏剧盈庭，教坊乐工约有六七十人。东桥曰：“相别数年，今日正要讲话。”命从人取银五钱赏之，介老父子大为沮丧。后数日介老即请北京六部诸公，亦有教坊乐工与戏子；诸公听命如小生，乐工赏赐各二三两，是日亦请石城在座，盖所以示意于石城也。

“取银五钱赏之”，看来是太少了，“乐工赏赐各二三两”，才觉得有脸面。小说《梼杌闲评》第二回也有关于赏钱的情节，总理治淮河务朱衡在临清迎春接待临淮侯李言恭、礼部尚书徐阶，为此举行演剧活动。戏毕，李言恭和徐阶的赏钱，“饮了一回，二公叫家人赏众戏子每名一两，那小旦分外又是一两；四妓女并侯氏亦各赏一两。”[6]

从戏班的演出营业活动来看，伶人与社会各个阶层都有“经济的”“广泛交往”，上至富绅贵族，下至市井小民，都有演剧活动的消费经济关系。对于中国伶人家族而言，由于演剧活动的流动性以及“经济的”“广泛交往”，也必然带来“人际的广泛交往”，到了晚清时期，著名伶人更是成为社会各界争相交往的对象。周传家的《谭鑫培传》曾有如此描写：

> 谭鑫培可以自由出入大内，和王公大臣们称兄道弟。一时间，富商巨贾、文人墨客争相与谭鑫培拉拢来往。官卑职小的人借巴结谭鑫培博取衣食父母的欢心，以趋附谭鑫培引起同行的钦羡。寻常百姓中，喜欢谭鑫培的人更多。“谭迷”们遍布京城，遍布天下。“谭迷”们如痴如醉，似癫似狂。……
>
> 谭鑫培的名声还传到域外，引起西方人士的注意。法国艺人来到北京，和谭鑫培交流声律研究的心得。美国方面来电邀请谭鑫培赴美演出，被婉言谢绝。[7]

可以说，谭鑫培确实具有“人际的广泛交往”，而且，还包括当时普通中国人较少接触的外国人。1932年出版的《剧学月刊》第一卷第二期有《旗下提倡戏曲》一文写道：

> 清同治间，旗下士大夫提倡戏曲者，以工部侍郎明善为最，次则户部侍郎延煦。光绪朝，延煦进礼部尚书，犹日与伶人往返，盖终身如是也。其后则肃亲王善耆，户部尚书立山，将军溥桐，均以知音名。善耆、溥桐均自登场，溥桐艺尤工。

这些朝廷大员，“犹日与伶人往返，盖终身如是也。”知名伶人“生日”宴会，不仅豪华体面，而且，豪客和士大夫也均去送礼、祝贺，李慈铭《越缦堂菊话》记：“光绪三年”，“八月二十日：晚，赴心泉及张霁亭府尹景和之召。是日，梅蕙仙生日也。坐客甚杂，无缪之甚”，“诣景和以钱二十千为蕙仙寿”，“时琴香者，名小福”，“今年（光绪二年）其三十生日，百镒之金，十日之馔，豪客接坐，豪毂塞门。”这种“生日”景象，确实非一般人可比。

根据以上分析，与中国村落家族比较，“没有经济的、文化的、人际的广泛交往”，中国伶人家族并不如此，而且存在着不同程度的“经济的、文化的、人际的广泛交往”，加上前面论述的流动性质，并不存在“自然障碍”或者“地理屏障”，中国伶人家族文化的封闭性基质，应该不是自然形态形成的。那么，中国伶人家族文化的封闭性，它到底是怎样产生的？由于伶人的表演职业，它“‘娱人’的一面，给表演带来了奉献、屈从、魅惑、鼓动、号召、迎合等暧昧不明的因素”，“这也决定了演员的职业、社会地位等等在文化——权力结构中的尴尬、沉浮不定的境况。”因此，伶人也就进入中国政治设计的目标对象，为了尽量避免这种“暧昧不明的因素”，中国政治设计体系将伶人及其家族从正常社会中隔离化，使其进入封闭的社会阶级管理，即一种“乐户”管理制度。为了配套“乐户”“管理制度，又制定了伶人职业世袭制度、婚姻、科举、服饰、行为、舆论等职业隔离政策以及中国传统家族的家族驱逐制度，因此，伶人及其家族成为了一个封闭的社会阶级，被剥夺了国民的正常权利，他们的社会身份被封闭化了”，便使他们在社会里成为一种特殊的阶级。中国伶人家族的封闭性，乃是政治运作而产生的一种家族基质。

中国村落家族由于地理、血统、族居以及社会经济的发展水平，使它的封闭性成为不可避免，具有一种必然的因素，中国伶人家族由于进入一种政治运作轨道，也使它的封闭性成为不可避免，同样具有一种必然的因素。从这一角度，两者都体现了封闭性基质的必然性。

中国伶人虽然没有“自然障碍”或者“地理屏障”，具有一种流动性，但是，由于伶人及其家族是一种封闭性的“特殊的阶级”，却是有着一些地理活动限制，例如清代曾经禁止女性优伶入城，“名曰戏女，乃与妓女相同，……应禁止进城，如违，进城被获者，照妓女进城例处分”；[8]中国伶人虽然有着“人际的广泛交往”，但是，许多“人际”却是拒绝他们“交往”，前面论及的元代《事林广记》卷上《莅官政要》规定，为官者有三种人不得进入家门，即优伶、牙婆（媒婆、人贩子）与尼姑，认为均是不祥之人，一旦进入家门，即会起祸害；清代周思仁在《家训》中，也曾列了六种不可进入家门之人，并称之为“杜邪”，六种人是：妓女、优伶、赌徒、师巫、药婆、买淫具者。

中国村落家族的封闭性，由于自然、文化和经济的原因，“造成了文化、心理、风俗、习惯、性格上的封闭性”，但是，他们并没有人身自由的封闭性；中国伶人家族的封闭性，虽然有着“经济的、文化的、人际的广泛交往”，也具有一种流动性，但是，却是被封闭到“乐户”阶级进行特殊管理，被取消了许多人身权利和人身自由，因此，中国村落家族的封闭性，与中国伶人家族的封闭性比较，它们的深度和广度不可同日而语，它们的性质也是不相同的。从某种角度来说，中国伶人家族的封闭性基质，可以触摸到中国政治文化的核心部分。

第三节 族群的人格

其实，中国伶人家族文化的封闭性基质，它的产生原因是比较显著的。尤其需要令人关注的是，这种封闭性基质对于中国伶人及其家族的人格心理影响。从人格心理影响而言，这种中国政权系统对于伶人及其家族的职业隔离政策，它既是制度层面的，同时也是舆论层面的，因而它既是有形的，也是无形的，它对于伶人及其家族的影响，“在心理和生理两方面”，都产生了一种隔离的现象，而且，可能更为重要的是，它对于心理的深刻影响。谭帆在《优伶史》一书中写道：

> 面对伶业之外的社会，优伶是胆怯的、气馁的，他不可能以同样的、对等的态度和身份来与世人相处，甚至可以说，这种对等的关系优伶想都不敢想，而那种非对等的关系优伶倒是习以为常了——优伶的心灵是扭曲的。[9]

前所论及的丁石，原为“举人也”，“后失途在教坊中”，后来去见“同里发贡”、已经“拜相”的“莘老”。尽管莘老对他非常客气，为了不使他难堪，特意做了安排，“莘老以故不欲庭辱之，乃引见于书室中，再三慰劳丁石”，但是，丁石仍然觉得非常羞愧，“本无面见相公”。因此，这种社会身份的隔离化和封闭性，对于伶人及其家族人格心理的影响是极其巨大的。元代夏庭芝的《青楼集》中，写到京师女伶王巧儿与狎客陈云娇相好，陈云娇欲娶她为妾，但是，她的母亲不允，并暗地使人劝导她，称陈云娇的妻子，乃是太师之女，妒悍无比，若你嫁去为妾，必遭陈妻凌辱，但是，王巧儿竟然回答说：我只是一个卑贱的伶人，蒙陈公厚爱，娶为小妾，我是虽死而无憾了。小说《儒林外史》也写了一位伶人鲍文卿，看到一位伶人头戴高帽、身着宝蓝直裰、足蹬粉底皂靴的伶人，马上斥责道：“兄弟，像这衣服、靴子，不是我们行事的人可以穿得的，你穿这样衣裳，叫那读书的人穿甚么!”鲍文卿曾经救过知县向鼎，但是，他在向鼎面前，不敢施礼，不敢同席饮酒，称道：“小的何等人，敢与老爷施礼?”“这个关系朝廷体统，小的断然不敢!”《儒林外史》虽然是文学作品，但是，也可以从一个侧面反映出中国伶人的一种人格结构。

由于中国伶人及其家族长期被隔离化和封闭化，导致一些伶人“心灵是扭曲的”，因此，也曾经出现过一旦获得机会便疯狂报复的个案。例如后唐庄宗李存勖时期的一些“嬖伶”。由于受到帝王的过分宠爱，被滥封滥赏。这些伶人也就擅权用事，骄横跋扈，甚至陷害忠良。《新五代史·伶官传》载，伶官景进“军机国政，皆与参决”，官至银青光禄大夫、检校左散骑常侍，兼御史大夫上柱国。当时，奸臣孔谦反对任人唯贤，庄宗曾想将他绳之以法，但是，在景进的开脱下，孔谦不仅逍遥法外，而且得到晋升。忠臣朱友谦与景进有隙，景进就谗言陷害他，导致朱友谦及其部将五六人皆遭“族灭”，“天下不胜其冤”。虽然这是一个极端的个案，但是，也说明了长期的隔离化和封闭性对于部分中国伶人人格心理的“扭曲”。

中国政权系统对于伶人及其家族的职业隔离政策，时间长达千年，因此，这种隔离化和封闭化所带来的人格结构已经逐渐凝固化和板结化了，“那种非对等的关系优伶倒是习以为常了”，成为中国伶人家族文化血液的一个天然组成部分。到了明清时期，这种职业隔离政策逐渐松动，尤其是雍正皇帝废除了“乐户”制度以后，制度层面的封闭性更加开放，但是，在中国伶人及其家族的人格结构方面却是变化缓慢，原来的人格心理已经成为了一种惯性，或者说是一种无意识的习惯。周传家的《谭鑫培》一书中，写到谭鑫培病中被迫给军阀唱戏，在舞台上吐血不止，回家以后，名医周立桐被请来看病，也感到非常气愤，谭鑫培说道：“伶人命苦！命不值钱啊！”[10]周立桐宽慰他，当年慈禧太后对他还是不薄的，谭鑫培又说道：“老佛爷把伶人当玩物，袁世凯、陆荣廷这些军阀和他们手下的奴才们连老佛爷都不如！”这里或许有文学描写的成分，但是，也反映了谭鑫培的一种情结，在情感逻辑上是可信的。中国如此盛名的伶人尚且如此，这种隔离化和封闭化对于普通伶人及其家族的人格结构影响，则必然更为强烈。

第四节　伶业的民俗事象

由于伶人家族的封闭性，它必然形成一种自给性，这种自给性在历史的演变过程中，也就形成了一种伶业民俗事象。中国村落家族由于它的封闭性基质，自给性也就必然相伴而生。中国生产力的发展水平，也决定了中国村落经济本质上是一种自给自足的自然经济，生产产品大部分用来维持生产者的消费需要，即使是地主富家也多是坚持这种自给自足的思想，《颜氏家训·治家篇》云：“生民之本，要当稼穑而食，桑麻以衣；蔬果之蓄，园场之所产；鸡豚之善，埘圈之所生；爰及栋宇、器械、樵苏、脂烛，莫非种植之物也，至能守其业者，闭门而为生之具以足。但家无盐井尔。”《柳宗元集》也称：“树之谷，芝之麻，养有牲，出有车，无求于人。”应该说，中国伶人家族的自给性，与此内涵并不相同，由于中国伶人家族的流动性质以及“经济的、文化的、人际的广泛交往”，它作为一种娱乐性职业，或者依附在官府和私家，或者在演出市场中获得收益，它在经济上并不是自给自足的，而是要与社会各界发生广泛的经济交往关系。

从某种意义来说，中国伶人家族的自给性，它不是体现在物质生产上，而是体现在社会行为上，例如婚姻方面，由于伶人的婚姻隔离制度，“乐人只教嫁乐人”，也就形成了一种“内群婚姻”，也即一种自给性的表现。伶才也是如此，根据伶人职业世袭制度，也就将伶人家族的后代强制自给到伶业。

中国村落家族的自给性，“没有自给性，村落家族共同体就有解体的可能性。这种自给性浇注了村落共同体的权威基础，因为共同体成员要依靠共同体维持生存，这形成村落共同体的某种凝聚力。”[11]中国伶人家族由于它的封闭性基质，也使自给性成为了“浇注”伶人家族“共同体的权威基础”，“因为共同体成员要依靠共同体维持生存”。这一方面，中国村落家族与中国伶人家族之间，倒是颇有一些相似之处。例如伶人及其家族之间的同业相恤，如同前述，伶人如果生活困难，遇到戏班正在演出，只要进去给祖师爷磕一个头，即可吃饭，分配一些演出获取些微的报酬，作为川资。

这些社会行为的自给性，经过历史的发展过程以后，也就逐渐演变成为一种民俗。“内群婚姻”成为一种中国伶业习俗，也是中国戏曲史的一个独特民俗事象。张发颖写道：

> 结合《错立身》、《蓝采和》两剧，再从以上《青楼集》所记之侧面情况看来，元杂剧是以乐户之间的亲属姻眷关系组成的家庭戏班演出的。所以，我们说元杂剧是以家庭戏班为演出支柱而得以兴盛繁荣的。这种情况一直延续到元末明初，朱有燉写《诚斋乐府》，其反映艺人生活之《桃源景》等杂剧，仍是以家庭戏班为主要演出活动单位。……
>
> 就乐户制度来说，他们因为社会地位低下，往往在其乐户圈内自为婚姻，这从所知清晚期至民初北京伶界婚姻亲眷关系，亦可了解此点。[12]

这种“乐户圈内自为婚姻”，先是强制所致，后来逐渐成为一种业内习惯，并形成中国伶业的传统习俗。宋元时期，由于“内群婚姻”，并加上伶人家族职业世袭性而形成的伶人血缘相连满门亲的现象已经屡见不鲜，“元杂剧是以乐户之间的亲属姻眷关系组成的家庭戏班演出的”，“这种情况一直延续到元末明初”。这种现象，到了近现代伶界则更为突出。鹿原学人的《京剧二百年历史》中援引周剑云的话，称杨月楼和俞菊笙关系友善，两位夫人怀孕即将生产，两人约定，若是生下一男一女，则是结为儿女亲家，如是同属男或者同属女，则是互相交换。当然，此事的准确性有待考证，但是，也说明了伶人家族之间互串姻戚、满眼皆亲的“内群婚姻”的普遍性质，已经成为一种伶业民俗景观。

伶人及其家族之间的同业相恤，也逐渐形成了北京“窝头会”等伶业民俗现象。每年年终，梨园公会都要举行救济贫苦同行的义务戏，时间一般为两三天，俗称“窝头会”义务戏，全体北京名伶都要参加。这些伶业民俗现象，也就成为中国伶人家族文化封闭性基质的一种表现形式。

第五节　家族脚色的奕世蝉联

中国伶人家族的封闭性基质，也体现为一种家族脚色蝉联现象。从某种意义来说，“内群婚姻”的民俗现象，很有可能产生一种“优生学”的效应，两个伶人的结合，不少就是一种选择的结果，也即伶界“门当户对”者结合，将伶界两个合适的青年男女婚配，而这种伶界“门当户对”者结合，则很有可能产生“优生”的遗传现象。

潘光旦在《人文选择与中华民族》一文中，如此写道：

> 旧教把凡是性情温良、比较能彀损己利人的分子，一批一批的吸收去当神父、尼姑、和尚；他们是照规矩不能结婚的，所以日子一多，教会越发达，社会上温良恭让的分子越少；到得今日，只落了一句优生学家不胜感慨系之的话：The Church has brutalized the breed of our fore－fathese（教会把我们祖宗的血统兽化了）。我们总觉得奇怪，欧洲人自己也觉得奇怪，为什么基督垂教二千年，人们的社会行为，不但不见进步，反见退步，历次的战争、帝国侵略主义的膨胀、劳资和其他阶级间的攘夺嫉妒，无非是损人利己违反教义的行为；我们又安知这不是基督教自身的选择作用所帮同酿成的呢？[13]

这里，论述的是基督教“自身的选择作用”对于社会遗传的影响问题。在伶界中，也存在着遗传问题。王国维在《古剧脚色考》中称道：

> 夫气质之为物，……于容貌举止声音之间，可一览而得者也。盖人之应事接物也，有刚柔之分焉，有缓急之殊焉，有轻重强弱之别焉。此出于祖父之遗传，而根于身体之情状，可以矫正，而难以变革者也。……此种特征，无以名之，名之曰气质。自气质言之，则亿兆人非有亿兆种之气质，而可以数种该之；此数种者虽视为亿兆人气质之标本可也。吾中国之言气质者，始于《洪范》三德。宋儒亦多言气质之性，然未有加以分类者。独近世戏剧中之脚色，隐有分类之意；虽非其本旨，然其后起之意义如是，不可诬也。脚色最终之意义，实在于此。[14]

根据王国维的观点，气质是有遗传的，“出于祖父之遗传，而根于身体之情状，可以矫正，而难以变革者也”，即由于这种遗传的关系，它“可以矫正”，但是“难以变革”。这种气质的遗传，在中国伶人中也有显著的表现。齐如山在《漫谈杨小楼》一文中，谈到了杨小楼的遗传性：

> 我跟王长林聊过几次天，他谈过许多关于小楼的话。大略如下：小楼演戏，可以说是天生的，也可说是遗传性，为什么说他是天生的会演呢？因为他所学的技艺，他并没有照原学的来作，可是他也作得很好看，比方各角出台一挑门帘，总要聚精会神地用力，以便得好，尤其武生，更是如此；而小楼则不然，一出台帘，一低头，一扬头，就完了，可以也很好看。……为什么说他是遗传性呢？前

边说过的三派武生，他虽都看过，但他谁都不像，那么他像谁呢？确有点像他们老爷子，然在他十几岁的时候，他们老爷子就往上海去了，一直没回来，他老爷子演戏，他并没有看过几次，那么他这样像他父亲，岂非遗传性呢！王长林谈完这套话，钱金福又找补一句，说胎里带来的，他们二位可以说是对小楼有深刻的认识及最好的评价。[15]

“胎里带来的”，确实说明了气质的遗传性。应该说，杨小楼“天生的会演”，也包含着一种“遗传性”。

“内群婚姻”，这种伶业封闭性的婚姻形态，根据优生学的原理，很有可能会使伶业内部两个伶人的结合而使伶才遗传下来，甚至生出一两个伶艺的天才。古希腊诗人泰乌格尼斯（Theognis）写过一首诗，他从育种的经验中发现一些优生的道理，其大意是：“我们寻觅好种的山羊、绵羊和马；我们想专从它们繁育出下代的山羊、绵羊、马来。但是一个好人，因为贪图妆奁的丰富，不惜和一个劣等的女子结婚；一个好的女子也不惜嫁给一个劣等的男子。因为人们看重财货，所以男女结合，就良莠不分。我们的种族已经着了财迷了。”[16]应该说，泰乌格尼斯写作这首诗的本意，并不是批判“财迷”的婚姻制度，而是批评人们并不重视优生的婚姻生产。“内群婚姻”，虽然是一种外在强力作用的结果，但是，从优生的角度来说，确实能够培养出一些具有伶才的后代。

这种遗传自然也包括气质的遗传，伶业内部两个伶人婚配生子，也很有可能将家族气质遗传下来，甚至在几代繁衍中，都产生同样的遗传现象，使某一伶人家族一直特别适合扮演某类气质的戏曲脚色，形成了某类脚色的伶人家族传承。“独近世戏剧中之脚色，隐有分类之意；虽非其本旨，然其后起之意义如是，不可诬也。脚色最终之意义，实在于此”，伶人内部婚姻的习俗，使家族脚色蝉联更产生了一种可能性和科学性。伶人除了一些一般的生理条件要求，例如身体方面，需要身体健康、手脚灵活和面貌生动；声音方面，需要喉音响亮和口齿清楚，要扮演具体的戏曲脚色，还需要一些特殊的品性或者比普通品行更加突出一些的水准。还有旦角的假嗓问题，男子成年以前都可以唱假嗓，但是，二十岁以后能够唱的则很少了，“假嗓能够维持多久，倒了以后能不能恢复，恢复得快不快，自然是一个有遗传根据的生理问题”，“净角所唱的音要深沉重实，近乎西洋唱歌的人所称的‘沉音’（bass），唱沉音也许要宽一些的声带、大一些的肺量，而这些又非有生理的依据不可。有这种依据的人是不多的，再加上其他不可少的特别品行，于是净角便变做角色中最不可多得的一种”，“丑角要善诙谐，要有急智，要能随机应变，这也不是尽人可学而能的。至于武生、武旦、武净、武丑，则除了一般的智能和特殊的长处以外，又须有矫健的身体、灵活的手脚、锐敏的眼光，才能够习练种种武工，临场不慌不乱。不用说，这又非有一种特殊的气质的人不办。"[17]由于伶艺的特殊要求，许多脚色"非有一种特殊的气质的人不办"，而且，"是一个有遗传根据的生理问题"，因此，封闭性的"内群婚姻"，则有可能在一个伶人家族中将某种"特殊的气质"遗传下来，形成一种伶人家族奕世蝉联某种脚色的现象。

在这种脚色奕世蝉联的伶人家族中，自然很容易想到谭鑫培家族。谭鑫培家族七代演员，六代奕世蝉联老生角色，只有一代扮演老旦兼演老生，故而谭家六代曾经扮演诸葛亮，即谭鑫培、谭小培、谭富英、谭元寿、谭孝曾、谭正岩，谭家的重要代表剧目《定军山》传承谭家六代演员，六代人均能够演老黄忠，其中，谭富英第一次到外地演出，在上海首演的也是《定军山》，也是一炮打响。谭元寿对此有如此描述：

> 我父亲生在上三辈全是演戏的家庭，当然是从小就受着环境的熏陶。1917 年他 12 岁，进入富连成社科班，学文武老生戏。他有一条天赋的好本钱，像我曾祖父一样的"云遮月"嗓子，极得其神髓，武功也是有基础的。……
>
> 我父亲出科以后，搭过梅兰芳、程砚秋、尚小云、荀慧生、徐碧云、雪艳琴、胡碧兰等人的班子，从 1935 年开始自己组班，班名用我曾祖父的班名——同庆社。我父亲头一次到外地演出，是到上海。为了取其一战成功的意思，头次在上海的打炮戏是《定军山》，果然唱响了。[18]

在此，谭富英充分利用家族的影响力，不但"自己组班，班名用我曾祖父的班名——同庆社"，到外地首演也是家族的重要代表剧目，《定军山》也似乎成为了谭鑫培家族的取胜法宝，可以"一战成功"。到了 1997 年，在北京二十一世纪饭店礼堂，谭元寿、谭孝曾、谭正岩等谭家祖孙三代合作演出《定军山》，演出颇为轰动，此后就成为节庆活动经常演出的剧目。

万如泉、万凤姝在《五代相承风骚独领》一文中，对谭鑫培家族五代老生的演唱风格进行总结：谭鑫培的古朴苍劲，谭小培的朴拙简明，谭富英的潇洒繁复，谭元寿的挺拔刚劲，谭孝曾清刚明朗。[19]"文革"后，谭元寿曾经为曾祖父谭鑫培的七张半唱片录音配像，为祖父谭小培的《法门寺》配像，为父亲谭富英的《黄金台》配像，将谭家老生艺术音像资料保存下来。曾经有一位加拿大华裔因为喜爱谭派艺术，邀请谭孝曾一家到加拿大定居，谭孝曾也曾心动过，想到谭鑫培被军阀欺侮而死，谭富英在北京京剧院，晚年也是颇受冷落，虽然马、谭、张、裘并列，但是，谭富英一直给其他三位担任配角，极少有他担任主角的戏，致使提前离开舞台，谭元寿在"文革"中被强制与谭家"划清界限"，搬出祖居，谭家私宅被卖给了房地部门，目前戏曲也不景气，下海经商者、出国者不乏其人，但是，谭孝曾最后还是没有出国定居，他说了一句："谁叫咱们姓谭呢！"[20]

梅兰芳家族也是四代"旦角"，从梅巧玲到梅竹芬，又到梅兰芳再到梅葆玖，都是"旦角"演员，只是与梅竹芬同辈的梅雨田为琴师，与梅葆玖同辈的几位或为从事其他戏曲脚色或为从事非戏曲行业的其他职业。梅竹芬的相貌和表演酷似梅巧玲，可谓是梅巧玲再生，而且，凡是梅巧玲的戏，他都会唱。梅兰芳演戏的路子，也是继承梅巧玲的方向，只是梅巧玲从昆曲入手学习旦角，而梅兰芳是由皮黄青衣入手学习旦角的各个部门。梅葆玖从小就表现出很高的京剧表演天赋，京剧旦角难度较大的唱腔，他学习几遍即可上口，成为梅派艺术的继承人。

茹莱卿家族也是四代同工"武生"。茹莱卿是梅兰芳外祖父杨隆寿的弟子，以短打武生戏驰名。到了中年，常与俞菊笙配戏，后来拜梅雨田为师，改学胡琴。梅兰芳的武功也是他教授的，而且，作为琴师与梅兰芳合作多年。梅兰芳在《舞台生活四十年》一书中称道："我的武工大部分是茹莱卿先生教的"，"茹先生是我外祖父杨隆寿先生的高足。有人还以为他是小荣椿科班出身，其实他跟张长保、董凤崖三位都是我外祖创办小荣椿科班以前收的徒弟"，"他的儿子锡九、孙子富兰、曾孙元俊，都演武生。富兰是坐科出身，武工极有根底，不愧家学渊源；可惜一双深度近视眼，一年深一年，限制了他在舞台上的发展。"[21]茹富兰的眼睛高度近视，一尺以外即辨不清他人的眉眼。一次，梅兰芳剧团在中国大戏院演出，他的儿子茹元俊因为用力过猛，腿部受伤，茹富兰代演了几天，演出《八大锤》、《夜奔》、《战濮阳》、《探庄》等剧目，但是，他的开打步位非常准确。

杨隆寿家族同样也是四代同工"武生"，即杨隆寿、杨长喜、杨盛春、杨小春。马连良家族也有五代从事戏曲表演，虽然并不都是专工老生，但是，也有多位老生演员，马连良的三叔马昆山是老生演员，马连良自己为老生演员，他二叔的儿子马春樵虽然是唱武生的，但是老生、红生、花脸也都能演，他三叔的儿子马最良，也是老生演员，扮相、个头、嗓子都和马连良相似，伶艺也是学马连良，1980 年纪念马连良八十岁诞辰，演出《龙凤呈祥》，他扮演乔玄，"劝千岁杀字休出口"这一段著名唱段，唱得很有几分马连良的神韵，尺寸、劲头、发声吐字和马连良非常相似。他四叔的儿子马四立，虽习丑行，但也能唱老生，著名老生演员纪玉良即是他的学生。马连良的七子马崇恩，幼年学习京剧老生，后曾在鸣华京剧团搭班演戏。马连良的长子马崇仁，其子马伟民唱武花脸，其孙马俊男也学京剧老生。在马连良的亲戚关系中，也有从事老生表演的，马连良姑妈的儿子哈宝山，也是一位老生演员，谭富英和杨宝森一直与他合作。他的侄子哈元章，也学老生。

梅兰芳在《舞台生活四十年》一书中称道：

> 今天戏剧界专演一工而延续到四世的，就我想得起的，只有三家。茹家从茹

先生到元俊，是四代武生；谭家从谭老先生到元寿（富英的儿子，也唱老生）是四代老生；我家从先祖到葆玖是四代旦角。其他如杨家从我外祖到盛春（盛春的父亲长喜也唱武生），那只有三代武生了。我祖母的娘家从陈金爵先生以下四代，都以昆曲擅长，也是难得的。[22]

其实，到20世纪50年代初期，梅兰芳和许姬传、许源来合作写作这部回忆录时，“戏剧界专演一工而延续到四世的”，并非这三家，只是这三家影响比较大，梅兰芳能够“想得起的”。谭家后来发展到了六代老生，杨隆寿家族同样也发展成为四代“武生”。潘光旦在《中国伶人血缘之研究》一书中，根据戏曲脚色分类，详细记录了伶人家族脚色蝉联的情况，现在重新调整一个阐述视角，即根据伶人家族“专演一工”延续几代的不同，将他们列表如下：[23]

表 12.1 伶人家族脚色奕世蝉联情况

一、脚色五世蝉联

蝉联脚色	伶人家族	蝉联情况	蝉联成员	备　注
老　生	尉迟氏	五世九个伶人中，六人为老生。	尉六儿、尉迟喜儿、迟玉泉、迟玉林、迟喜珠、迟世恭。	迟喜珠兼唱丑角、老旦。

二、脚色四世蝉联

蝉联脚色	伶人家族	蝉联情况	蝉联成员	备　注
老　生	谭　氏	四世十一个伶人中，三人兼演文武武生，一人专演老生。	谭鑫培、谭嘉宾、谭嘉荣兼演文武老生，谭富英专演老生。	此根据潘光旦资料统计，实际谭鑫培家族蝉联老生已不止四代。
武　净	钱　氏	四世每世一人净角。	钱宝峰、钱金福、钱宝森、钱盛川。	
文武生旦	杨　氏	四世伶人中，三人是文武旦角，一人是普通旦角，一人是文武生角。	杨桂庆、杨朵仙、杨小朵是文武旦角，杨宝义是普通旦角，杨宝忠是文武生角。	

三、脚色三世蝉联

蝉联脚色	伶人家族	蝉联情况	蝉联成员	备　注
小　生	徐　氏	三代四个伶人中，可以说全是小生。	徐文波一说文净，一说小生；徐宝芳、徐斌寿是小生，徐碧云是旦角，但从小生改过来的。	
武　生	俞　氏	三世七个伶人中，五人是武生。	俞菊笙、俞振庭、俞赞庭、俞华庭、俞少庭。	
武　生	茹　氏	三代四个伶人中，三人是武生。	茹莱卿、茹锡九、茹富兰。	茹富兰本学小生、后改武小生、最后改武生。
武　生	姚　氏	四世五个伶人中，三人是武生。	姚增禄、姚宝森、姚富才。	四世从伶，但只有三世蝉联脚色。姚增禄也唱过小生和老生，但是以武生出名。
老　生	贾　氏	三世四个伶人中，三人是老生。	贾阿三、贾立川、贾洪林。	贾阿三也唱小生。
老　生	李　氏	三世十个伶人中，五个半是老生。	李寿峰、李盛荫、李盛藻、李荣升、李宝奎，李寿臣兼演武工。	
老　生	林　氏	三代五个伶人中，四人是老生。	林连桂、林宝奎、林树森、林鞠卿。	林树森兼唱武生。
老　生	孟　氏	三世九个伶人中，三人文武老生，二人老生。	孟鸿群、孟鸿荣、孟小帆是文武老生，孟六、孟小冬是老生。	
老　生	夏　氏	三世伶人中，二人是文武老生，二人是老生。	夏奎璋、夏月恒是文武老生，“小庚弟”、夏荫培是老生。	夏奎璋之子夏月润、夏月华兄弟是武生。

续表

蝉联脚色	伶人家族	蝉联情况	蝉联成员	备　注
旦角（武旦老旦除外）	王　氏	三世六个伶人中，四人是旦角。	王彩菱、王瑶卿、王丽卿、王幼卿。	
旦角（武旦老旦除外）	梅　氏	三世旦角。	梅巧玲、梅竹芬、梅兰芳。	此根据潘光旦资料统计，实际梅兰芳家族蝉联旦角已不止三代。
武生与武旦	杨　氏	三世武生与武旦。	杨二喜是武旦，杨月楼是武老生，杨小楼是武生。	王梦生《梨园佳话》直接称杨月楼是武生。
文武生旦	杨　氏	三世文武生。	杨德云是文武生，杨毓麟是武生，杨宝森是文武生。	
文武生旦	诸　氏	三世文武生旦。	诸廷贵是文武小生、诸桂枝是文武旦、诸茹香是旦角、诸连顺是武生。	
武　净	宋　氏	三世武净。	宋福泰、宋起山、宋富亭。	
武净、武生、武旦	王　氏	四世六个伶人中，一人武净，一人由武生改武净，两人武生。	王攀桂是武净、王八十、王菊芳是武生、王蓉芳由武生改武净。	王蓉芳即王永利。四世从伶，但只有三世蝉联脚色。
武净、武生、武旦	余　氏	三世伶人中，二人武净，二人文武生旦，一人武生。	余顺成、余春芳是武净，余玉琴、余幼琴是文武生，余小琴是武生。	
文武丑角	萧　氏	三世六个伶人中，三人是文丑。	萧镇奎、萧长华、萧盛萱。	

四、脚色二世蝉联

续表

蝉联脚色	伶人家族	蝉联情况	蝉联成员	备　注
小　生	陆　氏	二世七个伶人中，五人是小生。	陆佩香、陆阿五、陆双玉、陆华云、陆筱芬。	陆筱芬初学旦角，后改武生，最后又为小生。
小　生	范　氏	父子二人均为小生。	范文英、范富喜。	
小　生	冯　氏	父子二人均为小生。	冯蕙林、冯宇兰。	
武　生	张　氏	父子二人均为武生。	张玉贵、张增明。	
武　生	周　氏	父子兄弟三人均为武生。	周如奎、周瑞安、周春亭。	
老　生	余　氏	三世五个伶人中，四人是老生。	余三胜、余第祉、余第福、余叔岩。	虽是三世，但只有二世蝉联脚色。
老　生	赵　氏	父女二人均为老生。	赵秀山、赵少云。	
小生兼武生	马　氏	父子二人均为小生兼武生。	马泰玉、马德成。	
武　生	张　氏	父子二人均为武生。	张顺来、张德禄。	张德禄起初也演过老生。
文武老生	龙　氏	二世三个伶人中，一人是文武老生，一人是老生。	龙长胜是文武老生，龙小云是老生。	另外一个伶人龙幼云从老生改为武生。
文武老生	谢　氏	父子二人均为文武老生。	谢月奎、谢德宝。	谢德宝后来专演武生。
旦角（武旦老旦除外）	孙　氏	父子三人均为旦角。	孙八十、孙双玉、孙某。	孙双玉和孙某疑为一人，若是，则为父子二人。也有一种说法是，孙双玉是孙六的儿子。

续表

旦角（武旦老旦除外）	路　氏	父子二人均为旦角。	路三宝、路嘉栋。	路三宝演过老生、武生、花旦、小生，后来专演花旦。
旦角（武旦老旦除外）	孙　氏	父子三人均为旦角。	孙心兰、孙喜云、孙诒云。	
旦角（武旦老旦除外）	钱　氏	父子兄弟叔侄三人均为旦角。	钱阿四、钱金福、钱宝莲。	
旦角（武旦老旦除外）	胡　氏	祖孙二世为旦角。	胡喜禄、胡菁雯。	胡喜禄之子、胡菁雯之父胡俊亭为丑角。
旦角（武旦老旦除外）	王　氏	父子二人均为旦角。	王仪仙、王琴侬。	
旦角（武旦老旦除外）	朱　氏	父子三人均为旦角。	朱霞芬、朱小芬、朱幼芬。	
旦角（武旦老旦除外）	赵　氏	父子二人均为旦角。	赵宝芝、赵芝香。	
小生与旦角	张　氏	二世三个伶人中，一人是旦，一人是生，一人生旦兼擅。	张梅五是旦，张宝昆是生，张彩林生旦兼擅。	
小生与旦角	徐　氏	二世四个伶人中，一人是小生，二人是旦角。	徐小香是小生，徐阿三、徐如云是旦角。	
武　旦	孙　氏	父子二人均为武旦。	孙玉兰、孙福喜。	
武生兼老生	刘　氏	父子二人均为武生兼老生。	刘砚芳、刘宗杨。	
武　生	张　氏	二世五个伶人中，三人是武生。	张英杰（盖叫天）、张英俊、张翼鹏。	

续表

净（武净除外）	裘　氏	父子兄弟三人均为净角。	裘桂仙、裘盛戎、裘世戎。	
净（武净除外）	黄　氏	祖孙二世为净角。	黄润甫、黄盛仲	
净（武净除外）	金　氏	父子二人均为净角。	金秀山、金少山。	
文武净	李　氏	二世伶人中，二人是武净，一人是文净。	李寿山、李福山是武净，李小山是文净。	李寿山由武生改武净。
文武净	何　氏	父子二人，一人是正净，一人是武净。	何桂山是正净，何佩亭是武净。	
文武净	韩　氏	二世四个伶人均为文武净。	韩富信、韩盛信分别为文净和武净，其父为武净，其伯父或叔父是文净。	父亲、伯父或叔父名字待考。
文武净	李　氏	父子二人，一人是文净，一人是武净。	李连仲是文净，李福久是武净。	
武净、武生、武旦	李　氏	父子二人，一人是武净，一人是武生。	李永利是武净，李万春是武生。	
文武丑角	罗　氏	四世五个伶人中，两人是文丑。	罗寿山、罗文奎。	
文武丑角	张　氏	父子二人均为文丑。	张元红、张福元。	
文武丑角	王　氏	父子三人均为武丑。	王长林老生兼武丑，王昆山、王福山均为武丑。	王昆山，又称王昆生、王小山。

五、同辈同习一个脚色

同习脚色	伶人家族	同习情况	同习成员	备　注
武净、武生、武　旦	赵　氏	兄弟二人，一人是武旦，一人是文武净角。	赵喜贞武旦，赵喜奎文武净角。	
武　生	苏　氏	兄弟五人，三人是武生。	苏富恩、苏富旭、苏富轼。	
武　生	罗　氏	兄弟二人均为武生。	罗连云、罗燕臣。	
武　生	夏　氏	兄弟二人均为武生。	夏月润、夏月华。	
旦　角	秦　氏	兄弟二人均为旦角。	秦五九、秦燕仙。	
旦角（武旦老旦除外）	律　氏	兄弟二人均为旦角。	律佩芳、律喜云。	
武生与武旦	赵　氏	兄弟二人，一人是武生，一人是武生兼武旦	赵喜魁是武生，赵喜珍是武生兼武旦。	
武　净	冯　氏	兄弟二人均为武净。	冯富昆、冯连恩。	
武　净	刘　氏	兄弟二人均为武净。	刘连荣、刘盛常。	
武　净	李　氏	兄弟二人均为武净。	李盛佐、李胜佑。	李盛佐也是武丑。
文武丑角	孟氏	兄弟三人均为文丑。	孟鸿茂、孟鸿寿、孟鸿芳。	孟鸿芳也兼演武丑。

上述表格，需要说明的是：

其一，它是根据潘光旦的《中国伶人血缘之研究》一书中的资料整理而成的，它的伶人脚色蝉联世系的截止时期为20世纪30年代中期，因此，表格中的脚色蝉联世系，许多伶人家族还要延伸，例如谭鑫培家族和梅兰芳家族，后来又延伸到六代同为老生和四代同为旦角。即使是20世纪30年代中期以前的伶人脚色蝉联世系，也既不全面，也未必准确，在资料中存在着几处这样的情形，虽然了解某一伶人家族的前面一代或者后面一辈从伶，但是，由于不了解他们从事的脚色，因此，无非将他们计入脚色蝉联世系。由于伶人家族的特殊性质，除非是知名伶人家族，普通伶人家族的史料少有详记，故而这种情形也是不可避免的。另外，脚色的分类方法，与现代的分类方法也不尽一致，但是，为了与原资料保持一致，还是采用这种方法。

其二，尽管存在这些缺陷，但是，上述表格仍然反映出中国伶人家族脚色蝉联世系的一些基本信息。在表格中，共有68个伶人家族，其中，脚色五世蝉联的伶人家族1个，占总数的1.5%；脚色四世蝉联的伶人家族3个，占总数的4.4%；脚色三世蝉联的伶人家族18个，占总数的26.4%；脚色二世蝉联的伶人家族35个，占总数的51.5%；同辈同习一个脚色的伶人家族11个，占总数的16.2%。从比重关系来看，脚色二世蝉联和脚色三世蝉联的伶人家族比重最大，两者之和要总数的77、9%，约为八成左右，这说明了二世和三世脚色蝉联的可能性是最大的，同辈同习一个脚色对于脚色蝉联世系来说只是一个起步，而脚色蝉联世系越多，婚姻的复杂性越大。由于已经处于中国近现代社会转型时期，对于伶人家族的各种制约相对松动，因此，伶人家族的出路也相对多了起来，因此，脚色蝉联世系的势头就会大为削弱。

各种蝉联脚色的伶人家族分布情况如下：

表12.2　蝉联脚色的伶人家族分布情况

蝉联脚色名称	伶人家族数量	排序名次
老生（包括文武老生）	11	2
武　净	2	11
文武生旦	3	8
小　生	4	5
武　生	10	3
旦角（武旦老旦除外）	12	1
武生与武旦	2	11
武　净	4	5
武净、武生、武旦	3	8

续表

蝉联脚色名称	伶人家族数量	排序名次
文武丑角	5	4
小生兼武生	1	14
小生与旦角	2	11
武　　旦	1	14
武生兼老生		14
净（武净除外）	3	
文武净	4	5
总　　计	68	

从上述统计中，旦角（武旦老旦除外）和老生（包括文武老生）蝉联脚色的伶人家族最多，这也与中国晚清、公元纪年时期老生为主体制和旦角为主体制的历史情况相符合的，因此，这种蝉联脚色的伶人家族的数量排序，也具有一种历史分析的价值。

其三，由于“内群婚姻”，中国伶界形成自给性的婚姻习俗，因此，也就更有可能将伶才遗传下来，形成伶人家族的脚色蝉联现象。上述伶人家族，全部是从父系家族统计，如果加上母系家族，那么，这种伶人家族脚色蝉联数量更多，规模更大。表格中的许多伶人家族存在姻亲关系，在脚色蝉联方面更为显著，确实有着一种“物以类聚”的现象。例如梅氏与秦氏、胡氏、朱氏、王氏都有联姻关系，而且，这些伶人家族中大多为旦角伶人。梅氏家族，梅巧玲、梅竹芬、梅兰芳三世旦角，梅雨田之妻胡氏，她的家族中胡喜禄、胡菁雯祖孙二人为旦角，与梅兰芳同辈的梅家三个女婿：朱小芬、徐碧云、王蕙芳，也全部是旦角。朱小芬家族，朱霞芬、朱小芬、朱幼芬父子三人均为旦角，朱霞芬的女婿杨韵芳也是一个旦角，从小生改行过来的。王蕙芳的原配夫人王氏，其家族中王仪仙、王琴侬父子二人均为旦角。梅兰芳的原配夫人王氏，她的父亲兄弟二人也是旦角，后来的夫人福芝芳也是一位旦角演员。如此，也就形成了一个庞大的旦角家族集团。

这种脚色蝉联现象，也就使某些脚色似乎成为了部分伶人家族的“专利”。由于“内群婚姻”所较易形成的气质遗传，加上奕世脚色蝉联，也就是说部分伶人家族在某些脚色方面构成了优势，它在演出市场上具有竞争力。它的脚色标志，例如伶人名字、艺名或者称号，也形成了市场票房的一种“品牌”效应，它就具有一种排他性，非本家族的伶人不能传承，它也成为中国伶人家族文化封闭性的一个方面。谭志道艺名“叫天子”，由于谭鑫培在武生戏、武老生戏和武丑戏方面在北京已有一定名声，人们便称他为“小叫天”。盖叫天本来想取艺名为“小小叫天”，想借一点谭鑫培的光，可以扩大演出市场的影响，但是，却是有人提出质疑，认为他不配叫这名字，盖叫天一气之下，爽性改成了现名，还要盖过“小叫天”。伶人家族知名伶人名字的传承是演出市场运作的一个方面，可以发挥家族脚色蝉联的最大价值。余三胜与程长庚、张二奎齐名，道光时期，在北京有着“老生三杰”的说法，由于他的儿子余紫云习旦角，非家族脚色蝉联，故而没有传承他的名字，作为票房的号召力量，到了他的孙子余第祺，也即余叔岩，因为蝉联老生，才打出了“小小余三胜”的名字挂牌出演，在天津下天仙戏院演出，红极一时。梅兰芳称道：

> 余叔岩生长在这样一个梨园世家，艺术氛围极其浓厚的环境里，幼年是个少老板，九岁时，就在家里延请教师姚增禄学《乾元山》、《探庄》、《蜈蚣岭》等武戏，十一岁从吴连奎学老生戏，童伶时期，就以“小小余三胜”的艺名，在天津红起来。他那时嗓音清脆，扮相漂亮，加之余三胜先生在天津享过盛名，据说天津泥人张就因为捏余三胜的戏像得名，我在叔岩家里曾看过泥人张捏的一尊余老先生扮《黄鹤楼》刘备的泥像，古貌如元代刘兰塑。……
>
> 由于上面这些有利条件，“小小余三胜”成为天津“下天仙”（赵广顺开的戏园）的台柱子，每月包银逐渐涨到千元左右，这个数字，在当年是很可观的。[24]

从上述表述中，可以看出脚色蝉联的伶人家族名字，是对家族资源的一种开发，具有相当的市场效应。孟小冬的祖父，艺名孟七，工武生和武净，他的三子孟鸿荣，也工武生，在当时颇有些名气，后来也改名为小孟七。孙毓堃是知名武生俞振庭的外甥，他也从事武生脚色，因此，他的艺名叫“小振庭”。由于脚色蝉联的伶人家族名字、艺名或者称号资源，与经济利益有着密切的关系，故而它的封闭性，也是一种顺理成章的中国伶人家族文化现象。

第六节　票友的入伶规则

中国伶人家族的封闭性基质，还体现在对于票友入伶的态度上。应该说，入伶以前，伶人和票友的地位是很不相同的。如前所论，伶人唱戏，属于贱业，而票友票戏，则是风雅之事。焦循在《剧说》中云：

> 周挺斋论曲云，良家子弟所扮杂剧，谓之行家生活，倡优所扮，谓之戾家把戏，盖以杂剧出于鸿儒硕士，骚人墨客，所作皆良家也。彼倡优岂能办此？故关汉卿以为非是他当行本事，我家生活，他不过为奴隶之役，供笑献勤以奉我辈耳；

子弟所扮，是我一家风月。虽复戏言，甚合于理。

这种“甚合于理”的观点，“良家子弟所扮杂剧，谓之行家生活，倡优所扮，谓之戾家把戏”，伶人和非伶人经营杂剧的性质颇为不同。

但是，票友若要入伶，则需要经过一些特别的方式，一是一般票友下海，必须拜一位职业伶人为师，方可正式登台从业。俞振飞在《回忆先师程继仙先生》一文中写道：“由于我对戏曲艺术的爱好，到了十九岁，又开始学京戏，经常以票友姿态演出”，“按照梨园旧规，票友下海必须有正式业师。拜谁呢？我们二人再三研究，我就提出了当时在京剧小生中最负盛名的程继仙先生。”[25]二是票友下海从伶者，为了表示与职业伶人有别，在日常称呼和戏剧演出广告中，一般以“某处”称之，还有一种说法是，“处”字应为“出”字。

票友入伶，必须拜伶业师父方能从业，此等心态颇耐玩味。除了票友入伶，拥有一个师父可以获得照拂之外，可能还有如下的潜规则：首先，票友入伶之前，伶人和票友的地位不可同日而语，现在票友欲要入伶，伶人则要摆摆姿态，使票友必须经过拜师的程序，至于伶业师父愿不愿意收他为徒，则还需视情而定。如此的潜意识，也可以在票友入伶以后仍有可能受到职业伶人的歧视中得到印证。

> 过去的梨园人物，嘴都很刻薄，说损话是拿手好戏。大家对言菊朋是票友下海唱戏便瞧不起他，故意讥讽，送他一个“五小”的外号，又有称为“五子”的。
>
> “五小”是“小脑门”（额头太低），“小胡子”（髯口又薄又稀又短），“小袖子”（水袖太短），“小鞭子”（马鞭又短又细），“小靴子”（厚底靴子的底儿太薄）。
>
> “五子”则是“小胡子”、“小袖子”、“小鞭子”、“洗鼻子”、“装孙子”，可谓谑而虐了。[26]

其次，票友入伶，毕竟要增加伶业的竞争，构成一种潜在甚至现实的威胁，因此，伶人在票友入伶时也要设置一定的门槛。俞振飞已经拜程继仙为师了，但是，程继仙还是对俞振飞“留一手”，“我对老师毕恭毕敬，惟命是听，可是老师对我们只是很浮泛，我也不知道是什么原因。有一次，我向老师提出要求说：‘老师，我想请你说说《群英会》。’不料老师听了我这句话，两只眼睛从老花眼镜的上面翻出来，对我上下打量一番说：‘你唱《群英会》，配吗?’‘我配吗?’我真有些不服气。我想我在上海，这出《群英会》已经演过几十次了，怎么现在连想学都不配呢？我拜您为师，是想在艺术方面再提高一些，所以不远千里而来，还是学不到是需要学的戏，这不使我太失望了吗？后来了解老师这样对待，也有他的苦衷：在从前的戏班里，师生同班，很可能徒弟学会了本事就把师父踢出去。也确实有这样的例子，所以使得做老师的对自己的徒弟存下了戒心，程老师重要的戏都不教我，不让我学，也是他老人家对我‘留一手’的原因。”[27]职业师父对入门的票友徒弟“留一手”，也是自身职业安全的需要。伶业虽然低贱，“供笑献勤以奉我辈耳”，但是，票友若要加入伶业，伶人及其家族也会表示自身的态度，显示自身在伶业内部的优势，通过一种封闭性的方式，票友只有经历某种程序以后，方能获得从业资格。它既是伶人及其家族尊严的一种表现，也是伶人及其家族保护职业安全的现实需要。如此的封闭性，也反映出中国伶人家族文化的某种玄机。

【注释】

1. 张发颖．中国戏班史．北京：学苑出版社，2004. 658 页．
2. 刘晓桑、陈墨香、曹心泉、王瑶卿．徐小香专记．剧学月刊，公元纪年 21 年．1（2）．
3. 王沪宁．中国村落家族文化——对中国社会现代化的一项探索．上海：上海人民出版社，1999. 27 页、28 页．
4. 冯沅君．古剧说汇．北京：作家出版社，53 页、54 页．
5. 张发颖．中国戏班史．北京：学苑出版社，2004. 11 页、13 页．
6. 张发颖．中国戏班史．北京：学苑出版社，2004. 73 页、74 页、134 页、135 页、136 页、137 页．
7. 周传家．谭鑫培传．石家庄：河北教育出版社，1996. 281 页．
8. 孙丹书．犯奸．见定例成案合钞（25）．
9. 谭帆．优伶史．上海：上海文艺出版社，1995. 166 页．
10. 周传家．谭鑫培传．石家庄：河北教育出版社，1996. 351 页．
11. 王沪宁．中国村落家族文化——对中国社会现代化的一项探索．上海：上海人民出版社，1999. 27 页．
12. 张发颖．中国戏班史．北京：学苑出版社，2004. 108 页．
13. 潘光旦．潘光旦文集（2）．北京：北京大学出版社，1994. 322 页．
14. 王国维．古剧脚色考．北京：中国文史出版社，1997.
15. 梅兰芳．中国戏剧大师的命运．北京：作家出版社，2006. 258 页、259 页．
16. 潘光旦．潘光旦文集（2）．北京：北京大学出版社，1994. 384 页．
17. 潘光旦．潘光旦文集（2）．北京：北京大学出版社，1994. 236 页．
18. 北京市政协文史委员会．梨园往事．北京：北京出版社，2000. 145 页、146 页．
19. 李仲明．谭鑫培．石家庄：河北教育出版社，2006. 9 页．
20. 李仲明．谭鑫培．石家庄：河北教育出版社，2006. 313 页．
21. 梅兰芳．舞台生活四十年（插图珍藏本，上卷）．北京：团结出版社，2006. 33 页、34 页．

22. 梅兰芳．舞台生活四十年（插图珍藏本，上卷）．北京：团结出版社，2006. 35 页．

23. 潘光旦．潘光旦文集（2）．北京：北京大学出版社，1994. 236 页、237 页、238 页、239 页、240 页、241 页、242 页、243 页、244 页．

24. 梅兰芳．舞台生活四十年（插图珍藏本，上卷）．北京：团结出版社，2006. 534 页、535 页．

25. 梅兰芳．中国戏剧大师的命运．北京：作家出版社，2006. 113 页．

26. 丁秉鐩．菊坛旧闻录．北京：中国戏剧出版社，1995. 385 页．

27. 梅兰芳．中国戏剧大师的命运．北京：作家出版社，2006. 116 页．

第十三章　伶人家族的消费经济特性

第一节　“适者生存”的伶业家族生计

对于伶人家族的文化基质而言，商业性也是它的一个重要内容。其实，任何一个家族为了生存和发展，都有它的经济活动。有的学者认为，家庭就是一个在血亲基础上建立起来的最为基本的经济社会单元，中国历史上的家庭概念具有两种含义，一是“个体小家庭”，它的根本特征是“同居共爨”，二是“母体大家庭”，它是直系血亲大家庭分裂成若干个体小家庭之后的总和。尽管也有学者认为，家庭是一个历史动态的概念，应该从历史运动变化中去把握家庭的含义，但是，对于家庭及其家族的经济社会单元性质，它们存在着共同的经济生活和经济活动，却都是有着较为一致的认识。

但是，在中国长期农耕社会的发展格局中，传统家族的经济活动，它的商业性是并不显著的。这种情形，在中国村落家族经济活动中尤为突出。它源于村落家族经济的自给性性质。王沪宁在《当代中国村落家族文化》一书中写道：

> 农耕性的经济决定了这种经济是自给自足的，因为其生产力水平发展程度不高，生产的主要目的是为生产者提供生存资源，而不是用于交换的目的，这与商品生产截然不同。……所以村落经济本质上是一种自给自足的自然经济，生产产品基本上用以维护生产者本人的消费，没有多大余额。传统的地主富豪基本上也坚持自给自足的思想，……生产力的长期迟缓不前，使自然经济自给自足无以改观。当然，没有自给性，村落家族共同体就有解体的可能性。这种自给性浇注了村落共同体的权威基础，因为共同体成员要依靠共同体维持生存，这形成村落共同体的某种聚合力。[1]

中国伶人家族却是与此不同，它不是一种自给自足的经济活动。伶人家族的经济活动，有着各种各样的表现形态，但是，它都需要与社会发生金钱交易的活动。具体而言，伶人家族以自己的才艺，换取生存所需要的钱财。它既是伶人职业的必然，又具有一种无奈和被迫。由于中国实现伶人家族隔离政策，被传统家族驱逐以后，伶人及其家族已经不可能与传统家族“同居共爨”，无法依靠“依靠共同体维持生存”。一旦为伶，伶人及其家族已经不会再与传统家族发生经济活动联系，而产生了另外一种性质的“自给自足”，即伶人及其家族必须通过自己的才艺交易行为，来获得“维持生存”的条件。

从此意义而言，伶人及其家族是中国较早进入市场经济的职业家族之一，它没有传统家族的经济背景，而完全需要在“市场”的选择中，建立生活和生存的基础。它必须依靠自身的能力，接受市场的检验和认同，并从而完成自己的经济生产任务。应该说，伶人及其家族是较早领略经济学意义上“适者生存”原理体验的。经济学自从创立以来，一直与自然科学存在着相互影响和渗透的关系，达尔文（Darwin，G. H）的“自然选择”进化论即是其中的典范思想，他受到马尔萨斯（Malthns，T. R）《人口论》的启示，提出了进化论的学说，并产生了如同赫伯特·斯宾塞（Spencer，H.）所说的在“自然选择”基础上形成的“适者生存”理论。后达尔文主义的出现，将自然选择与生物学的遗传思想合而为一，并再次将这些学说应用到人类社会和经济生活的竞争中去。伶人及其家族被传统家族隔离以后，也就必然要在“市场”的“自然选择”中“适者生存”，它是极其残酷的经济活动，在生存法则的有形或者无形作用之下，伶人家族为了“适者生存”，在才艺与金钱的交易过程中，它是充分发挥艺术产品价值，从而实现艺术产品的商业属性。侯方域的《壮悔堂集·马伶传》所记的南京兴化部和华林部竞技的故事，即是这种伶业“自然选择”中“适者生存”的典型案例。它的市场消费对象是颇为清晰的，“一日新安贾合两部大会，遍征金陵之贵客文人与夫妖姬静女，莫不毕集”，而市场的“自然选择”是十分残酷的，“兴化于东肆，华林于西肆，两肆皆奏《鸣凤》所谓椒山先生者。迨半奏，引商刻羽，抗坠疾徐，并称善也。当两相论河套，西肆之为严相国者曰李伶，东肆则马伶。坐客乃西顾而欢，或大呼命酒，或移坐更近之，首不复东。未几更进，则东肆不能终曲。询其故，盖马伶耻之，已易衣遁矣。”这种“自然选择”的结果，便是“首不复东”，“东肆不能终曲”，作为主演者的马伶“已易衣遁矣”。三年以后，“招前日宾客”，两部“更奏《鸣凤》”，潜心学艺三年的马伶又打败李伶，“李伶忽失声匍匐，前称弟子，兴化部遂凌出华林部远甚。”因为马伶一定深刻地理解伶业“适者生存”的道理，如果他失败后不再翻身，他很有可能被伶界淘汰，甚至可能连生计都发生问题。这里，兴化部和华林部演技竞争虽然不是伶人家族之间的竞争，但是，它也说明了伶业在市场形态中“适者生存”的原理，它的最终指向只有一个，即作为安身立命的物质基础的经济问题，而在中国戏班发展过程中，它往往是与伶人家族联系在一起的。张发颖在《中国戏班史》一书中写道：

> 我们不要轻视这十来个人的家庭戏班，它却是我国元代杂剧兴盛繁荣队伍的根基。直至明初，周宪王朱有燉作《诚斋乐府》，其描写伶人生活的《桃源景》、《复落娼》、《香囊怨》，仍是以这种家庭戏班为其组织形式。我们看，像《宦门子弟错立身》，是以旦角王金榜为主的家庭戏班，《汉钟离度脱蓝采和》是以末角许坚为主的家庭戏班。现在我们所见到的元代剧本不是旦本，就是末本，从某些方面来说，正是适应这种戏班组织情况而出现的剧本结构形式。[2]

伶人家庭及其家族与戏班之间的密集关系，也反映了伶人家族经济活动的艺术商品交换性质。家族的概念，乃是一个历史发展演变的概念，但是，对于它的分析，需要注意的是，不应该完全以血缘世系作为唯一依据，而是应当从社会生产和生活的方面着手，家族承担着维持共同生计的职能，即同吃、同住、同劳动的家族经济职能，并由此提供一个家族物质生产和消费的保证。尽管在一个家族内部也实现分工，但是，这些分工也都发挥着各自应有的作用。伶人家族需要通过才艺交易行为，获得家族物质生产和消费的保证，因此，伶人家族也就成为一个“生产”的基本单位。近三十年来发展起来的西方“新政治经济学”运动，开始将家庭作为一个“生产”的基本单元纳入微观经济分析之中，其中加里·贝克尔（Becker，G. S.）运用经济学原理解释家庭行为，并创造出令人耳目一新的微观经济学体系，他认为对于一个家庭来说，无论是何种组合，事实上都是一家小型工厂。如果按照加里·贝克尔的观点分析中国传统家族，在商品经济尚未发展起来的中国农耕社会，经济自给性的传统家族自然不是一家小型工厂，但是，一直在才艺交易行为中维持生计的中国伶人家族，却是较为典型的一家小型工厂。

> 戏班行话说，“梨园行是养小不养老”。演员的一生全靠自己谋划，人们常说：“生意（卖艺）钱，当天完；买卖钱，管十年；庄稼钱，万万年。”大多数艺人都是性情中人，年轻时挣了钱，不知积蓄防老，把包银花费一空。到老来连生计都有问题，更谈不上有闲钱“过瘾”了。[3]

伶人家族已经没有传统家族可以依赖，无法与传统家族同吃、同住、同劳动，它自己已经成为一个经济主体，需要“一生全靠自己谋划”，如果“谋划”不好，则很有可能“到老来连生计都有问题”。从某种意义而言，伶人家族已经成为一种家族文化企业，通过艺术产品的生产和销售从而获得经济收益，保持家族及其家族文化企业的生产和再生产。

除了伶人家族与传统家族隔离，无奈和被迫地成为一个“市场”“自然选择”的经济单位，伶人家族的职业性质也从另外一个方面决定了伶人家族的商业性。伶业属于一种服务性或者说是消费性的行业，它与中国农耕社会的农民职业不同。农耕家族的经济资源主要来自于土地，它以全体家族成员耕种某一特定范围以内的土地获得生活和生存资料，根据季节和耕作特点组织生产劳动，因此，也形成了村落家族的生活方式。“村落家族共同体的生活与农耕劳作基本上浑然一体。农耕性将族员固定在一定的土地上。农耕性的表现形式是小农经济与家庭手工业结合的村落经济。经典的耕种和生活方式是男耕女种。农耕性使村落家族共同体与土地或说居住地和生活场所结下不解之缘，造成村落家族文化的一些基本特征。农耕性的长期存在是村落家族文化经久不散的基础。当然，近代以来，靠近城市的村落发生了不同程度的变化，但大部分乡村地区并没有摆脱农耕状态。”[4]伶人家族却是与此不同，它的经济资源不是来自于土地，而且，也不是“固定在一定的土地上”，伶业作为一种服务和消费行业，它依附在社会经济的发展之上，它具有一种“寄生性”的经济性质。伶人家族“经典”的生产和生活方式，是在“冲州撞府”、“走南投北”中通过商业性的艺术产品服务和消费行为，由此获得生活和生存资料。

在中国伶业发展史上，一些非民间形态的伶人及其家族依附在宫廷、府衙以及商绅富豪家班进行表演活动及其日常生活，他们在表面上似乎与民间伶人及其家族不同，没有进行直接的艺术商品交换活动，但是，他们以自身的表演能力被宫廷、府衙以及商绅富豪家班等社会“市场”选中，并且，在这一社会“市场”中“经营”和“出售”自身的表演产品，从而得到生活和生存资料，因而在深层上同样是一种商业性交易行为，并没有脱离伶业的服务和消费性质。这种典型“寄生性”的表演产品交换，也会根据不同的产品等级具有不同的产品“价格”，也使伶人及其家族具有不同的艺术和经济身份。唐玄宗时期，宫廷伶人即分为“坐部伎”和“立部伎”，前者为贵，后者为贱，对于女性优伶，其技艺优异者，艺术和经济待遇更高，“妓女入宜春院，谓之‘内人’，如曰‘前头人’，常在上前头也。其家犹在教坊，谓之‘内人家’，四季给米，其得幸者，谓之‘十家’，给第宅，赐无异等。”[5]它实质上形成了一种隐性的艺术经济行为，根据才艺的不同价值获得相应的经济收益。这些非民间形态的伶人及其家族与民间形态的伶人及其家族是相通的，他们来自于民间形态的演剧戏班，在宫廷、府衙以及商绅富豪家班等社会“市场”的艺术与钱财交换活动中被淘汰以后，又会重新回到民间形态的演剧戏班，因此，依附在宫廷、府衙以及商绅富豪家班的伶人及其家族，在他们的文化基质中，商业性同样是显著的。

伶业的服务和消费性质，也从一个角度决定了伶人家族文化的卑贱性格。这种性格，也透露了一些伶人家族在艺术商业活动中获得较高收益，而在政治人格上仍然低贱的内在原因信息。在中国的政治设计中，为了保持农耕社会的稳定以及国家赋税的需要，一直是采取“重农抑商”国策的，具有商业性质的社会行业一直社会地位不高，而从事服务和消费的职业更是如此。伶业的商业性特质，在使伶人家族文化具有商业性的同时，也使伶人家族无法逃脱贱民社会的宿命。

由此，伶人家族被迫进入社会“市场”的无奈和伶业本身文化消费职业的天性“浑然一体”，构成了伶人家族的商业性文化特征。商业性的长期存在，也是伶人“家族文化经久不散的基础”。

第二节　宫廷、府衙和家宅的“依附型”服务

伶人家族的经济活动，可以分为几种类型。首先论述的是完全依附于宫廷、府衙以及商绅富豪家班的伶人及其家族。就某种意义而言，中国文化的核心内容是围绕着官场文化展开的，甚至可以说是中华民族基本上是以官场为活动中心，一切以权力为中心以及一切为权力服务。官场既是战场，又是戏场，既要真刀真枪，又要逢场作戏。黎鸣在《中国人性分析报告》一书中称道：

> 单纯官场的三大陷阱：1. 最高权力缺乏有效的约束；2. 权力的私有；3. 权力的滥用。在中国数千年的历史中这三大陷阱表现得最充分。自古以来的儒家文人没有谁为填平这三大陷阱，或至少避开这三大陷阱提出过真正的良招。中国人传统的人性本善观念实为毫无根据的轻信。儒家的三畏（畏天命、畏大人、畏圣人之言）只能吓唬无权者，或权小者。对于拥有最高权力者纯属虚言。儒家的三纲八目（明德、新民、止于友善；八条目为格物、致知、诚意、正心、修身、齐家、治国、平天下）不过是建立于“人性本善”这个虚构的人格心理基础之上的希望之塔。每个概念都渗透着伪善、虚假和自欺欺人。中国几千年的历史基本上就是在这种布满陷阱的官场、官场化的市场、官场化的情场的社会活动的过程中走过来的。[6]

以上所论，虽是一家之言，却也说明了中国官场文化的某些本质之处。官场的“三大陷阱”中，其实三者是互通的，正是“最高权力缺乏有效的约束”，才出现了“权力的私有”和“权力的滥用”，并且，上行下效，整个权力系统也出现了“私有”和“滥用”的状况。它的标志之一，即是对于伶业文化的消费，在宫廷和府衙广蓄伶人及其戏班。对于权力与伶业文化之间的内在政治、文化和人性关联，笔者在《中国伶人性别表演研究》一书中已有较为详细的论述，“这里，权力话语施展了它的历史威力，使中国优伶性别成为权力话语的认同和炫耀，以及一种窥视和消费的极度狂欢，优伶性别构成了代表权力话语的主要形式，或者说是，优伶性别乃是权力形成之源头和通道。”[7] 对于伶人及其家族而言，则是通过这种寄生性的演剧活动获得经济保障以及收益。

中国进入奴隶社会以后，也就出现了职业化的伶人，《管子·轻重》记夏桀有“女乐

三万人，端噪晨乐，闻于三衢。”这些伶人，是奴隶主的附庸，“奴隶社会的优伶是奴隶主以及贵族等少数人的专利品，他们的绰约身姿和美妙歌喉是作为奴隶主及贵族阶层用以享乐的奢侈品而存在的。他们在当时并没有独立的地位和人格，而是一种娱乐的工具，是奴隶主豢养的歌舞奴隶，其地位之低贱是可想而知的，他们甚至还常常作为奴隶主的殉葬品被活活埋葬。”[8] 作为奴隶主的“歌舞奴隶”，伶人自然是没有经济活动的，但是，他们存在的价值是附丽在“他们的绰约身姿和美妙歌喉”中的，从某种意义而言，这些“绰约身姿和美妙歌喉”也就具有一种使用价值，从而使伶人与奴隶主形成一种特殊的“交换”关系，伶人依靠出卖自己的演艺才获得了生活和生存的某种保障。应该说，职业化伶人的出现，是奴隶社会脑力劳动和体力劳动开始分工的表现，伶人脱离生产劳动，以自己的“绰约身姿和美妙歌喉”为主人提供声色服务。虽然“优伶”名称的确立与传之典籍是在春秋时期，但是，这些“歌舞奴隶”与后世的伶人并没有本质的区别，都是通过自己的娱人才艺得到生活和生存的基础。

由于“中国优伶性别成为权力话语的认同和炫耀，以及一种窥视和消费的极度狂欢”，伶人及其家族依附在宫廷、府衙的现象一直延续下来，甚至可以说是他们也成为了宫廷、府衙的一种特殊成员，他们的经济生活依靠宫廷、府衙的提供和保障。周秦时期，优施、优孟、优莫、优旃、伶伦、钟仪、鸠、泠向、泠狸、泠刚、泠耳、泠广、师旷、师挚、师乙、师存、师亥、师襄、师涓、师文、师开等史籍中有载的优人、伶人或者乐师，“他们都是作为人主的附庸，为君主或诸侯所豢养和使用。”[9] 其中，据史籍所载，钟仪世代为伶，已经形成优伶家族。《左传·成公九年》载：

> 晋侯观于军府，见钟仪。问之曰：“南冠而系者，谁也?”有司对曰：“郑人所献楚囚也。”使税（脱）之。召而吊之，再拜稽首。问其族，对曰：“泠人也。”公曰：“能乐乎?”对曰：“先人之职官也，敢有二事。”

在上述文字中，“问其族，对曰：‘泠人也。’”反映了优伶已经形成一个特殊的社会阶层，而且已经家族化了。“先人之职官也”，也表明了优伶家族依附于官府的现象。

汉朝初年，由于采取了无为而治的国策，它起到了休养生息的作用，社会经济形势得到了复苏，形成了“文景之治”的繁荣局面。由此，作为一种在经济基础上发展起来的消费文化，伶业繁盛，依附于宫廷、府衙的伶人数量迅速发展起来。《汉书·礼乐志》载：

> 朝贺置酒，陈前殿房中，不应经法。治竽员五人，楚鼓员六人，常从倡三十人，常从象人四人，诏随常从倡十六人，秦倡员二十九人，梁倡象人员三人，诏

随秦倡一人，雅大人员九人。朝贺置酒为乐，楚四会员十七人，巴四会员十二人，铫四会员十二人，齐四会员十九人，蔡讴员三人，齐讴员六人，竽瑟钟磬员五人。

以上为宫廷散乐人的配置情况，人数非常庞大，而且，分工也很繁细。《汉书·礼乐志》还载："高祖庙，奏《武德》、《文始》、《五行》之舞；孝文庙，奏《昭德》、《文始》、《四时》、《五行》之舞；……高祖既定天下，……作《风起》之诗，令沛中僮儿百二十人习而歌之。至孝惠时，以沛宫为原庙，皆令歌儿习吹以相和，常以百二十人为员"，也反映出了汉朝帝王对于礼乐及其大型歌队的喜好。汉朝伶业还有一个重大事件，即汉武帝时期设立的"乐府"机构，它除了收集民间乐曲和编写歌辞，还培养伶人和从事演出活动，它的首领也是一位伶人，即李延年，被汉武帝派任为乐府的协律都尉，他的妹妹即是汉武帝宠爱的李夫人，也是伶人出身。

由此，这些依附在汉朝宫廷的伶人及其家族，通过自身的才艺获得经济生活的保障，甚至还有可能得到宠幸，得到更大的经济利益。《汉书·东方朔传》载东方朔对汉武帝如此抱怨曰："侏儒长三尺余，奉一囊粟，钱二百四十。臣朔长九尺余，亦一囊粟，钱二百四十。侏儒饱欲死，臣朔饿欲死。"这虽然是戏谑之言，但也反映了受到宠爱的伶人的经济待遇不低，"奉一囊粟，钱二百四十"，竟与大臣相等。正是因为如此，在宫廷、府衙从事伶业，也就成为一个可以谋生甚至是商业营利的职业，当时许多失地农民以此为业，专习歌舞以供宫廷、府衙之所需，《史记·货殖列传》称："中山地薄人众，……民俗懁急，仰机利而食。丈夫相聚游戏，悲歌忼慨，起则相随椎剽，休则掘冢作巧奸冶，多美物，为倡优。女子则鼓鸣瑟，跕屣，游媚富贵，入后宫，徧诸侯"，说明了依附在宫廷、府衙的伶业，已经作为一种职业追求，具有了某种商业营利的性质，司马迁将它列入《货殖列传》之内容，也折射了当时在宫廷、府衙的伶人及其家族的商业性的色彩。

魏晋南北朝虽然政局一直动荡，社会生产力也受到严重破坏，但是，宫廷、府衙的伶人数量仍然不少，《隋书·音乐志》载："宣帝广召杂伎，增修百戏，鱼龙曼衍之伎，常陈殿前。累日继夜，不知休息"，《宋略·乐志叙》也载："王侯将相，歌伎填室；鸿高富贾，舞女成群。"这些许多是从民间搜罗而来的伶人，也通过在宫廷、府衙的表演活动获得物质生活保障。

唐代教坊，是中国历史上最大的直属宫廷的伶业机构，它与礼部太常所属的为了祭祀典礼而设立的乐舞结构不同，它为了是宫廷娱乐活动的散乐机构。唐朝宫廷伶人人数十分庞大，《唐会要》卷三十三称，唐太宗贞观二十三年，"诏诸州散乐太常上者，留二百人，余并放还"，到了唐玄宗时期，根据陈旸《乐书》所载，内外教坊有伶人两千人，梨园有伶人三百人，宜春、云韶以及掖庭的伶人尚不计算在内，《新唐书·礼乐志》甚至称："唐之盛时，凡乐人、音声人、太常户子弟及鼓吹署，皆番上总号音声人，至数万人。”由此可以看出，唐朝依附在宫廷中演艺和生活的伶人及其家族，已经形成一个职业性的伶业队伍。

张发颖在《中国戏班史》一书中，根据《唐六典》、《新唐书》等史籍资料，对教坊乐工、博士的管理制度进行了综合整理和分析。在教坊中，有中使身份的教坊使一人，有音声博士司传授音乐歌舞、杂剧百戏之职。

一、乐人的管理

1. 对乐人立师以教，而岁考其师之课业，为上中下等。十年大校，未成则又五年而校之。

2. 以番上下，有故不任供奉者，则输资以充伎衣乐器之用。

3. 散乐闰月人出资钱百六十。

4. 长上者复（免除）徭役。所谓“长上”，即经常出席演奏者，销售九品散官待遇。

二、博士的管理

1. 博士教之功多者为上第，功少者为中第，不勤者为下第。十五年有五上考，七中考授散官，直本司，年满考少者不叙。

2. 教长上弟子四考，难色二人，次难色二人，业成再者进考。得难曲五十以上任供奉者为业成。

3. 习难色大部伎三年而成，次部二年而成，易色小部伎一年而成，皆入等第。三为业成，业成再加“行修谨者”，可为助教，博士缺以次补之。

三、学业不佳之乐人管理

长上者及别教未得十曲者给资三分一；不成考隶鼓署习大小横吹。

四、教学效果不好之博士的管理

难色四番而成，易色三番而成，不成博士有谪。内教博士及弟子长教者给资而留之。[10]

上述对乐人和教授乐人之博士的管理作了具体的规定，可以看出由于业绩的不同，他们的经济待遇也是不同的。如前所述，唐玄宗时期的宫廷伶人，分为“坐部伎”和“立部伎”，而且，女性伶人优异者入“宜春院”，“四季给米”甚至是“给第宅”。崔令钦《教坊记》载：“初，特承恩宠者有十家，后继进者，敕有司给同十家，犹故以十家呼之。每月二十六日，内人母得以女对，十家就本落，余内人并坐内教坊对。内人生日，则许其母、姑、姊、妹皆来对，其对所如式”，则是描写了“宜春院”内伶人及其家族的生活情形。其实，不仅仅是“宜春院”的伶人，一般伶人也是“四季给米”，《旧唐书·音乐志》称“太乐别署乐教院廪食常千人”，《唐会要》也载“二十三年（开元）敕：内教坊博士及弟子须留长教者，听用资钱陪其所留人数，本司定申者为簿。音声内教坊博士及曹第一第二博士悉免杂徭，本司不得驱使”，可见依附在宫廷的伶人都是国家供给，其中的一部分人还可以“悉免杂徭”。

由于宫廷伶人乃是享受国家廪给政策，在完成宫廷的演艺任务以外，到府衙和官员燕集宴飨进行表演活动，宫廷伶人则是要收雇金或者给予缠头的，这些收入也就归他们私人所有，成为宫廷伶人的另外一种经济收益。《唐会要》卷三十四载：

> 宝历二年京兆府奏：伏见诸道方镇，下至州县郡镇皆置音乐，以为欢娱。岂惟夸盛军容，实因接待宾旅。伏以府司每年重阳上巳两度宴游，及大臣出都领藩镇，皆须求雇教坊音声，以申宴饯。今请于当己钱中每年方图三二十千，以充前件乐人衣粮。伏请不令教坊收管，所冀公司永便。

这里，“宴饯”者自己出资“以充前件乐人衣粮”，而且，“伏请不令教坊收管”，其收益也就成为宫廷伶人的私人收入。另外，在宫廷、府衙演出结束以后，往往还有恩赏。《教坊记》记“苏五奴妻张四娘，善歌舞，有邀迓者，五奴辄随之前。人欲其速醉，多劝酒”，苏五奴称道：“但多与我钱”，“不烦酒也”。此乃现场宴乐所赐，也属缠头。

唐代除了依附于宫廷、府衙的伶人及其家族，还有一种在军幕中从事伶艺表演的伶人，为军队所蓄养或者临时雇用。这种军营演剧活动，或是宴乐士兵，或是借戏嘲骂，或是招待宾客，以至于也出现了军人串戏现象，被称之为“倡卒”、“军伶”，韩愈诗中云：“及去事戎辔，相逢宴军伶”，[11]颇有一种职业伶人的风范。军人串戏，也从一个侧面反映了军营演剧活动之盛行，这些依附于军队的伶人，与宫廷、府衙的伶人及其家族一样，经济收益来源于军队的供给，通过伶业才艺获得生活和生存的物质条件。

论述宋代伶人及其家族的经济性，首先会关注到宋代商业经济的兴盛状况，伶人及其家族通过“瓦子”或者“瓦舍”的表演活动，在市场经济的选择和竞争中获取钱财收入。但是，由于伶业对于官场文化的特殊作用，宫廷、官府的伶人及其家族自然同样存在，而且，由于已有唐代宫廷教坊先例可循，宋代统治者甚至可以理直气壮地设立教坊。如果说唐朝设置教坊还需要顾及文武大臣的疏谏，宋代则是可以依照前例，公开设立教坊并令教坊中的伶人在宫廷燕飨时表演娱乐。这种前例可循，也就似乎成为一种宫廷、府衙传统，成为一种政治辩解以及应对舆论的理由，同时，也构成了权力和伶业之间的一种“潜规则”，由此，伶人及其家族也就可以继续在这种依附性的伶业经营中获得经济的保证。

《宋史·乐志》卷一四二载：

> 教坊，自唐武德以来，置署在禁门以内，开元以后，其人浸多，凡祭祀大朝

会则用太常雅乐，岁时宴飨则用教坊。……散乐本隶太常，后稍归教坊。……宋初循旧制，置教坊凡四部，其后平荆南得乐工三十三人，平四川得一百三十九人，平江南得十六人，平太原得十九人，余藩臣所贡者八十三人。又太宗藩邸有七十一人。由是四方执艺之精者皆在籍中。

此处记述的是宋初教坊情况，乃是“循旧制”，而且，伶人大多是战争中获取的，说明这些伶人多数应该“皆在籍中”，它也就会包含一种伶人家族性质。“四方执艺之精者皆在籍中”，这些宫廷教坊的伶人无疑技艺高强。

到了南宋初期，教坊废止，“孝宗隆兴二年天申节将用乐上寿，上曰：‘一岁之间，只两宫诞日外，余无所用，不知作何名色。’大臣皆言‘临时点集，不必置教坊’。上曰‘善’。”[12]但是，尽管如此，尚有德圣宫、衙前乐等官府所置伶业机构。周密《武林旧事·乾淳教坊乐事》称，孝宗时期废除教坊以后，注录在德圣宫、衙前、前教坊、前钧容直、和顾等处的伶人，分为杂剧色、歌板色、拍板色、琵琶色、箫色、嵇琴色、筝色、笙色、觱篥色、笛色、方响色、杖鼓色、大鼓色、舞旋、筑球等类别，共有三百三十九人。《朝野类要》卷一“教坊”也云：“绍兴末，台臣王十朋上章省罢之。后有名伶达妓，皆留充德寿宫使臣，自余多隶临安府衙前乐。……遇大宴等，每差衙前乐权充之。”这里，“每差衙前乐权充之”，“衙前乐”也就充任类似教坊的“用乐”作用。“衙前乐”本来是承应府衙的伶人，是宫廷以外的京都或者地方官府的伎艺队伍，但是，有时也临时供奉宫廷使用。教坊已废，但是，依附在官府的伶人仍然人数不少，说明了权力与伶业之间“欲说还休”的微妙关系，伶人及其家族通过宫廷和府衙的演艺经济活动也就具有了某种长期性甚至“合法性”。南宋建立十余年后，权力阶级终于无法遏止对于伶业的“用乐”，又复置了教坊。

关于宋代宫廷和府衙的伶人及其家族经济收入，《武林旧事·乾淳教坊乐部》载：“内中上教博士：王喜、刘景长、曹友闻、朱邦直、胡永年（各支月银一十两）”，“内中上教博士”乃为宫中伶业教师，每月薪金“一十两”。蔡绦《铁围山丛谈》卷一云：“偶得见泰陵时旧文薄注一行，曰：‘绍圣三年八月十五日，奉圣旨，教坊使丁仙现祇应有劳，特赐银钱’一文。乌乎，累圣俭德，类乃如此。”教坊使不是普通的宫廷伶人，但是，从他获得恩赏来看，“特赐银钱‘一文’”，被视之为“俭德”，其他“祇应”伶艺活动，可能是得到更多的赏金，而且，其他伶人也会不同程度地获得赏金，甚至宫廷和府衙的伶人薪金不多，更多的是通过恩赏来得到更多的经济收益。

金虽然是占据中国北方地区的政权，但是，它在灭北宋前，已向北宋朝廷索要伶人。《三朝北盟会编》“靖康巾帙”五十二“金人来索诸色人”，载靖康年间金人向宋索取“教坊乐人、内侍官四十五人"、"露台祈候妓女千人"。同帙"三十日庚申"又载："是日，又取……诸般百戏一百人，教坊四百人，……弟子帘前小唱二十人，杂剧一百五十人，舞旋弟子五十人。"金朝官方伶人也属教坊，《金史》卷三十八《礼志》载："初盏毕，乐声尽，坐。至五盏后食，六盏、七盏杂剧。……至九盏，酒毕，教坊退"，也是多在宴飨之时演出。元代同样延续旧制，置有教坊司或仪凤司，伶人人数达数千人，还有隶属地方政府礼案令史管辖的祗候官伎。这些伶人及其家族的经济生活，与前朝依附于宫廷、府衙的伶人及其家族也应该是类似的。

明朝初年，由于统治者极力将伶业纳入政治设计和控制的范畴之内，对伶业活动制定了各种禁令，同时，又怂恿声色之乐，褒奖忠孝之剧。余秋雨写道：

> 明初出现过杂剧的虚假繁荣，主要表现在皇族的参与。连明太祖朱元璋的儿子和孙子都成了颇孚声名的戏剧家，他们的周围又招罗了大量的戏剧人才，编剧演戏，成了一种瑞云缭绕的官场盛举。但平心而论，这实在不是一种正常的艺术活动，而是特殊政治生活的一种装潢，上层政治人物的一种掩体。明初广封藩王，皇帝只恐藩王有政治异心，因而藩王们便以声色之乐炫人耳目，皇帝也想在这方面予以鼓励。李开先（1502—1568）说："洪武初，亲王之国，必以词曲一千七百本赐之。"史乘记载，建文四年，朝廷曾"补赐"诸王乐户；宣德元年，朝廷曾赐宁王朱权二十七乐户。这样，明代前期的藩国之中，以演剧为中心的娱乐活动就十分盛行，然而藩王们即便有艺术才能也未必真的在醉心艺术。[13]

这是一场建构在皇帝和藩王之间的社会表演活动，双方都以戏剧作为道具，一个"以声色之乐炫人耳目"，一个"在这方面予以鼓励"，"亲王之国，必以词曲一千七百本赐之"，"'补赐'诸王乐户"，从而达到各自的政治动机和目的。伶业成为一种"装潢"和"掩体"，依附在宫廷和府衙的伶人及其家族也就有了生计基础，与在律法高压之下的民间伶人及其家族比较，宫廷和府衙乐户在"一种瑞云缭绕的官场盛举"，又获得了另外一种生存的合理性，因为是"装潢"和"掩体"的承载对象之一，从而也得到了相对稳定的经济供给来源。

关于明代王府配赐乐户的史籍记载不少，《礼部志稿》卷十六云："洪武初……定王府乐工，例设二十七户，于各王境内拨用。"《续文献通考》卷一〇四和一〇五，记录了明代历朝皇帝配赐乐户的实际情况及态度，例如"赐诸王乐户"，其中敕书云："敕礼部曰：昔太祖封建诸王，其仪制服用，俱有定制，乐工二十七户，原就各王境内拨赐，便于供应。今诸王未有乐户者，如例赐之，有者仍旧不足者，补之。"除了"宣德元年，朝廷曾赐宁王朱权二十七乐户”，天顺元年，“加赐襄府王乐人二十户”，正德二年，“赐宁王朱宸濠音乐院色长秦荣等四人冠带”，正德九年，“补给岷王乐户十户”，嘉靖二年，“给襄阳王徵铃供礼乐户”，嘉靖四十四年，“革诸王乐户”，万历十年，“复诸王乐户”。根据上述史籍材料可以看出，虽然嘉靖末年出现了“革诸王乐户”，它的原因是因为出现了藩王府纳女乐户为妾的现象，《续文献通考》卷一〇五载有皇帝诏书云：“嘉靖四十四年，礼官言：‘诸王府有广置女乐，淫纵宴乐，因而私娶者’，乃诏革诸王乐户”，对于依附于宫廷、府衙的伶人及其家族而言，如此不仅仅是经济生活发生变化，而且，政治身份也产生了复杂的局面，但是，到了万历十年，则“复诸王乐户”。除此之外，明代历朝皇帝对于为王府配赐乐户态度积极，进行“拨赐”、“加赐”、“补给”，而且，它也成为一种朝廷制度，“俱有定制”，“如例赐之”。

这种“拨赐”惯例一直延续下来，与明代中叶以后伶业政治处境有所宽松，随着中国思想文化领域发生变化，民间伶业活动再度昌盛，伶人以才艺与富绅以及用戏人家交易，合则成交，不合则去，在经济上是平等的，并不存在显著的人身隶属关系，也可能有着一定的内在关系，民间伶业活动的活跃发展，也会促动明代王府对于伶艺娱乐的“用乐”程度以及对于乐户的更多需求，因此，从实际情形来看，明代王府之乐户远不止“定制”的二十七户，沈德符《万历野获编》“口外四绝”条称，封于山西大同的代简王府，到了万历“衰落”时期，“在花籍者尚二千人，歌舞管弦，昼夜不绝。今京师城内外不隶三院者，大抵皆大同籍中溢出流寓。”[14]宫廷、府衙的伶人及其家族在这种“十分盛行”的“以演剧为中心的娱乐活动”中，也形成了他们的经济保障能力，乃至是由于女性伶人与王府通婚而涉及到他们的社会身份格局。

顺治元年，清王朝入关后，由于战事仍未终止，宫廷演剧管理体制仍然沿袭明代旧制。《大清会典事例》卷五百二十四称：

顺治元年定，设随銮细乐太监十有八人，凡巡幸与亲诣坛庙祭祀，内传承应。又定，凡宫悬大乐，皆教坊司奏之。设正九品奉銮一人、左右韶舞各一人、左右司乐各一人。协同官十有五人、俳长二十名、色长十有七名、歌公九十八名（旋裁协同官五人，俳长无定额）。凡宫内行礼燕会，用领乐官妻四人，领教坊女乐二十四名，于宫内序立奏乐。

又定，太常寺神乐观设汉提点一人、左右知观各一人、协律郎五人、司乐二十六人。

八年奉旨，停止教坊司妇女入宫承应。更用内监四十八名。

康熙三十八年，裁神乐观协律郎一人、司乐二人。

雍正元年，除乐户籍，更选精通音乐之人，充教坊司乐工。

二年，复设神乐观协律郎一人、司乐一人。

七年，改教坊司为和声署，裁奉銮韶舞等官。

乾隆二年，增设神乐观司乐三人。

根据上述史料，基本上可以肯定清朝初期保留了明代教坊司的编制，宫廷伶业由“教坊女乐”承担。顺治“八年奉旨，停止教坊司妇女入宫承应”，而实际情形是，到了康熙年间，仍然有女性伶人在内廷从事伶艺表演，可能真正“停止教坊司妇女入宫承应”经历了一个相对长期的过程。这些宫廷的伶人及其家族，同样也是以伶才立身而获得生存经济基础。

康熙二十年始，先后成立了南府、景山、学艺处等伶艺管理衙署。辽宁社会科学院历史研究所、大连市图书馆文献研究室译编、天津古籍出版社出版的《清代内阁大库散佚满文档案选编》，录有许多宫廷伶人薪金收入的内务府题本。康熙二十年十月“总管内务府下各司关于宫廷用项开支银两的本”载：

（十月初六日）当日，准掌仪司来文，教弹琴太监之人朱之清、徐有成、教舞碟子太监之人孙光祖等，每人每月租银以四两五钱计，自九月初七日至十月六日，带去应支给之银十三两五钱。

制作掌仪司之舞碟小太监衣服用桃红色春绸一，此项银一两六钱。

康熙三十四年七月二十二日“李孝生等为宫廷用项开支银两的题本”载：

（六月）十九日，本月给景山授艺教习王国川、王世元、金有成、张文灿、唐国俊五人钱粮银各四两，另给周嘉银二两，共带去银二十二两。

当日，景山授艺教习张英魁、罗吉祥二人，每人每日按一钱五分计，自五月十二日至六月十二日一个月共带去银九两。

当日，景山授艺教习鲍虎、初国珍、杨方茂、庞国瑞四人，每人每日按一钱五分计，自六月十四日至七月十三日一个月共带去银十八两。

当日，景山卿客古大伦、申次连、秦希范、昆腔（音译）之教习张华、金为万、张义凤、罗继祖七人，本月之钱粮银各以四两计，共带去银二十八两。

当日，景山授艺教习金玉珍每日以一钱五分计，自五月十八日至六月十八日一个月共带去银四两五钱。

……

（同月二十六日）当日，准郎中兼冠军使苏博来文，教学艺诸太监之教习王明臣、李玉、叶国桢、周国宁、蔡珍德、乔国安、车二、王生修等，自五月二十六日至六月二十六日，每人每日按一钱五分计，共给银三十六两。教学弹乐诸太监之教习朱之清、孙光祖、钟其道、吕文德、李万仓，教习杂耍（音译）之教习张国柱等，自五月二十六日至六月二十六日，每人每日按一钱五分计，共给银二十七两。给初国孝银二两五钱。共带去银六十五两五钱。

康熙五十一年十二月二十八日“全保等为宫廷用项开支银两的本”载：

（十月）初三日，准南府学艺处治仪正苏博来文，学艺处食八两钱粮之教习一、食四两五钱之教习十、食四两之教习一、食四两五钱之学艺人一、食四两之学艺人一、食三两五钱之学艺人二、食三两之学艺人二十八，本月应发给之钱粮一百五十六两五钱内，除商人节省之银一百两外，带去加给之银五十六两五钱。

……

（十四日）当日，准管理景山学艺人之李深贵等来文，学艺处食八两钱粮之人三、食六两之教习一、食五两之教习四、食四两之教习三十五、食三两之教习二十一，本月支给钱粮银二百五十三两内，除商人节省之银三十二两外，带去加给之银二百二十一两。

当日，准学艺处治仪正苏博等来文，六郎庄学艺处食四两钱粮之教习七、食三两之教习四十一，带去本月支给之钱粮银一百五十一两。

乾隆年间，鄂尔泰和张廷玉等编纂的《国朝宫史》卷十二《官制二》“额数职掌”记载了南府和景山太监伶人的编制和俸银数额情况：

景山

总管一员	七品执守侍	每月银五两	米五斛	公费银一两
首领二名	俱八品侍监	每月银三两	米三斛	公费银七钱三分三厘
委署首领	无品级无定额	每月银三两	米三斛	公费银七钱三分三厘
太监	无定额	每月银二两	米一斛半	公费银六钱六分六厘

其恩加月银者亦无定额。其恩赏品级者，即按品级给银、米、公费。

南府

总管一员	七品执守侍	每月银五两	米五斛	公费银一两
首领四名	俱八品侍监	每月银三两	米三斛	公费银七钱三分三厘
委署首领	无品级无定额	每月银三两	米三斛	公费银七钱三分三厘
太监	无定额	每月银二两	米一斛半	公费银六钱六分六厘

其恩加月银者亦无定额。其恩赏品级者，即按品级给银、米、公费。

上述题本或者《宫史》颇为详尽地记载了康熙和乾隆朝廷几个时间阶段的宫廷伶人俸银数额，可以从一个侧面反映当时宫廷伶人的薪金收益情况。需要关注的是，在这些宫廷伶人中许多属于太监伶人。清朝内廷伶人，主要分为太监伶人、旗籍伶人和民籍伶人。到了清代末期，除了太监伶人，则是由民间戏班直接选进伶人。太监伶人也是清代宫廷伶人的重要组成部分，道光、咸丰部分时期以及同治至光绪初年，内廷曾经完全没有民间伶人，承应戏差全由太监伶人担当。可以说，清朝内廷可以长时期没有民间伶人表演伶艺，却从来不能没有太监演戏。太监伶人都从新进宫的年幼太监中选拔，学伶一段时间以后，如果不能胜任伶业差事，则重新调配到他处当差。学戏和演戏虽苦，但是，总比内廷从事其他杂务的太监好些，每次承应之后，多少会得到一些物品或者银钱的恩赏。从以上《国朝宫史》可以看出，太监伶人等级颇为森严，从总管到首领、委署首领，职级不同，薪金收入也是相异，普通太监伶人也因为伶艺的等级不同，钱粮数目同样相异。清朝帝王对于太监伶人的钱粮管理颇为仔细，嘉庆皇帝曾在一次看戏之后传旨："内二学刘得安艺业嗓子不见什么很好，皆因角色甚多，到（倒）也巴结，赏他二两五食，有缺无缺，只管多着。"[15]

旗籍伶人，乃是从内府三旗的包衣子弟中挑选而来的学伶者，而不是从北京民间戏班中召进的，它有着为三旗后裔安排差事的性质。乾隆五十六年九月初五日的谕旨云：

南府学艺人等，乃国家岁时宴会备用音乐所必需，内务府包衣人等，皆朕之旗下臣仆，其俸饷皆有定额，若将京师汉人、苏州优伶及太监之弟侄子孙，入于内府三旗，势必分占包衣人等挑钱粮地步，但此项人内，如果实心黾勉，效力有年者，或将其一二人酌入包衣尚可，第不得任意多人。是以朕临御以来，将此辈入于包衣者甚少，从未有因其恳恩即行率准者。此事在朕躬可以自保，唯恐后世子孙偶失检点，或因若辈乞请，率意准行，难为豫必。著交总管内务府大臣加意存记，将来朕之子孙不得任意多将此项人等入于包衣旗下，倘谏劝弗纳，必欲将此辈入旗，可执朕此旨，毅然谏阻。著将此旨于阿哥书房、军机处、总管内务府衙门各录一道尊藏。[16]

应该说，旗籍伶人的伶艺无法与民籍伶人相比，但是，乾隆皇帝还是担忧"京师汉人、苏州优伶及太监之弟侄子孙，入于内府三旗，势必分占包衣人等挑钱粮地步"。在此，还是涉及宫廷伶人的经济利益问题，也从一个侧面反映了"钱粮"收益对于宫廷伶人的重要意义，而且，它的影响力是长期性的，因此，乾隆皇帝"唯恐后世子孙偶失检点，或因若辈乞请，率意准行"，"著交总管内务府大臣加意存记"，"可执朕此旨，毅然谏阻"。这条谕旨，从某个角度也折射了"京师汉人、苏州优伶及太监之弟侄子孙"伶艺高超，它可以构成对于"皆朕之旗下臣仆"的旗籍伶人的威胁，从而触及到旗籍伶人的"钱粮"利益，连皇帝都不得不出面干涉。道光元年，清朝内廷裁退外学伶人，旗籍伶人也不例外，由内务府另挑差事，从此在内廷中消失。

民籍伶人早期主要来自扬州、苏州等地，后来也出现了从康熙到乾隆时期选进民籍伶人在京城的弟侄儿孙等亲属。"这些小学生进宫当差后，还要逐渐将家眷接到北京。即使在开始裁减民籍伶人的高光初年，也还有伶人的家眷在陆续进京"，"而当他们之中有人病故，本人以及家眷的灵柩也要由织造的便船带回南方安葬，有时一人去世竟要带回十余口灵柩。"[17]这里，这些学生伶人已经逐渐出现家族倾向，道光三年恩赏日记二月初一载："奴才禄喜、如喜、陆福寿谨奏，今有外学首领等报到，奴才等处有外学苏州小学生五名、扬州小学生十名，尚未接取家眷，奴才等不敢专擅，谨此奏闻"，"禄喜面奉谕旨，准其接取家眷。"一个宫廷学生伶人，"准其接取家眷"，也就渐渐形成了一个伶人家族。清朝皇帝为了内廷伶艺需要，确实不吝耗费钱财。咸丰九年，清朝内廷开始在北京民间戏班挑选伶人进宫承差。毫无疑问，在内廷演出经济收入较为稳定，而且，在社会上也是一种荣耀。他们可以自由出入宫廷，除了能够得到固定的月俸，还不时会有一些赏银。

伶业属于一种服务行业，它必须有所依附才能生存，或是市场卖艺，或是在宫廷、府衙、家宅中以伶才助乐，它本身不直接生产财富，而必须通过伶艺消费，从而获得相应的经济收益。也就是说，伶艺是一种消费品，它需要一定的社会经济基础来实现消费的行为。宫廷、府衙作为中国封建社会财富的最大拥有者，在他们的财富支出中，自然也会包括伶艺消费支出，而它们也成为伶业经济的主要消费对象之一。"人类对社会公共权力的理性需求变成了掌权者个人及其家族无限制地继承和保持权力的私欲。这种对公共权力的私有化现象是人类历史上曾经普遍发生的一种对人性进化的反动，是人类的社会性需求迁就、迎合人类本身的自然根性（自私性与人性的原恶）的一种文明初期的必然产物。既然它是那么普遍地发生于一切地区和一切不同的人类社会之中，它的发生就绝不是偶然的，其中的原因也一定具有某种普遍性。这种普遍性即寓于人类的自然根性与人类向前发展所愿望的社会性之间所发生的矛盾之中。"[18]这种"公共权力的私有化"现象，从"文明初期"开始，即具有"某种普遍性"，"掌权者个人及其家族"对于伶业的"用乐"以及控制，也就成了权力的一种“假面”。“掌权者个人及其家族无限制地继承和保持权力的私欲”，使宫廷、府衙一直成为伶人及其家族的一种重要经济依附对象，中国社会的两极群体也在这种“人类本身的自然根性（自私性与人性的原恶）”的需求中，产生了一种密切的经济关系。

与依附于宫廷、府衙的伶人及其家族异构同质，商绅富豪家班的伶人及其家族同样是以伶艺与商绅富豪进行交易行为。如果说宫廷、府衙是运用权力与伶人及其家族发生伶业交易，将权力转化成为金钱完成消费行为，商绅富豪则是直接以金钱与伶人及其家族交易，又由此将金钱替代成为权力，“贵族富豪运用优伶显示权力身份”，“甚至显贵文士也不能免。”[19]王宁、任孝温在《昆曲与明清乐伎》一书中认为，关于家妓的著述，宋代已经出现，例如洪适的《侍儿小名录》、王铚的《侍儿小名录续补》。到了清代，又有李调元的《乐府侍儿小名录》，此外徐士鸾的《宋艳》，丁传靖的《宋人轶事汇编》，也多颇涉及家妓者。从《全宋词》以及其他一些宋代文献统计，在不包括《全宋诗》的情形下，已有家妓主人一百七十二人。[20]这些家妓大多是身兼家优的“复合型”身份，是以女体和伶艺的双重资本与商绅富豪构成一种色艺与钱财的交换行为。依附于商绅富豪的经济生活，一直是中国伶人及其家族的一个重要生存方式之一。

根据上述所论，完全依附于宫廷、府衙以及商绅富豪家班的伶人及其家族，它的经济活动构成了自己显著的特点。

一是宫廷、府衙以及商绅富豪家班的政治与经济的强大性，伶人及其家族的生活能够得到基本保障，除了月俸，还有演出之后的赏银，它也成为伶人及其家族的一个重要经济收入来源。如此，伶人除了高伎艺，还需要其他综合素质，在服务于宫廷、府衙以及商绅富豪的消费行为过程中，需要具备一套如何博取主人欢心的策略，以获得更大的钱财收入，因此，依附于宫廷、府衙以及商绅富豪家班的伶人及其家族，他们的经济活动根据各自的综合能力具有不同的伸展空间，虽然月俸根据“品级”而定，但是，赏银却由于服务质量的差异而显得颇为不同。

二是由于宫廷、府衙以及商绅富豪不同主人的喜好，依附于他们的伶人及其家族的经济收益也不相同，因而也具有一种不稳定特性，甚至有可能被主人裁退。尤其需要注意的是，伶人及其家族的经济活动，与宫廷、府衙的政治活动交织在一起，成为政治活动的一种“装潢”或者“掩体”，甚至与主人家族发生通婚现象，如以明代而言，“这一时期，乐户们的生活方式产生了一些新变化，其中王府贵族纳女乐户为妾婢，并生下子嗣，以致影响到乐户实际的社会地位”，明代帝王对于这些“子嗣”的态度前后也是不一致的，例如正德五年十一月对于“各府有乐女所生”的“通查”结果是“各王府收用乐妇，生有子女，并已请封号爵职者共七十人，俱免革”。到了正德八年十月，礼部赦令并圣旨云：“各王府收用乐妇女并不良妇女所生子女，虽有例前例后之分，其为不遵祖训一也。今例后所生者，已奉钦依，不许奏请名封。例前授封者，成命已定，朝廷宽恩，姑不查革。今其后嗣，虽非乐妇女并不良妇女所生，揆其源流，终出不正合无，比照例前所生事例，止许请名，不许请封，仍给与冠带婚嫁之资。其再世以后者，俱照前例施行等因。奉武宗皇帝圣旨：是，都照例前所生子女例行，钦此。"[21]故而同一位皇帝对于王府贵族和女乐户"所生子女"态度也是前后矛盾的，从而必然影响到乐户的经济状况以及社会身份。宫廷、府衙以及商绅富豪对于伶人及其家族的态度变迁，也使伶人及其家族的经济活动具有一种被动性质，它是由权力者和富豪定价的，这个价格一直处于波动之中，而伶人及其家族与政治活动裹卷到一起，更使它充满了危险性。

三是伶业属于服务行业，宫廷、府衙以及商绅富豪家班的伶人及其家族似乎具有一种寄生性，他们的经济生计由宫廷、府衙以及商绅富豪供给，但是，实质上伶人是依靠自己的伶业才干，才得以在宫廷、府衙以及商绅富豪家班安身立命，如果没有伶业才干，他们也不可能获得如此的经济保障，故而他们与宫廷、府衙以及商绅富豪存在着一种劳动交易关系，伶人付出演艺劳动，从而得到一定的物质和钱财收益。"优伶在中国古代拥有最为庞大的观众，但在这中间，大量的观众与优伶之间存在着人身依附关系。宫廷艺人是皇家的占有物，官伎则是官府的私有财产，他们都领属于某一个集团，而家乐艺人又类同于家庭主人的奴婢，因而在这种情况下，观众其实在很大程度上是优伶的主人，在人身关系上是非对等的，不自由的"，"正因为侍候人，所以在侍候者与被侍候者之间就有一种主仆之别。因而简言之，观众与优伶的关系在很大程度上是主和仆之间的关系。"[22]这种"占有物"、"私有财产"、"奴婢"的"依附关系"，形成一种"主仆之别"，也就会使中国社会在很大程度上形成对于宫廷、府衙以及商绅富豪家班的伶人及其家族的寄生意识，从而遮避了对于他们伶艺劳动的真正认识。它产生了一种意识形态系统的模糊性观念城堡，"观众与优伶的关系在很大程度上是主和仆之间的关系"，如此政治设计而成的观念体系，也就使完全依附于宫廷、府衙以及商绅富豪家班的伶人及其家族的经济活动产生了非正当性，并达到对于伶人家族资源的调控作用，由此，也使伶人及其家族的经济本质一直处于被遮蔽的状态。

第三节　市场型的三种伶业方式

伶人家族的经济活动，还有一种重要的类型是通过演艺市场获得生存资源的。从某种意义来说，伶业就是属于一种市场型的职业，前所论述的依附于宫廷、府衙以及商绅富豪家班的伶人及其家族，它是以宫廷、府衙以及商绅富豪作为消费者而与之形成经济活动关系的，在演艺市场表演的伶人及其家族，则更是与观众产生一种消费契约关系。应该说，伶人家族在有限的职业资源调配中，主要也是围绕伶业市场而进行的，市场意识乃是伶人家族的一种天性，也构成了职业经济的最后底线。

在中国职业家族中，伶人家族虽然不是最早进入市场状态的，却也是充分市场化或者商业化的职业家族之一。言慧珠在《父亲言菊朋的艺术生活》一文中写道：

> 我父亲在四十岁以后，由于环境不好，心情欠佳，体力日衰，就根据自己的嗓音条件，改走精致纤巧，讲究韵味的路子。结果引起了北京一些保守派的非议，他们认为言菊朋既然学的是谭派，就只能做谭派的“孤臣孽子”，不能有所改革。他们把言腔斥为怪腔，口诛笔伐，不遗余力，加上我父亲个性耿直，不善交际，所以约他演戏的人就越来越少了！那时候，红角儿在夏天和大冷天是不唱戏的，可怜我父亲就连那种日子都不大轮得到，时常在腊月尾边，我父亲望着那雨雪霏霏的天空。眼看还没有人上门来约他演戏，就仿效古人“插了梅花便过年”的办法，折枝梅花往瓶里一插，说声“唉！今年又要依靠梅花点染年景了！”那时不但没人上门来请他演戏，后来就连帮他吊嗓，替他拉胡琴的人都找不到了，那些琴师们说：言三爷老不上台演戏，跟着他没有什么意思，而且言派戏的腔九回十八弯，真侍候不了！[23]

言菊朋乃是一名伶，在演艺市场的波涛汹涌之中，仍然落得如此“环境不好”，“没有人上门来约他演戏”，可见伶业的市场化或者商业化之程度以及它的职业风险。伶人家族在演艺市场中，对外要对付观众和舆论，否则很有可能招致“口诛笔伐，不遗余力”，对内要妥善处置与合作者的关系，如果处置不当同样可能“不但没人上门来请他演戏，后来就连帮他吊嗓，替他拉胡琴的人都找不到了”。这些都是伶业市场的基本要素，它构成了伶业系统的环节链条，伶人及其家族都要一一善待，一个环节发生错失，就有可能在伶业市场中处于被动状态，甚至导致失败。如此的市场化或者商业化，使伶业时刻处在一种竞争之中，伶人及其家族的经济状况也会不断地发生变化。可以说，伶人及其家族是一种市场性的生存形态，它必须要在消费市场中被选择或者被挑选，市场性的“适者生存”及其竞争关系也就成为它的日常生活方式，伶人及其家族的经济性与市场性构成一种无法摆脱的天然联系。

伶人及其家族通过在演艺市场中的表演活动，获得相应的钱财以及物质收益，它的伶艺表演空间形态可以分为下面几种情形：

首先，是一种流动性质的伶艺表演。这些伶人离开家乡以后，长期居无定所，辗转于各地流动演出，最多只在一个地域作短暂卖艺活动。它的主要原因，一是各地的消费能力空间有限，它的经济基础不可能提供伶人及其家族进行长期演出；二是伶人及其家族的演出资源也是同样有限，剧目以及表演条件都不可能在一个地域承受起长期演出的任务。前面曾有论述，在《宦门子弟错立身》中，延寿马成为伶人家族女婿以后，首先遇到或者说感到的就是没完没了地走路，成为了“路岐人”，而且，走得慢了，还会受到岳父母的责怪，因为它会影响下一地点的伶业生意，从而波及伶人的经济状况。毫无疑问，伶人家族“撞府共冲州，遍走江湖之游”，主要是为了经济谋生原因，在这种流动之中达到经济收益的最大化。

金元时期，在《长春真人西游记》、《汉钟离度脱蓝采和》以及上述的《宦门子弟错立身》等剧目中，已有关于伶人家族流动演剧活动的剧情描写。根据史籍所载，明代英宗时期南方伶人已经流动到北京演出，其演出的是南戏，竟然被扣押了。张谊《宦游纪闻》也记，游食乐工乘骑者七人，到四川绵州进行营业演出。这说明了当时伶人的演艺活动范围已经不再局限于本省，而是由南到北，自东向西，流动演剧的地域非常广大。葡萄牙人克路士在《中国志》中描述了嘉靖时期中国南方地区伶艺表演的情形，“老百姓都过的大节，主要是新年的头一天……他们表演很多戏，演得出色，惟妙惟肖。演员穿的是很好的服装，安排有条不乱，合乎他们表演的人物所需。演女角的除必须穿妇女的服饰外，还涂脂抹粉……一整晚、两晚，有时三晚，他们忙于一个接一个演出。演出期间必定有一张桌上摆着大量的肉和酒……如果一个人扮演两个角色，须换服装，那他们就当着观众面前换……有时他们到商船上去演出，葡萄牙人可以给他们钱。”[24]这里，记述的是“大节”“新年”，属于伶人演艺活动的旺季，也应该是伶人及其家族经济收入最多的时段。由于演艺活动频繁，伶人及其家族的流动区域也不会很大，而到了淡季，伶人及其家族的流动演剧则又是“不到天涯未肯休”。

伶人及其家族的流动演剧，演出方式主要分为公共场所择地表演和受雇表演。公共场所择地表演较为简单，伶人流动到了一个地方以后，选一人流相对集中的公共露台或者庙宇中的戏楼进行公开表演，观众卖“票”进场，“管钱者卖筹，管入场者收筹，以筹计钱，内部财务管理已相当严密。但入场后，一般观众还如元代杜善夫《庄家不识勾栏》所写，在台前站着看，戏班再也不管。”[25]自然，“以筹计钱”，也就成为伶人及其家族的经营收入来源，汤显祖《唱二梦》称“一夜红氍四百钱”。受雇表演，不仅是流动性的伶人及其家族，一些相对固定表演地域的伶人戏班同样从事此等营生，它主要是为婚丧嫁娶、祝寿生子、友朋燕集、赛神还愿之家庭或者村社所雇用，其价按照日、本、出等单位商定，同时还会给赏。到了明代中期，随着伶业社会处境的相对好转，伶人受雇表演的价钱也有较为显著的提升，陆文衡《啬庵随笔》卷四云：“万历年间，优人演出一出，止一两零八分，渐加至三四两、五六两。今选上班，价至十二两。若插入女优几人，则别有缠头之费，供给必罗水陆。”在此，女性优伶具有一种经济增值的优势，通过女性的色与艺表演，增加了伶艺消费的附加值，应该说女性优伶在伶人家族的经济收入结构中具有特殊的作用。从上述文字中，不但反映出伶人表演的雇用价钱逐渐抬高，而且，它也表明了与伶人表演的品质也有很大关系，“今选上班，价至十二两。”到了清代，在受雇表演中，堂会也是一种重要形式。邓之诚《骨董琐记·清初戏酒》称：

> 《平圃遗稿》云，康熙壬寅，予奉使出都，相知聚会，止清席用单柬。及癸卯还朝，无席不梨园鼓吹，皆全柬矣。梨园封赏，初止青蚨一二百，今则千文以为常，大老至有纹银一两者。……又堂邑张凤翔疏云：……每酒一席，费至二两，戏一班，费至七两，宜饰令节省。

齐如山《戏班》“堂会”条也云：

> 演堂会戏，为戏班中一笔极大收入。……本班堂会已有余利，倘别约他班脚色，亦可从中得利。在光绪中叶以前，每本堂会至少可赚纹银几十两，多至一二百两。中叶以后，则多至数百两不等。公元纪年二三年后，每本堂会多者可赚至一二千元。

从清初到公元纪年时期，堂会价钱同样也是逐渐抬升，也就成为伶人及其家族“一笔极大收入”。此时，从事堂会营生的，许多应该是相对固定表演地域的伶人戏班，流动戏班只能占据其中的部分份额，而且，这些戏班也已经不再局限于家族成员，而是出现了社会伶人共同加盟的现象。

应该说，流动演剧是市场型伶人及其家族的日常生活图景，也是一种社会文化图景。在这幅图景中，伶人及其家族的最后指向只有一个，即安身立命的生计目标，但是，在此过程中，也培养了伶人及其家族的市场型职业人格以及与此相关的独特习俗。在流动演剧的滚滚红尘中，伶人及其家族体验了不同地域及其社会人生的风俗故事，从而增加了自身的社会和情感阅历，并不断将之补充或者充实到伶艺表演之中，使伶艺内涵增添厚度和广度，同时，也训练了他们的市场灵敏度和适应度，能够根据市场的不同需求，调整伶艺表演的策略，且能够紧紧地吸引住观众。这是市场型伶人及其家族的基本伶业素质，否则，他们很难在伶业市场中立足，并由此产生了市场型伶人及其家族的行业心理及其民俗。它们均与经济内涵有着内在的联系，是一种生计思维的外化形态。

其次，是固定演出场所的伶艺表演。到了宋代，由于商品经济的迅速发展，城市文化形态逐渐成熟，它的一个重要标志即出现了市民意识。“商人和市民选择着自己的审美享受。他们既然有钱，就不惜出价来购买艺术享受的权利；王朝的衰敝和离乱又使许多宫廷艺术家外出谋生，成了迎合市民口味的艺人。这样，市民发生了变化，艺人发生了变化，艺术也发生了变化"，"由于商市的扩大和繁荣，流浪戏班也越来越喜欢把自己的活动范围集中在这些商贾云集、财源滚滚的所在。为什么不干脆在商市中安顿一个地方，使演员和观众都便于汇集呢？这种很自然的想法，使一种固定的游艺场所出现在熙熙攘攘的商市中。这便是在宋代很著名的'瓦舍'。"[26]

"瓦舍"的出现，使流浪戏班有了相对集中的表演场所，也改变了伶人及其家族的经济生活方式。孟元老《东京梦华录》"京瓦伎艺"条描述了北宋时期汴梁瓦舍的演艺情况。

> 崇、观以来，在京瓦肆伎艺：张廷叟《孟子书》。主张小唱：李师师、徐婆惜、封宜奴、孙三四等诚其角者。嘌唱子弟：张七七、王京奴、左小四、安娘、毛团等。教坊减罢并温习：张翠盖、张成弟子、薛子大、薛子小、俏枝儿、杨总惜、周寿奴、称心等。般杂剧：杖头傀儡任小三，每日五更头回小杂剧，差晚不及看矣。悬丝傀儡，张金线。李外宁，药发傀儡。张臻妙、温奴哥、真个强、没勃脐、小掉刀，筋骨上索杂手伎。浑身眼、李正宗、张哥，球杖踢弄。孙宽、孙十五、曾无党、高恕、李教详，讲史。李慥、杨中立、张十一、徐明、赵世亨、贾九，小说。王颜喜、盖中宝、刘名广，散乐。张真奴、舞旋。杨望京，小儿相仆、杂剧、掉刀、蛮牌。董十五、赵七、曹保义、朱婆儿、没困驼、风僧哥、俎六姐，影戏。丁仪、瘦吉等，弄乔影戏。刘百禽、弄虫蚁。孔三传、耍秀才、诸宫调，毛详、霍伯丑，商迷。吴八儿合生。张山人，说浑话。刘乔、河北子、帛遂、吴牛儿、达眼五、重明乔、骆驼儿、李敦等，杂口班。外人孙三神鬼。霍四九，说"三分"。尹常卖，"五代史"。文八娘，叫果子。其余不可胜数，不以风雨寒暑，诸棚看人，日日如是。

从上述文字中，"日日如是"的固定场所演艺活动，伶人的表演方式与流浪戏班比较，"艺人发生了变化，艺术也发生了变化。"第一，伶人的伎艺分工愈加精细，它不像流动演出时，一个伶人可能身兼多职，表演各种不同的行当甚至样式，具有一种综合性的表演功能，在固定场所中，伶人只有在差位竞争中以及在整体表演体系中承担某一脚色或者环节，才能在"瓦舍"中确立独特的价值和作用。它说明了固定场所的演艺市场已经越来越细分化，伶人只能承担和完成其中某一部分的表演份额，而不可能是一种综合性的伶艺功能。伶人及其家族只能凭借某种伶艺的专长，在演出市场格局中谋取一个职业身份，并以此获得一定的经济收益。伶人及其家族的经济活动，与他们的表演特长发生了密切的关系，特长的属性及其技术程度决定了钱财回报的高低。

第二，由于“不以风雨寒暑，诸棚看人，日日如是”，也就出现了一些较为固定的伶艺看客。《西湖老人繁胜录》载：“南瓦、中瓦、大瓦、北瓦、蒲桥瓦，惟北瓦大，有勾栏一十三座”，“分数甚多，十三座勾栏不闲，终日团圆”，在“终日团圆”的“瓦市”演艺中，其中有一些应该是经常来观看伶艺的观众。由此，与流动演出不同，固定场所的表演必须考虑到熟客观剧的问题，它必须储备足够的剧目，以应付长期或者一个时期演出的需求。流动表演的伶人及其家族，由于经常变换演出地点及地域，演出时间一般不会太长，无须备有太多剧目，只需将最吸引临时看客的剧目，在不同的表演地点变换演出即可。固定场所的表演由于它的长期性以及观众的重复性，必须不断更换剧目，因此，它也使伶人及其家族的经济设计发生变化，伶人除了考虑剧目的吸引力以外，还必须筹划连续演出的剧目数量问题，剧目的数量和质量直接影响到伶人及其家族的经济生活活动。

第三，固定场所表演的竞争性问题。流动演出由于空间距离的关系，虽然也存在竞争的处境，但很少是面对面的直接竞争，但是，固定场所表演则是存在着相同的剧目、行当和脚色的竞争，《东京梦华录》所记载的“在京瓦肆”的同一“伎艺”者就有多人，甚至是不同的也会存在竞争，《西湖老人繁胜录》所载的“北瓦”有“勾栏一十三座”，也必然存在着相互之间的竞争关系，从而分流观众的观看人数。从事固定场所表演的伶人及其家族，他们的经济收益也就随着竞争性而发生波动，在“瓦舍”的直接竞争中，一方面共同提高了伶艺水平的品质，另一方面竞争也直接决定着伶人及其家族的经济收入状况。“鲁迅在《社戏》一文中曾引述过一位外国人的话：‘中国戏是大敲，大叫，大跳，使看客头昏脑眩，很不适于剧场，但若在野外散漫的所在，远远的看起来，也自有他的风致。’这当然和中国戏班长期在野外闯荡江湖有关，但恐怕更重要的原因在于瓦舍勾栏间对观众的招徕和争夺：先声夺人，强烈刺激，使你不得不在琳琅满目之中走向他的勾栏，而这又正处于它的成熟期，于是连这种强刺激的艺术因素也融入了它的机体，传之久远。”[27]自然，这种“大敲，大叫，大跳”“更重要的原因在于瓦舍勾栏间对观众的招徕和争夺”，与固定场所演艺的竞争有关，它直接指向伶人及其家族的经济生计问题。

金元时期，固定场所的伶人表演活动，在《宦门子弟错立身》、《汉钟离度脱蓝采和》等剧目内容中有着一些艺术描述。在他们的演出经营策略中，涉及到以下的一些运作元素，一是招子，乃是一宣传品，上面书写着戏班来路、脚色伶人和剧目名称，悬挂在勾栏外，作为广告号召之用；二是乐床，在舞台后面，一般是候场的女性伶人所坐之处，或为展示戏班女性伶人阵容，或因当时女性优伶伎妓合一，借此进行姿色招徕；三是腰棚、神楼，估计应该是看客的坐席；四是旗牌，牌为伶人和剧目的名牌，将之书于彩旗，悬挂在勾栏门口和戏台周围，以烘托演艺的气氛；五是帐额，帐即勾栏演出时挂于舞台正中或者野呵演出时作为演出背景的彩绘帐幕，上书有戏班来路、特点以及知名伶人名字等内容。[28]这些运作元素，都是为了突出戏班的表演特征以及优势，强化剧目和伶人的影响力和号召力，以扩大在演艺市场的竞争力。应该说，这套运作是较为系统化的，也是带有规模性的，充斥在固定演艺场所的各个空间。演出剧目，一般是先由戏班排定，《宦门子弟错立身》第四出云："今早挂了招子，不免叫出孩儿来，商量明日杂剧"，然后，看客付钱看戏，但是，如果哪位有经济实力的看客乐意，也是可以点戏的，《宦门子弟错立身》第五出也写到了延寿马向王金榜点戏，王金榜于是报了不少杂剧的名字。这种情形，在一些演艺高超的伶人中尤为显著，因为他掌握的剧目较多，不怕看客点戏，只要按价付钱，伶人即可表演，演出完了可能还有赏赐。"在勾栏演出，收钱方式已不如《水浒传》'插翅虎枷打白秀英'写的由白秀英之父按喝暂停演出，演员持盘转座位要钱，观众根据情况随心赏赐。而是在门口有人按定价收钱，'要了二百钱放过咱'。这是因整个勾栏归戏班独家占用演出，而在经营方式上也是一个进步。"[29]杜善夫《庄家不识勾栏》描写了一位庄稼汉进城到勾栏观看伶人表演的情形，其中【六煞】云：

> 见一个人手撑着椽做的门，高声地叫："请！请！"道："迟来的满了无处停坐。"说道："前截儿院本《调风月》，背后幺末，敷演：刘耍和。"高声叫："赶散易得，难得的妆哈。"

这里，已经使用《调风月》和刘耍和等名剧名伶作为招徕观众手段，果然观众纷纷以二百钱的票价购票入场，勾栏里面则是"层层迭迭团团圞圞坐"，"往下看却是人旋窝"，观者非常拥挤。自然，这种"经营方式"不是随机性的，而是需要筹划安排的。如前所述，此后的流动戏班演艺活动也有采用这种方法的，"管钱者卖筹，管入场者收筹，以筹计钱"。毫无疑问，此等"收钱方式"，比"观众根据情况随心赏赐"收入要更加提升以及稳定，必须是"要了二百钱放过咱"，而不能是随意给多给少。它也有利于伶人进行演出剧目、表演风格以及宣传包装的商业性规划和经营，确实"在经营方式上也是一个进步"。

明朝时期，由于城市经济的繁荣以及市民文化的需求，使伶业能够继续在固定场所表演，职业伶人及其家族的经济生计得以维持和发展。明代朱权在《太和正音谱》中援引元代赵孟頫之语云："良家子弟所扮杂剧，谓之'行家生活'，娼优所扮者，谓之'戾家把戏'，良人贵其耻，故扮者寡。今少矣，反以娼优者谓之'行家'，失之远矣。"它说明了元末明初伶人表演的艺术质量等级。它也是与伶业的竞争关系联系在一起的，侯方域《马伶传》所载的南京"兴化部"与"华林部"之争，即是一个典型的案例，因为它中间关系到伶人及其家族的经济生存，质量等级无疑是市场收入保障的一个重要前提。明代固定场所的表演活动，它的演出收入方式，与金元时期差异不大，也是采取“收钱方式”，“要了二百钱放过咱”。

到了清代，戏曲表演艺术逐渐达到一个新的美学层面，作为消费性城市的北京成了伶人及其家族的集中所在地，固定场所的演艺活动也就成为城市文化的主要社会标志之一。由于清朝政府规定，戏班和戏园不能互相兼有，因此，戏班和戏园对于演出收入采取分账制的方法，先由戏园卖票，即“座儿钱”，然后再与戏班进行分账。《梦华琐簿》云：“春台、三庆、四喜、和春，为四大徽班，其在茶园演剧，观者人出钱百九少二，曰座儿钱（此散座也，官座及桌子则有价）。惟嵩竹座儿钱与四大班等。……下此则为小班，为西班，茶园座儿钱各以次递减有差”，“其散座，则座儿钱外，加坐褥茶壶钱百二十文。……堂会点戏放赏，仍用短足炕几，畀钱陈筵前，戏园亦偶有点戏者，但以一纸钱贴畀之而已。”此乃“座儿钱”的情形，看来仍然与戏班的表演水准有关，“以次递减有差”。至于戏班收入，戏园和戏班签订协议以后，前者给后者先付一笔“定签”款项，根据各自情况有异，从几十两到几百两不等。戏班演出以后，根据每天售票情况，戏园和戏班按照协议“分账”，一般是戏园三成，戏班七成。如果戏班伶人阵容强大，剧目又好，或者大戏班到小戏园演出，戏班的分账比例还可以提高。

戏班的最大支出项目是伶人薪金，它也成为市场型演艺生存形态的伶人及其家族的主要经济收入来源。薪金方式，早期为“包银制”，即月薪制或者年薪制，自然它与伶人的表演资质有关，而且，相互之间有着一定差距。此外，还有车钱，也成为伶人的一项收入，齐如山《戏班》“车钱”条云：“从前各脚除拿包银外，每日上园子演戏，另拿车钱。”后来，逐渐演变为“戏份制”，即按照每日售票情况分成，它的动因在于一些知名伶人觉得包银制按月按年计算薪金时间太长了，在经济上不太合算，由此，伶人之间的经济差距也就更大了。

在固定场所的伶业表演活动中，由于伶人具有较为稳定的生活状态，集中在居所和戏园之间，经济活动也就逐渐从戏园延伸到居所。幺书仪在《晚清戏曲的变革》一书中，对此有详细的论述。她写道：

> 可以说“内城”大量的“寄生者”的存在，和“仕、商”阶层在晚清的发展，是北京“南城”消费性娱乐业活跃的诱因。在宴集、听戏、野游、打茶围……诸多的娱乐项目中，听戏和“打茶围”（也就是“逛堂子”）是最红火、最具吸引力的一种。据当时的笔记记载，每天晚上，在大栅栏西南一带，无数门口高悬羊角灯的小院子里，都是庭除洒扫、灯烛辉煌、肴核齐备、室内熏香，那里有许多年轻的名伶都精神抖擞，等待着顾客的光临。

在晚清的社会生活中，“打茶围”曾经是最时尚、最风流的活动，也曾经几乎是被全城的男人们关心、议论、参与、爱好、憎恨、念念不忘的兴奋中心。从嘉庆、道光，直到光绪，它的活力和魅力持续了将近一个世纪。[30]

与流动演剧方式不同，伶人及其家族在较为稳定的表演和生活形态中，他们的经济生活也发生了一定的变化，即对伶业进行深度的资源开发，延伸伶人的产业链及其附加值。这是市场型经济主体的本能要求，将收益利润扩大到最大限度。“民间戏班是一个通过演出活动来谋生的社会集体。它的一切活动，都是为了获得和增加经济收入，维持和提高戏班班主及其他成员的经济收入和生活收入。舍此，则戏班即不能成立。所以从戏班来说，经济收入仍是其经营演出成功与失败的关键所在。”[31]同样，“它的一切活动，都是为了获得和增加经济收入”，它的“经营演出”自然也就会拓展到舞台演出以外，将社会表演也作为舞台表演的一个特殊组成部分。它一方面有着市场需求，“‘内城’大量的‘寄生者’的存在，和‘仕、商’阶层在晚清的发展，是北京‘南城’消费性娱乐业活跃的诱因”，另一方面伶业作为服务性的消费行业，与色情一直有着互通的关系，是其经济营生的手段之一。它也说明了市场型伶业的经济残酷性质，“为了获得和增加经济收入”往往迷失道德的方向，触及社会道德的底线部位。

晚清的“打茶围”，主要是年轻男旦在舞台演出之后，进行侍宴、陪酒、应酬的收费经营活动。它的经营地点，一般是在男旦的居所，也可以是客人指定的酒楼饭庄场所。“打茶围”的价格，由于经营的范围不同颇有差距，从饮茶、聊天到设宴、摆酒到留宿，收费逐级提升。光绪年间《侧帽余谈》云：

主人招邀胜侣五六人造之。仆辈入报，嘤然一声，笑颜迎、侧足侍者不知几辈。寒暄数语，主人索纸笔。侍者磨墨隆隆然，坐者挥毫索索然，盖飞笺召各友所欢也。侍者磨墨隆隆然，坐者挥毫索索然，盖飞笺召各友所欢也。授急足去讫，须臾还报曰：“条子就来，请主人更室坐。”团峦位置，排比已齐。山肴海物，纷纷罗列。方就坐，则搴帘一笑，似曾相识来也。由是或行令，或猜拳，或挥麈清谈，或竹肉并奏，一视其主人之所好。所识中有膺重名者，酒数巡，登车径去。余稍留片刻也去。伶既去，酒亦阑矣。呼双弓米啜少许，而席撤。主人出，赏京蚨十千以授。若辈转递仆辈，内传呼曰：“某老爷赏钱若干。”随有仆出磕头谢。于斯时也，主人微疲，客颜亦酡。一声呼灯，则已排班鹄立，各持其一以出。一席之费，除赏资外，计需京帖三十千，旧例也。

这里描述的是居所的“打茶围”情形。由于是固定场所的伶艺表演活动，伶人的居所也就容易成为舞台表演之外另外一种生活表演的标识，构成一种特殊“伶艺”表演消费的固定“舞台”，乃至是使伶人家族生活场所也成为获取伶艺产业链的经济交易所在。它的消费价格，“一席之费，除赏资外，计需京帖三十千，旧例也”，而给予伶人的赏钱，则是“赏京蚨十千以授”。如此，也就成为伶人及其家族的一项伶艺延伸经济收益。

酒楼饭庄场所的情况，《侧帽余谈》也云：

> 同治辛未秋，初游京师，友人招饮宝兴楼……香车一至，即须出京帖二千，掷酒保转付，名曰“车饭钱”。其侑酒费，例取八千，则按节照算，不即掷付，存体统也。博盛名者，即车饭之资，日进百贯云。……
>
> 车饭钱一项，惟于酒肆招饮时取之，而下处则否。亦惟午晚时一取，而连局则否。如午时相招，已出此资，随携之观戏或赴下处，则无须重出。惟再赴酒楼，则仍须照付。初疑窒碍不通，询之老白相，谓各酒馆于车饭资皆有抽费，故应尔也。

在上述描述中，“酒肆招饮”的“打茶围”已经形成一套消费规则，“车饭钱”，“京帖二千”，“各酒馆于车饭资皆有抽费”，“其侑酒费，例取八千”，各种经济交易及其分配颇为细致。“博盛名者，即车饭之资，日进百贯云”，应该是伶人及其家族不菲的一项经济收入。

么书仪在《晚清戏曲的变革》一书中认为，“博盛名者”的主要收入，还不是这些固定的“侑酒费”，诸如“缠头”、“例赏”、“别赠”才是收入的大头，“京师于岁首例行团拜”，“梨园若辈应召，谓之堂会。色艺俱佳者”，“缠头无算”，[32] 傅生“性善饮，工谈笑”，“某故满洲世家子，以军功积官。性挥霍，一顺笑得其意，立畀千金。”

根据以上所论，由于固定场所的伶业经营活动，不但使表演艺术以及剧目建设发生了变化，而且，伶业的经济运作方式以及收益分配方式，也与流动演剧形态有着较大的区别，甚至将伶业经济链拓展到伶人极其家族的居所之中。在中国民众的生存和生活方式中，有着游牧文化和农耕文化两种类型，伶人家族的流动演剧与固定经营，与此两种类型有着本质的不同，而且，流动与固定的伶业方式之间在伶人及其家族的经济生活方面也有着一定的差异。毫无疑问，在固定场所从事伶业表演，它的动机指向是经济生计，固定场所演艺能够给伶人及其家族创造更多的经济机会和空间，同样伶人及其家族为了适应固定场所演艺的经营活动，也必然使自身的经济方式与之配套，并使之效益最大化。从本质上而言，伶人家族的职业天性是流动的，但是，随着都市娱乐经济的发展及其兴盛，伶人家族出现了在市场形态中的固定表演生活方式，他们的伶业经济交际圈以及日常生活交际圈都发生了变革，开始出现了相对稳定的观众圈，需要在表演美学上“精耕细作”，伶人才艺的市场品牌效应，社会活动群体的衍生经济收益，都与流动演剧时颇有较大的差别，从而形成了一种伶人及其家族固定场所伶业经营的商业性人格。

再次，介于流动演剧和固定场所表演之间的演出形态。通常而言，伶人及其家族一行人来往于密集场地，直接面对流动观众从事伶业表演活动。周密《武林旧事》卷六“瓦子伎艺”条称：“或有路岐，不入勾栏，只在要闹宽阔之处作场者，谓之‘打野呵’。”此为宋代伶人演艺情形，描写的是流动演剧伶人“只在要闹宽阔之处作场”。《都城纪胜》“市井”条载：“执政府墙下空地，诸色路岐人在此作场，尤为骈阗。又皇城司马道亦然。候朝门外殿司教场，夏月亦有绝伎作场。其他街市，如此空隙地段，多有作场之人”，可见南宋时期“打野呵”者遍布临安城内。除了流动演剧伶人，固定地点居住的伶人及其家族也有可能“打野呵”，如同《武林旧事·瓦子勾栏》所称的，“打野呵”者属于“艺之次者”，当他们的伎艺水准或者由于其他各种因素无法进入“瓦子勾栏”演出，为了经济生计问题，他们也会选择“空隙地段”“作场”。这些“空隙地段”也未必是固定的，一是需要根据人流的状况，例如集市的日期及其地段空间、季节、气候等影响因素，伶人对于“空隙地段”的选择也会发生变化；二是良好的“空隙地段”，在伶人之间也会产生竞争关系，它涉及到早到早占以及各种复杂的社会黑白权力背景；三是对于流动演剧的伶人及其家族来说，选择“空隙地段”本身就带有随机性质的，如果收益状况较好，也许会在此“空隙地段”多演它几场，反之也就一演而过。如此，流动演剧伶人和固定居住伶人在并不稳定的“空隙地段”伶业表演经营，也就成为市场型获得生存和生活资源的伶人及其家族的一种类型。

周南《山房集·刘先生传》描述了一群“打野呵”者，“莫知其为兄弟妻姒也”，也不知道他们是否是一个伶人家族。它详细记载了这群“打野呵”者的演出方式和经营方式，“每会聚之冲，阛阓之市，官府厅事之旁，迎神之所，画为场，资旁观者笑之。自一钱以上皆取焉，然独不能鉴空。其所仿效者，讥切者，语言之乖异者，巾绩之诡异者，步趋之伛偻者，兀者，跛者。其为戏之所，人识而众笑之。”《水浒传》五十一回“插翅虎枷打白秀英”对“打野呵”者的收费方式也有描写，每当演唱到剧情的关键之处，即“务头”之际，突然停下，女伶端起盘子或者将锣翻转过来，嘴里念诵着吉利话：“财门上起，利地上行，吉地上过，旺地上走，手到面前，休教空过”，希望观众付费，数额则随观众赏赐。故事紧要处煞住收费，这是“打野呵”伶业经营惯用的一种收费方法，它利用观众急于了解下文的期待心理，从而使收费达到快速化和最大化。此外，也有演完一个节目，下一个节目开场前收费，其方法与上述大同小异。

以上论述的是宋代时期“打野呵”的表演和经营情况。其实，在“空隙地段”从事伶艺活动，历史颇为悠久，只是这些“空隙地段”大多是在广场，场所相对稳定，而且，可能还有戏台。汉代百戏，包含各种动态技艺表演，就有一些是在广场演出。汉朝有二十几个专门用于观看、求仙、宴乐使用的“观”，其中“平乐观”专演百戏。唐代的歌舞小戏，也有在广场演出的，天宝年间常非月描述《踏摇娘》之演出情景写道：“举手整花钿，翻身舞锦筵。马围行处匝，人簇看场圆。歌要齐声和，情教细语传。不知心大小，容得许多怜！”人围成了圈，连骑的马也围成了圈，伶人和观众“歌要齐声和”，也应该是在广场表演。杜甫《观公孙大娘弟子舞剑器行》一诗，描述的也是他六岁时在河南郾城广场上观看公孙大娘舞剑的情景。如前所述，“打野呵”的场地并不具有稳定性和长期性，与广场演出仍然有所差异。广场上可以有“打野呵”的演出，但是，“打野呵”的演出显然不会局限于广场的演出时，而是会在更大的地域范围内演出，“会聚之冲，阗咽之市，官府厅事之旁，迎神之所”皆可成为“打野呵”的场所，《西湖老人繁胜录》载：“十三军大教场，教奕军教场，后军教场，南仓内，前杈子里，贡院前，佑圣观前宽阔所在，朴卖并路歧人再内作场”，故而“宽阔所在”都是可以成为“打野呵”的伶艺经营地点。在广场上“打野呵”的演出，也就逐渐出现了集中于某一场所的“打野呵”规模表演，例如近代的北京天桥等伶业聚集之地。

对于伶人及其家族来说，“打野呵”的经营情况自然是不太稳固的，其状况与流动演剧也是颇为类似。由于表演场所的简易性、流动性以及观众的不稳定性，伶人较难对伶业进行系统的美学和经营规划，因而它的经济收益状况也具有一种流变性。这种经营的随意性，在很大程度上并不取决于伶人，而是由观众所决定的。因此，伶人在“打野呵”的表演过程中，会施展各种手段吸引来往行人的注意力，从而使行人转化成为观众。余秋雨写道：

> 吸引观众的注意力！这对戏剧来说是起码的要求，但又使多少技艺精湛的戏剧家为之而煞费苦心。很少有哪一部戏剧作品或哪一位演员完全不能引起观众的注意，但也很少有戏剧家能够从容娴熟地在适当的时候引起观众注意，得心应手地把这种注意延续到一定的长度，又能在必要的时候如庖丁解牛一般把观众的注意力进行分配和转移。
>
> 戏剧家的一生中，要花费多少精力与观众的注意力周旋！一个长达数小时的剧情，要吸引住成百上千各种各样的观众，这又是一场多么艰辛、多么激烈的心理战斗！[33]

在上述文字中，论述的是常规戏剧演出的注意力问题，而对于“打野呵”的伶人来说，这种“心理战斗”是更加的“艰辛”和“激烈”，因为他们面对的是缺乏明确观剧目标的潜在观众。这些潜在观众，可能是行人，也可能是游闲者，或者是正在选择观剧兴趣点和兴奋点的观众，“打野呵”的伶人首先需要吸引观众的注意力，然后在此基础上“把这种注意延续到一定的长度”，并“在必要的时候”“把观众的注意力进行分配和转移”。只有完成这种“注意力”的发生程序，即“注意力”的引起、持续、分配和转移，才能使伶人实现一个有效的伶艺经营行为，产生较为良好的经济收益。可以说，这种“注意力周旋”，直接决定了“打野呵”表演的经济效益程度，从而也影响了伶人及其家族的经济状况。“打野呵”的伶业表演营业，从某种意义而言也是注意力经济。

“打野呵”的收费方式，与流动演剧也是较为接近，在历史上变化不是很大。张发颖在《中国戏班史》一书中写道：“这种收钱方式，近人张恨水所写《啼笑因缘》中可看到，樊家树第一次去天桥听沈凤喜说大鼓书，就是在此机会扔下一块银元而两人相识的。直到解放前，笔者所见一般要猴、要狗熊、变戏法者，在乡村集市上野呵演出，仍是如此收钱。”[35]这种地摊式的“野呵演出”，如此“收钱方式”自然也是较为科学的。

第四节　依附型和市场型之间游走的伶人家族

还有一种伶人家族的经济活动类型，即在依附型和市场型之间游走的。既然有依附型和市场型两种类型的伶业经济生存方式，其中一部分伶人及其家族必然不可能纯粹从事某一类型，因为对于他们来说，“它的一切活动，都是为了获得和增加经济收入”，只要符合这一原则，从事何种类型伶业活动只是一种手段。从某种角度而言，完全依附于宫廷、府衙以及商绅富豪家班的伶人及其家族，也是将宫廷、府衙以及商绅富豪家班作为一种市场资源，甚至在特定条件下也有可能按照市场原则进行配置的。应该说，这种游走状态，有时是自愿的，而更多的是被迫的，一方面由于伶人作为乐户的特殊社会身份，他们在公共社会权力关系中的普通民众资格缺失；另一方面由于政治、战争、经济以及其他因素的强力作用，不可选择地出入于两种类型之间，甚至可能是多次出入于两种类型之间，只是可能出入于不同的宫廷、府衙以及商绅富豪家班。这种“候鸟型”的伶业生活和生存方式，也是伶人及其家族经济活动的一种形态。

具体而言，它可以分为三种情形，一是从市场型转为依附型，前已有所论述，宫廷、府衙以及商绅富豪家班的伶人大多来自民间职业或者半职业伶人。笔者在《中国伶人性别表演研究》一书中，较为详细地论述了权力与伶人之间的政治、文化及其人性的内在互通关系，权力在调配社会资源时，必然会将伶人列入它的运作范畴，其中包括向民间社会征召伶人。《隋书·音乐志》载，后周大臣郑译，为宣帝所宠，“奏征齐散乐人，并会京师为之”，“宣帝广召杂伎，增修百戏，鱼龙曼衍之伎，常陈殿前。累日继夜，不知休息。”《新唐书·李峤传》载李峤奏曰：“太常乐户已多，复求访散乐，独持大鼓者已二万员。愿量留之，余勒还籍，以杜妄费。”宋时，宫廷、府衙以及商绅富豪继续大肆搜罗技艺高超之民间伶人，《宋史·乐志》载宋初教坊，“四方执艺人之精者皆在籍中。”《北盟会编》“金人来索诸色人”条载，北宋末年靖康年间，金人向宋朝教坊索取之诸色伎艺人，计有乐人四十五人，露台祗候妓女千人，杂剧、说话、弄影戏、小说、嘌唱等一百五十余家，又“三十日庚申”条记，金人索取“诸般百戏一百人，教坊四百人”，“弟子帘前小唱二十人，杂剧一百五十人，舞旋弟子五十人。”由此，也可以从一个侧面反映出宋朝教坊伶人之众，它大多应该是来自于“四方执艺人之精者”。元代宫廷乐部伶人，也是大多掠自民间，如同朱櫹《元宫词》所云：“江南名妓号穿针，贡入天家抵万金。”都穆《都公谭纂》记载了一个明代苏州戏班从市场型转为依附型的情形，该戏班到北京演出，被以“以男装女，惑乱风俗”之名告发之，“英宗逮问之，优具陈劝化风伦状。上令解缚，而令演之。一优前云‘国正天心顺，管清民自安’云云。上大悦：‘此格言也，奈何罪之?’遂籍群优于教坊。群优耻之，上崩，遁归于吴。”明代民间伶业已有长足发展，陆容《菽园杂记》称“虽良家子不耻为之”，上述苏州戏班也已经能够离开本乡远赴京城进行营业演出谋生了，所以“群优”从市场型转为依附型以后，又从依附型逃离了，估计“遁归于吴”以后，仍然会是从事伶业经济活动。清朝宫廷演剧颇为兴盛，“从康熙朝开始，戏曲演出在宫中占有了较高地位，尤其是平定三藩之后，已具备了对文化生活提出需求的客观条件，于是宫中的戏曲活动日见频繁，管理戏曲演出的机构也应运而生。这不仅是为了满足皇家的声色之娱，也是对中华民族传统文化和传统道德的认同和弘扬。此后内廷演剧活动代代相传，看戏成了历朝清帝的共同嗜好。”[36]即以雍正而言，昭梿《啸亭杂录·杖杀优伶》云“世宗万机余暇，罕御声色”，即使如此，雍正时期仍然陆续有伶人由南方选送进京，中国第一历史档案馆新整内务府档案中的李招官、王长生的两份呈文称“念李招官自祖父李品由雍正六年进京当差，至今九十余年”，“念王长生自祖父王良官由雍正十一年进京当差，至今四辈”，他们的祖父辈均是在雍正年间由苏州“进京当差”的。

从市场型转为依附型的伶业形态，对于历朝宫廷以及与此政治和经济权力同格的府衙以及商绅富豪来说，它的主要功能是为了满足“声色之娱”，并且按照自身的美学和运营需求进行调配，而从伶人及其家族角度而言，是伶人家族的经济来源发生了重大的变化，开始从不太稳定的经济资源转变为相对固定的经济资源，从原来的伶艺和演出经济双重经营转变为伶艺经营。尽管从市场型转为依附型的原因及其状况不同，包含主动、被动以及其他复杂因素，但是，由于实行供养制度，无需为了衣食等生计问题而奔跑，在经济状态上具有一种保障格局。根据清朝内务府档案的资料，嘉庆十六年十月，从南方选拔了陈双贵、顾双福、支双麟、祝双寿、高双宁、陈双端、吴双喜、顾双庆等八位学生入宫当差，他们的衣物供给如下：

学生八名衣物单：

石青、宝蓝宁绸羊皮袍褂八套；石青、酱色花灰鼠皮袍八套；宝蓝宁绸羊皮一裹圆八件；石青、宝蓝宁绸羊棉袍褂八套；宝蓝宁绸缺襟棉袍八件；石青宁绸羊棉马褂八件；石青、宝蓝宁绸夹袍褂八件；宝蓝宁绸缺襟夹袍八件；石青宁绸夹马褂八件；石青、宝蓝线绉单袍褂八套；宝蓝线绉单戈什哈衫八件；宝蓝羽缎缺襟单袍八件；石青羽缎单马褂八件；石青、宝蓝实地纱袍褂八套；宝蓝实地纱戈什哈衫八件；石青、宝蓝芝地纱袍褂八套；宝蓝芝地纱戈什哈衫八件；月白绸夹袄八件；白春绸两节大衫八件；白生纱大衫八件；月白绸棉套裤八双；月白绸夹套裤八双；月白绸单套裤八双；白生纱套裤八双；月白绸小棉袄八件；月白绸棉裤八条；布衫裤（每四套）共三十二套；海龙皮领八条（随领衣）；水獭绒领八条；绒领八条；夹领八条；骚鼠皮帽八顶；骨种羊皮帽八顶；绒帽八顶；纬帽八顶；两缨帽八顶；小帽八顶；帽盒八个；方头缎靴八双；尖头缎靴八双；皂鞋八双；棉双袜十六双；丝线带、大小荷包、飘带、手巾、扇套八分；（又布手巾八条）绸褡包八条；哦登绸褐衫八件；哦登绸帽罩八个；绸被褥八分；随枕头八个并笼布褥单八条；布被褥八分；随枕头八个；铺盖卷八个；毛毯八条；红皮箱八只；随蓝布包袱八个；铜面盆八个；锡刷牙盒八分；随银八百两，每名各一百两制办零星添补零用；男网巾二分；包头匣六分，簪环鬏髻全；彩鞋六双。

十六年十月进（叠入夹内）

学生八名旧衣物

陈双贵

白皮箱一只；宝蓝官绸单戈什哈衫一件；天青羽缎单马褂一件；蓝布单衫一件；月白两节长衫一件；蓝布夹一裹圆一件；蓝布棉一裹圆一件；蓝布小棉袄一件；青布棉马褂一件；天青哔叽夹马褂一件；宝蓝绸羊绒一裹圆一件；天青官绸羊皮马褂一件；葛布戈什哈衫一件；布衫裤三套；蓝布棉套裤一双；绒帽一顶；皮领一条；布腰带一条；线腰带一条；缎靴一双；白布单被一条……

（其他人以上内容相同，应是在南方统一制作）[37]

由上所知，当时从江南选拔进宫为伶者物质待遇相当优厚，计有衣物三十套，还有十多套衣帽鞋袜、日用品等行装，均是南方启程之前统一制作。另外，“每名各一百两制办零星添补零用”。应该说，它是事无巨细都已考虑周全。由于依附型的伶人在物质条件上能够得到保障，在当时生活水准很低的社会来说，成为依附型的伶人还是颇为受到羡慕的事情。这里，还涉及到伶人家族的一些相关问题，到了道光时期，虽然最后裁退全部民籍伶人，仅仅留下太监在内廷中表演伶艺，但是，它经历了一个过程，依附型的伶人还在陆续将家眷接进北京，道光三年的恩赏日记档载：

二月初一日，奴才禄喜、如喜、陆福寿谨奏，今有外学首领等报到，奴才等处有外学苏州小学生五名、扬州小学生十名，尚未接取家眷，奴才等不敢专擅，谨此奏闻。

禄喜面奉谕旨，准其接取家眷。钦此。

宫廷选拔一个江南伶人入宫，不但要给予其大量的衣物和银两，而且，连其叔父、兄弟等也要一同随之进京，伶人去世之后还要携其亲属的灵柩一起运回江南故乡。道光三年二月二十八日的恩赏日记档云：

同日　南府总管禄喜、如喜、陆福寿谨奏，有外学首领呈报食四两八品官学生马双喜于三月二十九日辰时病故，按例应行崇文门恩赏银二十五两，其家口灵柩着织造处便船带回南去。将家口灵柩列后：

马双喜家口　妻一名、子三名、子媳三名、女一名、孙三名、孙女三名，共家口十七名。

灵柩　本人柩一口、祖父柩一口、祖母柩一口、父柩一口、母柩一口、伯父柩一口、伯母柩一口、叔父柩一口、婶母柩一口、兄柩一口、嫂柩二口、弟柩二口、前妻柩一口，共灵柩十七口。为此谨启。

道光时期开始，已经逐渐不再从江南引进伶人。因为伶业多是世袭职业，子承父业，代代相传，而且，其近亲也多是以伶业为生，以前选拔入宫的江南伶人已经在京形成伶人家族现象，只要从伶人家族中的后辈以及近亲中选拔即可，也可省去大量的制装费用。道光三年五月初十日的恩赏日记档记“总管禄喜奏准，挑弟男子侄十六名。万岁爷面传管理南府大人”。此后，道光三年六月初一日的恩赏日记档载：

六月初一日　同乐园承应。辰正开戏，未初十分戏毕。

《瑶池玉井献嘉莲》（内学）、《河梁赴会》（内学　小刘德）、《扯本》（内学　安福）、《绣房》（胡金生、周寿）、三段《铁旗阵》（外学·六出）、《冥判》

(梁明诚)、《认子》(松华)、《宝镜呈祥》(外学)。

总管禄喜带领新挑进小学生十六名，在同乐园引见。奉旨，将此十六名每月食月银一两，白米五口。

新挑进小学生十六名：

……得明（年八岁，系陆福寿之子)、七猫（年九岁，系寿喜之侄)、闰儿（年九岁，系马喜之子)、全顺（年八岁，系大庆之孙)、顺喜（年十岁，系钮彩之子)。

这是道光时期最后一次选拔民籍伶人进宫当差，同样是从在京的民籍伶人家族中挑选。如上所列，在“新挑进小学生十六名”中，乃是总管以及经常担任主演伶人的近亲。从市场型转变为依附型，无论是对于伶人还是伶人家族而言，都能使他们的经济处境及其状况发生较大变化，使他们的物质生活有了相对稳定的供给保证，从而也产生了一定的伶业综合效应，一方面能够使伶人相对安定地在伶艺上进行经营，从而不断琢磨和提升伶艺；另一方面由于“四方执艺人之精者皆在籍中”，使各地各种伶艺之间也能够形成一种相互交流乃至交融的平台。从市场型转变为依附型，它的影响作用不仅仅是伶人及其家族的经济格局变化，也拓伸到伶艺美学层次的演变和提高。

二是从依附型转为市场型。由于主人的不同喜好以及特定的政治、经济需要，宫廷、府衙以及商绅富豪家班裁减伶人，《唐会要》卷三十四载：“大历十四年五月，诏罢梨园伶使及冗食三百余人，留者隶太常。”《新唐书》也云：“罢梨园乐工三百人。”这些从宫廷裁退的伶人，有的并未转变为市场型，而是成为其他主人的依附型伶人，例如各地藩镇的家乐，有的则成为了市场型伶人，伶业活动范围远至江淮领域，《乐府杂录》载名伶许永新，流落在扬州舟中卖唱，为另一伶人韦青认出，二人相对而泣；名伶李谟则是流浪江东，曾为越州刺史皇甫政月夜游鉴湖时吹笛。郑处诲《明皇杂录》卷下也载，名伶李龟年亡走江南，“每遇良辰胜赏，为人歌数阕。”宋代初年，教坊裁退伶人，其中有的转入德寿宫或者衙前乐，有的则是只能投身瓦肆勾栏进行营业演出谋生。从依附型转变为市场型以后，伶人及其家族的经济生活确实发生了很大变化，处于一种动荡状态之中。清朝嘉庆年间，由于国运渐衰，加上为了纠正乾隆时期极为奢华的宫廷演剧活动，虽然嘉庆皇帝仍然从江南挑选伶人入宫当差，但是，总的来说，嘉庆皇帝还是裁退宫廷民籍伶人一半以上。道光时期也是如此，虽然裁退宫廷民籍伶人也有一个过程，但是，到了道光七年，道光皇帝撤消南府改为了昇平署，并最后裁退全部民籍伶人。道光七年二月十二日恩赏日记档载：

原南府自开禁以来，差事很齐整，外边人艺业比太监本强，究属太监，当差事毕，无别事故。外边人别项事故，朕已难传究竟，往后无益事出难办，莫若全数退出。并不是为省这点钱粮，况学生等又不是白吃钱粮，当差又好，总言往后无益。其昇平署仍在太平村归拢居住，开一随墙门，出入西爽村门，究竟是园内，为的是管事严紧。不走太平村门何故，以先昼夜任其闲杂人出入，深究难传。

道光皇帝认为，“外边人艺业比太监本强”，但是，由于太监伶人“当差事毕，无别事故”，显然民籍伶人存在难以追究的问题，“莫若全数退出”。这里，也许还存在更深层次的朝廷问题，但是，民籍伶人确实被全部裁退了。

由于各种复杂的社会动机，各个历史时期的宫廷、府衙以及商绅富豪家班都会存在不同程度的裁退伶人现象。即以商绅富豪家班而言，因为朝代变更之故，一些商绅富豪的政治和经济状况发生变化，家班自然也就较难维持，例如张岱，本来“蓄梨园数部”，[38]入清以后则是“国破家亡”，“布衣蔬食，常至断炊”，“向以韦布而上拟公侯，今以世家而下同乞丐。”[39]主人已经“常至断炊”，“下同乞丐”辞退家班伶人在所难免。有的虽然没有辞退伶人，但是，却已经与伶人为伍。王世晋，原为明末兵部尚书，“为娄中第一显宦”，到了清初，“家世既破，僦一小屋，日与伶人狎”，“伶人抵候，宸章即厕身其间，捧版而歌”，“氍毹旋舞不羞也”。虽为主人，已与伶人无异了。

此外，从依附型转为市场型，有的是由于年老色衰或者技艺逐渐居后而被宫廷、府衙以及商绅富豪家班裁退的。例如中唐时期，“原在长安、关中一带为贵族服务的家伶和大批宫廷梨园弟子，或因安史之乱，或因年老被逐，亦纷纷流散四方。”[40]唐代王建《温泉行宫》云：“梨园弟子偷曲谱，头白人间教歌舞。”商绅富豪家班也是如此，男伶或者嫁了男伶的女伶被辞退以后，大多也就出去加入市场型的民间营业班社进行从事伶业活动，张岱在《陶庵梦忆》“过剑门”条称，他在南京观剧，即遇到了原来他的家班伶人马小卿、陆子云，他们离开家班以后进入民间营业戏班。孔尚任在《燕台杂兴四十首·其九》中描述了一个从家班流露到民间的职业戏班，“朱门一出路茫茫，箧里空藏断袖香。走上氍毹歌一曲，从新人看李修郎。”从依附型转为市场型，对于伶人及其家族来说，确实是“朱门一出路茫茫”，他们稳固的经济来源丧失了，而必须去面对市场演剧的激烈竞争局面，使伶人家族的经济生存形态发生重大转型。伶人及其家族的经济心态需要变化，同时，伶业的美学和经营格局也需要变化。从实际情形来看，伶人及其家族成为市场型的营业团体，初始阶段还可以凭借依附型时期的技术能力及其优势，在市场里占据有利地位，但是，伶人及其家族的经济性格已经发生了变迁，他们出现了商业性和务实性的伶业经济性格。当然，还有一些特殊的情况，例如前所论及的明代苏州戏班，“上崩，遁归于吴”，这些伶人是自愿离开宫廷伶业生活。分析它的原因，或是当时苏州伶业经济已有一定的发展空间，对他们这样的本土人具有较强的吸引力，或是他们不愿意宫廷的管制生活，他们本来也是被迫入宫为伶的。咸丰十年五月的恩赏日记档载：

> 奴才安福谨奏于五月十七日奉朱笔，现在里边当差之外边学生，除留当教习外，尚有愿在里边当差者，令其自行报明，总管安福开单具奏，不必勉强，亦不准勒派。奴才遵旨，随同内学首领王成等问明外边学生，愿在里边当差学生：
>
> 小生　产金传，小生　陈连儿，小生　钱得庆，
>
> 小生　朱阿三，
>
> 小旦　孙小云，小旦　陈连生；小旦　严福喜，
>
> 小旦　严宝麟，
>
> 小旦　陶贵喜，小旦　杜步云，小旦，郝玉福，
>
> 净　吴关喜，
>
> 丑　沈长儿，丑　陈四保，武丑　赵广发，武丑　陈九儿，
>
> 武净　冯双德，武生　张三福，净　孙宝和，鼓　唐阿招，
>
> 大锣　李福寿，老旦　杨瑞祥，净　方镇泉。
>
> 愿在里边当差，挑选教习：
>
> 小生　陈金雀，末生　费瑞生，生外　黄春全，
>
> 老旦　范得保，
>
> 小旦　张云亭，净　周双喜；正旦　许殷山，净　侯福堂，
>
> 丑　陈永年，丑　张开，副　王瑞芳，净　方瑞祥
>
> 不愿在里边当差学生：
>
> 小旦　乌松寿，正旦　翠香，老生　黄得喜，
>
> 京丑　韩双盛，
>
> 老生　郭三元，武生　陆双玉，小旦　曹玉秀
>
> 谨此奏闻。

从这份档案中，绝大部分“现在里边当差之外边学生”，还是“愿在里边当差”，但是，仍有七位“不愿在里边当差学生”。档案中没有说明其原因，从“不必勉强，亦不准勒派”等文字中，反映出当时内廷对于是否“愿在里边当差”还是比较宽松的。它应该跟清朝市场型的伶业发展有着一定的内在关系。

三是在依附型和市场型之间互动的。即伶人及其家族不是固定在依附型或者市场型生存的，而是在此之间来往从事伶业。宋代金盈之《新编醉翁谈录·平康巷陌记》称：

> 中曲者，散乐杂班之所居也。夫善乐色技艺者，皆其世习。以故丝竹管弦，艳歌妙舞，咸精其能。凡朝贵有宴聚，一见曹署行牒，皆携乐器而往，所赠亦有差，暇日群聚金莲棚中，各逞本事；来观之者，皆五陵年少及豪贵子弟。

它论述了伶人与家族之间的天然关系，“夫善乐色技艺者，皆其世习”。这些“散乐杂班”除了民间演出，也到“朝贵有宴聚”的场所表演。《东京梦华录》“京瓦伎艺”条称：“教坊减罢并温习：张翠盖、张成弟子、薛子大、薛子小、俏枝儿、杨总惜、周寿奴、称心等”，“驾登宝津楼诸军呈百戏”条又称：“后部乐作，诸军缴队杂剧一段，继而露台弟子杂剧一段。是时弟子萧住儿、丁都赛、薛子大、薛子小、杨总惜、崔上寿辈，后来者不足数。”“薛子大、薛子小、杨总惜”本来已是“教坊减罢并温习”，成为市场型的勾栏伶人，但是，又以“露台弟子”的身份去御前演出。吴自牧《梦粱录》“妓乐”条云：“绍兴年间，废教坊职名，如遇大朝会、圣节、御前排当及驾前导引奏乐，属修内司教乐所集定姓名，以奉御前供应”，《宋史·乐志》也云：“乾道后北使每岁两至，亦用乐。但呼市人使之，不置教坊，止令修内司先两旬教习。”由此，伶人互通于依附型和市场型之间，“看来艺人出入教坊，有时上至宫廷，在御前作俳；有时下至勾栏，为普通市民作营业演出，乃是平常之事。”[41]

到清朝中晚期，在依附型和市场型之间互动的伶人及其家族更为普遍。咸丰十年五月的恩赏日记档载：

> 二十七日，辰初进东楼门，在同乐园排《宝塔凌空》、过《士林歌乐社》、过《老人呈技》、排《福禄天长》、《老人呈技》带当儿，《士林歌乐社》带吹打。皇上御览。
>
> 二十八日，敬事房传旨，六月初五日外边伺候戏。初六日三庆班伺候戏。初七日、初八日、初九日、初十日里边伺候戏。十一日四喜班伺候戏。十二日双奎班伺候戏。十三日、十四日外班伺候戏。

此乃在圆明园“同乐园”演出。由于京城伶人云集，三庆、四喜、双奎、春台等职业戏班已经声名颇大，其技艺已不逊色于扬州、苏州等地，朝廷也就不再到江南选拔伶人，而是从京城知名职业戏班中挑选伶人“伺候”。程长庚作为三庆班班主，也应参加这次演出。梅巧玲随四喜班也参加了演出。后来，“外边”伶人“伺候戏”也就成为内廷太监伶人演剧之外的一种重要伶艺活动方式。同治时期，由于太监伶人演技较差，慈禧太后对此颇为不满，同治十三年旨意档记："十月二十日　许传旨，二十日《平安如意》团场上场人露白腿蓝裤，下场解带摘发懈怠。以后有差无差都得剃头。上角不准胖胖猪似的，不论什么角都穿彩裤，不准穿尖靴，穿彩鞋。勾脸不要粗拉拉。"也许正因如此，慈禧也就颇为喜欢"外边"伶人的唱戏。光绪时期，继京城著名伶人孙菊仙、杨月楼、时小福等进宫"伺候"以后，谭鑫培也入宫"伺候"，光绪十六年恩赏日记档记："五月初十日　继挑民籍教习谭金培、孙秀华、陈德霖、罗寿山、李奎林、李双寿。"谭金培，即为谭鑫培。慈禧除了挑选知名伶人进入内廷"伺候"，还要看北京各大著名戏班的表演，以便观看更多的角色和新剧目，而外班演出费用不菲。"内务府档案"载：

光绪十九年八月十五日　四喜班，纯一斋承应。共赏银四百三十两。

八月十六日　同春班，纯一斋承应。共赏银三百六十两。

八月十七日　玉成班，纯一斋承应。共赏银四百三十二两。

九月初一日　小丹桂班，纯一斋承应。共赏银三百四十两。

九月初九日　四喜班，纯一斋承应。共赏银四百三十两。

十二月三十日　同春班，纯一斋承应。共赏银四百十两。

根据上述档案，一个外班一次演出即可收入三四百两，对于当时北京戏班而言，无疑是一笔丰厚的经济收益。慈禧给予伶人赏银非常随意，而且，随着演剧活动的频繁，赏银数额也在不断增加。这些经济收益，无论是对于较长时期在宫廷"伺候"的伶人，还是偶尔进宫演出的伶人，都使他们及其家族的经济结构有着或重或轻的影响。入宫演出，不仅是对于伶人表演技艺的肯定，而且，也确实成为伶人及其家族的重要经济收入方式，"以致一时戏班和伶人都以进宫演戏为荣，可算得名利双收。"[42]这种效应，并不仅仅局限于来自宫廷的经济收入，当这些出入宫廷的伶人回到市场性的民间演剧状况之中，也能获得收益增值的效果，因为在宫廷表演的身份，使伶人在民间演出的分量加重了，产生了一种演艺价值的附加值现象。刘守鹤的《谭鑫培专记》写道：

当同治至光绪初年，鑫培的戏份，仅当十钱四吊至八吊……到光绪中叶，增加到二十四吊或四十吊，到庚子则增加到七十吊或八十吊，后来又由一百吊增至二百吊。到光绪末与宣统初年，就增至二百吊以上。……

唱堂会呢？那就有可惊的增加了！光绪中叶不过十两银子，庚子以后就猛增至一百两，宣统初年则增至二百两至三百两。……

从庚子以后，鑫培外串就要五十两，这是开从来未有的新纪录。再由那琴轩之流一跪一揖，一吹一捧，就由五十两加至一百两。随后又继涨增高，乃至二三百两，乃至五百两。在那家花园刘宅堂会，唱一出《武家坡》，竟拿了七百二十元的代价。[43]

这里，谭鑫培的演出价格“继涨增高”，自然跟他的表演技术实力有关，但是，也不能排除他宫中为伶的身份，尤其是慈禧太后的青睐以及由此延伸出来的“谭鑫培神话”，更使他身价百倍。这种身价百倍的连锁反应，是使谭鑫培的演唱价钱得到快速地提高，乃至使达官贵人也对他格外恭敬。当然，与在依附型和市场型之间自由互动的伶人有所不同，谭鑫培乃是“内廷供奉”，有着“月米”和“月俸”，每次演出之后还有“赏金”。需要肯定的是，依附型的伶业机遇或者状况，对于市场型的伶业确实有着一定的延伸效应，它依据不同的伶人有着不同程度的影响作用。从此意义而论，在依附型和市场型之间互动，可以使伶人及其家族的经济收入产生一种共振现象。如果善于利用如此颇为微妙的经济学现象，对于伶人及其家族扩大经济增长空间无疑是有益的。

第五节　伶艺教习与科班教育的家族经济

从伶艺教习获取经济来源，也是伶人家族经济活动的一种类型。此种情况较为特殊，它是伶业逐渐成为一个产业而导致分工细化的产物，可以说是一种内部经济或者辅助经济，它的服务对象是伶业内部，经济来源也是将伶业教习资源转化为公共伶业资源从而获得钱财收入。这些从事伶艺教习的伶人，原来也大多从事舞台的表演职业，由于身体、年龄以及其他各种具体原因，主要转为以教习童伶为主，并以此维持伶人家族的经济生计，或者兼教一些“手把徒弟”，从中获得一定的经济收益。张伟君《荀慧生传略》写道：

慧生的开蒙老师庞启发（艺名庞艳云），是著名梆子花旦艺人老十三旦侯俊山的嫡传弟子。他虽然专擅花旦，但戏路极宽，什么戏都能教，故有“戏包袱”之称。但奇怪的是：那时他才四十来岁，虽然脸庞黑一些，可扮相、身材都还可以，而且也有嗓子，但他却到处教戏，从不登台（自慧生跟了他，就没见他上台演唱过）。他教徒弟以严厉过人而闻名，别人给他起了个绰号叫“庞剥皮”。[44]

这种“到处教戏，从不登台”的伶人以及兼教“手把徒弟”的伶人，也就成为伶人及其家族经济生存方式的一种类型。他们的经济收入，一种方式是“教戏”的“月规”收入，即学戏徒弟按月交给师父一笔酬金。20 世纪 30 年代初期，北京学戏行规一般是每月六块钱。按照当时物价，一袋白面是两块钱，六块钱即可以买三袋白面，对于普通人家来说，它绝对不是一个小数目。因此，依照“月规”方式学戏者，大多是富豪之家，因为大人喜欢伶艺，也就请伶业师父教自家孩子学戏，它的目的不是为了将来从事伶业，而是附庸风雅。师父对这些徒弟也不必过于认真，应该说赚“月规”的钱是较为省心的；另外一种方式，则是签订“关书”收徒的规矩。由于贫寒人家无法按照“月规”方式学戏，只好跟师父签订一份“关书”协议，明确双方的师徒关系及其相应的权利和责任。在确定学戏的年限之内，徒弟的衣、食、住由师父负责，徒弟一边学戏，一边由师父“借台演戏”或者搭班演戏，演出收入的包银戏份归师父使用或者按照规定好的比例师徒分账。在此期间，徒弟若有病、死、逃亡，师父概不负责；背师出逃，双方寻找；半途退学，则赔偿规定年份的损失。学师期满以后，一般还要帮师一年。由此，“关书”方式的经济收入，主要是师父带领徒弟在公共演出市场从事伶业表演活动的收益。

由于“关书”方式的经济收入是直接与公共演出市场相联系，徒弟的伶艺资质以及技术水平也就关系到师父及其家族的经济收益质量，故而师父对于学戏孩子的先天条件考察非常严格，主要是嗓音、个头、扮相是否具备从事伶艺的潜质。签订“关书”以后，师父对于徒弟的教学也是非常严格的，对于有些师父来说，甚至是异常残酷的，如同上述论及的“庞剥皮”。荀慧生到师父庞启发家以后，挨打受骂便与他结下不解之缘。“只要稍有懈怠，师父就用麻绳搓的鞭子沾水后抽打他，而且还不许哭出声来。六七岁的孩子，挨了毒打哪能不哭呢？但只要哭声大了一些，师父就用棉花把他的嘴堵住，然后由师娘等人帮着把他按倒，继续抽打”，“7 岁的慧生，除去白净细嫩的脸，到处是青一块、紫一块的伤痕。”[45]这种残酷教学，无疑是跟师父的经济利益有关的，如果徒弟技术水平不行，无法在公共演出市场中获得更多包银戏份，则会直接影响到师父的经济收入。当然，它也许跟师父爱惜自己的教学声誉也有一定的关系，只有在伶业教学中形成一种品牌，徒弟的成名率较高，才能吸引更多的徒弟跟他学戏。

学戏期间，演出收入的包银戏份归师父使用或者按照规定好的比例师徒分账，由于有些徒弟在公共演出市场中已经具有一定名声，使师父在经济上获利甚多，因此，徒弟的满师出科往往比较困难。毫无疑问，师父打算在徒弟身上获得更多的经济利益。荀慧生即是一个例子。因为荀慧生的父亲是一个不识字的农民，又缺乏经验，在与庞启发签订的“关书”上，并没有注明从何时起到何时止的具体日期。到了应该出师的年份，荀慧生已经红极一时，为庞启发赚了很多钱，庞启发自然不想让他离开，就借故不准他满师出门。“庞师父恶狠狠地扬言：‘如果一定要走，我就和他拼了！先把他的腿打折，叫他上不了台！’气势汹汹，吓得慧生六神无主。幸亏尚小云、李洪春等设法，让慧生从后窗户逃走。后来由白社及三乐班主李继良先生等出面调解，以折中的办法达成协议——延长出师期两年；慧生演出所得，与庞师父对半分成。”[46]应该说，作为从伶艺教习获取经济来源的伶人及其家族，徒弟就是他的伶业产品，为了使自身的经济收益最大化，自然会充分利用徒弟的伶艺资源。当然，许多从事伶艺教习的伶人还在搭班演出，但是，从伶艺教习获得经济利益仍然是这些伶人及其家族的重要收入来源。

还有一种特殊情形，即由某一伶人家族掌控的科班制教育伶业经济方法。它最典型的案例，即是喜（富）连成科班。喜连成科班，是由东北富绅牛子厚创办的，伶人叶春善负责教学和管理，“后来演戏有了收入，每年盈余，都汇给牛子厚，存放在他所设源升庆灶房(即银号)。”[47]后来，又转手给北京商人沈崑接办，仍由叶春善任科班社长，科班改名为富连成科班。叶春善病重和去世后，原来学习文武老生的儿子叶龙章接掌富连成科班。叶龙章在《喜（富）连成科班的始末》一文中写道：

> 父亲去世后，我正式掌握科班一切事务。三弟盛章协助教艺和编排文武戏。二弟荫章，当时他是本科班鼓师，有时也帮助办理社务。最主要的是萧长华老先生帮我管理社务及教戏。萧长华先生和先父是儿女亲家，又受先父生前拜托，曾发誓言，在有生之年，一定帮助我把科班教育事业搞好，代代流传下去。[48]

富连成科班因沈家银号破产，作为抵债财产查封，但是，法院标价拍卖，无人问津，叶龙章只好将父亲仅有的一所房屋卖掉，在法院允许降价为七千元以后，凑够资金，从法院把全部戏箱等物买回，又重新开始了排戏演戏。此后，富连成科班就没有财东，而是由叶家独立经营、自负盈亏了。关于以前的富连成科班教育经营情况，叶龙章称道：

> 自从吉林牛子厚以至外馆沈家做财东前后将近三十年，从没有亏累，每年总要给他们剩余几千元或万余元不等。外馆沈崑患病时，由外馆搬到虎坊桥科班养病，他常说：“我病死也要死在科班里，因为我经营买卖一辈子，从没见过像叶春善这样兢兢业业一心为事业，给财东赚钱的人。我在北京和外地开了这么多买卖，万没想到一个唱戏的，倒比我柜上那些穿木裙子的人（穿木裙子说的是站柜台的）还好的多，真使我感佩之至。”他终于病死在富连成科班，由科班出资办理丧葬。以后才由其弟沈秀水接管，直至沈家亏累破产为止。[49]

由此，可见伶业教育只要善于经营，仍然是有着一定赢利空间的。它的主要营业就是利用学生资源进行市场演出。叶龙章主持富连成科班以后仍然如此，并且，曾到沈阳、上海等地进行商业演出。1947 年，由于叶龙章身体等原因，虽然由他担任富连成科班社长，一切具体社务则由其二弟叶荫章主持。

叶氏家族作为一个伶人家族，长期掌控富连成科班的教育事务，后来又将科班购买为家族产业，并由此获得伶人家族的经济生活来源，成为了伶人及其家族经济生存的独特方式。他们制定了详尽的内部组织及规约，还有喜（富）连成学生入学程序及坐科生活。其中后者“二、坐科生活”写道：

学生入科后，饮食、衣帽鞋袜，均由社中供给，每日并发给大铜子（那时以花铜板为主）一枚，可买烧饼油条各一个，名为饽饽钱，又称小份钱。能够登台的，按其在台上的所演角色大小及表演情况如何，分别涨小份。涨小份没有固定时间，只要台上有进步，私下守纪律，由主管老师提出，经社长审核，随时增涨，最高的达到二十大枚。学生有疾病时，医药均由社中供给，病重的可由家长将学生接回家中休养。[50]

“出科后仍在科班演戏的待遇”写道：

学生未出科时，每日演戏，并无戏份。出科后，一般都要在科效力，报师（即报答师恩）一年。但自出科那时起，即另有待遇。那时戏班规矩，并无月薪，在每天演唱一场后，当时付给戏份。我们科班也是如此。戏份多少，由社长和老师们开会评定：多者三五十吊钱，少者几吊钱（每十枚铜子称一吊钱，四十吊钱折合银元一元）。每年评定两次：一次是每年三月十八日祭神日，一次是每年十二月二十日封箱休息日。出科学生在班搭班的，在这一段演出时间内，分别由各老师、各执事根据演出成绩酌加戏份，最多者每日戏份可挣到一百多吊钱。除演员外，其他文武场面、箱倌，则由场面头、箱头提名，分别优劣，照样增加。

在京演出堂会戏及到外地演戏的待遇：

演堂会戏，除原有戏份外，增加半份，另外加付灯笼、车钱。外出演戏时，每人发双份，车费、住宿，由社方供给，并付给每人每天饭钱一元。学生每天伙食增加菜、肉，每天小份也增加一倍。[51]

从这些制度中，可以反映出富连成科班在科和出科学生的日常生活以及演出经济待遇方面的开支情况，它从某种意义上也成为一种人力资源成本。富连成科班“从没有亏累，每年总要给他们剩余几千元或万余元不等”，显然它的经济收入主要应该来自于“学生未出科时，每日演戏，并无戏份”。它应该是一个伶人家族掌控科班而能够获得一定经济收益，并且较长时期坚持运作的原因之一。

叶氏家族主掌富连成科班，在经济运作方面用心经营。一般戏班每周可以演出一两场，最多三场，由于富连成是科班，需要维持众多学生的生活，必须每天演出，因此，除了老戏，还必须排新戏。作为叶氏家族成员，也必须承担起家族责任，例如叶盛章，本来和别的同学一样，出科以后可以离开，但是，由于“他是小东家，自己的科班当然要视为永久职业，永不离开了。后来能叫座的同学都离社了，为了维持营业，他只可自己唱大轴。”[52]伶人家族掌控科班制伶业教育，也就视为一种“永久职业”，并作为家族经济的一种生存方式。

【注释】

1. 王沪宁．中国村落家族文化——对中国社会现代化的一项探索．上海：上海人民出版社，1999. 26页、27页．
2. 张发颖：《中国戏班史》，北京：学苑出版社 2004. 86 页、87 页．
3. 马龙：《我的祖父马连良》，北京：团结出版社 2007. 117 页．
4. 王沪宁：《中国村落家族文化——对中国社会现代化的一项探索》，上海：上海人民出版社 1999. 26 页．
5. 崔令钦：《教坊记》，引自《中国古典戏曲论著集成》（一），北京：中国戏剧出版社 1959.
6. 黎鸣：《中国人性分析报告》，北京：中国社会出版社 2003. 81 页．
7. 厉震林：《中国伶人性别表演研究》（博士学位论文），上海：上海戏剧学院研究生部．
8. 谭帆：《优伶史》，上海：上海文艺出版社 1995. 6 页．
9. 孙崇涛、徐宏图：《戏曲优伶史》，北京：文化艺术出版社 1995. 21 页．
10. 详见张发颖：《中国戏班史》，北京：学苑出版社 2004. 34 页、35 页．
11. 引自任半塘：《唐戏弄》，上海：上海古籍出版社 2006. 1016 页．
12. 《宋史·乐志》卷一四二．
13. 余秋雨：《中国戏剧史》，上海：上海教育出版社 2006. 152 页．
14. 具体参阅康保成：《明代乐户与王府通婚现象略论》，麻国钧、刘祯：《赛社与乐户论集》（下册），北京：中国戏剧出版社 2006. 459 页，第 269 页．
15. 嘉庆七年《旨意档》．
16. 庆桂等编纂：《国朝宫史续编·卷之四·训谕四》．
17. 秦华生、刘文峰主编：《清代戏曲发展史》，北京：旅游教育出版社 2006. 225 页．
18. 黎鸣：《中国人性分析报告》，北京：中国社会出版社 2003. 159 页．
19. 厉震林：《论男性文士的女性家班》，北京：《戏曲艺术——中国戏曲学院学报》2005 年第 3 期．
20. 王宁、任孝温：《昆曲与明清乐伎》，长春：春风文艺出版社 2005. 29 页．

21. 林尧俞、俞汝辑等编撰：《礼部志稿》.

22. 谭帆：《优伶史》，上海：上海文艺出版社 1995. 157 页，第 158 页.

23. 言慧珠：《父亲言菊朋的艺术生活》，梅兰芳、马连良、程砚秋等著：《中国戏剧大师的命运》，北京：作家出版社 2006. 122 页.

24. 引自张发颖：《中国戏班史》，北京：学苑出版社 2004. 121 页.

25. 张发颖：《中国戏班史》，北京：学苑出版社 2004. 123 页.

26. 余秋雨：《中国戏剧文化史述》，湖南：湖南人民出版社 1985. 82 页、83 页.

27. 余秋雨：《中国戏剧文化史述》，湖南：湖南人民出版社 1985. 89 页.

28. 详见张发颖：《中国戏班史》，北京：学苑出版社 2004. 90 页、91 页.

29. 张发颖：《中国戏班史》，北京：学苑出版社 2004. 94 页.

30. 幺书仪：《晚清戏曲的变革》，北京：人民文学出版社 2006. 149 页、150 页.

31. 张发颖：《中国戏班史》，北京：学苑出版社 2004. 133 页.

32. 艺兰生：《侧帽余谈》，引自张次溪编纂：《清代燕都梨园史料》（上册），北京：中国戏剧出版社 1988. 606 页.

33. 李慈铭：《越缦堂菊话》，引自张次溪编纂：《清代燕都梨园史料》（下册），北京：中国戏剧出版社 1988. 711 页.

34. 余秋雨：《戏剧审美心理学》，四川：四川人民出版社 1985. 187 页.

35. 张发颖：《中国戏班史》，北京：学苑出版社 2004. 74 页.

36. 朱家溍、丁汝芹：《清代内廷演剧始末考》，北京：中国书店 2007. 5 页.

37. 朱家溍、丁汝芹：《清代内廷演剧始末考》，北京：中国书店 2007. 94 页、95 页.

38. 《绍兴府志·张岱传》.

39. 《琅嬛文集》卷五《自为墓之铭》.

40. 孙崇涛、徐宏图：《戏曲优伶史》，北京：文化艺术出版社 1995. 63 页.

41. 张发颖：《中国戏班史》，北京：学苑出版社 2004. 63 页.

42. 朱家溍、丁汝芹：《清代内廷演剧始末考》，北京：中国书店 2007. 400 页.

43. 刘守鹤：《谭鑫培专记》，《剧学月刊》1 卷 12 期.

44. 张伟君：《荀慧生传略》，北京市政协文史委员会：《梨园往事》，北京：北京出版社 2000. 275 页.

45. 张伟君：《荀慧生传略》，北京市政协文史委员会：《梨园往事》，北京：北京出版社 2000. 275 页.

46. 张伟君：《荀慧生传略》，北京市政协文史委员会：《梨园往事》，北京：北京出版社 2000. 284 页.

47. 叶龙章：《喜（富）连成科班的始末》，北京市政协文史委员会：《京剧谈往录》，北京：北京出版社 1985. 3 页.

48. 叶龙章:《喜（富）连成科班的始末》，北京市政协文史委员会:《京剧谈往录》，北京：北京出版社 1985. 13 页.

49. 叶龙章:《喜（富）连成科班的始末》，北京市政协文史委员会:《京剧谈往录》，北京：北京出版社 1985. 14 页.

50. 叶龙章:《喜（富）连成科班的始末》，北京市政协文史委员会:《京剧谈往录》，北京：北京出版社 1985. 39 页.

51. 叶龙章:《喜（富）连成科班的始末》，北京市政协文史委员会:《京剧谈往录》，北京：北京出版社 1985. 41 页.

52. 丁秉鐩:《菊坛旧闻录》，北京：中国戏剧出版社 1995. 316 页.

第十四章　能人经济的“马太效应”

第一节　能人经济与伶业效率

在伶人家族经济活动的几种类型分析中，伶业作为一种服务性和消费性行业，它在经济形态上似乎呈现了一种两极的姿态，一是依附性，它带有经济寄生的性质；二是市场性，它是充分商业化的，甚至是中国历史上市场成分发育较为成熟的职业。虽然也有许多游走于两者之间的伶人及其家族，但是，在中国社会的公共认识中，依附性和市场性是伶人家族经济的职业标志。

这似乎矛盾的两极姿态，如此突兀地统一在伶人家族的经济气质中，它表明了伶人家族经济的双重个性。它也是表演行业的复杂文化性格使然，如前所论，“‘娱人’的一面，给表演带来了奉献、屈从、魅惑、鼓动、号召、迎合等暧昧不明的因素”，“这也决定了演员的职业、社会地位等等在文化——权力结构中的尴尬的、沉浮不定的境况。”这种“在文化——权力结构中的尴尬的、沉浮不定的境况”，也使伶人家族的经济属性呈现出复杂化现象。但是，不管是依附性还是市场性，从本质角度而论，它都是一种交易行为，伶人及其家族运用自己的伶业表演技艺与服务和消费需求的对方进行交易，它只是体现出不同的交易类型以及经济形态。在这种交易中，它充分体现出一种能人经济的属性。

任何一种文化与经济行业，它发展的最高端部位往往体现为一种能人经济状况，能人的创意能力、运作能力、社会公信能力以及战略决策能力，能够使一个行业或者具体事业发生量和质的发展与提升，他的综合效率常常是普通人的数倍甚至几十倍的增长。能人经济，构成人力资本的最大值。“在现代经济学看来，所谓人力资本，是指劳动者借以获得劳动报酬的个人独特素质和专业技能，或蕴含于人自身中的各种生产知识与技能的存量总和。进而可以概括为奈特意义上的企业家‘首要的功能’，即‘决定干什么以及如何去干’。从产权角度看，人力资本的所有权天然地属于个人，即为私有产权。人力资本的产生来源主要包括先天因素和家庭环境的影响、‘干中学’、教育和培训等方面。”[1]能人经济，作为

“劳动者借以获得劳动报酬的个人独特素质和专业技能，或蕴含于人自身中的各种生产知识与技能的存量总和”的最佳表现状况，是人力资本的一种极至能量。

伶业作为一种娱乐经济，它体现为一种创意性或者创造性生产，而非一种重复性的复制劳动，它需要伶人的“个人独特素质和专业技能”，而且，运用“各种生产知识与技能的存量总和”，因此，能人经济表现得更为显著。在伶业领域中，能人集中体现为与观众直接见面的演员。因为演员是舞台艺术形象的具体承载者，是作为伶业经济消费者的观众直接面对的对象，故而也就容易形成演员的表演魅力消费以及其他的延伸效应，具有一种市场吸引力和票房号召力。这种所谓名伶，也就成为现代意义上的明星，甚至成为当时娱乐界的公众人物。一个名伶，往往成为一个戏班、一个伶人家族经济的最大创造者。应该说，一个名伶的出现，能够改变一个戏班、一个伶人家族的整个经济状况。

第二节　伶业经济的“金字塔”格式

金元时期，在伶业经济活动中已经开始推崇知名演员，并以此作为市场的招牌。《汉钟离度脱蓝采和》中的蓝采和称道：“我则待天下将我的名姓显”，《宦门子弟错立身》中的王金榜也称：“奴才年少正青春，占州城煞有声名。”洪洞县广胜寺明应王殿壁画阑额所写“尧都见爱大行散乐忠都秀”，也是以名伶作为市场号召。这说明了当时的伶业已经充分认识到名伶的市场效应以及它对于戏班及其伶人家族的重要性，如睢玄明《咏鼓》所云：“乐官行径咱参破，全仗着声名过活。”

到了清朝时期，名伶的社会和市场效益更加被放大了。以谭鑫培为例，朱家溍、丁汝芹在《清代内廷演剧始末考》一书中认为，“民间常有传说称谭鑫培进宫拿了多少钱粮，其实按每月固定钱粮来说，与其他伶人完全没有区别。谭鑫培选进昇平署时已经四十多岁，年龄高于其他伶人，原因当是他本人成名较晚。但谭鑫培经常拿到较多的赏银，而且越来越多，到了光绪三十四年，经常戏后能拿到六十两银子，在当时说来的确算是收入丰厚。”[2]这些“赏银”往往超过“每月固定钱粮”，毫无疑问，它跟伶人的技术水平及其知名度有着密切关系，是“名伶”的一种经济附加值。光绪二十五年恩赏日记档载：

> 正月初二日　奉旨，正月初四日福寿班，初五日宝胜和班，初六日义顺和班。
>
> 赏总管马得安银九两五钱，内学首领四名每名银七两五钱，狄盛宝银七两五钱，魏成禄银七两，李来海、刘荣福、刘进胜、王有福四名每名银六两五钱，武长寿银六两，（后略）葛长才、（人名略）十九名每名银一两，张长庆银五钱，上零碎杂角人等银一两。

李连仲、杨永元、王桂花、孙怡云、侯俊山、罗寿山、陈德霖、谭金培、于庄儿、响九霄、孙菊仙、时小福十二名每名银三十两。

龙长胜、刘七儿二名每名银二十两。

陈寿峰、张长保二名每名银十两。

杨隆寿、王阿巧、李永泉、阿寿、李顺亭、普阿四、郝春年、沈大、付双成、孙光通十每名银八两。双印银七两，长顺、徐生儿、刘兆奎、唐保海、朱喜保、曹永吉每名银六两，鲍福山、穆长久、马全禄、熊连喜、方秉忠、李奎林、陆长立七名每名银五钱，许福英（人名略）十名每名银三两，纪长寿（人名略）杨二、吕云升，阎福、丁和、丁进才二十名每名银二两。

这是当年的元旦赏银，可以看出谭金培、陈德霖、孙菊仙、时小福等名伶的赏银是普通伶人的十几倍，而且，颇有等级森严之感。如果“外串”演出，名伶与普通伶人的差距也是颇大。本来“堂会”表演，只按戏园演唱优厚或者加倍即可，但是，名伶觉得如此颇为吃亏，便以一出戏多少钱为价，而“堂会”主人也以能够邀到名伶为有面子，乐于加价，又经相互抬价，名伶的酬金也就提升了。罗瘿公《菊部丛谭》称：

从前堂会外串，普通名角皆系二两，较优者四两，其十两者则大名鼎鼎之名角也。梅巧玲一生未尝出十两以外，以十三旦、田桂凤之震耀九城，亦不过十两也。王瑶卿极盛时间有给二十两者。当庚子后壬寅癸卯之间，外串谭鑫培为五十两，已开前此未有之奇迹。记癸卯年广东会馆堂会外串老谭《空城计》、《武家坡》两出，共给银五十两，则以魏耀亭代约所给较廉。王瑶卿之《武家坡》，亦给银十两而已。老谭之由五十两骤进而为一百两，则那琴轩相国所代为抬高者也。袁项城之在枢府五十正寿，在锡拉胡同本宅演出，余时在座。……其时亦不过每堂会一百两而已。入公元纪年骤增至三百元，更涨至五百元，其有交情者或减至四百元或三百五十元。而梁任公太翁做寿，老谭演《一捧雪》仅送二百五十元而已。

公元纪年三年，老谭以入公府演剧不力，为庶务司郭某所怒，禁其登台。……其后老谭托人缓颊，愿以时效力，不敢领赏，郭某乃定为每出给银四十元，其时梅兰芳仅给十元，朱幼芬六元而已。

名伶堂会演出酬金，看来与名伶和主人的“交情”以及一些复杂的社会背景有关，更与“那琴轩相国所代为抬高者”之类有着直接的接通关系。如前刘守鹤《谭鑫培专记》所记，谭鑫培的酬金，从“五十两”、“一百两”、“二三百两”、“五百两”，“在那家花园刘宅堂会，唱一出《武家坡》，竟拿了七百二十元的代价”，可以说是天价。倦游逸叟《梨园旧话》也称：

> 余官京曹时（光绪二年），屡提调戏事，皆以三庆为班底，都不过用当十钱二十缗之谱，略分例给、专给、普给三项。例给约五六百缗，所谓戏价是也。本班伶人及外召他班伶人，或演一剧或演二三剧，每伶多则给百缗或数十缗，以次而降。最著名之程长庚、徐小香，逾格给二百缗为止。此项约共用千缗内外，所谓专给是也。至名伶登场，必给彩钱，有给一二次，递至六七次，每次十缗，此项约共六七百缗左右，乃本班众人所分得，所谓普给是也。……彼时银价，每两易当十钱十六七缗上下。计戏剧一项，只用银百数十两耳。

因为此为“堂会”，其目的本来就是为了观赏名伶的表演，酬金及其分配方式为雇主所决定，“最著名之程长庚、徐小香”从“专给”中又获得“二百缗”，比较“普给”“约共六七百缗”，“乃本班众人所分得”，名伶与普通伶人的酬金差距还是颇大的。

以上论述的是“赏银”和“外串”演出酬金。应该说，名伶利用自身的市场影响力，在“堂会”及其“赏银”上进行了良好的经济开发，获得了比平常戏园演出以倍计算的钱财收益，使伶业经济链产生一种连锁效应，也使名伶在经济上得到较大收入，名伶及其家族经济生活质量也得到较大提升。

清朝时期，宫廷名伶“按每月固定钱粮来说，与其他伶人完全没有区别”，而民间职业剧团则实行“包银制”，即根据戏班和伶人协商确定的月薪和年薪。《道咸以来朝野杂记》云：“从前各角每年皆使班主包银，多者数百两，少则几十两。此一年中不准搭他班，梨园通例也。”齐如山《戏班》“包银”条也云：“大致小脚，每年大个钱几十吊、几百吊不等，大脚则纹银几十两或几百两，乃至千余两。以后每日演唱，另给车钱。”尽管“大脚”和“小脚”的“包银”已经颇有差距，但是，由于“包银”确立以后，即属于固定的性质，因此，一些名伶便觉得在经济上有些吃亏，不管当时演出效益如何，而“包银”都没有变化。在程长庚主持的三庆班，班主、名伶与普通伶人的收入分配，其差距并没有太大，《程长庚专记》称程长庚的“包银”分配情况，“何桂山、卢胜奎等，每年拿包银京钱六百千，每日拿车资六千，他也一样，绝不因身为班主之故而要多拿。”[3]程长庚作为班主和名伶，由于他的性格使然，他不愿意在整个戏班“包银”分配中获得太多。他和“何桂山、卢胜奎等”名伶一样，颇有一点平均主义的经济分配方式，因此，名伶徐小香即向他提出“戏份制”，即不受包银一年为期的限制，演完一场戏以后即按比例拿戏份，具有伶业战略眼光的程长庚同意了，可以说他的这一决定，促使了中国伶业经济从演出群体制向明星挑班制过渡的萌芽。刘强、杨宏英的《程长庚传》如此评价道：

程长庚之所以敢开这个禁，首先是他的自信心使然，其次则是与当时三庆班在京城中独占鳌头的地位不无关系。而作为一个天分极高的小生演员徐小香，包银制不仅束缚了他的手脚，同时他也深切地感到作为一个红角儿所创造的价值与自己实际收入的差距太大，当他向四喜班主提出加价的要求得不到满足后，转而在三庆班实现了，这样就由徐小香挑头做了一个活样板，它暗示人们，只要戏唱得好，玩意儿精，就有可能拿丰厚的戏份，无形中在物质利益上调动了角儿们的积极性，商品经济的原则和竞争的原则在京剧领域中得到了渗透，并促进了京剧艺术的提高和发展。坚冰既然打破，那么那种凝固的封建封闭型生产关系必然会被后来的较自由的资本主义生产关系逐渐取代，由固定包银制向戏份提成制的过渡只在迟早之间，尽管它来的突兀，直到1895年，真正的名角儿挑班制由谭鑫培创建的同春班才正式成立，然而论起它的先河与发轫，则始于程长庚对徐小香的破例。[4]

由于“作为一个红角儿所创造的价值与自己实际收入的差距太大”，它说明了一个名伶在市场上的经济收益，即使是“包银制”的形态，也必然影响到本戏班、伶人及其伶人家族的经济状况，只是他们之间的收益分配状态与后来的“戏份制”有所不同，确实是“商品经济的原则和竞争的原则在京剧领域中得到了渗透”。在北京真正实现以“分成”代替“包银”的分现方式，是杨月楼从上海带回北京的。这种“分成”制度，使名伶和普通伶人的经济收入骤然拉大差距。应该说，杨月楼的始作俑者身份只是一个导火线，它的真正原因在于北京伶业市场的需求，名伶经济收入与演出市场直接发生关系，“那种凝固的封建封闭型生产关系必然会被后来的较自由的资本主义生产关系逐渐取代。”“分成”制度是伶业商业化的必然结果，是一种更为成熟的商业化成规。从某种角度而言，在“较自由的资本主义生产关系”面前，伶人也就成为一种伶业商品，名伶则是属于一种优质商品，经过包装运作，在伶业市场上也就成为一种高价商品。

这里，名伶的能人经济效应显示出了它的财富力量。名伶的社会播散度和美誉度，不仅仅是一种无形资产，还是一种直接与财富挂钩的有形资产。名伶的能人经济，在伶业内部还形成了一种“金字塔”格式，即处于塔尖的名伶，集聚着伶业的绝大多数财富，而处于塔身和塔底的普通伶人，人均财富占有量与名伶相比却非常低。这种“金字塔”格式，使伶业的经济财富分配很不平均，也使伶人家族的经济状况也形成了不同的层次。伶人之名声，在“较自由的资本主义生产关系”下，也就成为伶业的经济导向线，如何在伶业中脱颖而出，成为伶人家族必须考虑的重大问题。

以裘盛戎为例，他初期在伶艺上已经达到一定的水准，但是，在演出牌位及其知名度上仍然不太理想。一般来说，伶业有着三种类型的名伶，一是伶艺实力与名声相符者；二是伶艺名声大于实力者，此辈或者由于资格老，或者公关工作出色，或者是其他各种复杂的原因，在伶界乃至社会上名声颇大，但是，名不副实；三是伶艺名声小于实力者，实力较强却是缺乏相应的名声，在伶界地位并不高。其实，这是中国文化的通用精神图谱，在各种职业中普遍存在，尤其是与经济利益密切相关的职业更甚，各种非技术水平的因素混淆在职业名声之中，使从业者的职业名声鱼龙混杂。当时裘盛戎的处境，即属于第三类。许多名伶约他合作表演，例如金少山约他演《白良关》的尉迟宝林，孟小冬约他演《搜孤救孤》的屠岸贾，李万春约他演《连环套》的窦尔敦，但是，他的艺术地位却始终上不去。因为戏班已有所谓“四梁四柱”，裘盛戎的名字不可能排到他们的前面，即使有些在伶艺上不及裘盛戎的伶人，但是，由于资格老或者背景深，其名次仍然排在裘盛戎之前。

如此名次，不仅仅是对伶艺的一种认同，更重要的是它涉及到伶人及其家族的经济利益。裘盛戎的家族成员无法忍受这种现状，他的妻兄李世琦和李志民兄弟，决心让妹夫裘盛戎出大名。后来成为著名京剧老生演员的李世琦，每天陪着裘盛戎研究戏，李志民则去操办演出的事务，组织了一些合作戏性质的剧目演出，合作者均为优秀的伶人，例如孙毓堃、贯盛习、梁小鸾、李多奎、马富禄、慈少泉，事先声明演出不分主次，以出场顺序为原则，它的目的就是要形成一种以裘盛戎为主的局面。应该说，李志民为此颇费脑筋，例如安排《二进宫》作为大轴戏，裘盛戎饰演徐彦昭，而徐彦昭是在李艳妃之后、杨波之前的时间出场，如此在广告中裘盛戎的名字也就自然地可以安排在青衣和老生中间了。这种名次策略，“也就给观众造成一种印象：众多的名演员都像众星捧月那样为裘盛戎配戏。因为所约都是名演员，他们的包银都很高，所以即使上座儿很好，也常常不够开支，但为了给裘盛戎树立主演的地位，为了创牌子，则宁可赔钱也要给约来的这些名演员如数开支，也要坚持下去。”[5]裘盛戎的两位妻兄确实颇具伶业战略眼光，他们“为了给裘盛戎树立主演的地位，为了创牌子”，对裘盛戎的演出名次进行了精心的策划和包装，而且显得颇为自然，在经济上具有一种投入和产出的经济运作思路，今日的“宁可赔钱”是为了明日的更多赚钱。这种名伶生产思维，是“较自由的资本主义生产关系”下的一种近代伶业产业概念。

在经过上述经济投入的过渡时期以后，裘盛戎和两位妻兄决定由裘盛戎自己挑班，班社名称取裘盛戎名字中的“戎”字，称为“戎社”。当时，一般班社名称多为三个字，而“戎社”两个字就显得较为特殊，容易为观众所识别和记忆，而且，很容易与裘盛戎联系起来，知道班社的主演是裘盛戎。不但班社名字为“戎”，而且，连裘盛戎在《盗御马》中饰演窦尔敦时所穿的箭衣上也都绣着用篆体书写的“戎”字。经过商量以后，他们决定在十分关键的首场演出中，安排四个剧目，即李多奎的《钓金龟》，贯盛习、陈永玲的《武家坡》，孙毓堃的《艳阳楼》，裘盛戎的《草桥关》。如此安排，一是伶人阵容相当整齐，二是剧目也是有文有武，有唱有做，生旦净丑齐全，而且，为了在裘盛戎的表演中制造亮点，他们将《草桥关》之名改成了剧中主人公名字命名的《铫期》。此前，用剧中主人公名字命名的剧目不多，若偶尔运用之，则颇显新奇。对于裘盛戎家族来说，他们还希望通过《铫期》的改名，能够表现出裘盛戎饰演的铫期形象不同于金少山等名伶表演的铫期形象，具有独树一帜之伶业效果。

在“戎社”的首场演出中，裘盛戎的《铫期》果然大放异彩。《铫期》全面地展示了裘盛戎的演唱、念白、做工和腰腿功夫的高超伶艺，裘盛戎的知名度和美誉度得到了很好的提升，裘盛戎也逐渐地进入名伶行列，也使裘盛戎家族的名伶策略得以成功实施，实现了这一伶人家族的最初愿望。这里需要说明的是，由于“金字塔”格式的效应，名伶具有巨大的经济现实性和开发性，成为名伶也就同样具有巨大的驱动力量，科学而合理的伶业包装无可指责，作为在供需双方市场结构中发展的伶业，自然需要一种商业运作思维，但是，一个伶人能否成名，最后的竞争力还是他的表演综合能力。裘盛戎也是如此，他真正获胜的伶业法宝，还是他的伶艺技术力量。许多伶人也曾经以挑班方式，期望能够由此走上名伶道路，但最后许多都是昙花一现，不仅没有创立伶业品牌，而且，也没有给观众留下多少印象。伶人之名的最后竞争，还是伶人的演技综合实力。

伶业经济的“金字塔”格式，说明了伶业财富分配的不均衡性。它既是市场经济的竞争使然，乃是一种优胜劣汰的生存原则，存在着极其残酷的竞争处境，也有伶业的特殊性质，它的服务性和消费性的职业特性，使它处于一种被选择和被认同的状态。一个伶人家族出现一个名伶，就能在经济上改变和提高整个家族的经济状况。马龙在《我的祖父马连良》一书中写道：

马连良自独立组班后，声誉日隆，收入也相对丰厚。为了实现小时候对父母许下的诺言，马连良决定把豆腐巷七号大院的中、后院及西跨院也全部买下来，让二老过上衣食无忧的生活，买下的前院的五间正房由马西园夫妇居住，南房辟为会客厅，东房由弟弟马连贵一家居住，西房则为父亲重新装修成为一个伊斯兰教的礼拜堂，家人称之为“西屋大殿”。这样父母每日的五遍功课在家中即可完成，不必每次往返花市清真寺。逢有重要的宗教节日，则请阿訇前来家中礼拜堂主持宗教活动。家中设礼拜堂，这在当时北京的回民人家并不多见。中院为饭厅及工人房，后院给妹妹马慧敏一家居住。马连良夫妇则居于西跨院，这样便于自己休息及备戏。家中雇有门房、厨子、花匠及老妈子，负责照顾父母及弟兄三家的生活。门房安装西门子电话，并设有内线直通西跨院，有客人来访可以直接传达。[6]

此外，马连良从破落的王公贵戚处，买了几件“宝贝”回来。其中，一是紫檀家具，乃是从宫里出来的，典雅凝重，他将它布置在父母的上房，供父母享用；二是两盆半人多高的玉石寿桃盆景，让父母看着喜兴；三是一件大镜子，他自己使用，可以在大镜子前练功；四是一批原来的皇宫御用绸缎料子，堪称“绝品”，后来他将这些料子制作了行头，为观众们称赞不已。“马家虽非大富大贵之家，却也初具大宅门的格局”，“父亲马西园辛苦了大半辈子，终于把儿子培养成为了一名大角儿，高兴之余，越发地热心伊斯兰教的公益事业了。”[7]马西园家族原来是一个小商人世家，经营一家“门马茶馆”，家景平常，但是，自从出了马连良这样一个“大角儿”，家族的经济生计以及日常生活方式都发生了很大的变化，“收入也相对丰厚”，购置了房子，“家中设礼拜堂，这在当时北京的回民人家并不多见”，“家中雇有门房、厨子、花匠及老妈子”和“西门子电话”，确实“初具大宅门的格局”。一个名伶的诞生，可以改变一个伶人家族的经济命运。由于“金字塔”格式的经济格局，名伶存在着暴富的机遇，在伶业财富分配中占有着较大的比例，名伶也就成为伶人家族的财富前途。

为了延续名伶的社会和市场效应，一些伶人家族利用世家传承关系，使上一代的家族名伶力量荫庇下一代，使下一代伶人在上一代家族名伶的伶业高平台上，能够以一种终南捷径的方式迅速扩大市场影响，往往用“小”、“小小”后缀名伶的方法命名下一代伶人艺名。例如孟七儿子的艺名就叫“小孟七”，后来他们家族又出了一个名伶孟小冬；余三胜的儿子是余紫云，余紫云的儿子是余第祺，余第祺十四岁跟随长兄余伯钦到下天仙茶园演出，即以“小小余三胜”的名字挂牌演出，希望利用爷爷的伶业余威扩大市场的号召力；孙毓堃的艺名是“小振庭”，因为他是名伶俞振庭的外甥，又是杨小楼的弟子，而杨小楼又是俞振庭父亲俞菊笙的弟子。这里，伶人家族是在整合名伶资源，使名伶资源在家族传承中延伸和发展，在伶业经济中继续产生品牌效益。

第三节　名伶的挑班

如前所论，在名伶的成长过程中，其中一条重要的途径，就是伶人挑班，通过挑班来确立伶人的主演地位以及逐步成名。即使成名以后，为了扩大名伶的市场效应，名伶也常常挑班，直接由名伶组成戏班，以名伶的号召力成为戏班的号召力，由此，扩大戏班、伶人及其伶人家族的经济收益。“四大徽班”的组班者，均为名伶。以三庆班为例，初入北京为高朗亭，他乃二黄名宿，后来为大名鼎鼎的程长庚。张次溪《燕都名伶传·程长庚》称：

> 某权贵燕都中公卿，欲以《文昭关》一剧试诸伶，无敢应者，恐有一失，声名堕于顷刻。长庚独出，众皆侧目。及聆其音，翕辟阴阳，牢笼众有，做派精到，若天风海涛，金钟大镛，莫能拟其所至，一座大惊。长庚名自是起，复深研昆曲，辨字音极清，抑扬吞吐，为他伶所不及。唱乱弹则能穿云裂石，复高亢之中别具沉雄之致。故从学者众，独无人能肖。盖长庚发声皆四平八稳无行腔、无宗派、不求异人，人亦不能及。

程长庚“故从学者众，独无人能肖”，“为他伶所不及”，被称之为伶业“巨擘”。如此，程长庚及其三庆班自然在市场上有着巨大的影响力和号召力，从而使戏班、伶人及其伶人家族的经济收益增长。程长庚掌管三庆班有方，待人宽厚，却又纪律严明，对三庆班伶人在经济上关照甚多，战乱年代或者帝王治丧时期，因为不能演出，伶人经济生计发生困顿，程长庚总是为戏班伶人慷慨相助，或者带领戏班到茶馆清唱，所得钱款为整个戏班使用，个人决不多取分文。按照伶业习俗，主演和配角的角色界线十分清楚，名伶一般不演配角，而程长庚常常饰演配角。前所论及，根据张次溪《燕都名伶传》所载，众人对此纳闷之，程长庚却称：“众人之搭三庆班，乃因我程长庚。众人为我，我又何敢不以手足视众人！”程长庚乃是想将个人的伶业名声以及由此产生的市场效益，扩展到整个戏班、伶人及其伶人家族，因为众伶人投奔三庆班，是因为程长庚的名伶效应而来的。程长庚晚年依然登台表演，前面所论的徐珂《清稗类钞·优伶类》称时人常以“君衣食丰足，何尚乐此不疲?”讽之，程长庚却道：“同人依某为生活者，正不乏人。三庆散，则此辈谋食艰难矣。”程长庚深知自己作为名伶班主对于戏班、伶人及其伶人家族的重要性，他的状况如何直接关系到戏班、伶人及其伶人家族的“谋食”情况。

四喜班也是如此，其执掌者有梅巧玲、时小福、胡喜禄、俞振庭等名伶。梅兰芳《舞台生活四十年》一书中专门论及了梅巧玲主掌四喜班时的情形。萧长华在讲述当时梅巧玲和四喜班的情况时说道：

> 当时戏剧界里有大班小班的区别。小班是短期的流动组织，资本薄弱，人数有限，遇到“国丧”，无力支持，就只有解散。大班如四喜、三庆、春台等规模较大，又是固定的组织，所有的演员，都订有契约，领班人设有“下处”（即宿

舍)，供给全体演员餐宿；每人都有一定的戏份，为了照顾同业的生计，所以不能解散。但是习惯上，遇到意外事件，短期内不能演出时，大半只开半个戏份来维持演员的生活。梅老先生的四喜班，是照演出时的待遇，全体工作人员开全份。当时戏剧界交口称道，认为是一种厚谊。

梅老先生因为四喜班赔垫过多，实在难以维持，想请时老先生（小福）来替他管理。那时时老先生自己管理着春和班，无法兼顾，没有答应。后来感觉到四喜的经济情况，日趋恶化，要是再没有援助，眼看着就要瓦解。许多同业也必定跟着失业。时老先生不肯坐视他们挨饿受冻，就借给梅老先生一笔数目相当大的银子。过了一个时期，还是不能支持。时老学生竟至卖了自己住的房子，来挽救四喜班最后的危机。[8]

这里，作为四喜班班主的梅巧玲和程长庚一样，“众人之搭”四喜班，“乃因我‘梅巧玲’，众人为我，我又何敢不以手足视众人！”名伶班主是戏班演出的市场招牌，而有些名伶班主也成为了戏班伶人及其家族的经济保障，戏班伶人及其家族将经济生计寄托于名伶班主，名伶班主也似乎具有这样的义务和责任，“为了照顾同业的生计，所以不能解散。”上述的“国丧”有点特殊，它是两次“国丧”衔接起来，第一次是清穆宗载淳于同治十三日十二月去世，第二次是其妻——孝哲后于光绪元年二月，两者相距不足百日。如此长的“国丧”期间，一般戏班“大半只开半个戏份来维持演员的生活”，而梅巧玲则“是照演出时的待遇，全体工作人员开全份”，戏班不能演出没有营业收入，全部需要梅巧玲自己来承担，即使原来伶业收入再厚实的戏班班主，也无力承受如此长时间和如此多伶人的“全份”“待遇”。从梅巧玲个性来说，他是一个散财的人，这从众所周知的“焚卷”和“赎当”故事中得到印证。作为名伶的梅巧玲，他的伶业收益是会较为丰厚。前所论述的梅兰芳祖母对他谈及祖父时称：“别人看他当了老板，还以为他该是很舒泰的了，其实他的一生心血，就完全耗在四喜班里。全班有百十口人，都得照顾到了才行。”梅巧玲的侠义性格使然，在如此长的“国丧”期间，他仍然给“全班有百十口人”发“全份”“待遇”。这种经济开支，显然不是他这种散财个性的人能够承担的，最后，只能是向汇票庄借或者私人告贷，以致“时老先生竟至卖了自己住的房子，来挽救四喜班最后的危机”。

名伶挑班，本来是为了扩展名伶的经济增值空间，但是，组建戏班以后，整个戏班也就成为一个经济利益共同体，大的戏班大多是“固定的组织”，遇到意外情况，仍需要名伶的经济实力及其名伶的社会交际能力来进行周转和解决，否则，“许多同业也必定跟着失业”。名伶的挑班制度，它的出发点是为了经济目的，是使名伶经济效益产业化，但是，最后也构成了一种社会效益，使戏班伶人及其家族能够得到名伶班主的经济恩泽及其保护，同时，也转移了社会的失业、饥饿乃至动乱等不稳定因素。名伶挑班，除了在经济上因为产业化而获得更大利益，也有可能得到一种良好的社会公众形象。

正因如此，名伶挑班乃成为一种伶业现象。一般较为名气或者自认为优异的伶人，都要自己挑班组班。根据丁秉鐩《菊坛旧闻录》，可以整理出中国近现代一些名伶挑班情况的图表：[9]

表 14.1　中国近现代名伶挑班情况表

名伶班主	管　事	班社名称	备　　注
杨小楼	刘砚芳	永胜社	
梅兰芳	姚玉芙	承华社	
程砚秋	吴富琴	秋声社	
尚小云	赵砚奎	重庆社	
荀慧生	王久善	留香社	
马连良	马四立　李华亭（后）	扶风社	
谭富英	宋继亭	同庆社扶春社	实权在谭小培手中
奚啸伯	陈信琴	忠信社	
张君秋	赵砚奎	谦和社	
筱翠花	于永利	永和社	
李世芳	姚玉芙	承芳社	
李万春	迟绍卿	永春社	
金少山	孙焕亭	松竹社	
李少春	陈椿龄	群庆社	
孟小冬	李绍亭	福庆社	

在上述班社中，有些名伶班主和管事是家族成员关系，例如张君秋的班社称为谦和社，组班工作由他的岳父赵砚奎负责。丁秉鐩曾叙述了自己参与张君秋组班的一些事情，他写道：

当时的原则是要阵容硬整，每行角色都用双的，大家都同意了。武生笔者主张用孙毓堃。杨小楼死后，是唯一头牌武生，且在二十八年六月，正式挑班出演于吉祥。但究竟声势不如杨小楼，戏也没有杨多，所以挑班没有多久就歇了。但给人挎刀，没有合适的班，他也不愿搭，如果与君秋合作，可以造成小型梅（兰芳）杨（小楼）合作的局面，孙也乐于加入的。这个意见为赵、张所接受，付诸实现。

老生笔者主张用杨宝森，那时宝森已然很露头角，按说已够挑班资格了，只是他保守拘谨，不敢轻举妄动。同时，杨宝忠操琴，也能号召一部分座儿来。但是赵砚奎却认为好是很好，开支太大，恐怕没钱可赚了，而且不用杨宝森，这一班人已很可叫座了。他用了纪玉良，那时纪玉良是刚出道的少壮派，自然便宜多了。笔者虽然一生热心好管闲事，但却保持客观，不干涉人家内政，事关银钱收支，就不再表示意见了。果然，杨宝森又去了一次上海以后，回来就挑班了，再罗致也办不到了。[10]

在张君秋的戏班中，主事者有其岳父赵砚奎，家族成员组合成为戏班的主要伶人或者管理人员，也是名伶挑班值得关注的一个现象。程砚秋的班社“鸣盛社”，也由其岳父果湘林担任社长，只是后来程砚秋不忍岳父劳累，决定自行出面组班，将“鸣盛社”改组为“鸣和社”。如前所述，裘盛戎在两位妻兄李世琦和李志民的直接运作下成立了戏班“戎社”，除了裘盛戎之外，还有贯盛习、孙毓堃、李多奎、陈永玲等配角伶人，应该说班社的伶人阵容是比较强大的，故而戏班的营业状况是比较好的，但是，收入多，支出同样多，在整体上经济状况并不理想。如同以上论述的张君秋戏班，也必须考虑到名伶挑班，除了需要伶人的“阵容硬整”，以达到最为优化的组合，还有考虑这种优化组合的经济核算问题，即投入与产出的效应问题。这种“阵容硬整”，也就成为一种人力资源的匡算系统，如何组合会产生不同的市场效应和成本效应。裘盛戎与谭富英有着亲戚的关系，裘盛戎的岳母是谭富英的堂姐，裘盛戎称谭富英为“七舅”。此时，谭富英挑班的同庆社，由于配角伶人较弱，演出水准受到一定的影响，而且，光依靠谭富英主演，也使他疲惫不堪。李志民了解这种情况之后，就撮合双方合作，重新成立一个新戏班。他觉得目前双方各有难处，合则可以两利。从两位名伶个性而言，裘盛戎是憨厚知礼，谭富英也是仁义君子，是能够长期合作的。李志民向谭富英父亲谭小培提出两班合并一事，而谭富英之同庆社也正在与裘盛戎联系此事。一个伶人家族的两个戏班一拍即合，成立了新的班社“太平京剧团”。两位家族名伶挂双头牌，轮流演大轴，相互给对方垫戏，“如裘盛戎唱《铫期》列为大轴，谭富英通常就在前面垫一出《桑园会》，有时甚至垫一出分量相当繁重的《问樵闹府·打棍出箱》。谭富英唱《定军山》列为大轴，裘盛戎则在前面垫一出《牧虎关》或《白良关》一类的戏。他们不仅互相垫戏，还能做到互相为对方配戏。如裘盛戎给谭富英的《空城计》配演司马懿，给谭富英的《洪羊洞》配演孟良；谭富英给裘盛戎的《铡美案》配演陈世美，给裘盛戎的《清官谱》配演八贤王。”[11]裘盛戎和谭富英两个戏班的重新组合，可以说是名伶家族内部资源的整合和提升，使家族名伶潜在经济效益转化为现实的经济收入，并使之最大化。

由于名伶经济收益的相对暴利性，必然导致戏班的激烈竞争，故而伶人通过挑班作为成名途径或者名伶组班，也自然是并非一件易事，不成功者并不乏人。如前所论述的言菊朋，“公元纪年二十三年，以学言出名的票友奚啸伯，都自己挑班了，这对言菊朋又是一个挑战，于是在公元纪年二十四年，言菊朋三次挑班。这一次下了决心，要唱头牌到底了。”[12]后来，他的子女言慧珠、言少朋、言小朋长大，他索性组建了一个言家班，言慧珠为了孝道，跟父亲合作了半年，但是，最后父女失和，分道扬镳。这里，其原因可能跟言菊朋的性格有关，但是，它也从一个角度折射了伶业“能人经济”的某些本质内涵，也就是说由于“能人经济”导致家族经济结构的变化，从而也触动了传统儒家伦理的某些核心部位。言菊朋和言慧珠合作表演，例如《南天门》、《打渔杀家》、《武昭关》、《贺后骂殿》等剧目，大部分观众都是冲着言慧珠去的，乃是父亲沾了女儿的光，言菊朋还以为是自己的号召力。最后一场父女合作演出，言菊朋大轴演唱《托兆碰碑》，言慧珠压轴演唱《女起解》。等到《女起解》下场，观众走了一大半，此时，言菊朋方才大梦初醒，在伶人家族经济结构中，女儿已经成为伶业市场的收益保障，显示出一种“能人经济”的迹象。言菊朋无法忍受传统家族经济秩序的变化，拒绝与女儿再度合作，而言慧珠也乐得逍遥，在各处跑码头，日益走红。由此，说明了伶业的“能人经济”现象，是有可能改变传统家族的经济结构关系，形成了以家族知名伶人为重心的经济生活格局，从而也使伶人家族中的长幼尊卑伦理关系发生微妙的变化，使知名伶人的家族实际地位超过应该享有的伦理地位，或者使这种伦理地位神化化。毫无疑问，家族伦理与经济身份的互通关系，使伶人家族体现出一种相对特殊的伦理原则，“能人经济”成为了它一种直接的推动力量。挑班不易，章诒和在《伶人往事》一书中如此描述叶盛长的挑班失败。

1944年的一个夏天，岳父谭小培对这位姑爷说：“你出科以后，陪着三哥、四哥唱这么多年了，也该自己闯荡闯荡了。”

“怎么个闯荡法呀?”姑爷问。

“得自己挑班挂头牌。”

叶盛长吓了一跳，“我行吗?”

“怎么不成？事在人为嘛。你看你三哥、四哥都能挑班，你为什么就不行？即使不能长期挑下去，也得短期挑些日子，往后人家提起你来，也得说你不光是陪人家唱过，自己也挑过班儿。”

> 叶盛长真动了心，可这班儿怎么个挑法？单凭自己行吗？岳父见他面有难色，就说："我替你想办法，你就听我的信儿！"
>
> 说罢，谭小培就大包大揽干起来。冲着谭家、叶家的人情和面子，谁都答应帮忙。叶盛兰当即表示心甘情愿为弟弟挂二牌（即二路角，也称里子，好的二路角称硬里子。演出中辅助头牌演员，所饰演的角色略次于主要角色）。
>
> 经过一段时间的筹备，在阴历初七，北京前门外的中和戏院贴出了以叶盛长为头牌老生的广告。戏码是《群英会》，"富连成"的师兄都来帮衬，凑成一个强大的阵容，戏院也卖了个满座。所有的演员都使劲儿，要把这个新主演托起来。
>
> 演了几场，觉得姑爷的嗓子毕竟不是挑大梁的人，聪明机灵的谭小培当机立断，就此打住。叶盛长挑班挂头牌的演艺生涯，搞了一个多星期便"歇菜"了。散摊儿的时候，叶盛兰对比自己小八岁的弟弟说："这样只要你愿意，我还能陪着。"[13]

这段具有文学描写色彩的文字中，直接地反映出了伶人家族的一种挑班情结，一是由于挑班与"能人经济"之间的通道关系，因此，"得自己挑班挂头牌"；二是无论对于伶人家族的面子，还是伶人家族经济潜质的巩固以及后续发展，"即使不能长期挑下去，也得短期挑些日子"；三是伶人家族的通力合作，岳父是"我替你想办法，你就听我的信儿！"哥哥是"这样只要你愿意，我还能陪着"，伶业文化"家族"也是"师兄都来帮衬，凑成一个强大的阵容"，"要把这个新主演托起来"。挑班，也就成为伶人家族的家族行为。叶盛长最后挑班失败了，"嗓子毕竟不是挑大梁的人"，说明了伶人通过挑班成名，伶艺的实力还是一种基础的保障，即使有像"聪明机灵的谭小培"一般的家族成员"大包大揽"运作，如果伶艺"毕竟不是挑大梁的人"，最后还是"歇菜"。伶人挑班，要在激烈的伶业竞争中脱颖而出或者拔得头筹，伶艺的实力是一种底线，此外还需要"天时、地利、人和"的综合条件。虽然挑班与"能人经济"之间存在一种通道关系，但它并不是直通的，名伶经济收益的相对暴利性，必然是在伶业的激烈竞争生态中产生的。

第四节　"演而优则仕"与"政治撬动板"

在伶业的"能人经济"中，还有一个值得关注的现象，即"演而优则仕"。在中国伶业历史中，或隐或显地存在着"伶官"现象，只是由于它的背景不同，在性质上也是有所差异，一种情形是"男性优伶既然不想一直沦为女性化的卑贱者，也不奢望义薄云天，成为男性英烈，便试图运用男性的智慧，攀附权贵，以希能够平安闲逸乃至富贵发达。自然，献媚邀宠，即成为最便利和最有效的途径，由此，许多男性优伶进入权力排场”[14]。对于这种情形，笔者在《中国伶人性别表演研究》一书中有着详细的论述；还有一种情形则是通过伶艺而获得“伶官”身份的，虽然它并非一定与“献媚邀宠”无关，但是主要是凭依自己的表演实力来征服权力者而获取的。这里，自然会联想到“内廷供奉”。幺书仪在《晚清戏曲的变革》一书中认为，清朝宫廷从来没有正式给予奉旨入宫演剧的伶人以“供奉”头衔，他们在档案记录中被称做“外学”、“教习”或者“外边学生”，但是，宫廷中确实曾经将这些“吃俸米”的伶人称为“内廷供奉”，故而也就成为一种俗称，“传说中程长庚得到‘五品顶戴’、谭鑫培‘六品顶戴’、杨小楼‘四品顶戴’，并不见诸历史记载，应当是子虚乌有。可是，这样的神话可以源远流长，也从一个侧面说明了‘内廷供奉’的身份高贵和引人注目”，“有资格进入‘内廷供奉’的行列，说明伶人的艺术已经得到了最高的荣誉和承认”，“有时候，名伶得到的‘殊荣’，即使是‘品官’也很难企及。”[15]这里，应该说“内廷供奉”的“品官”神话，也从一个侧面反映了世俗社会对于知名伶人“能人经济”的一种想象，而历史上曾经有过的“伶官”传说，又加剧了这种想象的程度，使伶人的“能人经济”效应与中国政治也发生了某种特殊的通道关系。根据王芷章《清升平署志略》“民籍学生年表”，光绪年间历年被升平署挑选入宫的“供奉”人数如下：光绪九年20人，十年1人，十一年1人，十二年6人，十四年2人，十六年4人，十七年3人，十八年4人，二十一年6人，二十六年3人，二十八年6人，三十年14人，三十二年1人，三十三年6人，三十四年1人。应该说，这些挑选入宫的“内廷供奉”，都是当时民间当红的名伶，例如乔蕙兰、孙菊仙、穆长寿、时小福、杨月楼、谭鑫培、王桂花、陈德霖、于庄儿、响九霄、王长林、汪桂芬、王瑶卿、龚云普（甫）、杨小楼、王凤卿等，可以说是民间伶人红火一个，升平署就挑选一个，当时的名伶几乎基本上都成为“内廷供奉”。它说明了名伶的“能人经济”效应，他们能够迅速地与政治发生关系，“如果真有受到特别赏识的艺人，皇帝会以‘品官’作为重赏施之伶人。直到嘉庆朝，南府中还有八品、七品乃至六品的‘官职学生’，享受着有‘顶戴’的待遇。”[16]

由于中国政治制度系统对于伶人家族实现隔离政策以及家族驱逐原则，使伶人与政治仕途断绝了联系。这里，缘于“能人经济”的综合效应以及政治与伶业的微妙互通关系，却有可能使个别名伶突破这种“藩篱”成为一种“伶官”。尽管这种“伶官”也大多是事关伶业的闲职或者名誉性的称呼，而且，他们本身一般也不脱离伶业表演活动，主要是司职宫廷伶业表演活动的。虽然属于一种虚职或闲职，但是，由于名伶与政治发生了内在接通关系，从而也就使政治成为了名伶经济的一种增殖机遇和平台，甚至形成名伶经济的“政治撬动板”效应。余秋雨在论述科举制度时写道：

> 科举制度表现出这样一种热忱：凡是这片国土上的人才，都有可能被选拔上来，即便再老再迟，只要能赶上考试，就始终为你保留着机会，……国家行政机构与广大民众产生了一种空前的亲和关系，它对社会智能的吸纳力也大大提高了。在历代的科举考试中，来自各地的贫寒之士占据了很大的数量，也包括不少当时社会地位很低的市井之子。……
>
> 对于多数士人来说，考上进士使他们感到一种莫名的轻松，长久以来的收敛和歉恭可以大幅度地解除，虽然官职未授，但已经有了一个有恃无恐的资格和身份，可以比较真实地在社会上表现自己了。这中间最让人瞠目结舌的例子大概要算《唐摭言》卷二所记的那位王泠然了。[17]

这位王泠然及第后尚未得官，即向自己的熟人、时任御史的高昌宇写信，一是索要女人，二是索要官职，并扬言如果不成的后果。这里，似乎涉及到一个成功者的成本意识问题。一个文士有朝一日终于及第，必然会付出极大的生命和经济成本，尤其是“在历代的科举考试中，来自各地的贫寒之士占据了很大的数量，也包括不少当时社会地位很低的市井之子”，他们的及第成本更高，而且，还有波及到家庭乃至其他社会成本。因此，文士及第以后，首先考虑的是如何收回成本，从政治成本逐渐发展到经济成本以及个人婚姻成本，“当年得中的士人们如果有机会读到了王泠然的这封信，也许会指责他的狂诞和唐突，但就他们的内心而言，王泠然未必孤独”，[18]“学而优则仕”的及第文士的成本意识，也就成为一种中国文士的精神密码，折射出中国政治文化的某种玄机乃至死结。中国名伶也是如此，在成为名伶之前，也是付出了许多生命和经济成本。即以梅兰芳为例：

> 生性朴讷的梅兰芳不是陡然升起的明星。他的“渐变”过程相当缓慢，从十一岁初次登台，直到公元纪年十年（1921）他二十八岁时，才从唱配角、唱主角、唱堂会、灌唱片、会海派的一系列较量中，逐步地在京剧界确立了被公认的权威地位，标志就是：1921年1月8日，梅兰芳在名伶合作会演的“义务戏”中，成为了“压轴”的主角。
>
> 在此之前，他先是悄悄地追上了在他之前成名（并一度当过花榜状元）的表兄王蕙芳；公元纪年初，他又战胜了姐夫的弟弟、在舞台上比他看好（有记录也说他做过花榜状元）的朱幼芬。至此，与他同年辈的、可以作为对手的男旦已不易寻觅。[19]

梅兰芳没有成为“伶官”的经历，只是在1923年存而未废的“皇廷”，为了“敬懿皇贵太妃”整寿，昇平署按照旧制调集当年曾经做过“内廷供奉”的民间名伶进宫“承应”演戏，这也是紫禁城内的最后一次“承应戏”，梅兰芳作为新名伶也曾入宫同演，得到了新名伶中最高的赏金300元，与早已成名的昇平署“教习”、“内廷供奉”杨小楼赏金相同，但是，其他有过“伶官”经历的名伶，也应该和梅兰芳一样“不是陡然升起的明星”，他们同样“‘渐变’过程相当缓慢”，有着超过常人的“一系列较量”以及由此带来的身心和经济代价，一旦成名以后，有缘与政治发生了联系，自然就会利用“政治撬动板”的效应，充分收回成名之前的成本，并且极力获得最大的利润效益。从成本意识角度而言，文士的“学而优则仕”与名伶的“演而优则仕”颇有一种异质同构之现象，也折射出一种中国文化的共同精神图谱。

中国名伶在打通与政治的通道以后，利用政治的综合效应而使经济收益获得了提升，一是表现在宫廷内部伶业表演的经济收入方面，“南府时代的‘内廷供奉’待遇优厚（类似供给制），而且，确实有过得到‘品官’待遇的伶人。昇平署时代的‘内廷供奉’是‘钱粮制’加上‘赏银制’。”[20]具体而言，在道光以前的南府时代，“教习”月银是四两至四两五，专职表演的伶人属于奴仆性质，虽然在生活上“待遇优厚”，却是没有俸银和赏金，最多只是实物赏赐而已，或者是“‘品官’作为重赏施之伶人”。这种制度一直延续到嘉庆时期，以嘉庆十一年正月为例，恩赏档记录如下：

正月初二日　上赏刘进喜、张喜各一两重银锞一个、蒙古荷包一个；陈进朝一两重银锞一个、五钱重银锞一个；李寿增、彭禄寿二名缨子一匣均分；曹进喜五钱重银锞一个、蒙古荷包一个。

初五日　上赏彭禄寿、张喜二名缨子一匣；李寿增五丝缎袍料一件；贾得魁、彭禄寿二名各大荷包一对。

上赏班进朝一两锞一个、刮膘一块；郭清泰、靳保各五钱锞一个、刮膘一块；王双庆、杨淳各一两重银锞一个、刮膘一块；柴进忠、任玉、杨青玉一两重银锞一个、刮膘一块。

十七日　上赏黑子小荷包一个；刘德五丝缎袍料一件；李增寿屯绢袍料一件；贾得魁一两锞一个；郭秉忠一两重银锞一个。

上赏舞天地人和灯人尚德、张林德、黄元、刘安泰、郭顺、杨青玉、刘德升、米进喜、刘保、李雨儿、任玉、刘德安、福成、张得胜、魏得禄、小刘进喜、孙福喜、贾得魁、陈进朝、黑子、侯进喜、彭禄寿、陆顺、彭禄海、柴进忠、大曹进喜、刘进喜、大张喜、杨淳、王双庆、孙魁、沈进喜以上三十二名每名一两重银锞一个。

鼓：王腾云、吴双禄，搬灯点灯人李进明，以上三名每名一两重银锞一个。

堂鼓、随手、打家伙、锣、管题纲、走场人搬灯、点灯人陈进爵、李太平（后略）以上四十名每名五钱锞一个。

从上述史料中，可以反映出嘉庆皇帝对于宫廷伶人的恩赏主要是实物赏赐，此外还有如前所述的“品官”重赏。道光以后，不再采用“品官”恩赏，主要是以银钱作为月银以及赏赐方式，而且到了咸丰时期，赏金渐渐高了起来。根据恩赏日记档载，咸丰十年五月二十一日，“安福面奉谕旨，在内当差外边学生三十五名，每名各赏给月银二两，白米十口。”这是“当差外边学生”固定的钱粮，谭鑫培进宫时也是如此，加上每次演出所获得的赏赐，应该说伶人的经济收入是优厚的。“艺人们每次戏后每名大都得到五钱、一两，最多一两五钱银子。初七日（七月）演出《群英会》等戏后，武丑陈九儿一次得到五两赏银，为在热河唱戏的最高等级。”[21]这一时期，赏金基本属于平均分配，高低差别不大。

慈禧时代，则是不但赏金数额逐渐提升，而且分配等级也逐步地扩大。它也说明了名伶内部还有伶业等级区分，再次表明了“能人经济”的内在规律及其现实作用。根据恩赏日记档载，光绪二十五年十月：

十一日　四五六早。卯正二刻进门。

颐年殿承应。辰正二刻开戏，申正一刻戏毕。有大人看戏。戏毕念佛。

府《福禄天长》、外《朝金顶》、外《昭君》、本《安天会》、外《朱砂痣》、本《难中福》、外《平顶山》、外《打樱桃》、本《火云洞》、一本《百花山》。

赏总管马得安银五钱，内学首领四名每名银四两，狄盛宝、刘荣福每名五两，李连童、谭金培、孙菊仙、时小福（人名略）十二名每名银三十两。

十二月初一日　赏总管马得安银四两，内学首领四名每名银二两四钱，孔得福五名五钱，李连重、刘七儿、王桂花、孙怡云、侯俊山、罗寿山、陈德霖、谭金培、龙长胜、于庄儿、响九霄、孙菊仙、时小福十三名每名银十二两，张长保、杨隆寿、王福寿三名每名银三两。李永泉（人名略）沈大、孙光通、双印十二名，每名银三两。

上述名伶的赏金差距颇大，如张长保、杨隆寿、王福寿三人只有前面陈德霖、谭金培等十三人的三分之一。慈禧时期赏金数额有时很大，根据恩赏日记档之记载，光绪三十年是慈禧正寿，不但教习、主演到一般伶人都添加了钱粮月例，而且该年的两次万寿节，“六月二十六日，赏总管、首领里外各处承差人等银一千一百三十六两”，“十月十五日赏总管、首领里外各处承差人等银二千六百四十七两”，可谓一掷千金，也都成为“内廷供奉”的经济收入。

二是体现在民间伶艺表演市场上的经济增殖效应。慈禧时代的“内廷供奉”，已经具有兼职的性质，名伶虽然进宫当差，在昇平署有着册籍名录以及“吃俸米”的待遇，内廷传差随叫随到，但是，他们演戏结束以后也就出宫，平常仍然搭班唱戏，如同普通伶人一样。需要注意的是，具有“内廷供奉”身份的名伶和一般名伶在民间伶业市场上身价已经大为不同，他们的市场价值已经不同程度地得到了增殖，它也是名伶经济的“政治撬动板”效应的重要表现。例如陈德霖，“在宫中第一次演戏，是同孙菊仙、穆凤山二人合演的《二进宫》，那时孙菊仙正是气足声洪的时候，穆凤山也是大名鼎鼎，德霖的嗓音刚回来年月不久，也是正好听的时候，西太后大乐，很夸奖这出，说孙这出戏比金福好（宫中永远呼金福，不曰叫天，亦不名鑫培），德霖刚出马也还配得上。西太后说完之后回宫，后台诸人，一齐给德霖道喜，说这是百年不遇的事情，刚挑上差使，头一次演戏，就蒙佛爷指名夸奖，是以往没有的。德霖当然也非常得意，他曾说：回家来，几乎三夜没睡好觉。因为在宫中当差的名角都知道了这件事，回家来，一个传十个，十个传百个，第二天大家就都知道了，都来探询。于是闹得家中人来人往，热闹了好几天。他自己一想：头一次虽然得了好，以后更得小心，从此便害怕起来。幸而以后接续演了几次都没有出毛病，才放了心。由此一来，不但在宫中得了面子，连在外边搭班也容易多了。这个班也来约，那个班也来请，从此便发达起来。”[22]因此，具有“内廷供奉”身份的名伶在民间伶业市场也就往往身价抬升，甚至如同天价，将“政治撬动板”的效应达到了极致。它一方面说明了中国文化的官场人格性质，“中国是个大官场，市场、情场纵然存在也被严重地官场化”，“中华民族的民族性格，或者说中国人共同的人格特征即决定于中国社会是个大官场的基本特征”，“演而优则仕”的名伶也充分利用了“大官场的基本特征”，[23]将自己的伶业经济通过与政治的嫁接关系，在民间伶业经济中扩大效益；另一方面也折射了伶业能人经济的独特属性，它往往能够与政治以及其他社会平台建立一种联系，并充分利用这种联系使能人经济的财富效应最大化。

如同前述，作为“内廷供奉”的谭鑫培，自从庚子之后，“外串就要五十两”，后来，“再由那琴轩之流一跪一揖，一吹一捧，就由五十两加至一百两。随后又继涨增高，乃至二三百两，乃至五百两”，而“在那家花园刘宅堂会，唱一出《武家坡》，竟拿了七百二十元的代价”。毫无疑问，谭鑫培在民间伶艺表演市场上的收入大幅度地增殖，与政治元素的发酵有着一种互动关系，即便是“那琴轩之流一跪一揖，一吹一捧”，都对谭鑫培的堂会表演收入有着直接的推动关系。“内廷供奉”谭鑫培的能人经济效应，甚至扩展到了海外，“谭鑫培已驰名中外，日本、欧洲、美国皆很关注。日本某杂志报道：关于谭鑫培在百代公司灌的京剧唱片，在日本销至五千余张以上，合洋约一万五千元左右。"[24]

由于中国政治与伶业之间的特殊通道关系，使一些名伶与政治了发生了关系，构成一种"演而优则仕"的独特现象，伶官也就成为名伶经济的一种财富神话。"做了'内廷供奉'之后，不仅有'月米'和'月俸'，而且每次演出之后，都有'赏金'。如果能够得到帝王和西太后的青睐，那就是得到了'殊荣'，不仅每次的'赏金'会节节攀升，而且可以立刻身价百倍。身价百倍的连锁反应是在宫外边搭班容易多了，甚至于连达官贵人都要对谭鑫培、陈德霖这样的伶人格外恭敬。"[25]其实，对于伶人家族来说，这种"身价百倍的连锁反应"的最大效应，则是家族经济状况及其生活质量有了再度提升，使伶官经济成为一种家族经济，伶人家族由于伶官经济的"身价百倍"而同样发生财富收益"节节攀升"。虽然说名伶在成名之后，伶人家族经济已经有了明显提高，而民间伶人若与政治发生了联系，成为一种伶官或者具有一种伶官身份，则伶人家族经济则有可能发生再次提高。因此，伶人及其家族大多将进宫当差看得很重，如果能够入宫为伶，则不仅意味着伶人在民间伶界的身份和价值，是一种伶艺成功及其伶业成功，更为重要的是，它预示着伶人家族经济以及生活品质的二度抬升。谭鑫培凭借"内廷供奉"的身份以及帝王的宠爱，在伶界身份高贵，个人及其家族生活质量颇高，如前面论述的，"饮食起居和家中一切设备固然都考究已极，就是私下穿的衣服，也是极力模仿贝子、贝勒等装束"，四季服装乃是全部按照"夹单皮棉一定的套数次序"，而且是每日更换，白袜、套云鞋、缎袍、漳绒马褂以及瓜皮小帽上镶着珠玉宝石，还有手拿着鼻烟壶，腰间系着荷包汉玉，出门坐着轿车，加上他家里每天来往的都是达官贵人，"俨如贝子、贝勒的势派"。自然，谭鑫培家族的经济实力，与他的伶艺天才有着直接的关系，但是，这种伶艺天才在经济方面的影响力量，也应该包含着"内廷供奉"的经历以及帝王宠幸的成分内容，即发生一种"政治撬动板"效用，推动着谭鑫培在伶业经济收益方面的美誉度和拓展力，也形成了伶业能人经济的一个神话。

从某种意义而言，伶业的"能人经济"现象属于一种"马太效应"（Matthew Effect）。"马太效应"来自于《圣经·马太福音》中的一则寓言，美国科学史研究者罗伯特·莫顿（Robert K. Merton）在1968年利用这一术语概括一种社会心理现象，即相对于那些不知名的研究者，知名的科学家通常能够得到更多的声望，即使他们的成就是相似的，但是，在同一个项目上，声誉通常给予那些已经出名的研究者，例如一个奖项几乎总是授予最资深的研究者，即使所有工作都是一个研究生完成的。后来。这一术语为经济学界所借用，反映贫者愈贫、富者愈富、赢家通吃的经济学中收入分配不公的现象，社会心理学也经常借用这一术语。应该说，"马太效应"同样反映在伶业的"能人经济"现象中，知名伶人凭借他的声色和影响，在伶业市场收入分配中，往往得到更多的收益，而且，多者愈多，少者愈少。伶业的"马太效应"，也说明了伶业经济的娱乐性和服务性特征，在伶业经济发展到一定程度以后，在供需双方的文化消费关系中，已经不再存在伶业和伶人资源的短缺经济现象，而是需要伶人的品牌价值，才能在伶业的商业经济格局中，占领经济收入的主动性和制高点，并且与其他缺乏品牌能力的伶人构成一种两极化的倾向，从而出现“马太效应”现象。正因如此，伶人家族对于伶人的挑班及其“能人经济”才出现如此的重视甚至迷恋。

【注释】

1. 刘平青：《家族基因：家族企业生命力解读》，山西：山西经济出版社 2005. 93 页 .
2. 朱家溍、丁汝芹：《清代内廷演剧始末考》，北京：中国书店 2007. 392 页 .
3. 曹心泉、陈墨香、王瑶卿、刘守鹤：《程长庚专记》，《剧学月刊》创刊号 .
4. 刘强、杨宏英：《程长庚传》，河北：河北教育出版社 1996. 267 页 .
5. 刘琦：《裘盛戎传》，河北：河北教育出版社 1996. 84 页 .
6. 马龙：《我的祖父马连良》，北京：团结出版社 2007. 47 页 .
7. 马龙：《我的祖父马连良》，北京：团结出版社 2007. 49 页 .
8. 梅兰芳：《舞台生活四十年》（插图珍藏本，上卷），北京：团结出版社 2006. 17 页 .
9. 丁秉鐩：《菊坛旧闻录》，北京：中国戏剧出版社 1995. 461 页 .
10. 丁秉鐩：《菊坛旧闻录》，北京：中国戏剧出版社 1995. 161 页 .
11. 刘琦：《裘盛戎传》，河北：河北教育出版社 1996. 110 页 .
12. 丁秉鐩：《菊坛旧闻录》，北京：中国戏剧出版社 1995. 383 页 .
13. 章诒和：《伶人往事》，湖南：湖南文艺出版社 2006. 166 页 .
14. 厉震林：《论男性优伶的史学政治气质》，《戏曲艺术》2003 年第 2 期 .
15. 么书仪：《晚清戏曲的变革》，北京：人民文学出版社 2006. 294 页 .
16. 么书仪：《晚清戏曲的变革》，北京：人民文学出版社 2006. 51 页 .
17. 余秋雨：《山居笔记》，上海：文汇出版社 2002. 216 页、224 页 .
18. 余秋雨：《山居笔记》，上海：文汇出版社 2002. 224 页 .
19. 么书仪：《晚清戏曲的变革》，北京：人民文学出版社 2006. 139 页 .
20. 么书仪：《晚清戏曲的变革》，北京：人民文学出版社 2006. 294 页 .
21. 丁汝芹：《清代内廷演戏史话》，北京：紫禁城出版社 1999. 226 页 .
22. 齐如山：《谈四角》，载《京剧谈往录三编》，北京：北京出版社 1996. 123 页、124 页 .
23. 黎鸣：《中国人性分析报告》，北京：中国社会出版社 2003. 80 页 .
24. 李仲明：《百年家族——谭鑫培》，河北：河北教育出版社 2006. 169 页 .
25. 么书仪：《晚清戏曲的变革》，北京：人民文学出版社 2006. 294 页 .

第五编　伶人家族的结构系统

第十五章 伶人家族结构的特殊性

第一节 家族结构的概念

家族是一个有关家庭以及家庭系统组成的集合体，它不是一个单数成分，而是一种单数的加法、乘法甚至平方指数，故而家族也是一种系统组织。

在论述家族系统的规定性之前，首先要确立家庭的规定性。因为家族系统乃是以家庭的规定性作为基础的。一般而言，家庭的规定性包括：一是两个以上不同性别的成年人共同居住；二是成员之间具有一定的劳动分工；三是成员之间形成确定的财产关系、社会关系和经济关系；四是成员之间共同分享和承担起居、饮食、生活和劳作等活动；五是成年人与他们的子女之间存在亲子关系，并具有抚养和监管的责任以及拥有权威的地位；子女之间存在兄弟姐妹关系，具有共同分担义务、相互保护和帮助的责任。由此，也就形成了一个家庭内部的结构系统。家族是跨家庭的集团，家族系统能否成立，则是在家庭的基本规定性的基础上，还需具备以下的规定性：

> (1) 以血缘关系和亲属关系联结成的较为紧密的家族结构；(2) 以每个族员对家族群体承担一定义务和权利为基础的家族体制；(3) 以血缘关系决定的等级为依据的家族权力；(4) 以家族群体为整体的为每一成员提供便利的家族功能；(5) 以家族为单位组织的涉及全体族员的家族活动；(6) 以约定俗成的戒律约束族员行为的家族规范；(7) 以潜移默化的传播为渠道而形成的具有一定持久性的家族观念。以上为决定一家族系统是否成立的大端，也是决定家族文化是否存有的大端。[1]

从上述论述中，家族系统涉及到家族结构、体制、权力、功能、活动、规范和观念等内容，而从家族本质的意义而论，家族系统的核心内涵在于是否存在显性的或者隐性的有着同一血缘关系的家族成员组织以及这个组织是跨家庭边界的，也就是说，家族系统不仅涉及到家庭中人与人之间的关系，而且，还牵涉到家族中家庭与家庭之间的关系。家族系统不仅是一个由血缘原则所构成的生物学结构关系，还是一个由观念精神所形成的社会学结构关系。

> 根据家族规定性作推论，中国传统家族文化的鲜明特点在于其宗族性。宗族关系是中国传统家族文化的主干关系。宗族关系以血缘关系为标准，表现了一种原始的人际秩序。宗指的是宗族之中奉一人为主，族指凡血统有关系之人。……由血缘关系的共同性形成宗族，由血缘关系的远近形成宗族内部的权力关系。围绕着这个中轴，中国传统的家族系统衍生出无比繁杂的亲属系统。宗亲关系以“九族”为界，九族之内为内亲，九族之外的亲属无男系血缘关系，称为外亲。……中国的家族系统形成一个特别庞大的网络，其规模在其他民族中恐怕是难以找到的。中国的社会体制从来都确认这一系统，并尽力把社会体制与家族系统结合起来。这从另一方面巩固了作为社会一般存在的家族系统，使其成为正式系统附属部分。[2]

在家族系统中，一方面由于血缘关系的准则，“表现了一种原始的人际秩序”，另一方面社会体制的确认和结合，“巩固了作为社会一般存在的家族系统，使其成为正式系统附属部分”，体现了一种政治内涵和性质的社会秩序。从某种意义而言，研究家族系统主要是研究家族秩序关系，一种“原始的人际秩序”与政治的社会秩序之间的家族权力互动关系。在这种家族权力互动关系中，也就必然存在一种家族结构。

所谓家族结构，是基于生物学和社会学基础上所形成的家族关系整体。它存在一种多重结构，一般通过家族关系中的人、团体、角色以及形态体现出来，从而反映出家族组织中人与人之间的既定关系。“政治结构的基本单位是个人角色。一个角色就是一种规则化的行为模式”，“描述一个政治结构也就说明了各种角色之间的联系；每个人各就各位，在这个位置上，人们期望他经常按一定的方式行事。”[3]家族结构也是与此类似，“每个人各就各位，在这个位置上，人们期望他经常按一定的方式行事”，“这个位置”乃是“一种规则化的行为模式”。这里，家族结构只是比政治结构更多的体现出社会和文化的内涵。

思想和文化学者对于家族结构已有各种重要的论述。恩格斯在《家庭、私有制和国家的起源》中，如此分析雅典的氏族特征：（1）共同的宗教节日和祭司的祀奉一定的神的特权。这种神被假想为氏族的祖先。（2）共同的墓地。（3）相互继承权。（4）在受到侵害时提供帮助、保护和支援的相互义务。（5）在一定情况下，特别是在事关孤女或女继承人的时候，在氏族内部通婚的相互权利和义务。(6) 拥有——至少在某些情况下面——共同财产以及自己的首长和司库。(7) 按照父权制计算世系。(8) 禁止氏族内部通婚，但和女继承人结婚例外。(9) 收养外人入族的权利。(10) 选举和撤换首长的权利。[4]这里，已经规范好了氏族社会的“个人角色”以及“各种角色之间的联系”，并必须是“各就各位”。前已论及的费孝通在《乡土中国》一书中提出“差序格局”的概念，也包含家族结构的内涵，他认为中国社会与西方社会的结构格局不同，西方社会是团体格局，中国社会是差序格局，“以‘己’为中心，像石子一般投入水中，和别人所联系成的社会关系，不像团体中的分子一般大家立在一个平面上的，而是像水的波纹一般，一圈圈推出去，愈推愈远，也愈推愈薄。”[5]王沪宁在《当代中国村落家族文化》一书中，认为村落家族结构的关系是：(1) 一个特定家族共同体中起到主导作用的诸结构；(2) 各种结构所体现的家族共同体中的角色关系；(3) 诸角色在家族共同体中的行为及其规则化的行为模式；(4) 诸角色行为和结构的社会意义、政治意义和文化意义。他认为村落家族结构主要有着以下的基本特征：

一、族居，是指同一姓氏的村落家族生活在特定范围的地域之内，在特定的地域之内形成特定的地缘关系。它是村落家族最为基本的结构，构成了不同家族共同体之间的地理界线或者称为物理界线。

二、宗姓，它是以父系血缘为中轴而形成的，凡是同一家族繁衍的后代都有着中国独特的姓氏系统的记号，它可以说是血缘关系的象征主义的符号，并以此来辨认不同的宗族。它是按照父系单系传递，女子出生时虽然被冠以宗姓，但是，她的后代必须跟从外族宗姓，以此表明血亲关系。

三、辈分，在中国家族内部都确立了严格的辈分等级制度，它是血缘关系的梯阶。一般而言，辈分划分了家族内部的不同权势团体，辈分高者其权势高于辈分低者，辈分最高者则权势也是最高。这里，辈分最高者的权势也要视该村落家族文化的强弱而定，家族文化较强的村落，这种状况或大或小地存在着，而家族文化较弱的村落，则大多只是具有道德的权势，而少有实际的权势。辈分并非纯生物学意义上的，而是属于社会学和政治学范畴的。村落家族成员有名字的第二字作为辈分的象征，第三字则由各个家庭自由决定。第二字确定以后，同族人即可以辨认其辈分，并相应地确定自己应该采取的态度。

四、房族，它存在于一些规模较大的村落家族。与辈分的横向组织比较，它是一种纵向组织，它串联家族内部的有关家庭，构成一种小于族而大于家的血缘组织。它并非人为设立，而是自然而然形成的，它的原则是家族祖先的几个后代分别列为几房，并以后逐渐有所增减。它存在的条件之一是祖先要有几个儿子，而一般四代以外分出房族。因此，村落家族也就形成族、房、户三层结构，横向的辈分与纵向的房族，构成家族内部严密的组织结构。

五、族老，是辈分最高的群体或者个人，故而在村落家族中具有特殊地位和权威，可以分为荣誉型、仲裁型、决策型和主管型等几种类型。

六、亲属，它是无比庞大的结构系统，其各种称谓关系也是非常完整的。它反映了中国社会“正名分”的文化传统，即每个人必须有明确无疑的身份。身份的确定，来自于社会学和生物学两个层面，亲属主要是由血缘关系的生物学意义而形成的，但也并非完全如此，有些亲属关系不是简单地源自于血缘关系，而是社会关系与血缘关系的重合，有些亲属关系甚或简单地源自于社会关系。亲属关系，对于理解社会的各种现象具有重要的价值，它在社会生活中发生的作用更是不可低估。

根据以上所述，“村落家族文化本身构成了一种严格的、环环相扣的系统。这一系统的完整性和严密性超过了不少自然系统和社会系统”，“系统的基本特征包括整体性、相关性、动态性、有序性和目的性。显而易见，这些特性，作为系统的村落家族均是具备的。因此可以肯定，村落家族有惊人的系统性。这种工整的系统性表明了一种秩序，即家族文化的秩序。”[6]

毫无疑问，与中国一般家族比较，伶人家族由于它的职业隔离政策，已被传统家族驱逐出族，从某种意义上形成了“无族”的一个社会特殊族群。它只能由“乐户”自身形成一个自成体系的家族系统，并且形成一种泛家族化现象。这种“乐户”家族，许多也是只能延续几代，家族形态也就只能自生自灭。由于伶人的泛家族化现象源自于职业隔离的封闭社会，它形成一种“围屋”的职业生存以及生活形态，也就颇为类似于族居的中国村落家族，“在乡村，地缘关系成为一个家族共同体生存发展的胎盘，离开了这个胎盘，家族共同体的存在便会改变形式。族居确定了家族共同体的基本结构，即在这个地域中的有一定血缘关系的人构成一定家族共同体的主体，或者说基体。游离这个地域的家族成员，也应当在与家族主体的关系中成为家族中的一员。”[7]如此而论，村落家族的族居形态与伶人家族的“隔离”社会，似乎都具有一种“围屋”的生存及其生活方式，只是一个是由于地缘而自然形成，一个是由于业缘而被迫形成；一个是由于物理形态而形成精神形态，一个是由于精神形态而形成物理形态；一个是因静态而具有一定的稳定性，一个因动态而产生一定的流变性。从家族结构角度分析，村落家族与伶人家族具有与传统家族文化基因遗传和延续的一致性，也有伶人家族由于“乐户”隔离以及泛家族化的特殊性。如同吉普赛人没有共同的地域，个人及其家族始终处在颠沛流离的状况之中，但是，他们仍然保存了一定形式的家族制度。中国伶人家族也形成了由自身观念精神所形成的社会学结构关系，既“表现了一种原始的人际秩序”，也“尽力把社会体制与家族系统结合起来”，“巩固了作为社会一般存在的家族系统”。

第二节 “二大一小”的双层结构

家族系统包括内部构造和外部构造两种形态，内部构造是由于血缘关系以及拟血缘关系而形成的，而外部构造则是有着静态和动态的意义，静态体现为一种较为稳定的家族结构，动态则表现为维护生存以及延续的家族功能。由于伶人家族的特殊性，作为静态的外部构造的家族结构，也就具有一定的特殊性，而与传统家族相对稳定的家族结构有所变异，它将“社会体制与家族系统结合起来”，形成了伶人家族结构的一种流变现象。

这里，伶人家族构成了“二大一小”的结构形态。“二大”是指两个大的家族和泛家族系统，一个是原来的传统家族，伶人已被注销族籍，而成为了“乐户”。如前所述，伶人注销民籍以后，“另册以注录之”。它分为两种情形，一是一为伶业，即被归入“乐籍”，它也就被迫脱离了传统家族结构，无法列入传统家族结构系统，与传统家族的族居、宗姓、辈分、房族、族老、亲属等基本构件剥离。虽然伶人在生物学上与传统家族结构存在关联，但是，在社会上已经没有关系，已经属于“另册”的结构系统；二是从伶以后，逐渐被纳入了“乐籍”。它的情形比较复杂，或是由于伶业的流动性，或者是半农半伶者，或者是王公富绅的家伎，最后被“糊里糊涂而被视为和进而成为乐户者”，它与传统家族的族居、宗姓、辈分、房族、族老、亲属等基本构件剥离存在一个过程，有着一个模糊及复杂的过渡地带。

如此过渡地带，也体现在清朝废除“乐籍”制度以后，伶人及其家族与传统家族结构之间仍然存在残酷而又艰难的关系。前所论述的程长庚，《程长庚传》写道：

> 这一日，长庚唱堂会回来，一封来自安徽潜山程家井的书信及一张银票躺在书案上，长庚拆开来看，看完竟呆坐在椅子上半天做声不得。父母亲急得要命，再问也不见他开口，父亲凤鸣抢过信不看则已，一看竟然抱头痛哭起来。原来去年程家井祠堂要重修家谱，由东头的读书人牵头搞，但凡程姓子孙需各家拿钱赞助修族谱，这个时候再穷的人都要咬着牙挤出一石二斗米来交给祠堂，不然上不了祠堂的族谱，自己不就成了孤坟野鬼了吗？修族谱的消息传到京中，长庚也不敢怠慢，赶忙写了银票，着人送了去。[8]

因此，伶人一涉及到族籍等中国家族的核心问题，家族结构系统马上就显现而出。程长庚“赶忙写了银票，着人送了去”，最后的结果是他“呆坐在椅子上半天做声不得”，父亲“抱头痛哭”，母亲因女方退回聘礼而气倒死亡，因为伶人家族触及到了传统家族结构，组成传统家族文化的基本构件开始发挥作用。家族结构是家族组织中由人们的不同分化和聚联而形成的关系整体，它所体现出来的聚族而居、宗姓群体以及辈分、房族、族老、亲属等基本构件，规范了家族组织中人与人之间的身份关系。虽然已经是清朝中晚期，“乐籍”制度已废，但是，家族结构系统仍然采取了比国家政权更为严厉的态度，伶人及其家族“上不了祠堂的族谱”。它由宗姓群体形成的宗族开会议定，并有族老等家族结构基本构件最后决定，拒绝程长庚入族谱，并且，修书一封加以训斥，“族人以为不齿，经议不准入族谱”，“族人”也即为宗姓群体。

不过，它也毕竟已经是清朝中晚期，在书信中也警告程长庚，若不抽身伶界，此生休想再入族谱，也暗示如果他脱离伶业，还是有可能再进“祠堂的族谱”，重新归入家族结构系统之中。后来，成名以后的程长庚回乡，宗族建议他只要摆酒请客，可以重新接纳他入谱。

> 自道光十八年（1838）出京，转眼回乡三年多。起先刚回来，他与舅舅曾认真收拾家园，一副闭门不出、修身养性的模样。但是不断有人上门提亲，他依然不允，说是小时候做了道士，如今不思女色。家乡人都知道他被拒入族谱之事，闲起来念叨几句对他也都十分同情。宗族里议起以前的事也觉得做得过头，好在当时的族长已死，就有重新纳他入谱的意思，几次叫人带话给他，要他摆酒请客，不料他竟轻轻一笑，将此事撂到脑后面去了。几番碰钉子，也就再没人敢来张罗提亲、续谱之事。[9]

清朝传统家族对于族人的职业、信仰以及行为有着严格的规范，例如禁止从事盗贼、倡优隶卒以及不信祖宗的僧道、天主教徒，但是，到了清末民初，家族结构系统管制已经有所松弛，一些原来被认为是卑贱职业的，也被认为是正当职业，从业者也能够上谱。但是，它也经历一个复杂的博弈过程。例如20世纪初期，湖北省夏口县王氏家族重修族谱，将原来族规“倡优隶卒”不准进谱修改为“营业不正”者不得入谱，主撰人王继树将伶人王继炎以及妾甘氏列入族谱，族人王继均极力反对，并在1918年将王继树告上湖北省高级审判厅，认为优伶属于“营业不正”，不应上谱，须将已成之谱作废，损失由王继树赔偿。湖北省高级审判厅驳回了王继均的控告，认为清代所称之“卒”，乃现今之士兵、警察，职务虽然相同，然而身份迥异。至于“优伶营业，为社会教育事业之一种，根本上不能谓之不正，则王继树许王继炎入谱，系因谱例改良之结果，不能谓为违反习惯”。王继均不服，再上诉北京大理院，称“营业不正”与“倡优隶卒”意思相同，“业优之人，有何身份，当然不能载入宗谱”，否则为家族世代羞辱，并称本案的争论焦点是家规问题，并非法律问题。北京大理院最后也予以驳回。[10]“这场官司，直接反映的是家族如何对待族人的职业选择，而更深刻的意义是家族中宗法等级观与近代平等观的斗争。对艺人的观念，夏口王氏是先进的，但好多家族仍持否定态度。”[11]

清朝中晚期及清末民初既然如此，“好多家族仍持否定态度”，此前的传统家族结构系统自然更加严厉，“业优之人，有何身份，当然不能载入宗谱”。上述两个案例，已是废除“乐户”制度上百年之后，传统家族的正统结构系统仍然表现出了如此的驱逐伶人家族态度，程家井的族长和夏口县王氏家族的王继均都是传统家族结构的重要成员，而且，它发生在较为特殊的事件情景，程长庚已为名伶且具有一定的经济条件，“夏口王氏是先进的”。因此，“二大”中的“一大”，即传统家族及其结构，对于伶人家族而言，它在血缘关系上是实的，但是，它在家族结构上是虚的，也就是说，伶人及其家族在生物学上仍然可以计算宗姓、辈分、房族、族老、亲属等基本构件，但是，在社会上已经被剥夺其身份以及资格了。

“二大”中的另外“一大”，即伶人家族的泛家族化，前面已有详尽阐述。伶人及其家族被传统家族驱逐以后，进入“乐户”“以注录之”，逐渐地“乐户”也就构成一种“超网络化”的泛家族化现象，即所谓的“技同相习，道同相得，相习则相亲焉，相得则相恤焉”，构成一种拟血亲的关系。虽然伶业具有依附性、市场性以及依附性、市场性之间自由游动的生存以及生活特性，但是，它都需要通过伶人及其家族的技艺交易以及交换活动完成，因此，伶人家族的泛家族化，也包含有伶人及其家族有形和无形市场的经济资源的有效整合，“这里的家族是具有一定的包容性和开放性，且有别于中国传统意义上的父系家族的范畴，是由家庭扩大到血缘、亲缘甚至包括拟血缘关系组成的团体。在这种特殊形式的团体组织中，以‘家族基因’配置企业发展所需的各种资源要素，能有效地参与市场竞争。”[12]由于伶人家族及其泛家族化的技艺经济，也就如同一个“类家族企业”，通过其特有的以血缘、亲缘以及拟血缘关系为主要纽带的非契约性凝聚力和适应性创造力，进行配置伶人家族及其泛家族化发展和参与市场竞争所需要的资源要素。

在中国农耕社会中，由于生产力水平较低及其生活资源匮乏，民众很难脱离家庭及其家族而生存，“只有加入家庭集体，才能完成获得生存资源的活动并得到生存资源”，“在无法从别处获得资源的情况下，家庭成员和家族成员也必须依靠自己的群体，这不仅是一种血缘关系，而且是一种生产关系。这种生产方式把一定的血缘亲族联系起来作为一种劳动组织关系，以获得基本的生存资源。”[13]在此过程中，家族也就不仅是一个生物学组织，更是一种社会生产组织以及情感价值组织，“个人之所以保留在集团中，寻找对集团的皈依，与集体的规范趋同，甚至屈从于集团的暴政，是因为他能在集团中得到在别处得不到的个人社会性需要的满足。”[14]家族“集团”，能够使人感受到安全和保护以及温馨与和谐的情感体验，因此，它也是一种情感系统的价值组织。伶人及其家族被传统家族驱逐以后，仍然无法忘却传统家族的情感因素，有着一种情不自禁的“祠堂情结”。从某种意义而言，祠堂就是一种精神、信仰和崇拜，甚至是一个家族图腾的角色，有着一种强烈的道德震撼性以及家族文化象征力量。伶人家族自然无法摆脱这种祠堂图腾，在伶人家族的泛家族化成为传统家族的替代性组织，故而必然会在伶人家族的泛家族化中异构同质地建立起拟传统家族的结构系统。例如精忠庙的类祠堂化，庙首如同族长，伶人组织也是按照行辈排名，伶人进入都市以后也大多是集中居住，也体现为一种“族居”组织。在伶人家族的意识和潜意识中，他们所形成的泛家族化复制了一套传统家族的结构组织。伶人家族的泛家族化，它们在血缘关系上是虚的，但是，在结构系统上是实的。

“二大一小”的“一小”，即伶人进入伶界以后自身所组成的家族结构，它主要以血缘和亲缘为纽带而形成。由于“二大”的两者交合作用原因，即传统家族在血缘关系上是实的和在家族结构上是虚的，伶人家族的泛家族化在血缘关系上是虚的，在结构系统上是实的，因此，具有具体血缘和亲缘而构成的伶人家族，既无法离开家族结构的整体性及其规定性，也有着自身的特殊性及其个性化。一般而言，它的历史不是很长，甚至只有一两代，但是，它也逐渐形成了自己的“家族传说”，也有自己的“家法”和“族规”。“以家族本位为典型特征的中国传统文化，要求家族成员必须对家族持有足够的责任感和义务感，能够在关键时刻舍弃自己个人利益维护整个家族的利益，顾全大局，家族成员必须时刻不忘保持整个家族的和谐”，“家族成员应该尽的义务和履行的职责，家庭成员也都应该履行好，不能有拖沓，否则便有‘家法’或‘族规’来严惩不贷。为了维持家族的和谐，很多家族定下族规：严禁子弟淫盗、争讼、邪术、妄言、赌博、酗酒等”，[15]伶人家族自然也会“定下族规”。例如盖叫天家族，艺名小盖叫天的三子张剑鸣，学成以后第一次登台时，要锤不慎失手落地，回家以后，盖叫天不打不骂，给了他二十个铜板，要他练习台上失手的表演动作，练一回数一个铜板，一共练一百回。此后，张剑鸣早起后先练这一动作，一天九遍，直到彻底熟练为止。“他的长子张翼鹏，在上海演出已经成了红角儿了，台上出了差错，他照样把他叫来严加训斥。他说：‘我们张家父子，有招无招，招数高低还在其次，要紧的是上场不含糊，不马虎，不偷工减料。这是张家的规矩’”，“好一个‘张家的规矩’，没有规矩不成方圆，正是有了这规矩方才诞生一丝不苟的盖派艺术，方才出现《狮子楼》断腿人不倒下的惊人壮举。”[16]一些伶人家族还形成了自身的家训文化，它主要体现为长辈对于子孙以及族长对于族人的训示教诲，运用宗法和专制社会的礼法制度、伦理规范以及行为准则指导子孙以及族人，从而教育子女成长。例如厉慧良如此称道：“小时候，父母灌输的，就是成名成家思想；‘要想人前显贵，必须背地受罪。’自己呢，就是：‘不鸣则已，一鸣惊人。’”[17]自然，伶人家族的家训大多与伶业的特殊身份有着一种紧密的关联。

由此而论，在家族结构体系上，伶人家族仍然会沿用中国传统家族的基本形态，一方面是民族文化基因的集体无意识行为，另一方面也是伶人家族采取与传统家族基本相同的家族构件，以表示自身家族的一种微妙而复杂的尊严心态，只是伶人家族被传统家族驱逐，加上代际数量往往不是很多，它的家族构件大多显得不够完整，或说是破碎，而且，由于从事伶业的特殊性质，也表现出伶人家族特有的家族结构形态。

第三节 家点族面的同业家族

如前所述，伶人来源存在着复杂的状况，而且，既有个人进入伶业，也有一个家庭进入伶界。在清朝废除“乐户”制度之前，个人或者家庭立身为伶，也就会逐渐形成了伶业家族。在此，无论是个人进入伶业还是一个家庭进入伶界，开始他们都是一个点，规模都是很小，而且，相当一部分是个人，随着伶人职业的隔离政策、世袭制度以及与家族关系关联重大的内群婚姻，在伶业内部形成了一个庞大的伶人家族，从一个个人或者家庭的点，发展成为一个伶人家族的面，也影响到伶人家族的结构形态。

伶人家族从点到面的发展，它是一种特殊生存环境下形成的同业家族。在中国村落家族中，也存在着某种意义的从点到面的发展，“中国村落家族形成的历史是一种实际的过程。大部分是移民垦殖，由一家一户或几家几户在荒地上慢慢垦殖发展、繁衍后代，逐渐形成今天的村落家族。最初前来的人被视为是家族的祖先，大多数村落家族可以历数开业祖先的业绩。当然，也有其他种种方式，如后期迁入，逐渐壮大，排挤了原来的家族的。”[18]这里，甚至也可以说是中国村落家族大部分也是同业家族，都是从事农耕职业。但是，伶人家族与村落家族显著的区别是，伶人家族是在社会隔离中从点到面发展的，虽然伶人及其家族活动的范围是开放的，但是，它的家族发展范围是封闭的，乃是传统家族“弃族”；村落家族虽然生存活动范围是相对封闭乃至是封闭的，它源之于村落家族共同生活在一块较为集中的土地之中，又有农耕性和自给性的特点，外部社会也没有什么经济和信息力量能够有力地渗透到村落共同体之中，但是，它的家族发展却是开放的，除了家族成员可以自由成为其他职业者，例如官宦、文人、商人或者手工业者，它还可以通过开放的婚姻关系发展其他职业者成为家族成员，从而使村落家族从点到面的发展呈现一种开发的形态。

伶人家族在同业内部发展家族成员关系的特殊状况，也就具有一种封闭社会的家族结构形态。中国村落家族具有族居的家族生活和生存方式，尽管每个村落家族都有自己的迁移、繁衍和历史，但是，他们都居住在共同的区域之中，“需要指出的是：共同区域虽然是村落家族共同体的地理基础，但它不是构成村落家族的核心，而只是其物理外壳，内在精神是以血缘为基础的宗亲关系。”[19]伶人及其家族进入都市以后，也往往集中居住在某一区域，为外界形成一个统一的伶业场所标志，例如前面已有详论的晚清北京南城地区，即为伶人及其家族居住颇为密集区域，“清末伶官多来自苏扬，到京落脚，统称‘下处’，其戏班人众群居之地，名曰‘大下处’，其班中人称好角为‘老板’，称其子侄徒弟辈为‘相公’，称其所居为‘某某堂’，皆江淮间习俗惯例也。”[20]“其戏班人众群居之地”的“大下处”，也似乎颇为类似村落家族的族居形态，但是，它也只是一种“物理外壳”，村落家族的族居“内在精神是以血缘为基础的宗亲关系”，而“戏班人众群居之地”则并非如此，它虽然也有可能个别伶人家族是“以血缘为基础的宗亲关系”，但是，多数“戏班人众群居”则是因为业缘关系而形成的，他们并非一定存在血缘关系基础上的“宗亲关系”，它属于一种以业缘为基础的泛家族关系，或者说是一种文化血缘关系。

这里，尽管业缘和地缘关系会发展到亲缘关系，从而也形成一种血缘关系，但是，它与“以血缘为基础的宗亲关系”的村落家族的族居形态并不相同。村落家族的族居大多是宗姓群体，“中国的家族共同体带有宗族性质和宗姓性质，这种共同体以血缘和血亲关系为基础。这种特点在中国家族文化上的一个重要体现就是每一家族均有以父系血缘为中轴的宗姓，凡同一家族繁衍的后代均带有中国独特的姓氏系统的记号”，“血缘关系本身是内在的，是不能从外部体察到的，是不具备社会系统的意义的，而宗姓恰恰能使之外在化，使这层关系成为可以体察和辨认的关系，使其具备了社会的意义。”[21]自然，“戏班人众群居之地”很难形成如此的“以父系血缘为中轴的宗姓”，因为“中国的家族共同体带有宗族性质和宗姓性质”，它需要家族的一个历史积累以及文化沉淀过程，“戏班人众群居之地”的伶人来自不同地区，原来的祖“宗姓”各不相同，即使是一个伶人家庭共同居住“戏班人众群居之地”，进而在业缘和地缘关系中发展了姻缘，由于缺乏历史文化的厚度，也较难形成如同村落家族一般的单姓村落家族、主姓村落家族以及几个主要宗姓组成的多姓村落家族。

因此，“戏班人众群居之地”，可以说是伶人家族的一种精神族居，而不是“带有宗族性质和宗姓性质”的“宗亲关系”族居。从某种意义而言，村落家族的族居是“宗亲关系”的“显族居”，是“可以体察和辨认的关系”，而“戏班人众群居之地”是泛家族的“隐族居”，也较难形成族居产生的宗姓家族结构。

伶人及其家族在伶界发展家族关系，形成一种互串结构或者是环套环结构，许多伶人家族互为姻亲关系，如同是“滚雪球”一般越滚越大。丁秉鐩在《菊坛旧闻录》一书中，如此描述马连良家族：

> 单说马连良这一房，他父亲马西园，身材魁梧，人很豪爽，慈眉善目，个性忠厚。连良成名以后，马西园就享福了，常往清真寺去，很近教门，逝世后的葬礼很隆重丰盛，母亲满氏，身量不矮，前额高而宽，眼睛较小。非常健康，享寿快到九十岁才逝世。马连良的前额和眼睛，非常像他的老太太。马连贵长得与连

良酷似，自然也是像母亲，他学场面，工大锣，有名于时，一直帮他三哥。马连良原配王氏，与马连昆妻为姊妹行，所以马连良、马连昆是连襟。马连昆工架子花脸，非常渊博，文武昆乱不挡，戏路极广。他还擅武术，最早搭马连良班，还为连良个人保镖。就是人性太差，喜欢在台上恶作剧，在内行圈里人缘极坏；后来也因故脱离马连良的班儿了。他儿子马少昆，也唱架子花脸，来台后曾搭大鹏国剧队，十几年前就辞作外行了，人也发胖了。王氏进门几年没有生养，就抱养一个儿子马崇仁。谁知崇仁进门以后，王氏就开怀生产了，生了三男二女。名字随着崇仁排，依次叫崇义、崇礼、崇智。这时马连贵太太穆氏生产头胎儿子，也随着三哥屋里的孩子起名字，名崇信，排行小五儿，长大了入荣春社学老生，艺名马荣祥，他的面相和嗓音，与他三伯父（马连良）很像，在台湾大鹏国剧队有年，可惜没有把他伯父的戏，往深刻处研究；否则马派传人就非他莫属了。[22]

自从马连良的二叔马昆山、三叔马振东、五叔马沛霖进入伶业以后，“马连良这一房”，除了马连良，马连贵“学场面，工大锣”，马连昆“工架子花脸”，他们的下一辈分也有多位从事伶业，一个伶人家族也就越来越大。至于互串结构或者是环套环结构的姻亲关系，也是颇为普遍，例如叶春善家族：

叶氏祖籍安徽太湖，乃梨园世家。中国戏曲史里，有为乾隆皇帝八十寿辰“四大徽班”进京献艺的盛事。其中的“四喜”班，在咸丰、同治年间有个非常出色的艺人叫叶中定，弟弟叫叶中兴，哥儿俩搭班唱戏。这个叶中定，就是叶盛兰的祖父。

叶春善1903年娶妻段氏，生有五子四女。长子叶龙章先在张学良东北军供职，1935年接替父亲任“富连成”社长。次子叶荫章为京剧武场（京剧伴奏中的打击乐队称为武场）鼓师。三子叶盛章，武丑演员。四子叶盛兰，文武小生。五子叶盛长，文武老生，娶妻谭小培之女谭秀英。长女叶玉琪，嫁名小生茹富兰为妻。次女叶玉琳，嫁老生演员宋继亭为妻。三女过继给四姨母，改名杨凤歧。四女叶惠蓉，嫁萧长华之子丑行演员萧盛萱为妻。另有一义女，叶萍。

叶家的第四代，绝大多数也从事京剧表演事业。他们当中不乏佼佼者，有的已是出人头地的名角儿。如叶盛兰之子，叶蓬、叶强（后改名叶少兰），叶盛长之子叶金援、女儿叶红珠，叶玉琪之子茹元俊，叶惠蓉之子萧润增、萧润德。总之，叶氏家族从咸丰延续到今天，可谓树大根深；又与同为梨园世家的萧家、茹家、谭家联姻，子女众多，可谓枝繁叶茂。[23]

如此“与同为梨园世家的萧家、茹家、谭家联姻”的关系，加上以父系为中轴的伶人家族几个辈分人“绝大多数也从事京剧表演事业”，使伶人家族结构体现出较为浓厚的伶业特点。从辈分来看，一般也是如同村落家族一样采用名字的第二字作为辈分的象征，以叶春善家族而言，第一代是叶中定、叶中兴，第二代是叶春善，第三代因为已是清末民初，世风渐变，既有以名字的第二字作为辈分，也有以名字的第三字作为辈分，乃为叶龙章、叶荫章、叶盛章、叶盛兰、叶盛长，第四代则由于时代巨变，已不按此排列辈分，但是，叶盛兰之子叶强，“后改名叶少兰”，也可以看出与叶盛兰的辈分关系，此也为伶界常有之现象。在伶人家族结构中，伶业色彩显著的是它的亲属关系。家族结构中的亲属，既有血缘关系所形成的，也有来自于社会关系的。由于伶人的职业属性，亲属也包含社会关系形成的，而且，他们在伶人家族中发挥的作用不少。在前面论述中，已经提出了随伶人学艺的弟子、伶人家族的义子、伶人家族雇佣的乳娘、仆人、管家等三种伶人家族“寄口”的现象，其中师徒关系尤为重要，师父对于伶人及其家族的影响颇为重大，从某种意义上他们已经成为伶人及其家族的一种亲属关系，也体现了伶业家族的特殊家族结构形态。

在伶人家族中，流行着“异子而教”或者“他师教子”的师徒现象，也就是说，一个伶人不管有名无名，很少教子女的伶课，而是为其择师而教。如此现象，颇为符合文化人类学的原理。美国学者詹姆斯·休斯.JR 在《让家族世代兴盛》一书中，认为姨和叔叔在他们的外甥女和侄子发展成为成功的家族成员的过程中至关重要，也同样对于一个家族的成功至关重要，他写道：

> 人类学研究揭示，在部落社会，当一个男孩或者女孩从青春期进入成年，通常由男孩的叔叔和女孩的姨分别监管他们的侄子和外甥女，让他们为其成年人的角色做好准备。这些部落社会，以及我们的现代社会，认识到当小孩走向个性化、成人化和独立化时，父母和孩子之间会存在正常的、健康的冲突。这些冲突使得父母不可能仅靠自己来有效地使孩子准备好胜任他们在社会中的成人角色。部落社会凭自觉知道孩子和姨、叔叔具有血缘关系——毕竟，他们和孩子的父母有着共同的 DNA 来源——这赋予他们强大的黏合力来成功地教导孩子。进一步拓展这个思想，一些生物学家和心理学家相信在姨、叔叔和侄子、外甥女之间的我们称之为利他主义的本能和行为模式与父母和孩子之间是一样强烈的，因为他们在很大程度上共享彼此的基因集合。伴随着这种强烈的生物学联系和类同的心理存在，就毫不奇怪姨和叔叔能够成功地教导他们的外甥女和侄子了。[24]

这种现象，在商界也存在，例如旧时北京，商人一般不让子弟在自己柜上学习买卖，而是送到其他商人店铺充当学徒。因为在自己店铺容易徇情，同仁对于小东家必不肯严厉督责，也就学不到什么，而且，如果大家碍于面子，更容易将小东家宠坏了，甚至养成一个废物，故而北京俗谚有道："柜上不能有'三爷'"，即少爷、姑爷和舅爷，否则，同仁便会轻视掌柜，认为他徇情使用私人，生意也就很难做好。

因此，与这种文化人类学的原理相同，伶人家族虽然不是"姨和叔叔能够成功地教导他们的外甥女和侄子"，也常常是聘请其他伶人家族的师父教育子弟学戏。叶盛章是"富连成"科班社长叶春善的第三个儿子，但是，叶春善并没有将他留在自己享有盛誉的科班学戏，在他八岁时送到朱幼芬的福清社学伶。谭富英十二岁时，谭鑫培将这位孙子送入叶春善的"富连成"科班，萧长华为其起名为富英，编入三科习伶。"富连成"原为"喜连成"，第一科学生排"喜"字，第二科学生排"连"字，因东家改换，更名"富连成"以后，第三科排"富"字，以后几科则排"盛"、"世"、"元"、"韵"，直到第七科停办，颇类似传统家族结构的辈分。谭富英入"富连成"科班以后，从萧长华、王喜秀、雷喜福等几位师父学戏，两月即学会一出开蒙戏《黄金台》，并登台演出。

当然，也有伶人家族自己教授子弟的现象，但是，"遍学诸师"则是一个普遍的现象。厉彦芝在厉慧良八岁时，是自己亲自教戏，而且颇为严格，要求厉慧良把腿掰到耳边，朝天蹬着，脚心处放着一碗水，不许一滴水洒出来。文戏师父请的是孟宏垣，武戏师父请的是张福通。后来，厉彦芝又为厉慧良请来了产保福教授老戏，又请了白家麟说教《法门寺》、《华容道》，后又请郭三增担任武功教师。梅兰芳在《舞台生活四十年》一书中称道：

> 我家学戏的传统，从我祖父起，就主张多方面地向前辈们领教。拿我来说，除了开蒙老师吴菱仙以外，请教过的老前辈，那可多了。让我大略地举几位：
>
> 京戏方面，我伯父教的是《武家坡》、《大登殿》和《玉堂春》。
>
> 陈老夫子在昆、乱两方面都指点过我。昆曲如《游园惊梦》、《思凡》、《断桥》……对我说过好些身段，都是很名贵的老玩意儿。京戏方面青衣的唱腔，也常教我。
>
> 《虹霓关》是王瑶卿先生教的。《醉酒》是路三宝先生教的。茹莱卿先生教我武功。
>
> 钱金福先生教过我《镇潭州》的杨再兴、《三江口》的周瑜。这两出戏学会以后也就只在我的一位老朋友家里堂会上唱过一次，戏馆里我是没有贴过的。《镇潭州》是跟杨老板（小楼）唱的，《三江口》是跟钱老先生唱的。其余带一点武的戏，钱老先生指点的也不少。

李寿山大家又管他叫大李七。他跟陈老夫子、钱老先生都是三庆班的学生。初唱昆旦，后改花脸。教过我昆曲的《风筝误》、《金山寺》、《断桥》和吹腔的《昭君出塞》。

专教昆曲的还有乔惠兰、谢昆泉、陈嘉梁三位。乔先生是唱昆旦的，晚年他就不常出演了。谢先生是我从苏州请来的昆曲教师。陈先生是陈金爵的孙子，也是我祖母的内侄。他家四代擅长昆曲，我在早期唱的昆曲，都是他给我吹笛的。

我在九一八以后，移家上海。又跟丁兰荪、俞振飞、许伯遒三位研究过昆曲的身段和唱法。

上面举的几位都是直接教过我的。[25]

这些师父对于伶人及其家族的影响虽然因人而异，但是，一些重要师父的影响却是非常之大的，他们完全可以列入伶人家族结构的基本构件之中，成为亲属关系的组成部分之一。程砚秋的恩师罗瘿公，一直为他编排课程，延师督教，编撰剧本。在程砚秋倒仓期间，上海许少卿邀请他去演出，酬金是每月六百元包银，他当时的师父荣蝶仙主张他去，但是，罗瘿公认为他应该养护嗓子不能去，与荣蝶仙发生抵触，后罗瘿公和荣蝶仙商量，由他赔荣蝶仙七百元损失费，将程砚秋接出荣家，也算是提前出师了。此后，罗瘿公给程砚秋制订了一个功课表，并且，为他安排了不少知名伶人授课，如王瑶卿、阎岚秋、乔蕙兰、谢昆泉、张云卿，还每周一三五陪他去看电影，观摩其他艺术的表现方法。程砚秋十七岁时，又介绍他拜了梅兰芳。罗瘿公还为他编写剧本，从《龙马姻缘》、《梨花记》开始，每个月排一本新戏。罗瘿公离世时，程砚秋悲痛欲绝，挽联称："当年孤子飘零，畴实生成，岂惟末艺微名，胥公所赐；从此长城失恃，自伤孺弱，每念篝灯制曲，无泪可挥。""这时曾有一部分同业们幸灾乐祸地说：罗瘿公死了，程砚秋可要完了！"[26]可见罗瘿公对于程砚秋的重要价值，他毫不逊色于家族血缘关系成员的作用。

中国古代社会将师徒关系列入"五伦"之中，即"天地君亲师"，民间俗谚也称："一日为师，终身为父"以及"师徒如父子"，也就是说师父如皇帝、父亲一样的尊贵，徒弟要如同父亲一样地无条件地恭敬孝顺师父，师父对待徒弟也要像父亲对待子弟一样关怀备至，精心教诲。对于伶人来说，"生活在由导师关系所代表的启迪层面上的幸福"，"在你们每个人追求自己个人幸福的旅途中，导师关系带来的更大的自觉意识和个人自由"，[27]因此，也把师父作为家族的重要成员进行孝敬。袁世海如此评述师父郝寿臣："拜师后，老师与我相处的二十多年里，从来视我犹如亲子，与我无话不谈，事事为我安排妥帖，成为我艺术上的坚强后盾。对我生活上的关心，更是感我肺腑。一九四二年，我从济南演出回京患重感冒，高烧不退，未能如约去老师家学习。当老师了解到我染病卧床时，急忙到我家中探望，并送来糕点以表情意。师徒如父子——老师赋予我的真挚的爱，正是三岁上失去父亲的我，在情感中所缥缈、记忆中所陌生的父爱啊！”[28]萧长华学伶时，颇受师父徐文波的知遇，因此，他一直是感恩戴德，对于师父的后人徐兰沅、徐碧云也是照顾有加，后来徐文波的坟墓失修，萧长华花费了时值几所小房子市价的一千多银圆进行修缮。刘斌昆待师父也是如同父亲，对于只有女儿没有儿子的师父陆寿卿，他是尽其力之所及，每月送上生活补贴，为了给另一师父赵桐顺庆贺七十大寿，积攒了好几年，备齐了一百元，送上门去贺寿。谭小培逝世时，因为儿子谭富英、长孙谭元寿均在外地演出，弟子王则昭赶到了北京大外廊营守孝，她在《谭余门下女须生》一书中写道：“那时还遵循老习惯，有吊唁的客人来，本家的长子要磕‘孝子头’，当时是我充当师兄的位置，只要有人来了，我就得磕头；师父的声望高，每天去吊唁的人络绎不绝……待出殡时，也是由我给师父顶丧，披麻戴孝穿粗布，捧着遗容送到坟地而且跪陵、陪陵都是我。”[29]许多伶人在学戏期间，个别师父对他并不和善，甚至在经济上进行盘剥，但是，后来还是对师父百般报答。荀慧生对他的开蒙师父庞启发，一直念念不忘，尽管当年的学伶如同受酷刑一般。1927 年，他带着大包小包的礼物，专门去了庞启发居住的城市看望他们。荀慧生见到师父，依然毕恭毕敬，请安敬烟倒茶，站着回答庞启发的问话，老师不让他坐，他就一直站着。师父和师娘自然非常高兴，念叨没有当年挨打，哪有今天的出息。荀慧生见师父生计艰难，就把身上所有的钱都掏给了师父。此后，他和师父一直保持联系，直到师父和师娘去世。师父比师娘先走，师娘过世时，他操办了丧事，将师父和师娘合葬于一处。程砚秋成名以后，也是在戏班中常常请用师父荣蝶仙，直到荣蝶仙离世。

根据以上所述，由于伶业“遍学诸师”以及特殊的师徒关系，师父“从来视我犹如亲子”，从业缘到亲缘的“师徒如父子”，伶人及其家族从点到面的家族发展过程中，师父也就成为伶人家族结构的基本构件之一，它有着不可替代的特殊亲属角色。

在家庭规模结构中，欧洲学术界一般认为，欧洲家庭的结构从中世纪早期的“联合大家庭”，到近代早期的“主干家庭”，再到工业社会的“核心家庭”的时代演变，即将欧洲家庭规模结构定格为一个逐渐收缩的“渐进核心化”过程。尽管有人持不同见解，并提出了“简单的”、“扩大的”和“复合的”家庭类型的家庭分类标准，认为 16 世纪到 19 世纪之间英格兰的家庭规模基本保持每户 4.75 人的平均数，它也是西欧甚至日本的长期特征，或者认为 16 世纪是联合大家庭的“开放的世系家庭”占优势地位，后来逐渐被“限定的家长核心家庭”取代，到了 18 世纪又被喜欢家庭生活的“核心家庭”取代，即欧洲家庭规模结构的演变过程，不是直线演进而是复杂的演进模式。刘新成在《略论过渡时期的西欧家庭》一文中，也提出了“过渡时期西欧存在四种家庭类型并出现家庭规模由大变小的趋势”的观点，认为“影响家庭类型变化的因素包括生产力、封建传统、财产继承制和家仆现象诸种；这一时期人们的家族观念明显淡薄，家庭观念则产生并迅速增强，其原因有社会经济的、政治的、宗教的多方面；过渡时期的西欧家庭在亲情方面并未发生明显变化，因为社会文化背景、家庭职能、父权制以及低劣的物质生活条件和卫生保健条件均不利于亲情增进。”[30]中国学术界一般将夫妻和子女组成的家庭称为核心家庭，祖父母、夫妻和子女三代或者三代以上祖合的家庭为直系家庭，已婚兄弟没有分家同灶合食的家庭称为联合家庭，已婚兄弟与父母共同生活的家庭称为直系联合家庭。中国社会虽然崇尚大家庭，但是，它却不是中国家庭的主要模式。根据有关统计，晚清时期中国除了少数地区家庭人口是6人或者7人之外，绝大多数地区的户均人口都是4至5人，这较清中后期5至6人的平均家庭规模已有明显的缩小，它的原因是早期工业化运动和城市化浪潮的推动、户均耕地占有量的缩小与分家析产频繁等综合作用的结果，使家庭规模结构的缩小成为一种不可逆转的历史趋势。[31]因为对于中国家庭而言，它没有分户主要是受限于土地和财产资源，只要具备条件，大多数家庭还是会选择分家析产，也就是说，中国家庭规模结构并没有形成普遍的朝夕相处的大家族，而是分家立户和相对聚居的家庭群体。

中国伶人家族似乎与此并不一致，在一定程度上存在着大家庭以及家族的倾向。陈志明在论述祖父陈德霖时写道：“我祖母是时小福的女儿，在祖父前妻病故一年来来到我家。当时我家家庭成员之复杂一般少有，首先是老姑奶奶（祖父的大姐）因夫家生活困难，祖父长年要从经济上予以帮助；祖父前妻故后，前妻妹、弟二人又都靠祖父养活；前妻所生长女15岁，次女9岁。我祖母过门时也不过20岁。如果关系处理不好，极易发生矛盾。都亏我祖父左右周旋，关心体贴家庭成员，才能和睦相处。”[32]陈德霖的大家庭，也许有他丧偶重组家庭的因素，但是，大家庭确实是许多伶人家族的规模结构特点。这里，也与许多伶人家庭不愿分家有关。谭鑫培在临终前也不同意分家，他见儿孙均在床前，内心颇为欣慰，刘菊禅在《谭氏寿终记》一文中写道他语重心长地告诫后人，“我所留与尔等之钱，同居可够吃饭，分居则不足。我常听外人议论：我死之后，尔等必分居，一定不能生活，尔等切记此语，不可使人不幸而言中。”[33]1934年，陈慧琏嫁给马连良以后，她经常劝告马连良，没必要按照老父亲的想法，将马家人全部遮护在自己的羽翼之下，经营一种大家族的热闹生活。应该让族人独立自主地生活，将来自己的孩子长大，也同样让他们凭自己的本事自谋出路。马龙在《我的祖父马连良》一书中称道：

> 马连良虽然认为夫人说的既有道理又有远见，可若在现实生活中实施，心里就犯了难，哪一个不算“亲者”呀？天底下的穆斯林都是一家人，有事儿能管就要管，这是小时候念《古兰经》时就知道的。照顾亲朋好友是老父亲马西园一贯坚持的传统，他老人家说过，“兄弟齐心，其力断金。”马连良刚刚享名时，三叔

> 马昆山一家回到北京。马连良每月都要接济三叔一家，母亲满氏就不太高兴，马连良只好偷偷地给三叔送洋面。连襟马连昆病故，家中没留什么积蓄，加之马连昆生前在台上经常“阴人”，得罪人太多，没有人爱管他的事，一家老小没了饭辙。马连良于是先开出十二张“领款条”，让连昆的家人每月拿一张条来马家取钱，用以增补生活。虽然马连昆以前在台上也“阴”过马连良，可马连良却不计前嫌。行内人都说，幸亏连昆有个好亲戚！郭春山先生是行内的老前辈，年纪大了以后就没有戏班愿意用他。当年如果不是郭先生执意要把马连良留在“富连成”，也就没有马的今天。马连良为了报答他，就聘请郭先生为扶风社的管事，实际上有些“顾问”的性质。不管有戏没戏，每天都给他“开份儿”。弟子马盛龙声带上长了病灶，必须在上海的医院手术，否则盛龙一家的生计就没有了保障，马连良立即拿钱给弟子看病……如此种种，马连良始终认为自己对亲人、同仁、师长、弟子等等有一种责任感，始终认为他们和自己是一个大家庭的成员，自己就是这个大家庭的顶梁柱。[34]

伶人家族的“大家庭情结”以及不愿分家析产的现象，应该与它从点到面的家族规模结构发展演变有关。伶人进入伶业，虽然晚清时期也有个人爱好使然，不乏自愿入伶者，但是，绝大多数入伶者都是被迫、世袭或者糊里糊涂进入伶界，甚至都有各自的一段悲惨历史。当初，一人或者一家人凄凄惨惨地入了伶业，被传统家族驱逐而出，四处流浪，闯荡伶业江湖，好不容易从一人或者一家人发展到一个大家庭及其家族，自然是不愿意分离的，它包含着伶人家族的一种安全感，也有着伶人家族从点到面发展的情感价值内涵，从而构成了伶人家族特有的家族规模结构，成为伶人家族结构的一种重要形态。

第四节 地广权稀的家族监管方式

伶人及其家族虽然有“隐族居”都市进行伶艺表演活动，或者在宫廷、富绅家庭的伶业活动，但是，伶界本质上是流动的，故而伶人及其家族本质上也是流动的。即使是在都市相对稳定的表演生计，也有由于各种不同的动机进行流动伶业活动。清末民初，中国伶界即有“北京享名，上海挣钱”之说，故北京名伶大多都要到上海“挂号”，在上海唱红，才算是真正红了。1922 年春天，上海“亦舞台”约马连良去上海演出，马连良马上去跟他师父叶春善商量，叶春善极为高兴，认为马连良的“机会”来了，应该出去历练一下。当时，北京名伶赴外地演出，一般是在北京包银收入的三倍，它包括原来应得的一份收入，还有一份是在外地的开销以及一份安家费，此外还有“四管”，也即管接、管送、管吃、管住。马连良虽然没有享受具有全国影响的名伶那么高的包银，但是，他还是去了上海演出，果然大获成功。自上海回京，马连良也就身价倍增了，从此进入名伶行列。上海戏馆有称“金十银九”，也就是说上海的九十月份伶业最为红火，北京伶人到沪演出，一般也是选择这一时期，演出到十二月初回到北京，可以接洽上第二年春天北京搭班的手续。有些伶人则是演到封箱后才赶回北京过年，或者是留在上海过年，正月初一就在上海重新登台。丁秉鐩如此分析道：“原来北平的梨园区，因为戏班多戏院多，一位名伶一周至多演一两次，赚不了多少钱。而且票价低廉，一家一家比着，你也不能随意加价。所以在北平演出，只是维持开支，盈余有限。在1928年以前所谓北京政府时代，是全国政治中心，堂会特别多，名伶们都赚了钱。北伐成功以后，政府定都南京。政坛中心南迁，北平繁华一落千丈，堂会大见减少，名伶们赚钱，只有靠着出门跑外码头了。第一，北平一周演一两天，外埠不论十天、半月或一个月，每天演出，这收入就多了。第二，出外的习惯，院方四管（吃、住、接、送）以外，包银比北平的收入倍增。大抵天津、济南、青岛是双倍，上海、南京、汉口是四倍。名伶去一次天津，能吃半年，去一次上海，能吃一年，当然不肯轻易放弃出外的。”[35]

从戏剧历史来看，在它的成熟过程中，缘于都会商市的扩大与繁荣，原来以流浪状态为主的伶人及其家族也越来越喜欢将自己的表演生计范围集中到商贾云集及其财源滚滚的城市某一区域，故而宋代即出现了著名的戏剧表演场所“瓦市”。伶人表演活动会汇于商市这一决策，也促使了中国戏剧走向成熟。因为伶人在乡间流浪演出或者赶着庙会演出时，虽然可以及时获得观众的反馈，但是，由于演出和欣赏的遇合有着较大的偶然性，从而使观众的需求无法形成一种系统性或者连续性的力量，伶人也不会十分认真对待。大多数的情形是，如果受到欢迎则继续演出，否则另寻他处再去碰碰运气，故而“流浪演出也很难在一种巨大力量的推动下完成对戏剧艺术的根本性改造”，“剧场，或者说固定的演出场所，才是戏剧美获得关键性冶烧的熔炉。待到戏剧成熟之后，当然仍然可以有许多戏班跋山涉水进行流浪性演出，但他们带着的是在剧场中成熟的成果。”[36]在此，也说明了聚集都会的伶人及其家族乃是大多“流浪演出”而来，而且还有可能再“跋山涉水进行流浪性演出”。由此，前面论及的“隐族居”，应该说也只是一种流浪的过渡阶段，或者说是伶业经营的暂时停泊，伶人及其家族“流浪”而至，并再可能“流浪演出”。

其实，对于传统家族而言，不管是“隐族居”与流浪属于何种关系，还是在宫廷、富绅家庭的伶人表演活动，伶人都已经产生流浪的行为。他们离乡背井，外出行伶，或远或近都离开了传统族居之地。因此，这种伶人的流动性质，使传统家族行使族权，例如开除族籍，也会带来一定的困难。如同前述，一是入伶以前，事先注销族籍，二是从伶以后，后来被家族发现，或者在续谱时考虑族权问题，才被传统家族除籍。后面一种情况，已经出现了一种族权管理无力的状况，它倒并不是传统家族内部管理的疏漏，而是因为伶业的流浪性质，使传统家族无法及时发现族人是否从伶，或者发现以后因伶人没有回乡，也无法及时采取族规处置。有的伶人及其家族即使一直被传统家族发现，也可能自动放弃族籍，不再与传统家族发生联系，可以说是自我放弃族籍，也如前述的“他们谈不上族人，谈不上世业，身后除了一堆黄土，魂魄恐怕是没有祖茔可以依附的”。

伶业的流动营生，也影响到伶人及其家族的内部管理力量。伶人入业以后，从个人或者家庭逐渐发展一个或大或小的伶人家族，由于中国人的“祠堂情结”及其传统文化底色，伶人家族在有意识和潜意识中都会照搬或者套用传统家族的族权以及家法，在主体形态上仍然会保留传统家族的基本格局，但是，职业的冲州撞府，甚至居无定所，也使伶人家族的族权以及家法出现一种松散的状态。这里，一个较为突出的现象是，由于伶人流动从事表演活动，缺乏家庭以及家族的约束，也就容易受到社会不良习气腐蚀。

例如20世纪上半叶，一些伶人来到上海表演伶艺，因为经受不住物质的诱惑，开始变得贪图享乐，追求名利，尤其是一个伶人唱红以后，各种腐蚀甚至残害他的毒箭就会从四周射来，如果伶人缺乏自恃能力，则很有可能沉沦和堕落。谭鑫培第一次赴沪表演，就娶了张秀卿为妾，第二次赴沪其妻侯玉儿一定要陪同前往，谭鑫培劝她在京照顾年迈的父母和几个孩子，在家好好操持家务，她仍是执意不肯，后来，谭鑫培父亲谭志道出来说和，侯玉儿终于一道同行。谭志道和侯玉儿的目的，还是在于加强家族的监管力度，防止谭鑫培到外埠行伶，由于离家遥远又孟浪起来了。张君秋到上海演出，马上就有上海名媛给他递小纸团，“来上海前，母亲早就给他打过‘预防针’，上海十里洋场可不是好混的地方，不少男旦因为把握不住自己，被一些太太小姐的色相所迷惑，而这些太太小姐哪一个都是有背景的人物，弄不好落一个身败名裂的下场，可是不值得的事情。对于一个色艺兼优的年轻男旦来讲，上海既可以使他一举成名，也可以使他一败涂地。关键在于把握好分寸，既要同各界名流人士周旋，又不能陷得太深。为此，张君秋来沪，母亲和师父定要相随，为的是帮助张君秋抵挡周旋。”[37]显然，“母亲和师父定要相随”，乃是为了强化家族的管理力量，避免“地广权稀”有可能带来的“落一个身败名裂的下场”。

此外，一些伶人从外埠行伶回来，也会把外埠所沾染的习气带回，包括一些名伶。1923年，程砚秋赴上海演出，夫人果素瑛陪同前往，罗瘿公照例为他张罗事务。程砚秋在上海大获成功回京以后，由于时值年头岁末，乃是演出旺季，各个戏园已被其他班社占领，他一时无法落实演出剧场，只好在家赋闲，加上罗瘿公病重，又使他更为苦恼。为了消愁解闷，他玩起了麻将，从消闲到赌博，从小赌到豪赌，最后竟然将长期积蓄的六百银元输得精光。当时，这是颇为可观的金额，程砚秋的戏份是五元或者十元，如果上座好则可能十五元。家中伙食每天是十吊铜钱，要包括一家三口、两位保姆、一位黄包车夫、两位管戏装头面的跟包以及厨师的饭费。好不容易攒下这一笔钱准备置办戏箱，没有想到一夜之间输得精光。“老太太气得直骂玉霜不争气，忘了本”，“罗瘿公得知此事，气得五内俱焚，没有想到砚秋如此不听劝告”，他“听说砚秋打牌，也以为是偶尔玩玩，并未看得严重。不想因自己的疏忽大意，竟出现了这等大事。他急冲冲来到程家，打算好好教训弟子一顿。不巧砚秋外出，罗瘿公当即提笔写了一封措辞严厉的信”，“面对这些良师、前辈的谆谆告诫，想到母亲和妻子的气愤伤心，程砚秋羞愧难当，无言以对，只有自己责骂自己”，“他将这次严重的教训记了下来，随时提醒自己，切莫重蹈覆辙。”[38]

根据以上所述，伶业的流动属性使伶人家族结构出现了“地广权稀”的特征，族规和家法由于地理的空间因素而产生疏松现象，族老和亲属等家族基本构件与村落家族比较，对于家族成员的制约以及影响有所减弱，虽然它的组织系统没有发生大的变化，但是，其力度则是削弱了，故而伶人家族也采取了一种应变策略，伶人到外埠行伶，父母、前辈、配偶以及其他亲属常有随同，除了协助工作和生活，也有家族结构基件的监管，从而产生如同传统家族基本构件相同的效用。传统家族对于伶人的处置极其严酷，但是，它也会由于伶人活动“地广”而产生疏漏甚至尴尬；伶人家族自身也由于同样的原因，而只能调整相应的办法，因此，构成了伶人家族结构的一种特殊属性。

【注释】

1. 王沪宁：《中国村落家族文化——对中国社会现代化的一项探索》，上海：上海人民出版社 1999. 13 页.
2. 王沪宁：《中国村落家族文化——对中国社会现代化的一项探索》，上海：上海人民出版社 1999. 14 页、15 页 .
3. 加布里埃尔·阿尔蒙德、小 G·宾厄姆·鲍威尔著，曹沛霖、郑世平、公婷、陈峰译：《比较政治学》，上海：上海译文出版社 1987. 62 页 .
4. 恩格斯：《家庭、私有制和国家的起源》，《马克思恩格斯选集》第 4 卷，第 95 页，第 96 页，第 97 页.
5. 费孝通：《乡土中国》，三联书店 1985. 21 页 .
6. 具体参阅王沪宁：《中国村落家族文化——对中国社会现代化的一项探索》第二章，上海：上海人民出版社 1999. 69 页至第 100 页 .
7. 王沪宁：《中国村落家族文化——对中国社会现代化的一项探索》，上海：上海人民出版社 1999. 72 页.
8. 刘强、杨宏英：《程长庚传》，河北：河北教育出版社 1996. 159 页 .
9. 刘强、杨宏英：《程长庚传》，河北：河北教育出版社 1996. 178 页 .
10. 参见中国第二历史档案馆藏档，全宗 241 卷 4752 号，公元纪年 8 年 .

11. 冯尔康：《18世纪以来中国家族的现代转向》，上海：上海人民出版社2005.303页.
12. 刘平青：《家族基因：家族企业生命力解读》，山西：山西经济出版社2005.57页.
13. 王沪宁：《中国村落家族文化——对中国社会现代化的一项探索》，上海：上海人民出版社1999.108页.
14. 许光：《宗族·种姓·俱乐部》，引自何向阳：《家族与乡土》，《文艺评论》1994年第2期.
15. 洪永铿、贾文胜、赖燕波：《海宁查氏家族文化研究》，浙江：浙江大学出版社2006.134页.
16. 龚义江：《盖叫天传》，河北：河北教育出版社1996.172页.
17. 魏子晨、厉畅：《厉慧良传》，北京：中国戏剧出版社1997.161页.
18. 王沪宁：《中国村落家族文化——对中国社会现代化的一项探索》，上海：上海人民出版社1999.74页.
19. 王沪宁：《中国村落家族文化——对中国社会现代化的一项探索》，上海：上海人民出版社1999.74页.
20. 周志辅：《枕流答问》，香港：香港嘉华印刷公司1955.46页.
21. 王沪宁：《中国村落家族文化——对中国社会现代化的一项探索》，上海：上海人民出版社1999.77页、78页.
22. 丁秉鐩：《菊坛旧闻录》，北京：中国戏剧出版社1995.446页.
23. 章诒和：《伶人往事》，湖南：湖南文艺出版社2006.112页.
24. 詹姆斯.休斯.JR：《让家族世代兴盛》，北京：清华大学出版社2006.154页.
25. 梅兰芳：《舞台生活四十年》（插图珍藏本，上、下卷），北京：团结出版社2006.95页、96页.
26. 梅兰芳等：《中国戏剧大师的命运》，北京：作家出版社2006.103页、186页.
27. 詹姆斯·休斯.JR：《让家族世代兴盛》，北京：清华大学出版社2006.169页.
28. 燕山出版社编：《古都艺海撷英》，北京：燕山出版社1996.181页.
29. 李仲明：《谭鑫培》，河北：河北教育出版社2006.238页.
30. 刘新成：《略论过渡时期的西欧家庭》，《首都师范大学学报（社科版）》1998年第2期.
31. 参见徐永志：《略论晚清家庭的变动》，《历史教学》1998年第1期.
32. 北京市政协文史委员会：《梨园往事》，北京：北京出版社2000.190页.
33. 引自李仲明：《谭鑫培》，河北：河北教育出版社2006.182页.
34. 马龙：《我的祖父马连良》，北京：团结出版社2007.214页.
35. 丁秉鐩：《菊坛旧闻录》，北京：中国戏剧出版社1995.76页.
36. 余秋雨：《中国戏剧文化史述》，湖南：湖南人民出版社1985.87页.
37. 安志强：《张君秋传》，河北：河北教育出版社1996.126页.
38. 陈培仲、胡世均：《程砚秋传》，河北：河北教育出版社1996.77页、79页.

第十六章　辈分对峙的家族结构

第一节　“家族父权”及其父慈子孝

从某种意义而言，研究家族文化主要是研究家族成员之间的互动关系。辈分乃是家族内部的等级制度，它意味着在家族内部的权势划分。在此，伶人家族也表现了它的特殊内涵，一方面它仍然沿袭传统家族的辈分结构，有着一种等级森严的家族网络关系，其所形成的尊卑贵贱关系都是无法改变的，“父亲、子女、兄弟、姊妹等称谓，并不是简单的荣誉称号，而是一种负有完全确定的、异常郑重的相互义务的称呼，这些义务的总和便构成这些民族的社会制度的实质部分。”[1]伶人家族同样有着如此的“家族父权”；另一方面，伶人家族也是缘于职业的特点，从经济基础决定上层建筑的基本原理，构成了一种“名伶父权”的独特家族结构，对“家族父权”产生了一定的动摇和颠覆，“家族父权”和“名伶父权”也就形成了时隐时现的对峙关系。

从“家族父权”而论，它有着基本的三个构成层面，即父系制、父居制、父姓制。父系制，是按照父子传承的世系、血统或者家系惯例；父居制，是以父亲的住所为居所的居住惯例；父姓制，是姓父亲的姓氏惯例。在这三者关系中，姓氏在其中发挥着主要的支持作用。在村落家族中，父居制也是一种重要的物质保障。“父权”与“男权”也有着必然的意义关联，“男权”乃是“父权”在婚姻关系上的一种延伸，因此，“父权”乃是家庭与社会及其意识形态和政治的有机体系。

中国传统家庭以及家族强调父慈子孝的道德原则，“慈者，父母之道也，《大学》云：为人父止于慈。《礼运》云：父慈子孝谓之大义，父子笃家之肥也”，一些古代学者也不赞同儒家所大力推崇的“严父”，“不知古人言严者皆谓敬也，《易》与《孝经》皆然。学记云，严师为难，师严而后道尊。亦言弟子敬之”，“孔子言，宽柔以教，为君子之强，岂有违圣悖经以严酷为师者？知严师之义，则严父母之义明，而孝慈之道益明矣。”[2]伶人家族自然也是延续父慈子孝的伦理惯性思维，以谭鑫培家族而言，光绪四年春天，谭鑫培离开了三庆科班，到京东三河县温姓地主开办的一家科班执教。为了辅助儿子，父亲谭志道也一同前往。谭志道教老生、老旦，谭鑫培教武生、武老生。与父亲辈分同等的亲属，也包含有“父慈”的内涵。余叔岩因为长期演唱重头戏，过于劳累，加上生活方面不太注意，在倒仓期间嗓子不能很快恢复，只能辞班离开天津。回京以后，在邀约下于“广德楼”试演三天，终因嗓音低暗，演唱了二天就收场。他的岳父陈德霖非常关心他的出路问题，就把余叔岩带到专门研究谭派声腔的陈彦衡处，请他传授谭派的唱腔口法。陈彦衡和陈德霖交谊深厚，宣统初年陈德霖到天津演出，约陈彦衡为他操琴，由此，陈彦衡也就慨然答应陈德霖为其调教女婿了。程长庚的舅舅也是全力辅佐外甥，“长庚自生之日，舅舅张坦就为他起名；十岁之时，舅舅劝他坐科学戏；及至到了京城，长庚出台受挫，又是舅舅陪他一道去见米喜子，再拜名师；今日登台唱《文昭关》大出风头，也是舅舅改行扮皇甫讷给他托底，这一段恩情，非一般甥舅可比；实在是天降奇才，必是舅舅张坦来专捧长庚的。”[3]父辈慈祥，为等级严格的家族辈分结构增添了温馨而敦厚的色彩。

第二节　父权的行使家长权

伶人家族的“家族父权”，首先是名副其实的“父权”。由于“父权制”是家庭家族与政治意识形态的有机体系，因此，它形成了自身的权利运行方向，即年长的男性有权利支配年轻的男性，以及男性有权利支配女性。它主要是根据血缘身份的长幼辈分，并依据社会等级制度的规则，确立了男性家长的一种纵向的支配权力，包括对于女性配偶和子女的人生支配权，具体分为人身支配权、人际关系支配权和活动支配权。英国学者亨利·梅因在《早期社会制度史》中列出“父权制”的家庭公式，并且根据古罗马法的“父家长权”之概念，对于家庭作出如下的规范：“家庭中最年长的男性家长具有绝对权威。他的权力足以决定家庭成员的生与死，他对其子女及其房产和对其奴隶都拥有绝对不可动摇的权威”，“家庭成员包括有生命的和无生命的财产，如妻子、孩子、奴隶、土地和私人财产。这一切都在最年长的男性的暴君般的权威下凝聚在一起。”[4]传统中国社会也是如此，例如“父要子亡，子不得不亡”，它与中国社会等级制度的“君要臣死。臣不得不死”是异构同质的。

应该说，中国“父权制”乃是一种父系家族式的父家长集权制度，它是建立在血缘群体私有制基础之上的，而且，有着一套维持其存在和发展的超稳定和固滞的结构形态。毫无疑问，它的核心是父本位。

对父权的绝对肯定、绝对维护、绝对强化不仅是家庭伦理，而且展开为整个社会的政治伦理。当我们讲到孝本位、父本位的时候，不仅是一种伦理观念，实际上是一种家庭制度关系，是与此相关的一种制度理论。父本位的制度关系、制度理论含有价值的、道德的、伦理的方方面面的理性与精神基础。它本身成为传统，又以更广泛的传统做基础。父本位是人类潜意识中原始社会某一阶段绝对父权记忆的再版。在某种意义上，它是整个封建主义这个维系其整体存在的核心之核心。齐家治国平天下，家庭中的父本位扩展为整个政治上的伦理体系。[5]

此外，还有夫本位、官本位、君本位、师本位和祖宗本位，构成了“父权制”家族结构为基石的中国社会等级体系。

家族学者张邦炜在《中国封建时代的家庭制度》一文中认为，封建家庭制度的主要目的不是为了处理家庭之间的外部联系，而是在于调整家庭之中的内部关系，从而确保父权和夫权的权威统治，以便维护封建秩序。这种家庭家族内部结构调整，经历了从习惯规范到法律规范，从以礼代法到以礼入法的演变过程。父权家长制是整个封建家庭制度的核心所在，他具有财产权、惩罚权、仲裁权、主婚权和主祭权。[6] 如同司马光《家仪·居家杂仪》所云：“凡诸卑幼，事无大小，必咨禀于家长”，“号令出于一人，家政始可得而治矣。”[7]

伶人家族虽然被传统家族所驱逐，但是，它仍然无法逃脱中国家族文化的精神统治，故而也是“号令出于一人，家政始可得而治矣”，“父权”同样也是“事无大小，必咨禀于家长”。

第一，人生支配权。一个典型的案例是谭小培对于儿子谭富英。20 世纪初，北京地区有两个父子兵，以“老老板”和“小老板”著称。一个是李永利和李万春父子，李万春出生以后，武净伶人李永利就逐渐退出舞台，而以课子以及授徒为主。李万春登台行伶后，李永利为其操持一切。只是成名很早的李万春，颇为能干，自已组班闯荡伶业，李永利也就逐渐不太管事，开始还在后台说说戏，后来连说戏也不做了，任由李万春自已做主；另外一个则是谭小培和谭富英父子。谭富英在富连成出科之日，富连成就为他开“戏份儿”，其用意很清晰，即希望谭富英留下从伶。这在富连成属于破例。但是，第二天父亲谭小培就给他辞班，将他领了回去。谭小培筹备谭富英搭班演唱，在家休息了半年多，找专人吊嗓子，置办行头，此后一段时间则是到处搭班。

谭小培这个人，“控制欲”极强。北平老家庭的家规是尊重家长的，谭鑫培活着的时候，虽然谭富英是他儿子，却要听祖父的，所以学戏入富连成的决定，都是由老谭做主。老谭死后，谭富英已经入了富连成，因为有“关书”（即入学契约）的规定，谭富英的学戏、唱戏，生活起居，一切要听科班的，家长没有表示意见的余地，谭小培也没有机会过“管儿子”的瘾。前文谈过，谭富英刚一出科，谭小培便迫不及待地，第二天就辞班把孩子带回去了，并非为立刻唱戏赚钱，而是为了他要“行使家长权”。从谭富英出科第二天起，谭小培便把儿子控制住了；经过搭班、挑班、娶妻、生子，直到谭小培死时他才撒手。谭富英在他父亲有生之日，一直都是“老老板”当家作主，这位红极一时的“小老板”，简直和假的一样；比起李万春那位“小老板”来，真是有天渊之别了。

那么，谭小培都管什么事呢？关于谭富英演戏的剧务、事务、财务，无一不由他管。私生活的饮食起居，结交朋友，出门应酬，无一不在他的开展之下，所以笔者称他为“控制欲”极强，绝非过分。[8]

谭小培的“行使家长权”，表现在剧务方面，则是谭富英的演剧路线和所贴戏码，均是完全由他决定。自从20世纪以来，梅兰芳开始排演新剧目，旦行、老生、武生、花脸等行当名伶也都闻风而动，纷纷编演新戏。按理来说，谭富英也应该如此，但是，谭小培觉得排演新戏，就要扩大演剧活动的社交圈，例如结交文人墨客、圈外朋友，这样必然影响到他对于谭富英的控制权，故而他是绝对不允许的。谭小培规定谭富英的演戏路线，只能是老戏，而不能够是新戏。这里，只有两个例外，一个是《龙凤阁》，这倒是接受圈外朋友排演的，但是，它一方面是老戏连演；另一方面则是由于李少春的挑战，形势颇为紧急，经过谭小培的批准，谭富英才排演此戏，这也是谭富英一生中的唯一一次；还有一个是《借东风》，其实也是谭小培的决定，因为他自已也想过过扮演前孔明的瘾。在他们班社里，哈宝山表演前孔明更为精彩，但是，他很少有机会扮演，一般都是“老老板”谭小培亲自登台表演，只有在他情绪不高时，哈宝山才有机会。剧中有一情节，借箭前夕，孔明向鲁肃借两样东西，鲁肃的戏词是“不用借，早给你预备下了。”孔明问道：“什么?”鲁肃念道：“寿衣、寿帽、大大的一口棺材”，由于孔明和鲁肃没有什么特殊的私人关系，一般伶人表演至此，观众不会有什么反应，但是，作为父子关系的谭小培和谭富英演出此段，观众则会笑出声来。因为儿子给父亲准备“寿衣、寿帽、大大的一口棺材”，属于应尽职责啊。谭小培对于“寿衣、寿帽、大大的一口棺材”的戏词并不忌讳，反而觉得儿子在台上给他表孝心，乃是一件乐事。有一次，他甚至还加了一句戏词逗乐，说“也是应该的”，台下观众大笑之，谭富英也忍不住笑了起来，于是，谭小培更为得意了。如前所述，《借东风》乃是老戏连演，因为原来只演到“打盖”为止，谭小培以为如此鲁肃和孔明并重，颇为对不起儿子的第一主角，于是，决定将戏延伸到“借风”，《借东风》也是在这种微妙心态下而产生的。由此，可以看出谭小培是谭富英演剧艺术的真正导演。

既然不同意演新戏，老戏方面而言，作为谭鑫培的孙子，谭富英自然应该唱谭派本门的剧目。由于谭富英进富连成科班学伶，首次登台的第二天，谭鑫培即离世。待他出科以后，谭派传人就只有余叔岩。这里，谭小培虽然不允许谭富英结交圈外朋友，但是，他自己却是要结交的，他的目的是要建立一种社会关系，为给他儿子充当经理人铺垫人脉基础。此时，就有朋友建议谭富英跟从余叔岩学戏。这一建议当然属于良策，谭小培不好驳回，称自己倒是无所谓的，可以问问叔岩的意思。余叔岩一般少有收徒，但是，出于对于谭门的感恩，而且，觉得谭富英的嗓子和扮相条件很好，也非常乐意将谭门技艺反馈谭门后人，故而满口答应。不过，谭小培却有自己的打算，如果谭富英跟着余叔岩学戏，有可能会影响到自己"行使家长权"，故而只是择一吉日带谭富英到了余家，以后就让谭富英自己去了几次，而且，还经常唬儿子，"你爷爷当初是这么唱……"谭富英也无法辨清真假，只好盲从。

余叔岩授徒非常认真，可谓丝毫不苟，凡是前面没有令他满意，他是不会教后面的。他的前妻之弟陈少霖要求跟他学戏，缘于亲戚关系，他自然接纳。在学《击鼓骂曹》这出戏时，可能陈少霖资质稍微愚钝一点，余叔岩连教几天也学不会，就有些不耐烦了。余太太怕伤了郎舅的和气，就示意陈少霖暂时先回去，过两天再来学，但是，陈少霖却是吓得此后再也没来了，而且，以后也尽量避免与姐夫见面。谭富英跟余叔岩学的第一出戏是《宁武关》，大概因为怯场，也是如同陈少霖一样，连学几天也没有达到余叔岩满意的程度。余叔岩的教学方法是按部就班，谭富英《宁武关》没有学好，他自然是不会往后教的。谭小培只陪谭富英去了一次，其实，谭小培真是每次陪同去了，余叔岩当着他的面也是无法教学。每次谭富英学完回来，他都会仔细盘问，没过两天他就不满意了，"'放着角儿不当，天天像小学生似的去上学，这不是受罪吗？再一说，照这样的教法，一点小地方教几天还没完，这不是折腾人吗？算了吧！还是咱们爷儿俩研究研究！说什么都是咱们姓谭，他姓余，姓谭的怎么唱都是谭派！'谭富英因为几天没有进步，由畏难而扫兴，也就没有学下去，而从此暗下了。假如谭小培是开明的父亲，鼓励、安慰儿子继续努力；而余叔岩是循循善诱，有意报师门之恩的，以谭富英的嗓音、武功和一切条件，能从余叔岩尽得谭门真传，那以后的须生界，不就是他一人天下吗？不但马连良、杨宝森不能相比；就是李少春、孟小冬仍旧拜余，也要瞠乎其后了。可见得谭富英一生命运，都是由谭小培给左右了。"[9]

按照谭小培的安排，谭富英以老戏为主攻方向。当时，《四郎探母》是老生戏中唱工最为繁重的一个剧目，如果伶人嗓音绝佳，则观众是非常过瘾的。谭富英虽然最拿手的剧目是《定军山》，但是，外地戏院约他则是要《四郎探母》，这是票房最好的。因此，谭小培也就在《四郎探母》上谋划钱财了。由于头牌伶人在北平演出，一周也只有二三次，只能勉强维持日常的开支，于是，到外埠演出也就成为一种必然的选择。外地戏院老板也是为了赚钱，故而邀请谭富英大多点《四郎探母》，他在天津一期至少要唱两次，上海则一期至少要唱四、五次。这里，谭小培打起小算盘，决定演出《四郎探母》可以，但是，必须另加包银，戏院老板无奈只得答应。戏院老板也有消化成本抬高的办法，天津的春和与北洋戏院在演出《四郎探母》时临时加价，而天津的观众似乎也是接受加价，演出仍然满座。后来，中国大戏院则是将被谭小培抬高的成本打入预算，而不临时加价。由于上海是一唱一个月，谭小培不好意思要求每场《四郎探母》加多少，而是说明《四郎探母》一个月演多少场，如果戏院要求增加《四郎探母》的演出次数，则必须要给他加点"小包银"。自然，无论是一期的全部包银，还是临时的"小包银"，都是全部归"老老板"谭小培的，而与"小老板"谭富英无关的。谭富英在上海演出一个月，按照常理应该没有问题，因为在科班时，白天和晚上均有演出的一天两工也是常有的事，但是，由于他身体较弱，加上这种被父权管制的伶人生活感到一种厌倦，因此，在一个月的演出过程中，他必须休息几天。谭小培和戏院老板为了共同的经济利益，为了不使谭富英不高兴，从而影响表演效果，只好同意。应该说，在上海演戏的名伶，不要说是一个月，就是两个月也没有中途休息的，谭富英确实是属于空前破例的。为了掩饰这种尴尬，除了请上海当地伶人客串几天，还在报上刊登启事："谭艺员富英因调剂精神，自×日起休息×天，改请××登台。"自然，"调剂精神"之说辞，也是谭小培想出来，也时传为笑话，人们也都知道谭小培"行使家长权"的行为了。

根据以上所述，可以窥一斑而知全豹地了解谭小培是如何"行使家长权"的。他对于谭富英伶业和生活的控制，使谭富英的性格基本上由他所塑造，作为儿子的一生命运，也是为父亲所安排的。这里，也许跟谭小培的特殊性格有关，似乎有着个案的倾向，而且，也包含着独特的父爱方式，但是，它实际上折射了中国"父权"文化的有形或者无形的控制力量，它已经内化为中国人的文化心理结构，一种集体无意识的国民人格精神。"父权"在伶界同样内在而有力，只是由于不同的"父亲"而产生相异的风格。

谭元寿在《谭门艺语》一文中，也论及了祖父谭小培和父亲谭富英的关系。他认为，谭家非常讲究传统的旧礼节，每逢到了除夕，包括他父亲在内的晚辈们，都要先向老人磕辞岁头，然后再给他祖父磕寿头，年年都是如此。到他曾祖父谭鑫培逝世时，谭小培35岁，谭富英12岁，社会上对于谁能成为谭派老生的继承者非常关注，而谭小培当时的影响力还不大，谭富英便是刚刚进入科班学伶。几位曾随谭鑫培学戏的伶人，例如言菊朋、余叔岩，开始打出"谭派正宗"的旗号，争当谭派的继承人。因此，谭小培除了搭班演戏，便是抓紧培养谭富英。谭元寿写道：

> 我祖父是曾祖父的亲儿子，在这样咄咄逼人的形势下，放弃了个人的演出，专心致志地培养我父亲，把自己的满腔心血，全用在我父亲身上。

> 我父亲出科后，对于演出的事务，完全由我祖父操办，我父亲只管唱戏，其他什么事也不过问。在生活方面，尤其是接触人，处处受到我祖父的管教，我父亲一心钻研艺术，终于取得了较好的成就。当然，这与我父亲的天赋条件是分不开的。
>
> 记得在20世纪30年代初，我刚刚懂事的时候，北平一家报纸上登了一幅很有幽默意味的漫画。画面上画着老中青三个人，由右而左，上首是我曾祖父谭鑫培，当中是我祖父谭小培，下首是我父亲谭富英。谭小培表现出左顾右盼的神态，对着谭富英说："你父不如我父"，对着谭鑫培说："我子胜于你子"，说明他是夹在两代当中，上不如父，下不如子。当我祖父看到这幅蓄意挖苦他的讽刺画时，不但毫不介意，反而笑了起来。论到我祖父在剧坛上的声望，确是上不如我曾祖，下不如我父亲，可是他能够把谭门剧艺的规范继承下来，并把我父亲培养成才，应该说，这是谭门一位了不起的大功臣。[10]

谭元寿作为家族后人，论述了祖父和父亲的功过是非，倒也是符合实情，谭小培"能够把谭门剧艺的规范继承下来"，但是，谭富英"在生活方面，尤其是接触人，处处受到我祖父的管教"，则确实是"行使家长权"的典型案例，也在一定程度上影响了谭富英的伶业和生活发展空间。丁秉鐩在评述以上漫画时称道："这就是讥讽谭小培，上承父亲余荫，下享儿子清福，而自己一辈子一事无成，可称谑而虐了。"[11]

"父权"的"行使家长权"，已经成为一种显著而普遍的家族性格。周少麟在论述他的戏曲家族时，称作为著名的京剧演员家庭，也许在人们的想象之中，应该是日日笙歌，夜夜场馆的。其实并非如此，他们家既听不到他父亲周信芳吊嗓练唱以及胡琴的声音，也看不到周信芳练功的身影，跟一个非常普通的家庭并无二致，"但是毕竟我父亲是一个京剧演员，所以家庭难免有封建色彩"，"父亲对我们姐弟，包括最小的妹妹，都是很疼爱的，可是他并不轻易流露出来。有时候带我上街理发、吃点心，接送我上学、放学、去动物园，也就是带去带回，话也不多说。这是我一个人独享的父爱"，"父亲和母亲都要我们上学、读书。根本没有考虑过学戏的事"，"在我们出生以前，父亲就给我们准备了三大部书：工业大纲、法律大纲和医学大纲。可见他设想将来孩子的前途，学工、学法、学医，皆无不可，就是不要学戏"，"我自然是听从父母的安排，上学，读书。"[12]周信芳的"行使家长权"是温和与开明的，"设想将来孩子的前途，学工、学法、学医，皆无不可，就是不要学戏"，后来，孩子也是按照他的"人生支配权"，"听从父母的安排，上学，读书。"只是后来周少麟执意要学戏，周信芳也最后允许了。

第二，婚姻支配权。中国封建婚姻乃是"父母之命"、包办婚姻，《诗·齐风·南山》

云："取妻如之何？必告父母。"伶人家族自然也是如此。谭鑫培在"金奎"科班学伶时，谭志道夫妇为儿子定了一门亲事，乃是武旦伶人侯幼云的姐姐。如前所论，侯家曾经悔婚，后经谭家争取，终于成婚。当时，谭鑫培十五岁，家庭已定居在北京前门外百顺胡同。谭鑫培将侯氏接到北京结婚。当时，正是咸丰皇帝"宾天"，属"断国孝"时期，不但禁止一切喜曲庆宴会，而且也不准许动用响器，谭家也只是雇佣了非常简单的蓝色轿子，静悄悄地将新娘子抬到家中。马连良十九岁时，也是父母之命，与同是回民的王慧茹结婚。由于多年操劳，王慧茹积劳成疾，在生下女儿马莉莉之后，在"月科"身体虚弱期间，拔牙感染了破伤风，不幸逝世。亲朋好友劝他续弦，"马连良的第一次婚姻由父母包办的，现在他走南闯北，见多识广，再搞老一套，恐怕自己也不能接受。"[13]但是，不搞"老一套"，又谈何容易？在武汉演出期间，上海盐商周三爷为他介绍了江南美女陈慧链，马连良首先想到了父母的态度，陈慧链是汉民，信佛教，有孩子，父母和亲戚们能同意吗？当马连良决定武汉演出结束以后，与陈慧链一起回到北京结婚，也只能跟陈慧链讲实话，"回北京以后，恐怕要委屈你一段时间。第一，我私定婚事，没有与父母商议，恐怕他们不高兴，要慢慢说服；第二，你是汉民进回民家门，这在马家可是头一遭，如果父母、老亲戚们不同意，还要再想办法；第三，父母、孩子们都没有思想准备，突然进来，未免唐突。我想先安排你在外面住些日子，等把他们都说通了，再接你回豆腐巷。"回京以后，他将陈慧链安排住在东单麻线胡同的一所小四合院，然后回家向父母请安，行完跪拜大礼和奉上礼物之后，最后说了武汉定亲一事，父母大为震怒。

> 果然不出所料，母亲顿时气不打一处来，加上老姑在一旁敲边鼓，不由得连珠炮似地责问儿子："为什么不找回民？为什么找了一个信佛教的？为什么找一个有孩子的？……总之，一句话，我们不同意，不许带回家！马家丢不起这份儿人！"马连良跪在地下苦苦哀求也无济于事。满氏老太太本想让丈夫也帮忙训斥一下儿子，可马西园既心痛儿子又有点惧内，颇像电视剧《大宅门》里白景琦的父亲，一句话也没有。这让老太太更生气了，双方僵在那里下不了台。马连良只好一边安慰老人，一边解释自己的做法，同时表明了自己的态度。第一，婚姻之事，这次我要自己做主；第二，人已经来北京了，就不能再让回去；第三，保证说服她尊重回民的生活方式。父母和家人什么时候同意，我再让她进咱们家门，我最近暂时住那边了。
>
> 对于至情至孝的马连良来说，此举可算是大逆不道了。[14]

从上述所论，可以看出伶人家族与普通家族一样，父母对于子女的婚姻支配权也是一种“天理”。这里，由于伶业多为“内群婚配”，伶人家族长辈对于子女的婚姻选择也有职业的特殊要求。周明泰在《梨园系年小录》中称：“朱素云之妻李氏，系秦腔名花旦掌富庆和部李富财号蔼卿之胞妹。富财大同人，有妹甚美，由退庵居士作伐。本于朱素云、陈福胜二人中择一为婿。李母目失明，选婿日，朱、陈均至，李母握二人手，素云以皮肤细腻，遂中选。”在此，父母辈颇有“招标”选婿之意味，而标准则是“皮肤细腻”的程度，自然，其支配权是属于父母辈的。它也说明了伶人家族的包办婚姻有着自己的独特规则，“凡在婚姻关系多而密的阶级里，选择的标准往往要比外间为细到；与婚的人既属同一阶级，而这种阶级的分子，又因为职业的关系，品质上都有几分相像，所以选择的时候，特别要在一种品质的程度上着眼，自然越高深细密越好。”[15]这种“选择的标准”，自然也是由“父权”支配的。

第三，伶业支配权。在前面论述谭小培和谭富英的父子关系时，已经涉及到伶业支配权了，“我父亲出科后，对于演出的事务，完全由我祖父操办，我父亲只管唱戏，其他什么事也不过问。”前述的李桂春，在舞台上摔成轻微脑震荡以后，也就谢绝舞台，而以课子成名为务。他对李少春的伶业发展进行了仔细的规划。他认为自己从伶一生，赚钱不少，但是，却被他人认为属于“海派”，因此，他一定要支配李少春成为一个京朝派大角。从李少春幼年开始，他为儿子先请了陈秀华说老生戏，丁永利说武生戏以及教打靶子。此两位都乃北方教师名宿，且都是余叔岩、杨小楼一派，可谓是正宗京朝派。等到李少春登台演出，李桂春第一步先是到北京为他组班，旦角先后用的是陈丽芳和沈曼华，二旦于莲仙、任志秋，武旦阎世善，花脸先后有袁世海、慈永胜和王泉奎，小花脸慈瑞泉，小生高维廉，里子老生李宝奎，武丑贾松龄。在新新戏院举行的首场演出中，李桂春又进行了精心的设计，贴出《两将军》、《群臣宴》双出，先演《战马超》，演完中间休息十分钟，不垫戏，接着演出《击鼓骂曹》。如此演法，在北京还没有先例，因此，产生了一定的轰动效应。李少春在《战马超》和《击鼓骂曹》中，文武兼佳，先演武戏后唱文戏，嗓音丝毫不受前面武戏影响，于是，一炮而红。

李桂春对于李少春成为京朝派名角的伶业支配权，第一步挑班计划获得成功，第二步则是拜师计划。李桂春认为真正要使李少春文武俱佳，必须拜在杨小楼和余叔岩门下。可惜其时杨小楼已离世，只有以余叔岩为师。李桂春动用各种社会关系，请窦公颖、桂月汀、张壁等人向余叔岩游说。这些人均是余叔岩好友，而且，张壁乃是李少春义父，时任北平市公安局长，余叔岩也就不好拒绝，李少春成为余叔岩正式招收的第一位弟子。此前曾经私淑余叔岩多年的孟小冬也着急了，也要求正式拜师，于是，她也搭了李少春的便车，在李少春拜师仪式后的相隔一天，也正式成为余叔岩的入室弟子。李少春与余叔岩的师徒关系有所疏远，乃是由于李少春出于生活的关系，有时必须外出演唱，也就没有多少功夫向余叔岩学习，但是，双方往来仍然不少。

曾与李少春有“二李之争”的李万春，其父李永利也如李桂春一样，息影舞台课子。等到李万春学伶成熟，李永利开始缜密安排，先让李少春搭班斌庆社，因为斌庆社武行人多，演唱武戏较为方便，而且，班主俞振庭也比较能够捧人。李永利对于李万春要求非常严格，不但严厉督促用功，而且，对于扮演角色的应工和行当，也必须遵守规矩和分寸。《艳阳楼》应该是武生扮演花逢春，武净扮演高登，俞菊笙觉得花逢春戏份不如高登，就自己扮演高登，而以二路武生扮演花逢春，因此，此戏相沿成例，高登乃是第一主角，也就变成武生的勾脸戏。李永利在安排应工时，却是让义子蓝月春扮演高登，李万春扮演花逢春。《神亭岭》的太史慈，原来也是勾脸武净，也是俞菊笙改俊扮勾脸，且由自己扮演，而将原来由武生扮演的孙策，则由二路武生承担，将太史慈作为第一主角。李永利也是使蓝月春饰演太史慈，李万春饰演孙策。“李、蓝初演《艳阳楼》和《神亭岭》时，台下观众狃于积习，都有点诧异，李万春是角儿呀！为什么给蓝月春作配呢?”“后来经老先生们指明原委，才了解李永利的一秉大公，不禁对他的公而忘私，敬佩万分！这两出戏，《神亭岭》比《战马超》在营业戏演出的上演率少，但在堂会戏中，却也偶尔出现。因为不能总唱《两将军》呀！这出戏也是两个人功力悉敌对打的局面。至于《艳阳楼》在营业戏里出现的机会就不多，在堂会戏里更没演过。因为如果看高登，办堂会的人就点杨小楼的《艳阳楼》了，不会看蓝月春的。这三出戏，在李万春成名挑班以后，以大块文章为主，就不动这些只卖武功的老戏了，所以就全‘挂’起来啦。”[16]由此，可以反映出李永利对于李万春伶业发展的良苦用心，也体现了他的“一秉大公”的“伶业支配权”。

由于伶业在伶人家族中的重要意义，它是伶人家族的核心经济生产活动，乃是伶人家族获取经济收益的主要通道，并且，它的效应会扩展到伶人家族的其他关系或者活动领域，例如上述所论的婚姻与人生，它是一种经济基础的地位，必然会影响到婚姻与人生等家族层面的“上层建筑”，因此，“父权”的“行使家长权”自然会以伶业支配权作为它的主要内容之一。

根据以上论述，伶人家族也没有逃脱中国传统家族“父权”的主体格局，“父权”的超稳定结构使伶人家族也同样符合前所论及的“父权制”的家庭公式。美国学者阿瑟·科尔曼夫妇在1988年撰写的《父亲：神话与角色的变换》一书中认为：“父亲的权力直到最近的时代都得到崇敬和政府的支持。父亲被认为是一家之长。在婚姻被解除的情况下，他就成为一个看守家长。如果说他对儿女和妻子没有生杀大权，那仅仅是因为政府当局贯彻法律的结果——政府当局在通常的情况下是强调他的意志的。”[17]“父亲的权力”与“生杀大权”进行一起讨论，伶人家族自然也是要“强调他的意志的”。

正因如此，与“父权”相对应的则是“子孝”。在中国传统家族中，父/子的关系构成了基本的伦理结构，它推而广之地影响到了冲突文化范型中的其它工作关系，例如君/臣、官/民、师/徒、兄/弟，都是父/子关系结构的一种异构同质衍生体，而且，都可以规范到父/子关系最为本质的“孝”之隐态结构。《论语·学而》云：“子曰：‘父在，观其志。父没，观其行；三年无改父之道，可谓孝矣。’”这里也就形成一种中国式的“原罪”，“子”与生俱来的对“父”的“罪感”，故而必须终身自赎。“中国式原罪与每一个现世之生相伴相随，他的救赎之途也是针对每一个具体的‘父’而规划的，因此救赎不仅不能导致一种超越群体性规约和此在生存的追求，相反它严格地限制于此生和伦理责任之中。东方式的孝道文化是不讲来世主义的（孔子曰：未知生，焉知死），因为它要求人服膺于现世的此岸的具体的‘父’，而不是彼岸的来世的乌托邦，它使中国人的心中根本就不可能建立上帝或乌托邦这样的超越性观念，所以它对人的个性和自由的限制性要比西方式宗教严厉得多。”[18]

伶人家族的“子孝”自然也是如此，“与每一个现世之生相伴相随”，“严格地限制于此生和伦理责任之中”。马连良一家原来住在西单劈柴胡同的几间土坯房里，父亲马西园觉得马连良将来必有出息，就对他说：“你要是好儿子，就长志气好好学戏。如果将来成个角儿，就能挣大钱。到那时我也没旁的指望，只是指望你把咱家对门儿的那所状元府买过来。能办到这件事，也算你小子给咱家光宗耀祖了。”马连良一声不吭，却将“父权”的“意志”记在心里，后来他果真买下那所状元府，将老人安顿在后院正房，自己住在中院正房，东屋为饭厅，西厢房是个过厅，四周的其他房间则是厨师、女佣和听差们居住。[19]“马连良对他的父母双亲非常孝顺”，“儿子对父亲特别尊敬、孝顺。三十年代中期，马西园遽归道山，马连良悲痛欲绝。一段时间停止自己的演出，以示哀悼。而且给他父亲办的这场‘白事’，极为隆重丰盛，出了好大的一个殡，那就接近铺张了。”[20]“子孝”自然也是父辈与子辈以及以后几辈关系调谐的表现，以及社会文明的一种呈现形态，但是，在“子孝”发展的过程中，也包含了“父权”的“意志”作用，“父亲的权力”也在一个特定的角度上使“子孝”成为一种“原罪”的自赎行为。

第三节　与父权同格的母权

除了“父权”，“母权”也在伶人家族中有着重要的作用。唐鲁孙在《故都梨园三大名妈》一文中，在论及歌星或者影星都有一位星妈跟进跟出并处处摆出“皇太后”的姿态时写道：“其实星妈这一行，早在本世纪以前，故都梨园行就有了这种行当，不过不叫星妈，而叫名妈而已”，“当年北平第一号名妈要算福大奶奶”，也就是梅兰芳夫人福芝芳之母。在福芝芳初露头角时，有一批大学生组织一个留芳小集天天到剧场，福大奶奶对于这批大学生则是敷衍得非常周到，因此，报纸上也就天天可以看到为福芝芳捧场的诗词文章，福芝芳也就慢慢混成角儿了。“她天天上园子是坐包月的玻璃棚马车，当然是母女同车，既能做伴又尽保护之责，有一些无聊的捧角家，渴欲望见颜色一倾衷曲，可是又怕福芝芳有母如虎，谁也不敢招惹，后来有人想出高招，写情书往马车里扔，起初福大奶奶尚没加以理会，不久变成不堪入目的裸照春宫，这下可把福大奶奶惹翻了，她不坐马车里面，她更上一层，跟赶马车的并肩而坐，手持长鞭，看见有人靠近马车只要往车里一掷东西，她就长鞭一挥，抽得人鼠窜而逃，从此‘福中堂’大名算是叫响了。”[21]

在福芝芳的婚姻问题上，福老太太也要掌握“婚姻支配权”。当时，中国银行总裁冯耿光极力想撮合福芝芳和梅兰芳联姻，虽然福芝芳非常情愿，但是，福老太太却并不如此认为，她觉得梅兰芳的财权都掌握在冯耿光手中，尽管家大业大，却没有自主权，因此，她内心颇为反对。当时，盛京将军三多公子张舒铎对福芝芳也颇有意，听歌捧场，出手非常大方。福芝芳每学会一出新戏，张舒铎都要在酒楼设一堂会，让福芝芳新声初试，颇为类似响排，然后正式登台演出。福老太太知道张舒铎乃世家公子，而且，人品纯正，学问也好，于是，百般逢迎，希望福芝芳与他成百年之好。只是后来盛京将军三多怕他迷于娱事，耽误他的前途，将他调往武汉工作，福老太太才死了心。在金钱和人情的双重攻击下，她同意了福芝芳和梅兰芳的婚事，不过，她提出一个前提条件，婚后梅兰芳的财权必须由她女儿掌管。两人结婚以后，福老太太发现梅兰芳的财产其实都是银行股票，全部由冯耿光保管，她就天天逼梅兰芳收回股票，福老太太和冯耿光由此结怨。

唐鲁孙提到的第二位名妈是尚小云的母亲。当时，他家赤贫，母亲以换肥得籽儿维护生计，他在那王府当书童。那王见他整天喜欢哼哼唧唧唱曲，就建议尚老太太让儿子到戏班学戏，而且，他不要典价。“尚老太太一琢磨，当王府书童将来不见得有什么大出息，如果在戏班里唱红，他们母子可就有了出头之日了，不过她有个要求，就是小云身子羸弱，最好让他学武生，锻炼一下身体。”[22]后来，尚小云在“四大名旦”中武工最为扎实，应该说与当年尚老太太让他学武生颇有关系。尚老太太对于那王府一直心存感激，在那王和福晋生日的前一个月，总是让尚小云前去表演一场堂会，而且，尚小云每有新戏，也总是先在那王府演出，分文不取。后来，尚小云乐善好施，博得“尚五十”善名，即每次相助他人最少五十元，也与其母教导有关。因此，“母权”也有不同的表现形态，福老太太乃是为女儿谋经济权力，甚至不顾女儿的个人幸福，而尚老太太则是为儿子前途着想，而且，在人格上影响了儿子的一生，其“母权”颇有着正面的意义。

第三位名妈是吴素秋的母亲吴温如。吴素秋进入北平戏曲学校学伶以后，吴温如就决意将女儿培养成为名角，因此，每逢休息日，她总要请教师到家里吃喝招待，老师对吴素秋教学自然也格外关照，加上吴素秋也非常用功，开始渐露头角。但是，由于吴素秋与王和霖发生了桃色纠纷，戏曲学校为了保王和霖，就将吴素秋勒令退学了。当时，有人怂恿吴温如以处理不公为由到学校大闹，但是，吴温如还是非常理性，认为此事非名誉事，最后还是会影响自己女儿声誉的，况且女儿也不能说没有错。“女儿既已投身梨园，天分又不错，不如从梨园这条路一直走下去，于是吴玉蕴改名吴素秋，钻头觅脑拜在尚小云门下，起初小云因为戏校校长金仲荪跟程砚秋交非泛泛，而砚秋又是戏校常董，恐怕引起误会，不敢收这位女徒弟，吴温如于是又施展她八面玲珑的手腕，取得金仲荪的承诺，再加上整天跟尚老太太磨烦，小云迫不得已才正式拜师收徒，一个认真教，一个用功学，所以过了不久，吴素秋就在她能干的名妈东奔西走努力之下，自己跳班唱戏，一出《义勇白夫人》文武不挡，唱做俱佳，奠定了后来跟童芷苓平分秋色的局面。吴素秋在天津中国大戏院上演，她住颐中大饭店，而吴温如为了节省园子里开支，到天津总住元兴旅馆，这位名妈经常跟梨园行的经励科打交道，经励科最难缠的人是外号李鸟儿的李华亭，为人阴毒狠辣兼而有之，李常跟人说：天不怕，地不怕，就怕吴温如说了话，吴办交涉从来不说一句不在理上的话，她用大理把您那么一[illegible]那么一踽，您有什么高招也使不出来了”，“从李鸟儿这一番话，这位名妈的道行有多高，就可想而知了。现在星妈多如过江之鲫，跟从前名妈一比，虽然在钱上都很认真，可是从谈吐处世分寸来讲，那就大有今不如昔之感了。”[23]

唐鲁孙描述了以上三位“本世纪以前”“故都梨园”的名妈，并发出“大有今不如昔之感”，说明它是颇有一些历史脉流的。与普通家族比较，伶人家族的“母权”在后辈的人生、婚姻和职业“支配权”上有着更多的分量。它经常体现在伶人家族“父权”缺失的家族结构之中，但也并不尽然。中国家族“长幼有序”，在家族结构体系中，“母权”在“有序”中也就具有与“父权”同格的地位。与“父权”相对应的是“子孝”，与“母权”相对应的也是“子孝”，它也是“母权”的一种延伸及其必然要求。如同前述的尚小云与他的母亲：

> 他是有名的孝子，对母亲向来是绝对服从。老太太个子矮，要打儿子又够不着。尚小云就跪下来让她打。
>
> 成名后的尚小云出门总是西服革履。有段时间，市面儿上兴穿白色麂皮皮鞋，可老太太不让他穿。因为老年间，平日穿“白”鞋不吉利。尚小云只好出门时先穿上一双老太太通得过的鞋，然后，到门房再换上预先藏在那儿的时髦的白色麂皮鞋。回来时，在门房换下白皮鞋，再进屋见老太太。那时，他已大红大紫。别瞧出门已有自己的小卧车，先头一辆是别克，后来换了一辆叫“雪佛兰”，可穿什么鞋还得听老太太的。
>
> 他不抽鸦片，但会烧鸦片。因为母亲及夫人（原配李淑清）都会抽，尚小云

每天睡觉前要给她们烧烟。[24]

由于伶业的特殊属性，使伶人家族结构体系中“父权”和“母权”对于后辈的“支配权”显得更为显著。因为伶业需要“幼功”，此时年幼的后辈尚无法进行正确而科学的学伶选择及其规划；伶人的婚姻关系是伶业生产关系的重要调整，它直接涉及伶业的生产力，乃至伶人的再生产；伶业的内外部关系错综复杂，需要具有老练的公共关系手段，这样都决定了“父权”和“母权”行使他们的“支配权”，对伶人的人生、婚姻和伶业进行家族管理。与“父权”比较，“母权”显得温和一些，虽然不乏福老太太对于福芝芳婚姻这样的“强力”行为，甚至与冯耿光“闹翻”，但是，大多仍是为了后辈伶人的职业发展以及家族经济生计，也使许多“母权”“施展她八面玲珑的手腕”，“道行有多高，就可想而知了”。

除了“父权”和“母权”，在伶人家族结构中与其同辈的家族其他成员，也对后辈具有一定的“支配权”。程长庚的舅舅，自程长庚出生之日，即为他取名；他在十岁时，又要求他去坐科学伶；到了北京行伶受挫，又带他到米喜子处，再拜名师；后来唱《文昭关》走红，又是舅舅为他改行扮演皇甫讷为其托底，“舅权”在程长庚伶业发展的关键时刻，确实发挥了重大的“支配权”作用。除了正面的“支配权”，也有产生负面的“舅权”。徐慕云在《梨园外纪》一书中论述“贯大元的潦倒”时写道：

> 除上述数端外，还有一桩事耽误他前途永不得发展的，就是他这人过于敬重他的那位娘舅陈某了。陈某的那把胡琴，简直能把人锯死，手指之不灵活，脑筋之迟钝，姿势之不雅，真称得起北京城里第一把无人领教的糟琴师。
>
> 但是他却合了《红鸾禧》金松所说的那句词“你可吃定了我了”，二十余年来，简直就帮准了他的外甥贯大元，始终没有脱离过一天，不但不稍求进步，而且越拉越糟，因此就把大元限制的不敢随便改换一字一腔，因为偶尔变了旧章之后，他这位琴师舅舅就得在台上抓瞎，试想唱皮黄戏要弄到像刻版文章似的，那岂不显着太呆板了么？大元吃了他这般大的亏，依旧不敢把他辞退，另换他人，所以他无论在平津等地出演，他的胡琴可从来不曾得过一次好。这和马连良之与杨宝忠，王少楼之与陈鸿寿，琴师同角儿抢着要彩的情形可大不相同了。据一般为大元前途设想的人谈起，倘使大元要想在台上得到较多的彩声，非得先把陈某解决，另请一位高明的琴师不可，他是否有此勇气，那就非局外人所得而知了。[25]

这位“娘舅陈某”，“那把胡琴，简直能把人锯死”，他的人也“简直能把人锯死”。因为“舅权”的关系，“你可吃定了我了”，但是，“大元吃了他这般大的亏，依旧不敢把他辞退，另换他人”，“舅权”的“威力”也是充满力量的。这里，可能有贯大元“子”一辈的“孝”，但是，贯大元自然知道这位“十余年来，简直就帮准了他”，“始终没有脱离过一天，不但不稍求进步，而且越拉越糟”的舅舅的“耽误”，只是屈于“舅权”，无此“勇气”罢了。

第四节　类父权的师父

如同前述，伶业的师父已经与徒弟形成了一种文化血液关系，甚至是一种拟血亲关系。“一日为师，终身为父”，这一基本的职业信条也就使伶业师父具有类“父权”的功能，对伶人具有一定的“支配权”。荀慧生被卖给梆子花旦戏师庞启发，成为“私房徒弟”，契约云：“若不遵守约束，打死勿论”，“学徒期间不许赎身，不准家属探望。”在师父家里，荀慧生如同家奴，吃尽苦头。庞启发认为他应该习旦角，师娘却偏偏要他学武生。一位李姓师父为他练功授戏时，甚至将他的腰折断。经过长期苦练，荀慧生终于是唱念做打样样精通。到了1915年，荀慧生应该是满师出科，但是，庞启发在当年签契约时，欺负荀父文盲，故意不写明出师年限，于是，他就不承认出科的约定。尚小云、李洪春等伶人感到非常气愤，暗中设法帮助荀慧生逃走，并由李继良等人出面调解，最后双方妥协，商定荀慧生再为庞家唱戏挣钱两年。因此，荀慧生直到十七年才正式满师出科。这里，类“父权”的师父不但具有人生和伶业的“支配权”，甚至是充满欺骗和“暴力”的。

丁秉鐩认为，国剧“演员们的业务，未成年的，或刚出道的，由师父安排，如唱什么戏，搭哪个班？如何‘谈公事’（讲酬劳）等。稍成点名的，就由‘经励科’（即经纪人）给代办一切了，很少由家长代为料理业务的，即使父子都系演员，也是如此。”[26]这是伶业发展到近代的产物，由于都市娱乐市场的逐渐成熟以及伶业经济的分工合作，类“父权”的师父的作用也就越来越大。师父作为伶业导师，对于徒弟的伶业乃至人生“支配权”也就更加显著。美国学者詹姆斯·休斯.JR认为，导师这一概念在西方文献中第一次是在《奥德赛》中以一个人物的形象出现的，他具有三种职责，一是摄政者的职责；二是能够灌输学识的长者和老师；三是作为一个智慧的长者帮助一个国家获取和平。导师应该具有以下的特殊职责：第一，导师提出问题，而不是给出答案。导师的问题应该引导人们最深刻地认识自己；第二，成功的指导是双方学习本质事物的对话；第三，指导活动要求双方能像禅宗意义里带有“初学者思维”的学徒那样一起开始工作；第四，导师可以采用以下三种模式中的任何一种开展这样的共同学习，1. 数据→信息→知识→智慧的途径；2. 探寻→

经历→倾听→交流→整合的途径；3. 分解/区分→停顿/倾听/学习→整合的途径；第五，指导关系要求双方在开始即商定这种关系将怎样结束；第六，对于一个成功的指导关系，每一方都必须能够带着开放的心态和思维回答一下问题，首先，在被指导者寻找导师时：针对我目前生活中最深刻的疑问，谁能最好地帮助我提出这些问题，同时帮助我和自己进行对话，从而找到那些在我追求幸福的旅程中最能加强我的自觉意识的答案；其次，当一位导师被要求作为导师时：我采用什么方式能够加强这个人的自觉意识，以此增进他或她追求幸福的旅程，我在这么做的过程中又能认识到自己什么呢？[27] 詹姆斯·休斯.JR 论述的自然是西方人文科学和自然科学的导师职责，而且是在西方的文化语境之中，但是，其中的一些职责，也应该说是符合中国伶业的师父职责，例如第五点和第六点，师父即要确定伶业徒弟的主工行当，并充分地挖掘和培育他在这一行当的表演技巧及其魅力，同时，也要约定师徒关系何时结束，也即满师出科。其他几点，都是高水平的师父对于伶业徒弟的教导关系。詹姆斯·休斯.JR 给师父写了如下的话语："就个人而言，我的生活离不开导师——从 6 岁时我的姨到以后的许多人。我发自肺腑地感谢他们每一个人。你们每个人引导了我在自我意识和个人幸福旅途上不可磨灭的改变。"[28] 显然，他把于他有教益的人都称之为导师。他又给"徒弟"写了如下的话语："我希望你们每个人通过你自己展现出来的勇气，在导师关系中找到以下东西。（1）生活在由导师关系所代表的启迪层面上的幸福。（2）在你们每个人追求自己个人幸福的旅途中，导师关系带来的更大的自觉意识和个人意识。"[29] 正因如此，导师的人生气质也就影响了徒弟的人生气质。对于伶人而言，师父的伶艺气质也就影响甚至决定了他的伶艺气质，师父的作用确实非同小可。前所论及的罗瘿公对于程砚秋的重要意义，即是一个典型案例。许多伶业师徒有着父子一般的感情，例如梅兰芳谈起飞机失事而亡的徒弟李世芳时称道：

回想四年前在上海中国大戏院，李世芳陪着我唱青蛇，这还是我演《金山寺》带《断桥》的初次尝试。他并不是我们剧团里的人，临时约他参加帮忙，前后演了几场，我都觉得满意。我记得一九四七年一月二日的晚上，我们演完了最后一场，他在五日早晨坐了飞机回北京。飞到青岛，半路上飞机出了事，把他牺牲在里面，我们师生从此永别了。我那天正在后台扮戏，听到这个传说，差一点要晕过去。旁边有人安慰我说，"这消息不一定可靠"，我还希望这不是事实呢。谁知道第二天我接到飞机场的电话，竟证实了这件惨事。我大哭了几场，从此就不愿意再演这两出戏。去年我的家里，让葆玖学了要他陪我唱，我实在鼓不起兴致来。最近觉得这孩子费了许多工夫学会了，老不唱，就要还给师父的。老实说吧，我不想跟葆玖先在上海中国大戏院演出，就怕触景生情，连戏都唱不好了。可是我刚才扮上戏，又想起了我的学生，还是止不住一阵心酸。[30]

从上述梅兰芳的描述语气之中，可以感受到师徒之间的感情厚度。由于伶业需要“幼功”基础的关系，多数伶人学戏时都是童年时期，而且，也常常会签约画押成为“私房徒弟”，故而师父在某种意义上也就成为了一个托管人，“托管人的职责是成为受益人的导师，托管人要保持这种职责直到受益人完全地融入进受益人/托管人关系之中，此时托管人的职责便演化为受益人的代理。在所有双方成功学习经验的关系中，一开始具有较多知识的那一方必须通过这样一种方式来提供那些知识，也即知识较少一方愿意担任学生的角色”，“当学生准备完毕时，导师就会知道何时离开。”“在受益人/托管人关系中，通常是托管人具有更多关于双方如何运作的知识。既有人类学的，也有法律学的。而受益人通常没有这么多知识。如果在关系一开始托管人就担任受益人的导师，直到受益人表现出色”，“如果受益人接受到托管人真正的帮助，如同一份珍贵的礼物，他们的关系便有极大的可能获得成功。”[31]伶人与师父的关系也颇为类似“受益人/托管人关系”，尤其是“幼功”训练时期，师父提供的“真正的帮助”，“他们的关系便有极大的可能获得成功”，这种“关系”也就确立了师父的类“父权”的关系及其权威。例如马连良购置新汽车以后，去看望师父叶春善，他明确要求司机，汽车一定要停在胡同外面从师父家里看不到的地方，绝对不能停在师父家的门口，更不能够按喇叭催他，自己不能在师父面前摆谱儿，他交代完了以后，才提着礼品和新婚夫人陈慧琏前往师父家里，也是一种“他们的关系便有极大的可能获得成功”的案例。

由于这种关系及其权威，类“父权”的师父和与“父权”同格的“母权”自然也会产生矛盾。较为典型的案例是，张君秋的师父与“母权”的矛盾，由于张君秋成名很快，在出师以前已在伶业收益颇丰，而且，赚钱越来越多。对此，张君秋的师父与母亲在高兴之余，对于收益的分配就有不同的想法，而且，双方都是互不让步。师父李凌枫认为，自己乃是师父，张君秋的成名是自己慧眼选才以及教戏有方所致，一切应该按照关书合约办事，自己经济分配较多也是应该的。张君秋的母亲则是觉得自己是名伶的母亲，师父已经从儿子身上经济获益不少，目前儿子由于成名，开销也大多了，例如添置私房行头、需要伙计跟包等，师父不能再剥削太多，否则她们母子太吃亏了。在“父权”同格的“母权”与类“父权”的师父之间，张君秋在其中确实非常为难，不过，最后还是“母权”战胜了类“父权”的师父，文化血缘关系毕竟无法与生物血缘关系相比，在张君秋出师以后，师徒也就如同路人，断绝来往。作为类“父权”的师父，应该说还是从张君秋身上获得了很大的利益，不但具有一定的支配权，从张君秋的包银里获得不少经济收益，而且，“师以徒贵”，他自己也成为了伶业名人，许多票友以为可以重复张君秋的奇迹，纷纷找他学戏，于是，他在教戏的忙碌中，也有了更多的钱财收入，也可以说是师父类“父权”的另外一种权力收益。

第五节　伶业“丛林法则”与“名伶父权”

由于伶业属于一种“能人经济”，伶人成名并有了丰厚经济收益以后，经济身份的变化必然带来家族结构中的角色身份变化。虽然名伶不可能改变家族结构中“父权”以及类“父权”的整体性质，也不可能变动家族结构中的角色关系，但是，名伶在家族结构中的角色权力却有可能发生微妙甚至是显著的变化。它似乎也说明了经济基础的重要作用，伶人凭借在家族经济生活中的重要贡献而获得了在家族结构中的“晋升”乃至“破格”提升“名伶父权”，形成了另外一种类“父权”的权力，而与“父权”构成一种对峙关系。

这里，伶人家族结构表现出了一种复杂的状态，伶人也表现了一种复杂人格。伶人从理智上认为需要遵循和维护伶人家族结构秩序，但是，由于在经济基础上所催生的“能人经济”地位，却是从情感上动摇甚至在一定程度上瓦解了这种家族结构秩序。伶业经济是一种“金字塔”格式，它说明了伶业经济竞争的残酷性以及优胜劣汰的生存原则，名伶在如此伶业“丛林法则”中脱颖而出，反映了名伶的强大生存能力以及经济获取能力，名伶对于家族的经济贡献也就显得格外重要，甚至许多伶人家族就是因为出现了一个伶人而使家族的经济状况彻底改变。李桂春因为《狸猫换太子》而大红大紫，他先是饰陈琳，后饰包公，再连上七侠五义的故事，一共排了二十多本，在上海连演了多年，使许多伶人竞排《狸猫换太子》。李桂春由此致富以后，在天津奥租界置办五层楼高的华屋，庭院中亭台楼阁，假山流水，许多达官贵人之府邸都难以企及。萧长华在伶业经济收益颇丰，虽然本人非常节俭，但是，也陆续置办了不少房产，并租赁出去。他每月一次，提着一个小蓝布布袋，内有房折子，到各处房子收租。他对于租户非常仁义，一不增租，二遇到租户有困难时，房租一时无法交上，他也绝不逼索，任其拖延。名伶经济地位的变化，使超稳定和固滞的传统家族结构也会产生共振的现象，从而使名伶在处理家族结构关系时颇为容易产生一种复杂的人格状态，形成理智和情感的博弈关系，伶人家族自身也会在伶业“丛林法则”的作用下，对于家族结构关系做出某种程度的妥协以及调整。

无论是市场型还是依附型的伶人及其家族，它实质上都是通过一种伶艺劳动交换而产生经济交易的行为，伶人家族也是在血亲以及拟血亲基础上建立的经济社会单元。这里，与经济学的一个概念“经济人”颇有着一种内在互通的意义关联。“经济人”，乃是经济学对于人性的概括及其归纳，它经历了三个演变阶段，一是由于“经济人”的思想使经济学从社会科学中分离出来，经济学不再包含在道德哲学及其政治之中，独立的学科经济学开始出现；二是抽象的“经济人”与新古典经济学。新古典经济学将朴素的“经济人”提炼为抽象的“经济人”，将经济学从具有道德和政治属性的学科转变成为一种浓厚工具论色彩的分析性学科。它认为，人类之间的合作乃是没有阻碍、摩擦和条件的，人只是与土地、资本同格的生产要素，是一种劳动力身份，而不是一个具有思想、感情、智力和个性的真实的人；三是“经济人”的内涵扩充以后，使经济学与其他社会科学的界线逐渐模糊。新古典经济学受到众多批评以后，使“经济人”的思想家对此进行了修正和完善。在“新政治经济学”思潮中，加里·贝克尔（Becker，G. S.）、詹姆斯·布坎南（Buchanan，J.）、道格拉斯·诺思（NORTH，D. C.）等经济学家逐渐形成了全面的“经济人”观念。他们认为，首先，对行为者动机进行考察时，运用效用最大化代替经济利益最大化，此效用除了金钱获取和物质享受，还包含有荣誉、地位、爱情、成就感、家庭生活质量以及行善中的愉悦；其次，在经济环境中，由于它的复杂性，人们所获取的相关信息是不完备的，也存在着不确定性，人们处理信息及其决策的能力也是有限的，“经济人”只能追求满意的结果，而非是最优解。由此，经济学家将新古典经济学已经抽象抛弃的政治历史、道德伦理、社会家庭等元素又重新纳入“经济人”的范畴之中。“对于全面的‘经济人’而言，个人追求的利益已是一个多种目标汇集而成的目标体系，这种目标体系是考虑到诸多限制因素而形成的，如家庭、道德、习俗、文化、法律等。‘经济人’是‘社会人’，他追求的利益本身就包含诸多社会因素。”[32]根据以上“经济人”以及“社会人”的论述，名伶在获取经济利益的过程中，也“已是一个多种目标汇集而成的目标体系”，“本身就包含诸多社会因素”，从而也改变了名伶在伶人家族的地位结构，产生了或隐或显的家族权力修正关系。

由于伶人家族是一个经济生产组织，名伶在家族经济活动中的核心作用，也就颇为容易出现伶人家族经济组织人格化的倾向，也就是说名伶的人格形态主要决定了伶人家族的人格状态。经济学领域有着一种“家族企业人格化”的理论，认为家族企业家颇为容易形成家族企业人格化，“企业家除拥有一定量的货币（物资资本）外，还须具备人力资本和社会资本，且物质资本、人力资本、社会资本为三位一体”，“从企业家物资资本、人力资本、社会资本三维机制来看，先天优势部分在初始状态中得以体现，必须为或具有‘想象力’、‘判断力’、‘机敏’等企业家素质，或继承一定的财产数量，或因血缘、亲缘甚至地缘关系而拥有的社交网络等，具有一定先天优势的企业家在推动市场结构变化的过程中，不断地获取知识、经验和经营能力，创造物质财富，建立扩大的社会网络。一句话，企业家通过成长以区分自己，接受‘企业生态系统’的‘生存检验’，以显示其作为企业家的优势。一定范围内，人力资本、物质资本和社会资本能相互转化。”[33]这里论述的是家族企业家，“通过成长以区分自己，接受‘企业生态系统’的‘生存检验’，以显示其作为企业家的优势”，也就逐渐使家族企业人格化了，家族企业具有家族企业家的个性特质以及精神结构，从而使家族企业个性化和标识化。虽然伶人家族也是一个文化经济生产单元或者组合体之一，许多名伶也被称为“老板”，但是，名伶与家族企业家并不完全相同，许多名伶的伶业经济另有他人或者机构主持。不过，由于名伶在伶人家族经济生产中的重要性和支柱性，他也需要运作“人力资本、物质资本和社会资本”，并“接受‘企业生态系统’的‘生存检验’”，在此“成长”过程中，名伶的人格结构也就直接建构了伶人家族的人格状态。

在运作“人力资本、物质资本和社会资本”的过程中，伶人需要面临各种复杂的“社会网络”，也就容易形成一种复杂的人格状态。由于伶艺表演活动的流动性，经常远离家庭以及家族，加上伶业活动与各种社会关系发生联系以及名伶的公众人物身份所带来的诱惑和陷阱，必然对名伶的精神结构产生一定的正面或负面的影响。“梨园大腕虽说名利双收，但无权无势，常被恶势力敲诈欺负。如不屈从，常会遭受恶意报复。梅兰芳就曾被人当头泼镪水，幸被同仁奋力挡住才幸免于难。”[34]周易在《我的父亲周信芳》一文中写道：“父亲要摆脱顾四（顾竹轩）的控制，脱离了天蟾舞台后，不敢在上海其他戏院演出，遂带了剧团北上。常春恒遭暗杀，使母亲日夜战战兢兢。她当时随身带着支小手枪，以此保卫父亲——因母亲当时已怀身孕，身边就只带了我大姐同去，将我交付于她的友好照管。”[35]一个名伶差点“被人当头泼镪水”，一个孕妇“随身带着支小手枪，以此保卫父亲”，可见名伶需要面对各种复杂的社会关系，甚至是一种十分险恶的社会环境。另一个方面，名伶也颇容易受到社会不良习气腐蚀，裘盛戎年轻时也曾抽大烟和赌博，他自己写道：“高盛麟和我，整体吃喝玩乐，精神颓废，曾因胡闹把《战宛城》一戏都‘坎下’啦。说到私有财产，我二人穿一条彩裤赶场扮戏。”[36]应该说，如此现象并非个案，颇有一些年轻伶人出科以后，刚刚拥有一点名声，就常有被社会不良风气受污染甚至吞噬的，也是具有一定普遍性的伶业现象。这种复杂的“社会网络”，也会影响到名伶的人格结构，需要承担起如同经济地位变化所形成的“名伶父权”应该担当的责任，名伶处理“社会网络”的成效状况，直接影响到伶人家族的经济生活甚至家族命运，名伶在某种意义上也具有一种伶人家族的“父权”使命。因此，“名伶父权”与“父权”的对峙关系，除了至为重要的经济因素发生作用以外，与名伶面临的复杂“社会网络”状况以及由此带来的复杂人格，也有着一种合力共生的效应。

如同前述，马连良续弦陈慧琏，曾遭家族极力反对。丁秉鐩如此评述：“王氏死后，马连良续娶陈慧琏，她是交际花出身，系前湖北省主席夏斗寅的下堂妾，连良娶她，很遭家族反对，但是马三爷是赚钱的当家主事人，别人反对自然无效。陈慧琏人很精明强干，也辅佐连良办不少事情，她进马家门时，连良已是大红，所以她是多年来大家所熟悉的马三奶奶，而对连良原配王氏，知道的人却很少了。”[37]这里，“马三爷是赚钱的当家主事人，别人反对自然无效”，也就道出了“名伶父权”产生的内在原因以及它的必然性，“名伶父权”与“父权”的对峙也就颇为容易形成。既然是伶人家族的“赚钱的当家主事人”，而且，“别人反对自然无效”，也就出现了“一夫多妾”的现象。

一般情形来说，名伶的第一次婚姻多为“父权”以及与“父权”同格的“母权”包办，后面的婚姻则是按照自己的意愿结合，乃是行使一种“名伶父权”的权力。唐韵笙在哈尔滨演出期间，结识了身为富商填房的郭式筠。郭式筠极为倾慕唐韵笙的伶艺和人品，天天定下一个包厢前来看戏，而且，时常送上花篮致贺。一段时间以后，郭式筠向唐韵笙表达了自己的内心感情，希望唐韵笙能够接纳她。唐韵笙表示，只有她离开富商以后，才能考虑他们结合的事情。郭式筠含泪答应，唐韵笙也答应等她。此时，唐韵笙在天津的义母却来信告诉他，已为他定好了一门亲事，要他回家完婚。虽是义母，唐韵笙自然也不肯违背“母权”，他虽然不情愿接受天津的婚事，但还是在不断的电报催促下离开了哈尔滨回到天津。结婚以后，义母也就不同意唐韵笙回到东北演出，他只能在天津演戏。不到一年时间，郭式筠与富商结束关系，来到天津寻找唐韵笙，并表示不计名分，就是做侍女也要跟随唐韵笙一辈子。唐韵笙决定和她结婚，义母在感动之下也就应允了。

伶人家族“赚钱的当家主事人”“一夫多妾”的案例颇多，谭鑫培与侯玉儿一直是恩爱夫妻，当初为了娶侯玉兰，也是颇为勇敢无畏，但是，他去上海演出时，又纳了张秀卿为妾。中国历代即有妾媵制度，《周礼》、《公羊传》等儒家经典著作即有“等而上之，天子有十二女；等而下之，士庶人有一妻一妾”的观点，《汉书》载汉代“诸侯妻妾或至数百人，豪富吏民畜歌者至数十人”，《魏书》载西晋朝廷之规定：“诸王置妾八人，郡公侯妾六人”，“第一、第二品有四妾，第三、第四品有三妾，第五、第六品有二妾，第七、第八有一妾。”隋唐时期，妾媵制度则是更加完备，《新唐书》载唐代朝廷之规定：“亲王，孺人二人，视正五品，媵十人，视从六品；二品，媵八人，视正七品；国公及三品，媵六人，视从七品；四品，媵四人，视正八品；五品，媵三人，视从八品。”宋代乃是沿袭唐代妾媵制度。因此，妾媵制度已成为一种政治文化，是历代朝廷权力消费的一种重要方式。它不是局限于达官显宦，而且，富家豪室也效仿之，甚至禁止结婚的和尚和道士也受到了熏染，《宣和遗事》载宋徽宗时，开封道观的道士“皆外蓄妻子，置姬媵。以胶青刷鬓，善衣玉食者，凡二万人。”从此意义而论，伶人家族“赚钱的当家主事人”“一夫多妾”现象似乎并不意外，它是中国妾媵制度文化的一种产物，伶人及其家族虽然被正统社会所驱逐，但是，他们的文化心理结构仍然没有脱离中国文化的主体格局。这里需要注意的是，名伶“一夫多妾”所凭借的是“赚钱的当家主事人”的身份，根据自己的意志娶妾，没有获取“父权”以及与“父权”同格的“母权”的应允，往往“很遭家族反对”，却是“别人反对自然无效”。如此“反对”及其“自然无效”的情形，名伶与“父权”也就构成一种程度不一的对峙关系，“一夫多妾”构成了“名伶父权”与“父权”对峙关系的一种独特呈现方式。

【注释】

1. 恩格斯：《马克思恩格斯选集》第4卷，北京：人民出版社1966.23页.
2. 俞正燮：《严父母义》，《癸已存瑞》卷四.
3. 刘强、杨宏英：《程长庚传》，河北：河北教育出版社1996.135页.
4. 转引自凯特·米利特：《性政治》，江苏：江苏人民出版社2000.42页、43页.
5. 杨经建：《家族文化与20世纪中国家族文学的母题形态》，长沙：岳麓书社2005.87页.
6. 张邦炜：《中国封建时代的家庭制度》，四川：《四川师范学院学报》1983年第3期.
7. 司马光：《司马光书仪》卷4《家仪·居家杂仪》。丛书集成初编本.
8. 丁秉鐩：《菊坛旧闻录》，北京：中国戏剧出版社1995.426页、427页.
9. 丁秉鐩：《菊坛旧闻录》，北京：中国戏剧出版社1995.429页、430页.
10. 北京市政协文史委员会：《梨园往事》，北京：北京出版社2000.144页、145页.
11. 丁秉鐩：《菊坛旧闻录》，北京：中国戏剧出版社1995.438页.
12. 周少麟：《海派父子》，宁波：宁波出版社2005.3页、4页.
13. 马龙：《我的祖父马连良》，北京：团结出版社2007.53页.
14. 马龙：《我的祖父马连良》，北京：团结出版社2007.55页、56页.
15. 潘光旦：《潘光旦文集·第二卷》，北京：北京大学出版社1994.233页.
16. 丁秉鐩：《菊坛旧闻录》，北京：中国戏剧出版社1995.105页，第106页.
17. 引自杨经建：《家族文化与20世纪中国家族文学的母题形态》，长沙：岳麓书社2005.90页.
18. 杨经建：《家族文化与20世纪中国家族文学的母题形态》，长沙：岳麓书社2005.97页，第98页.
19. 章诒和：《伶人往事》，湖南：湖南文艺出版社2006.227页.
20. 张永和：《马连良传》，河北：河北教育出版社1996.342页、343页.
21. 丁秉鐩：《菊坛旧闻录》，北京：中国戏剧出版社1995.507页、508页.
22. 丁秉鐩：《菊坛旧闻录》，北京：中国戏剧出版社1995.510页.
23. 丁秉鐩：《菊坛旧闻录》，北京：中国戏剧出版社1995.511页、512页.
24. 章诒和：《伶人往事》，湖南：湖南文艺出版社2006.14页.
25. 徐慕云：《梨园外纪》，生活·读书·新知三联书店2006.88页.
26. 丁秉鐩：《菊坛旧闻录》，北京：中国戏剧出版社1995.425页，第426页.
27. 詹姆斯·休斯.JR：《让家族世代兴盛》，北京：清华大学出版社2006.160页、162页、163页、164页.
28. 詹姆斯·休斯.JR：《让家族世代兴盛》，北京：清华大学出版社2006.168页.

29. 詹姆斯·休斯.JR:《让家族世代兴盛》，北京：清华大学出版社 2006.168.169 页.

30. 梅兰芳:《舞台生活四十年》(上、下卷)，北京：团结出版社 2006.78 页.

31. 詹姆斯·休斯.JR:《让家族世代兴盛》，北京：清华大学出版社 2006.183.184 页.

32. 刘平青:《家族基因：家族企业生命力解读》，山西：山西经济出版社 2005.7 页、8 页.

33. 刘平青:《家族基因：家族企业生命力解读》，山西：山西经济出版社 2005.91 页.

34. 马龙:《我的祖父马连良》，北京：团结出版社 2007.57 页.

35. 梅兰芳等:《中国戏剧大师的命运》，北京：作家出版社 2006.299 页.

36. 裘盛戎:《我看高盛麟的演出》,《北京晚报》1962 年 3 月 14 日.

37. 丁秉鐩:《菊坛旧闻录》，北京：中国戏剧出版社 1995.447 页.

第十七章　伶人家族的社交圈

第一节　准基本构件的社交圈

家族结构是分析家族文化基本构件的内在关系，并进而分析这些基本构件的变异以及它的社会意义。在如此的“基本构件”关系以及变异中，还需要关注家族文化的社交成员。社交成员虽然不是家族文化的生物血缘以及文化血缘的“基本构件”，但是，他们作为外围的社会公共关系分子，与家族“基本构件”产生一种互动关系，甚至是实质性以及核心性的互动关系，从而直接渗透和影响家族生活内涵的日常形态以及重大事件。

在此，伶人家族表现尤为显著。它缘于伶业的特殊性质，无论是市场型还是依附型的生存方式，它都需要与社会发生联系。它与村落家族文化颇为不同。村落家族由于大多共同生活在相对集中的一个地域，而且，能够达到一定程度的自给自足，外部也少有经济力量以及信息力量能够有力地渗透到村落共同体之中，也就形成了一种内部的自我供应和消费系统，“封闭性表现为村落共同体与外部没有什么常规性的联系，没有经济的、文化、人际的广泛来往。”[1]由于伶人家族的“乐户”性质，它与传统家族处于一种“隔离”状况，也形成了一种封闭性的族群生活格局，而且，在家族文化心理上也构成了一种被遗弃的“孤岛”现象。但是，伶业的公开展示性以及由此获得生活和生存的经济资源，又决定了伶人及其家族在经济方式上无法实现自给自足，它必须从外部获取经济收入，从而实现一种外部和内部互动的供应和消费系统，它不是“与外部没有什么常规性的联系，没有经济的、文化、人际的广泛来往”，而是与外部有着“常规性的联系”以及“经济的、文化、人际的广泛来往”。到了近代社会，伶业被都市娱乐经济所裹卷，成为一种时尚消费文化，“晚清时候，戏曲遵循着自身的发展规律，已经演变成为整个社会的消费艺术。不仅视‘戏曲’为‘贱役’，视‘优伶’为‘贱民’的大清传统‘律令’对于‘优伶’、‘平民’和‘八旗官兵’都逐渐不再有效，而且，戏曲、优伶的渗透能力与日俱增，作为生活中重要的娱乐，‘戏曲’和‘名伶’几乎逐渐成为被整个社会接受、迷恋和追逐的对象。最引人注目的是八旗官员、汉官文人、豪客富商，他们都与优伶往来密切，甚而至于能够与‘名伶’交往，会被视为一种光荣或者是一种‘身份’的标志、一种‘风流’或者‘风雅’的表现……传统的观念已经发生混乱和动摇。”“从八旗官员、汉官文人、豪客富商一方来看，‘名伶’显然已经不再是传统意义上的‘贱民’，也不仅仅是‘平民’、‘良民’，而是带有了一种‘偶像’的意味。而从‘名伶’一方来看，他们的自我意识也在逐渐形成。”[2]这里，由于中国社会经济的近代化以及“戏曲遵循着自身的发展规律”，“传统的观念已经发生混乱和动摇”，“戏曲、优伶的渗透能力与日俱增”，一方面是“‘戏曲’和‘名伶’几乎逐渐成为被整个社会接受、迷恋和追逐的对象”，“他们都与优伶往来密切”，另一方面“名伶”“他们的自我意识也在逐渐形成”，伶人及其家族“封闭性”的文化心理逐渐开放，也有着发展社会公共关系的需求。

亲属，是家族结构中的基本构件之一。应该说，一定的亲属关系总是发生在一定的社会关系之中的，它一般是和社会关系结合为一体，而且，它只有在社会关系中才更具有意义。因此，亲属关系与社会关系是密切关联的，亲属身份的确定，也就具有生物学和社会学的两个层面，它虽然主要来自于生物学的血缘关系，但是，也有社会关系与血缘关系的重合，甚或是社会关系的，例如继拜和结拜关系，形成“义父”和“义兄弟姐妹”的关系，使没有血缘关系的人也构成了亲属关系。伶人家族的社会公共关系分子，自然无法与亲属身份比拟，但是，“他们都与优伶往来密切”，甚至名伶“带有了一种‘偶像’的意味”。李慈铭的《越缦堂菊话》载：“光绪三年”，“八月二十日：晚，赴心泉及张霁亭府尹景和之召。是日，梅蕙仙生日也。坐客甚杂，无憀之甚”，“诣景和以钱二十千为蕙仙寿”，“时琴香者，名小福”，“今年（光绪二年）其三十生日，百镒之金，十日之馔，豪客接坐，豪毂塞门。”[3]“名伶”生日，可谓排场不小，“百镒之金，十日之馔”，“坐客甚杂”，“豪客接坐，豪毂塞门”，可见名伶与社交界“往来密切”。这些社交界人士，也就成为伶人家族结构的特殊元素，对伶人家族产生或深或浅的内在影响。

伶人家族对于社交圈也是具有目的性的构建和经营，因为它对于伶人的伶业运作以及经济利益有着颇为重要的关系，可以将如此社会关系转化为一种伶业经济。前面已有论及，伶人家族作为一个社会经济单元，它需要运营“人力资本、物质资本和社会资本”，而社会圈则是它的重要内容之一。近些年来，一些学者认为应该重视家庭及其家族的“关系”研究，包括家族成员与家族的关系、家族成员之间的关系、家族与外部的关系等。家族内部的关系，诸如家族财产关系、生产劳动分工、性关系以及家族成员的角色和地位；家族外部的关系，诸如家族与社区、国家的关系，考察国家权力对于家庭的塑模作用，真实呈现家族生活的周围场景，也即基层社会的历史面貌。如此的家族关系研究，它并非是简单地罗列关系，而是需要研究家族内部成员之间、家族与社区和基层社会之间以及家族与国家之间的互动关系。由此，才能把握中国家族的历史特点及其发展演变的历史通道，并通过家族分析和判断中国社会结构以及社会生活的各种特征，从而根据家族的历史变化透视中国社会的历史变迁。需要指出的是，对于伶人家族而言，家族外部的关系则必须围绕社会关系研究，它从一种“社会资本”可以转化为一种“人力资本”和“物质资本”，它是伶人家族为了扩展经济资源而需要必然采取的行动。伶人家族到了中国近代社会之后，在族群文化心理上还会留存着“乐户”的“孤岛”现象，“优伶的经济、社会地位虽然有了提高，却未能完全消除社会仍存在的轻侮意识，有时候也还是会遇到社会态度反复无常的尴尬。”[4]但是，由于伶人家族生态中的外生性的冲动，即“‘戏曲’和‘名伶’几乎逐渐成为被整个社会接受、迷恋和追逐的对象”，“甚而至于能够与‘名伶’交往，会被视为一种光荣或者是一种‘身份’的标志、一种‘风流’或者‘风雅’的表现”；同时，又缘于内生性的需求，即伶人家族的“人力资本、物质资本和社会资本”运作，社会圈也就成为伶人家族结构中的外围，却作用不可轻视的一种准基本构件。

关于社交圈的分类方法，由于论述对象的差异而各有不同。张研的《19世纪中期以前中国小家庭的社交圈——以安徽为中心（一）》一文，它研究的对象是中国小家庭，故而提出了血缘社交圈、经济社交圈、精神社交圈。因为是小家庭，它首先的社交圈是具有血缘关系的家族成员，新旧家庭起点与终点在“分家”这一临界点上的重合，并使其紧密联系在一起，使家族与宗族成为新家庭最初也是联系最为密切的社交圈，即血缘社交圈。经济社交圈、精神社交圈则是根据社交性质而分类的。它通过分析中国小家庭的社会交往可以发现，尽管散沙状态的小家庭之间没有多少横向依赖性，却是由于“分家”而产生对于家族以及宗族共同的纵向依赖性，也是由于公共经济活动、事业活动和文化活动的需求，对于宗族以及乡族有着共同的纵向依赖性。共同的纵向依赖性体现为小家庭各种共同的社交圈，包括血缘社交圈、经济社交圈、精神社交圈等。各种社交圈的纵横交错，使众多小家庭成为紧密相连的一个整体。[5]台湾学者萧启庆在《元朝多族文士圈的形成初探》一文中，论述了元朝各族士大夫通过姻戚、师生、座师与同年、同僚、同乡等形成的社会网络“关系”，文人之间通过诗文唱和、观书读画、题跋赠序等活动以切磋功错和敦睦情谊的文化互动，从而分析中国历史上前所未有的多族文化圈的形成及其在族群融合上的重要意义。[6]邹重华的《士人学术交游圈——一个学术史研究的另类视角（以宋代四川为例）》一文，以宋代四川的士人学术交游，包括师生、同学、同乡、同僚、联姻等社会交往“关系”作为论述对象，认为士人学术交游圈，使士人突破了独自研习的局限，使学术问题成为诸多士人共同研讨的话题，而且，它一般以某个或者几个重要学者作为核心，逐渐形成学术流派，并可以从纵横两个方面认知一个地域学术发展的整体状况。[7]

伶人家族的社交圈，自然与中国小家庭、文士等有所不同，因此，它的分类方法也有自己的原则，一是由于伶人家族“乐户”的“孤岛”现象，“有时候也还是会遇到社会态度反复无常的尴尬”，故而族群效应仍然存在，伶人家族内部以及泛家族化的伶业阶级，还存在着或重或浅封闭化的族群现象，故而血缘社交圈以及伶界内部联姻或者姻戚也就不列入伶人家族的社交圈之内；二是经济社交圈、精神社交圈等性质分类，对于伶人家族而论，两者较为难以区别，经济社交圈也有可能达到精神社交圈的境界，精神社交圈也会转化为经济社交圈的利益，也就不合适成为伶人家族社交圈的分类方法；三是按照社会网络“关系”分类，诸如姻戚、师生、同学、同乡、同业，也不符合伶人家族社交圈的实际情况，姻戚、师生已经在伶人家族结构中的亲属关系中论述，同学和同业则是一种伶业泛家族化的现象，同乡对于伶人家族虽有一定的影响，但也只是伶人家族社交圈的成员之一。在此，按照伶人家族社交圈的“身份”进行分类，伶人家族在这些不同“身份”的社交者的公共关系中，会有相对差异的公共关系定位以及不同的“人力资本、物质资本和社会资本”收益倾向。

第二节　智库的文士阶层

笔者在《中国伶人性别表演研究》一书中，详细论述过中国文士与中国伶人的内在接通关系以及中国文人在与女性伶人互动过程中表现出来的“假面人格”。应该说，中国传统儒学对于伶业一直不是十分友好，孔子对“旌旄羽袯矛戟剑拔鼓噪而至”的武舞以及“优倡侏儒为戏”，表示了极大的不满。尽管它的背景因素较为复杂，但是，也折射了孔子与戏剧之美的隔阂甚至格格不入。“我们就不难发现，这种以儒家理想为主干的艺术精神，是一种‘非戏剧精神’”，“当戏剧繁荣之后，坚守儒家道统的人也会看点戏、写点戏。但是，大凡儒家的宗师巨匠，总与戏剧美保持着明显的距离。严格按照儒家观念写出来的戏也有一些，但大抵不是上乘之作”，“也正为此，中国戏剧集中地成熟于‘道统沦微’的元代”，“也正为此，就连很成气候的元杂剧，竟也‘两朝史志与四库集部，均不著于录。’”[8] 虽然“坚守儒家道统的人”“总与戏剧美保持着明显的距离”，但是，由于中国文士与儒学之间的复杂关系，甚至是中国政治与儒学之间的复杂关系，在中国伶业历史中，却也出现了唐玄宗与戏剧的密切接触，而在“‘道统沦微’的元代”，文士开始规模性地与戏剧发生联系，到了近代社会，因为一些较高文化品位的文士参与其中，才强化了伶业在都市娱乐经济中的竞争能力。

从某种意义而言，无论是由于何种的机缘，只要文士与伶人接近，就有可能带来伶业的繁荣。在中国伶业发展过程中，文士介入伶业有着三次较为密集的时期，一是众所周知的元代，汉族文士在仕途无望中，开始与伶人相依为命，原来粗糙芜杂的戏剧与较高等级的审美意识开始结合以及融和。应该说，文士投身伶艺，虽然不是名堕“乐户”，但是，一旦进入以后，其中的杰出者也就对戏剧生活无法割舍了，文士改造了伶艺，伶艺也改造了文士，如同关汉卿在《【南吕】一枝花·不伏老》套曲中所写的："我是个普天下郎君领袖，盖世界浪子班头"，"通五音六律滑熟，甚闲愁到我心头!""占排场风月功名首，更玲珑又剔透。我是个锦阵花营都帅头，曾玩府游州"；二是明中晚期到清初，由于沈璟、汤显祖、冯梦龙、孔尚任、洪昇等文士参与剧艺，产生了明清传奇昆剧的繁荣；三是20世纪初，文士又与伶业接触起来，从而使京剧出现了一个辉煌时期。根据上述所论，虽然中国传统儒学存在一种"非戏剧精神"，但是，以儒学为核心精神资源的中国文士却未必全是"非戏剧精神"，他们会由于各种不同的契机，与伶业以及伶人产生深度接触。元代时期，如同《青楼集·序》中所称的："不屑仕进，乃嘲风弄月，留连光景。"明中晚期到清初，在资本主义萌芽出现，文士将参与伶艺作为风雅倜傥之事。20世纪初，伶业以及伶人地位提升，社会对于伶艺的教育作用也有新的认识，文士与伶人共同推动了京剧艺术的繁荣。因此，中国文士在各种契机中，并不完全受限于儒学，而是会将伶艺作为自身寄情风雅以及教化的工具，说明了文士与儒学之间的微妙关系。

以20世纪初为例，名伶梅兰芳、程砚秋、荀慧生的周围，即有着一个文士社交圈，"在梅兰芳周围，有齐如山、冯幼伟、李释勘、吴震修、许伯明等人。这些人都是深通此道的行家，能编写剧本、能指导排演。"[9]梅兰芳称道："我排新戏的步骤，向来先由几位爱好戏剧的外界朋友，随时留意把比较有点意义、可以编制剧本的材料，收集好了。再由一位担任起草，分场打提纲，先大略的写了出来，然后大家再来共同商讨，有的对于掌握剧本的内容意识方面是素有心得的，有的对于音韵方面是擅长的，有的熟悉戏里的关子和穿插，能在新戏里善于采择运用老戏的优点的，有的对于服装的设计、颜色的配合、道具样式这几方面，都能推陈出新，长于变化的，我们是用集体编剧的方法来完成这一试探性工作的。我们那时在一个新剧本起草以后，讨论的情形，倒有点像现在的座谈会。在座的都可以发表意见，而且常常会很不客气地激辩起来，有时还会争论的面红耳赤。可是他们没有丝毫成见，都是为了想要找出一个较美的处理来搞好这出新的剧本。经过这样几次的修改，应该加的也添上了，应该减的也勾掉了，这才算是在我初次演出以前的一个暂时的定本。演出以后，陆续还有修改。"[10]这些社交圈的"外界朋友"，也就成为梅兰芳伶艺创作的"智库"以及共同剧本作者。

梅兰芳在《舞台生活四十年》一书中详细地谈及了社交圈的文士齐如山：

> 我刚才所说经常担任起草打提纲的这位朋友，就是齐如山先生。我们的认识，谈起来是相当有趣的，没有朋友从中介绍，纯粹是由于艺术而结合的。这段经历我在这里简单地说一说：

> 一九一二年清帝制推翻以后，我国各界都向维新的路上走去。戏剧界自然不甘落后，也想灌输一点新的知识，提高从业员的文化水准。就由田际云、余玉琴等发起组织了“正乐育化会”。会里附带办了一个育化小学校，鼓励本界的子弟，入校读书。会长一席公推谭鑫培担任，副会长就是田际云。这个机构有点像后来的梨园公会，可是它跟外界却不断地保持着适当的联系。例如公元纪年初年黄克强等到了北京，我们就召集全体会员，开会欢迎他们。同时也常请文艺界的朋友到会演讲。有一次我在会上听过齐先生的演讲，他所说的全是些有关外国戏剧的情形。有人告诉我说：“此人姓齐，刚打法国回来的。”这是我第一次看到齐先生，我们并不认识，也没有交谈。转过年来，他常到天乐茶园听我的戏。我先没有注意到他，有一天我接到一封署名齐如山的信，批评我的演技，某处的身段可以改变一下，某处的表情还不够深刻，某处词句可以改动一下。我看完了这封信，觉得他说得有对的地方，下次再演这出，或者在别出同类的戏里，我就按着他的提议修改了。他看我采用了他的意见，更感到兴趣，就接二连三的仍用书面来跟我商榷。差不离每看一次戏，回去准给我写一封信。这样大约经过了好几个月，我慢慢地也明白坐在池子前排的一位黑黑的脸子、留着一簇小胡子、中等身材、穿了一套很朴素的西装的老听众，人又好像是在哪儿看见过的，这就是拿写信当做常课、每天要烦邮务员到我家来走一趟的齐如山先生了。有一天我让跟包大李到前台送给他一封信，约他来细谈。果然他是准时而到，谈得非常痛快。从此他要对我的艺术提意见，就不必再用书面的方式了。[11]

这位齐如山精通德文、法文和英文，对于欧美戏剧也非常了解，颇具改良意识。他参与为梅兰芳编写了四十多个剧本，例如《霸王别姬》、《嫦娥奔月》、《一缕麻》、《牢狱鸳鸯》，都是齐如山拟好提纲写成剧本，而且，在一段很长的时期，他成为与梅兰芳研讨伶艺的高级谋士。这些学识渊博而且深通伶艺之道的社交圈文士，对于梅兰芳确立在伶业的地位也是发挥了不少的作用，梅兰芳也是颇为倚重这些社交圈文士，主动结交对于伶艺有着深入研究的文士，请他们帮助撰写剧本和指点声腔表演。

程砚秋也非常重视社交圈的文士，甚至不逊于梅兰芳，“因为梅、程肯研究，肯革新改进，肯倚重外行的文人朋友，于是就新剧迭出，名重一时；而程尤较梅为以新戏取胜，这也是奠定他地位的重要因素。”[12]在前所论述中，已经提及罗瘿公与程砚秋的深厚关系，这位出身书香门第、中过副贡、曾任总统府秘书、国务院秘书的社交圈文士，已经成为类“父权”的师父，成为伶人家族结构的基本构件元素。程砚秋乐于文人交往，一生伴随周围的文士还有金仲荪、翁偶虹等。金仲荪与罗瘿公经历颇为相似，他青年时代就读于京师大学堂，曾任公元纪年参议员，后辞职挂冠而去，与罗瘿公是至交好友。在罗瘿公离世以后，他不负老友生前所托，开始为程砚秋写戏，成为程砚秋极为亲密的伶艺合作者。荀慧生的社交圈文士，主要有陈墨香、舒舍予、陈水钟等，一共合作创作、改编、整理了一百多个颇能发挥荀慧生表演长处的剧本。张伟君在《荀慧生传略》一文中写道："这些剧本大多是在我们椿树上三条的故居内完成的。他们经常在戏散回到家以后，不顾一天的疲劳，一起仔细琢磨研讨，反复推敲，字斟句酌，一直到满意为止。有时甚至达到通宵达旦、废寝忘食的程度。记得有一天狂风大作尘土飞扬，可他们照旧坐在花园里编写剧本，直到我几次催他们吃饭才回到屋里。彼此面面相觑，不禁哈哈大笑起来：原来一个个全都成了'土地爷'！这些目前仍旧流传于世的剧本，都渗透着他们的心血。""慧生和陈墨香先生是知心好友，他们是在王瑶卿先生家里结识的。二人合作默契，情同手足。"[13]马连良社交圈的文士中，使他一生刻骨铭心的是邵飘萍。邵飘萍为晚清秀才，时为《京报》主编。他对马连良的剧艺颇为喜爱，两人过从甚密。邵飘萍经常向马连良介绍各种艺术门类以及诗词歌赋，以提高马连良的文化和艺术修养，并勉励他发挥其唱、念、做兼擅的特点，形成自己的演出风格。当有人对马连良的京剧改革颇有微词时，邵飘萍在《京报》上撰文支持马连良，并在报端题写"须生泰斗，独树一帜"的文字，使马连良深为感动，将邵飘萍视为良师益友，"邵先生对马连良的帮助，无异于齐如山之于梅兰芳、罗瘿公之于程砚秋"，后邵飘萍被军阀杀害后，"当马连良返京后闻知'谁来收尸，谁就有革命党嫌疑'时，不顾亲朋好友们的阻拦，毅然前往法场。他说：'谁都知道我是唱戏的，与政治无涉！我要让邵先生入土为安。'当他见到邵飘萍右眼下之饮弹创痕时，再也无法控制自己的情绪，面对遗骸失声痛哭，他第一次感到政治是如此的无情和冷酷。邵的文人朋友知道马连良为邵收尸的事后，不由得对这位青年伶人肃然起敬。"[14]由此，反映出马连良与这位社交圈文士的感情之深，冒着生命危险"收尸"，从某种意义上也已经将邵飘萍作为家族的一个特殊"成员"而采取行动的。

这些社交圈的文士，不但对于名伶的艺术发展产生了重要的作用，而且，也或深或浅地进入了伶人家族的日常生活，成为伶人家族结构的一个特殊构件。在与社交圈文士的"琢磨研讨"中，许多名伶也受其熏陶，出现了学者化的倾向。梅兰芳称道："还有许多爱好戏剧又能批判艺术好坏的外界朋友，他们在台下听戏，也都聚精会神地在找我的缺点，发现了就随时提出来纠正我。因为我在台上表演是看不见自己的表情和动作的，这些热心朋友就同一面镜子，一盏明灯一样，永远在照着我。"[15]其实，在此过程中也锻炼了伶人的心智结构及其精神等级，也培养了伶人的一种思考习惯。应该说，梅兰芳的综合文化素质以及层级已经不逊于一位学者，而且，在文化各个领域都是颇有造诣，抗日战争时期，梅兰芳居住在上海，不为日伪登台表演，乃是以售画为生，一种昔日的爱好能够成为谋生的手段，可见梅兰芳的绘画技艺不俗。当然，它也可能与梅兰芳作为伶界名人的影响有关，但是，也至少反映了梅兰芳较为全面的文化素养。在梅兰芳的社交圈文士中，其中几位对于书画鉴赏和收藏文物颇有研究，梅兰芳从他们收藏的书画中，发觉色彩的调和、布局的完密与伶艺表演有着声息相通的地方，因为伶艺的服装、道具、化装、表演等综合起来也是一幅活动的水墨画，他也就想从绘画中吸取一些对于戏剧有所帮助的养料，在空闲时就把祖父和父亲遗留下来的一些画稿、画谱取出临摹，但是，对于用墨调色以及布局章法等并没有获得方法，后来在罗瘿公的帮助下，他跟王梦白学绘画，此后又结识了陈师曾、金拱北、姚茫父、汪蔼士、陈半丁、齐白石等著名画家。他称道："从与画家的交往中，使我增加了不少绘画方面的知识。他们有时在我家里聚在一起，几个人合作画一张画，我在一边看，我们一边画一边商量，这种机会确是对我有益。1924 年，我三十岁生日，我的这几位老师就合作了一张画，送给我作为纪念"，"白石先生虽然只画上了一只小小的蜜蜂，却对我研究舞台画面的对称很有参考价值。""和我有往返的名画家，在作画的时候，各人有各人的习惯"，"这和演员在出台之前，先试试嗓音，或者活动活动身体的道理是差不多。"[16]因此，梅兰芳"从与画家的交往中"，"这种机会确是对我有益"，不但他的画技大有提高，而且，也熏染了他的学者气质，同时，也作用于他的伶业表演艺术，"随着梅兰芳交游的愈加广阔，并受朋友影响，兴趣更加广泛，各方面生活情趣的陶冶也进一步推动了梅兰芳戏曲艺术的发展。"[17]程砚秋也是一位文化品质较高的名伶，翁偶虹将编写的第一个剧本《瓮头春》交给程砚秋，"一周以后，程砚秋约翁偶虹到他家去，程当时住在东城，院内有山石花木。程砚秋含笑将翁偶虹迎进客厅，厅内布置得十分幽雅，程砚秋文质彬彬，非常谦和，翁觉得程砚秋不像演员，倒像个学者。"[18]"像个学者"，应该与社交圈文士的密切交往也有一定的内在关系。

第三节　官吏阶层的社交需求

伶业有着依附型、市场型及其游走于两者之间的三种主要生存形态，其中依附型的一个重要方式，则是依附于皇宫官府，因此，伶业与官吏一直存在着互通关系，使伶艺成为官吏权力消费的一个通道。到了中国近代社会，在伶人家族的社交圈中，官吏也开始进入了它的领域。它的形成原因，主要有以下两个方面：

首先，伶人家族为了开展伶业经济，从而获取生存资源，依附于官府的伶人及其家族自不待言，就是流动的市场型伶人及其家族也需要与官府或者有权势者保持良好关系，否则难以在某一地域进行伶业表演活动。在伶业发展过程中，"唤官身"的职业记忆也成为伶人家族的一种集体无意识，在《宦门子弟错立身》中，延寿马爱上女伶王金榜，其父河南完颜同知命人将王金榜之父王恩深叫来，令他“你今夜快与我收拾去，不许此处居住；明日早若见你在此，那时节别有施行。”王金榜一家就得马上连夜离开洛阳。王恩深已准备好演出，观众已“阵马挨楼满”，延寿马假传父命，“官身”威仪，王恩深只得停演立刻前去。延寿马离家出走后，到了一地，了解到王金榜正在此地作场，在一个茶坊里停留，吩咐茶博士去叫王金榜。王金榜不顾勾栏散场立即前来。此虽为艺术作品的描述，也应该是伶人家族伶艺生活的一种真实写照。伶人及其家族对于官府以及官吏的“恐惧”，又必然会转化为一种寻求“庇护”的心理，因此，伶人家族有着寻找与官吏“交往”的职业需求。到了明代，“这时也出现了戏班必须依赖某一有权势者的特点。《梼杌闲评》就说魏云卿一班，‘如今又倚着王家的势，再没人敢惹他’（第四回）。而且确实魏云卿找了王公子，出了牛三抢砸他们戏班的气。再如写钱岱事迹的《笔梦叙》，言‘邑中向有钱府班者，特记钱府牌额’，亦是戏班子为了营业方便，以求荫庇之意。”[19]清末民初，由于伶人社会地位的微妙变化，“八旗官员、汉官文人”“他们都与优伶往来密切”，伶人家族同样有着“以求荫庇之意”以及扩展伶业经济的需要。

其次，官吏一直将享用伶艺作为自己特权以及身份的体现，“帝王权力的优伶配置，实质是一种国家策略。运用权力和优伶的互动关系，以证实和巩固权力，从而将权力神圣化，产生一种威慑效应，以及占用女性优伶，来显示权力的男性性别功能，把权力赋予一种中心化秩序，并从中流露出男女性别关系的独特意味”，“而优伶性别则是权力确认和表现的基本方式，是权力的一种非常具有表现力的附属和载体。”[20]这里论述的是伶人与权力的内在互通关系，伶人被纳入了国家政治体系设计的“权术”内容，成为“权力确认和表现的基本方式”。到了清朝末年，伶业成为一种时尚娱乐，伶人出现了偶像化倾向，伶人及其家族周围也就出现了一批“追随者”，自然它也包括“八旗官员、汉官文人”，如前所论述的，他们“能够与‘名伶’交往，会被视为一种光荣或者是一种‘身份’的标志、一种‘风流’或者‘风雅’的表现”，甚至出现了名伶与帝王、官吏交往的一些“传奇”。1932年《剧学月刊》一卷二期《旗下提倡戏曲》一文写道：“清同治间，旗下士大夫提倡戏曲者，以工部侍郎明善为最，次则户部侍郎延煦。光绪朝，延煦进礼部尚书，犹日与伶人往返，盖终身如是也。其后则肃亲王善耆，户部尚书立山，将军傅桐，均以知音名。善耆、傅桐均自登场，傅桐艺尤工。”这些“八旗官员”“日与伶人往返，盖终身如是也”，反映出当时伶人及其家族与官吏社交的密切程度。

因此，伶人家族与官吏两个方面都存在着“社交”的需求及其冲动，官吏阶层自然也就成为伶人家族的“社交圈”之一。当然，伶人家族与官吏的“社交”也包含着复杂甚至是残酷的因素，“运用权力和优伶的互动关系，以证实和巩固权力，从而将权力神圣化，产生一种威慑效应”，也会存在着官吏对于伶人及其家族的欺压、“占用”以及利用，一些伶人家族也就不太愿意与官吏来往。马龙在《我的祖父马连良》一书中提到，以前造访马家高官不多，抗战胜利以后，由于王云荪的关系，常常有国民党官员前来拜访。王云荪与达官贵人“社交”颇多，他们知道王云荪与马连良家族的关系，也就很想一睹当代须生王座的尊容，于是，马家院墙外面每天总是排着长长汽车车龙。这些来访官员，多为“接收大员”，只是附庸风雅，不懂艺术。马连良虽然不情愿应酬，但是，也是不敢得罪，只好佯装笑脸，虚与委蛇。其中也不乏一些既尊重艺术又尊重伶人的官员，他们愿与伶人家族交往，马连良自然是礼貌相待，而且，在一位青年军官和马连良的共同努力下，政府出面，马连良等伶人出钱，组织伶人“集体戒烟”。“国民党的接收大员们在料理‘公务’的同时，开始大把大把地为自己捞取好处。其中一些慕名前来马宅拜访的官员，见到‘南宽街’这所深宅大院，见到摆放明清家具的客厅，见到拥有法式雕花桌椅的餐厅，见到倒映人影的地板，见到墙上的名人字画，不由得露出了垂涎的口水和贪婪的目光，这不正是他们时时刻刻都在挖空心思所要寻找的对象吗?！敲诈名伶是历朝历代的官员最简单、最省事的敛财方法，可算得上是‘弹无虚发，一击中的’。敲诈得方式与方法则因地制宜、因人而异。这段时期里，最流行、最有效的招数就是把敲诈的对象打成‘汉奸’，这样就可以顺理成章地清算‘汉奸’的财产，把它作为‘敌产’和‘逆产’，明目张胆地‘充公’到他们的腰包里。于是‘大员’们开始搜寻马连良的把柄，然后再置他于死地。”“这出‘马连良汉奸案’的大戏，由国民党高官做后台老板，负责全盘策划。”[21]这场“官司”打了将近一年，马家除了剩下南宽街的大宅院以外，已经倾家荡产，还欠下不少的债务，最后北京地方法院的结案陈词是“查无实据，不予起诉”[22]。其间，由于“官司”在身，马连良停止了一切伶业表演活动，马家几十号人需要吃饭，却是没有经济收入。马连良长子马崇仁天天在外搭班唱戏，将所得不多的酬金交给家里苦熬生计，甚至儿媳妇满羡懿都要将首饰拿出来变卖，从而帮贴家用，马家生活十分艰难。颇有戏剧性的是，一年“官司”期间早已消失的许多官员又“冒”了出来，以道喜为名，强迫马连良演唱“道谢戏”。马连良无奈，又唱了二十多场的“义务戏”。因此，伶人家族与官员“社交”确实存在一定的复杂情形，甚至是一种风险的状况。虽然伶人家族与官员各有需求，但是，他们的目标并不一致，甚至有时是无法交汇的。如同权力对于伶人是既利用又制衡，伶人家族与官员“社交”关系也必然进入如此的政治编排之中。

第四节　商人阶层的伶业作用

伶人家族与村落家族不同，它虽然有着人身和心理的“封闭性”，但是，伶业经济不是自给自足性质，它与“外部”必须有着“常规性的联系”，有着“经济的、文化、人际的广泛来往”，从而获取经济收入资源或者生存条件。伶业经济乃是伶人通过“出卖”伶艺劳动力而得到经济回报，从某种意义而言，它也具有商业经济的某些特征，尤其是都市娱乐经济繁荣以后，市场型的伶业经济更为显著。到了近代社会，许多名伶组班演出，戏班也就是一个较为完整的文化经济组织，名伶也常常被称之为“老板”。由于伶人家族的商业性需要，加上“豪客富商”“能够与‘名伶’交往，会被视为一种光荣或者是一种‘身份’的标志、一种‘风流’或者‘风雅’的表现”，“他们都与优伶往来密切”，商人也就自然进入伶人家族的“社交圈”范畴。

余叔岩的“社交圈”中，有魏铁珊、孙陟甫、薛观澜、孙养农、岳乾斋、张伯驹等好友，其中岳乾斋、张伯驹先后担任过北平盐业银行总经理，故而余叔岩的所有经济收入，均存入北平盐业银行。如果偶然发生急需，而存款不敷时，岳乾斋、张伯驹必定代为垫付，等余叔岩有了收入，再存上归还。遇到岳乾斋、张伯驹二府的喜庆堂会，余叔岩必然全力以赴献演，有时还演双出，而且不收酬金。岳乾斋、张伯驹自然不肯让余叔岩演“义务戏”，不但照送，而且要比平常更加丰厚，总是在互相推搡中，余叔岩才最后收下。张伯驹与岳乾斋不同，不仅属于戏迷，自己还学老生，与余叔岩的来往自然更加密切。只要张伯驹求教，余叔岩就倾囊以授，完全将张伯驹当做知心朋友。

在梅兰芳的商人“社交圈”中，冯耿光是颇为重要的，前所论述的冯耿光与福芝芳之母为了梅兰芳的财权斗法，可见冯耿光介入梅兰芳家族经济生活的深度，梅兰芳的财权完全由冯耿光掌握。这位冯耿光与梅兰芳有着五十年的深厚交情，梅兰芳也一直将他作为知已。他在冯国璋担任总统时，被任命为中国银行总裁。可以说，梅兰芳是冯耿光等“社交圈”朋友捧起来的，在他十四岁时，当时他刚刚搭班“喜连成”“附学”，身份还是一个“歌郎”，两人开始相识。穆辰公《伶史》称：“诸名流以其为巧玲孙，特垂青焉，幼薇尤重兰芳。为营住宅，卜居于芦草园。幼薇性固豪，挥金如土。兰芳以初起，凡百设施，皆赖以维持。而幼薇亦以其贫，资其所用，略无吝惜。以故兰芳益德之。尝曰：‘他人爱我，而不知我，知我者，其冯侯乎。’”[23]此处的“幼薇”即为冯耿光。《京剧二百年历史》一书中也提到冯耿光等“社交圈”朋友，“谓兰芳为巧玲之孙，极力捧场。幼薇尤尽其力，为营住宅于北芦草园，凡有利于兰芳者，挥金如土，不少吝惜。”[24]因此，梅兰芳对于这位恩人一般的冯耿光，自然内心充满感激。他后来表述道：“在我十四岁那年，就遇见了他。他是一个热诚爽朗的人，尤其对我的帮助，是尽了他最大的努力的。他不断地教育我、督促我、鼓励我、支持我，直到今天还是这样，可以说是四十年如一日的。所以我在一生的事业中受他的影响很大，得他的帮助又最多。”[25]罗瘿公也曾经帮了梅兰芳不少忙，后来转向捧程砚秋，也曾公开做诗云“梅魂已属冯家有”，似乎也是颇为“妒忌”梅兰芳与冯耿光的关系。

第五节 互惠的结构

其实，从文士、官吏、商人三个阶层论述伶人家族的“社交圈”，如此的分类方法也只是相对的，如同中国历史上文士的身份也是少有纯粹的，他们的第一身份大多是官吏，此处文士也可能曾经有官吏身份，官吏也有文士出身，商人也可能身兼文士的社会名分。这些伶人家族的“社交圈”，有的深入到了伶人家族的日常生活内部，甚至是一种类长辈或者类亲属的角色，从他们的实际作用以及影响而言，也可以说是基本上成为了伶人家族结构的准基本构件；有的只是与伶人发生联系，与伶人家族的生活形态关系不是十分直接，但是，也通过伶人间接介入了伶人家族的日常活动。由于伶业的泛家族化现象，伶界内部的人际“社交”关系，没有成为伶人家族“社交圈”的论述对象，应该说它对于伶人家族的内在作用更加显著，形成了伶人家族“社交”的“内生态圈”。与文士、官吏、商人三个阶层形成的伶人家族“社交圈”，则是伶人家族“社交”的“外生态圈”。如此的“外生态圈”，构成了一种伶人家族的“互惠结构”及其“社会资本”。

在经济人类学理论中，有着一种“互惠理论”，1944 年美国学者卡尔·波拉尼在他的著作《大转变》中，初步确立了“互惠理论”的学术基础以及分析框架，此处的“互惠”乃是一种与“再分配”和“市场交换”相互对应的经济交换形式，这种个体化的交换发生于以血缘和伙伴关系结成的共同体之中。它多表现为以“礼物”作为媒介的义务性“赠予”关系，而且，它并不局限于物质和服务的提供，更是一种广义的互助关系。原来学术界常常将互惠理论作为分析传统社会和落后民族交往关系的工具，如今西方学者对此已有新的认识，例如卡尔·波拉尼没有把他的概念限定于经济组织的任何特定形式，他的概念框架乃是覆盖了人类社会中所有已知的经济类型的意义上，属于真正跨文化的。“互惠理论”首先在家庭亲子关系研究中得到运用，其代表性学者是以色列女学者本·阿莫斯（Ilana Krausman Ben—Amos），在她新旧世纪之交先后出版了专著《近代早期英国的青少年和年轻人》（1994）、论文《礼物与关爱：近代早期英国的非正式支持》（2000）和《互惠界定：近代早期英国的父母与子女》（2000），她运用丰富的史料，论述了近代早期社会转型阶段英国父母与子女之间的双向照应以及相互帮助，尤其是父母对子女在青少年阶段外出服佣和学徒期间的深情关爱以及成年子女对老年父母的照料回报。亲子之间的相互支持，既有物质形式的“礼物”赠予和回报，例如食品、衣物和钱款；也包括非物质性的情感交流、社会声誉、信息提供、人际关系。父母与子女的互惠是一种双向的“礼物”交换，但是，两者并非对等，属于互惠类型中的“概化互惠”，即不计较价值等量因素的互惠。[26]这里，父母的帮助大于子女的回报，子女的回报还由于种种因素的制约而具有某种时间上的滞后性。但是，子女的回报在父母生涯的节骨眼上发挥着重要作用，例如对年迈、患病、丧偶父母的帮助。从本质上看，这是一种“报之以情”（reciprocate with affection）的支持。这些女儿为陷入困境的父母提供了一种“安全网”（safety net），犹如自己年轻时父母为她们提供的一样。因此，“互惠理论”是包括物质层面和精神层面的双向互动式关系。[27] 伶人家族与文士、官吏、商人的“社交圈”，虽然与上述的“亲子”关系有着本质的不同，他们的“社交”有着更加复杂的背景以及内在关系，但是，“互惠理论”也有着一定的启示意义。如前所论，伶人家族与文士、官吏、商人的“社交”都有着各自的诉求，存在着一种双向的“礼物”交换，而且，也是既有物质形式的“礼物”赠予以及回报，也包括非物质性的相互支持。这种“社交圈”达到一定的深度形态时，如同冯耿光之于梅兰芳，“他不断地教育我、督促我、鼓励我、支持我，直到今天还是这样，可以说是四十年如一日的”，还有罗瘿公之于程砚秋，陈墨香之于荀慧生，他们也会产生一种不计较价值等量因素的“概化互惠”，形成一种“报之以情”以及“安全网”的“互惠”效应。从此意义而论，深度形态的伶人家族“社交圈”，也具备了一种伶人家族结构基本构件的水准。

应该说，伶人家族“社交圈”能够形成“概化互惠”关系，与伶业的特殊性有着内在的接通关系。如前所述，伶艺存在着“自娱”和“娱人”的二元对立关系，“娱人”“给表演带来了奉献、屈从、魅惑、鼓动、号召、迎合等暧昧不明的因素”，但是，“作为一种游戏，一种想象的置换，一种技艺的追求，一种真诚严肃的创造，都属于‘自娱’（‘自我满足’、‘自我欣赏’一直到‘自我实现’诸层次）的方面。”在这种“自娱”的形态中，文士、官吏、商人也会产生一种“想象的置换”，替代性地实现一种“‘自我满足’、‘自我欣赏’一直到‘自我实现’诸层次”，也就可能出现不计较价值等量因素的“概化互惠”。如此的“概化互惠”，在伶人家族“社交”的“外生态圈”中，也就形成了一种重要的“能量”效应，乃是伶人家族的“社会资本”。社会资本是西方社会学界新近使用的一个概念，它与以往物质资本、人力资本的含义不同，它是指社会组织的特征，诸如信任、规范以及网络，它们能够通过促进合作行为，从而提高社会的效率。“信任”、“规范（互惠规范）”和“网络”（社会网络）是“社会资本”的三个基本要素。伶人家族的“社交圈”也是属于“社会网络”，它形成了伶人家族的“社会支持网”，并由此获得金钱、情感、友谊等的各种资源支持，以及解决伶人家族日常生活中的问题及其危机。

作为伶人家族“社交”的“外生态圈”，伶人家族的“社交圈”构成了一种“双层结构”的悖论形态。伶人家族以及伶人家族“社交”的“内生态圈”，它本身具有封闭性特征，但是，缘于伶业与外部有着“常规性的联系”，它又需要有着一种“社交圈”。如此情形，到了近代社会以后，随着伶业经济及其社会地位的改变，“双层结构”的悖论形态才不同程度地有所变化，伶人家族以及伶人家族“社交”的“内生态圈”也逐渐不再局限于

“封闭性”的状况，从人身以及文化心理上开始与伶人家族的“社交圈”不断出现自然交汇。因此，伶人家族的“社交圈”“双层结构”演变过程，折射了中国社会对于伶业以及伶人的观念以及态度，从而也反映出中国社会文明发展的内在“脉动”过程，它的背后有着深刻的政治、思想、经济和文化等之间的博弈格局。

【注释】

1. 王沪宁:《中国村落家族文化——对中国社会现代化的一项探索》，上海：上海人民出版社 1999. 27 页.
2. 幺书仪:《晚清戏曲的变革》，北京：人民文学出版社 2006. 305 页 .
3. 张次溪编:《清代燕都梨园史料》(下册)，北京：中国戏剧出版社 1988. 706 页、709 页 .
4. 幺书仪:《晚清戏曲的变革》，北京：人民文学出版社 2006. 307 页 .
5. 张研:《19 世纪中期以前中国小家庭的社交圈——以安徽为中心（一)》，《古今农业》2003 年第 1 期.
6. 萧启庆:《元朝多族文士圈的形成初探》，见萧启庆《元朝史新论》，台北：台北允晨文化实业股份有限公司 1999 年版 .
7. 邹重华:《士人学术交游圈——一个学术史研究的另类视角（以宋代四川为例)》，见邹重华、粟品孝《宋代四川家族与学术论集》，四川：四川大学出版社 2006.
8. 余秋雨:《中国戏剧史》，上海：上海教育出版社 2006. 17 页、18 页 .
9. 张发颖:《中国戏班史》，北京：学苑出版社 2004. 634 页 .
10. 梅兰芳:《舞台生活四十年》(上、下卷)，北京：团结出版社 2006. 236 页、237 页 .
11. 梅兰芳:《舞台生活四十年》(上、下卷)，北京：团结出版社 2006. 237 页、238 页 .
12. 丁秉鐩:《菊坛旧闻录》，北京：中国戏剧出版社 1995. 260 页 .
13. 北京市政协文史委员会:《京剧谈往录》，北京：北京出版社 1985. 321 页 .
14. 马龙:《我的祖父马连良》，团结出版社 2007. 33 页、34 页 .
15. 梅兰芳:《舞台生活四十年》(上、下卷)，北京：团结出版社 2006. 96 页 .
16. 梅兰芳:《舞台生活四十年》(上、下卷)，北京：团结出版社 2006. 463 页、468 页 .
17. 梅兰芳:《舞台生活四十年》(上、下卷)，北京：团结出版社 2006. 464 页 .
18. 陈培仲、胡世均:《程砚秋传》，河北：河北教育出版社 1996. 208 页 .
19. 张发颖:《中国戏班史》，北京：学苑出版社 2004. 118 页 .
20. 厉震林:《中国古代权力对于优伶性别的利用和消费》，《戏曲艺术——中国戏曲学院学报》2007 年第 2 期 .
21. 马龙:《我的祖父马连良》，北京：团结出版社 2007. 116 页、117 页、118 页、119 页 .
22. 马龙:《我的祖父马连良》，北京：团结出版社 2007. 124 页 .

23. 穆辰公：《伶史》，北京宣元阁，公元纪年六年.26页.

24. 波多野乾一著，鹿原学人编译：《京剧二百年历史》，上海启智印务公司，公元纪年十五年.214页、215页.

25. 梅兰芳：《舞台生活四十年》（上、下卷），北京：团结出版社2006.151页.

26. 陈庆德：《经济人类学》，北京：人民出版社2001.83页、88页，264页.

27. 具体参阅陈勇：《近代早期英国家庭关系研究的新取向》，《武汉大学学报（人文科学版）》2002年第1期.

第六编　伶人家族的功能形态

第十八章　家族功能以及家族基因概述

第一节　家族功能的基本内涵

家族系统包括内部和外部构造，内部构造主要体现为家族血缘及其拟血缘关系，而静态的外部构造是家族结构，动态的外部结构是家族功能。王沪宁在《当代中国村落家族文化——对中国社会现代化的一项探索》一书中写道："村落家族文化是一套结构的组合，构成一个系统。如果是一个系统的话，那么它就承担着某种功能，以使系统能够动态地运行，获得生命力，持续下去。任何组织的持续存在都需要一个前提，即它完成着别人无法替代的功能，介入组织的个体必须依赖组织才能满足自己的需求。一旦组织的功能可由其他组织来承担，或者说社会的发展使组织原先承担的功能显得不那么重要了，组织的凝聚力也就削弱了。"[1]伶人家族同样也是如此，它也有着"别人无法替代的功能，介入组织的个体必须依赖组织才能满足自己的需求"，从而使"系统能够动态地运行"。这种家族功能主要体现为一种秩序系统，并由此维持着整个家族的生存和发展，保障着家族生活的稳定和有序，也就是说，它的主要作用乃是维护家族"组织的凝聚力"，使其"获得生命力，持续下去"。

台湾学者黄宽重、刘增贵称道："家族是传统中国社会的基层结构，家族史研究是中国社会史研究中的重要课题。这些课题所涉极为广泛，大体言，可以从结构、功能、发展三个角度来理解。从结构的研究来看，家族史涵盖了家庭、家族、宗族三个层次，家族的规模、大小、形态、亲属关系与伦理、内部的凝聚力、外部的依附势力与人际关系等问题皆属之。从功能的研究言，家族史的研究的重点是由家族所形成的社会群体在不同阶段历史社会中所扮演的角色，包含家族与政权的关系、社会活动以及经济功能等问题。从发展的研究看，家族的支分叶布、断续升沉、兴衰因缘、发展策略、世业家风、不同家族间的互动等都是家族史研究的主题。"[2]这里，提出了台湾学术界对于家族功能研究的关注重点，即"家族与政权的关系、社会活动以及经济功能等问题"。自然，家族功能研究的范畴还有其他更多内涵。奥地利学者迈克尔·米特罗尔和雷因哈德·西德尔将西方社会家庭的传统功能，归纳为七个方面：一是宗教功能；二是司法功能；三是保护功能；四是经济功能；五是社会化功能；六是生育功能、七是文化功能。具体而言，宗教功能是以房舍崇拜为形式的对祖先的崇拜；司法功能是血亲复仇；保护功能是家庭对于成员的多种保护；经济功能是家庭为劳动组织的基本形式；社会化功能是家庭对于后代的养育和教育，文化功能是家庭中各类起居、闲暇、游戏和生活活动。

在当代社会中，由于现代社会体制取代了由家庭承担的许多功能，除了文化功能，其他功能都已经逐渐削弱了。"我们必须总是在社会总变化的框架内观察家庭结构的发展。将来的家庭形式将取决于这一框架保持不变还是发生变化。如果目前的发展趋势继续下去，更大的社会形式被创造出来并被赋予更大的权力，我们可以推断家庭的功能将进一步丧失。"[3]其实，家族也与家庭颇为相似，也"必须总是在社会总变化的框架"观察家族结构的发展，如果"更大的社会形式被创造出来并被赋予更大的权力"，家族的功能也将"进一步丧失"。徐永志在《略论晚清家庭的变动》一文中，也将中国晚清家庭功能的演变过程进行了分析，它包括生产功能、生育功能、感情交流功能、教育功能、赡养功能、信仰功能、娱乐功能、政治功能等各个方面。生产功能是传统家庭的主要功能之一，中国晚清时期自给自足的自然经济在社会结构中仍占有着主导地位，它的具体表现即是"耕织结合"，即"衣"与"食"如此两种人们最为基本的生活必需品与生产劳动的结合，而这种结合的基本经济单位就是家庭。鸦片战争之后，随着外国资本主义的侵入，中国自给自足的自然经济开始解体，到了甲午战争之后，它的解体进程加剧，小农家庭的生产功能逐渐萎缩；教育功能，进入晚清以后，儿童教育仍然主要是父母在家庭中完成的，它缘之于两个原因，一是家庭作为人生的第一个生活环境，父母和子女之间有着不可分割的血缘关系；二是晚清初期教育事业的落后，也限制了儿童走出家庭及其接受社会教育。随着科举制度的废止，新式学堂的大量兴起，不仅使受教育者人数大为增加，而且，也削弱了传统家庭的教育功能；赡养功能，晚清时期仍然主要是家庭负担赡养老人的任务，20世纪初年以后，随着新政的实施以及各类社会团体纷纷成立，养济院、善堂、善局以及"清节堂"、"敬节所"等社会慈善机构数量也逐渐增多，各地设立的工艺所也有一些收养"老弱废疾"者的，家庭的赡养功能也发生了变化。"除上述家庭的生产、教育、赡养等功能开始削弱外，举凡家庭的信仰功能、娱乐功能、感情交流功能等都有不同程度的削弱。随着民主革命思潮的鼓荡激励，科学观念日益深入人心，社会家庭生活中的迷信色彩逐渐淡薄，这必然会削弱家庭的信仰功能；'西影马戏'、话剧、电影、体育活动、各种结社集会的渐次出现和推广，大大扩大了人际关系的交往圈，社会化的趋向日益明显，这又会使家庭内部的娱乐和感情交流功能削弱。"[4]家族功能自然也是如此，由于"社会化的趋向日益明显"，也会使家族功能“都有不同程度的削弱”。从20世纪以来，中国社会逐步进入向现代社会迈进的历史过程。如此的历史进程，在多大程度上冲击了中国家族的功能，在多大程度上没有冲击，这一总趋势将在何种程度上冲击中国家族的功能？这也是需要研究的一个问题。

根据以上所述，家族以及家庭功能虽然由于国别和地域的不同有所差异，但是，它们的基本部位都是相同的，例如生产功能或者经济功能，乃是家族的基本功能，“以使系统能够动态地运行”。关于家族以及家庭的首要功能，是生产功能还是生育功能，学术界有着不同的认识。近些年来，家族以及家庭的经济功能特别受到关注，有的学者提出了“家庭生计”的概念，并认为家族史研究对于家族以及家庭经济生活的探讨，与经济史研究对于家族以及家庭经济的分析应该有所不同，但是，二者可以互相补充。家族功能在地理空间上有着一定的共同性，在时间形态上虽然也有着相对的稳定性，甚至在相当长的一段时期内有着滞固性，但是，到了近代社会以后，由于“更大的社会形式被创造出来并被赋予更大的权力”，它逐渐替代了家族以及家庭的某些功能，使家族功能“开始削弱”或者转变它的形态。

第二节　族内外功能及其家族基因

家族功能又可以分为两大方面，即族内功能和族外功能。从社会生态学理论而言，族内功能主要是维持家族的生存和发展以及保障家族作为一个系统的稳定性和有序性，它主要包括以下几个方面：一是负责维持共同生计的职能，即同吃、同住、同劳动的家族经济职能，从而保证一个家族的物质生产和消费，尽管一个家族内部实行分工制度，但是，这些分工也必须实现各自的经济效用；二是维持家族的延续及其扩大，也是生儿育女、配偶成家，“任何一个最小的家族，都具有这种社会职能，在封建父系大家族中，这种职能甚至被提高到极为重要的位置，因为在社会的民俗观点看来，家族失去了这种职能便意味着这个家族的消亡”；[5]三是维持家族成员之间的精神联系，一个家族的社会属性除了物质生活，还包括精神生活，它乃是一个感情融合体；四是具有管理、制约、调整家族内部成员行为的职能，例如家规及其家训。族外功能则主要是保证家族系统与环境之间的交流关系，或者说是能量变换和物质循环，也即家族如何从环境中获取推动系统的动力和活力。族外功能是家族发展社会关系的重要职能，既是优化和提升族内功能的一个通道，也是家族推动社会发展的一个平台，使家族成为影响社会行为的最小单位。它一方面从环境获得各种家族生存和发展所需要的资源，另一方面也向环境输出各种资源以及义务，例如劳动力、智力和财力的卓越以及对社会上老、弱、病、残、孤、寡的扶养义务。“现代社会的演进，在突破村落家族的界线的地方，均要求它能适应这一变化，并与现代社会交流。值得注意的是，这种交流往往使村落家族内部积聚起一种分解力量，因为现代社会的价值观与家族文化的价值观颇为不同。这一趋势一方面是不可逆转的，另一方面却可能导致村落家族共同体中产生抵制交流的势力。”[6]村落家族如此，其他家族在与族外“交流”时也是一样，也会在“家族内部积聚起一种分解力量”，这也是家族族外功能的一个重要动力或者活力。

家族系统的族内和族外功能，前面论述的各种家族功能也就分属以及穿插于其中，有的属于族内功能，有的属于族外功能，有的则是穿插于两者之间，兼具族内功能和族外功能。在家族功能的生成、培育和发展过程中，也就逐渐形成了一个个“家族基因”，也就是说家族功能虽然相似，却是有着不同的家族性格“基因”。“家族基因”是近些年来经济学界提出的一个概念，它是经济学、社会学和生物学“科际整合”而成的。这里的“基因”乃是一个广义的概念，它是指事物发展的内生性因素或者内在因素。家族企业也是如此，家庭及其家族制度在企业组织生成和发展过程中有着无法替代的作用，它应该是一种内生性因素为主，其他多种因素“合力作用”的结果。“家族基因”是家族企业的内生性因素，而家族企业的成长及其长期存在体现了生物学和经济学双重意义上的“适者生存”。“家族企业作为一类企业组织能长久不衰，可看做是一种‘遗传’，而企业各具形态，则可视作是一种‘变异’。同样，决定家族企业这种‘遗产’与‘变异’现象的‘家族基因’，可以解释为由四个关键要素即四种‘碱基’有机构成。”“利己人性（Selfishness）：人类为争取适宜的生存空间，支配更多生活资源的一种生物本能，表现为家族企业在市场竞争中如亚当·斯密所描绘的利己行为”；“心智模式（Mental Model）：家庭生活经历和知识素养，加上其成员个人独特的价值观和判断力，从而形成的基本固定的思维方式和行为习惯，表现为家族企业对环境的敏感度与创新反应”；“利他人性（Altruism）：人与人相互依存的社会生物属性，表现为家族成员间的信任、默契、友爱等非契约性合作行为”；“文化因子（Culture）：人类行为除受生物本能支配和影响外，更多地受到来自传统文化的影响，表现为家族企业具有一定的区域文化特征。”“为什么‘家族基因’由这四个‘碱基’构成？四种‘碱基’中，利己人性和利他人性是人本性的两个方面，又分别被称为人的自然生物属性和社会生物属性。”“心智模式，是从心理学角度对人的心理活动和行为特征进行刻画，心智模式一旦形成，将使人自觉或不自觉地从某个固定的角度去认识和思考所发生的问题，并用习惯的方式予以解决。幼年时期的体验，已融入他的心灵和潜意识。每个人成年后的行为，都很难摆脱幼年时期的痕迹，尤其是家庭环境和家庭规则的影响。如果说前三者主要是强调作为个体的人，那么，文化因子则从群体范畴上对人类世代相传的行为模式、思维活动等进行记载和描述。相对而言，不同群体间的文化因子更具有可比较性。构成‘家族基因’的四种‘碱基’相互影响，其中，世代相传的文化因子对利己人性、利他人性和心智模式的影响更为广泛。”[7]这里论述的是家族企业的生成密码，其实它主要是缘自于家族文化的精神密码。从某种角度而言，许多家族功能“长久不衰”，也可以“看做是一种‘遗传’”，而具体到每个家族，它的功能又是“各具形态，则可视做是一种‘变异’”。“利己人性”、“心智模式”、“利他人性”、“文化因子”等四种“碱基”有机构成的“家族基因”，则可以分析一个地域、职业和具体家族的家族功能形态，剖析它形成、发展和变异的内在“碱基”结构关系。家族功能的基本部位虽然都是相同的，但是，由于国别和地域的不同有所差异，而具体到职业家族和单个家族则是“各具形态”，“家族基因”可以成为“破译”和“定位”的论述途径之一。

伶人家族功能同样如此，它也可以在“利己人性”、“心智模式”、“利他人性”、“文化因子”等四种“碱基”有机构成的“家族基因”分析中，确立它的“‘遗产’与‘变异’现象”的内生性因素及其“合力作用”的结果。

【注释】

1. 王沪宁：《中国村落家族文化——对中国社会现代化的一项探索》，上海：人民出版社 1999. 第 103 页 .
2. 黄宽重、刘增贵：《家族与社会 · 导言》，北京：中国大百科全书出版社 2005. 1 页 .
3. 迈克尔 · 米特罗尔、雷因哈德 · 西德尔：《欧洲家庭史》，北京：华夏出版社 1987. 75 页 .
4. 徐永志：《略论晚清家庭的变动》，《历史教学》1998 年第 1 期 .
5. 乌丙安：《中国民俗学》，辽宁：辽宁大学出版社 1985 年版，第 131. 132 页 .
6. 王沪宁：《中国村落家族文化——对中国社会现代化的一项探索》，上海：上海人民出版社 1999. 105 页、106 页 .
7. 刘平青：《家族基因：家族企业生命力解读》，山西：山西经济出版社 2005. 52 页、53 页、55 页 .

第十九章　伶人家族的生存功能

第一节　首要的功能

生存功能是所有家族功能的首要功能，也是一个家族赖以生活和发展的基础条件。家族通过开展各种活动获得生活和生产资源，从而保证家族的持续存在和兴旺，并在某种程度上制约着家族的生活方式。“人们用以生产自己必需的生活资料的方式，首先取决于他们得到的现成的和需要再生产的生活资料本身的特性。这种生产方式不仅应当从它是个人肉体存在的再生产这方面来加以考察。它在更大程度上是这些个人的一定的活动方式，表现他们生活的一定形式，他们的一定的生活方式。”[1]伶人家族的“个人的一定的活动方式，表现他们生活的一定形式，他们的一定的生活方式”，确实与普通家族有所不同。中国广大的村落家族具有相对的自给自足经济生存状态，有着一种内部的自我供应和消费系统，但是，伶业却是一个服务性的行业，它并不直接生产“衣”与“食”等人类生存最为基本的生活资料，它“用以生产自己必需的生活资料的方式”，乃是通过一种出卖伶艺劳动力的方式，完成一种伶艺产品交易行为，从而获得“衣”与“食”等生存的基本条件。伶人家族的生存方式，有着前所论述的依附型、市场型及其两者之间游走的三种方式。

由于如此的交易行为，也就存在一种竞争性。它体现为两个方面，一是能否获得消费者的赏识，使其采取“购买”行为，从而实现完成依附性伶业服务的“生活保障”或者市场型伶业服务的“有偿收费”；二是在伶业较为集中的地域或都市，伶人戏班之间也存在着竞争关系。这种竞争状况，也就必然导致伶业以及伶人家族存在一种“适者生存性”，伶人家族可以说是谋生不易，如同伶业行话所称“梨园行是不养小不养老”，伶人及其家族需要仔细谋划生计问题。

余叔岩原来弟兄四人，父母去世以后所留家产不多，而且，弟兄分居单独生活。他与名伶陈德霖的女儿结婚以后，日子也不太宽裕，此时恰逢他倒仓期间，无法演戏以及求师学戏，只有日常开支而无经济收入，使生活愈加艰难，岳父陈德霖时常接济他们，甚至他的妻子将金镯子卖掉维持学戏以及生活。余叔岩当时向姚增禄、李顺亭、钱金福、王长林等伶人请教，而且，只要有谭鑫培的演出，甚至是堂会的表演，他也要设法观看，并向谭鑫培的配角、龙套、打鼓佬、检场、院子等请教。虽然如此用功，但是，由于余叔岩的嗓子没有恢复，不能参加营业戏表演，生活也就更加困难，甚至难以生存下去。他只好在袁世凯总统府中担任了一位内尉。谭鑫培在总统府演堂会时，经人力荐，终于拜谭鑫培为师。他对师父非常恭顺勤勉，余叔岩也就成为谭鑫培的嫡传之人。后来，余叔岩嗓音有所好转以后，加入了梅兰芳戏班，但只能演倒第三戏。此后，他开始自己挑班，家族经济也就有了根本的好转。

齐如山在《谈谈谭鑫培》一文中，有他对谭富英讲的一段话："令祖之成名，实在不易，幼年在京东跑野台子，演了几年，一天须演三次，即是午前、午后、灯晚，每村多半都是演四天，末一夜，演至十钟余，装箱乘大车，赶到又一村，午前就又得上演。倘两村相距稍远，则只有在车上睡觉。大敞车，冬天西北风一刮，真不是容易受的。中年以后，回京又是苦苦地用功，一直到老，功夫没有间断。"[2]谭鑫培在"在京东跑野台子"之前，也曾经搭过余三胜的戏班，因为他非常仰慕余三胜的伶艺，就托一位湖北同乡前去说合，余三胜同意谭鑫培拿着门生帖子前来学戏。谭鑫培如此登门拜师以后，余三胜教了他几出戏，但是，不久谭鑫培和他父亲又离开了北京。原因是由于谭家父子刚来到北京，没有伶业名声，在戏班里颇受排挤，谭志道有时尚能够演个老旦戏，谭鑫培一般就只能演个院子、仆人等小角色，而且，他属于借台练功性质，没有戏份收入，故而经济上没有保障。最后，谭家父子还是去"跑野台子"了。谭鑫培虽然后来成为伶界大王，但是，早年为了家族的生存资源，"实在不易"，即使"中年以后，回京又是苦苦地用功，一直到老，功夫没有间断。"谭鑫培六十五岁前后时，百代公司请他灌第二代唱片，他为了家族的经济资源，使收入"肥水不外流"，让儿子谭嘉瑞操琴，司鼓也未请"老搭档"担任。由于伴奏水准较弱，使谭鑫培的演唱水平没有得到充分的发挥，这批唱片质量也就大为逊色。

程砚秋曾经拜梅兰芳为师，后来逐渐走红以后，由仿梅、追梅以至与梅在艺术上争胜，曾在1935年和1946年两次在伶艺上"打对台戏"。关于后一次的"交锋"，丁秉鐩道："这一对峙之局，见诸报端以后，当然轰动上海滩，也是梨园大事。""结果呢，是便宜了戏迷、戏院，和梅程三方面。梅程的戏都是一个戏码连演两天，观众可以两边看，无顾此失彼之虞。戏院每天满座，日进斗金。梅程各自有一笔很大进账，两边并无胜负。"[3]"梅程"打对台"各自有一笔很大进账"，也是与家族经济资源有关。根据以上所述，伶人及其家族在创业初期，为了"养家糊口""苦苦地用功"，乃是为了解决基本的生计问题，有着一种现实而紧迫的求生动力；在成名以后，则是为了保护伶人家族的生存资源，以及提升伶人家族的生存质量。

上述几个案例，都是有关名伶家族，而普通的伶人家族在伶业的竞争性结构中，生存问题自然更加“不易”。由此，在伶人家族功能中，生存功能也就成为基础性和本能性的要素。伶人家族面对如此竞争性的生存格局，必然在生存功能上有着策略性的定位以及战术性的安排，以便能够较为成功而稳固地获取生存资源。

第二节　技术性的核心地位

伶业是服务性职业，在竞争格局中取胜的法宝是伶艺的技术性，只有高超以及独冠一时的表演技艺，才能获得消费者的“购买”欲望，从而得到经济或者生活方面的回报。伶人家族对于族内伶人的技术性要求也就分外重视，它关乎伶人家族获得生存资源的基础条件。

一是伶人家族对于族内伶人学戏时，要求极其严格。这是伶人获取生存条件的一个重要前提。常香玉的父亲张妙玲因为无以谋生，跟着戏班学戏和唱戏，由此，他的舅舅和姐姐都不认他，其妻则是带着女儿讨饭。张妙玲原来旦角扮相和表演都不错，但是，在倒仓期间嗓子没有恢复，只能在戏班干杂活勉强生活，并让女儿常香玉也随班学伶，族长一怒之下，将他们开除了族籍，常香玉也不得姓张，以其干老常姓为姓。但是，张妙玲却是决心将女儿培养成为出色伶人。乡村流动戏班倒台非常艰苦，在倒台夜间赶路过程中，张妙玲也要给女儿说戏，让她练功，要求非常严格，甚至可以说是到了严酷的地步。常香玉称道：“爸爸对我要求严格极了，他要我必须做倒：高音不刺耳，低音听得清，丝毫不得马虎。”[4]唱低音时，张妙玲会到百步之外的树后倾听是否清晰，逼着常香玉面对一棵大树进行忽而紧、忽而慢、忽而高、忽而低的念白以及哭白训练，直到口干舌燥，嘴唇麻木，舌头不再打弯。眼功是伶艺表演重要的基本功，常香玉每次练眼功，都是一炷香的功夫，直到香烧着手指头，才扔掉香头。有时实在熬不住了，眼睛眨一眨或者闭一闭，则是会遭到父亲的拳脚交加。在父亲的严格管教以及其他师父的熏陶帮助下，常香玉的表演技术十分扎实。1934 年，戏班要在郑州上演《斩蔡阳》，常香玉扮演了一个马童。她称道：“随着锣鼓点的响声，门帘一掀，我飞也似的砸个踺子出场，接着一溜小翻，这时候台下就有了彩。我又劈了双叉，走了趴虎，最后一圈乌龙绞柱。按规矩，接下去我应该拾起马鞭子，迎关公出场。掌声中我忽然想起在这里演出的窝囊劲儿（按：因演《玉虎坠》中王娟娟，竟把要她表演‘害羞’的形态，用嘴说出了‘害羞、害臊’，以致引起‘台喷’，即全场因错而大笑），不由得陡添几分精神，要痛痛快快争一口气，再加上那时根本不懂什么戏情戏理，便猛地转身又重复了一遍。”[5]由于这次表演成功，常香玉获得了每月五元、按当时每季四个月二十六元的戏份收入，在父女的生存资源上也就有了一定的基础。后来，在开封扮演《曹庄杀妻》中的曹妻焦氏，父母对此极为重视，又做了很好的准备，常香玉的名字上了海报，戏份也由八块涨到了十二块。张妙玲继续严格训练女儿的表演技术，在《泗州城》的“扔枪踢枪”技艺上，他专门请了京剧师父教习，“每天上午，他准时来到醒豫舞台，教我和陪练的四个小青年。我练得浑身上下青一块紫一块的，脚面肿得穿不上鞋袜，走路一瘸一瘸的，就这样，一天两场戏我还是照样演。说也奇怪，一上场，什么疼，什么累，全都没影了。练了一个多月，我终于把《泗州城》拿了下来。”[6]由此，常香玉的戏份由十二块提升到了二十四块，她家的生计问题有了根本的改善，可以说是生存资源已经相对稳固。张妙玲对常香玉称道：“孩子，要永远记住，熟戏要当生戏演。不管你有多大委屈，多少烦恼，都得撂在一边，认认真真演戏，不能有一丝一毫马虎，用祖师爷的话说，这叫做上了台，‘戏比天大’。”[7]正是“戏比天大”的伶业思想以及严格训练伶艺，才使伶人在一种残酷的伶业竞争中脱颖而出，确立了较为稳定的伶业经济资源。

谭鑫培随父亲谭志道学戏练功以后，除了观摩父亲和戏班的演出，有时也登台演个小角色，“谭志道有时闲下来或‘跑帘外’间隙，便教谭鑫培唱戏，他要求很严格。”[8]梅兰芳称道：“我练跻工的时候，常常会脚上起泡，当对颇以为苦。觉得我的教师，不应该把这种严厉的课程，加到一个十几岁的小孩子的身上。在这种强制执行的状况之下，心中未免有些反感，但是到了今天，我已经是将近六十岁的人，还能够演《醉酒》、《穆柯寨》、《虹霓关》一类的刀马旦的戏，就不能不想到当年教师对我严格执行这种基本训练的好处”，因此，“梅兰芳对子女向来要求甚严，这正是出自对观众、对艺术的负责，正因为此，才有了梅葆玥和梅葆玖在舞台上的成就。”[9]抗美援朝时期，上海京剧改进协会准备组织一台青年艺人的义演捐献，拟邀请梅葆玥和梅葆玖演出，梅兰芳虽然十分赞同义演捐献的方法，但是，对于他的两个子女却有想法，怕他们艺术不好，影响义演捐献的成果，因此，建议从长计划一下，再确定具体的演出日期。过了二天，他决定一方面邀请王少卿到上海为梅葆玖操琴，另一方面督促梅葆玥抓紧练习。因为她当时还在求学阶段，已经疏于登台。梅兰芳一直对观众负责，他绝不允许自己的儿女随随便便登台演出，从而也影响家族的伶业形象。尚长春在《尚小云和荣春社》一文中，提到父亲对他严格要求的伶事：

1938年旧历二月十五日，也就是我10周岁的那年，荣春社在中和戏院正式宣告成立。那天，戏院的大罩棚里，摆满了亲友来宾赠送的礼品，场面十分隆重。

头三天的戏，完全是用来招待各界。记得头一天的大轴戏是《水帘洞》，我演猴儿。上场后，唱完【粉蝶儿】该念诗了，结果头一句就忘了。我急坏了，连忙小声朝侧台问：“先生，念什么词呀？”台底下“哗——”地叫起倒好来。

父亲这会儿沉不住气了，急得直嚷嚷：“怎么不念词啊？你他妈怎么不念词啊？”

他越嚷，我越是想不起词了，后来好不容易才想起来了。

但是姜妙香先生的夫人——我的大姨妈在台下看戏。戏刚刚结束，姜夫人就让人搀着往后台赶。等她到了后台时，父亲正用舞台上用的竹子做的堂板狠狠地打我呢。

"不能打了！不能打了……"姜夫人边喊边不顾一切地扑在我的身上。

就在这时，父亲的板子也重重地落在了姜夫人的身上。

在场的人都吓坏了，父亲更是惊恐不已，他怎么也没想到他的板子竟然打在他的大姨子身上。

姜夫人身体本来就不好，挨了这一板子，使她又受到了不小的惊吓，回去的第二天就开始发烧，没几天的工夫就去世了。[10]

在戏班成立的招待演出中，尽管是十岁尚在学伶的儿子在表演中出现差错，父亲仍然是非常生气的，只是不小心使家族中的成员为此付出生命的代价。其实，尚小云对于儿子的严格要求，不仅仅是在一些庆典演出中，平时授课也是极为严厉的，学伶者没有一个不怕他。他对儿子保护嗓子和身体的要求也很严格，平时禁止乱吃乱喝。演出结束以后，脱了衣服在风口上一待，或者吃凉食，都是绝不允许的。有一次，尚长春在《大破黑狼山》之前演《卧虎沟》，第一天演出他的嗓子还是很亮的，第二天在帘内刚念一句"走哇"，嗓子就变味了。"下场后父亲生气地问我：'你嗓子怎么回事?''我也不知是怎么回事?'我的话音还没落，父亲的巴掌已落在了我的脸上，'说，吃什么来着?''什么我也没吃啊。''趴下!'父亲打了我十下。可我扮着戏呢，有眼泪也不敢。这时，有人说：'来了来了。'我立即上场去。等从场上下来，父亲还是继续追问；'说，吃什么来着!''什么也没吃啊。''趴下。'又是十下板子，这时又有人催我上场……""就这样，我下场了几次，父亲就让我趴下了几次，直到打得我无可奈何，只好'招认'就吃了点瓜子为止。"[11]显然，尚小云是在校正儿子的伶艺劣习，从而培养他一种健康而扎实的伶业作风。尚长春写道：

在荣春社，有人认为我的父亲是社主，我就可以享受特殊待遇，实则不然。我的特殊待遇无非就是每顿饭可多要一个菜，或两个菜；其他特殊的地方，就是挨打时，别人挨五下，我挨十下。……

为了演出能够达到高质量，父亲一辈子都没有放松过对自已的要求。他常常对我们讲："咱们是干什么的？咱们是唱戏的。人家花了钱，你台上就得对得起人家，尤其是遇上刮风下雨还来看戏的观众，我们更得使出全身的力气来唱，否则不但对不起观众花的票的钱，更对不起人家的这点精神。"[12]

上述尚小云对于后辈的教诲，也说明了伶业的服务业性质，“人家花了钱，你台上就得对得起人家”，在这种“交易”关系中，伶人的表演技术需要“达到高质量”，“更得使出全身的力气来唱”，这是伶人家族的生存之本。荀慧生对于继女荀令莱虽然非常喜爱，但也绝不娇惯，有时还很严厉。在练功时，如果发现荀令莱一边耗腿一边聊天，马上就会训斥。荀慧生给荀令莱说戏时，每一个角色的唱、念、做都说到，并不仅仅是荀令莱的表演行当旦角。荀令莱觉得似乎与自己没有关系，所以，她只去记自己扮演角色的表演和位置，其他一概不去寻思。此事被她父亲发现以后，又是一顿很不留情的训斥。当时，父亲并没有给她讲道理，她只能按照父亲的要求去做。后来，她逐渐明白了父亲的用心良苦，因为只有对整个戏都会，才能对戏理解得更深刻透彻，对于自己的表演分寸才把握得准确。父亲对她伶艺训练的严格要求，使它一生受用无穷。李少春的父李桂春为了培养他的表演技术性，不仅亲自传授技艺，而且遍请名师，“少春十分勤奋刻苦，无论寒暑，每天学、练十三四个小时。他虽不曾进过科班，但由于家中督促严苛，备尝辛苦，终于打下深厚功底，练就一身功夫。”[13]

伶人家族对于族内伶人学戏“要求严格极了”，并培养良好的伶艺习惯，都是伶人家族为了获取、巩固和扩展生存资源，都是属于一种生存功能的自觉安排。如果族内伶人学戏阶段，没有掌握成熟以及具有创造力量的表演技术，在以后的伶艺竞争中则有可能被“适者生存”的伶业“丛林法则”边缘化，甚至是淘汰的可能，也就必然危及到伶人家族生存资源的力量。如何把握和处理族内伶人学戏，是伶人家族的一个重要生存本能。

二是伶人家族将族内伶人交给其伶业教师及其科班学戏，也要求他们严格执教。伶人有异子而教的现象，它的目的是为了避免家族内部学伶恐难严格要求的弊端，而将族内伶人交给其他伶业教师及其科班学伶，则是可以完全按照伶业规矩严格教学，加上伶业教师及其科班与学戏伶人有着经济利益的捆绑关系，甚至可能“师因徒贵”，故而对学戏伶人严格教育。

伶人家族族内伶人学戏，基本分为三种途径，一是在自己门内进行培养训练；二是送入其他伶人门内学艺；三是进入“科班”。后两种情形，伶人家族自然也希望有更加良好以及严格的伶艺技术教育，包括到了“文革”结束以后，谭元寿送孙子谭正岩进入北京戏曲学校学习，仍然对学校领导称道：“孩子交给你们，按照我们谭家的规矩，不干涉教学。请你们严格要求，任打任罚!”[14]“不干涉教学”和“严格要求”是“谭家的规矩”，也应该是其他伶人家族的“规矩”，是伶人家族生存功能的自然要求。伶业教师及其科班对于学戏伶人的严格乃至严酷表演技术训练，前面已有较多论述，可以说不管是个人拜师还是科班学艺，学戏都称之为“打戏”，即所谓的“不打不成材”，经常使用藤条或者棍棒抽打学戏伶人，从而督促学戏伶人练功和学艺。伶业的体罚教学方式，自然显得有些粗暴和野蛮，乃是一种不文明的教育方法，但是，从客观效果而言，由于学戏伶人打下了扎实的表演技术基本功，也就为伶人家族生存资源建立了良好的基础。学戏伶人在拜师和科班学伶期间，伶艺表演收入主要归属师父和科班，故而学戏伶人的技术性状况，也就决定了它的市场性经济效益，它与师父和科班的生存资源直接相关，也就成为师父和科班的伶人家族的一种生存功能要求。

三是在伶艺技术性的掌握上，一些伶人家族还有自身的“秘技”，即所谓的“家学渊源”。在中国家族功能中，一直有长辈对于后辈耳提面命或者潜移默化的熏陶、激励和鼓舞作用，例如浙江海宁查氏家族，著名学者查继佐对于侄子查嗣韩颇为提携，查嗣韩跟随其学习，三年以后也就在江浙一带有了文名；查继佐对于查诗继、查培继以及侄子查容、查嗣瑮等也是悉心培养，为查氏家族文士绵延打下良好的基础。这种“长者经验”，非一般家族所能拥有，它包含着技术的独家性以及职业人格的培育。美国学者詹姆斯·休斯.JR认为，“我想确认两项非常重要的有关长者的考虑。第一，如果一个家族中最年长的一代没有看到自己在家族治理中积极的、参与性的角色，根据我的经验，这种对在家族生活被赋予重要性的恐惧，会扰乱创造和维持治理体系的家族努力。第二，如果一个家族没有长者的智慧，这种损失代表的不仅是家族传奇的遗失，更是家族‘第七代思想’的遗失。长者代表了智慧，这如易洛魁族人在他们开始部落事务会议时所说的：‘我们在今天，在此地开始工作，带着期望，我们所做的决议将会得到子孙的敬仰，从今天开始我们部落的七代子孙。’所有的家族事务要获得成功，必须将年轻的开始者新鲜的思想和规则与经过时间历练的思想相结合。正是这两种思维方式的结合，提供了家族决策成功的最佳途径。”“我们需要长者提醒我们家族是一项长期的事业，要努力保持家族的独特性，因此要‘急事缓办’。我们还需要长者传授他们的智慧，形成家族慈善基金会和其事业活动的使命陈述。最后，随着我们典型的治理体系的逐渐发展，我们需要长者会议提醒我们何时没有恰当地遵循我们自己的规则，以及运用我们的核心价值观帮助我们，建立适应新情况的新程序。”[15]这里，虽然论述的是西方家族“有关长者的考虑”，但是，对于伶人家族的“家学”也有一定的启发价值。在激烈的伶业竞争中，技术性成为重要的博弈砝码，故而拥有“长者的智慧”技术性的伶人家族，必然会出现“长者传授他们的智慧”，并“努力保持家族的独特性”。这种“独特性”也就有可能形成伶人家族伶艺技术的独有性、保密性和垄断性，从而由于技术的“专利性”而在伶人竞争中处于有利的地位。为了保持这种技术的“专利性”，一些伶人家族甚至是传男不传女。伶人家族提高生存的能力和质量，“必须将年轻的开始者新鲜的思想和规则与经过时间历练的思想相结合”，在伶人家族的“家学渊源”中，“最年长的一代”“看到自己在家族治理中积极的、参与性的角色”，向后辈族内伶人“传授”技术性，并且，“提醒我们何时没有恰当地遵循我们自己的规则，以及运用我们的核心价值观帮助我们，建立适应新情况的新程序。”

因此，伶人家族除了对于族内伶人学戏要求极其严格，还会利用家族性的技术优势，独家性地传授“长者的智慧”，形成技术性的“家学”。杨小楼是杨月楼之子，杨月楼是文武老生行当的名伶，他的“猴戏”也很好，人称“杨猴子”，杨小楼颇得“家学”的精髓，武戏演得比他父亲还好，猴戏也是出类拔萃，博得“小杨猴”的美誉。慈瑞泉，工文丑的名伶，尤以婆子戏见长，其子慈小泉，天生是小花脸伶人的材料，“家学渊源，也唱小丑，随着他父亲在程、谭两个班子里唱二路小花脸。《金锁记》的山阳县，《奇冤报》的刘升，活儿虽不多，但是精彩绝伦，有画龙点睛之妙。”[16]徐碧云是小生名伶徐宝芳的第四子，习武旦行当，武工极为娴熟，在他成名以后时常反串《八大锤》的陆文龙，不仅功架、枪花颇为可观，而且，也是很有武小生的姿态，并无偶尔反串的生疏之感，“一则因为家学渊源，二来因他的根基打得好，故而演起戏来才能得到观众的赞许。”“出科后，他因同兰芳缔姻，鉴于梅氏到处受人欢迎的盛况，随即弃了他的本行（武旦），时向梅氏请益而改习梅派花衫了。同时他舅父吴彩霞又是有名的正工青衣，对他爱护有加，不时教授他些好腔，所以他初成名时的嗓音、唱工，都是很规矩、很大方的。”[17]这种“家学渊源”，一是伶人家族职业氛围熏染，二是直接的技术性“传授”。言慧珠称道：

> 我学戏的时间很晚，十七岁才开始，原因无他，就是因为我父亲不愿我做坤角，以免辱没家风。在我刚学戏的时候，因为自己十分崇拜程砚秋的艺术，所以拼命学程腔，而在学的时候，也根本不考究其神韵，只是逼住嗓子想把它学像。学了一个学期，像是有点像了，但自己的嗓子却越逼越细，越来越不得劲。有一天父亲发现了这个情况，就很耐心地开导我，指出这样学程腔一辈子也学不好，同时向我详细地分析了自陈德霖、王瑶卿以及梅、程、荀、尚各派的渊源和特色。再说明梅、程二位所以能够在王瑶卿之后发展成两大流派，根本的原因就在于他们能够充分运用自己的天赋，而不是依样画葫芦。程先生的嗓子差，为了弥补这个先天不足，他就接受了王瑶卿前辈的建议、帮助，自己再穷钻苦研，不断地加以丰富，加以发展，终于自成一家。梅先生的嗓子好，他创造的又是另一种特色，因为天赋不同，所以所走的道路也不同，而我的嗓音，比较清亮，根据上面听讲的道理，就应当宗梅，而不应该宗程，否则，就很难得到应有的发展。
>
> 我父亲这番话给了我很大的启发，从此我就改弦易辙，潜心学梅。二十年来，我之所以能够在艺术的道路上勉强跟住同辈艺人之后，除了诸位老师的尽心传授之外，另一个主要的原因就在于我学戏的时候，走准了道路，这样就收到了事半功倍的效果。而这，应该归功于父亲的训诲，如果没有他老人家的教导，我就不

可能一心一意毫不动摇地按着这个方面走下去，那么所得到的结果，自然也不会跟今天的相同。[18]

言慧珠“收到了事半功倍的效果”，自然跟“父亲的训诲”和“教导”等“家学”有关，它使她在伶艺技术上少走了许多的弯路，而这也是伶人家族的“长者的智慧”，在族内伶人技术掌握上所实现的“在家族治理中积极的、参与性的角色”。谭元寿在富连成出科以后，又得到了父亲谭富英的亲传，学会了《定军山》、《阳平关》、《南阳关》、《战太平》、《洪羊洞》、《桑园寄子》、《失·空·斩》等剧目，在伶艺上强化了谭派的技术。谭富英到了晚年，又常常告诫谭元寿，称道：“演历史戏要熟悉历史，多看历史书籍，了解历史人物性格，对表演极有帮助。”[19]谭元寿遵循父亲谭富英的教诲，在《失·空·斩》中饰演诸葛亮时，他认真阅读了《三国演义》，在思想、语言和身段动作等方面都更好地理解和表现角色，例如在《空城计》中，谭元寿在“三报”的表演和念白上表现了角色层次分明而又细腻的内心情感，又充分发挥了谭派表演的特点；《斩马谡》的唱念结合，唱腔醇厚大方，念白清晰准确，也表现了诸葛亮内心的矛盾复杂心情。谭元寿也经常以父亲谭富英“演员要重演技，更要重戏德”的教导勉励自己，[20]在台上要主动配合，但是，不能喧宾夺主。在《甘露寺》中饰演的刘备，谭富英告诉谭元寿，第一场“过江”的四句【原板】，嗓子再好，调门也不能超过后边乔玄演唱的“劝千岁”一段，因为此时乔玄是主角，到后面“相亲”一场刘备才成为主要人物。马连良对于长子马崇仁也是因材施教地培养他，他根据马崇仁的扮相、嗓音、身高、性格以及气质等各方面的条件，认为马崇仁不适合继承马派须生的伶艺，不能拔苗助长。他就请了大哥马春樵为马崇仁开蒙，按照武生和红净的行当去打基础。后来，马连良又将马崇仁送入中华戏曲专科学校学习，认为自己这一代人从科班出身，文化基础较为薄弱，下一代再也不能如此了。到了马崇仁十七岁，马连良认为应该让他学武戏，本来想请杨派名家丁永利，但是，又觉得丁永利较为合适给已经成名的伶人说戏，不太适合教戏，又请了自己的师兄、武净武生名伶何连涛。马崇仁第一次随同扶风社到外埠演出是天津和青岛，后来又要去上海，马连良就不同意了，认为他的伶艺技术达不到在上海演出的水平，还是先回家中。马崇仁对于父亲一直是唯命是听，自然是服从的。后来，黄元庆加入扶风社，习武生行当，马连良就让马崇仁由武生改老生，并要求他跟自己以及李洪福学戏。后又让他拜雷福喜为师，学习老生戏。伶界人士认为雷福喜的表演特别夸张，很有点“过”，马崇仁就此问父亲，马连良称就是因为“过”，马崇仁学不到他的“份儿”，就正好合适了，而且，让马崇仁先从家院、门子学起，先要松弛下来，不能如同武生、花脸一样总是“架着”。自然，父亲的“家学”以及对于他伶业的安排，对于马崇仁的伶艺技术提升以及行当选择有着“家族的独特性”的益处，“崇仁对父亲的教诲总是深信不疑，到了八十多岁时还说‘至今获益匪浅’。”[21]

在伶人家族伶业技术性的“家学渊源”支持系统中，家族职业氛围熏染也是一个重要的方面，它对于伶人技术性的心智培养将会产生重要的影响。“文化需要多代积累，真正有深厚文化教养的人才，往往出现在富有积累的世家子弟中。”[22]伶业也是如此，许多名伶也都是出现在伶业“富有积累的世家子弟中”。这里，固然有名伶的个人和时代等综合因素，但是，家族伶业环境的熏陶也是不可忽视的原因。在现代经济学中，认为先天元素与家族生活对于人力资本形成的影响，它首先表现在“生理资本”方面，或者称为“健康人力资本”，它指的是一种遗传物质、家庭营养和抚育方式影响企业家人力资本中的一类特殊资本的形成；其次，是家庭及其家族生活环境对于企业家心智模式的形成，社会心理学者麦克米伦（Mc Clelland）认为“儿童时代的经历创造了相当一部分人特殊的心理素质，即所谓的‘成就需要’。成就动机的教诲来自于儿童时期优秀的标准、自立训练、母爱和父亲的循循善诱”，“具有先天生物基因的个体，经过家庭环境的选择后成为不同心智模式、思维禀赋和智力水平的独立个人。”[23]伶人家族的“家学渊源”，也会使族内伶人形成某种意义上的“特殊的心理素质”，经过“经过家庭环境的选择后成为不同心智模式、思维禀赋和智力水平的独立个人”，在伶艺技术的掌握上产生一种特定的“心智模式”，并有可能形成伶业“真正有深厚文化教养的人才”。

以周信芳家族为例，他自幼跟随父亲周慰堂到处演出，整天接触的就是戏服、锣鼓和琴声，由于长期耳濡目染，使他与京剧也就格外熟悉和亲切。父亲周慰堂发现周信芳在家庭职业的熏染之下，对于京剧兴趣甚浓，而且，悟性也非常好，也就干脆让他练学伶。到了周信芳的下一代，周信芳本来不同意儿女继承父业，儿子周少麟从小没有学戏，而是考上了复旦大学英文系攻读外语，但是，也是由于家族戏剧环境的长期耳濡目染，儿女们自幼就爱上了戏剧，每次看戏回来，常常在家里依样画葫芦地表演起来。周信芳虽然颇有兴趣地看着儿女们票戏，但是，并没有同意他们学戏。周少麟在大学学习外语，心却是常在京剧，最后决定学戏。周信芳同意以后，对周少麟说道：“你既然立志要做一个京剧演员，那就好好地学戏吧。可得要自己下苦功，不要想扛着我的这块牌子。你要是现在不刻苦，以后学成了个半吊子，我是绝不会让你登台的。”[24]周信芳自己也为周少麟教戏，但是，他教的第一个剧目不是麒派的《萧何月下追韩信》、《四进士》以及《徐策跑城》，而是谭派的《空城计》，重点也不是城楼上的唱工，而是在“三报”时的做工。在周信芳的精心培育之下，周少麟成为了麒派伶艺的主要传人之一。从周信芳家族两代伶人学戏来看，正是由于伶人家族的“家学渊源”，甚至可以说是“富有积累的世家子弟”，出现了“家庭环境”熏染以后所选择的“心智模式”，使周信芳、周少麟两代人爱上了戏剧，决意从事伶艺表演，而且，“家学渊源”也使他们在伶人技术的掌握上有着较为优越的家族资源。

四是许多伶人在成名以后，为了巩固和提高伶人家族的生存能力，也仍然在技术上不断地勤奋提升。由于伶业的竞争性以及追求伶艺完美的无限性，使伶艺技术不进则退，因为伶业在竞争的态势中，它的技艺一直在发展乃至是升级，保持原有的技术水平则是意味着落后。马连良出科时，他的三伯马昆山已在福州经营戏班演出，家族中的马春谯兼演武生和红净，马春轩演小生又拉京胡，可以说是组成了一个“马家班”。马昆山听说马连良在“富连成”是“科里红”，就急忙写信给马西园，要求马连良不要搭任何班社，而是直接前去福州，他要好好捧捧这个侄子。马连良和父亲马西园到达福州以后，马连良是戏班的老生主演，成为当地伶业市场的名角，“马家班”在福州的名声越来越大了。此时，马连良却开始“倒仓”，如果保护不好，很有可能导致一生再也不能唱戏。一般而言，伶人出科以后即唱主角，总是要置办几身行头以及其他伶艺必需的物件，这是一笔不少的开销，马连良迫于生计，却是不得不支撑着演唱下去。后来，福州银行家刘崇伦劝说马昆山，称马连良非伶业等闲之辈，乃是一个大角儿的坯子，“倒仓”时期不能再这样唱下去了，这样恐怕就要毁了，而是需要少唱戏，多学戏。他表示愿意资助马连良回京学戏。马家叔侄非常感激，也就回到北京，马连良准备二入“富连成”学戏。

> 马连良就对师父说：“师父，我想再回来跟您学戏!”叶师父惊讶地说：“我的徒弟只有不断出科的，从来没有回炉的，你可是头一个，说说你的想法吧。”“我想跟您多学点以念做为主的戏，现在倒仓，不能总唱。另外，我不能只会站‘当中间儿’（主角）的，我还想学站两边的戏。我可以不唱，但我得会，将来有用。”叶春善明白，他这是要“抱总讲”，为了将来排新戏呀。叶先生感叹，这孩子太有心胸了，师父一定成全你。从此，马连良二次进入“富社”，就像现在读研究生班。……
>
> 马连良的两次入科，在京剧发展的二百年里，可谓史无前例。在青年的时期其虚心进取的治学态度，为他日后成为泰斗级人物夯实了基础。即使在今天，这种主动回炉深造的情形也是相当罕见的。由此可知，马连良之所以能够成为马连良，固然有其成长的客观因素和时代背景，但他自身的主观因素和人格特征是绝不可替代和复制的。[25]

这一时期，马连良虽然已经初露头角，但是，还没有“挣大钱”的机会，为了多置办一点行头，自己只能是每天节衣缩食。一天，他演出完了以后回家，见到弟弟马连贵坐着大门门槛上，喃喃自语地盼他回家，他明白家里又揭不开锅了。他拉起弟弟安慰，知道自己需要承担家庭生计的责任。“马连良的勤奋好学是业界公认的，为了能观摩到余叔岩的戏，他有时下午就揣上两个馒头提前跑到戏园子一个角落‘猫’起来，怕被人家发现说

‘捋叶子’，偷艺。”[26]同样，为了向余叔岩学习《珠帘案》的表演技术，由于余叔岩吊嗓子时间大多在午夜时分，他就在余叔岩家的墙外，从夜里两点站到了五点，听余叔岩如何吊这出戏。马连良还非常喜欢去王瑶卿的家中请教，关于马连良的表演技艺走向，王瑶卿认为他应该走贾洪林的戏路，应该是唱、念、做并重，尤其是在嗓子变声时期，如此戏路即可保护嗓子，又能够保障生计。应该说，马连良在表演技术上成为“泰斗级人物”，除了“有其成长的客观因素和时代背景”，他的“业界公认”的“勤奋好学”也是原因之一。

言菊朋成名以后，也是更加勤奋了。言慧珠在《父亲言菊朋的艺术生活》一文中提到，她傍晚放学回家，经常是人还没有进门，就听到天井里一阵均匀而又快速的棒打声音，原来是父亲言菊朋与钱金福之子钱宝森在练习把子工。有时，厢房里传来了一声声清润动听的白口，是父亲与王长林之子王福山在对《天雷报》的念白。晚上，她们兄妹二人在温功课，父亲则在天井里吊嗓练功，碰到下雨的天气，则是改到檐下。“有时候，我一觉醒来，朦胧中看见一个身扎大靠颔下长须的人，站在床前对我说：‘唉，这孩子睡觉不知道关灯，真太阔气了！’原来父亲还没有睡，正在练《定军山》呢！估计这时间总在深夜一两点钟。有时候，我也常被一阵急风骤雨般的鼓声惊醒，原来是父亲在练《打鼓骂曹》中的‘渔阳三通’。父亲常说，在‘骂曹’这出戏中，祢衡无端遭受屈辱，他的一肚子闷气直到打鼓这一会儿，才得一吐为快。也是这个人物显示才学，一露光彩的重要时刻，所以这个鼓非打得听者动容不可。父亲还说，他的腕子没力，只有勤练，才能弥补这个缺陷。”[27]梅葆琛在《怀念父亲梅兰芳》一文中也有论及，一天晚上十一点以后，他偷偷地起床出屋，到父亲房门前，听到房中有人拉二胡和哼哼唱腔的声音。原来是父亲梅兰芳在收音机旁一边听着自己的唱片播音，一边拉着二胡随奏，并用铅笔代替胡琴马，所以声音很低很轻。由于聚精会神，父亲并没有发现他已在门口站了好半天。他正在专心复习和研究自己的唱腔，并且学会了自拉二胡。“父亲对艺术的追求一时一刻都不放松。这也正是他在后期虽然多年息影舞台，而在艺术成就上仍然没有减色的原因。”[28]还有一次，梅兰芳在南京大戏院演出《宇宙锋》，梅葆琛在后台观看父亲化妆，梅兰芳画好眉毛以后，问儿子他的妆画得怎么样，梅葆琛说自己是外行不懂，梅兰芳却说正因为是外行，属于生眼，他才要问，因为生眼代表的是观众的眼光，如果觉得合适，则说明台下的观众也觉得合适了。同事对他太客气，不肯说出真实的意见。此时，梅葆琛才说从镜子的反光中发现父亲的左眉画得比右眉略粗一些，梅兰芳听完笑着说：“我刚才叫你从正面看我，因为自己在镜子中看到自己的面孔，总是左面比右面略小，因此我就将左眉画得略粗一些，现在你面对我再看看，是不是一样啦?”[29]梅葆琛从正面一看，父亲的双眉果然已经一样了。因此，即使名重如梅兰芳者，仍然对于伶艺的技术性是精益求精的，因为它是伶人及其家族立身的根本。

第三节 “效用最大化”的利己性

无论是市场型还是依附性的伶人家族，他们的生存环境都存在着不同程度的激烈性甚至残酷性竞争。以依附性的伶人家族而言，虽然他们附着在官绅富豪家中，通过伶业表演的劳动获得生存资源，但是，如果色艺弱化，则就有可能被辞退。伶业经济的严酷竞争，使许多伶人家族为了生存利益不得不产生利已原则，将人类的“利已人性”（Selfishness）本能加以扩大。

在经济学理论中，亚当·斯密在其著作《国富论》中认为，人们在市场交易活动中总是利己的，“我们每天所需的食物和饮料，不是出自屠户、酿酒家或烙面师的恩惠，而是出于他们自利的打算。我们不说唤起他们利他人的话，而是唤起他们利已心的话。我们从来不说自已有需要，而说对他们有利。”[30] 在亚当·斯密理论的基础上，西尼尔（Semior，W.）等学者提出了政治经济学的四个演绎公理，其中的第一项就是个人利益最大化原则，约翰·斯图亚特·穆勒（Mill，J. S）也才最早确立了“经济人”的概念，“‘经济人’就是会计算、有创造性、能寻求自身最大化的人；不仅如此，所以人无不在此列，没有例外。‘经济人’不曾免除来自经济学内部和外部的非议或批判，但批判者大都是在接受利已人性的基础上，企图将‘经济人’演化成寻求‘真实人’。20世纪六七十年代以来，随着经济学家们的研究视野向传统经济学园地以外拓展（如家庭、政治、历史、文化等领域），‘经济人’进一步被抽象为追求‘个人效用最大化’的全面的‘经济人’。归根到底，‘经济人’是来源于家庭的‘生物人’。因此，现实经济生活中‘个人效用最大化’在一定程度上可以指向为‘家庭效用最大化’。”[31]“利已人性”虽然是“人无不在此列，没有例外”，但是，“个人效用最大化”与“家庭效用最大化”之间存在着某种接通关系，“个人效用最大化”往往归结于家庭系统层面。“利已人性”在中国经典著作中也有论述。《管子》云：“见利莫能勿就，见害莫能勿避。其商人通贾，倍道兼行，夜以继日，千里而不远者，利在前也。渔人之入海，海深万仞，就彼逆流，乘危百里，宿夜不出者，利在水也。故利之所在，虽千仞之山，无所不上，深源之下，无所不处焉。”《墨子》也称：“断指以存腕，利之中取大，害之中取小也”，“利之中取大，非不得已也，害之中取小，不得已有也。”这里，都强调了人类“利之所在”“无所不上”、“无所不处”的本性以及“两利相权取其重，两害相权取其轻”的“利已”策略。

“利已人性”，在伶人及其家族中自然同样存在，而且，由于伶业竞争的日常性和严酷性，普通伶人家族的生存问题时常处在动荡之中，伶人家族的利已性与其他职业家族比较在一定程度上显得更加突出。以传统村落家族而言，它主要是一种自给自足的自然经济，家族成员在一定范围内的土地之中耕作，围绕着耕种的特点和季节性组织劳作，并获得生存资源。即使地主富农阶级也是如此，《颜氏家训·治家篇》称："生民之本，要当稼穑而食，桑麻以衣；疏果之蓄，园场之所产；鸡豚之善；埘圈之所生；爰及栋宇、器械、樵苏、脂烛，莫非种植之物也。至能守其业者，闭门而为生之具以足。但家无盐井尔。"《柳宗元集》也称："树之谷，艺之麻，养有牲，出有车，无求于人。"在农耕社会的自然经济中，"至能守其业者，闭门而为生之具以足"，"无求于人"，也就形成了小农经济的特有家族文化，它需要通过家族共同体维持生存，它构成了村落共同体的某种聚合力量。伶人家族是一种依附型和市场型的生存方式，它无法"闭门而为生之具以足"，也不能够"无求于人"，它在一种竞争的职业环境中获得生存资源。即以求师而论，也是体现了一种"利已人性"的原则。"老的戏曲艺人都知道，'宁给千金，不施一春'这句话。就是说技艺不能轻易示人。名红生李洪春青年时期在开封搭班演唱，与班中所谓昆乱不挡的老生许春祥住在一起，为了向他学点东西，除吃饭外把所有的钱都'孝敬'他吃早点、喝茶了。但当问他一句戏词'大将龙韬久有名'中之'龙韬'两字作何解向他求教时，他竟给了李洪春一个铜子买糖吃，说学这个没用以作搪塞。再盖叫天在上海演《普陀山》去黄龙真人一角，其突然间变脸变装的技巧，对台上管事的李洪春也秘不相宣"，"旧社会有一句话，叫做'教会徒弟，饿死师父'。徒弟学会了，知道的多了，自已的玩意儿就不值钱了。所谓'一招鲜，吃遍天'，是活命的本钱，这一招怎能轻易示人。"[32] 如此情形，在其他职业领域也有存在，但是，伶业的"一招鲜，吃遍天"，乃是"活命的本钱"的生存原则，"利已人性"也就表现得更为显著，存在着放大甚至扭曲的状况。

第一，伶业有着所谓"阴人"的"利已"现象。王瑶卿在倒仓恢复以后，跟随岳父杨朵仙进入四喜班。当时，伶人袁子明和袁佩仙除了上台表演，还兼权力很大的管事人，也就是说，每天的戏码均由他们决定，然后，再由催场人每天清晨到各位伶人家里通知，伶人才知道今晚演出的剧目，如果是自己没有学会的，现学也来不及。因此，若想早点知道戏码，就要与催场人搞好"关系"，即所谓"送礼"的"拿贴饼"。由于王瑶卿在戏班没有后台撑腰，管事人就经常"阴"他。例如虽然王瑶卿的条件比杨朵仙之子杨小朵要强，而且，他在福寿班时已经是个角儿了，但是，在四喜班杨小朵能演头路角色，他连二三路角色也排不上。王瑶卿不喜欢演《落花园》，管事人故意刁难他，经常派他演此戏。一次，管事人又催演此戏，王瑶卿借故请假。管事人变本加厉地三次派演此戏，王瑶卿均回绝了。接着又派他演戏份很少的《沙陀国》中的二皇娘，王瑶卿也是一连请假三次。后来，管事人又派他演戏份更少的《泗州城》中的观音菩萨，王瑶卿气坏了，就跟岳父杨朵仙说了。没有想到杨朵仙却说青年人不能性急，能进四喜班这样的大戏班已经不容易了，头路角色轮不到他。王瑶卿更是生气，当着岳父之面抄起桌上一根竹棍，在腿上一磕将其折断，称日后若不成功，犹如此棍。由此，王瑶卿与岳父断交，也退出四喜班。伶界的“阴人”行为，确实使许多伶人感受到伶业生存的艰难处境。

程砚秋曾有如此表述：“这行人，同行之间，相互排斥，演好了是‘戏饭’，唱不好是‘气饭’。俞振飞拜程继先为师，是我介绍的，他拜师后半年，参加我的剧团。第一次公演那天，我演的《玉狮坠》，他倒第二演的《辕门射戟》。打鼓佬和几个配角，因为他是南方来的票友下海，故意和他捣乱，使他没办法唱下去，程继先在台下气得要打那个打鼓佬，那个打鼓佬从后台溜走了。俞振飞一气之下，跑回南方，给我来信说，这碗饭不好吃，气不好受。后来我的剧团把经励科的梁华庭撤换了，改组了剧团，实现了新的制度，才又约他回来。”[33]这位打鼓佬似乎是“害人不利己”，却是伶界利己性使伶人灵魂扭曲的表现，反映了伶业“这碗饭不好吃，气不好受。”

程砚秋由于经历过较多伶业“阴人”的遭遇，新中国成立以后吴祖光为他拍摄电影《荒山泪》，开始他对吴祖光也不太信任，还专门跑到吴祖光的好友盛家伦处，了解吴祖光的为人以及会不会真心诚意、毫无恶意地从事拍摄工作。摄制组的录音师是“梨园世家”出身，但是，与程砚秋不是属于一个派系，程砚秋也怀疑他会不会“捣乱”而影响录音质量，尽管吴祖光向他进行了解释，程砚秋仍然将信将疑。程砚秋向吴祖光称道：“因为过去的社会太黑暗，自己吃尽了苦头，便随时提防有人在暗中使坏。举个例子，我唱戏必须自己培养琴师为我伴奏，培养一个理想的能够合作无间的琴师非常困难。首先是物色人才，然后是长时期地训练，合作，需要付出很大的精力和时间。但是在社会上，特别是同行里，多次有人‘阴’我，就在我正要演出的时候，琴师被人家挖走了，他们用金钱收买，给金条，甚至用美人计，用这样的手段让我演不了戏，临时拆我的台。除此之外，拆台的手段还多得很。”[34]伶业的“同行是冤家”现象，使伶界的人际关系有着险恶的一面，也很容易使伶人形成程砚秋一样的思维方式。如此的“阴人”文化，也许与伶人的个人品质有关，但是，也反映了伶业激烈的竞争关系，它的最终指向为“家庭效用最大化”，都与伶人家族的生存原则有着一定的内在关系。

第二，伶人家族内部为了经济利益而出现“拆台的手段”。马龙在《我的祖父马连良》一书中，提到了马家内部的一些“利己”行为。马连良家族中有两块“魔”，即北京话中的故意纠缠和捣乱之人，一是马连良的五伯，二是他的舅舅。他们一直好吃懒做，长期依赖家族接济生活。马连良家住在豆腐巷时，二人前往他家，还以比较收敛的态度获取同情，由于是家族成员，大家也不会计较什么，但是，自从马连良家搬入南宽街后，二人就改变策略了，从“软攻”改为“硬攻”了。他们肆无忌惮地伸手要钱，不达目的则是摔出“三板斧”，第一板斧是撒泼、打滚和骂大街；第二板斧是在马路上拦阻马连良的汽车，并大声谩骂马连良不孝，似乎非让全社会知道不可；第三板斧是直接跑到戏院后台，坐地念秧秧儿，不断哭穷，称自己年老体弱没有人管等。马连良面对如此“利己”的族人，则是毫无办法。在他的家族中，与他同辈从伶者有胞弟马连贵，堂兄弟马春樵、马庆云、马小龙、马最良、马宏良、马四立、马全增，表弟哈宝山以及连襟马连贵，他们大部分均曾在扶风社供职。马连良对于伶艺要求非常严格，其中他的一个原则是“台上不论亲戚”，这可得罪了哈宝山。由于哈宝山伶艺水平差强人意，马连良使用他的时候不多，哈宝山认为表哥不关照自家人，心里一直有些别扭，憋着一口恶气。马连良的长女马秋萍，由谭小培、马富禄、杨盛春、哈宝山保媒，嫁给武生伶人黄元庆。在谢媒时，马连良跑了谭小培、马富禄、杨盛春三家，觉得哈宝山是自己亲姑姑的儿子，可以免礼不用谢了，没有想到却把姑姑一家得罪了。

就在马秋萍出嫁的当天，哈家一家人终于找到了出气的机会。他们怂恿秋萍向继母陈慧琏要东要西，不给就不上轿，哭哭闹闹很不体面。哈宝山在一旁敲边鼓说：“不要白不要，这是最后一次伸手的机会了，嫁出姑娘泼出的水！”又让其母出面，代表秋萍索要亲母王慧茹夫人留下的一堂菲律宾家具。然后又要钻戒，陈慧琏认为太过分。这位老姑奶奶就倚仗自己在族中的辈分高，对陈慧琏横挑鼻子竖挑眼。从当年入马家门没按回教的风俗办事，到今天的保亲不谢媒，都归罪到了陈的身上。实际上是指桑骂槐，矛头指向三侄马连良，而且越说越生气，气极而泣，把一场喜庆的出嫁婚礼变成了闹剧。哈宝山见母亲哭哭闹闹，认为“老家儿”受了委屈，于是不顾脸面大打出手，拿起一个茶壶，直接扔向了客厅的窗户。前来道喜的梨园界朋友实在看不下去了，都认为哈宝山太过分。于是由万子和出面呵斥哈宝山，让他顾及马家的体面，别没完没了。谁知此时的哈宝山已进入歇斯底里般的疯狂状态，给万子和踢了一个大跟斗。这万子和是何许人也？北京梨园界经励科的头儿。当时就挂不住了，立马发出了一道封杀令，“从今儿起，谁也不许用哈宝山！”犹如当头一盆冷水，把哈宝山激醒，一场闹剧才算告一段落。

一向顾及脸面的马连良，怎么也想不到家中会发生这样的闹剧，真想找个地缝扎进去，实在不屑与哈宝山共处一室。[35]

这里，哈宝山似乎是为了“‘老家儿’受了委屈，于是不顾脸面大打出手”，实际上他的真实动机还是缘于马连良不重用他，也是“指桑骂槐，矛头指向三侄马连良”。由于马连良不经常使用，哈宝山的经济收益自然受到影响，也就直接关涉到他的生存质量问题，也就出现了缺乏理智的“利己”最后却是“损己”的“大打出手”行为。哈宝山的“拆台”是经济利益所致。由于追求“个人效用最大化”与“家庭效用最大化”，因此，伶人家族内部也不免出现为了“利己”的经济目的而产生的“拆台”行为。

第三，伶人家族之间的“利己人性”。例如20世纪初梅兰芳和程砚秋在北京、上海舞台“对垒”两次，他们虽有师生之谊，但是，由于后来局势演变，人情包围，还是打起了对台，其中也应该包含有巨大包银的诱惑。田际云既是名伶，又是社会活动家，曾任公元纪年国会议员，在伶界颇有威望，但是，为了与俞振庭争夺梅兰芳的演出权，也表现出了一种“利己”行为。梅兰芳在1914年下半年应邀赴沪演出，使他在伶界名声大振。此前，他曾分别在俞振庭的双庆班和田际云的玉成班从事伶艺表演活动。俞振庭见他在上海红了起来，便专程赴沪邀请梅兰芳回京务必到双庆班演出，梅兰芳觉得自己与已由玉成班改名为翊文社的合同已经到期，对曾经行伶的双庆班也有一定的感情；二是俞振庭的夫人是梅兰芳前妻王明华的姑母，有着一种亲戚关系，于是也就答应下来。此时，田际云也猜到了俞振庭赴沪的真实意图，也急忙给梅兰芳写了一封信，请他回京仍在翊文社唱戏，但是，梅兰芳接信时，已是即将离沪之机，也就来不及回信了。梅兰芳到了北京火车站，除了翊文社、双庆社，来接他的还有其他许多戏班，但是，他还是坐着双庆班的马车回家去了。田际云获悉以后，极为生气，指派他的管事闯入梅宅，向梅兰芳传达指令，不许梅兰芳搭其他戏班，否则将打断他的腿，永远不得唱戏云云。梅兰芳本来想在合适的时候，去田际云处进行解释，见田际云如此蛮横，还侮辱自己的人格，便不再理睬。他的姑父秦稚芬怕梅兰芳出事，每天护卫梅兰芳进出。果然，田际云又令管家带着三十六名武把子，前来梅宅寻衅。梅兰芳急忙从后门跑到秦稚芬家，秦稚芬来到梅宅阻拦，以自己高超的武术将三十六名武把子打跑。田际云还是不善罢甘休，又指派四位彪形大汉围住正在石头胡同逛夜市的秦稚芬，又被秦稚芬打跑了。冯耿光曾为秦稚芬买了一根带枪的手杖，让他防身之用，秦稚芬谢绝了，认为自己的武功能够保护侄儿梅兰芳。田际云见此，也不敢再次轻举妄动。梅兰芳觉得应该结束如此局面了，在秦稚芬的陪同下，前往田际云府上讲和，田际云也赶紧乘机下台。梅兰芳为了表示对于翊文社的歉意，同意先在翊文社唱几天戏，然后再回到双庆班。后来，梅兰芳的名声越来越大，田际云又派人上门提亲，希望能够恢复旧好。梅兰芳与祖母商量以后，将亲戚王家的五姑娘嫁给了田际云的儿子田雨农，两个伶人家族的心结终于彻底解开了。不管是两个伶人家族发生争执，还是最后的和亲，其实都与“利己”的经济利益有关，前者是为了争夺梅兰芳的演出权，从而可以从梅兰芳的身上获得更大的伶业收益，后者则是通过联姻的方式，通过伶业优质资源的重组，获得更大的伶艺经济空间，培育一种生存资本的潜在因素。

第四节　交易性的通道

如前所述，伶人家族与村落家族比较，它不是自给自足的经济生存方式，而必须是交易性的经济生活形态。市场型的伶人家族自然如此，依附型的伶人家族虽然在官绅富豪家中甚至宫廷之中行伶，不是如同冲州撞府的流动伶人一样直接面对消费者，而且，它一个时期之内具有一定的稳定性，无需每日为不同的观众表演，但是，他们同样存在着一种交易性，也是以自己的伶艺劳动与官绅富豪“交易”，如果后来“交易”失败，伶人家族也就会被逐出官绅富豪，也就有可能加入了流动伶人行列，成为市场型的伶人家族。因此，伶人家族为了获取生存资源，除了伶业的技术性，交易能力也是一个重要的基本功能。

如此交易能力，需要伶人家族具有一种向伶业市场推销自身才艺的素质。金元时期，已有通过知名伶人的营销宣传，从而获得更大的伶业“交易”成果。前所论及的《宦门子弟错立身》、《汉钟离度脱蓝采和》两剧，均有“奴家年少正青春，占州城煞有名声”、“我则待天下将我的名姓显”的念白，而且，许多文人也会对伶人作夸大宣传，乔梦符散曲《斗鹌鹑·歌姬》称：“教坊驰名，梨园上班，院体诙谐，宫样格范”，确实如同睢玄明在《咏鼓》所云：“乐宫行径咱参破，全仗着声名过活。”这里，已经表明在伶人家族的“过活”功能中，通过“名声”、“名姓显”、“声名”实现伶业交易的重要价值，也包含了伶人家族生存功能中的交易性所需要具备的一些要素。

从伶业发展历史来看，伶人及其家族的职业交易性大多表现出某些基本的理念、方法和手段。一是伶人的显示度，即通过伶人的“声名”，达到扩大交易的范围以及经济收益程度。这种以伶人的“名姓显”来实现伶业交易效益，一直是伶人家族职业经济交易活动的主要方式，到了清朝中晚期，则出现了较为普通的名伶组班现象。徽班进京以后，组班者大多是名伶，尤其是四大徽班则更是如此。例如三庆班有高朗亭、程长庚，四喜班有梅巧玲、时小福、郑秀兰、沈宝珠、胡喜禄、陈金彩、俞振亭。由于组班者是名伶，戏班也就成为名戏班，自然扩大了在伶业市场的影响力和知名度，提高伶业交易的成功率和收益率；二是与文人宣传的结合，尤其是近代都市的伶业，通过文人的“妙笔生花”以及各种“捧角”活动，来扩大伶人的美誉度和“名声”。乾隆时期，出现了清代第一次伶业发展的高峰，伶业逐渐成为京华的消费热点及其时尚文化行为，评花、咏伎、征歌、选色、花榜等各种围绕名伶而展开的活动层出不穷，它直接或者间接地促进了伶业在整个社会文化娱乐市场中的生存发展空间及其占有量，也自然不同程度地提升了伶人及其家族职业交易的收益水平。以“花谱”为例，乾隆五十年刊刻出版了《燕兰小谱》，它开启了嘉庆、道光时期的“花谱”热，《清代燕都梨园史料》收录的就有《日下看花记》、《片羽集》、《众香国》、《听春新咏》、《莺花小谱》、《燕台集艳》、《金台残泪记》、《燕台鸿爪集》、《辛壬癸甲录》、《长安看花记》、《丁年玉笋志》、《梦华琐簿》。颇耐玩味的是，这些“花谱”的署名都是室名别号一类，而不是真名实姓。大概作者既想在伶业娱乐界“游戏”一把，又不愿失去文人的高雅身份，“所以称号者，以游戏笔墨，知者自知，不必人人皆知。”[36]《燕兰小谱》刊刻之时，伶人们对于“文人”、“名士”的“题赠”还没有完全发现它的意义，“文人和伶人之间还没有出现这种‘利害’关系。谱中出现的‘文人’、‘名士’还是一副‘仰望’名伶、‘单恋’的倒霉相，伶人们，特别是名伶们根本不把‘饿眼’、‘酸丁’放在眼里，也没有觉得‘名士’题赠有什么用处，‘钱郎’、‘豪客’才是名优、美伶‘投心掷眼’的对象。”[37]到了嘉庆、道光年间，“花谱”成为了具有“广告”性质的刊刻物，文人将伶人作为自己的研究对象，而伶人也将文人的“花谱”作为伶业交易的“广告”手段，“文人和伶人之间”“出现这种‘利害’关系”了，那些已经撰写或者有可能撰写“花谱”以及“咏花诗”的文士，开始受到伶人们“投心掷眼”的青睐及其热烈的欢迎。例如《日下看花记》的作者小铁笛道人，既非“钱郎”、“豪客”，也是一位白发年长者，却受到了伶人们的高度期待。

> 他能得到伶人们“万花环护待题诗”这样的期盼，显然只是凭借他撰写“花谱”的身份和品题名伶的妙笔，而伶人需要的，恰恰是作为早期的“广告”或者“传播媒介”的“花谱”为他们带来的实惠利益——京师之大，伶人多多，有人“品题歌咏”（今天叫“炒作”）的伶人，就会名声日高，就会“走红”，成为名伶，台上出演的买卖，有人卖票，台下侑酒的生意，有人相约……同样的伶人，如果总是没有人赏识，没有人阐释、肯定他的优长，哪怕他的色艺实际上并不比那些“走红”的名伶差，而只是他没有“广告”，他也会慢慢地销声匿迹。“花谱”的广告效应，嘉庆、道光时，已经逐渐为伶人、文人双方认知，从事这种实际上是起到“传播媒介”作用的写作“花谱”的工作，它的实用价值也就与日俱增。
>
> 这次轮到伶人“仰望”文人了。他们为了自己的切身利益，有求于从事舆论、宣传的文人。[38]

显然，它也是伶人及其家族的一种与市场交易的通道，通过与文人“品题名伶”的合作，“台上出演的买卖，有人卖票，台下侑酒的生意，有人相约”，与伶人家族的经济收益直接相关，否则，很有可能影响到伶人家族的生存问题，因为如果“他没有‘广告’，他也会慢慢地销声匿迹。”如此，伶人与文人之间心领神会的“利益”关系，也就成为伶人家族的一种伶业市场交易技术。

三是寻求权势者的保护。伶人及其家族在某一地域行伶，由于特殊的社会身份，常常会受到恶势力的侮辱和损害，因此，依赖权势者的荫庇，也就成为伶人家族顺利实现伶业市场交易的重要保障手段。如前所论及的小说《梼杌闲评》第四回写到魏云卿戏班，“如今又倚着王家的势，再没人敢惹他”，魏云卿通过王家公子的势力，出了牛三抢砸他们戏班的气。虽是小说情节，也应该有生活的参照依据。《笔梦叙》称道：“邑中向有钱府班者，特记钱府牌额”，也是戏班为了经营方便，以求荫庇之意。因此，伶业一直有“拜客”的习俗，到了某地，班主、承事率领戏班名角，携带礼物拜客。梅兰芳在《舞台生活四十年》中称道：“那时我们出码头演戏，下车先忙一阵照例的应酬，就得拜客与‘吃饭’”，“这种拜客的手续还真得周到，稍为疏漏一点，常常会引起无谓的误会”，“这种风气，在旧社会里普遍流行，不独汉口一处为然。”[39]一般而言，戏班要“拜客”的权势者有官府、商会、乡绅、被称为“汉子”的地痞恶棍、同行等。它也成为伶人家族生存功能的一种交易环境条件。

四是各种灵活的交易方式。例如清末的“内廷供奉”，不仅有“月米”和“月俸”，而且，每次演出之后还有“赏金”。更为重要的是，“内廷供奉”的身份使名伶的身价倍增，它的一个重要延伸效应就是在宫外搭班也容易多了，也就是说伶人的伶业交易通道顺畅多了，因此，即使在宫内经济收益不是十分理想，由于在宫外的“连锁反应”，保持在宫内的从伶地位也是十分重要的；在“堂会”表演常有“跳加官”的现象，也就是说每有达官贵人来到，东家都会令戏班“跳加官”以示欢迎，台上演出暂时停止，伶人转身面里，后台立即扮一“加官”登台，手持“一品当朝”加官条一舞即下。于是，新到场者知为其“加官”，也就立即“开赏”，戏班都可获得或多或少的赏金，有时一次堂会能有十几次甚至几十次“跳加官”，成为伶业交易的一项特殊收益；节庆期间，衙门、同乡会和达官贵人等堂会很多，戏班为了应付周旋，从而获得更多伶业收入，常常采取“分包”策略，即将一个戏班分成两组或者几组进行表演，名伶则是穿梭于各个堂会之间赶场。如此运用各种灵敏的伶业交易方式，也可以增加伶人家族的经济效益，从而保障和提升伶人家族的生存能力。

【注释】

1. 马克思、恩格斯：《德意志意识形态》，《马克思恩格斯选集》第 1 卷，北京：人民出版社 1975. 25 页.
2. 李仲明：《谭鑫培》，河北：“河北教育出版社 2006. 30 页 .
3. 丁秉鐩：《菊坛旧闻录》，北京：中国戏剧出版社 1995. 224 页 .
4. 常香玉：《戏比天大》，北京：中国戏剧出版社 1990. 62 页 .
5. 常香玉：《戏比天大》，北京：中国戏剧出版社 1990. 78 页 .
6. 常香玉：《戏比天大》，北京：中国戏剧出版社 1990. 106 页 .
7. 常香玉：《戏比天大》，北京：中国戏剧出版社 1990. 128 页 .
8. 李仲明：《谭鑫培》，河北：河北教育出版社 2006. 25 页 .

9. 梅兰芳：《舞台生活四十年》（上、下卷），北京：团结出版社2006. 31页、420页．
10. 北京市政协文史委员会：《梨园往事》，北京：北京出版社2000. 262页、263页．
11. 北京市政协文史委员会：《梨园往事》，北京：北京出版社2000. 269页．
12. 北京市政协文史委员会：《梨园往事》，北京：北京出版社2000. 267页、269页．
13. 北京市艺术研究所、上海艺术研究所：《中国京剧史》（上、中、下四卷），北京：中国戏剧出版社1999. 1172页．
14. 梅兰芳等：《中国戏剧大师的命运》，北京：作家出版社2006. 183页．
15. 詹姆斯·休斯. JR：《让家族世代兴盛》，北京：清华大学出版社2006. 35页、174页．
16. 丁秉鐩：《菊坛旧闻录》，北京：中国戏剧出版社1995. 308页．
17. 徐慕云：《梨园外纪》，生活·读书·新知三联书店2006. 113页．
18. 梅兰芳等：《中国戏剧大师的命运》，北京：作家出版社2006. 123页、124页．
19. 李仲明：《谭鑫培》，河北：河北教育出版社2006. 279页．
20. 李仲明：《谭鑫培》，河北：河北教育出版社2006. 282页．
21. 马龙：《我的祖父马连良》，北京：团结出版社2007. 111页．
22. 严家炎：《五四新文化运动与中国的家族制度》，《鲁迅研究月刊》1999年第10期．
23. 刘平青：《家族基因：家族企业生命力解读》，山西：山西经济出版社2005. 93页、94页．
24. 沈鸿鑫、何国栋：《周信芳传》，河北：河北教育出版社1996. 201页．
25. 马龙：《我的祖父马连良》，北京：团结出版社2007. 17页、21页．
26. 马龙：《我的祖父马连良》，北京：团结出版社2007. 17页、19页．
27. 梅兰芳等：《中国戏剧大师的命运》，北京：作家出版社2006. 120页、121页．
28. 李仲明、谭秀英：《梅兰芳》，河北教育出版社、广东教育出版社2002. 135页．
29. 李仲明、谭秀英：《梅兰芳》，河北教育出版社、广东教育出版社2002. 187页．
30. 刘平青：《家族基因：家族企业生命力解读》，山西：山西经济出版社2005. 58页．
31. 刘平青：《家族基因：家族企业生命力解读》，山西：山西经济出版社2005. 58页、59页．
32. 张发颖：《中国戏班史》，北京：学苑出版社2004. 654页．
33. 北京市政协文史委员会：《梨园往事》，北京：北京出版社2000. 236页．
34. 陈培仲、胡世均：《程砚秋传》，河北：河北教育出版社1996. 329页．
35. 马龙：《我的祖父马连良》，北京：团结出版社2007. 112页、113页．
36. 小铁笛道人：《日下看花记·自序》，刊于张次溪编《清代燕都梨园史料》（上册），北京：中国戏剧出版社1988. 109页．
37. 幺书仪：《晚清戏曲的变革》，北京：人民文学出版社2006. 335页．
38. 幺书仪：《晚清戏曲的变革》，北京：人民文学出版社2006. 336页、337页．
39. 梅兰芳：《舞台生活四十年》（上、下卷），北京：团结出版社2006. 381页．

第二十章　伶人家族的维持与绵延功能

第一节　维持“适者”的秩序

伶人家族作为一个生物血缘关系及其文化血缘关系组成的群体，它必须具有一定的秩序，也即具备一种维持功能。“村落家族作为一个群体，按照一定的秩序生存和发展着，要使这个群体能够存在下去，就必须保持它的内部秩序。如果村落家族的内部秩序破坏了，家族就有可能解体。在过去的时代里，家族内部的秩序占主导地位，因而家族的维持功能格外强大，族长们的权力也较为强而有力。解放前不少家族有家法、家刑，甚至可以处死家族中严重破坏秩序的成员”，即使在目前“相当多的村落家族中，家族的调节具有较大的权威，家族成员一般得服从家族内部的调节，家族依然承担着维持秩序的基本功能。”[1]伶人家族也是如此，它作为一个群体，也需要“按照一定的秩序生存和发展着”。村落家族在长期的封建社会之中，保持了一种相对的稳定性甚至是固置性，只是到了现代社会由于政治体制的变革才有着较大变化。尽管如此，在许多地区“家族依然承担着维持秩序的基本功能”。伶人家族与村落家族不同的是，伶人家族的生活和生存方式一般较少具有一种固定性，即使是依附性的伶人家族也往往有着重新流动的可能性。伶人家族与社会存在着广泛而复杂的“交流”关系，这是为伶业所决定和必需的，因此，伶人家族的“内部秩序”受到外界干扰和冲击的可能性也就越大，它的维持功能也就显得颇为重要，否则“家族就有可能解体”。

“经济学自创立以来一直与自然科学互为影响，博物学家达尔文（Darwin，G. H.）‘自然选择’进化论堪称其中的典范。受马尔萨斯（Malthus，T. R.）《人口论》的启迪，达尔文发现了进化论的线索，据此，‘自然选择’产生了思想家、哲学家赫伯特·斯宾塞（Spencer，H.）所说的‘适者生存’。后达尔文主义的兴起把自然选择与生物学家孟德尔的遗传思想合而为一，并再次将这些思想应用到人类社会和经济生活的竞争中去。”[2]如此学说，对于伶人家族的维持功能也有一定的启示意义。从某种意义而言，伶人家族的维持功能也是为了一种“适者生存”，它“承担着维持秩序的基本功能”，乃是维持一种“适者”的“内部秩序”并保障“生存”下去。

第二节　大小家族的家法和族规

由于伶人家族职业的“社交性”，它的维持功能具有较为重要的意义。伶人家族的维持功能，包含着“一大一小”两个家族系统的内涵，一是伶人阶级的泛家族化形态，例如明清时期的“精忠庙”，会首或者称为庙首颇类似于族长，主要任务是传办事件和讲庙。“按照梨园公会的管理章程，会首更应顾全大局，有公无私，如会首犯了禁令，也要给予适当的处分。当时京师盛行堂会，戏班演堂会的收入胜过在戏园中演出收入许多倍，一般都能得数十两或几百两的赏银。演堂会戏许多是以一个戏班为主，外邀一些著名艺人加入，因此艺人们都喜欢参加堂会戏的演出。”[3]会首刘赶三在三月十八日伶界祭神禁演的日子，私自演唱了两天堂会，被查知以后，差点被“革出梨园，并注销保身堂名号”，后经他的徒弟求情，“罚赶三银五百两，重修大市街精忠庙旗杆二座（有刻字为证：‘同治岁次丁卯夏季津门弟子刘宝山敬献重修’），以此为戒。”“这件事说明梨园公会办事是认真、公道的，即使是会首犯了错误，也一定要秉公处理，不徇私情。”[4]“讲庙事件”主要就是处理伶人、戏班等内部问题的事件，例如伶人或者戏班之间发生争执，小事多请打鼓佬、生、丑等伶人评说，如果不服，或者是较大的事件，齐如山《戏班》“生丑言公”条称：“如所判之事，一造不服，则请几班之头目公判之。再不服，则由精忠庙首判之，再不服则由庙首请各班之头目公判之。再不服，则归内务府堂郎中矣。”

二是伶人阶级的小家族，也会有着各种的家法和族规。为了防止家族的衰败或者没落，调和家族内部的矛盾并进行家族教育，更好地管理家族的事务，许多家族都设立了严格而规整的家规。对于许多伶人家族而言，对它的“内部秩序”冲击较大的因素，主要有着以下两个方面，首先是伶界的浮浪习气，使一些伶人容易染上恶习。由于伶业的流动性倾向，使伶人时常脱离家族管理的范围，加上伶人复杂甚至有些险恶的公共关系，伶人一不小心就会走向歧途。“不少班主、财东，为了牟取暴利，连续演出，演员劳累过度，就鼓动艺人吸食鸦片、赌博。所以好多艺人被弄得形容枯槁，穷困潦倒，讨饭行乞，卖儿卖女，最后落个投河弃井，狼吃狗啃者不在少数。”[5]以“吸食鸦片”为例，这是伶界颇为普遍的一个劣习。马龙在《我的祖父马连良》一书中写道：

> 名伶有烟霞之癖是人所共知的事实，皆因生计所累。每晚舞台上动辄三四个小时，高度紧张，特别是在上海这样的大码头，一期至少要连演三四十场，优秀

> 红伶还要续期。配角演员可以“歇官中”（戏班行话，休息不扣包银），主角可天天都要上，观众就是奔“他”来的。因此，只有用“大烟”才能达到每天上场之前精神饱满的作用，明知是饮鸩止渴，也没有更好的办法。另外，唱老生的多有这种嗜好，与行内相传的抽烟可以去“燥气”有关。老先生们认为，与所演老生角色的身份相接近。抽“大烟”又是当时社会上流行的交际活动之一，世人均难免俗。……
>
> 许多老艺人已经积习难返烟瘾极大，顾得了抽烟就顾不了吃饭，因此时常有人贫病饥饿而死。马连良每想到此，就记起了几年前他去看望言菊朋的事。言派艺术虽已形成，但是曲高和寡，是行内人所说的“打内不打外”的艺术，不被多数观众接受。言先生后来体弱多病，淡出舞台，郁郁寡欢，颇不得志。马连良到言宅之后，见言菊朋躺在床上，面色难堪，眉头紧蹙，问明原委才知他正在戒烟，没有什么特别的办法，只有硬扛。马连良一听就急了，说：“三哥，戒烟要进医院，一步一步慢慢来，不能马上就断。自己硬来，会出事的！”言菊朋面有难色地不停点头，表示明白，没有说一句话，马连良眼圈含泪地离开了言家，回家后封了一百大洋交给弟子言少朋。心想一代名伶言菊朋都落得如此下场，何况别人呀！[6]

谭鑫培家族也曾经染有“烟霞之癖”。谭元寿在《谭门艺语》一文中写道：“我曾祖、祖父和父亲，全染有此癖。1945年抗日战争胜利后，北平国民党政府贴出了告示，命令人们忌大烟，对不忌者要罚办。当时，我祖父和我父亲一商量，下决心忌烟。他们爷俩同到大栅栏煤市街西医李伯良大夫诊所，经过打针、吃药，整整八个月没有演戏，终于忌了大烟。”[7]陈德霖在光绪二十五年时，由于伶艺表演十分劳累，也染上了“此癖”，导致嗓子塌中。第二年在与青衣伶人孙怡云同台演出时，后台管事安排孙怡云演唱的是《御碑亭》，陈德霖是《战蒲关》，陈德霖因为嗓子不好恳请与孙怡云调换戏码，却被孙怡云拒绝了。陈德霖孙子陈志明称道：“自此深受刺激，非常苦恼，因为嗓子是唱戏的本钱，嗓子一坏就会影响到全家人的生活。这时内务府一位姓尹的人，建议祖父坚持遛弯喊嗓，生活上注意调养，每天很早起床步行到南城陶然亭、金鱼池一带遛弯喊嗓子，同时还约请著名琴师陈彦衡先生吊嗓，坚持一天唱一出《祭塔》。营业戏很少演唱，仅在宫中承差。这样经过十多年的锻炼，嗓子竟然又练出来了，而且比从前更高亢、娇脆，有时听来就像十八九岁少女在演唱一样。”[8]荀慧生与达官贵人应酬时，本来只是用大烟招待一下那些“烟霞之癖”者，没有想到自己也染上了，而且，他的夫人也一同染上，烟瘾还越来越大，最后因为抽大烟而丧命。荀慧生深感内疚，觉得大烟害了他的艺术，还害死了他的妻子，如果长此以往，后果不堪设想。他住进了北平西长安街的戒烟医院，终于戒烟了。奚啸伯也有抽大烟之癖，每晚唱戏结束，吃完夜宵以后，他就开始抽大烟了，而且，常常是通宵达旦。到了次日凌晨六点，孩子上学去了，他才宽衣睡觉。“为了这‘一口’，奚啸伯有时不得不把一些值钱的物件卖掉，或送进当铺。儿子奚延宏说：‘他离开大烟，就跟死人一样。’到了1947年前后，奚啸伯已处于手背向下，求借于人的穷途。那时，叶盛兰、李少春等人不断给予周济。”[9]解放以后，他才终于戒了大烟。徐慕云在《伶人与鸦片》一文中写道：

伶人喜爱鸦片最大的原因，不外下述数端：一是属于遗传性的；二是自幼耳濡目染，以为非吸此不能成名角，常见许多名伶授徒时，自躺于烟榻上，令其徒垂手立于榻前。当教授戏词或改正某腔时，二目注视灯火，且念且烧，意颇消闲自得，而其徒背诵戏词时，亦目注于此，不稍斜视，此则与学校授课时之情形大不相同。盖烟榻譬之课堂，烟盘犹如黑板，烟签权做教鞭，烟枪可当刀枪把子或马鞭等使用。又口中念锣鼓时，烟签击于烟盘上，亦可代表鼓板，所以老师是卧而教之，学生则直立于烟榻前敬谨受教，如此习以为常，觉得先生这样子教徒弟，不但是十分舒适，而且派头十足。等到自个稍微有点名气了，也就不由得一意模仿着他老师的那个派头，置办一套烟具，呼呼地抽了起来。尤其是谭派须生，因为小叫天有奉旨吸烟的那段遗事，仿佛是不抽烟就够不上称“谭派”似的。

说起吸烟，的确于伶人有相当意义，此辈人多称嗓子为本钱，可见嗓子的好坏，是关乎他们一生荣辱和吃饭的问题至要至巨的。伶人过了倒仓的难关以后，由成年而至壮年，最易受外界各种诱惑，第一桩就是耗财伤身损坏声誉的色欲问题，然而鸦片这样东西最能败血，等到抽上瘾后，身体衰弱，精血亏损，性欲问题就淡得多了。到外面遛逛，也须能抖起精神，有耐心，不辞劳苦，然后才能达到目的。会得意中人，倘若染了嗜好，到时候，一来瘾，身子都不是自己的了，腿也抬不起来了，即令有位天仙美人站在你的面前，你都没有力气去用手拉她一把。所以无论何人，一染上这种嗜好，那就根本不作此想了。凡人精血亏耗多了，最会影响到嗓音的失润，或喑哑发不出声来。还有一层，伤风咳嗽，亦足以使嗓音沙哑，甚或气喘音促，往往于一句中间，截断数次，此种情形，若在台上必为台下报以倒彩，或哄下台去。……

倘若仅务虚表，以为凡名角、凡谭派须生均须具瘾君子之头衔，果如此，则其人固愚不可及，而其根本不能了解鸦片与伶人喉嗓之利害关系，乃亦为不可掩之事实也。[10]

以上详细论述了伶人“大烟文化”形成的原因、表现形态及其“利害关系”，它对于伶人家族的维持功能也产生了重大的影响，“他离开大烟，就跟死人一样”，“若在台上必为台下报以倒彩，或哄下台去”，“为了这‘一口’”，“有时不得不把一些值钱的物件卖掉，或送进当铺”，只能“求借于人”，甚至发生了昆曲伶人王少友因为“烟霞之癖”将妻子卖到了妓院，一些伶人因为“此癖”而早亡，或者倒毙街头。由于“烟霞之癖”的浮浪习气与伶人家族维持功能的密切关系，因此，一些伶人家族对此有着一定的家规或者族法。韩世昌在《我的昆曲艺术生活》中称道：“侯瑞春先生反对吸毒抽白面，他的外甥张文生就因为侯先生管的紧，所以没垮台。我也没染上嗜好，要不早就完了。”[11]慈禧对于昇平署内外学伶人吸食鸦片和赌钱，也有着严格的管制，光绪三十一年“旨意档”载：“十二月二十五日，总管面奉懿旨，里外人等在内不准耍钱，在外不准吸烟，如被查出，重责不恕。”[12]它也说明了为了“家国”或者家族的维持功能，对于“吸烟”的约束制度。除了“烟霞之癖”，伶人家族对于族人的其他浮浪习气也有着一定的制约体系。如前所论，伶人由于娱乐职业的性质以及“社交”关系的影响，也很容易沾染一些不良的劣习。例如金少山有钱时挥霍浪费，没有钱时则是告贷无门。在北平自己挑班时，跟包有七八个，比任何名伶派头都要大，甚至其中还有专门伺候狗和猴子的。在天津中国大戏院演出时，他住在惠中饭店，演出结束以后，召来一群花枝招展的姑娘，每人叫一声爸爸，他就赏一百元，于是，风传出去，一个晚上就来了几十人，同样都是有叫必赏，赏完即走，金少山也就是哈哈一笑，通过伶艺挣的钱也就如此“消费”了。在北平唱完二十几出老戏以后，朋友催他排演新戏，他也懒得去做。按理如果能够保持伶艺表演水准，如此二十几出戏也能维持一辈子的生活了，但是，由于他整天沉湎于烟、酒、色，嗓子日渐喑哑，观众也就逐渐流失。金少山红了没有几年，也就逐渐潦倒了，行头等都进了当铺，在演出时需要通过预售票款将其赎出，以便晚上登台行伶使用。如果钱不够，还需要管事孙焕庭垫钱。1946 年金少山去世时，也是孙焕庭为他料理后事的。如此的不良习气，确实使伶人家族很难具有一种维持功能。宋德珠的长辈历代在北平崇文门外开设茶馆为生，他考入北平戏曲学校攻学武旦，后娶了名伶孙毓堃之女为妻。“宋德珠的小毛病，有点骄傲而佻达。红了以后，花钱就手松起来，他喜欢养鸟儿，在这方面花了不少钱，而且不久又染上了烟霞癖。”[13]一次午夜，在王瑶卿家中，宋德珠对着微醉脸泛桃红的王玉蓉，说了一句寓含桃色的俏皮话，没想到王玉蓉却听懂了，连哭带闹，当时乱成了一团。最后，在王瑶卿主持下，宋德珠向王玉蓉道歉才结束此事。“宋德珠没有红了几年，以后嗓子塌中，更不能唱了，于是倦鸟归林，又回到崇文门外，操他开茶馆的旧业去了。”[14]因此，伶人家族为了一种维持功能，都有着不同形态的家法或者族规。周易在《我的父亲周信芳》一文中写道：“父亲不是个轻易表达感情的人，他和母亲对我们的管教严厉。”[15]伶人家族都有着各自“管教”规矩。

其次是伶人家族内部的“内讧”现象，也会影响到它的维持功能。在前面论述“利己性”时，已有较为详细的阐释，例如哈宝山报复表哥马连良、王瑶卿与岳父杨朵仙为了伶业之争执，都在一定程度上损害了伶人家族的伶业声誉以及经济利益。因此，伶人家族也培育自己的“家风”。高庆奎出身梨园世家，父亲为清末名丑高士杰，他搭班提出“三不争”的原则，即不争主角配角、不争戏码先后、不争戏份多少，各个戏班都愿意邀他搭班。侯喜瑞是一个伶艺流派的创建人，但是，他从来不争角色、不争地位和不争牌位，恪守伶人的职业道德。他自己没有组过戏班，在舞台上甘当配角，表演一丝不苟，他甚至对自己的徒弟都抱着谦逊的学习态度。如此的“三不争”原则，自然是有利于建立及其巩固伶人家族的维持功能。

王沪宁在论述村落家族的维持功能时称道：“村落家族需要以一定的方式来维持内部的秩序，不论这种秩序在何种程度上存在着”，“在社会体制充分取代家族秩序的地方，这种功能就处于弱化的趋势中，否则就处于持续的趋势中”，“家族的维持功能在一定条件下起到了有利的作用，减轻了社会体制的负担，同样，也会成为社会体制向基层渗透的障碍”，“村落家族维持功能的消长还要看人们的心态呈怎样的发展趋势。”[16]伶人家族也“需要以一定的方式来维持内部的秩序，不论这种秩序在何种程度上存在着。”与村落家族比较，由于伶人家族被传统家族驱逐而形成自身家族的历史相对较短，不可能如同村落家族一样，具有一种由于历史久远而形成厚重的家族功能文化，加上伶人家族职业的流动性，“维持功能的消长还要看人们的心态呈怎样的发展趋势”，因此，“这种秩序”在一定程度上要弱于村落家族，伶人家族维持秩序的范围、方式和力度，也有着伶人家族自身的特点。伶人对于冲击“内部秩序”的各种复杂因素，进行规范、调节和裁定，从而化解家族内部的危机和矛盾，家族机制有着不可忽略的维持秩序的功能。

第三节　生物学与社会学的绵延

家族无论从生物学还是社会学角度，都有着一种繁殖后代或者“种族绵延”的绵延功能。从生物学而言，由于任何有机体都存在着一个生老病死的过程，它必须通过生育后代才能使“种族”延续下去，并且形成“代际”的传承关系以及生存保障结构。英国学者亚·莫·卡尔一桑德斯称道：“一切有机体都繁殖其族类。繁殖显然是一种需要，因为一切生物易于因伤害而死亡，如果没有繁殖，则每种生物就会很快地灭绝。值得注意的是，在一切高级生命形式中，寿命的大致明确界线业已逐渐形成。换句话说，一定时期之后自然死亡就发生了。”[17]如此，繁殖也就成为有机体的生物本能。家族也是一个生命群体，它也表现具有一种生物学意义的绵延功能。

在社会学的意义上，家族的传宗接代的绵延功能，不仅仅是生物学范畴的，它还受到生产方式、传统文化和社会体制等各种因素的制约和影响，有着更为复杂的经济社会体系的内在调控体系。以村落家族而言，“不同的村落家族遇到的社会环境恐怕也有所不同，绵延功能受到的刺激也不同。有一点是典型的村落家族共同遇到的境况。典型的村落家族大体上是一个封闭的组织，这种封闭性从形式上看主要表现在地理分隔，但本质上是由村落家族本身的特性决定的。村落家族是一个以血缘关系为纽带的组织，这种封闭性在于没有血缘关系的人不可能成为家族的成员，扩展一点说，没有亲缘关系的人不可能加入家族共同体。因此这种组织存在下去的途径就只能依靠家族的绵延功能。虽然这种功能由家族内的家庭来执行，但它首先是族的功能，因为个别家庭由于多种缘故不能绵延后代的情况还是存在的，但这并不妨碍族的功能的存在。家族的绵延只能依靠家族，与其他社会组织一所不同”，“由于村落家族的基本格局尚未打破，所以它的绵延功能是基本的和重要的。”[18]伶人家族存在着既封闭又“开放”的社会形态，由于被传统家族所驱逐以及社会隔离制度，伶人家族的社会心理以及生活方式呈现出一种“封闭社会”的格局，但是，由于泛家族化现象及其伶业的“社交性”，它又有着某种程度的“开放”倾向。从伶人家族的绵延功能分析，虽然与村落家族比较，它有着一种相对“开放”的状态，然而，同样由于它是“一个以血缘关系为纽带的组织”，“在于没有血缘关系的人不可能成为家族的成员”，至少是不可能成为正式“家族的成员”，只能是一种泛“家族的成员”或者准“家族的成员”，因此，“绵延功能虽然由家族内的家庭来执行，但它首先是族的功能”，家族的绵延只能依靠家族。

第四节　“内群婚姻”的“类聚配偶律”

由于伶人家族职业的特殊性，它的绵延功能也有着自身的特点。伶人家族的“内群婚姻”，在生物学上很有可能将伶人才能得到一种较为集中的“种族绵延”，它本来是属于社会学的性质，即一种国家政治设计的策略结果，却在生物学上产生了职业天才的绵延功能。潘光旦称道：

> 伶才是一种受隔离的人才，并且这种隔离的现象有两方面。一是社会的与心理的，二是生物的与血缘的。社会的与心理的隔离本来是极不幸的，但是在社会的歧视甚至于作践之下，而伶界的人物依然不断的产生，足见才气之所钟，自有寻常社会环境所不能摧残抹杀者在。然则假定有好一些的社会环境的话，人才的产生岂不是更要来得自由，来得充量？第二种隔离却是利多害少的。因为隔离的

> 缘故，伶界的人物，便不能不在自己团体以内找寻配偶，终于造成一种所谓“阶级的内群婚配”（class endogamy）的现象与习惯。内群婚配的结果，当然是把许多所以构成伶才的品性逐渐集中起来，使不至于向团体因为扩散。有时候因缘凑合，并且可以产生一两个极有创造能力的戏剧“天才”来。一百二十年来伶才的所以见得特别多，一部分便未始不由于此种婚配的习惯。[19]

如此“阶级的内群婚配”使“把许多所以构成伶才的品性逐渐集中起来，使不至于向团体因为扩散”，似乎与“门当户对”的理论也有契合的地方。费孝通认为，“门当户对的标准也就是在保证相配的人文化程度相近，使他们容易调适。在一个文化比较静止的社会中，父母自己认为妥当的配偶常常是对子女未必不适当的配偶，因为他们的判断，根据着可靠的经验，比较正确。而且，第三者的考虑也比较周到和客观，他们可以顾到夫妇生活的各方面。”[20]“门当户对”有违于以爱情为基础的婚姻本质，但是，确实“容易调适”两人的日常生活。对于伶人家族的“内群婚配”，也颇有一点“门当户对”的意味，尽管伶界内部也存在着不同的家族地位，但是，却都是属于伶人阶级，因此，他们的“相配”，也是相对“容易调适”，而且，“有时候因缘凑合，并且可以产生一两个极有创造能力的戏剧‘天才’来”。

英国学者蔼理士在《一个英国人才的研究》一书中写道：

> 我们对于人才全般在这方面所得的结论，一到男女伶人，就得整个儿的翻转过来。对于一般的人才父母社会地位的优越和生活的文雅闲适，就大体而论，似乎是一大利益，可以左右大局，但是在男女伶人中间，出生的微贱也未始不是一种切实的好处。我们所挑出的名伶中间，至少有三四个是私生子，其他可疑而未便确定的还有好几个。我们知道来历的三十个伶人中间，至少有四个是所谓“粗工”或“散工”的或普通士兵的子女（此数已不能算少，因为伶人阶级本身就不大），十一个是伶人的子女，其余的父母也大都从事于一些很夹杂而性质很粗的职业。只有六个是属于所谓自由职业的阶级（伶业当然除外）；真正属于上级社会的，可以说只有一个。蒲士（Booth，名伶之一）的家世里虽有些贵族的渊源，他的父亲却是一个穷酸潦倒的地保（原文为 squire，姑译作地保）。为什么伶才偏在卑微的社会阶级里出来呢？这解释是不难的。我们但须看伶人所处的是什么一种境遇。大凡私生子的环境，或比较不修边幅的一种环境所养成的神经系统，往往是不很稳健而极易于接受外界的刺激的；一个人有了这种神经系统，再加上穷困、生活的不规则、早年时代职业的卑微与变迁不定、正式教育的缺乏、普通社会道

德拘束力的薄弱、等等，而同时日常所与接触的人物与景象，又是全社会中原属最富有剧情的一部分——结果，他要有什么天赋的能力，这能力的表见，似乎除了演剧的职业以外，再也没有第二条适宜的路。[21]

蔼理士论述的是英国的伶人“绵延”状况，它似乎与“卑微的社会阶级”出身有关，它成为生产伶人的“一种环境”。由于伶人阶级的如此“境遇”，“他要有什么天赋的能力，这能力的表见，似乎除了演剧的职业以外，再也没有第二条适宜的路。”蔼理士强调了生存环境对于伶人的“绵延”作用，不过，环境对于人的“天赋”和“能力”具有一定的影响作用，却并非全部，“天赋”和“能力”的形成还有着其他的复杂因素。蔼理士的观点所产生的一个启示是，“不很稳健而极易于接受外界的刺激”的“神经系统”，“再加上穷困、生活的不规则、早年时代职业的卑微与变迁不定、正式教育的缺乏、普通社会道德拘束力的薄弱、等等，而同时日常所与接触的人物与景象，又是全社会中原属最富有剧情的一部分”，“卑微的社会阶级”的伶人家族“内群婚姻”，又会加剧和深化了这种“境遇”，从而出现更多的“伶才”，也从一个角度说明了伶人婚配的“门当户对”，确实也有助于“伶才”的“绵延”作用。

因此，伶人家族的“内群婚姻”，也就形成了一种“类聚配偶律”，即出身、经历和生活方式相近者婚配。它是伶人阶级被迫而形成的，却在伶人家族的“种族绵延”过程中产生了特殊的作用，尤其是“伶才”的“绵延密码”。在中国其他职业家族中，也不同程度地存在着“类聚配偶律”，但是，伶人家族由于所受到的强力隔离而形成的“内群婚姻”，是大部分职业家族所无法比拟的，这些职业家族也就不可能形成如此的“种族绵延”形态。

第五节 “伶才”的生产和再生产

伶人家族的婚姻关系体现了一种“伶才”的生产和再生产，伶人家族婚姻选择的合适与否，不但关系到“种族绵延”的问题，而且，与伶人家族的人力资本也有密切的联系，能够使伶人家族的“伶才”得到更好的扩展及其“绵延”。通过婚姻关系，可以将优秀的伶才纳入家族之中。从某种意义而言，它也是属于一种文化选择。如前所述，潘光旦认为，旧教将一批批的性情温良、比较能够损已利人者，吸收进去成为神父、尼姑、和尚，而他们按照规矩是不能结婚的。时间长了以后，教会是越来越发达了，而社会上温良恭让者则是越来越少了，它大概也与基督教自身的选择作用有着一定的内在关系。

自然势力和文化势力都可以引起有直接的选择作用的移植。中国北部及西北

> 部常有水旱之灾，不断地把比较能进取、敢冒险的分子驱逐到别省去，以前向南，近年来大都向东北，到东三省。这种移植便是自然势力所唤起的。甲地频年战争，把能够安居乐业的良民都驱逐到乙地或丙地去，五代十国时候的吴越便是当时避兵的乐国。十七世纪初年英法各国的宗教倾轧把许多富于毅力而能特立独行的教徒迫出国外，来到新大陆的加拿大、新英伦。这种种移值行为，便是文化势力所激发出来的。[22]

伶人家族的婚姻选择，也是如同旧教将性情温良、比较能够损己利人者吸收去当神父、尼姑、和尚一样，将“一批一批”的伶艺优良者吸收进了伶人家族。应该说，它既是“自然势力”的选择，也是“文化势力”的选择。伶人的交易性及其残酷的竞争关系，必然使伶人家族的婚姻选择在“适者生存”的基础上“物竞天择”，使婚姻关系成为一种生产关系，提供人力资本的最佳组合，“绵延”和扩大伶人家族在伶业的竞争力，“这种移植”颇为类似于“自然势力所唤起的”。另一方面，由于伶人家族的社会隔离制度，“内群婚姻”更有可能选择到伶业优异的婚配对象，它的范围更为集中以及对象更为清晰，虽是被迫为之，却是将更多的伶才组成一种伶人家族关系，如此“移值行为”，也似乎是“文化势力所激发出来的”。

因此，伶人家族的婚姻选择，从某种意义而言，也就成为一种生产关系的选择。由于是“内群婚姻”，它选择的标准常常要比其他家族更为细致，因为婚配者属于同一的伶人阶级，而相同阶级和职业，他们在品质上往往有几分相像之处，故而在选择上，也就特别会在品质的程度上考察，自然也是越高深细密越好。最为典型的是朱素云因为皮肤细腻，在与陈福胜竞争过程中，被目已失明的李母选中，成为她家女婿。“这种婚选的佳话，在别的阶级或同一种职业的人口中间，是很难找到的；即使我们倒退一千四五百年，到最讲究婚姻选择的两晋六朝，我们也找不到几个可以和这个比拟的例子（参看《晋书·后妃传·惠贾皇后传》）。朱素云固然是一个梨园世家的子弟”，“但陈福胜又何尝不是”，“但是皮肤的细腻却要略逊一筹了。朱素云因为皮肤的细腻，而娶得一个美貌的妻子，在人类的婚姻史里怕也是空前的一个例子。”[23]伶人果湘林选婿程砚秋时，除了相貌品质，还要考察程砚秋的伶艺。当时程砚秋表演的是《宇宙锋》，自然格外卖劲了。果湘林作为伶业行家，认为程砚秋的嗓子虽然没有变声过来，但是，唱念做派还不差，应该说他对这位未来的女婿已经比较满意了。

伶人家族的姑娘都希望能够婚配一个优秀男伶，它包含着一种人力资本的先天因素，也可以称之为“生理资本”。“先天因素和家庭生活对人力资本形成的影响，首先表现为遗传物质、家庭营养和抚育方式影响企业家人力资本中的一类特殊资本——‘生理资本’

（又称健康人力资本）的形成。‘生理资本’是企业家人力资本乃至作为健康个人的基础。其次表现在家庭生活环境影响企业家心智模式的形成，又称为心理分析。熊彼特（1934）看来，企业家的动力在于个人成功。用他的话说，这是一种‘征服的、战斗的和优于别人的愿望’；这是‘一种创造的喜悦，一种让作品完美的嗜好，一种简单地运用精力和智慧的快乐’；这是‘一种建立私人王国，甚至王朝的梦想’。麦克米伦（McClelland 1961）的社会心理学方法则不过分强调企业家的个性。他认为儿童时代的经历创造了相当一部分人特殊的心理素质，即所谓的‘成就需要’。成就动机的教诲来自于儿童时期优秀的标准、自立训练、母爱和父亲的循循善诱。曼弗雷德（Kels De Vries 1877）构建出心理动态模型。”“简言之，具有先天生物基因的个体，经过家庭环境的选择后成为不同心智模式、思维禀赋和智力水平的独立个人。”[24]这里论述的虽然是企业家的“先天因素”、“家庭生活”与“人力资本”的关系，但是，对于伶人家族的婚配选择也有一定的启示。这种“生理资本”，是伶人家族“人力资本”的基础，所以，伶人家族在选择婚姻对象时，会出现通过抚摸“皮肤的细腻”及其直接考察伶艺表演等十分细致的判断方法，来评估“生理资本”的状态，并分析“心智模式”的情况，是否具有一种“成就需要”，即是否有着“征服的、战斗的和优于别人的愿望”，“一种创造的喜悦，一种让作品完美的嗜好，一种简单地运用精力和智慧的快乐”以及“一种建立私人王国，甚至王朝的梦想。”如此“生理资本”，与伶人家族的“伶才”力量以及生存质量有着直接的关系，同时也与家族“绵延”的“优生学”具有内在的紧密关联。

第六节　伶人世家的“优生学”

根据上述所论，“内群婚姻”加上“生理资本”的“讲究”判断，其实它体现了“优生学”的原理，通过婚配关系将伶艺优良者纳入伶人家族，从而使优良“伶才”得到一种“种族绵延”。英国学者戈尔登是“优生学”的最早倡导者之一，他在人才的研究中，注重考察遗传的因素，使用量化的方法进行分析，并提出“优生”的概念。美国学者摩西士在《美国的优伶世家》一书中所绘的“优伶世家”图谱，“有两点是极显明的，一在上文已经提出，就是伶人与伶人结婚的频数，证明优生学者所提出的那条类聚配偶律（Law of Assortative Mating）是很不错的。二是伶人既可以成世家，即好几代的子孙能世守一种职业，就不能不教我们联想到这其间多少不免有些遗传的势力在那里活动。”[25]例如根据摩西士的观察，约弗孙家族的伶人天然具有一种不可抑制的喜剧倾向，而蒲士家族的伶人则是相反，乃是有着悲剧的倾向。在蒲士家族中，还出过一个刺杀林肯的凶手，大概也与家族的悲剧倾向颇有内在的关系。摩西士称道：“这本书里的资料，也许有一天可以让研究遗传的学者，步了戈尔登氏的后尘，拿来证明‘遗传的天才论’所由建立的原则。研究剧场人物史的人总有一种深刻的印象，以为凡是一种才能或一种兴趣，不是直接从父亲传给儿子，便是隔代表见，成为一种所谓‘返祖归宗’的现象；但印象虽深，若要明白对于此种印象的解释，他还得仰仗遗传学者的诏示。例如，约蒂孙一家的人物里，有好几个想在悲剧方面出人头地，但无论他们志愿怎样大，用力怎样深，他们不但始终没有被认为悲剧家，他们的天性，历子孙曾玄五世，也似乎根本和他们作对，不让他们有什么成就。这一个例子就值得我们加以考虑。"[26]约蒂孙家族的喜剧"伶才"，却是其他伶人家族所不能比拟的，据说有一位竟至于笑死，还有一位遇到快乐的事情，脑袋底下总要如同刀割一样的突然疼痛一下。约蒂孙世家虽然也有惨痛的职业经历，但是，在家族血脉中总"绵延"着喜剧"伶才"的基因。摩西士还认为，由于父子之间太相像了，在舞台表演中也常有儿子代替父亲登台的"偷梁换柱"方法，而观众也竟然完全不能辨别。一些伶人家族不希望后辈加入伶业或者继续为伶，但是，后辈在"种族绵延"的无形"操纵"下，却是非从伶不可。因此，从伶的兴趣与能力，多少与遗传有着内在的关系，而且是无法抹杀的。

伶人家族的"优生学"，在中国伶人家族中也有着显著的表现，神秘的"遗传"基因也发挥着自身的力量。前所论及的齐如山《漫谈杨小楼》一文，对杨小楼的伶艺评述道："前边说过的三派武生，他虽然看过，但他谁都不像，那么他像谁呢？确有点像他们老爷子，然在他十几岁的时候，他们老爷子就往上海去了，一直没回来，是他老爷子演戏，他并没有看过几次，那么他这样像他父亲，岂非遗传性呢！王长林谈完这套话，钱金福又找补一句，说胎里带来的，他们二位可以说是对小楼有深刻的认识及最好的评论。"杨小楼没有看过父亲杨月楼伶艺几次，却是"这样像他父亲"，包括他"生平各种的毛病"，只能说是遗传性的因素，是"胎里带来的"。尚小云的长子尚长麟，以程砚秋为师，但是，最后还是演唱尚派艺术。荀慧生的长子荀令香也是如此，也是师从程砚秋，但仍精于荀派艺术。这里，"遗传"法则表现出了自身的效力。从环境来说，杨小楼"三派武生，他虽然看过，但他谁都不像"，乃是"确有点像他们老爷子"，说明遗传的力量可能确实超过环境的影响。"遗传的几条原则，什么韦思曼的精质绵续和精质比较独立说、孟特尔的三律、跟了韦氏的理论而发生的新达尔文主义或后天习得性不遗传说、杜勿黎的突变说、约杭生与摩尔更的‘基因’遗传说——是大多数生物学家已认为有效，而且在生物学教本中已经数见不鲜的。人类既然是生物之一，他当然逃不了这许多原则的支配。"[27]在遗传过程中，也会存在着一定的变异，例如"杜勿黎的突变说"，但是，无论"突变"或者变异性的趋势，也都会有着遗传的根据，而且，也会有着继续往下遗传的可能。天才或者普通的人才，他们都有着一种遗传的张本，这是为生物学家所公认的，而且，大多数心理学家、社会学家也承认这种观点。生物学家认为人类的遗传，不但是生理和形态方面，还应该包含智力、性情和脾气，并且，提出形态和结构是“体”，生理、智力和性情是“体”之“用”，“体”的变异可以遗传，“用”的变异自然同样也可以遗传，只是“体”在前，“用”在后，“体”的遗传比较直接，它不太容易受到环境势力的转移，而“用”比较间接，较为容易受环境因素的影响。

在遗传与环境的关系问题上，潘光旦认为，“优生学家或人品遗传学家所讲的天生能力，大都类此。例如数学的能力、绘画的能力、机械的能力、甚至于弈棋的能力，莫不有相当的遗传根据。能力（ability）这个名词，因为太着痕迹，他们近来已经不大引用，而改用 aptitude，可以译作能性。但无论能力或能性，他们的着眼点总是在遗传的基础上，而不在后天的文化影响上。我在此用‘着眼’二字，指优生学家并没有忘却后天的文化影响；不过兴会所及，不能没有偏重罢了。”[28]他提出，戈尔登等学者讨论的天才，例如诗才、文才、吏才、律才甚至将才等，并不是说每一种才能都是囫囵吞枣一般地遗传下去，而只是认为凡是这一代在文化社会里做过诗人、文士、官吏、法律家或者大将的人，在脑力、智力、性情上自然有着其与众不同的先天根据。这种根据，自然属于先天，也就有着遗传给下一代的倾向，而受此遗传的下一代，在与上一代大致相同的文化环境里，也就有着做诗人、文士、官吏、法律家或者大将的可能性，而且，这种可能性要比在同一环境之内的一般人要大一些。根据如此原理，“内群婚姻”及其“生理资本”的考察分析，也就具有一种“优生学”的倾向，伶才也是一种“优生学家或人品遗传学家所讲的天生能力”，而且，在与上一代较为类似的文化环境之中，也就有可能产生“一两个极有创造能力的戏剧‘天才’”。

从以上所论，也就可以分析家族脚色奕世蝉联的现象，它与遗传也就有着一种内在的通道关系。关于家族脚色奕世蝉联，前面已有专门论述。章诒和在《伶人往事》一书中写道：“杜近芳复排田汉的新编历史剧《谢瑶环》时，向剧院领导建议：借用在战友文工团工作的叶盛兰之子叶强。叶强一登台，观众大为吃惊：除了嗓音差一点儿，从扮相到气质，怎么看怎么像叶盛兰。这可把在台下看戏的袁世海高兴坏了。他坐不住了，马上提议剧院贴演《群英会》，由叶强扮演周瑜，他自己来演曹操。几场演下来，叶强红了，都说他是小叶盛兰。有了信心的叶强，继续苦练。”“叶强越来越像叶盛兰。随后，他更名叶少兰。”“一时间，叶少兰红得发紫。到了上海，观众的热烈简直近乎疯狂。谁都明白，在无比炽热的情感里，包含着对叶盛兰的怀想和景仰。”[29]它也是家族脚色奕世蝉联的一个案例，叶强更名叶少兰，以示与叶盛兰的家族绵延关系。

如此伶人家族的绵延功能，显示出了与一般家族以及其他职业家族的不同特点，从“内群婚姻”的被迫形成，到“生理资本”的主动选择以及“优生学”的结果，使伶人家族的“种族绵延”，成为了伶人家族的生产和再生产方式，一方面增加了伶人家族的市场竞争以及发展空间，另一方面也通过“种族繁殖”形成伶人家族的再生产力量。虽然一般家族以及其他职业家族也不同程度地存在着“生理资本”的要求以及“优生学”的配置，但是，伶人家族的绵延功能长期以来是在“内群婚姻”之内，其“优生学”有着自己特定的内涵，“生理资本”的选择也与伶业的表演性与天才性有关，因此，也就具有格外严格的要求以及它的价值性。伶人家族通过绵延功能保障伶人家族作为一种族群存在，它不是一种纯生物学意义的，而是与政治、经济与文化有着密切的内在关系，是“自然势力和文化势力”共同作用的结果。

【注释】

1. 王沪宁：《中国村落家族文化——对中国社会现代化的一项探索》，上海：上海人民出版社 1999. 118 页、119 页.
2. 刘平青：《家族基因：家族企业生命力解读》，山西：山西经济出版社 2005. 47 页.
3. 北京市政协文史委员会：《京剧谈往录》，北京：北京出版社 1985. 519 页.
4. 北京市政协文史委员会：《京剧谈往录》，北京：北京出版社 1985. 519 页.
5. 张发颖：《中国戏班史》，北京：学苑出版社 2004. 424 页.
6. 马龙：《我的祖父马连良》，北京：团结出版社 2007. 117 页、118 页.
7. 北京市政协文史委员会：《梨园往事》，北京：北京出版社 2000. 146 页.
8. 北京市政协文史委员会：《梨园往事》，北京：北京出版社 2000. 186 页.
9. 章诒和：《伶人往事》，湖南：湖南文艺出版社 2006. 198 页.
10. 徐慕云：《梨园外纪》，生活·读书·新知三联书店 2006. 100 页、101 页.
11. 王蕴明主编：《荣庆传铎》，北京：华龄出版社 1997. 73 页.
12. 朱家溍、丁汝芹：《清代内廷演剧始末考》，中国书店 2007. 446 页.
13. 丁秉鐩：《菊坛旧闻录》，北京：中国戏剧出版社 1995. 152 页.
14. 丁秉鐩：《菊坛旧闻录》，北京：中国戏剧出版社 1995. 153 页.
15. 梅兰芳等：《中国戏剧大师的命运》，北京：作家出版社 2006. 303 页.
16. 王沪宁：《中国村落家族文化——对中国社会现代化的一项探索》，上海：上海人民出版社 1999. 121 页.
17. 亚·莫·卡尔－桑德斯：《人口问题——人类进化研究》，商务印书馆 1983. 24 页.
18. 王沪宁：《中国村落家族文化——对中国社会现代化的一项探索》，上海：上海人民出版社 1999. 126 页、127 页.
19. 潘光旦：《潘光旦文集·第二卷》，北京：北京大学出版社 1994. 87 页、88 页.
20. 费孝通：《乡土中国》，北京：北京大学出版社 1998. 154 页、155 页.
21. 引自潘光旦：《潘光旦文集·第二卷》，北京：北京大学出版社 1994. 123 页、124 页.

22. 潘光旦：《潘光旦文集·第二卷》，北京：北京大学出版社 1994. 322 页、323 页.
23. 潘光旦：《潘光旦文集·第二卷》，北京：北京大学出版社 1994. 234 页.
24. 刘平青：《家族基因：家族企业生命力解读》，山西：山西经济出版社 2005. 93 页、94 页.
25. 潘光旦：《潘光旦文集·第二卷》，北京：北京大学出版社 1994. 131 页.
26. 潘光旦：《潘光旦文集·第二卷》，北京：北京大学出版社 1994. 131 页、132 页.
27. 潘光旦：《潘光旦文集·第二卷》，北京：北京大学出版社 1994. 318 页、319 页.
28. 潘光旦：《潘光旦文集·第二卷》，北京：北京大学出版社 1994. 388 页.
29. 章诒和：《伶人往事》，湖南：湖南文艺出版社 2006. 157 页.

第二十一章　伶人家族的保护与文化功能

第一节　伶人家族的自卫性

为了保护家族的利益关系，家族都具有一种保护职能。“我们越回顾历史，发现这一职能越重要。一方面，自然界对于个人具有更大的威胁；另一方面，集体所供的社会保障较小，因此，原始家庭群体不得不提供大得多的保护。”[1]这里，也说明了家族之所以必须具有保护的功能，一是由于“自然界对于个人具有更大的威胁”，即生存资源的匮乏；二是“集体所供的社会保障较小”，即社会保护的匮乏。为了保障和保卫生存资源，从而在生存资源紧张甚至稀缺的条件下使家族能够繁衍发展下来，保护功能也就成为家族不可或缺的重要功能。在无法获得足够的“社会保障”时，家族成员必须相互援助，尤其是受到外族的伤害时，更是需要家族成员共同进行自卫甚至复仇，即使只是伤害了家族中的一个人，也是如同伤害了整个家族。“村落家族执行保护功能，无论是何种程度上的，实际上均是原始家族功能的一种遗留。古代的村落家族必须保护整个家族能够生存下去。村落家族之所以得以形成并延续下来，基本的原因之一，就是只有在这种形式下人们才可能在资源匮乏的条件下生存下来。”[2]村落家族的利益可以分为成员、财产、利益和名誉四个方面，如果村落家族在这四个方面的利益受到他人侵犯，整个村落家族就有义务采取保护措施。从某种意义而言，传统家族对于伶人及其家族的“注销族籍”，也是一种家族“利益和名誉”的保护功能，而且，在废除“乐户”制度以后，许多传统家族仍然坚持“注销族籍”，更是与家族“利益和名誉”的保护功能有关，它采取了比国家制度更为严厉的“族权”，既向政权系统表明态度，也是关系到家族自身“族脉”纯正性的“名誉”。

伶人家族有着“二大一小”的家族结构，“一小”的伶人家族形态中，从一人、数人或者一个家庭进入伶界以后，逐渐发展成为一个有着血缘网络关系的伶人家族，“一个以票友开始的个人往往终于会造成一个三四代专以优伶为业的家系，而家系与家系之间，复因彼此互为婚配的关系，可以造成一个庞大的集团，一个千头万绪、循环往复的‘血缘网’。”[3]如此伶人家族，也和村落家族一样，有着生存资源和社会保护匮乏的威胁，也必须是家族“执行保护功能”。在前面论述的“利己人性”中，其实也包含有伶人家族保护功能的某些内涵。从某种角度而论，伶人家族的保护功能也在不同程度上体现为一种“利己性”，它是“整个家族能够生存下去”的本能需求，既有着理性的合理因素，也存在非理性甚至是自私性的非合理成分。梅兰芳与言菊朋公元纪年十二年在上海合作演出时，开始关系非常融洽，但是，因为有几位多事的朋友，在暗地里替梅兰芳得罪人，而梅兰芳虽然并不知情，但人家还是怪罪梅兰芳。“那时梅、言、陈三人全住在南阳桥附近的一幢小洋房里，有一天差不多快十二点钟的时候，彦衡房里忽然来了几位朋友，要求他拉两段大家唱着玩玩，不料胡琴刚一响，突然跑进来一位捧梅的健将（此人已故），很不客气地制止十二爷道：‘畹华还没起呢，你怎么就拉起胡琴来啦?’说完此话，气愤地把门一关，就上楼去了。试想性情骄傲无比的陈十二，如何能受得了这种无礼貌的干预，所以当天晚上他就移居一品香。菊朋那时既以师礼待陈，自然也与彦衡表示同样的不快。不过这还是些细枝末节，最要紧的一桩事，使梅、言双方感情破裂的，还是由两位老板的太太身上所起。某日值某闻人宴请梅、言诸人，两位夫人也乘车前往，在上汽车的当儿，梅夫人不知怎的，忽然把手内的大衣递给言太太，也没客气一声，自个径行登车。谁知这位言三奶奶性情也不甚和善，心中一想，我是官家小姐出身（她本是逊清高侍郎的侄女，同已故监察委员高友唐是堂兄妹），怎样好同你抱着大衣，这不是拿我当做使女看待么？心里一恼，就把大衣扔在地下，连宴会也不赴了。后来，二人各向各的丈夫诉说一番，再加上许多枝叶上去，当然别人就好乘隙而入，双方感情日益恶劣，返平后登时拆伙，以后梅、言永远未曾合作过，也未始不是言夫人性情过傲的缘故。”[4]这里，梅兰芳和言菊朋“返平后登时拆伙”，后来“永远未曾合作过”，自然与伶人家族的保护功能有关，因为各自的家族成员都受了委屈，在各自认为的角度受到“侵犯”，两位名伶也就有着义务采取保护措施。如果从泛家族意义而论，“捧梅的健将”是为了保护梅兰芳而“很不客气地制止”以及“气愤地把门一关，就上楼去了”，陈彦衡“当天晚上他就移居一品香。菊朋那时既以师礼待陈，自然也与彦衡表示同样的不快”，他们也是为了保护自己的泛家族名誉。这些都是“细枝末节”，却都是为了伶人家族的成员、声誉而都采取了保护功能。因此，可以反映出作为“一小”的伶人家族，它与普通家族大多有着类似的保护功能。

第二节　伶人阶级的职业化保护

在伶人家族“二大”结构中，原来的传统“大家族”由于采取“注销族籍”制度，它也不可能对入伶的族人进行有效的保护，至少是存在去保护化的趋势，甚至它常常是对入伶的族人进行伤害。"二大"家族结构中的另"一大"，即伶人阶级的泛家族系统，则是形成了自身的一些保护功能。由于社会隔离政策以及传统家族驱逐制度，泛家族的伶人阶级无法获得政权以及传统家族的"社会保障"，它只能采取一种泛家族化策略，将伶人家族的保护功能扩展到职业领域，从而形成一种集体力量的保护功能。例如拜师程序，若要进入伶业，必须要有入行师父，而且，一般需要举行拜师仪式。它也是泛家族的伶人阶级尊严的保护功能。伶人阶级虽然"不准科举做官、不能与良民通婚、衣装乘坐俱有定制"，"对于作为'贱民'的优伶进行管理，不使他们遂意'逾制'，是清代各级官吏的职责内容"，[5]但是，想要进入他们的职业，则必须要有拜师程序，也是泛家族化的伶人家族的一种独特的自我保护方式。

以清代而言，伶业组织颇为严密，界限也很分明，有着"七行"、"七科"之分法。从事伶艺表演者归为"行"，分为"生"、"旦"、"净"、"末"、"丑"、"流"、"上下手"等"七行"，而非伶艺表演的舞台工作者归为"科"，分为"音乐"、"盔箱"、"剧装"、"容妆"、"剧通"、"经励"、"交通"等"七科"。如此"七行七科"，都是伶业专业人士，每个人都要通过拜师学习知识、经验和技术，才有资格从事这一"行"或者"科"，如果没有师父，则是不能入"行"或者进"科"。"各行各科的人，各执所业，不能随便改行，如果改行一定要重新再拜师父。"[6]一次，高庆奎反串《连环套》，让马富禄也反串朱光祖，马富禄竟然也答应了。不过，在戏班中按照行规应该由傅小山扮演朱光祖。马富禄是文丑，虽然他能演朱光祖，却是属于违反行规。演出结束以后，傅小山在后台就将马富禄的鬃帽摘去，并加以责问，马富禄无言以对，直到第二天请客赔罪，才把鬃帽取回了。杨宝忠是老生伶人，并精于音律，擅长胡琴和小提琴。由于败嗓，他准备改行从事胡琴演奏，就重新拜锡子刚为师。锡子刚乃南弦子名家，曾与杨小楼、梅兰芳等名伶合作，在业界资格颇老。杨宝忠拜他为师，显然不是为了学弹弦子，而是为了从"生行"转入"音乐科"，必须重新拜师，属于一个"挂号手续"，否则，他在音乐科没有师父，是不能从事胡琴演奏的。在伶业"改行"都如此"不能随便"，必须"重新再拜师父"，在外界进入伶业则更是非拜师父不可，泛家族化的伶人阶级的保护功能也是颇为严格。

伶业的拜师礼，也呈现为一种仪式化，甚至有些是颇为隆重的。仪式在一个家族或者部落中都是非常重要的，"在《仪式的历程》这本书中，阿诺德·范·基纳普解释了一个家族或部落的仪式如何帮助一个人在其生命的不同阶段成功发展。这些仪式能让人不墨守于早期的发展，为今后储备新知识，然后重新统一到部落中，开始新的发展阶段，致力于部落的成功。""每个家族都用独特的仪式来歌颂发展过程中里程碑式的那些转变时刻吧。这样做，你会发现自己的'与众不同'，为家族增添传奇；最重要的是，尊崇和培育了家族的人力和智力资本。所有这些方式都能够增加家族财富。"[7]泛家族化的伶人阶级的拜师仪式也有如此意味，它一方面“帮助一个人在其生命的不同阶段成功发展”，使伶人家族“尊崇和培育了家族的人力和智力资本”等家族财富，“为家族增添传奇”，另一方面通过拜师礼的仪式，也增加了伶人家族的尊严和荣誉，它通过行规的方式，也构成了泛家族化的伶人阶级的保障意义。

伶人阶级的泛家族系统保护功能中，伶界救济功能也是一个重要的内涵。由于伶人阶级的特殊社会身份以及处境，构成了一种泛家族化的利益共同体、政治共同体和文化共同体，也就形成了一种伶人家族之间的救济功能，“戏班的人都是萍水相逢，讲的就是互不嫌弃。”[8]伶人家族的四种“碱基”有机构成的“家族基因”中，“利他人性”也是一种重要的“碱基”。“慈善事业首先是，或许，父母对个人和家族价值观基本的表达。如果家族的使命陈述是这些价值观的一种表达，慈善事业通常就是将它们付诸实践的最佳方式”，“慈善事业是我们的社会资本”，可以“强有力地帮助一个家族形成它的价值观，以及通过它的组织和实践，教导一个家族如何治理自己的。”[9]对于伶人家族而言，它的“利他人性”除了表现为“家族成员间的信任、默契、友爱等非契约性合作行为”，也更多地表现为“慈善事业”，也是它的保护功能的“最佳方式”之一，也构成了伶人家族的“社会资本”。前面已有论及的“梨园义地”和“窝头会”义务戏，都体现了泛家族的伶人之间互济互恤。谭鑫培 1913 年 1 月第五次赴沪演出返京后，获酬六百元包银，其中三分之一捐给梨园公会，周济贫苦的伶人及其家族，三分之一分给琴师和配角，自己也只有三分之一。“程砚秋救助同行，特别是底层演员的事是很多的，‘秋声社’里有一条不成文的规矩，凡是每场戏挣不到一元钱的，逢年过节，程砚秋必定送一袋面粉。此外，他还买了许多小米交给梨园公会转送给贫苦同行。”[10]1939 年，程砚秋在上海黄金大戏院演出，有一富绅欲为老人祝寿，想请程砚秋唱一次堂会。此时正是国难当头的抗战时期，程砚秋极为厌恶，并未理睬此事。没有想到富绅又托朋友极力邀请，并称任何条件都可以答应。程砚秋想到寒冬将至，上海的许多穷苦伶人缺少御寒衣服，就趁机提出条件，一是《武家坡》不带“跑坡进窑”，二是这次堂会他分文不取，只是要求富绅出资做三百套新的棉袄棉裤，给上海贫苦伶人一人一套，算是他的“戏份”。这位富绅只好应允。程砚秋离沪时，一群身穿崭新棉袄棉裤的上海伶人前来车站为他送行，如同亲人一般依依难舍。马连良保护泛家族化的伶人阶级的事情也不少，例如抗战时期，“一天，一位抗日义士在皇城根一带杀死了两个日本鬼子，日伪当局立即全城戒严追捕‘凶犯’。据说杀人者脸上长了麻子，小鬼子下令凡是有麻子的男人全部逮捕，全城抓‘麻子’。戏班里的人大多居住在宣武门外棉花地一带，每天下午进宣武门到长安、哈尔飞等戏院，准备晚上开戏。戏班里的人有麻子的还挺多，这天在宣武门城门口全让鬼子抓起来了，包括马连良的鼓师乔玉泉在内。乔三爷赶快求人给马宅送信，马连良一听就急了，他视乔三爷如左膀右臂一般，马上拿钱去日本宪兵队‘保’人。进了监房一看，包括乔玉泉、李盛荫（名老生李盛藻的哥哥）等在内的一帮梨园兄弟都在那儿'囚'着呢，大伙一看马连良到了，知道乔三爷有救了，有人就说：'马先生，您也帮帮我们吧，家里还不知道怎么回事呢？非急死不可。'还有人说：'三爷，求您也把我们"保"了吧！那边还等着我们开戏呢！救场如救火呀！'见此情景，马连良没说二话，能'保'多少就'保'多少，梨园界的'麻子嫌疑犯'们终于走出了宪兵队的大门。"[11]

这些伶人家族的保护功能，虽然呈现为一种具体的保护方式，其实，它更多地表现为一种文化观念的形态。伶人家族的"一小"和泛家族化的"一大"，从文化心理上都是伶人最为根本的"家"，它有着保护伶人的安全职能，无论这种保护是直接的还是间接的，以及保护能力的大小，它都执行着一种保护功能，从而构成一种综合性的家族保护文化。"村落家族的保护功能消长不仅取决于政治、经济体制的状况，而且取决于文化及观念形态的状况，有时它更是一种文化。"[12]伶人家族也是如此，虽然它的保护功能"消长"取决于"社会保障"和"生存资源"的拥有程度，但是，也是也"取决于文化及观念形态的状况"，也就是对于伶人家族的"一小"和泛家族化的"一大"的文化认同状况。

第三节　家族生活的精神活动模式

除了与获得生存资源有着不同程度关联的伶人家族功能之外，还有一种与伶人家族生活质量密切相关的文化功能。它是关乎伶人家族精神领域正常运作的功能，包含着精神生活的生产和再生产，并最终涉及到物质生活的生产和再生产。社会学者 R. 希尔认为，"每个家庭为满足社会的要求和家庭成员的要求，不仅需要制定有助于当前的选择行为的策略，而且要制定指导未来发展方向与构成的政策。家庭从其建立之日起，经过一段时间成长起来，显示出能力，随之也就形成解决问题的历史和决策的模式，并根据这个模式进而形成选择子女及家属的未来，决定各种行为的所谓'家庭政策'。这些政策包括为实现重要的目标与目的——如取得房子、建立家庭、并通过就业与结婚使子女独立，以及退休等等——所制定的家庭时间、计划。这些都是家庭文化的内容。"[13]这里，希尔所提出的"家庭文化的内容"，似乎主要与现代家庭有关，这些"家庭政策"所包含的"解决问题的历史和决策的模式"，与家庭以及家族的人文性活动有关，却不是它的全部核心内容。它除了表明文化概念的宽泛性，也说明了"家庭文化的内容"乃是一个历史性概念，在不同的社会文化的历史和地理语境中，它有着不同的"内容"，甚至可能消失。

不仅如此，在不同的职业家族中，家族"文化的内容"也会有些差异。王沪宁在分析中国村落家族文化时认为，"我们可以把直接的获取生存资源以外的活动称为文化活动，家族的文化功能是通过这些活动体现出来的，它们成为村落家族生活质量的一部分。这样的话，祭祀、婚娶、丧葬、拜年等都是文化活动。虽然是同样的活动，在分析不同的功能时，它们的作用就有区别。在族化功能里，族化是通过文化活动来达到目的的，族化功能本身依靠文化功能。”[14]他为中国村落家族的文化功能确立了基本的范畴，即“把直接的获取生存资源以外的活动称为文化活动”，而且认为“族化功能本身依靠文化功能”。在此，自然也是由于文化概念的宽广性、层次性和功能性，使文化似乎难以进行准确而又清晰的定义。从某种意义而言，文化是变成习惯的精神价值和生活方式，例如一个族群，它的精神价值和生活方式存在着共同的部位，而且，它已经变成了习惯，它也就构成了一种文化概念。目前，人们之所以能够讨论或者研究文化，乃是因为祖先在精神价值和生活方式上已经做好了一个设计，并在此基础上往前推进。每一代人都在创造文化，也都是在前人设计的前提下，为自己设计以及为后代设计，而要改变这个设计，则是要将新设计努力变成新习惯。因此，文化范畴是指被精神价值所左右的生活方式，而且，它已经成为了一个族群乃至更多人的习惯，这是文化概念的基本条件。王沪宁将村落家族的文化功能的定位为“把直接的获取生存资源以外的活动称为文化活动，家族的文化功能是通过这些活动体现出来的”，显然它也是一种变成习惯的精神价值和生活方式，只是它有着自身的针对性，因为“虽然是同样的活动，在分析不同的功能时，它们的作用就有区别。”王沪宁在具体分析村落家族文化功能的表现形态时，涉及了口头文学、节庆的文化活动、同宗的两个家族的“合户”活动和“聚吃”等活动方式。口头文学，大多是关于家族的起源、祖先和传奇的一些传说；节庆的文化活动，则是体现为每年举行的灯会，诸如舞龙神、玩龙灯等娱乐活动；“合户”活动则是指原来同宗，后来由于某种原因一宗改为他姓的两个家族的联欢活动，它往往是“宗教”活动与文化活动合一；“聚吃”，是指婚嫁、祝寿、造房、生子以及丧事等聚族而吃，由于村落家族集体仪式性的活动在一年之中不是很多，因此，“聚吃”也是一种重要的集体体验方式，兼有娱乐、审美和族化的功能。这些村落家族的文化活动，也就成为“村落家族生活质量的一部分”，它“向族内成员提供人文活动的机会”，而且，“以村落家族为主体的村落文化具有一定的排他性，可能构成社会文化渗入的障碍。”[15]

第四节 伶人家族的文化治理体系

伶人家族作为特殊的职业家族，它的文化功能与村落家族有共同的内涵，也有着自身职业形成的特点。例如“口头文学”，颇为类似于前所论述的伶人“家族传奇”。这种关于“家族传奇”的传说，实际上是一种有关家族文化的价值观，它能够使家族成员感受到独一无二的历史、共享的家族观念及其他们的差别，乃是一种能够使家族成员精神凝聚在一起的黏结剂，形成一种具有共有价值观的社会性契约。“在欧洲有这样一个家族，现在已经是第十代、十一代、十二代了，有着几百个成员，这个家族每年在一次家族会议上再次确认和采纳他们的家族章程。会议在这个家族发源的那个村庄召开。尽管这个聚会有着广泛的日程安排，但它公认的主要目的就是提醒家族成员他们是谁，来自何处，在什么地方他们是独特的。”[16] 如此“家族会议”，也是一次讲述“家族传奇”的场合，“提醒家族成员他们是谁，来自何处，在什么地方他们是独特的”，以及“再次确认和采纳他们的家族章程”。通过这种“家族传奇”，使家族成员形成反映共有价值观的“家族契约”，并且，在后继几代重申和再次采纳这一“家族契约”。伶人家族自然也有关于自己祖先的传说以及其他的“家族传奇”，尤其是在经历数代的伶人家族。前所论及的梅兰芳祖母为他讲述“家族传奇”，无疑也成为了梅家的“家族契约”。梅兰芳在《舞台生活四十年》一书中称道：

除夕的晚上，照例要等祭完祖先，才吃年饭。我看见供桌当中供着梅氏祖先的牌位，旁边又供了一个姓江的小牌位。这我可就不懂了。一个天真的小孩子是压不住好奇心的，我就抢着过去问我祖母：“为什么姓梅的要祭姓江的？”我祖母说：“这是你爷爷在世就留下来的例子。依着我的意思是不该供他的。说来话长，吃完饭再细细告诉你吧。”她说完了，我瞧她好像很难受似的。一会儿大家围着她吃年饭，她也没有往年那样高兴，我想刚才问的那句话，许是勾起她的心事来了，我深悔自己太孟浪，不该在大年三十晚上让她老人家伤感。……

她说：“你也一年比一年大起来了。家里的事，你都不太清楚，趁着我还硬朗，讲点给你听听。你曾祖在泰州城里，开了一个小铺子，仿佛是卖木头雕的各种人物和佛像的。他有三个儿子，你祖父是老大，八岁就给江家做义子。江老头子住在苏州，没有儿子。起初待你祖父很好，后来娶了一个继室，也生了儿子，她就拿你祖父当做眼中钉了。……”

我听到这里，就想起了我的父亲。我这样问她：“我祖父、伯父的历史，您都讲啦，请您再讲一点我父亲的事情。”她冲我看了一眼，说：“你父亲才可怜哪，二十六岁就死啦。”我听她说话的声音也变了，脸上也在流泪了，我也忍不住一阵心酸，想哭又不敢放声哭。因为大年除夕引起她老人家过分的悲痛是不应该的。我赶快从口袋里取出一块手绢，走过去替她擦干了眼泪。我说：“您的话讲得太多了，时候也不早啦，您睡吧，留着过一天再讲给我听吧。”她说：“不，新年新岁谁说这些话。趁着今儿晚上我把它讲完了。你父亲是一个苦干苦学的忠厚老实人。……”

正说着话，远远传来了几声鸡叫的声音。我抬头一望，窗户上已经发白。我站起来说：“天快亮了，您今儿可真累着啦，您请安歇吧。”她说：“我这就睡了。

今天我说的这些话，是要你明白，我们家在这几十年里边，总是自己刻苦来帮别人的忙。将来你要有了出息，千万可别学那种只管自己、不顾旁人的坏脾气。你该牢牢记住梅家忠厚恕道的门风。”我服侍她睡了，才悄悄地回到我的卧房。躺在床上，怎么也睡不着了。[17]

在“除夕的晚上”，祖母给梅兰芳讲述“家里的事”，也是属于一种“家族传奇”，甚至是梅兰芳的“成年仪式”，导致梅兰芳“躺在床上，怎么也睡不着了。”祖母在讲述“家族传奇”过程中，也总结了梅家的“家族契约”，即“我们家在这几十里边，总是自己刻苦来帮别人的忙”，对于后辈的梅兰芳重申了这一反映家族价值观的“家族契约”，“千万可别学那种只管自己、不顾旁人的坏脾气。你该牢牢记住梅家忠厚恕道的门风。”应该说，这一“家族契约”的“门风”，对梅兰芳的一生产生了重要的影响，“怎么也睡不着了”是将家族的精神血液逐渐“消化”为自己的精神血液，“等到他们成年，便加入上代中，参与每一年家族章程的重申和选择代表，执行章程中设立的家族治理体系。”[18]因此，“家族传奇”及其“家族契约”也就在每一代的“口传”或者其他方式的传达中传承下去。七代伶人世家的谭鑫培家族自然也有自身的“口头文学”或者“家族传奇”，即使到了新世纪北京京剧院排演抗击“非典”的“非常小戏”时，谭元寿还跟儿子谭孝曾再次讲述“家族传奇”，也就是前所论及的其父谭富英赴朝鲜慰问演出的往事，“你们的爷爷谭富英是梨园界有名的大孝子，可是在你爷爷的父亲谭小培逝世的关键时刻，他却不能在病榻前伺候。因为他正在奔赴抗美援朝前线，慰问志愿军的征途上，临走的时候，他知道自己的父亲已经命在旦夕，这一走，就再也没有父子相见的日子。他舍不得离家啊！这时你们的曾祖谭小培也非常难过，却坚定地说：自古忠孝不能两全，尽忠不能尽孝，国家的事情要紧，你不要惦记我了，快走吧！你爷爷是含着眼泪离开家的。谁知，你爷爷刚到丹东，就接到了你曾祖逝世的噩耗。领导知道他们父子情深，就让你爷爷马上回京奔丧。当时不少人都以为你爷爷一定大办丧事，不会再赴前线了。然而他以最快的速度料理完丧事后，日夜兼程又赶回了丹东。”[19]在这段“家族传奇”中，也“重申”了“家族契约”，即“自古忠孝不能两全，尽忠不能尽孝，国家的事情要紧”，虽然是谭小培对谭富英讲述的，实际上也是谭元寿对儿子谭孝曾“重申”，从而使“口头文学”或者“家族传奇”成为了伶人家族的“家族治理体系”。

伶人家族由于职业的特殊属性，与村落家族比较，族化功能就相对弱化。由于村落家族聚族而居，在很长的历史时期之内，都是共同居住在同一个地域，既有必要也有可能采取一种族化功能，也就使年轻的一代从心理、文化和精神上认同村落家族文化，从而增加家族的向心力以及确保家族内部秩序的绵延。伶人家族与此颇有差异，一是作为特殊职业家族，伶人家族的代数不一定很长，无法形成村落家族一样的稳定而厚重的家族历史；二是由于伶人家族为社会所隔离和为传统家族所驱逐，家族成员对于伶业怀着复杂和矛盾的情感，也会影响到伶人家族的族化效应。因此，伶人家族的族化功能也更多地体现在文化功能之中。本来“文化功能和族化功能是相辅相成的，族化往往通过文化来实现。”[20]

在近现代伶人家族中，许多伶人都好读书。唐玉薇在《我的父亲唐韵笙》一文中写道：“唐景云爷爷是一位开明的艺人，他深知艺人没有文化的苦楚，也十分推崇戏曲的改革。那时生活并不富裕，他还是专门请了一位教书先生教父亲识字，学习诗词古文。本来就十分好学的父亲如饥似渴，除了演戏就是看书。他在青年时就养成了勤奋好学的习惯，什么《三国演义》、《西游记》，有空就拿起来。”[21]周信芳演戏之外的业余文化活动，就是喜欢买书和看书，他每天都要去商务印书馆遛达一次，回来总有一本新买的书籍或者杂志，虽然他阅读的兴趣基本上集中在文学、历史和戏曲等古书，但是，他什么书都买，而且，选书的能力也很高。因此，周信芳可谓是一位饱学之士，家藏万卷，博古通今，一生写作了上百出新戏，加工了上百出老戏，乃是一位文化底蕴厚实的京剧伶人和作家。如同前述，梅兰芳习画，既有益于他的伶艺，也成为他业余精神活动方式，在太平洋战争爆发以后，他从香港返回上海，拒不登台演出，以售绘画作品为生，日常的爱好成为了一种谋生手段。这种伶人家族的文化爱好，既是伶艺表演的一种需要，由此提升伶人的综合素养，也是伶人家族的文化生活方式，乃是伶人“家族生活质量”的一个组成部分。

由于伶人家族从事的职业与精神活动有关，乃是一种有关文化生产和交易的职业行为，通过向社会提供伶艺服务活动获得生存资源，因此，伶人家族获取生存资源以外的文化活动，也与普通家族会有一些差异。“艺人生活的文化情感，常与泡澡，品茶，神聊，遛弯儿，养鸽，烧酒，绸缎，鼻烟壶，檀香等小零碎拼凑起来。这既是俗常的生活享受，又是对中国文化精神的自然理解与精细品味。艺术与生活在这个文化层次上融合无间。它深入骨髓，深入到常人不可思议。所谓气质，风格，格调，韵味等等，属于审美范畴的东西，往往就是被这样一些具有文化渗透性的家常琐屑浸染而成。不管什么时代，像马连良这样的艺人都细心地过着自己的日子，精心地琢磨那份属于自己的舞台和角色。艺术是拒绝抽象的，从来艺术的人，大多性格饱满。他们只能活在个体的生动感觉之中，以自己独特又隐秘的方式活着。”[22]伶人家族的文化活动“独特又隐秘”，而又与职业活动有着一种互通关系，这些“具有文化渗透性的家常琐屑浸染而成”伶人的“气质，风格，格调，韵味”。马连良爱逛琉璃厂和火神庙，对于玉石古董颇有鉴赏能力，他收藏的翡翠、白玉、玛瑙雕刻和鼻烟壶都是十分名贵。他还喜爱金石颖拓，经常以朱砂书写篆字送人。他也能够绘画，以淡墨描绘兰蕙、芭蕉为多。余叔岩时常写书法，开始学写楷书，后来临摹米芾体，张伯驹送他一卷张照临摹米芾的《天马赋》，他也常常摹写。他在秋天爱养蟋蟀，家中藏有很多明朝蟋蟀盆，冬天则是爱养油葫芦，其养油葫芦使用的葫芦也是颇为讲究的，盖子有玳瑁的、象牙的，还有葡萄云龙或者子孙万代等题材的透空雕刻。谭鑫培除了唱戏、练功、吊嗓或者会友，其他时间也多是赛马、养鸽或者斗蛐蛐，到檀柘寺和戒坛寺进香。与普通家族比较，伶人及其家族在舞台上已经经历了较多的“仪式”文化活动，“中国戏剧在很长时间内仍然很适合在婚丧礼仪、节庆筵酬之间演出，成为戏剧化的生活礼仪的一部分”[23]，对日常生活中的“仪式”文化活动也就有些淡然，而热衷于“泡澡，品茶，神聊，遛弯儿，养鸽，烧酒，绸缎，鼻烟壶，檀香等小零碎”活动，并通过这些变成习惯的生活方式，“既是俗常的生活享受，又是对中国文化精神的自然理解与精细品味。艺术与生活在这个文化层次上融合无间”，也形成了伶人家族文化功能的独特精神价值。

【注释】

1. 迈克尔·米特罗尔、雷因哈德·西德尔著：《欧洲家庭史》，北京：华夏出版社 1987. 68 页 .
2. 王沪宁：《中国村落家族文化——对中国社会现代化的一项探索》，上海：上海人民出版社 1999. 121 页、122 页 .
3. 潘光旦：《潘光旦文集·第二卷》，北京：北京大学出版社 1994. 159 页 .
4. 徐慕云：《梨园外纪》，生活·读书·新知三联书店 2006. 81 页 .
5. 幺书仪：《晚清戏曲的变革》，北京：人民文学出版社 2006. 296 页 .
6. 丁秉鐩：《菊坛旧闻录》，北京：中国戏剧出版社 1995. 458 页 .
7. 詹姆斯·休斯·JR：《让家族世代兴盛》，北京：清华大学出版社 2006. 48 页、51 页 .
8. 章诒和：《伶人往事》，湖南：湖南文艺出版社 2006. 270 页 .
9. 詹姆斯·休斯·JR：《让家族世代兴盛》，北京：清华大学出版社 2006. 122 页、207 页 .
10. 陈培仲、胡世均：《程砚秋传》，河北：河北教育出版社 1996. 239 页 .
11. 马龙：《我的祖父马连良》，北京：团结出版社 2007. 97 页 .
12. 王沪宁：《中国村落家族文化——对中国社会现代化的一项探索》，上海：上海人民出版社 1999. 125 页 .
13. 引自富永健一：《经济社会学》，天津：南开大学出版社 1984. 75 页 .
14. 王沪宁：《中国村落家族文化——对中国社会现代化的一项探索》，上海：上海人民出版社 1999. 139 页 .
15. 王沪宁：《中国村落家族文化——对中国社会现代化的一项探索》，上海：上海人民出版社 1999. 143 页 .
16. 詹姆斯·休斯·JR：《让家族世代兴盛》，北京：清华大学出版社 2006. 18 页 .
17. 梅兰芳：《舞台生活四十年》（上、下卷），北京：团结出版社 2006. 12 页、13 页、14 页、15 页 .
18. 詹姆斯·休斯 . JR：《让家族世代兴盛》，北京：清华大学出版社 2006. 18 页 .

19. 和宝堂：《谭元寿：非凡丹心演绎非常戏剧人生》，引自李仲明：《谭鑫培》，河北：河北教育出版社 2006. 298 页 .

20. 王沪宁：《中国村落家族文化——对中国社会现代化的一项探索》，上海：上海人民出版社 1999. 143 页 .

21. 北京市政协文史委员会：《梨园往事》，北京：北京出版社 2000. 495 页、496 页 .

22. 章诒和：《伶人往事》，湖南：湖南文艺出版社 2006. 235 页、236 页 .

23. 余秋雨：《中国戏剧史》，上海：上海教育出版社 2006. 15 页 .

参考文献

黄宽重、刘增贵:《家族与社会》,中国大百科全书出版社2005年版。

王沪宁:《中国村落家族文化——对中国社会现代化的一项探索》,上海人民出版社1999年版。

[日本]滋贺秀三:《中国家族法原理》,法律出版社2003年版。

[德国]F. 缪勒利尔著、王礼锡、胡冬野译:《家族论》,商务印书馆1990年重印本。

[奥地利]迈克尔·米特罗尔和雷因哈德·西德尔著,赵世玲等译:《欧洲家庭史》,华夏出版社1987年版。

[美国]加里·S. 贝克尔:《家庭经济分析》,华夏出版社1987年版,

费孝通:《乡土中国》,三联书店1985年版。

冯尔康:《18世纪以来中国家族的现代转向》,上海人民出版社2005年版。

阎爱民:《汉晋家族研究》,上海人民出版社2005年版。

张邦炜:《宋代婚姻家族史论》,人民出版社2003年版。

党明德、何成主编:《中国家族教育》,山东教育出版社2005年版。

李卿:《秦汉魏晋南北朝时期家族、宗族关系研究》,上海人民出版社2005年版。

洪永铿、贾文胜、赖燕波:《海宁查氏家族文化研究》,浙江大学出版社2006年版。

何新所:《昭德晁氏家族研究》,上海古籍出版社2006年版。

林济:《长江领域的宗族和宗族生活》,上海人民出版社2004年版。

[美国]詹姆斯·休斯.JR:《让家族世代兴盛》,清华大学出版社2006年版。

邹重华、粟品孝:《宋代四川家族与学术论集》,四川大学出版社2006年版。

李鹏程、王厚香:《天下第一家——孔子家族的历史变迁》,经济日报出版社2004年版。

周冠五:《鲁迅——家庭家族和当年绍兴民俗》,上海文化出版社2006年版。

刘平青:《家族基因:家族企业生命力解读》,山西经济出版社2005年版。

程书强:《中国家族企业:成长中的控制权转移研究》,经济科学出版社2006年版。

曹书文:《家族文化与中国现代文学》，中国社会科学出版社 2002 年版。

王建科:《元明家庭家族叙事文学研究》，中国社会科学出版社 2004 年版。

杨经建:《家族文化与 20 世纪中国家族文学的母题形态》，岳麓书社 2005 年版。

刘海鸥:《从传统到启蒙：中国传统家庭伦理的近代嬗变》，中国社会科学出版社 2005 年版。

[日本] 田中一成:《明清的戏曲——江南宗族社会的表象》，北京广播学院出版社 2004 年版。

麻国钧、刘祯:《赛社与乐户论集》(上、下册)，中国戏剧出版社 2006 年版。

北京市艺术研究所、上海艺术研究所:《中国京剧史》(上、中、下四卷)，中国戏剧出版社 1999 年版。

秦华生、刘文峰:《清代戏曲发展史》(上、下卷)，旅游教育出版社 2006 年版。

梅兰芳:《舞台生活四十年》(插图珍藏本，上、下卷)，团结出版社 2006 年版。

梅绍武:《我的父亲梅兰芳》(上、下卷)，中华书局 2006 年版。

梅绍武:《我的父亲梅兰芳》(续集)，百花文艺出版社 2004 年版。

徐城北:《梅兰芳艺术谭》，江苏教育出版社 2006 年版。

齐如山:《梅兰芳游美记》，辽宁教育出版社 2005 年版。

齐如山:《齐如山回忆录》，辽宁教育出版社 2005 年版。

李仲明、谭秀英:《梅兰芳》，河北教育出版社、广东教育出版社 2002 年版。

李仲明:《谭鑫培》，河北教育出版社 2006 年版。

马龙:《我的祖父马连良》，团结出版社 2007 年版。

周少麟:《海派父子》，宁波出版社 2005 年版。

刘强、杨宏英:《程长庚传》，河北教育出版社 1996 年版。

周传家:《谭鑫培传》，河北教育出版社 1996 年版。

刘彦君:《梅兰芳传》，河北教育出版社 1996 年版。

陈培仲、胡世均:《程砚秋传》，河北教育出版社 1996 年版。

张永和:《马连良传》，河北教育出版社 1996 年版。

沈鸿鑫、何国栋:《周信芳传》，河北教育出版社 1996 年版。

谭志湘:《荀慧生传》，河北教育出版社 1996 年版。

龚义江:《盖叫天传》，河北教育出版社 1996 年版。

刘琦:《裘盛戎传》，河北教育出版社 1996 年版。

安志强:《张君秋传》，河北教育出版社 1996 年版。

魏子晨、厉畅:《厉慧良传》，中国戏剧出版社 1997 年版。

周志辅：《杨小楼评传》，燕山出版社 1992 年版。
崔伟：《粉墨王侯谭鑫培》，人民音乐出版社 2002 年版。
张伟品：《寂寞儒伶言菊朋》，人民音乐出版社 2002 年版。
胡沙：《刘喜奎》，人民音乐出版社 2000 年版。
胡金兆：《赵荣琛》，人民音乐出版社 2000 年版。
宋丹菊、刘松岩、肖漪：《珠光菊影》，中国戏剧出版社 2000 年版。
刘祯、谢雍君：《昆曲与文人文化》，春风文艺出版社 2005 年版。
张发颖：《中国戏班史》，学苑出版社 2004 年版。
朱家溍、丁汝芹：《清代内廷演剧始末考》，中国书店 2007 年版。
任二北：《优语录》，上海文艺出版社 1981 年版。
孙崇涛、徐宏图：《戏曲优伶史》，文化艺术出版社 1995 年版。
孙崇涛、徐宏图：《青楼集笺注》，中国戏剧出版社 1990 年版。
陈多、叶长海选注：《中国历代剧论选注》，湖南文艺出版社 1987 年版。
叶长海：《曲学与戏剧学》，学林出版社 1999 年版。
幺书仪：《晚清戏曲的变革》，人民文学出版社 2006 年版。
梅兰芳等：《中国戏剧大师的命运》，作家出版社 2006 年版。
[新西兰] 孙玫：《中国戏曲跨文化研究》，中华书局 2006 年版。
[日本] 田中一成：《中国戏剧史》，北京广播学院出版社 2002 年版。
余秋雨：《戏剧理论史稿》，上海文艺出版社 1983 年版。
余秋雨：《中国戏剧文化史述》，湖南人民出版社 1985 年版。
余秋雨：《中国戏剧史》，上海教育出版社 2006 年版。
胡忌、刘致中：《昆剧发展史》，上海教育出版社 1989 年版。
陆萼庭：《昆剧演出史稿》，中国戏剧出版社 2006 年版。
谭帆：《优伶史》，上海文艺出版社 1995 年版。
余秋雨：《笛声何处》，古吴轩出版社 2004 年版。
刘祯、谢雍君：《昆曲与文人文化》，春风文艺出版社 2005 年版。
刘祯：《赛社与乐户论集》（上、下册），中国戏剧出版社 2006 年版。
王宁、任孝温：《昆曲与明清乐伎》，春风文艺出版社 2005 年版。
应志良：《中国越剧发展史》，中国戏剧出版社 2002 年版。
章诒和：《伶人往事》，湖南文艺出版社 2006 年版。
项阳：《山西乐户研究》，文物出版社 2001 年版。
丁秉鐩：《菊坛旧闻录》，中国戏剧出版社 1995 年版。

北京市政协文史委员会:《京剧谈往录》，北京出版社1985年版。
北京市政协文史委员会:《梨园往事》，北京出版社2000年版。
燕山出版社编:《古都艺海撷英》，燕山出版社1996年版。
林下风:《张伯驹与京剧》，中国戏剧出版社2002年版。
和宝堂:《松柏庵》，人民音乐出版社2001年版。
包天笑:《钏影楼回忆录续编》，香港大华出版社1973年版。
王蕴明主编:《荣庆传铎》，华龄出版社1997年版。
蒋锡武主编:《艺坛》(第一卷)，武汉出版社2000年版。
蒋锡武主编:《艺坛》(第二卷)，武汉出版社2002年版。
王国维:《宋元戏曲史》，上海古籍出版社1998年版。
王国维:《戏曲论文集》，中国戏剧出版社1984年版。
《东京梦华录》(外四种)，中华书局1962年5月新1版。
《清代燕都梨园史料》，中国戏剧出版社1988年版。
《元明清三代禁毁小说戏曲史料》，上海古籍出版社1981年版。
(魏晋南北朝·梁)徐陵:《玉台新咏》，上海书店1988年影印本。
(唐)白居易:《白氏长庆集》，《四部丛刊》本。
(唐)段成式:《酉阳杂俎》，中华书局1981年版。
(宋)周密:《武林旧事》，《知不足斋丛书》本。
(宋)吴自牧:《梦粱录》，《知不足斋丛书》本。
(宋)马令:《南唐书》，《丛书集成初编》本。
(宋)苏轼:《苏轼文集》，中华书局1986年点校本。
(宋)李昉等撰:《太平御览》，《四部丛刊》本。
(明)臧晋叔编:《元曲选》，中华书局1977年重印本。
(明)梅禹金辑:《青泥莲花记》，国学扶轮社排印本。
(清)赵庆桢辑:《青楼小名录》，国学扶轮社排印本。
(清)叶德辉:《郎园读书志》，《郎园先生全书》本。
(清)袁枚:《随园诗话》，江苏古籍出版社2000年版。
(清)陈森:《品花宝鉴》，宝文堂书店1989年版。
《中国古典戏曲序跋汇编》，齐鲁书社1989年。
《中国古典戏曲论著集成》(一)，中国戏剧出版社1959年版。
《元明清三代禁毁小说戏曲史料》，上海古籍出版社1981年版。
潘光旦:《潘光旦文集·第二卷》，北京大学出版社1994年版。

胡适:《胡适文存》,安徽人民出版社 1987 年版。

余秋雨:《艺术创造工程》,上海文艺出版社 1987 年版。

[美国] 理查·谢克纳、孙惠柱主编:《人类表演学:平行式发展》,文化艺术出版社 2007 年版。

戴锦华:《电影批评》,北京大学出版社 2004 年版。

余秋雨:《山居笔记》,文汇出版社 2002 年版。

陈思和:《人格的发展——巴金传》,上海人民出版社 1992 年版。

李亦园、杨国枢主编:《中国人的性格》,江苏教育出版社 2006 年版。

[英国] 迈克·布朗:《文化地理学》,南京大学出版社 2005 年版。

[法国] 丹纳:《艺术哲学》,人民文学出版社 1963 年版。

田兆元主编:《文化人类学教程》,华东师范大学出版社 2006 年版。

梁漱溟:《中国文化要义》,学林出版社 1987 年版。

钱穆:《中国文化史导论》,上海三联书店 1988 年版。

苏国勋:《理性化及其限制——韦伯思想引论》,上海人民出版社 1988 年版。

乌丙安:《中国民俗学》,辽宁大学出版社 1985 年版。

黄维、杨士奇编:《历代名臣奏议》,上海古籍出版社 1989 年影印本。

罗成琰:《现代中国的浪漫文学思潮》,湖南教育出版社 1992 年版。

冯沅君:《冯沅君古典文学论文集》,山东人民出版社 1980 年版。

后　记

又是暮春时节，江南依旧草长，杂花生树。我轻轻地合上书卷，作别本书的写作。

人到中年，到了繁忙的年龄。好在我的心态一直平和，总能收拾忙乱的生活，还自己一个恬静的生活和安适的心情，淡淡地吐露一点情感，写作一点文字。

我沉湎这样的生活，只是为了面对自己。它无需倾诉，更是拒绝打扰。心有多大，世界就有多大。

前几日，星云大师突然召见我，我火速赶到无锡宜兴大觉寺。上次，与星云大师见面是在五年前的台北。五年过去，这次与大师见面时，大师依然精神矍铄，虽已八十高龄，却是思路清晰，智言喷涌。大师告诉我，他自己没有统计，别人给他统计了，他这一生已经写了二千多万字的文字了。

我心里一惊，大师是多么忙碌的人啊，他一年要周游二次世界，却是仍然能够安下心来，撰写心灵悲慈的清美法语。

我又想起大师在台湾给我讲过的一段话：我这一辈子没有拿过一本毕业证书，到我老了，却有十几个大学授予我荣誉博士学位，想想真是令人感慨。

上海戏剧学院院长韩生教授在2010届学生毕业典礼上的讲话中，谈到授予蔡国强荣誉博士学位时，也有一段类似的观点：

> 我们可能凭借考试和一篇论文取得学位，而蔡国强是用三十年的勤奋创造，世界各地的杰出成果当之无愧的被授予。这个学位对于他既不是就业的凭据，也不是职务晋升的硬件，而是社会的真正承认。他当年在学校是旁听生，毕业时没有证书，我记得当时他的失落的表情。多年后，他被聘为学院的客座教授，讲座时说道：有的人拿到了文凭，没有学到知识。我是学到了知识，没有拿到文凭。今天，他拿到了一张真正可贵的文凭。

是啊，星云大师和蔡国强等杰出人士是多么值得我学习啊。忙，不是理由，时间只在自己的心里，它永远可以拥有，只是需要一颗反省的心灵。

本书是我在中国艺术研究院博士后研究工作报告的基础上扩写而成，也是我在博士学位论文《中国优伶性别表演研究》以后，第二本关于中国戏曲演员文化研究的著作。在博士后研究工作期间，得到了合作导师刘祯研究员的倾心指导和帮助，这次又承蒙他为本书作序，内心充满感激。我还要感谢中国艺术研究院刘梦溪研究员、安葵研究员、刘文峰研究员、马也研究员，中国传媒大学周华斌教授，中国戏曲学院谢柏梁教授的指导和帮助。同时，也要感谢张晓凌研究员、孙建君研究员的支持。

在本书出版过程中，得到了上海戏剧学院戏剧文学系主任陆军教授的大力支持，在此深表感谢。同时，还需要感谢我的夫人沈熙女士、母亲王大娜女士、岳母徐玲玲女士在本书写作过程中对我生活上的关照和支持，也感谢我的女儿厉奕晨给我带来的快乐。

本书研究的课题，先后获得了中国博士后科学基金一等资助金、教育部人文社会科学规划项目、上海市教育委员会科研项目、国家特色专业——上海戏剧学院戏剧文学专业的建设项目。

研究中国演员文化，其实也是研究自己。因为都是探索中国人“文化——心理结构”的形成过程。从演员身上，照出了自己，也照出了每一个中国人的“文化——心理结构”。

我好敬畏，我必须怀着谦卑的心情，将演员文化研究下去。

厉震林　记于上海戏剧学院

2012年5月8日

图书在版编目（CIP）数据

中国伶人家族文化研究 / 厉震林著．—北京：文化艺术出版社，2012.9
ISBN 978 - 7 - 5039 - 5443 - 6

Ⅰ．①中… Ⅱ．①厉… Ⅲ．①戏剧家—家族—研究—中国
②剧作家—家族—研究—中国 ③戏剧史—中国
Ⅳ．①K825.7 ②J809.2

中国版本图书馆 CIP 数据核字（2012）第 200604 号

国家第二类特色专业建设项目

中国伶人家族文化研究

著　　者　厉震林
责任编辑　胡　晋　褚秋艳
装帧设计　刘玲子
出版发行　文化艺术出版社
地　　址　北京市东城区东四八条 52 号　100700
网　　址　www.whyscbs.com
电子邮箱　whysbooks@263.net
电　　话　（010）84057666（总编室）　84057667（办公室）
　　　　　（010）84057691—84057699（发行部）
传　　真　（010）84057660（总编室）　84057670（办公室）
　　　　　（010）84057690（发行部）
经　　销　新华书店
印　　刷　北京卡乐富印刷有限公司
版　　次　2012 年 12 月第 1 版
　　　　　2012 年 12 月第 1 次印刷
开　　本　700 毫米×1000 毫米　1/16
印　　张　31.5
字　　数　400 千字
书　　号　ISBN 978 - 7 - 5039 - 5443 - 6
定　　价　50.00 元